Werden und Wirken des Alten Testaments

Werden und Wirken des Alten Testaments

Festschrift für Claus Westermann zum 70. Geburtstag

Herausgegeben von Rainer Albertz,
Hans-Peter Müller, Hans Walter Wolff,
und Walther Zimmerli

Vandenhoeck & Ruprecht in Göttingen
Neukirchener Verlag in Neukirchen-Vluyn

CIP-Kurztitelaufnahme der Deutschen Bibliothek

Werden und Wirken des Alten Testaments:
Festschrift für Claus Westermann / hrsg. von Rainer
Albertz . . . – Göttingen: Vandenhoeck und Ruprecht;
Neukirchen-Vluyn: Neukirchener Verlag, 1980.
  ISBN 3-525-53565-1 (Vandenhoeck u. Ruprecht)
  ISBN 3-7887-0630-9 (Herder)
NE: Albertz, Rainer [Hrsg.]; Westermann, Claus: Fest-
schrift

Einband: Karlgeorg Hoefer. © Vandenhoeck & Ruprecht, Göttingen 1980. – Printed in Germany. Alle Rechte vorbehalten. Ohne
ausdrückliche Genehmigung des Verlages ist es nicht gestattet, das
Buch oder Teile daraus auf foto- und akustomechanischem Wege zu
vervielfältigen. Satz und Druck: Gulde-Druck, Tübingen. Bindear-
beit: Hubert & Co., Göttingen

Geleitwort

Lieber Claus!

Es ist, wenn mich mein Notizbuch nicht täuscht, Montag, den 8. März, nachmittags 5 Uhr und Donnerstag, den 11. März, 11.30 Uhr des Jahres 1948 geschehen, daß wir uns in Berlin erstmals begegnet sind. Du hast mir Deine, in der Kriegsgefangenschaft anhand der deutschen Bibel angefangene Arbeit, die dem „Schönen" im Alten Testament nachspüren wollte, sich in der Folge aber zur Untersuchung über das Gotteslob in den Psalmen wendete, zu lesen gegeben. Ich habe es dann vor Augen gehabt, wie Du in dem Jahr in Zürich mit der Intensität des Arbeitens, die Dich bis heute kennzeichnet, diesen Entwurf zur Zürcher Dissertation über „Das Loben Gottes in den Psalmen" ausgearbeitet hast – einer Dissertation, die vor kurzem zusammen mit Deinen Studien zur „Klage in den Psalmen" in 5. Auflage hinausgegangen ist. Von wie vielen Dissertationen läßt sich Ähnliches sagen?

Dein Weg hat Dich daraufhin aus dem Pfarramt heraus zunächst halb, dann ganz ins Lehramt an der Kirchlichen Hochschule Berlin und 1958 nach Heidelberg geführt. Du bist auf diesem Wege vielen, Studenten ganz so wie Gliedern der weiteren christlichen Gemeinde, zu einem Führer hin zum Alten Testament und Helfer zum besseren Verstehen desselben geworden. Zu Deiner nie rastenden Bereitschaft, mit dem gesprochenen Wort in Kolleg und Vorträgen diesen Dienst zu tun, ist die erstaunliche Fülle Deiner literarischen Arbeit getreten. Aus dieser sei hier außer Deinen formgeschichtlichen Untersuchungen zum Prophetenwort nur Deine eingehende Bearbeitung der Urgeschichte, welche die erste Hälfte Deiner im Fortgang begriffenen Genesisauslegung darstellt, ausdrücklich genannt. Nach Hermann Gunkel und Gerhard von Rad einen Genesiskommentar zu schreiben, ist kein geringes Unterfangen. Du hast der Auslegung der Urgeschichte, wohl auch unter dem Eindruck eines väterlichen Erbes, durch Einbringung der völkergeschichtlichen Sicht einen unverwechselbar eigenen Stempel aufzudrücken vermocht.

Die in dem vorliegenden Bande gesammelten Untersuchungen, die sich vor allem um die Themenkreise Genesis, Propheten und Psalmen gruppieren, möchten Dir den Dank Deiner Kollegen und Schüler zum Ausdruck bringen. Es kommen darin ganz bewußt nicht nur die Stimmen der Zunft-Alttestamentler zu Wort. Das würde kein voller Spiegel Deiner Wirksamkeit sein. Zusammen mit Deinem Fakultätskollegen Hans Walter Wolff und Deinen Schülern H.-P. Müller und R. Albertz grüße ich Dich; mit all den Mitarbeitern an diesem Festband, sowie dem ungleich weiteren Kreis aller derer, die an Deinem 70. Geburtstag in Dankbarkeit an Dich denken, seien Dir zu diesem Tage unsere guten Wünsche dargebracht. Wir wünschen Dir weitere Jahre rüstigen Forschens am Alten Testament. Du hast Dich dieser Arbeit erst nach langen Kriegs- und Pfarramtsjahren voll zuwenden können, aber diese Zeit in beeindruckender Weise genutzt. So möchten wir es Dir – und uns – wünschen, daß noch manche gute Frucht Deiner Arbeit reifen darf.

Dein Walther Zimmerli

Inhalt

WALTHER ZIMMERLI
Geleitwort 5

LOTHAR PERLITT
Die Urgeschichte im Werk Gottfried Benns 9

RAINER ALBERTZ
Die Kulturarbeit im Atramḫasīs-Epos im Vergleich zur biblischen
Urgeschichte 38

FRIEDEMANN W. GOLKA
Keine Gnade für Kain 58

ROLF RENDTORFF
Genesis 15 im Rahmen der theologischen Bearbeitung der
Vätergeschichten 74

GEORGE W. COATS
Strife without Reconciliation – a Narrative Theme in the Jacob
Traditions 82

KLAUS KOCH
păḥăd jiṣḥaq – eine Gottesbezeichnung? 107

JOHANNES KÜHLEWEIN
Gotteserfahrung und Reifungsgeschichte in der Jakob-Esau-
Erzählung 116

HANS WALTER WOLFF
Predigt: Sodom und Gomorrha 131

EBERHARD RUPRECHT
Exodus 24,9–11 als Beispiel lebendiger Erzähltradition aus der Zeit
des babylonischen Exils 138

DIETER VETTER
Satzformen prophetischer Rede 174

SAMUEL AMSLER
Les prophètes et la communication par les actes 194

ILSE VON LÖWENCLAU
Der Prophet Nathan im Zwielicht von theologischer Deutung
und Historie 202

WALTHER ZIMMERLI
Das Gottesrecht bei den Propheten Amos, Hosea und Jesaja 216

ANDERS JØRGEN BJØRNDALEN
Erwägungen zur Zukunft des Amazja und Israels nach der Überliefe-
rung Amos 7,10–17 236

HANS-JÜRGEN HERMISSON
Jeremias Wort über Jojachin 252

JÜRGEN KEGLER
Das Leid des Nachbarvolkes. Beobachtungen zu den Fremdvölker-
sprüchen Jeremias 271

ERNST JENNI
Die Präposition *min* in zeitlicher Verwendung bei Deuterojesaja 288

WERNER R. MAYER
„Ich rufe dich von ferne, höre mich von nahe!" Zu einer babylonischen
Gebetsformel 302

ODIL HANNES STECK
Bemerkungen zur thematischen Einheit von Psalm 19,2–7 318

CHRISTIAN MACHOLZ
Psalm 29 und 1 Kön 19 325

RUDOLF LANDAU
„. . . der hoch in der Höhe thront – der tief in die Tiefe sieht."
Einige Aspekte zur Bedeutung des Paulus für die Praxis
der Kirche 334

HANS-PETER MÜLLER
Welt als „Wiederholung". Sören Kierkegaards Novelle als
Beitrag zur Hiob-Interpretation 355

FRANK CRÜSEMANN
Hiob und Kohelet 373

KRISTLIEB ADLOFF
Vernunft und alle Sinne. Predigtmeditation als ganzheitliche
Wahrnehmung des biblischen Textes – am Beispiel von
Markus 7,31–37 394

PETER STUHLMACHER
Existenzstellvertretung für die Vielen: Mk 10,45 (Mt 20,28) 412

DIETER LÜHRMANN
Tage, Monate, Jahreszeiten, Jahre (Gal 4,10) 428

FRANK SCHNUTENHAUS
Der Sitz des Alten Testaments im Leben der Gemeindeglieder 446

HERBERT BREIT
Die Sinndeutung des Todes im Alten Testament und bei
Karl Marx 460

Ausgewählte Bibliographie CLAUS WESTERMANN
(1974–1979) 471

Abkürzungen 474

Register 476
1. Bibelstellen 476   2. Wortregister 477   3. Namen und Sachen 478

LOTHAR PERLITT

Die Urgeschichte im Werk Gottfried Benns

Urgeschichte steht der Dichtung näher als der Geschichte. Die heute fast vergessene Wechselbeziehung zwischen Religion, Mythos und Poesie, die das auf Herder folgende Jahrhundert faszinierte, war Jacob Burckhardt noch gewiß. Die Poesie, ohnehin „von höchster Bedeutung als Organ der Religion", war „oft lange die einzige Form der Mitteilung" überhaupt: „Sie ist selber die älteste Geschichte, und auch den ganzen Mythus der Völker erfahren wir meist in poetischer Form und als Poesie." Aber auch in den „Spätzeiten" kann sie sich noch ihrer hohen Stellung bewußt werden „als eine Macht und Kraft *für sich*", denn „die Künste sind ein Können, eine Macht und Schöpfung. Ihre wichtigste zentrale Triebkraft, die Phantasie, hat zu jeder Zeit als etwas Göttliches gegolten."[1]

Die biblische Urgeschichte bedarf hier keiner Erklärung; das literarische Werk Benns[2] muß im ganzen als bekannt vorausgesetzt werden. Die folgenden Beobachtungen sind ein anthropologisch zugespitzter Beitrag zur Wirkungsgeschichte von Gen 1–11. Es sei erwähnt, daß Benn Ausdrücke wie Urbild, Urerlebnis, Urzeit, Urmythe, Urgesicht, nicht aber „Urgeschichte" gebrauchte. So bedarf dieses beladene Wort einiger Vorbemerkungen.

Vorgeschichte und Urgeschichte

In der Theologie versteht man seit Herders „Ideen" unter Urgeschichte weniger den ,ersten' Abschnitt einer kontinuierlichen Geschichte im Sinne der Disziplin Vor-(und Früh-)geschichte[3] als vielmehr

---

[1] Weltgeschichtliche Betrachtungen, hg. v. R. Marx (Kröner), 1955, 70.72.79.80.218. – Benn äußerte sich über Burckhardt mit verhaltenem Respekt: „Seine Erkenntnisse kommen aus Studien, sie sind nicht existentiell zwangsläufig. Es sind Ergebnisse aus Quellen und Beobachtungen von hohem Niveau" (Briefe an F. W. Oelze 1932–1945, hg. v. H. Steinhagen u. J. Schröder, 1977, 322).

[2] Ges. Werke in vier Bänden, hg. v. D. Wellershoff, 1958–1961 (hinfort nur nach Bd. u. S. zitiert); preiswerte Taschenbuch-Ausgabe in acht Bänden, 1976.

[3] Definitionen und Umschreibungen bei H. Müller-Karpe, Einführung in die Vorgeschichte, 1975, 9 ff.

die allem geschichtlichen Zusammenhang und Wandel entnommene Deutung der bleibenden Bezogenheit des Menschen auf Gott/Götter und Welt im ganzen. Dieses Verständnis schließt, genau genommen, jede spezielle (lokale, ethnische) ‚Urgeschichte' aus, weil urgeschichtliches Interesse an Herkunft und Bestimmung des Menschen als solchen haftet. Schöpfung und Sintflut sind demnach Kapitel der Urgeschichte, Evolution und Diluvium sind Gegenstände vorgeschichtlicher Forschung und stehen im Entwicklungszusammenhang aller Geschichte als deren ‚vorderer' Teil[4].

Demgegenüber steht die Urgeschichte im Sinne der theologischen Chiffre in einem Deutungs- oder Bedeutungszusammenhang mit aller Geschichte: Indem sie erzählt, wie alles wurde, tut sie kund, wie alles ist. Damit aber ist der o. g. Zusammenhang gegeben: Über die ‚Anfänge' kann nur mythisch und poetisch geredet werden. Der Kern der Urgeschichte, die Zuordnung von Schöpfung und Chaos, ist in seiner vor-alttestamentlichen wie in seiner älteren biblischen Gestalt Mythos, sowahr dieser Wirklichkeit und Möglichkeit aller Geschichte transzendiert. Als ‚Ursprungsgeschichte' kann man den Mythos bezeichnen, sofern er von ‚Ursprünglichem' berichtet (und insoweit natürlich auch Elemente einschließt, die der Vorgeschichtswissenschaft zugänglich sind oder sein können), aber er zielt auf die Bestimmung des immer Geltenden.

Solche Urgeschichte kann naturwissenschaftlich nur ‚überholt' werden, wenn dieser Deutungszusammenhang als Entstehungszusammenhang mißverstanden wird. Sie ist von Natur- und Geschichtswissenschaft ebenso unterschieden wie freilich auch von Offenbarung. So ist der Entwurf der biblischen Urgeschichte älter als Israel und ohne herkunfts- und wesensmäßigen Bezug zur Geschichte Israels, was C. Westermann in seiner Deutung stärker als andere Forscher hervorgehoben hat[5]. Im Kern der Urgeschichte begegnet der vom Gott Israels unberührte, der ‚antediluviale', der ewige Mensch – ohne die rassischen, ethnischen, entwicklungsmäßigen Differenzierungen, die das Wesen der Geschichte ausmachen. Daß mit den Genealogien und Völkertafeln dann der Übergang von der Urgeschichte zur Geschichte gesucht und gefunden wurde,

---

[4] Solche Abgrenzungen sind nötig, weil sich (im deutschen Sprachgebrauch) über Jahrhunderte hin eine klare terminologische Trennung der Disziplinen nicht ergeben hat. Im Fach Vor- und Frühgeschichte gab und gibt es sowohl partikulare (vgl.: Nachrichten aus Niedersachsens Urgeschichte, seit 1924) als auch universale Darstellungen (vgl. F. Felgenhauer, Einführung in die Urgeschichtsforschung, 1973), die den theologischen Gebrauch des Wortes erklärungsbedürftig machen. Selbst J. G. Eichhorn, der das für die biblische Urgeschichte grundlegende ältere Werk schrieb (Urgeschichte, hg. v. J. Ph. Gabler, 1790–1793), verdanken die Niedersachsen das Alterswerk: Urgeschichte des erlauchten Hauses der Welfen von 449–1054, Hannover 1827.

[5] Genesis 1–11, BK I/1, 1974.

steht auf einem anderen Blatt: Die Wasser der Flut hatten sich verlaufen[6]. Für Franz Overbeck gab es einen „*wesentlichen* Unterschied von Urgeschichte und Geschichte", und die „Urgeschichte ist . . . bedeutsamere, entscheidendere Geschichte als alle Geschichte sonst"[7]. Urgeschichte ist Wesensbestimmung aus mythischem Grunde[8], gleichviel ob Gott oder Götter am Menschen schaffend, bedrohend, erhaltend handeln. Ihre Eigenart wird durch die (meist partielle) Zugänglichkeit für vorgeschichtliche und geschichtliche Forschung berührt, nicht bestimmt.

Weder die zweihundertjährige rationalistische Strömung in Philosophie und Theologie noch auch die historische, heilsgeschichtliche oder romantisch-ästhetisierende Auslegung von Urgeschichte bieten ein Vorbild für die existentielle Schwere, in der Benn der Urgeschichte im Sinne von ‚uralter' Wesensbestimmung des Menschen in seiner Welt standhielt; und es war jener rationalistische Grundzug der Epoche, der ihn im ‚Urgeschichtlichen' nach der menschlichen Substanz suchen ließ. Freilich verführte ihn antirationalistische Affinität zum Mythischen auch zu einer komplizierten Vermischung der Urgeschichte mit der Vorgeschichte, zumal letztere sich in den ersten Jahrzehnten des Jahrhunderts nicht selten phantasievoll ausbreitete[9].

Schöpfung und Chaos

Die Gegenüberstellung muß mit dem Blick auf das Ganze beginnen. Den Kern der Urgeschichte deutet C. Westermann auf der letzten Seite seiner Auslegung:

„Der Schöpfer behält seine Schöpfung in den Händen, er kann sie auch wieder vernichten. Die Zusage der Erhaltung der Welt der Menschen am Ende der Flut deutet ein Ende der Welt an. Das Reden vom Ende der Welt wird in der Apokalyptik wieder aufgenommen; in ihr mündet das partikulare Handeln Gottes wie-

---

[6] Daß der stoffliche Entwurf der Urgeschichte in frühstaatlicher Zeit aus Mesopotamien nach Israel gelangte, wird hier vorausgesetzt; ob das in mündlicher oder schriftlicher Gestalt geschah, ist eine für die Exegese weit überschätzte Frage der Kulturgeschichte.

[7] Christentum und Kultur, hg. v. C. A. Bernoulli (1919), ²1963, 21.23.

[8] Vgl. schon G. L. Bauer, Theologie des alten Testaments, 1796, §§ 100–102 sowie (zumindest) L. Diestel, Geschichte des Alten Testamentes in der christlichen Kirche, 1869, 737 f. über die Mythos-Debatte jener Jahrzehnte um 1800.

[9] Benn beruft sich gleichermaßen – und nicht selten in irritierender Verquickung der Methoden, Aspekte und Werte – auf Traum, Vision, ‚Urgesicht' wie auf Belehrung durch (manchmal mehr spekulative als seriöse) Literatur zur Vorgeschichte. Hier wären etwa zu nennen: E. Dacqué (Urwelt, Sage, Menschheit; Das verlorene Paradies. Zur Seelengeschichte des Menschen u. a.), L. Lévy-Bruhl (Das Denken der Naturvölker u. a.), E. Unger (Das Problem der mythischen Realität; Wirklichkeit, Mythos, Erkenntnis). Eine Aufarbeitung dieser Einflüsse bei D. Wellershoff, Gottfried Benn, 1958.

[10] Briefe an Oelze, 87.

der ein in ein universales. In der Apokalyptik geht es wieder um die Welt und die Menschheit" (BK I/1, 806).

Im Jahre 1935 bemerkte Benn in einem Brief: „Das Leben stammt aus Sphären, die das Leben auch bedrohen können . . ."[10] Dieser auf Gen 1–11 gar nicht direkt bezogene Satz verrät eine Sicht auf Leben und Welt, die der altorientalisch-alttestamentlichen, der ‚urgeschichtlichen‘, näher steht als der neuzeitlich-evolutionistischen, die eine fundamentale Bedrohung der Welt ausschloß. Benns Zusammenschau von Schöpfung und Chaos[11] kommt aus geistigen und künstlerischen Zusammenhängen, die hier nicht einmal fragmentarisch beschrieben werden können, aber sie durchzieht, als ein Protest gegen die Erkenntnismonomanie der Neuzeit, beinahe sein gesamtes Werk, wie wenige Zitate zeigen. Er hört auf die Stimme, „die von der Frühe singt" (I,79); für das dichterische Ich ist „alles Leben nur ein Rufen aus der Tiefe . . ., einer alten und frühen Tiefe, und alles Vergängliche nur ein Gleichnis eines unbekannten Urerlebnisses, das sich in ihm Erinnerungen sucht" (I,83). Dieser Ruf aus der frühen Tiefe führt zur Verachtung der ‚wissenschaftlich‘-zivilisatorischen Arroganz durch „das archaisch erweiterte . . . Ich" (I,81):

„Ja, das Ich ist dunkler, als das Jahrhundert dachte. Nein, das Gehirn ist nicht das kleine Praktikum der Aufklärung, um seine Existenz zivilisatorisch zu umreißen. Das Gehirn, das so viele Jahrtausende die Schöpfung über Wasser hält, wird selber von den Müttern tiefgehalten. Das Leben, das aus den Schlünden stammt, sich eine Weile organisiert, um im Inferno zu verschwinden, das Leben wird seinen Rachen aufreißen gegen diese Zivilisationshorden . . ." (I,80).

Für solche Sätze (von 1930) stand am ehesten Lévy-Bruhl Pate; aber was bei ihm als vorgeschichtliche Spekulation gelten mag, wird bei Benn zum Traum des ‚dichterischen Ich‘, das „mit Mysterien beladen" ist „von jenen frühen Völkern her, die noch die Urzeit, den Ursprung in sich trugen" (I,81), denn die menschliche Rasse lebte „viele, viele Jahrtausende lang, viel, viel länger als unsere auf dem Satz vom Widerspruch beruhende Geistesgeschichte", in „mystischer Partizipation" (I,80). Hier schwärmt Benn also weit hinter die Mythologie der frühen Hochkulturen zurück: Den gegenwärtigen kausalitätsbesessenen und ursprungsvergessenen ‚Zivilisationshorden‘ steht jenes ‚dunklere‘ Ich gegenüber, das sich öffnet dem Traum, der Ahnung, dem Ruf und Erbe aus der Frü-

---

[11] Vgl. A. Schöne, Säkularisation als sprachbildende Kraft. Studien zur Dichtung deutscher Pfarrersöhne (Palaestra 226), [2]1968, Kap. 6: „Überdauernde Temporalstruktur. Gottfried Benn" (225–267). Sch. kommt von der genauen Beobachtung des Gebrauchs einiger Zeitadverbien (schon, noch einmal, erst wenn) zu dem Ergebnis, es zeige sich „– gegen die Intention des Autors – die christliche Bestimmung des irdischen Daseins zwischen den Gottestaten der Schöpfung und der Apokalypse als überdauerndes Strukturprinzip noch immer . . . sprachbildend und formzeugend am Werke" (267).

he, dem Körper und seinen Zwängen, dem Urerlebnis, der ,urgeschicht-lichen' Erfahrung[11a].

Benn nahm, grob geredet, das Material für seine ,Urgesichte', wo er es fand. Aufs Ganze besonders seines lyrischen Werkes gesehen, bieten ihm die Griechen mehr Anschauung als das Alte Testament und der alte Orient[12]. Gleichwohl gibt es nur wenige Prosatexte, in denen der (oft nur assoziative) Bezug auf die Bibel ganz fehlt: eine Folge der für Benn selbst tief bedeutsamen Herkunft[13] aus dem protestantischen Pfarrhaus, der er „die Kombination von denkerischer und dichterischer Begabung" (IV,23) verdankte, eine Folge vielleicht auch seiner vor-medizinischen Studienjahre[14]. Das Alte Testament war ihm vertraut und – lieber als das Neue:

„es ist archaischer, natürlicher, bunter, vielfältiger, es ist prachtvoller und wird der menschlichen Existenz gerechter, das Neue könnte aus Norddeutschland stammen, ja, von Luther sein, es hat fälische Züge. Das Neue Testament sieht nur den Spezialfall des Menschen: ... alles wird Schuld und Sühne..." (II,286).

Im „Landsberger Fragment" von 1944 findet sich etwas wie eine her-kunftsanalytische Differenzierung, die nicht übel den Anteil bestimmt, den der vorliegende Vergleich für das Verstehen Benns beanspruchen darf:

„so, halb gespielt und halb gelitten – vierzig Prozent Adam und Eva, dreißig Pro-zent Antike, zwanzig Prozent Palästina, zehn Prozent Hochasien –, schreitet ... der Phänotyp durch die erdteilzerstörende Stunde der großen Schlachten" (II,158).

Zwanzig oder mehr Prozent: „Überblickt man die Jahre / von Ur bis El Alamein, / wo lag denn nun das Wahre, / Kabbala, der Schwarze Stein" (III,438)? Die Beobachtung der beinahe beliebig vielen Erschei-

---

[11a] Daß Benn auch dieses Grundmotiv bei Nietzsche vorfand, läßt sich mit wenigen Zitaten belegen. „Nun ist alles *Wesentliche* der menschlichen Entwicklung in Urzeiten vor sich gegangen, lange vor jenen 4000 Jahren, die wir ungefähr kennen; in diesen mag sich der Mensch nicht mehr verändert haben" (Werke, hg. v. K. Schlechta, I, 448). „... im Phantasieren des Traumes ... entdeckt der Mensch seine und der Menschheit Vorgeschichte wieder" (ebd. 1192). Vor allem aber: „Ich habe für mich entdeckt, daß die alte Mensch- und Tierheit, ja die gesamte Urzeit und Vergangenheit alles empfinden-den Seins in mir fortdichtet ..." (ebd. II, 73).

[12] Der für Benn wichtige Begriff der Perspektive(n) findet eine kennzeichnende Illu-strierung: „Sie kennen die Prozessionsstraße von Babylon? Rechts und links die Löwen aus goldener Emaille, in der Ferne das Ischtartor ...–: Das sind Perspektiven!" (II,261 f.)

[13] Vgl. A. Schöne (Anm. 11) im ganzen.

[14] Ich „studierte dann auf Wunsch meines Vaters Theologie und Philologie zwei Jahre lang entgegen meiner Neigung" (IV,27).

nungen der Geschichte und Religionsgeschichte läßt Benn „das Wahre"
in keiner bestimmten dieser Erscheinungen suchen:

> Palmen bei Christen, bei Heiden,
> frühester Schöpfungsrest,
> Palmen mit Myrten und Weiden
> beim Laubhüttenfest,
> Palmen an Syrten, an Küsten
> königlich hoch und rein –
> doch dann wandern die Wüsten
> in Palmyra ein. (III,439)

So erschienen ihm auch die „Zione–: thanatogen" (III,438), und er
behauptete, daß der Mensch der „Kantischen Epoche" einer Regression
zu ganz anderen Ursprüngen bedürfte, ja, „daß wir *biologisch* einer
Wiedererweckung der Mythe entgegengehn" (I,160), wie denn der gesamte Expressionismus[15] paradigmatisch „jenen schwierigen Weg nach
innen ging zu den Schöpfungsschichten, zu den Urbildern, zu den Mythen, und inmitten dieses grauenvollen Chaos von Realitätszerfall und
Wertverkehrung zwanghaft, gesetzlich . . . um ein neues Bild des Menschen rang" (I,248; vgl. IV,387). Dieses ‚neue Bild' suchte Benn also bei
den ältesten Bildern, eben in den oft nur visionär zugänglichen Bereichen des Vorgeschichtlichen; von ihnen her sah er das Gehirn geradezu
als einen „Irrweg" (III,34) und den Menschen „schichtenreicher als die
Aufklärung": „zwar vernünftig", „aber vor allem . . . mythisch und tief"
(IV,242).

Damit waren bestimmte Affinitäten gegeben: mehr für das Alte Testament als für das Neue, mehr für die Urgeschichte als für das übrige
Alte Testament, mehr für die von den Israel-Erfahrungen schwächer be-
rührten Anteile der Urgeschichte als für die jüngeren – im Fachjargon:
mehr für J als für P.

Von Erde zu Erde

Benns frühe Gedicht-Zyklen haben entschlüsselnde Titel wie „Morgue" (= Leichenschauhaus, 1912) oder „Fleisch" (1917). Was in ihnen
an Körperschmerz und -verfall, an Grauen und Verenden ‚verdichtet'
ist, spiegelt die Erfahrungen des jungen Arztes, ohne sich aus ihnen dichterisch zu erklären. Das anthropologische Fazit ist hier eine vehemente

---

[15] Vgl. die reichhaltige Motivsammlung bei W. Rothe, Der Expressionismus. Theologische, soziologische und anthropologische Aspekte einer Literatur (Das Abendland NF 9),
1977.

Zurückweisung von Gen 1, also des Entwurfs einer guten, gelungenen Schöpfung. Der Mensch ist das Wesen, das leidet – so im „Saal der kreißenden Frauen":

> Es wird nirgends so viel geschrien.
> Es wird nirgends Schmerzen und Leid
> so ganz und gar nicht wie hier beachtet . . .
> . . .
> Durch dieses kleine fleischerne Stück
> wird alles gehen: Jammer und Glück.
> Und stirbt es dereinst in Röcheln und Qual,
> liegen zwölf andere in diesem Saal.   (III,16)

Der Mensch ist das Wesen, das qualvoll verendet – so in der „Krebsbaracke":

> Hier diese Reihe sind zerfallene Schöße
> und diese Reihe ist zerfallene Brust.
> Bett stinkt bei Bett. Die Schwestern wechseln stündlich.   (III,14)

Was bleibt, erfüllt die Fluch-Bestimmung von Gen 3, und dies in gewolltem Anklang:

> Hier schwillt der Acker schon um jedes Bett.
> Fleisch ebnet sich zu Land. Glut gibt sich fort.
> Saft schickt sich an zu rinnen. Erde ruft.   (III,15; vgl. 360)

Vom Schöpfer, von Gott, kann da nur in den Ausbrüchen der „Morgue" geredet werden:

> Jeder drei Näpfe voll: von Hirn bis Hoden.
> Und Gottes Tempel und des Teufels Stall
> nun Brust an Brust auf eines Kübels Boden
> begrinsen Golgatha und Sündenfall.   (III,10)

Da wird „dem Tod ein Affenlied" gesungen:

> Du zerspritzt nur den Dreck deiner Pfütze
> und trittst einen Wurmhügel nieder, wenn du uns zertrittst,
> wir sind und wollen nichts sein als Dreck.
> Man hat uns belogen und betrogen
> mit Gotteskindschaft, Sinn und Zweck
> und dich der Sünde Sold genannt.   (III,22)

In den beiden letzten Zitaten ist alles zurückgewiesen, was Juden und Christen als Sinn, Hoffnung, Gottvertrauen gilt: mit der alles überwuchernden Erfahrung des Vergehens, ja des Verreckens. So ist die Erniedrigung Gottes und des Menschen in einer Definition, die Benn selbst noch 1952 ebenso „endscheidend" wie „infernalisch" und „ungoethisch" nannte (IV,410), nur konsequent: „Die Krone der Schöpfung, das Schwein, der Mensch" (III,12).

Dem Versuch, dieses Erleiden von Schmerz und Tod zu erklären, verdanken die Flüche von Gen 3 ihre Existenz. Daß aber das Schuld-Strafe-Schema dieses Sein zum Tode nicht erklärt oder mildert, ist offenkundig und war es auch für Benn. Wie er in seinen jüngeren Jahren „an Not, Röcheln, Hungern und Verrecken . . . des Mannes dunklen Weg" erkannte (III,366), so verharrte er auch in seinem letzten Lebensjahr im Verzicht auf jegliche tröstende Gewißheit:

> kein Nein, kein Ja,
> Geburt und Körperschmerz und Glauben
> ein Wallen, namenlos . . .   (III,5)

Schon in den frühesten Zyklen war aber die Erfahrung der „Irdischkeit" (II,9) verknüpft mit einer verzweifelten Suche nach einer Spur des Schöpfers in diesem „Menschenvieh":

> ich muß noch einmal dieser frommen Leiche
> den Kopf zerfleischen – Bregen vor –! Ein Fleckchen!
> Ein Fleck, der gegen die Verwesung spräche!! –
> Das Fleckchen, wo sich Gott erging . . .   (III,37)

Obwohl sich dieser Fleck ihm nicht zeigte und der Suchende immer mehr „der Stirn so satt" war (III,31), blieb etwas Undeutbares, eine auf dem Sektionstisch nicht entscheidbare Ahnung der menschlichen Bestimmung: Dieser elende Mensch ist ein „Spürhund nach Gott" (III,34), „ein armer Hirnhund, schwer mit Gott behangen" (III,31). Man darf in solchen Ausdrücken weder Nietzsches Parole der Gottestötung noch den Eifer der Gottesrettung suchen. Schon in den frühen Gedichten vermied Benn die scharfe Trennung zwischen Gott und Mensch, die im biblischen Glauben als Struktur eines unaufhebbaren Gegenübers erscheint. Aber die transzendente Herkunft und Bestimmung des Menschen postulierte er allezeit auch angesichts des verwesenden Fleisches. Von Erde zu Erde – aber:

> Wir sind so schmerzliche durchseuchte Götter
> und dennoch denken wir des Gottes oft.   (III,25)

In diesen schwer zu interpretierenden Zeilen[16] ist die biblisch-theistische Erfahrung (‚der Gott') wieder verschränkt mit jenem Hang zu einer ‚Schöpfungsfrühe', in der sich Götter und Menschen im Status schmerzlicher ‚Durchseuchung' befinden. Wie konnte Benn da noch vom Schöpfer sprechen und insoweit dem Gefälle der Urgeschichte folgen?

---

[16] Vgl. A. Schöne, aaO., 246 f. 253 f.

Der Schöpfer

Von Schöpfung und Schöpfer sprach Benn allenthalben, selten aber in der Spannung von Gottesrede und Menschenantwort, eher in einem Rückgang hinter die Sprache der geschichtlich gewordenen Religion. Im Jahre 1952 antwortete er auf einen offenen Brief des Schriftstellers A. Lernet-Holenia; hier finden sich aufschlußreiche Sätze des 66jährigen Dichters:

„Schließlich . . . rufen Sie mich in wahrhaft brüderlicher Weise auf, doch zum Glauben hinzufinden . . . und zu Gott. Glaube, ich meine religiöser Glaube, ist aber . . . ein Geschenk, man kann ihn nicht beziehen. . . . Ich füge hinzu, niemand ist ohne Gott, das ist menschenunmöglich, nur Narren halten sich für autochthon und selbstbestimmend. Jeder andere weiß, wir sind geschaffen, allerdings alles andere liegt völlig im Dunklen. Die Frage ist also gar nicht, ob Gott oder Nicht-Gott, die Frage ist nur, ob man Gott in sein Leben verarbeitet . . . Er verlangt es bestimmt nicht, er sagt: Seid fruchtbar und mehret euch und füllet die Erde, er sagt nicht: verzweifelt ohne mich . . . Dieser Demütigungsparoxysmus ist wohl überhaupt nur ein Akzidens der letzten zweitausend Jahre, er reicht nicht bis in den Kern der Gene und der Arche des menschlichen Typs herab. Diese Distanz zu Gott, wie sie mir vorschwebt, ist eine reine Ehrfurcht vor dem großen Wesen" (IV,312).

Wir sind geschaffen, alles andere liegt im Dunklen[16a]! Für diese Einsicht bemüht Benn hier weder Vernunft- noch Glaubensgründe. Er zitiert die Urgeschichte eklektisch, übergeht oder verfälscht alle anderen Fundamentalaussagen des Alten Testaments. So gibt es für ihn eine durch Schöpfungsherkunft bestimmte Gottgebundenheit des Menschen, der aber alle Merkmale der Offenbarungsreligion abgesprochen werden. Im Ja und Nein dieses Rahmens bewegte sich sein Denken über Jahrzehnte; aus der Spannung zwischen Gottesverlust und Gottesahnung trat er nie heraus.

In der frühesten Prosa von 1913 bewirkt „die Seuche der Erkenntnis", daß selbst „die großen Dinge", Gott und Tod, „Kleinigkeiten", „Wappentiere" werden: „Nun gab es nichts mehr, das mich trug. Nun war über allen Tiefen nur mein Odem. Nun war das Du tot" (II,9). Das „Du" – nicht der Schöpfer, denn wenige Jahre später lehrte Benn die Studenten der Medizin „Ekel vor einem Handwerk, das nie an eine Schöpfung glaubte" (I,7). Zugleich konstatierte er, das Jahrhundert der Naturwissenschaften habe durch „beziehungslose kausalanalytische Deskription" „Gott vertrieben, wo immer er stand", ohne zu wissen oder auch

---

[16a] Hier hätte er wohl auch den alttestamentlichen „Prediger" zitieren können: „Wie du nicht weißt, woher der Wind weht . . ., so begreifst du auch das Werk Gottes nicht, der doch alles wirkt" (11,5). „Gott ist im Himmel, du bist auf der Erde – darum mache nicht viele Worte" (5,1; vgl. 3,10–12).

nur zu fragen, wohin der Mensch „mit der Gebetsmaterie, den Aufstiegsenergien" nun gehen sollte (I,16). Wenn Benn also trotz Verlust von Sinn, Gewißheit und religiösem Glauben festhält am Schöpfer, an ‚Gott', so im Verlangen nach einer Urbestimmung des Menschen, die man auch metaphysische Vernunft oder (mit Schleiermacher) „schlechthinnige Abhängigkeit" (I,16) nennen kann. Gerade sie aber war es, die Benn vom Partikularismus Israels weg- und dem Universalismus der Urgeschichte zutrieb.

„Jeder andere weiß, wir sind geschaffen" – aber von wem? Im „Querschnitt" (1918) steht der programmatische, freilich nicht unvorbereitete[17] Satz: „das Leben ist nicht unseres, sondern das Laster eines Gottes, der verborgen bleibt" (II,78). Im „Ptolemäer" (1947) verweist er auf den „Unendlichen", den „Spieler", „der diese Handvoll Erde hinstreute aus seinem Traum" (II,223); und im selben Zusammenhang bezeichnet jener Ptolemäer die Annahme als absurd, „daß der Schöpfer sich auf das Leben spezialisierte, es hervorhob, betonte und etwas anderes als seine übliche Spielerei mit ihm betrieb" (II,215) – eine Aussage, die Benn auch 1955 noch beinahe verbatim wiederholte (I,585). Hier gibt es also viel Gegenläufiges in seinem Leben und Werk. Einerseits sah er den zerstörerischen Weg der weißen Rasse: „herrschsüchtig und ohne Götter, positivistisch: Zersetzungshybris und Schöpfungsapathie" (I,149), unfähig, „der Schöpfung ... und ihrem transzendenten Ruf" zu folgen (IV,66), andererseits sprach er in vielen Abwandlungen von „der nie erkennbaren Schöpfung" (II,130): „Wenn man das Ganze überblickt, ist es von großer Unverständlichkeit, aber wahrlich der Wunder voll" (II,180). Obschon „gewöhnt an die Schöpfungsmythen der Genesis" (IV,274), findet sich der Mensch von einer Schöpfung „hervorgerufen", die „nur wenig Zeichen hinterließ, wenig Spuren", und „dem Blick rückwärts" sieht „ein unheimlich dunkles Gesicht" herauf (IV,260). Wo dermaßen gilt, daß „die Gottheit Schweigen" ist und: „Stroherne Hunde die Geschöpfe für die jenseitige Welt" (II,206), da heißt die Lehre: Der Schöpfer ist der schlechterdings verborgene Gott[18]:

> in Schöpfungen, in Dunkelheiten
> sind es die Götter, fremd und tief.   (III,428; vgl. 498)

Das Unaufhörliche

Das Undeutbare der Schöpfung, das Schweigen des Schöpfers, die Trauer des Seins: mit dem Oratorium „Das Unaufhörliche" hat Benn

---

[17] „Er hat irgendwo einen verborgenen Gott", hieß es schon 1913 in „Heinrich Mann. Ein Untergang" (II,11).
[18] Vgl. H.-D. Balser, Das Problem des Nihilismus im Werke Gottfried Benns, 1965, ²1970, passim.

1931 diesem Lebensgefühl in einer geschlossenen Dichtung[19] Ausdruck gegeben. Dieses ‚Unaufhörliche' ist „kein religiöser oder philosophischer Begriff", aber „ein universelles Prinzip" (III,595), nämlich das „große Gesetz" über allem Leben:

> Es beugt die Häupter all,
> es beugt die Jahre,
> wie dunkel ist sein Farb und Angesicht.
>
> Das Unaufhörliche.
> Ein dunkler Trank,
> eine dunkle Stimme . . .   (III,476 f.)

„Wir wissen von der Schöpfung nichts, als daß sie sich verwandelt", erklärte Benn in einem einleitenden Text (III,594), aber auch

> Verwandlung,
> unaufhörlich,
> reicht ihren Becher Nichts,
> den dunklen Trank.   (III,482)

„Dunkel" ist das Leitwort des Ganzen, es kennzeichnet den Trank, die Trinkenden und den, der den Becher reicht. Er ist der geradezu offenbarungsunfähige ‚Gott':

> Das war einst Sinai: in eherne
> Gesetzestafeln rann es ein –,
> nun steht ein Pfau
> im Mittag zwischen dem verstreuten Stein.   (III,477)

Gegen diese Lage, „ein tragisches, schmerzliches Gesetz" (III,595), treten alle geistigen Mächte vergeblich auf: „aber die Wissenschaft . . .", „aber die Kunst . . .", „aber die Götter . . ."; aber selbst letztere unterliegen dem Wandel des Unaufhörlichen:

> Auch Himmel stürzen
> hinab, hinab.
> Wie viele Fluten
> von Göttern nieder!
> . . .
> Aus den zerstörten Heiligtumen:
> schmeckst du den Becher Nichts,
> den dunklen Trank?   (III,486 f.)

Der diesen Trank trinkt – „stumm kämpft sein Herz" um „des Unaufhörlichen / Segen und Frucht" (III,491), aber auch „alte Ströme,/ Schöpfungsmythen" schweben ihm nur noch „ganz unsäglich/schmerz-

---

[19] Hier nicht nach der von Paul Hindemith komponierten (III,141–150), sondern nach der alle Studien einschließenden Fassung (III,475–498) zitiert.

lich vor" (III,493), denn zusammen mit den Göttern untersteht er jener fremden, schicksalhaften Ordnung:

> Vor uns das All,
> unnahbar und verhängt,
> und wir, das Ich,
> verzweifelt, todbedrängt.   (III,492 f.)

Gibt es einen Ausweg für den „trotz aller Biologie und Analyse immer noch unverändert rätselhafte(n), irrationale(n) und unauflösbare(n) Mensch(en)" (III,598)? Der Dichter des Oratoriums sieht ihn nicht in Geschichte oder Religion, allenfalls darin, „daß sich das Individuum wie die ganze menschliche Gemeinschaft immer wieder des unauflösbaren mythischen Restes ihrer Rasse erinnert und sich der Schöpfung übereignet, ihrem großen Gesetz, dem Unaufhörlichen" (III,598 f.). Übereignung an die Schöpfung, nicht an den Schöpfer, an das Begegnende, nicht an einen begegnenden Gott:

> in Schöpfungen, in Dunkelheiten –:
> und keiner kennt die Stimme, die es rief.
>
> Die Welten sinken und die Welten steigen
> aus einer Schöpfung stumm und namenlos
> die Götter fügen sich, die Chöre schweigen . . .   (III,498)

So bleibt es beim Verzicht auf das ‚Deus dixit': „hoch zu den Göttern, die schweigen,/spinnen die Nebel sich ein" (III,113). Im „Urgesicht" (1929) hat Benn das Fazit solcher Perspektiven gezogen: „Das Leben war ein tödliches Gesetz und ein unbekanntes; der Mann, heute wie einst, vermochte nicht mehr, als das Seine ohne Tränen hinzunehmen" (II,118) –: „Ananke des Ich" (II,117).

Der Dunkle

Und doch sagt Benn immer wieder nicht nur „Schöpfung" oder „Götter", sondern eben auch „Schöpfer", „Gott" oder „der Gott". Was bedeuten ihm diese Chiffren, wenn doch gilt: „Keiner kennt die Stimme, die es rief?" Da dieser Schöpfer nicht spricht, mißt Benn den, der ‚es rief', am ‚Gerufenen'. Da finden sich bittere Beobachtungen und Schlüsse:

„Ach, manchmal einen Augenblick lang überblickt man die Erde, die viertausendjährige vom Zwischenstromland bis heute, von Ur bis Champs Elysées . . . u. man sieht überall nur Beile und Lanzen, Knechtung, Verrat, Schande und Mord, Horden und Viecher, . . . alles Zufall."[20]

---

20 Briefe an Oelze, 190 (24.4.1938).

„Oft sehe ich die Märtyrer des Mittelalters vor mir, an Bäume gebunden, von Pfeilen zerstört. Namenloses Gelittenhaben, vergessene Qualen, längst verwehte letzte Schreie. Welche Opfer nimmt dieser Schöpfer an, welche große Gestalt muß er haben, dieser Gott, der sich nicht enthüllt?"[21]

Daß die christlichen Märtyrer als Opfer des *Schöpfers* erscheinen, ist nicht zufällig: Benn bedient sich beinahe durchgehend dieses umfassendsten, dem alttestamentlichen Credo wie dem christlichen Dogma in solchen Zusammenhängen am wenigsten eingefleischten Gottesprädikates; er vermeidet also andere wie Vater, Erbarmer, Erlöser. „Wir sind geschaffen, allerdings alles andere liegt völlig im Dunklen" (IV,312). Dieser Gegenchoral wird unablässig variiert: Diese „im Zwielicht" stehende Schöpfung (I,149), diese „Erde ohne Güte", auf der höchstens die Anemone „ein Wort des Glaubens, des Lichts" murmelt (III,139), auf der der Mensch, „geschaffen in das Nichts, das Menschenlos", der fremden „Gewalt der Ewigkeit" unterliegt (III,424), provoziert nur „Hundegeheul/an den Schöpfer der Welt" (III,414) und die vernichtende Frage: „Warum erschufst du das?" (III,182) Aber wer könnte diese Frage beantworten?

> Durch jede Stunde,
> durch jedes Wort
> blutet die Wunde
> der Schöpfung fort
> . . .
> nur nicht fragen,
> nur nicht verstehn . . .   (III,157)

Diese ,Schöpfungswunde' – „mehr gibt es nicht" (III,157). Der Rückschluß von einer Schöpfung ohne Güte auf einen Schöpfer ohne Güte ist ganz unvermeidlich, und Benn vollzog ihn 1954 mit der Frage des 8.Psalms:

> Was ist der Mensch –
> . . .
> Nicht im entferntesten ist das zu deuten,
> als ob der Schöpfer ohne Seele war,
> er fragt nur nicht so einzeln nach den Leuten,
> nach ihren Klagen, Krebsen, Haut und Haar . . .   (III,302)

Der Schöpfer ohne Seele ist „der Demiurg" (II,457), unansprechbar und abgewandt. Er hat das ,Unaufhörliche' in Gang gesetzt, unbekümmert um das Fortbluten der Wunde. Alles Leiden geht auf ihn zurück und – an ihm vorüber. So sah Benn in den letzten Lebensjahren das Wesen des Schöpfers immer unbeirrter in dessen Ferne und Unberührbar-

---

[21] Ebd. 118 (17.5.1936).

keit – mit allen Entsprechungen auf seiten des ihm ausgelieferten Menschen[22]. Das Leitwort für diesen Gott heißt nun endgültig „Der Dunkle", und das ist auch die Überschrift eines mehrteiligen Gedichtes von
1950:

> Die Leere ist wohl auch von jenen Gaben,
> in denen sich der Dunkle offenbart . . .
>
> . . .
>
> Hier spricht der Dunkle, dem wir nie begegnen,
> erst hebt er uns, indem er uns verführt,
> doch ob es Träume sind, ob Fluch, ob Segnen,
> das läßt er alles menschlich unberührt.
>
> . . .
>
> doch keiner hat noch etwas je erfahren,
> das vor dem Dunklen nicht vorübergeht.   (III,252f.)

Hier werden die Verben, die sonst dem Deus revelatus zukommen
(sprechen, sich offenbaren), verfremdend montiert zur Darstellung des
Gottes, der das Dunkel schafft und im Dunkel verharrt. Nur in solcher
Verhüllung ‚berühren' sich Schöpfer und Geschöpf, das ist der „dunkle
Grund, auf den du angewiesen" (III,325).

Zu demselben Ergebnis war Benn schon drei Jahrzehnte früher gekommen: „Dazwischen aber auch die letzten Dinge, seit der Mythus sich
begab; nein, die Erscheinungen genügten *nicht,* es mußte etwas geben,
dahinter, in den Schleiern, wo der Demiurg die Welten mischte: eine
Seele, ein Letztes, eine Ordnung, einen Sinn" (II,457). Schon wenig später lautete die Antwort: „Welten – Werke – letzte Dinge –:/todgeweiht"
(III,150), denn „nach Jahren des Kämpfens um Erkenntnis und die letzten Dinge hatte ich begriffen, daß es diese letzten Dinge wohl nicht gibt"
(II,110). Ein leises Zögern macht sich in diesem „wohl nicht" bemerk-
bar, aber nie ging Benn weiter als dahin, jenes ‚Letzte' als eine unbeein-
flußbare ‚Ordnung' zu charakterisieren, die „in den Schleiern" bleibt. So
sagt er ‚Schöpfer' zur Kosmos-stabilisierenden Ordnung „dahinter",
nicht zu dem Gott der Psalmbeter. Diese ‚Ordnung' hat sich ihm nie anders enthüllt als durch „dein fernbestimmtes: Du mußt" (III,342). Was
das Geschöpf erblickt und „was auf das Ganze steinern niedersah", ist
der seiner selbst nicht mächtige Demiurg:

> ein nacktes Haupt, in Blut, ein Ungeheuer,
> an dessen Wimper eine Träne hing.   (III,179)

---

[22] Vgl. das Wortfeld im letzten vollendeten Gedicht „Kann keine Trauer sein", das sich
nicht einmal direkt auf die Schöpfung bezieht: unbestimmbar, wesenlos, zu fern, zu weit, zu
unberührbar, namenlos, ein Huschen, ein Überirdisches (III,5).

„Fini du tout" ist unter solchen Umständen die völlige Zurückgebogenheit des Menschen auf sich selbst:

> Einer der Träume Gottes
> blickte sich selber an,
> Blicke des Spiels, des Spottes
> vom alten Spinnenmann,
> dann pflückt er sich Asphodelen
> und wandert den Styxen zu ... (III,186 f.)

Im März 1941 schrieb Benn nach einem Zoobesuch an F. W. Oelze, man müsse den Schöpfer „sehen als einen sich sehr langsam verfeinernden Gott. Auch er war nicht fertig, auch er kannte die Schmetterlinge nicht von je, und der Mensch erlöste ihn eher, als es umgekehrt geschähe, wie es im allgemeinen heißt und gilt. Ja, der Mensch erlöste den Gott, aber dieser Prozeß wird nicht zu Ende sein..."[23] Hier wird separiert, was in der Lyrik längst getrennt war: Schöpfung und Erlösung. Benn hatte ein feines Gespür dafür, daß sich mythologisches, expressives, ‚urgeschichtliches' Reden vom Schöpfer nicht direkt auf Erlösung und Rettung, auf Glauben und Vertrauen im biblischen Sinne beziehen muß. Seine zahlreichen Rückblicke auf biblische Zusammenhänge trafen selten die schon für das Alte Testament konstitutive Verbindung von Urgeschichtlichem und Geschichtlichem, von Mythos und Offenbarung.

Fanatismus zur Transzendenz

Auf eine Umfrage hin bekannte Benn 1931, er habe sich zwar „früh von ... der Lehre der Glaubensgemeinschaft" entfernt, nie aber die „Atmosphäre" seines Vaterhauses verloren, die sich Ausdruck schuf „in dem Fanatismus zur Transzendenz, in der Unbeirrbarkeit, jeden Materialismus ... als unzulänglich für die Erfassung und Darstellung des Lebens abzulehnen" (IV,235). Transzendenz also als Grundantrieb in Denken und Kunst, obwohl Benn „die Religionen der Götter zunichte gehn" und „die Kunst die Religion dem Range nach verdrängen" sah (ebd.), obwohl ihm die „metaphysische Lage" keinen Rückweg „zu den alten schenkenden und nehmenden Göttern" zu erlauben schien (IV,403). Auch dieser Fanatismus trieb ihn an den ‚bestimmten' Religionen vorbei und zurück zu den vor- und urgeschichtlichen Deutungen der Substanz und Bestimmung des Menschen.

Innerhalb der biblischen Urgeschichte bezog Benn sich stärker auf das Mythennahe, Fragmentarische, Anthropomorphe von Gen 2 f. als auf die monotheistische Souveränität des Schöpfers, auf Vollendung in Segen und Sabbat von Gen 1. Weil er bei den ‚ausformulierten' Gottheiten

---

[23] AaO., 263.

„zu wenig Hinweis auf Versuch, Entwurf und auf Zurücknahme und Spiel" fand (II,222), suchte er in Götterkampf und Theogonien, im Unfertigen und Chaotischen des altorientalischen Mythos Wahrheiten, die in Gen 1 am wenigsten aufgehoben sind. Das „Verlangen zum Urgestein" (III,161), die Beobachtung der „Urgesteine, / als noch das Land alleine / im Schichtenbau", also ohne Mensch und Tier war (vgl. Gen 2,5), nährte seine Zweifel am planvoll prozedierenden Schöpfer von Gen 1:

> Wessen ist das und wer?
> Dessen, der alles machte,
> dessen, der es dann dachte
> vom Ende her? (III,159)

„Vom Ende her" heißt: Nichts war „im Anfang" gedacht, gewollt, überschaut, vielmehr der Schöpfergott selbst noch tief in die Schöpfung hineinverflochten. Da ist also mehr Kanaan und Babylon als Israel: „Theogonien – / von den Dingen der Welt / ziehn Melancholien / an der Sterne Zelt, / weben Götter und Drachen, / singen Brände und Baal . . ." (III,68); oder: „Im Anfang war die Flut", und „alle die großen Tiere", „alle die großen Städte": „Traum des Baal" (III,55); „was sich noch hält und steht", will darum zurück „tief in den Schöpfungsschoß/dämmernder Meere" (III,62). Natürlich: Wortfetzen, Traumgesichte, Mythenfragmente; aber Benn reflektierte auch über die große Schöpfungskonfession von Gen 1. In einem Prosatext, angeregt durch den Anblick der mittelmeerisch-abendländischen „Kulturretorte" mit „Olymp und Golgatha, Leda und Maria", heißt es:

„Über altlunare Brücken kommen die Ortsgötter, aber dies gezeitenlose schmale Meer bringt den Monotheismus, den Universalismus, aber damit auch die Vorstufen zu dem verheerenden Begriff der Synthese, der Gesetze, der Abstraktion . . . Am Ende ist das Wort, wie es am Anfang war – war es am Anfang? War am Anfang das Erleben ‚unwirklicher' Dinge"? (II,217; vgl. I,18.190f.)

Hier liegen bestimmte Wertvorstellungen zugrunde, die Benn bei J. Wellhausen[24] hätte lesen können (und vielleicht gelesen hat). So ist für ihn „Monotheismus bereits Abstraktion und Kausalität" (II,287); ‚Wort' und Begriff gehören nicht an den ‚Anfang', dort geziemen sich ganz andere Kombinationen von Wörtern: „Das Wasser und die Worte und die Götter – Tritogeneia, die über das Meer sah, seine Leere, seine

---

[24] „Die blasse Farbe, welche ähnlichen Erzeugnissen der ältesten nichtmythischen Naturerklärung eigen zu sein pflegt, ist auch für Gen. 1 charakteristisch" (Prolegomena zur Geschichte Israels, ⁶1927, 296). Zur Geschichte der Wertvorstellungen, die bei Wellhausen und auch noch bei Benn durchscheinen, vgl. Perlitt, Vatke und Wellhausen, 1965, 206ff.

Antwortlosigkeit" (II,217). Benn, der Mann des Wortes par excellence, bezog Joh 1,1 mehrfach auf Gen 1 und ahnte, daß das schöpferische Wort auch in die israelitische Urgeschichte spät eingezogen war:

„Im Anfang war das Wort. Erstaunlich und mir viel Nachdenken kostend, daß dies am Anfang war. Im Anfang, als der Animismus und der Totemismus... die Welt behaupteten – die Juden waren wohl sehr alt, als sie das sagten und wußten viel" (IV,155). „Im Anfang war das Wort und nicht das Geschwätz, und am Ende wird nicht die Propaganda sein, sondern wieder das Wort. Das Wort, das bindet und schließt, das Wort der Genesis, das die Feste absondert von den Nebeln und den Wassern, das Wort, das die Schöpfung trägt" (IV,176).

Ganz ohne religiöse Absicht, ganz aus dem Vermögen der Kunst heraus wird Gen 1 damit tiefe Reverenz erwiesen. In dem zuerst 1929 veröffentlichten Gedicht „Schöpfung", das im Radrennfahrer-Jargon die „six days" von Gen 1 zitiert[25], führt die zweite Strophe zu einer erregenden Beschwörung dieses künstlerisch-schöpferischen Wortes:

> Ein Wort, ein Ich, ein Flaum, ein Feuer,
> ein Fackelblau, ein Sternenstrich –
> woher, wohin – ins Ungeheuer
> von leerem Raum um Wort, um Ich.   (III,415)

Dies ist das Wort der Kunst, welches das Wort der Götter und das Wort der ersten Schöpfung ablöst[26]; „das Menschengeschlecht wird mit Kunst enden. Erst die Saurier, die Echsen, dann die Art mit Kunst"; die Menschen „machten Götter und Kunst, dann nur Kunst" (I,293 = IV,159). „Es ist das Formgefühl, das die große Transzendenz der neuen Epoche sein wird, die Fuge des zweiten Zeitalters, das erste schuf Gott nach seinem Bilde, das zweite der Mensch nach seinen Formen" (I,475). Aber Benn wußte wohl auch, was schon die Felsenzeichnungen des Paläolithikums vor Augen führen: den uranfänglichen Zusammenhang von Kunst und Religion. Sehr viel später hat er in wenigen Zeilen summiert, wieviel der Mann des Wortes, der, wie er mit Nietzsche sagt, „in götterloser Wüste geht" (IV,309), zu bezahlen hat für den Fanatismus zur Transzendenz, für die Übernahme des schöpferischen Wortes und die Abstreifung des Schöpfers, von dem jenes ausging:

> Allein: du mit den Worten
> und das ist wirklich allein...   (III,299)

---

[25] In der Szenenfolge „Die Stimme hinter dem Vorhang" findet sich eine Parodie auf Gen 1 f., die genaueste Kenntnis des Textes voraussetzt (II,427; vgl. auch II,82).

[26] Wie bedacht und mit welcher Kenntnis der Urgeschichte Benn formulierte, kann man einer Äußerung von 1952 entnehmen: Das „lyrische Ich" ist „nicht kollektiv, sondern anachoretisch, nicht religiös, sondern monoman, es ist eher Kain als Abel, und es beachtet, daß der Herr... Kain verzieh, und daß... sein Enkel Jubal war, von dem die Geiger und Pfeiffer kamen" (I,546; zur „zweiten Genesis" in einem ganz anderen Sinne vgl. II,271 f.).

Kälte und Trauer

Im „Radardenker" (1949) spielte Benn in verschiedenen Kombinationen auf die Urgeschichte an, vornehmlich auf Gen 2 f.:

> „Erst die fünf Bücher der Genesis und dann der Augenblick, wo Sie das Leben nur noch im Gehirn empfinden, die inneren Organe werden bewußtlos, aber das Bewußtsein wurde bewußter" (II,264). „Nimmt man an, daß der Schöpfer im Menschen etwas in der Richtung von Güte und Verzeihen hätte darstellen und entwickeln wollen, müßte man auch annehmen, daß er im Tiger und Leoparden etwas Mörderisches und Blutgier hätte entwickeln wollen und man muß gleich hinzufügen, daß ihm das auch in vollem Umfang gelungen ist. Also so einfach sind die Substanzen nicht, die die zur Erhabenheit verpflichtenden Seiten des Menschen beweisen sollen, besonders nicht, da diese dem Schöpfer doch nur schwach und stellenweise gelungen sind" (II,265 f.).

„Und das Bewußtsein wird bewußter, beginnt die zweite Schöpfungswoche, aber wenn es abends durch den Garten geht, siehe, es ist nicht gut. Kälte und Trauer" (II,267).

So wird die zweite Schöpfungswoche zum Widerruf der ersten – und damit der Freude Gottes an seinem Werk. Das erhabenste Geschöpf ist nur partiell gelungen, das Niedrige, Gottwidrige in ihm mitgeschaffen. Darum ‚geziemen' dem Geschöpf wie dem Schöpfer Kälte und Trauer mehr als Schuldgefühl und Strafe. Ähnlich hatte Benn schon beinahe dreißig Jahre früher in explosiven Staccato-Sätzen hervorgestoßen:

> „Schwefel statt Weihrauch in die Jahve-Türme – dieser Gartengänger, dieser Lehmpriester, dieser Odembläser, und das Geblaste trabte über Feld und Au, trabte um Baale und schabte um Sphinxe . . ." (II,99).

Hinter der Klage über die perniziöse Bewußtseinssteigerung steht für Benn sowohl das Auseinanderklaffen von Leben und Geist, die „zwei sehr fern verknüpfte Äußerungsformen, Schöpfungskreise, Hervorspielungen" sind[27], als auch die von K. A. v. Economo übernommene These einer „progressiven Cerebra(lisa)tion" des Menschen. Dieser eigenwillige Zugang Benns zu Einzelmotiven aus Gen 2 f. bestätigt das, was ganz außerhalb seiner Erwägungen lag: die Herkunftsverschiedenheit von Lebens- und Erkenntnisbaum. Aber auch Gefährdung und Leid durch Erkenntnis[28] sind für ihn Konsequenzen eines nur noch im Gehirn emp-

---

[27] Briefe an Oelze, 183 (28.2.1938). In diesem Zusammenhang zeiht Benn auch Nietzsche, dem er in ästhetischer Hinsicht das meiste verdankt, „seines züchterischen Optimismus . . ., seiner darwinistischen Pathetik": „Das . . . lag lange vor dem Alten Testament, fast vor dem Garten Eden, war Macht und Rache noch aus der Spannungszeit, ehe die Schöpfung des letzten Tages, die zwar auch Erde, aber doch wohl vor allem Odem war, begann" (ebd. 180).

[28] Benn bezog diesen Gedanken sogar auf Christus: „Der schönste und der tiefste Gott

fundenen Lebens: ‚Sündenfall' ist dann die ‚Emanzipation' des Bewußtseins, dessen Abspaltung von Leib und Welt. Darum beschwört Benn auch hier wieder den „Körper, seine unheimliche Rolle, das Soma, das die Geheimnisse trägt, uralt, fremd, undurchsichtig, gänzlich rückgewendet auf die Ursprünge" (I,104) und nennt den menschlichen Leib „ein metaphysisches Massiv": „ohne ihn keine Erkenntnis", aber „in ihm allein entwickelt" auch „der Tod sein Feld" (IV,411).

Das ‚Urgesicht' schaut also noch hinter das anthropologische Dilemma von Gen 2f. zurück in „jene Zeiten und Zustände . . ., als Gott und Nicht-Gott noch vereint, die unerträglich gewordene Spannung zwischen Ich und Welt noch unerklungen" war (II,404); es schaut, wenn man so will, auf das Epos voll von Träumen, auf Gilgamesch: „Zwei Teile sind Gott an ihm – Mensch ist sein dritter Teil" (Gilg I 2,1). Wäre es Benn schon zugänglich gewesen, so hätte er sich nur zu gerne jener ersten, schwer deutbaren Zeile des Atra-Ḫasīs-Epos bemächtigt: „Als die Götter Mensch waren . . ." So aber blieb er reserviert vor der gebrochenen Gestalt des Mythos von Gen 2f. stehen. Der resignierten Feststellung Gottes, daß dem Menschen der Raub vom Erkenntnisbaum gelungen sei, begegnet Benn mit der Vermutung, daß „vor so viel Widersinn und Qual . . . das Leben gar nicht in den Besitz von Erkenntnis gelangen" könne: „Es sieht vielmehr alles nach einem versuchsweisen Schritt der Ferne aus, die die Formel für ein ungeheuerliches Alkaloid preisgab, aber die Substanz selber völlig rein bewahrte" (II,148). ‚Versuch der Ferne' ist also die „nur schwach und stellenweise" gelungene Schöpfung. Mit diesem Rückverweis auf den ‚Anteil' des Schöpfers lockert Benn wiederum jene Schicht von Gen 3, die den ursprünglichen Komplex mythischer Motive überlagert: Die Strafe träfe das ‚Schöpfungsgemäße', also das Unvermeidbare im Menschen, den Drang nach letzter Erkenntnis[29] und den Drang nach ewigem Leben. Die Schuldfrage bekam Benn dabei überhaupt nicht in den Blick, sondern registrierte „nur Bewußtsein ewig sinnlos, ewig qualbestürmt" (I,20) und prophezeite:

> Aber der Mensch wird trauern –
> solange Gott, falls es das gibt,
> immer neue Schauern
> von Gehirnen schiebt . . . (III,80)

Das ist das urgeschichtliche, das immerwährende Trauern der Gehirne, die sich anschickten, Gottes Geheimnis zu rauben und dabei das ei-

---

geht vorüber, der einzige, der das Geheimnis des Menschen trug: je größer die Erkenntnis, um so unendlicher das Leid" (II,150).
[29] Vgl. den Spott darüber in I,14.

gene verloren[30]. Für sie ist auch Arbeit nicht mehr die Bewahrung des
Gartens Eden, sondern auferlegter „Zwang der Schöpfung" (IV,220):
„du bist zwar Erde,/doch du mußt sie graben" (III,235). Also von Erde
zu Erde – und „Sterben heißt, dies alles ungelöst verlassen" (III,227).
Das Ich, das die „Austreibungsstunde" (II,100) in sich hat, heißt dann
„Verlorenes Ich" (1943):

> Wo endest du, wo lagerst du, wo breiten
> sich deine Sphären an – Verlust, Gewinn –:
> ein Spiel von Bestien: Ewigkeiten,
> an ihren Gittern fliehst du hin. (III,215)

Das ist der Mensch von Gen 3,22: aus dem Garten gejagt, vom Leben
abgeschnitten, der Kälte des Bewußtseins ausgeliefert. Benn konnte sich
über die mit der „Austreibungsstunde" gegebene Lage freilich höchst
ambivalent äußern.

Auf der einen Seite geißelte er von diesem Menschenbild her die
„Entwertung alles Tragischen, . . . alles Schicksalhaften" (I,156) und
schrieb die Heraufkunft des neuzeitlichen Nihilismus einer Position zu,
die verkündet: „Der Mensch ist gut, sein Wesen rational, und alle seine
Leiden sind hygienisch und sozial bekämpfbar, dies einerseits und andererseits die Schöpfung sei der Wissenschaft zugänglich . . ." (I,156).
Demgegenüber blieb für ihn der „uralte, der ewige Mensch" (I,429)
„das tragische Wesen . . ., das gespaltene Ich, dessen Abgründe sich
nicht durch Streuselkuchen und Wollwesten auffüllen lassen" (I,426).
Es galt ihm nicht nur als unausweichlich, sondern als menschenwürdig,
dieser tieferen Bestimmung standzuhalten[31].

Auf der anderen Seite: wo „die Welt zerdacht" ist (III,215) und „alle
Mythen zerrinnen" (III,109), die in ihnen artikulierte menschliche Substanz und Situation[32] aber ganz unverändert blieb, kann das abschließende Urteil nur heißen: „Siehe, es ist nicht gut", „Kälte und Trauer"
oder

---

[30] Nicht ohne Erschütterung über den Wandel von Erfahrung und Atmosphäre liest
man wieder Herders Auslegung: „Der Mensch bekam höheren Umschauungskreis, die
Triebe wurden kühl . . . Siehe da den Baum der Erkenntniß, an dem der Mensch aufrecht
ward . . . Nun war er göttergleich . . ." (Älteste Urkunde des Menschengeschlechts, zwey-
ter Theil, 1776, in: Sämmtl. Werke zur Religion und Theologie, Bd. 6, Wien und Prag
1819, 87).

[31] Vor 100 Jahren schrieb J. Wellhausen zu Gen 2f.: „Die schwermütigste Betrachtung
des Lebens, wie es gegenwärtig ist, liegt dieser Erzählung zu grunde. Eitel Not und Arbeit,
ein Frohndienst sind des Menschen Tage, aussichtsloser Frohndienst, denn der Lohn ist,
daß man wieder zur Erde wird . . ." (aaO., 299 = [1]1878, 343).

[32] Eines der Nachlaß-Fragmente lautet: „Ein Tag ohne Tränen ist ein Zufall/eine Ge-
dankenlosigkeit/schon eine Manie" (Primäre Tage, 1958, 78).

dein ist Leiden und Denken:
so empfängst du das Sein.   (III,165)

Benn hat diese Lage des aus jeglichem Paradiese vertriebenen[32a], des gleichwohl aus dem Einflußbereich des (verborgenen) Schöpfers nicht gänzlich entlassenen Menschen in dem vollendet schönen Gedicht „Auferlegt" (1953) skizziert:

> Was Er uns auferlegt, ist ohnegleichen,
> die Löwen lachen und die Schlange singt,
> sie leben in gewiesenen Bereichen,
> in die das Schicksal keine Reue bringt.
>
> Was Er uns auferlegt, ist so verschlossen,
> man ahnt es manchmal, doch man sieht es nie . . .
>
> Was Er den Tag entlang und auch die Nächte
> uns auferlegt, ist einzig, daß man irrt,
> das Tränen macht . . .   (III,293)

Auferlegt, nicht ausgewählt: so gilt selbst hier, daß nur Narren sich für autochthon halten. Verschlossenheit, Irrtum, Tränen: Sein Werk. „Er" aber hat keinen Namen, keine Stimme: also keine Spur vom Deus revelatus. Der zuerst befremdende Hinweis auf Löwen und Schlange[33] ist ein höchst artifizielles Mittel einer definitio hominis, freilich via negativa: Die Tiere leben in gewiesenen, abgegrenzten, geschützten, zu keiner Grenzüberschreitung[34] verlockenden Bereichen, ohne Bewußtsein und ohne Reue[35], darum ohne Irrtum und Tränen. Die „Rasse Adams, die das Tier verstieß" (III,328), erleidet dagegen ihr Bewußtsein in den ‚ungewiesenen' Bereichen. Das ihr Auferlegte ist darum „ohnegleichen" in der Welt der geschaffenen Wesen. So gilt ‚jenseits von Eden' usque ad finem:

> Die Gitter sind verkettet,
> ja mehr: die Mauer ist zu . . .   (III,263)

[32a] Voller Spiel und Anmut erscheint das Motiv „des verlorenen Paradiesgärtchens" noch bei Clemens Brentano im „Märchen von Gockel, Hinkel und Gackeleia": „Weil nun jeder Mensch wohl fühlt, daß er das Paradies verloren hat . . ., machten sich von je die Töchter der Menschen . . . solche kleine Gärten aus vergänglichen Dingen . . ." (Werke, hg. v. Fr. Kemp, II, 331.335).

[33] Das Bild vom lachenden Löwen hat Benn aus dem „Zarathustra": Dieser wartet auf „solche, die rechtwinklig gebaut sind an Leib und Seele: lachende Löwen müssen kommen!" (Fr. Nietzsche, Werke, hg. v. K. Schlechta, II,519). – Der ‚singenden Schlange' lausche ich ratlos; aber Herr Kollege Hanhart machte mich aufmerksam auf den ‚Gesang' der Schlangen bei E. Th. A. Hoffmann, Der goldene Topf (Erste Vigilie).

[34] Wo Benn, in Anlehnung an Thomas Mann, von einer „tierischen" Transzendenz spricht, meint er das Überindividuelle, Organische, Körperliche (I,436; vgl. 355; II,273).

[35] „Das Tier lebt Tag um Tag/und hat an seinem Euter kein Erinnern" (III,46). Zum Verhältnis Gott/Götter – Mensch – Tier vgl. auch II,166 f. 270.298.

und das Ziel der Ziele:
Verlorenheit. (III,434)

Und das gilt angesichts der *beiden* Bäume des Gartens. Vom „eritis si-
cut Deus" her gewinnt aber auch der schon zitierte frühe Vers (1913)
erst sein ganzes Gewicht[36]:

> Wir sind so schmerzliche durchseuchte Götter
> und dennoch denken wir des Gottes oft. (III,25)

Die Taube Noahs

Die großen urgeschichtlichen Stoffe von der Begrenzung und der
Vernichtung des Lebens sind schon in Mesopotamien nur sehr allmählich zusammengewachsen. Wie schwer besonders die Fluterzählung im
monotheistischen Israel zu beheimaten war, beweist die bleibende
Spannung zwischen Begründung und ‚Erfolg‘ der Katastrophe. Aber
schon im babylonischen Vorbild zeigt der Vorwurf gegen Enlil, statt der
Bestrafung einzelner Schuldiger unüberlegt eine universale Katastrophe
inszeniert zu haben, die gedankliche Aufbrechung des polytheistischen
Mythos. Die moralischen Kategorien erwiesen sich hier wie dort als zu
schmal für den Stoff, für das Chaos, für das Götterspiel. So muß sich auch
Jahwe in Gen 8 mit Schlimmerem abfinden als in Gen 3. In 8,21b ist
nicht mehr der gerettete Noah im Blick, sondern dieselbe species
Mensch, die schon vor der Katastrophe auf Erden dominiert hatte. So
lebt, was da lebt, in Schuld; die Flut war Chaos, und das ist etwas katego-
rial anderes als gescheiterte Pädagogik. Der Segen, der jetzt die Erde ‚in
Atem‘ hält, trifft Gut und Böse.

Wo Benn Motive aus Gen 6–8 aufnimmt, wird der Wirrwarr des Stof-
fes – „die Sintflutsage rings und völkerstet" (III,253) – naturgemäß noch
vermehrt durch die Kombination von Einzelzügen mit dem neuzeitlichen Lebensgefühl, dessen expressionistische Variante gerade aus diesem Stoff Honig saugte.

In einem wohl 1944 entstandenen Text formulierte Benn als „innere
Erfahrung" der Gegenwart: Gott „greift . . . nicht unmittelbar in den
Daseinskreislauf ein, auch führt er in der Universalgeschichte keine jede
Szene ordnende Regie"; er erscheint vielmehr nur als „höchst undurch-
sichtige(r) Ausgangspunkt, Schöpfungsimpuls", als „ein Kreislauf im
Dunklen". Das verblüffende Fazit: „Und doch bleibt das Gefühl im
Sinne einer unbeirrbaren Überzeugung bestehen, daß selbst diese
qualerfüllteste aller denkbaren Welten nicht eine Sekunde stehen und

---

[36] Ob man hier auch auf Gen 6,1–4 verweisen darf, bleibe offen.

bestehen könnte ohne eine Ordnung, eine zeit- und raumlose Planung, eine überirdische Existenz" (II,281f.).

Dieser Gott ist nicht der Gott der Geschichte und der Kontingenz, aber Benns Sicht kommt dem nahe, was Westermann[37] zu Gen 8,22 konstatiert: „Das Sein der Welt ist hier als das Bestehende, von einer zum Stehen gekommenen Katastrophe her, verstanden; die bestehende Welt ist die bewahrte Welt." Die ‚überirdische Existenz', die für Benn den Bestand der Welt gewährt, ist freilich nicht der „freundliche Schöpfer" (I,576), nicht der jedem einzelnen Menschen zugewandte Gott, sondern das „Große Wesen", das den Menschen hebt, zerstört und im Dunklen bleibt:

„es hat mich doch keineswegs so reich beschenkt, daß ich mich durchfände, es hat viel verschleiert . . . es hätte unbedingt seine Situation klarer herausarbeiten müssen, bevor es Forderungen präziser Art erhebt" (IV,161).

Dieses Gottesbild ist mit der Schuld-Strafe-Spannung der biblischen Fluterzählung nicht vereinbar: Das ‚Große Wesen' ordnet, erhält oder vernichtet – gleichviel für die Verstehensmöglichkeiten des Individuums oder der Gattung. Damit steht die anthropologische ‚Nutzanwendung' der Urgeschichte in Gen 6 und 8 auf dem Spiel. Dafür ist der Aufsatz „Nach dem Nihilismus" (1932) wichtig.

„Um die Zeit von Goethes Tod . . . entstand das Weltbild, dem jede Spannung zu einem Jenseits . . . fehlte. Der Mensch wurde die Krone der Schöpfung und der Affe sein Lieblingstier" (I,153). Mit dem Erscheinen der „Darwinschen Theorie" „entstand der neue menschliche Typ, . . . optimistisch und flachschichtig, jeder Vorstellung einer menschlichen Schicksalhaftigkeit zynisch entwachsen . . . Es begann das Zeitalter, dessen Lehre dahin ging, der Mensch sei gut" (I,154f.).

Die entscheidende Differenz zwischen Gen 8 und dem ‚neuen menschlichen Typ' ist klar: Entweder[38] die urgeschichtliche Melodie „Das Trachten des menschlichen Herzens ist böse von Jugend auf" oder „das neue Lied, der Mensch ist gut, dessen flotte Weise den strengen Choral der Vergangenheit verdrängte" und damit alles, was dem Leben „die Tiefe und das Grenzenlose" gab (I,155). Dieses ‚neue Lied' sang den neuzeitlichen Nihilismus ein.

Aber die durch die Sintflut nicht geminderte Neigung zum Bösen wird von Benn wieder ganz auf den Schöpfer zurückgeführt: „Der Mensch ist ein Wesen, dessen Schöpfung nur ein halber Erfolg war. Er ist nur ein Entwurf von etwas" (IV,262). Er ist so ‚mißlungen', wie das der Schöp-

---

[37] BK I/1, 613.
[38] Benn paraphrasiert hier R. Huch, Alte und neue Götter, 1930.

fer in Gen 8,21 selber resignierend konstatiert. Benn zog daraus letzte anthropologische Konsequenzen: „Es giebt innerhalb der geschichtlichen Welt kein Gut und Böse. Es giebt nur das Böse, meine ich. Wer das nicht sieht, ist in der Substanz schmächtig und seelisch nicht herangereift."[39] So bleibt der geschichtliche Mensch seiner urgeschichtlich definierten Substanz tragisch verhaftet:

> ach, dieser Erde Frucht- und Rosenspiel
> ist heimgestellt der Wucherung des Bösen
> . . .
>
> indes das Ende, taumelnd wie ein Falter,
> gleichgültig wie ein Sprengstück nahe ist
> und anderen Sinn verkündet –
>
> . . . . .Der Tiere Abart
> wird faulen, daß für sie das Wort Verwesung
> zu sehr nach Himmeln riecht – schon streichen
> die Geier an, die Falken hungern schon –! (III,227f.)

Diese Verse zeigen die Zusammenbindung von urgeschichtlicher Bestimmung und apokalyptischem Ende: Der geschichtliche Mensch, auf der Flucht vor seiner tragischen Bestimmung, entkommt doch seiner Bosheit nicht – und so vollzieht sich der mörderische Kreislauf, so wird die Spannung zwischen Schöpfungs-Mitgift und Chaosdrohung aufgelöst: „die Falken hungern schon".

Die von H. Gunkel hervorgehobene Komplementarität von „Schöpfung und Chaos in Urzeit und Endzeit"[40] kann man also auch bei Benn studieren; freilich ist gerade bei diesem Thema in seinem Denken viel Gegenläufiges, schwer Vereinbares, was wiederum auch zusammenhängt mit der Bedeutung dieses Motivkomplexes im literarischen Expressionismus.

In den während des ersten Weltkrieges entstandenen Rönne-Novellen schrieb Benn seinen Ekel an einer von Verwissenschaftlichung, Fortschrittsoptimismus und Sinnverlust gekennzeichneten Welt heraus. Sein Ausbruch aus dieser Welt leitete ihn zu der „Trance", „daß es diese Wirklichkeit nicht gäbe. . . . und eine Urschicht stieg herauf, berauscht, an Bildern reich und panisch". Rönne, „vor das Erlebnis von der . . . mythenalten Fremdheit zwischen dem Menschen und der Welt gestellt", glaubt „unbedingt der Mythe und ihren Bildern" (IV,30). Aus dieser inneren Lage erwuchsen, zu ihr gesellten sich die Motive vom Einbruch des Chaotischen in die so ‚sichere' Welt: „heran wogte das Ungeformte, und das Uferlose lag lauernd" (II,33). Gegen „das Abge-

---

[39] Briefe an Oelze, 245 (27.10.1940).
[40] 1894, ²1921.

grenzte . . ., die Sicherheiten des Geformten" (II,63), gegen „geordnetes Vorstellungsleben" (II,456), gegen „lauterstes Bewußtseinsleben" (II,459) bemerkt „Diesterweg" (1918): „Eine schwere Zerstörung lag über den Formen, . . . auch der Himmel hatte sich begeben und die Erde rann: das war das Chaos, die Ungestalt" (II,68). Und dieses Chaos kam nicht von ungefähr, sondern: „das ist der Dämon, schrie Diesterweg, der holt alles heim, das er einst geschieden, in Wasser und in Veste – und rüstete den letzten Gang" (II,69).

Schöpfung und Chaos, Urzeit und Endzeit: das ganze Motivarsenal der biblischen und vorbiblischen Urgeschichte ist hier zusammengeflossen in Lektüre, Erleben und Werk des Dichters. So warf er sich den Prophetenmantel um und verkündete dem „Kausalgesindel" das Chaos: „mein ist die Rache, stößt es von den Sternen, die Wüste naht" (II,101). Und gegen die weiße Rasse[41], „herrschsüchtig und ohne Götter" (I,149), schleuderte er den Fluch: „Dann über sie das Chaos, der Sturz, das tiefe Verhängnis und alle Panik der Agonie" (I,150).

Diesen frühen Ausbrüchen widersprechen ein paar Sätze von 1952 („Vortrag in Knokke") beinahe fundamental. Sie verdanken sich auch der Emphase gegen „die berühmte Lebensangst" der Nachkriegsjahre: Das lyrische Ich also „glaubt an keinen Untergang, sei es des Abendlandes, sei es der Menschheit aller Farben. Es war immer Krise, es war immer Götterdämmerung, . . . es war immer Apokalypse, das siebenköpfige Tier aus dem Meer und das zweihörnige aus der Erde war immer da" (I,546). Gleich danach spricht Benn freilich wieder von der Kunst, die „im Zerfall der Welten" ihre Größe hat: „Überall der tiefe Nihilismus, aber darüber die Transzendenz der schöpferischen Lust" (I,548). Diese Widersprüche lösen sich (allenfalls) auf in der Resignation einerseits: „Evolution und so wuchert der Kulturkreis weiter" (I,579); andererseits im Einsatz von Begriff und Form, eben von Kunst als Bändigerin des Chaos, und diese zweite Lösung durchzieht Leben und Werk Benns. Immer stand ihm fest: „Was objektiv bleibt, ist nicht die Prophetie von Zukünften, sondern es sind die abgeschlossenen hinterlassungsfähigen Gebilde" (I,298). Damit wird so manches „Urerlebnis" zum „Bildungserlebnis" herabgestimmt[42], wird aus der Hektik und Chaos-Beschwörung des expressionistischen Aufbruchs die Überwindung der Lebensbedrohung durch die künstlerische Form und Vollendung.

Letztere war allerdings schon für den frühen Benn nicht zu verwechseln mit dem Begriffsgeklapper der Wissenschaft:

---

[41] In dieser Einengung ist die Universalität der Lebensbedrohung preisgegeben; vgl. auch II,149f.
[42] A. Schöne, aaO., 264.

„rührend das Bild des Abendländers, der immer noch und immer wieder, und bis der Okzident in Schatten sinkt, dem Chaos gegenübertritt mit seiner einzigen Waffe, dem Begriff, ... aber Dämmerung über die formalen Methoden" (IV,11).

Zwar schied in der Schöpfungsfrühe der Begriff „Welt von Chaos", aber in den Spätzeiten ist dazu nur imstande und berufen, wer „die äußerst erreichbare Formulierung, die gespannteste Wendung bändigt und stählern begrenzt", kurzum: „Es ist wie in der Kunst" (IV,60f.; vgl. III,518.522). Die Abwehr des immer lauernden ,Uferlosen', der ,Ungestalt', leistet also „der sich durch Formung an Bildern und Gesichten vom Chaos differenzierende Mensch" (I,439), sofern für ihn „Kunst . . . die definitive moralische Entscheidung gegen reinen Stoff, Natur, Chaos, Rücksinken, Ungeformtes ist" (I,481). Der Vergänglichkeit entzogene, hinterlassungsfähige Gebilde: sie sind die dem Künstler aufgegebene Sicherung der Welt vor dem Chaos – paradigmatisch und säkularisiert, aber dem uralten Motiv verpflichtet.

Im Gespräch mit Reinhold Schneider (über das Thema: „Soll die Dichtung das Leben bessern?") antwortete Benn dem katholischen Dichter, der selbst „das Schwinden des Bewußtseins des Tragischen als den Untergang unserer Kultur" bezeichnet hatte (I,587):

„ich kann mir einen Schöpfer nicht vorstellen, der das, was im Sinne unseres Themas bessern heißen könnte, als Besserung betrachtete. Er würde doch sagen: Was denken sich diese Leute, ich erhalte sie durch Elend und Tod, damit sie menschenwürdig werden, und sie weichen schon wieder aus durch Pillen und Fencheltee und wollen vergnügt sein und auf Omnibusreisen gehen" (I,588).

Menschenwürdig durch Bedrohung – vergleichbar hatte Benn es schon ein Vierteljahrhundert früher ausgedrückt: „Eine Schöpfung ohne Grauen" zählt zu den „Wunschräusche(n) kurzbeiniger Rationalisten" (IV,217). In dieser menschlichen Haltung, die eine bestimmte theologische Position einschließt, blieb er sich und der Schöpfung, wie er sie sah, treu: vornehm und leidensfähig.

Die den polytheistischen Hintergrund mit Streit und Klage in der Götterversammlung spiegelnde jahwistische Einsicht, daß es mit der menschlichen Art auch nach der Sintflut nicht weit her war, klingt in Benns posthum publiziertem Gedicht „Leid der Götter" nach:

> Wohin könnten Götter klagen,
> sie haben doch alles gemacht
> und können zum Schluß nicht sagen:
> vertan – verdacht –
>
> . . .
> Sie sind ja nicht allmächtig,
> sie ringen einander ab . . .   (III,463)

Mit diesem „vertan – verdacht" wird eben auch der (eine) Gott be-
schuldigt, der die Flut kommen und versiegen läßt, nicht dagegen deren
Opfer – Verhängnis über beiden![43] Und so revoziert Benn auch den Se-
gensspruch am Ende von Gen 8: Der ewige Fortgang der Rhythmen des
Lebens bleibt undurchlässig für einen gütigen Gott:

> die Himmel segnen nicht, nur die Zypresse,
> der Trauerbaum, steht groß und unbewegt.   (III,338)

Aber: wie die Sintflut „Archetyp der Menschheitskatastrophe" ist[44],
so ist doch die biblische Fluterzählung auch Erzählung von der Rettung
aus dem Chaos. Für den Geretteten, in dem sich die ‚neue' Menschheit
verdichtet, war die Taube die Botin und das Ölblatt das Zeichen der Rettung. In dieser Vogelszene fand das Rettungsgeschehen über die Jahrtausende, vor- und nachbiblisch, seinen schönsten symbolischen Ausdruck. Benn wußte ohne allen Zweifel genau, was er sagte, wenn er in
vier poetisch vollendeten Zeilen resümierte:

> Fratze der Glaube,
> Fratze das Glück,
> leer kommt die Taube
> Noahs zurück.   (III,78)

Damit ist das auch Goethe[45] vertraute Zeichen pervertiert: Es gibt
keine Rettung! Mehr noch: die Kombination ‚Taube – Glaube' steht
nicht nur um des Reimes willen, sondern, wie eine Weiterspielung des
Wortfeldes zeigt, für eine letzte Einsicht:

> Wer altert, hat nichts zu glauben,
> wer endet, sieht alles leer,
> sieht keine heiligen Tauben
> über dem Toten Meer.   (III,267)

Benn war also mit der urgeschichtlichen ‚Funktion' dieses „sanften"
Tieres (I,353) wohl vertraut und trieb das Motiv in der Umkehrung immer weiter, bis hin zur Klage über das Ende aller rettenden Zeichen:

> „Alles schlief, der Prophet und die Prophezeiten; auf dem Ölberg lag Tau, die
> Palmen rauschten in einem unfühlbaren Wind – da flog eine Taube empor, Spiri-

---

[43] „Die urgeschichtliche Erklärung der Fluterzählung steht vor der Aufgabe, ... zu
durchdenken, was es ... bedeutet, daß das Wirken Gottes *alle* Wirklichkeit, einschließlich
aller Katastrophen, umfaßt ..." (C. Westermann, BK I/1, 643).

[44] Ebd. 537.

[45] Der als Bote ausgesandte Harfenspieler erscheint bei der Rückkehr „ohne Ölblatt
vor seinem Herrn und Freund" Wilhelm (Wilhelm Meisters Lehrjahre, 4.Buch, 11.Kap.,
in: Hamburger Ausgabe, Bd. 7, [8]1973, 239). Zu Benns Gebrauch einzelner Bilder aus dem
Noah-Arche-Komplex vgl. I,15; II,189; III,303.305.

tus sanctus, ihre Flügel schwirrten und die Wolken nahmen sie auf, sie kehrte nicht mehr zurück – das Dogma war zu Ende" (II,218f.).

Diese Taube kommt nicht einmal mehr ‚leer' zurück, Ausblicke nach ihr lohnen nicht mehr: ein Bild äußerster metaphysischer Vereinsamung des Menschen. Bis zu diesem Ende hat Benn das ‚Material' der Urgeschichte umspielt, durchdacht, ausformuliert.

Das Ende: im Dunkel

Das hier auch zum Thema nur bruchstückhaft dokumentierte Werk[46] Gottfried Benns gehört, in Anknüpfung und Widerspruch, zur weniger bekannten Wirkungsgeschichte von Gen 1–11. Der beobachteten Affinität des Dichters zum Urgeschichtlichen entspricht seine Verschlossenheit gegenüber beinahe allem, was im Alten Testament auf diese Urgeschichte folgt und deren gesamtbiblisches Verständnis bestimmt hat: Offenbarung, Verheißung, Glaube, Hoffnung. So endet das Gedicht ,,Dunkler kann es nicht werden" (1925):

> Dir nur sich enthüllte
> bis zum Schlunde leer
> ewig unerfüllte
> Promesse du bonheur . . .   (III,117)

Da die Zeile davor auf Israel zielt, meint ‚promesse du bonheur' nicht ein beliebiges Glücksversprechen, sondern religiöse Verheißung. Wie Benn schon in jenen Jahren auch ,,in der außermenschlichen Natur nichts Gütiges . . ., nichts dem Glauben sich Ergebendes, nichts der Hoffnung sich Neigendes" sah (I,104), so blieb sein ‚Offenbarungs'-Verlangen allezeit ungestillt:

> Ach, eine Fanfare,
> doch nicht an Fleisches Mund,
> daß ich erfahre,
> wo aller Töne Grund.   (III,311)

Das menschliche Geheimnis dieser Verschlossenheit vor den ,,gnädigere(n) Bilder(n)" (II,287) ist hier nicht zu berühren; aber es gehört zu dieser Verschlossenheit, daß Benn vor den dunkleren Bildern der urgeschichtlichen Bestimmung des Menschen verharrte. Der nicht weiß, ,,bei wem" er sich ,,ein Stichwort borgen" könnte (III,216), der dagegen wohl ,,weiß, daß keinen Bitten jemals ein Gott erscheint", daß ,,keine Bitten nützen", weil ,,der Gott verneint" (III,430f.), zieht sich zurück auf die Bestände, auf letzte, unausweichliche Einsichten:

---

[46] Vgl. III,369 zu Gen 4, IV 311 zu Gen 11 – u.a.m.

Fühle – doch wisse, Jahrtausende fühlten . . . (III,334)

Unendlich ist der Gram der Herzen
und allgemein . . .   (III,336)

Aus dieser durch die „Austreibungsstunde" geschaffenen Lage folgen auch die Maximen des „Ptolemäers":

„Erstens: Erkenne die Lage. Zweitens: Rechne mit deinen Defekten, gehe von deinen Beständen aus, nicht von deinen Parolen. Drittens: Vollende nicht deine Persönlichkeit, sondern die einzelnen deiner Werke . . ." (II,232). „Erkenne die Lage, – dies wird zur Zeit gottgefällig sein!" (II,282)

Zu den ‚Parolen' zählte dann wohl der Gottesglaube Israels, zu den defektiven Beständen dagegen die Erkenntnis- und Lebensminderung des Menschen nach den Hauptstücken der Urgeschichte. Benn formulierte das für sich (und dem Anspruch nach für seine Zeit) abschließend in der 1952 veröffentlichten Szenenfolge mit dem beziehungsreichen Titel „Die Stimme hinter dem Vorhang". Da lamentiert eine Figur namens Isaak:

„Großer Vater, . . . darf man gar nicht mehr fragen, was mit dem Schöpfer eigentlich los ist . . . in unserem Inneren ist manches, wie es nicht sein soll und wie es auch nicht sein möchte.   . . . Sie können natürlich sagen, Glauben ist Schuld, man soll mit dem Furchtbarsten rechnen in jeder Lage, aber . . . etwas außerhalb des Furchtbaren muß es doch geben.   . . . man hat den Sack über dem Kopf, man schlägt um sich, wendet sich an den Schöpfer, man betet zu G . . ." (II,438).

Die „Stimme" brüllt ihre Antwort:

„Was soll denn sein, wer seid ihr denn, geschaffen und geworden, die Augen unter Tränen und die Herzen hin und her? . . . was soll denn sein, wieviel Nächte habt ihr denn alleine durchgestanden, welche Trauer ohne Geschwätz getragen – das Nichts, euer Nichts war immer noch durchklimpert von Gebetsmühlen und Schuhschnallen – wenn ich euch nun sagte: im Dunkel leben, im Dunkel tun, was wir können – *das soll sein?*" (II,440)

Benn hat einen hohen Preis bezahlt für das, was bei ihm zu lernen ist: der Unterschied zwischen der Urgeschichte, die die Ahnungen der Menschheit sammelt, und der Offenbarung Gottes in Israel. Es ist derselbe Unterschied, den C. Westermann mit so gänzlich anderen Mitteln und Absichten in seiner Auslegung der biblischen Urgeschichte hervorgehoben hat.

Rainer Albertz

Die Kulturarbeit im Atramḫasīs
im Vergleich zur biblischen Urgeschichte

Das altbabylonische Atramḫasīs-Epos, das erst in jüngerer Vergangenheit wieder rekonstruiert werden konnte[1], hebt sich aus der großen Zahl religionsgeschichtlicher Vergleichstexte zur biblischen Urgeschichte (Gen 1–11) dadurch heraus, daß es nicht nur Parallelen zu einzelnen ihrer Motive liefert, sondern ihr auch als ganzes in ihrem Gesamtaufbau entspricht. Auch der Aufbau dieser ‚babylonischen Urgeschichte‘ ist bestimmt von dem polaren Gegenüber von Schöpfung und Flut, von der Erschaffung und der Vernichtung des Menschen.

Doch trotz dieser Sonderstellung ist das Atramḫasīs-Epos bisher erst erstaunlich selten ausführlicher mit der biblischen Urgeschichte verglichen worden. Pionierarbeit hat hier von alttestamentlicher Seite vor allem mein verehrter Lehrer C. Westermann geleistet[2], den ich mit diesem Artikel herzlich zu seinem 70. Geburtstag grüßen möchte; von orientalistischer Seite wären die Namen von A. R. Millard[3], W. L. Moran[4] und W. v. Soden[5] zu nennen. Seit der Bearbeitung des babylonischen Textes durch W. G. Lambert und A. R. Millard ist in der Orientalistik eine z. T. recht heftige Fachdiskussion geführt worden, die zu manchen Klärun-

---

[1] Nach Vorarbeiten von J. Laessøe (1956) erschien 1965 die neue Keilschriftedition CT 46 und 1969 die Bearbeitung von W. G. Lambert/A. R. Millard, Atra-Ḫasīs. The Babylonian Story of the Flood; zur Entdeckungsgeschichte s. dort 1–5.

[2] In seinem großen Genesis-Kommentar: Genesis I, BK I,1, Neukirchen-Vluyn 1974. Seine erste Interpretation des Epos 95–97 stammt aus dem Jahr 1966 und beruht auf einer der ersten Bearbeitungen, die es überhaupt gab; sie war im Seminar von A. Falkenstein aufgrund von CT 46 u. a. angefertigt worden. Leider konnte Westermann das Epos in der breiten religionsgeschichtlichen Einleitung zum Kommentar nicht mehr berücksichtigen, er hat aber in der Einzelauslegung häufig auf es Bezug genommen, vgl. das Register. – Der Aufsatz von I. M. Kikawada, Literary Convention of Primaeval History, AJBI 1/1975, 1 ff. war mir nicht zugänglich.

[3] A New Babylonian ‚Genesis‘ Story, TynB 18/1967, 3–18.

[4] Atra-Ḫasīs: The Babylonian Story of the Flood, Bibl 52/1971. 51–61, bes. 60f.

[5] Der Mensch bescheidet sich nicht. Überlegungen zu Schöpfungserzählungen in Babylonien und Israel, in: Symbolae biblicae et mesopotamicae, Festschr. F. M. Th. de Liagre Böhl, Leiden 1973, 349–358.

gen, aber auch zu manchen Kontroversen im Verständnis des Epos geführt hat[6]. Unter Berücksichtigung dieser Diskussion möchte ich mit meinem Beitrag, die grundlegenden Einsichten C. Westermanns aufnehmend, den Vergleich beider Texte weiter vorantreiben. Ich greife dabei die Thematik der Kulturarbeit deswegen heraus, weil ich hoffe, daß an ihr die praktische Relevanz exegetischer und religionsgeschichtlicher Arbeit am deutlichsten sichtbar werden kann.

I. Die Kulturarbeit als Bestimmung des Menschen

Es war eine wichtige Entdeckung C. Westermanns, daß die Kulturarbeit eines der zentralen Themen der biblischen Urgeschichte bildet, was in früheren Auslegungen meistens übersehen worden war[7].

Ich will das hier nur kurz skizzieren[8]. Die Bestimmung des Menschen zur Kulturarbeit ist in beiden biblischen Schöpfungserzählungen fester Bestandteil der Menschenschöpfung. Im jahwistischen Bericht Gen 2 wird der soeben erschaffene Mensch von seinem Schöpfer in den Garten gesetzt, um ihn zu bebauen und zu bewahren (Gen 2,15). Die Erschaffung des Menschen, die Gabe einer Umwelt, die Versorgung mit Nahrung und die Bestimmung zur kultivierenden Arbeit gehören somit für diesen biblischen Erzähler untrennbar zusammen. Selbst die Gemeinschaft von Mann und Frau, auf die die Erzählung Gen 2 eigentlich hinausläuft, wird unter einem Aspekt der Arbeit, der gegenseitigen Zusammenarbeit (Gen 2,18), gesehen.

In der Weltschöpfungserzählung der Priesterschrift Gen 1 begegnet die Bestimmung des Menschen zur Kulturarbeit einmal schon beim Entschluß des Schöpfers, den Menschen zu schaffen (1,26): „Lasset uns Menschen schaffen, . . . daß sie herrschen . . .", dann sogleich nach der Erschaffung in einem förmlichen Auftrag, verbunden mit der Segnung des Menschen:

---

[6] Zusammengestellt bei R. Borger, HKL II, 1975, 157f. Hinzu kommen: S. A. Picchioni, Principi di etica sociale nel poema di Atraḫasīs, OrAnt. 13, 1974, 83–111; C. Wilcke, Die Anfänge der akkadischen Epen, ZA 67/1977, 154–216, bes. 160–163; W. v. Soden, Die erste Tafel des altbabylonischen Atramḫasīs-Mythus. ‚Haupttext' und Parallelversionen, ZA 68/1978, 50–94. Für die Überlassung dieser wichtigen Neubearbeitung der ersten Tafel noch vor dem Erscheinen habe ich Herrn Prof. v. Soden herzlich zu danken.

[7] Vgl. den Abschnitt: „Die Erzählungen von den Errungenschaften", Genesis I, (Anm. 2) 77–86. Schuld daran war eine häufig stark theologisch-heilsgeschichtliche Ausrichtung der Auslegung. Das Atramḫasīs-Epos konnte Westermann in diesem grundlegenden Abschnitt noch nicht berücksichtigen, vgl. aber bes. 300–302.

[8] Ausführlicher in R. Albertz, Der Mensch als Hüter seiner Welt. Verfügungsrecht und Verantworungspflicht als Elemente des Schöpfungsauftrages, Die Mitarbeit 25/1976, 306–321.

Gen 1,28   Und Gott segnete sie und sprach „. . .':
           Seid fruchtbar und mehret euch und füllet die Erde und machet sie
           euch untertan!
           Herrschet über die Fische des Meeres, die Vögel des Himmels und
           alles Getier, das sich auf Erde regt!

Daran schließt sich die Zuweisung der Nahrung an (1,29).

Für J wie für P ist damit die Kulturarbeit eine in seiner Erschaffung
begründete Grundbedingung des Menschen. Doch während sich P auf
diesen allgemeinen Schöpfungsauftrag beschränkt und nicht erzählt, wie
er ausgeführt wird, zeichnet J eine wirkliche Geschichte der menschlichen Kulturarbeit nach und zwar meist in kurzen, den Genealogien bei-
gegebenen Notizen: Das Bebauen des Bodens geht auch außerhalb des
Gartens weiter (3,23), danach kommt es zur Arbeitsteilung zwischen
Bauer und Hirte (4,2), gefolgt von einer weiteren Differenzierung der
nicht-seßhaften Berufe: Nomaden (4,20), Musikanten (4,21) und
Schmiede (4,22). Genannt werden weiter die wichtigen Errungenschaften des Städtebaus (4,17) und des Weinbaus (5,29; 9,20), und am Ende
der Urgeschichte werden noch zwei Beispiele für die Hochkultur erwähnt: die Großreichbildung (10,8 ff.) und die Errichtung von Großbauten (11,1 ff.). Wie J diese Entwicklung bewertet, wird uns noch später
beschäftigen[9]; hier gilt es erst einmal festzuhalten, daß er ganz ohne
Zweifel am Fortschritt menschlicher Zivilisation interessiert ist. Kulturarbeit und Kulturfortschritt gehören für ihn unlösbar zu den Urdaten der
Menschheitsgeschichte hinzu.

Was für die biblische Urgeschichte festgestellt wurde, das gilt in noch
sehr viel höherem Ausmaß für das Atramḫasīs-Epos. In seinem ganzen
ersten Teil (I,1–340[10]), der uns hier erst einmal interessieren soll, ist die
Kulturarbeit *das* bestimmende Thema, das den gesamten Erzählbogen
strukturiert:

Schon in der Exposition wird es angeschlagen:

I,1   Als die Götter (noch) Menschen waren,
2   leisteten sie die Arbeit *(dullum)*, trugen sie den
           Tragkorb *(šupšikkum)*.
3   Die Fronarbeit *(šupšikkum)* der Götter war groß,
4   die Arbeit war schwer, viel Mühsal *šapšāqum)* gab es.

In der Urzeit also, als alles noch anders war[11], als es jetzt ist, wurde die
Kulturarbeit noch von den Göttern getan. Angedeutet wird schon hier

---

[9] S. u. 45 f. 53. 55–7.
[10] Die Abgrenzung nach hinten ist nicht mit Sicherheit anzugeben, da der Text hier eine
Lücke aufweist.
[11] Die in ihrer Interpretation umstrittene erste Zeile des Epos (vgl. HKL II, 157, dazu
C. Wilcke ZA 67, 161 und W. v. Soden ZA 68, 76) ist m. E. auf dem Hintergrund der

das Konfliktpotential, das sich im weiteren Verlauf der Handlung entladen wird: Die Arbeit ist schwer, sie ist für die Götter eine Last.

In einer Art vorbereitenden Handlung (I,5–33) wird nun berichtet, daß im Zuge einer hierarchischen Neuorganisation der göttlichen Kompetenzen die eine Göttergruppe, die Anunnaku, die Kulturarbeit an eine andere Göttergruppe, die Igigi, delegiert:

I,5   Die großen Anunnaku wollten die (nur) sieben
6   Igigi die Arbeit (dullum) tragen lassen[12].

Doch diese Lösung des Arbeitsproblems erweist sich im folgenden als Scheinlösung. Die Igigi übernehmen wohl die Kulturarbeit, sie graben die Flüsse und Kanäle, aber im Laufe der Zeit wird für sie die Arbeitsbelastung unerträglich:

I,37   [Die Igigi, 25]00 Jahre lang, die übergroße,
38   [schwere Ar]beit *(dullum)* leisten sie Nächte und Tage.
39   [Sie erheben (?)] Klage und äußern Beschimpfungen,
40   [sie bekla]gen sich in den Erdgruben.
41   [„An] unseren [Hauptaufse]her (?), den Sesselträger,
           wollen wir herantreten,
42   unsere [schwe]re Arbeit *(dullum)*, (die) auf uns (liegt),
           soll er abschaffen!"

Ein regelrechter Arbeitskonflikt bricht auf. Die Igigi verbrennen ihre Arbeitsgeräte, ihre Spaten und Tragkörbe (I,64–67) und treten damit in den Streik; mehr noch: sie beschließen, den Götterkönig Enlil durch eine bewaffnete Aktion von seinem Thron zu stürzen (I,43–47.57–60). Der Versuch, durch Delegation der Kulturarbeit innerhalb der Götterwelt zu einer Lösung zu kommen, ist gescheitert.

Die Haupthandlung, die mit dem Aufbegehren der Igigi einsetzt, ist in ihrem ganzen ersten Teil (I,35–170[13]) von dem Arbeitskonflikt in der

---

,Als-noch-nicht'-Einleitungen anderer Urzeitdarstellungen zu verstehen, vgl. bes. Enūma eliš I,1 und C. Westermann, (Anm. 2) 59–64. Mit ihnen wird die Urzeit als eine Zeit charakterisiert, in der alles das, was jetzt selbstverständlich ist, noch nicht so war. Im Atramḫasīs-Epos ist die Aussage nur positiv gewendet; gemeint ist: als die Götter noch nicht Götter im vollen Sinn waren, weil ihnen noch ihr Gegenüber, die Menschen, fehlte.

[12] Vgl. I,19 f.; ich folge hier in der Übersetzung – wie auch meist im folgenden – weitgehend der neuen Bearbeitung von W. v. Soden (Anm. 6); etwas anders faßt C. Wilcke den syntaktischen Aufbau des Eposbeginns. Für ihn sind die präsentisch konstruierten Zeilen 5 f. Umstandssatz zu Z. 1–4, auf die in Z. 7–20 eine Rückblende auf voraufgegangene Ereignisse erfolgt, ZA 67, 161 ff.; Z. 1–4 wären dann schon auf die Fronarbeit der Igigi zu beziehen, und die Übertragung der Arbeit an sie wäre schon vorausgesetzt. Doch meine ich von formkritischen Überlegungen her, daß der Akt, der den ganzen Konflikt in Gang setzt, auch wirklich erzählt werden muß. Nur die Zeilen 7–18 tragen die Umstände, die zu ihm führten, nach; wegen dieser Unterbrechung ist die Wiederaufnahme von Z. 5 f. in 19 f. nötig. Auf das umstrittene *sebettam* möchte ich hier nicht eingehen.

[13] Z. 171–188 sind in der aB Hauptversion abgebrochen; W. G. Lambert hat die Lücke

Götterwelt bestimmt. Die Igigi belagern den Palast des Enlil, der aufge-
schreckte Götterkönig ruft die Götterversammlung ein, man berät sich
und schickt einen Vermittler zu den Aufständischen; doch alle Verhandlungen schlagen fehl, die Igigi wiederholen nur in aller Schärfe ihre
Klage über die unerträgliche Arbeitsbelastung:

I,159	„Ihr Göt[ter alle allzumal,]
160	Wir wollen [. . .] den Kampf,
161	wir [legten hin unsere . . . in den Erdgruben.]
162	Die übergroße [Fronarbeit] *(šupšikkum)* tötete uns fast,
163	[schwer war] unsere Arb[eit] *(dullum)*, viel Mühsal *(šapšāqum)* gab es.
164	[Und (nun),] ihr Götter [al]le allzumal,
165	hat unser Mund [vorgebracht], daß wir uns bei Enlil beklagen.

Eine Lösung des Arbeitskonflikts scheint unmöglich; Trauer und Resignation macht sich in der Götterversammlung breit (I,166 ff.). Hier
nun, auf dem Höhepunkt des Konflikts macht der weise Gott Enki einen
unerwarteten Lösungsvorschlag: den Menschen zu schaffen
(I,189–191)[14].
    Begeistert nehmen die übrigen Götter den Vorschlag auf und beauf-
tragen eine Spezialistin, die Muttergöttin Mami, mit der Durchführung:

I,192	Sie riefen die Göttin, fragten
193	die Hebamme der Götter, die weise Mami:
194	„Du bist der Mutterleib, der die Menschheit erschaffen kann.
195	Erschaffe den Urmenschen, daß er das Joch *(abšānum)* trage,
196	er trage das Joch, das Werk *(šiprum)* für Enlil,
197	den Tragkorb *(šupšikkum)* für den Gott soll der Mensch tragen!"[15]

Der Lösungsversuch Enkis bedeutet also – nach der fehlgeschlagenen
ersten – eine weitere Delegation der Kulturarbeit. Die Menschen werden geschaffen, um die Kulturarbeit von den Göttern zu übernehmen
und für sie zu leisten.
    Die Durchführung der Menschenschöpfung ist nun recht kompliziert. Die bis-
her straffe Erzählstruktur bekommt einen deutlichen „Bauch". Nur das wenigste
von dem, was hier erzählt wird, ist von der Gesamtstruktur des Epos her notwen-

---

teilweise durch jüngere Versionen zu schließen versucht, (Anm. 1) 52 f.; zur Kritik an diesem Vorgehen vgl. W. v. Soden, (Anm. 6) 50 ff.
[14] Eine Lücke geht voraus. Daß Enki der Sprecher ist, kann man nur mit einigem Vorbehalt aus der zweiten aB Version G erschließen, W. G. Lambert/A. R. Millard, (Anm. 1)
54 f.
[15] Ich verstehe die Konstruktus-Verbindung als gen. obj.

dig. Das ist ein sicheres formgeschichtliches Kriterium dafür, daß der Dichter hier auf ältere, ehemals selbständige Darstellungen der Menschenschöpfung zurückgegriffen hat, die durchaus andere Intentionen als das Gesamtepos gehabt haben[16].

Der Höhepunkt der Handlung ist mit der vollzogenen Menschenschöpfung erreicht. Stolz meldet die Muttergöttin den Göttern die gelungene Ausführung ihres Auftrags:

I,237   „Das Werk habt ihr mir befohlen,
238   nun habe ich es vollendet.
239   Den Gott habt ihr geschlachtet mit seiner Planungsfähigkeit.
240   Eure schwere Arbeit habe ich (damit) abgeschafft,
241   euren Tragkorb legte ich dem Menschen auf.
242   Ihr . . . [17] Menschheit Geschrei,
243   Ich habe den Halsring *(ullum)* gelöst, Lastenbefreiung *(andurārum)* bewirkt.“

Und die Götter reagieren darauf mit Freude und Dankbarkeit:

I,244   Sie hörten diese [ihre] Rede,
245   liefen überall hinzu, küß[ten ihre Füße:]
246   „Früher [pflegten wir dich Mami zu nennen,][18],
247   jetzt soll ‚Herrin aller Götter‘ *(Bēlet-kala-ilī)* dein Name sein!“

Dieser Jubel der Götter über ihre Befreiung steht im Kontrast zu der Klage der Igigi (I,39 ff.; 162 ff. u. ö.) und der Trauer und Niedergeschla-

---

[16] Das gilt etwa für die Motive der Konkurrenz zwischen verschiedenen Menschenschöpfer-Göttern und der Götterschlachtung, die auch in anderen Menschenschöpfungserzählungen vorkommen, vgl. das Material, das G. Pettinato, Das altorientalische Menschenbild und die sumerischen und akkadischen Schöpfungsmythen, AAH1971,1, Heidelberg 1971 zusammengestellt hat. Aber auch die singulären und nur schwer deutbaren Motive vom *uppu* und *eṭemmu* bzw. *E/Widimmu* werden an keiner Stelle des Epos – soweit wir es heute kennen – wieder aufgenommen. Dieser traditionsgeschichtliche Tatbestand ist in der bisherigen Auslegung nicht genügend beachtet worden. Wenn z. B. W. v. Soden gerade solche Motive in der Menschenschöpfungsdarstellung *(ṭēmu* = die durch die Götterschlachtung vermittelte Planungsfähigkeit und *Edimmu* = Wildmensch) zur Basis seiner Interpretation des Gesamtepos macht, (Anm. 5) 353 ff., dann möchte ich fragen, ob es sich hier nicht doch nur um traditionsgeschichtlich bedingte Nebenmotive handelt, die wohl mitklingen, aber keine tragende Funktion im Gesamtepos erhalten haben. Ähnliches gibt es ja auch in der biblischen Urgeschichte, vgl. etwa den ‚Baum des Lebens‘ in Gen 2–3.
[17] W. v. Soden übersetzt: „Ihr beschertet nun der Menschheit Geschrei“, und leitet die Verbform von einem kanaanäischen Fremdwort *šaḫādum* ab, (Anm. 6) 66 f.; vgl. AHw 1128a. Doch paßt der Sinn schlecht in den Duktus des Selbstruhmes der Mami. Besser scheint mir die Interpretation von W. G. Lambert den Sinn zu treffen: "You raised a cry for mankind, I have loosed the yoke . . .", (Anm. 1) 61; sie läßt sich aber leider lexikalisch nicht festmachen. Ich lasse daher das Verb unübersetzt. Daß die Menschen Wehgeschrei über ihre Arbeit erheben, wird im folgenden gerade nicht erzählt, dazu s. u. 50.
[18] Ergänzt nach dem nB Fragment P.

genheit, in die der Arbeitskonflikt die Anunnaku gestützt hatte
(I,166ff.). Damit ist der Konflikt, der den Göttern aus der Kulturarbeit
erwachsen war, gelöst.

Nach einer weiteren Unterbrechung der Haupthandlung, die wieder
mit der Übernahme ehemals selbständiger Schöpfungstraditionen zusammenhängt[19], kommt der erste große Erzählbogen des Epos zu seinem Ziel: Die Menschen übernehmen die Kulturarbeit:

I,337	Neue Hacken (und) Spaten schufen sie,
338	große Kanaldeiche schufen sie
339	für die Hungerstillung der Menschen, die Nahrung der Götter.

Damit ist die Delegation der Kulturarbeit endlich gelungen.

Ob und wieweit diese Lösung eine endgültige ist, wird uns noch weiter
unten beschäftigen[20], hier sollen erst einmal die biblische und die babylonische Sicht der Kulturarbeit miteinander verglichen werden.

Die biblische Urgeschichte und das Atramḫasīs-Epos stimmen darin
überein, daß die Bestimmung des Menschen zur kultivierenden Arbeit
unlösbar zu seiner Erschaffung hinzugehört. Diese Übereinstimmung
zeigt sich bis in die Satzstruktur hinein: von Kulturarbeit wird jedesmal
in konsekutiven Näherbestimmungen der Schöpfungserzählungen gesprochen:

Gen 2,15	..., daß er ihn bebaue und bewahre.
Gen 1,26	Lasset uns Menschen machen..., daß er herrsche
I,195	Erschaffe den Urmenschen, daß er das Joch auf sich nehme...

---

[19] I,249–306. Es handelt sich um eine ritualisierte Ausformung der Menschenschöpfungstradition, die auf die Begründung von Geburts- und Hochzeitsbräuchen hinausläuft.
Mit der ersten Darstellung (I,189–248) ist sie motivlich in der Weise verbunden, daß das
dort von Enki und Mami hergestellte Tongemisch jetzt von „Mutterleibern" zu Menschen
geboren wird, wobei die Muttergöttin Hebammendienste leistet. Ob diese zweiteilige
Menschenschöpfungsdarstellung ursprünglich ist (auch im sumerischen Mythos ‚Enki und
Ninmaḫ'?), oder eine nachträgliche Kombination darstellt (so W. G. Lambert, Myth and
Ritual as Conceived by the Babylonians, JSS 13/1968, 104–112,105), ist noch nicht sicher;
auffällig ist jedenfalls, daß der Dichter des Epos den Jubel über die Lastenbefreiung der
Götter schon nach der ersten Darstellung einfügt, obgleich strenggenommen erst der Ton
für die Menschenschöpfung fertig ist. Er hat keinen Versuch gemacht, auch die zweite Darstellung mit dem Hauptfaden der Erzählung zu verbinden. Offensichtlich widersetzte sich
die stark rituell-ätiologische Ausrichtung dieser Menschenschöpfungstradition einer
festeren kompositorischen Verklammerung. Zur Menschenschöpfung im Geburtsritual s.
R. Albertz, Persönliche Frömmigkeit und offizielle Religion, CTM 9/1978, 51–55.59f.
Auch unter den Gebetsbeschwörungen, die in den Ritualen der Serie bīt mēseri Verwendung fanden, gibt es eine, die auf die Menschenschöpfung Bezug nahm: ÉN ina IM (d) É-a
DÙ-ku-nu-ši [ŠID]: „Die Beschwörung ‚Mit Lehm erschuf euch Ea' rezitierst du" I:III,1
(Sm 2004+ = BBR Nr. 48,17–32). Leider ist uns nur diese Anfangszeile überliefert.
[20] S. u. 49–54.

Am engsten ist die Parallele zum Schöpfungsbericht des P, bei dem die Bestimmung zur Kulturarbeit schon in den Entschluß zur Menschenschöpfung hineingezogen ist. Nach biblischer wie nach babylonischer Auffassung ist somit die Arbeit eine Grundbedingung menschlicher Existenz, nach beider wäre ein Mensch ohne Arbeit überhaupt nicht denkbar, wäre nicht der von Gott bzw. den Göttern beabsichtigte Mensch. Das ist eine grundlegende Übereinstimmung, in der die Bibel und das altbabylonische Epos zusammenstehen gegen manche christlich-abendländische Traditionen, in denen die menschliche Arbeit abgewertet bzw. aus der Gottesbeziehung ausgeblendet wurde.

Ist diese grundlegende Übereinstimmung erkannt, dann lassen sich nun auch wichtige Unterschiede feststellen: Die Bestimmung des Menschen zur Kulturarbeit ist im Atramḫasīs-Epos weitaus zentraler und totaler als in der biblischen Urgeschichte. In den biblischen Schöpfungserzählungen ist die Kulturarbeit nur eine Grundbedingung menschlicher Existenz neben anderen. So kreist etwa die Erzählung Gen 2 nicht um das Problem menschlicher Arbeit, sondern um das Problem menschlicher Gemeinschaft (Gen 2,18.23). Im Atramḫasīs-Epos ist dagegen die Kulturarbeit die alles beherrschende Grundbedingung des Menschen überhaupt, die alle anderen Lebensbezüge bestimmt. Ja, mehr noch: während in der Bibel die Kulturarbeit eine rein menschliche Möglichkeit und Aufgabe ist, die erst auf die Menschenschöpfung folgt, geht im Atramḫasīs-Epos die Kulturarbeit der Menschenschöpfung lange voraus und umgreift auch die Götterwelt. Die Aufgabe der zivilisatorischen Arbeit besteht schon, bevor es überhaupt Menschen gibt, der Mensch tritt in diese ihm vorausgehende Funktion nur noch ein. Die Grundbedingung Kulturarbeit ist damit über die menschliche Existenz hinaus transzendiert.

II. *Kulturarbeit und Gottesbeziehung*

Die unterschiedliche Bedeutung der Kulturarbeit hängt unmittelbar mit dem Verhältnis zwischen Kulturarbeit und Gottesbeziehung zusammen.

In der biblischen Urgeschichte ist das Verhältnis recht locker: Wohl wird die Bestimmung des Menschen zur Kulturarbeit auf Gott zurückgeführt (Gen 2,8.15; 1,26.28), aber darin geht die Beziehung zwischen Mensch und Gott keineswegs auf: So ist die Erschaffung des Menschen nach dem Bilde Gottes bei P in dem viel umfassenderen Sinn gemeint, daß überhaupt ein Geschehen zwischen Gott und diesem ihm entsprechenden Geschöpf stattfinden kann[21]; und die Urgeschichte des J stellt

---

[21] So C. Westermann, (Anm. 2) 217f. im Unterschied etwa zu W. H. Schmidt, der die

erzählerisch ein sehr vielgestaltiges Wechselgeschehen zwischen Gott und der Menschheit dar, in dem der Kulturfortschritt nur eine und keineswegs die wichtigste Linie bildet.

Im Atramḫasīs-Epos dagegen liegen Kulturarbeit und Gottesbeziehung ganz eng ineinander. Hier werden die Menschen dazu geschaffen, den Göttern die Kulturarbeit abzunehmen und für sie auszuführen:

I,196   Er trage das Joch, das Werk für Enlil,
197   den Tragkorb für den Gott soll der Mensch tragen.

D. h. nach babylonischer Anschauung geht nicht nur die Bestimmung des Menschen zur Kulturarbeit auf die Götter zurück, sondern auch ihre Ausführung ist unmittelbar auf die Götter bezogen. Die Kulturarbeit ist ein Werk *(šiprum)* für den Götterkönig Enlil, sie ist selber Gottesdienst. Sie dient nicht allein, wie in I,339 explizit formuliert wird, der Ernährung der Menschen, sondern auch der Ernährung der Götter. Bleibt sie aus, wie in der Flut, müssen die Götter hungern und darben (III:III, 30f.; IV, 15ff.). In dieser ihrer umfassenden religiösen Funktion liegt die überragende Bedeutung der Kulturarbeit im Atramḫasīs-Epos begründet.

Man versteht diese religiöse Funktion nur, wenn man sich klar macht, daß der Gottesdienst in Mesopotamien – wie in vielen anderen antiken Ackerbaukulturen auch[22] – in einem hohen Ausmaß vom Opferkult bestimmt war. Über die Opfer waren die Götter in der Tat unmittelbar an der landwirtschaftlichen Produktion beteiligt. Ein ganz erheblicher Aufwand zivilisatorischer Arbeit war nötig, um den Großkult in den vielen Tempeln des Landes in Gang zu halten. Die Tempel waren zugleich riesige Wirtschaftsbetriebe. Und so waren die Götter samt ihren Kulten wirklich davon abhängig, daß die Kulturarbeit getan wurde.

Auch im Israel der seßhaften Zeit ist der Gottesdienst an den großen Tempeln mit dem Opfer verbunden gewesen, auch Israel war durchaus der Zusammenhang von Opfer und landwirtschaftlicher Produktion geläufig[23]. Um so erstaunlicher ist es, daß es dennoch die Symbiose von Kultur und Kult nicht vollzog. In der Urgeschichte des Jahwisten wird in Gen 4,26 vom Beginn des Gottesdienstes[24] ohne jede Bezugnahme auf

---

Gottesebenbildlichkeit über den Begriff der Stellvertretung stärker auf die Bestimmung zur Kulturarbeit bezieht, Die Schöpfungsgeschichte der Priesterschrift, WMANT 17, Neukirchen-Vluyn ²1967, 142ff.

[22] Vgl. das lateinische ‚colere‘, von dem sich sowohl unser Wort Kult als auch unser Wort Kultur ableitet.

[23] Vgl. z. B. das Erstlingsopfer, Dtn 26 und Ri 5,8 (text emend.). Die riesige Zahl der Opfertiere bei der Tempelweihe Salomos 1.Kön 8,63 ist – selbst wenn man viel Übertreibung abrechnet – nur auf dem Hintergrund des enormen wirtschaftlichen Aufschwungs zu verstehen, den Israel mit der Einrichtung des Königtums erlebte.

[24] C. Westermann hat gezeigt, daß man die „Anrufung des Jahwenamens" in einem weiteren Sinn verstehen muß, (Anm. 2) 460ff.

die Kulturarbeit berichtet, bei P wird der Gottesdienst sowieso erst außerhalb der Urgeschichte am Sinai installiert. Obwohl also auch nach biblischer Anschauung Gott durch Opfer und Lob geehrt werden will, ist er dennoch nicht in der Weise von der Arbeit des Menschen abhängig wie die Götter im Atramḫasīs-Epos[25]. Die Kulturarbeit wird in der Urgeschichte vielmehr vergleichsweise „profan" aufgefaßt, sie dient der menschlichen Lebenserhaltung und der menschlichen Lebenssteigerung, nicht der ‚Erhaltung' und dem Ruhme Gottes. Es fehlt ihr jede religiöse Überhöhung.

Den Hauptgrund für diese Distanz zwischen Gottesbeziehung und Kulturarbeit möchte ich darin sehen, daß Israel seine entscheidenden Erlebnisse mit Jahwe gemacht hat, bevor es in die Ackerbaukultur eintrat und einen stetigen Großkult einrichtete.

III. Die Auffassungen von Kulturarbeit

Unterschiede zwischen biblischer und babylonischer Urgeschichte bestehen nun auch in der Weise, in der sie die Arbeit darstellen.

Ein erster Unterschied betrifft das kulturelle Niveau. So orientiert sich die Vorstellung der Erzählung Gen 2, daß der Mensch einen Garten erhält, den er bebauen (ʿābad) und bewahren soll (šāmar), deutlich an der Welt des Kleinbauern, der in selbständiger Arbeit ein recht begrenztes Areal hegt und pflegt. Der kultivierende Einfluß des Menschen ist noch deutlich begrenzt, er hat sich den Garten nicht selber geschaffen, d. h. hier wird durchaus ein Unterschied zwischen der von Gott geschaffenen „Natur" und der vom Menschen geschaffenen Kultur festgehalten. Das alles weist auf ein Stadium, das noch unterhalb der Hochkultur liegt.

Demgegenüber ist das Bild, was das Atramḫasīs-Epos von der Kulturarbeit zeichnet, eindeutig an der voll entwickelten Hochkultur des Zweistromlandes orientiert. Beschrieben wird hier eine schon spezialisierte, technische Arbeit, die den Ackerbau dort erst in großem Ausmaß ermöglichte: der Kanal- und Bewässerungsbau (I,21ff.; 338). Diese bewässerungstechnischen Großbauten, die den Verantwortungsbereich des einzelnen Bauern bei weiten überstiegen, erforderten eine übergreifende Organisation. Die Kulturarbeit ist darum im Zweistromland in einem sehr viel höherem Ausmaß als in Israel staatlich organisiert gewesen. Der grundlegende Vorgang des Epos, die Delegation von Arbeit an untergeordnete Gruppen, stammt aus solcher staatlich organisierten unselbständigen Massenarbeit[26].

---

[25] Am klarsten kommt das Angewiesensein Jahwes auf das Lob seiner Verehrer in dem Psalmenmotiv „Die Toten loben Jahwe nicht" heraus, vgl. z. B. Ps 30,10.

[26] Das häufig im Epos verwendete Wort šupšikkum „Tragkorb, Ziegelrahmen" be-

Arbeit ist darum im Atramḫasīs-Epos von vornherein abhängige Arbeit, Dienstleistung für Höhergestellte. Und ein Großteil ihres Konfliktpotentials liegt in dieser hierarchischen Organisation der Arbeit begründet.

Daneben haben offensichtlich die kulturellen Eingriffe in der babylonischen Hochkultur schon ein solches Ausmaß erreicht, daß im Epos eine davon unberührte „Natur" nicht mehr vorkommt. Der Lebensraum des Menschen kommt nur noch als Feld für die Kulturarbeit in den Blick. Er ist zugleich großräumiger gedacht als der Garten in Gen 2, er umfaßt das ganze mesopotamische Kulturland.

Noch einen Schritt weiter geht in dieser Hinsicht die Priesterschrift. Sie weitet das Feld menschlicher Kulturarbeit universal auf die ganze Erde aus. Damit hängt zusammen, daß P von einem bestimmten Stadium der Kulturentwicklung völlig abstrahiert. Der vor ihm benutzte Begriff des „Herrschens" *(rādā, kibbēš)* über die Tiere und die Erde stammt gar nicht mehr aus der Arbeitswelt, sondern aus der politischen Sprache der orientalischen Großreiche: So wie ein Großkönig in majestätischer Herrschergebärde von seinen Vasallen den Tribut einfordert, soll auch der Mensch sich die übrige Kreatur nutzbar machen[27]. Auffällig ist, daß P trotz dieses politischen Vorstellungshorizontes das Problem von Herrschaft und Arbeit, das den Autor des Atramḫasīs-Epos so bewegt, ganz beiseite läßt. Er schreibt im Exil schon wieder von einem Standpunkt jenseits der staatlichen Hochkultur. Die Unterordnung des Menschen unter einen ‚Arbeitgeber' gehört für ihn genauso wenig wie für J zu den Grundbedingungen menschlicher Arbeit hinzu.

Ein weiterer Unterschied ergibt sich hinsichtlich der geschichtlichen Dimension der Kulturarbeit. Wie ich oben skizziert habe, beschreibt der Jahwist in seiner Urgeschichte eine echte Kulturentwicklung, angefangen von primitiveren Kulturstufen bis hin zur Hochkultur. P verzichtet zwar auf eine solche explizite Darstellung, doch das „Machet euch die Erde untertan!" von Gen 1,28 ist grundsätzlich offen auf Zukunft hin. Es ist auf keine Kulturstufe mehr festgelegt und ja auch bis heute nicht eingelöst.

Das ist im Atramḫasīs-Epos anders. Hier ist schon die ganze komplizierte und hochentwickelte Kulturarbeit Mesopotamiens von Anfang an vorhanden. Die Hochkultur wird dem Menschen schon fertig von den Göttern übergeben, sie braucht darum nicht erst von ihm entwickelt zu werden. Es stehen sich also ein statisches Kulturverständnis im Atram-

---

zeichnet ein typisches Arbeitsgerät dieser Form von Arbeit; es ist kein Zufall, daß es ebenfalls die Bedeutung „Fronarbeit" bekommen hat (z. B. I,3.34.162); vgl. auch die Begriffe *abšānum* „Joch" (I,196) und *andurārum* (I,243) „Lastenbefreiung".

[27] Vgl. R. Albertz, (Anm. 8) 315f.

ḫasīs-Epos und ein dynamisches in der biblischen Urgeschichte gegenüber.

Wie ist Israel zu dieser dynamischen Sicht der Zivilisation gekommen? Nun, hier ist daran zu erinnern, daß Israel ja erst relativ spät in den Kreis der vorderorientalischen Hochkulturen eingetreten ist und auch dann nicht die Chance erhielt, über einen so langen Zeitraum wie etwa Mesopotamien eine auch nur annähernd vergleichbare stabile Kultur auszubilden. So ist es verständlich, daß in Israel das Herkommen aus primitiveren Vorstadien stärker in der Erinnerung bewahrt blieb. Darüber hinaus ist darauf zu verweisen, daß für Israel durch seine Gotteserfahrung die Geschichte in einer Weise in den Vordergrund seiner Wirklichkeitserfahrung rückte, die im Vorderen Orient nicht ihresgleichen findet[28]. So wird man wohl sagen dürfen, daß es letztlich die besondere religiöse Geschichtserfahrung Israels war, die auch sein Kulturverständnis dynamisiert hat.

IV. Zivilisation und Bevölkerungsexplosion

Trotz des statischen Bildes von Kulturarbeit, das das Atramhasīs-Epos in seinem bisher behandelten ersten Teil entwirft, spricht es in seinem zweiten Teil, dem wir uns jetzt zuwenden wollen, von einer dynamischen Entwicklung. Nachdem berichtet worden ist, daß die Menschen die Kulturarbeit übernommen haben, setzt mit einer überbrückenden Zeitangabe ein neuer Geschehensvorgang ein:

I,352	[Nicht vergingen 12]00 (?) Jahre,
353	[da wurde das Land immer weiter,] die Menschen wurden immer zahlreicher.
354	Das Land brüllt [wie Stiere;]
355	durch [ihr lautes Tun (ḫubūrum)] geriet der Gott in Unruhe,
356	[Enlil hörte] ihr Geschrei (rigmum);
357	[er sprach] zu den großen Göttern:
358	[„Zu stark wurde mir] das Geschrei (rigmum) der Menschheit,
359	[infolge ihres lauten Tuns (ḫubūrum)] entbehre ich den Schlaf.
360	[Gebt Befehl, daß ein Käl]tefieber aufkomme ...“

Das Land wird immer weiter (rapāšu Gtn), die Menschen werden immer zahlreicher (mâdu Gtn)[29], und damit verbunden entsteht Lärm und Geschrei. Durch diese Entwicklung sieht sich der Götterkönig Enlil zu Gegenmaßnahmen gezwungen; er beschließt, eine Plage über die Menschen zu bringen. Die gleiche Entwicklung setzt vor der zweiten

---

[28] Das gilt trotz der Einschränkungen, die B. Albrektson, History and the Gods, Lund 1967, mit Recht geltend gemacht hat.

[29] Zu dieser Bedeutung des Prät. Gtn s. W. v. Soden, ZA 68, 83.

(II:I,5ff.) und sehr wahrscheinlich auch vor der dritten Plage ein[30] und führt schließlich zu dem Beschluß Enlils, die Menschheit durch die Flut zu vernichten.

Was ist mit dieser Entwicklung gemeint und in welchem Zusammenhang steht sie mit der zuvor geschilderten Kulturarbeit des Menschen? Eine sichere Antwort wird dadurch erschwert, daß der Text gerade am Übergang eine größere Lücke aufweist (I,340–351). So verwundert es nicht, daß sie unter den Orientalisten kontrovers ist.

Einen sehr engen Zusammenhang sieht G. Pettinato. Nach ihm ist unter dem *rigmum* der Menschen das Wehgeschrei über ihre schwere Arbeit zu verstehen, mit dem sie sich gegen die Götter empören[31]. D. h. das Verhalten der Menschen nach der Übernahme der Kulturarbeit stände in genauer Analogie zum Verhalten der Igigi im innergöttlichen Arbeitskampf (I,37ff.). Die Plagen und die Flut wären dann als Strafe für die rebellische Menschheit gemeint, die sich weigert, ihre Bestimmung zur Kulturarbeit zu akzeptieren.

Etwas lockerer erscheint der Zusammenhang in der Interpretation W. v. Sodens. Seiner Meinung nach gehen die Menschen mit ihren „lärmenden Aktivitäten" *(ḫubūrum)* über den Auftrag der Götter, ihnen die Arbeit abzunehmen, hinaus[32]. Sie unternehmen in eigener Regie mehr, als die Götter ihnen zugestehen wollen. Die Plagen und die Flut wären dann als göttliche Maßnahme gegen eine eigenmächtige, die Grenze menschlicher Existenz überschreitende Steigerung der Kulturarbeit gemeint.

So gut beide Interpretationen zum ersten Geschehensbogen des Epos zu passen scheinen, so sind sie dennoch problematisch. Denn explizit ist in I,352–355 weder von einem Arbeitskampf der Menschen gegen die Götter, noch von einer Übersteigerung der Kulturarbeit die Rede. Die Begriffe für Arbeit, die im ersten Teil so zentral waren *(dullum, šupšikkum)* tauchen hier überhaupt nicht auf. Ja, in dem gesamten zweiten Teil des Epos wird in dem – zugegeben lückenhaften Text – überhaupt nur ein einziges Mal auf die Bestimmung des Menschen zur Kulturarbeit wieder Bezug genommen (II:VII,31ff.)[33]. Ansonsten taucht das Thema

---

[30] Die zweite Tafel hat hier eine größere Lücke; meine Annahme gründet sich auf dem spB Text BE 39099, der in Rev. I,1–7 den Beschluß zur dritten Plage überliefert, der ähnlich wie I,358ff. motiviert ist; bei W. G. Lambert/A. R. Millard, (Anm. 1) 116f.; vgl. 166.

[31] Die Bestrafung des Menschengeschlechts durch die Sintflut, Or. 37/1968, 165–200, bes. 193f.; vgl. auch S. A. Picchioni, (Anm. 6) 106–109.

[32] So in dem Anm. 5 genannten Aufsatz, 353f.; man fühlt sich bei seiner Interpretation an Gen 3 und Gen 11 erinnert.

[33] Und zwar im Zusammenhang der Entscheidung, die Flut über die Menschheit zu bringen; leider ist die Funktion dieses Rückbezuges nicht mehr sicher zu erkennen. Ein expliziter Rückbezug auf die Menschenschöpfung findet sich auch in der biblischen Flutgeschichte Gen 6,5–7, er hat hier die Funktion des Kontrastes.

Kulturarbeit nur noch unter dem speziellen Aspekt des Opfers für die Götter auf[34]. Man wird darum nüchtern feststellen müssen, daß die Kulturarbeit, die den Geschehensbogen des ersten Teils so entscheidend bestimmte, im zweiten Teil nicht das zentrale Thema bildet. Doch welches Thema bildet es dann? Betrachtet man den zweiten Teil erst einmal für sich, ergibt sich ein ganz anderes Bild: Der Geschehensbogen setzt damit ein, daß die Menschen immer zahlreicher werden (I,353) und er kommt darin zu seinem Ziel, daß die Götter nach der Flut mehrere Maßnahmen ergreifen, um die Mehrung der Menschen einzuschränken: Sie erschaffen die Unfruchtbarkeit der Frau, die Dämonin Lamaštu, die für eine hohe Kindersterblichkeit sorgt, und mehrere Frauenorden, die Kinderlosigkeit zur religiösen Pflicht machen (III:VII, 1 ff.). Anfangs- und Endpunkt haben es damit mit dem Thema „Mehrung der Menschen" zu tun. Dann sind aber auch die dazwischenstehenden Plagen und die Flut auf dieses Thema zu beziehen: Mit den Plagen will der Götterkönig Enlil die übermäßige Vermehrung eindämmen[35]; doch als das nichts nutzt, sondern nach jeder Plage die gleiche Entwicklung einsetzt, beschließt er die völlige Vernichtung der Menschheit durch die Flut.

Der zweite Teil des Atramḫasīs-Epos hat es also primär mit dem Problem der Vermehrung der Menschen zu tun. Diese These ist ähnlich schon einmal von A. Draffkorn-Kilmer aufgestellt worden. Nach ihr geht es im ganzen Atramḫasīs-Epos um das Problem der Überbevölkerung[37]. Sie hat aber damit wenig Zustimmung gefunden[38]. Das liegt vor allem daran, daß sie nun wiederum das Motiv der Kulturarbeit völlig vernachlässigt. Es ist darum die Frage zu stellen, ob und wie das Nebeneinander zweier verschiedener Themen in ein und demselben Text erklärt werden kann.

An dieser Stelle kann der Vergleich mit der Bibel auch einmal für das Verständnis des religionsgeschichtlichen Textes weiterhelfen. Auch in der jahwistischen Urgeschichte stehen ja verschiedene urgeschichtliche Motive nebeneinander. Sie sind zwar jetzt Bestandteil einer literarischen Einheit, aber es läßt sich noch deutlich erkennen, daß sie ursprünglich

---

[34] So bei der Abwendung der ersten und zweiten Plage I,372–415; II:II,8–35: Auf Anraten Enkis läßt Atramḫasīs alle Opfer auf einen einzigen Gott konzentrieren, der dadurch gerührt wird und die Plage beendet. Dann auf dem Höhepunkt der Flut in der Schilderung der hungernden und dürstenden Götter und der Klage der Muttergöttin (III:III,25–54; IV,4–22).

[35] So explizit in der assyrischen Neubearbeitung des Epos (S) IV,39: „Die Bevölkerung ist nicht geringer geworden, sondern noch zahlreicher als früher", W. G. Lambert/A. R. Millard, (Anm. 1) 108f.; vgl. Gilg. XI,182f.

[36] The Mesopotamian Concept of Overpopulation and Its Solution as Reflected in Mythology, Or. 41/1972, 160–176; ähnlich schon zuvor W. L. Moran, (Anm. 4) 55–59.

[37] Vgl. die Kritik von W. v. Soden, (Anm. 5) 358 und S. A. Picchioni, (Anm. 6) 109.

einmal zu selbständigen Urzeitüberlieferungen gehörten, die erst nachträglich zusammengefügt worden sind.

Ähnliches läßt sich nun auch für das Atramḫasīs-Epos zeigen, obgleich es als Kunsterzählung literarisch schon viel stärker durchkomponiert ist als die jahwistische Urgeschichte. Auch im Atramḫasīs-Epos lassen sich nämlich noch mit formkritischen Kriterien zwei unterschiedliche, in sich durchaus selbständige Erzählbögen erkennen: Der erste reicht von der Belastung der Götter durch die Kulturarbeit bis zu deren Übernahme durch die Menschen (I,1–340), der zweite von der übermäßigen Mehrung der Menschen bis zu ihrer dauerhaften Begrenzung (I,352–III:VII). Den Höhepunkt des ersten Bogen bildet die Menschenschöpfung, den des zweiten die Vernichtung der Menschheit durch die Flut[38].

Verschiedene Spannungsbögen in einem Text sind aber ein ziemlich sicheres Anzeichen für traditionsgeschichtliche Schichtung. Das würde bedeuten, daß im Atramḫasīs-Epos zwei ehemals selbständige Traditionen erst nachträglich kompositorisch zusammengefügt worden sind. Sie lassen sich sogar noch in etwa nachweisen: Hinter dem ersten Erzählbogen steht eine Tradition, die sich auch in dem sumerischen Mythos „Enki und Ninmaḫ" findet[39], hinter dem zweiten steht die sumerische Fluterzählung[40]. D. h. in der sumerischen Vorgeschichte wurden die im Atramḫasīs-Epos zusammengefügten Traditionen noch unabhängig voneinander überliefert.

---

[38] Die beiden Höhepunkte stehen in einem komplimentären Verhältnis, vgl. den Jubel der Götter nach der Menschenschöpfung mit der Klage der Nintu und der Niedergeschlagenheit der Götter nach der Vernichtung der Menschen; die Beziehung ist allerdings nur kompositorisch.

[39] Vgl. C. A. Benito, ,Enki and Ninmaḫ' und ,Enki and the World Order', Diss. phil. Pennsylvania (microfilm-xerography) 1969, die Zeilen 1–43 (S. 34–38); der Geschehensbogen ist hier folgender: Z. 1–3 Urzeiteinleitung, Z. 4–7 Geburt, Vermehrung und Organisation der Götter, Z. 8–15 Übernahme der Kulturarbeit durch die Götter und Klage der Götter über ihre Arbeit, kontrastiert mit dem schlafenden Enki (Z. 12–14), Z. 16–23 die Urmutter Nammu weckt Enki und bittet ihn, die Götter von der Arbeit zu befreien, Z. 24 ff. Enki gibt Nammu Anweisungen zur Erschaffung des Menschen und befiehlt Ninmaḫ, diesem die Kulturarbeit aufzulegen (Z. 37). Ab Z. 44 ist der Handlungsablauf allerdings umgebogen. Es wird nicht mehr von der Übernahme der Kulturarbeit durch die Menschen erzählt, sondern von einem Wettstreit zwischen Enki und Ninmaḫ, der erweist, daß Enki über die stärkeren lebensfördernden Kräfte für seine Geschöpfe verfügt als (die ehemalige Muttergöttin?) Ninmaḫ. Ziel ist nicht mehr die Kulturarbeit des Menschen, sondern die Verherrlichung Enkis (Z. 140 f.). In die gleiche Tradition gehört auch der KAR 4-Mythos, s. G. Pettinato, (Anm. 16) 75–81.

[40] Vgl. die Bearbeitung von M. Civil in: W. G. Lambert/A. R. Millard, (Anm. 1) 138–145; hier gehen der Flut die Errichtung des Königtums und urzeitliche Städtegründungen voraus; ob das Motiv der Mehrung eine Rolle spielte, ist wegen des fragmentarischen Textes nicht zu erkennen.

Das Nebeneinander der beiden Themen Kulturarbeit und Mehrung erklärt sich damit aus der Zusammenfügung zweier ehemals selbständiger Urzeitüberlieferungen. Ist aber dieser traditionsgeschichtliche Tatbestand erst einmal erkannt, dann ist der Interpret davon befreit, das *ganze* Epos in eines der beiden Themen pressen zu müssen, und die Stringenz eines Geschehensablaufes zu postulieren, die der Text nicht hergibt. Für die Interpretation der umstrittenen Stelle I,352 ff. bedeutet das: Es ist methodisch fragwürdig, das hier berichtete Geschrei und Lärmen der Menschen von dem ersten Traditionszusammenhang her zu deuten, zu dem die Stelle ja ursprünglich gar nicht gehörte. Auch das Vorkommen gleicher Vokabeln *(rigmum)* hier und dort, auf das G. Pettinato seine Interpretation stützt[41], besagt in diesem Fall gar nichts. Das Motiv muß vielmehr aus dem zugehörigen Traditionszusammenhang verstanden werden: gemeint ist dann einfach der Lärm, der sich aus der Massierung einer hohen Anzahl von Menschen auf engem Raum ergibt, wie man ihn noch heute in orientalischen Städten – aber nicht nur dort! – erleben kann.

Eine zweite Frage ist es dann, wie wohl der Dichter des Atramḫasīs-Epos, der beiden Traditionen zu einer Urgeschichte zusammenfügte, die Beziehung von Kulturarbeit und Mehrung des Menschen verstanden hat. Vielleicht hat er sich dazu in der schon erwähnten Textlücke (I,340–351) geäußert, doch da sie bislang nicht rekonstruiert werden kann, sind wir auf indirekte Schlüsse angewiesen.

Auch hier kann möglicherweise die biblische Urgeschichte weiterhelfen: Von den beiden biblischen Autoren werden nämlich Kulturarbeit und Mehrung in recht engem Zusammenhang gesehen: J berichtet von den Kulturerrungenschaften in den Genealogien, die ja das Fortschreiten und das Ausbreiten der Menschheit darstellen, und P verbindet den Kulturauftrag mit der Segnung des Menschen und dem Befehl, sich zu mehren und die Erde zu füllen (Gen 1,28; 9,1.7).

In Analogie dazu möchte ich den Schluß ziehen, daß auch der Dichter des Atramḫasīs-Epos den Zusammenhang im Auge hat, der zwischen fortschreitendem Zivilisationsprozeß und Bevölkerungswachstum besteht: Die zunehmende Kultivierung des Ackerlandes, die immer stärkere Ausweitung des bebauten Bodens („das Land wurde immer weiter") benötigt immer mehr Arbeitskräfte und ermöglicht einer immer größeren Zahl von Menschen das Leben (I,353). Noch durch keine Regulative gehemmt setzt die Zivilisation eine Bevölkerungsexplosion ungeahnten Ausmaßes in Gang. Sie äußert sich in einem ungeheuren An-

---

[41] (Anm. 31) 184 ff.; G. Pettinato beruft sich vor allem darauf, daß *rigmum* I,77 u. ö. das Weh- und Kampfesgeschrei der Igigu bezeichne; wichtig für seine Interpretation ist auch die Z.I,242, deren Bedeutung aber unsicher ist, s. o. Anm. 17.

schwellen des Lärmes („das Land brüllt wie Stiere" I,354), den das ge-
schäftige Treiben *(ḫubūrum)* und das Stimmengewirr *(rigmum)* der
dicht aufeinander gedrängten Bevölkerungsmassen erzeugt (I,355 ff.).
D. h. die menschliche Kulturarbeit zeitigt über das ungehemmte Bevölkerungswachstum Folgen, die für die Götter unerträglich und damit für
den Bestand der Welt bedrohlich werden[42]. Um diesen bedrohlichen
Prozeß abzustoppen, greift der Götterkönig Enlil ein, und um ihn zu re-
gulieren, treffen die Götter nach der Flut Maßnahmen für eine wirksame
Geburtenkontrolle.

Daß dieser uns so modern erscheinende bedrohliche Zusammenhang
von Zivilisation und Bevölkerungsexplosion schon in diesem 3500 Jahre
alten Epos mit solcher Klarheit gesehen wurde, ist sehr erstaunlich.
Dennoch steht es damit nicht völlig allein, vergleichbare Vorstellungen
finden sich auch bei anderen alten Völkern[43]. Es ist durchaus möglich,
daß die hochentwickelte altbabylonische Zivilisation schon einmal in die
Nähe der „Grenzen des Wachstums" geriet und damit der bedrohliche
Charakter übermäßigen Bevölkerungswachstum ins Blickfeld kam.

Seltsamerweise fehlt dieser Motivzusammenhang in der biblischen
Urgeschichte völlig. Wohl kennt auch der Jahwist eine Vermehrung der
Menschen vor der Flut (Gen 6,1), aber der Grund für die Flut ist für ihn
nicht die übermäßige Mehrung, sondern die übermäßige Bosheit der
Menschen (6,5)[44]. Und die Priesterschrift läßt Jahwe bei der Neurege-
lung der Welt nach der Flut sogar ausdrücklich seinen Auftrag zur Mehrung erneuern (9,1.7)[45]. Offensichtlich lag die bedrohliche Seite des Be-
völkerungswachstums für das gerade erst im Rande der Hochkultur stehende Israel der frühen Königszeit noch jenseits seines Erfahrungshori-
zontes[46], und für die relativ kleine exilische Gemeinde war nach dem Zusammenbruch der staatlichen Hochkultur die Vermehrung eine Frage
des Überlebens. So hat die auffallende Differenz an diesem Punkt wohl
mit ganz speziellen geschichtlich-kulturellen Unterschieden zu tun.

---

[42] Das häufig belächelte Motiv, daß Enlil vor Lärm nicht mehr schlafen kann, verstehen
wir vielleicht heute, da die krankmachende Wirkung anhaltender Lärmbelästigung manifest wird, wieder besser.

[43] H. Schwarzbaum, The Overcrowded Earth, Numen 4/1957, 59–74; vgl. A. Draff-
korn Kilmer, (Anm. 36) 175f.

[44] In Gen 6,1–4 deutet der Jahwist eine andere Art genealogischer Überschreitung an:
Die Vermischung des Menschen mit den Himmlischen.

[45] Diese Differenz ist schon von W. L. Moran herausgestrichen worden, (Anm. 4) 61.

[46] Vgl. Gen 12,1–3, wo die neue Erfahrung der Mehrung und der staatlichen Größe Israels noch ganz positiv gesehen wird. Auf das Problem des Jahwisten und seiner Datierung
kann ich hier nicht eingehen.

V. Die Beurteilung der Kulturarbeit

Mit den letzten Überlegungen sind wir schon auf die bedrohliche Seite der Kulturarbeit gestoßen. Damit stellt sich die Frage nach der Bewertung der Kulturarbeit in der biblischen und babylonischen Urgeschichte.

Ich habe schon an anderer Stelle ausgeführt[47], daß die Kulturarbeit in der biblischen Urgeschichte sowohl positiv als auch negativ beurteilt wird. Ich will mich darum hier auf einige Bemerkungen zur jahwistischen Fassung beschränken.

Ambivalent ist die Kulturarbeit in der jahwistischen Urgeschichte auf doppelte Weise. Die erste Aporie liegt in dem Arbeitsvorgang selbst: Obgleich die Arbeit eine göttliche Bestimmung des Menschen ist, mit der er die Möglichkeit der Lebenserfüllung eingeräumt bekommt (Gen 2,15), ist sie doch auch Mühsal (ʿiṣṣābōn), die den Schweiß des Menschen kostet (3,18 f.). Die Mühseligkeit der Arbeit wird über den Mann als Strafe für seinen Ungehorsam gegen Gott verhängt. Sie besteht neben ihrer Schwere vor allem in ihrer Erfolglosigkeit: Der Acker, den der Mensch bebaut, wird immer auch Dornen und Disteln hervorbringen. Eine letzte Sinnerfüllung seines Lebens kann der Mensch mit der Arbeit nicht erreichen.

Die zweite Aporie tritt in den Folgen der Kulturarbeit zutage: Obwohl die Kulturerrungenschaften die Lebensmöglichkeiten des Menschen fortlaufend fördern und erweitern, schlagen ihre Folgen immer wieder bedrohlich auf ihn zurück: Die Arbeitsteilung zwischen Kain und Abel ist Anlaß zu einem erbitterten Konkurrenzkampf, der mit einem Totschlag endet (Gen 4,2–16). Die Erfindung der Eisenverarbeitung läßt sich auch zu einem Fortschritt in der Technik des Tötens verwenden (4,23). Die Erfindung des Weinbaus birgt auch die Gefahr einer Entwürdigung des Menschen und der Zerstörung der Familiengemeinschaft in sich (9,20–27). Und die ungeahnten Möglichkeiten menschlicher Zusammenarbeit, die der Städtebau eröffnet (4,17), kann auch dazu verführen, das wahnwitzige Unternehmen eines Himmelssturmes zu versuchen (11,1–9). D. h. der zivilisatorische Fortschritt eröffnet auch der Fehlsamkeit des Menschen immer größere Möglichkeiten. Der Mensch kann jede seiner Kulturerrungenschaften mißbrauchen, weil er selbst nur ein durch Fehlsamkeit und Tod begrenztes Geschöpf ist. So kommt es dazu, daß er mit der Kulturarbeit sein Leben nicht nur steigert, sondern auch fortlaufend gefährdet.

Im Aufzeigen der negativen Seiten der Kulturarbeit steht das Atramḫasīs-Epos der jahwistischen Urgeschichte in nichts nach. Das ist um so

---

[47] (Anm. 8) 317–321.

erstaunlicher, als sie ja hier einen sehr viel höheren Stellenwert als in der Bibel zugewiesen bekommt.

Denn obgleich die Kulturarbeit hier die alles beherrschende Grundbedingung des Menschen ist und sogar die Würde eines Gottesdienstes erhält, streicht das Epos ihre Mühseligkeit stark heraus. Alle Begriffe für Arbeit, die es verwendet, haben einen negativen Klang: *abšānum* „Joch", *ullum* „Halskette", *šapšāqum* „Beschwernis", *šupšikkum* „Tragkorb, Ziegelrahmen, Fronarbeit"; selbst das Wort *dullum*, das ich neutral mit „Arbeit" übersetzt habe, bedeutet auch „Arbeitsverpflichtung" und „Mühsal". Die Mühseligkeit der Arbeit wird vor allem in ihrer Schwere gesehen *(rabû, watru, kabtu, mādu);* die übergroße Arbeitsbelastung droht die Igigi zu töten (I,149.162). Das starke Hervortreten dieser negativen Seite ist wohl dadurch bedingt, daß sich das Atramḫasīs-Epos am Bild staatlicher Fronarbeit orientiert. Das darf aber nicht zu dem Schluß verführen, das Epos beurteile die Arbeit rein negativ. Nein, sie ist für die Ernährung von Mensch und Gott absolut notwendig (I,339). Es spricht vielmehr für die Aufrichtigkeit des babylonischen Dichters, daß er, obgleich er weiß, daß Kultur und Gottesdienst unbedingt auf solche staatlich organisierte Arbeit angewiesen sind, die Realität dieser Arbeit in keiner Weise beschönigt. Auch für das babylonische Epos liegt damit im Arbeitsvorgang eine Aporie: er ermöglicht dem Land das Leben (I,22) und droht doch die Arbeiter zu töten (I,162).

Daneben bewirkt auch im Atramḫasīs-Epos die Kulturarbeit eine bedrohliche Folge: Obgleich sie den Bestand von Menschen- und Götterwelt sichern soll, setzt sie dennoch auch ein übermäßiges Bevölkerungswachstum in Gang, das diesen Bestand wieder gefährdet. Die Aporie menschlicher Zivilisation, die hier aufgezeigt wird, ist schicksalhafter als in der biblischen Urgeschichte. Die übermäßige Mehrung erscheint als ein zwangsläufig ablaufender Prozeß, an dem die Menschen mehr passiv als aktiv beteiligt sind. Er wird nicht als eine bewußte Verfehlung der Menschen dargestellt und nicht mit der Bosheit des Menschen in Verbindung gebracht. Demgegenüber war in der jahwistischen Urgeschichte deutlich das Anliegen zu spüren, den Menschen selber für die gefährlichen Folgen seiner Kulturerrungenschaften verantwortlich zu machen. Der Mensch bekommt in der Bibel als der einzige Partner Gottes eine eigenständigere Rolle im Zivilisationsprozeß, im Guten wie im Schlechten. Auch wenn er die zu seiner Existenz gehörende Fehlsamkeit nie ganz wird ablegen können, ist er damit doch deutlicher als im babylonischen Epos dazu aufgerufen, die gefährlichen Folgen seiner Kulturarbeit soweit wie möglich einzudämmen.

Doch trotz dieser wichtigen Differenzen im einzelnen stimmen biblische und babylonische Urgeschichte grundsätzlich in der Bewertung der Kulturarbeit überein, sie sehen sowohl ihre lebensfördernden Möglichkeiten als auch ihre lebensbedrohenden Gefahren. In dieser nüchternen Beurteilung stehen diese beiden alten Texte zusammen gegen den Kulturpessimismus und den Fortschrittsoptimismus der Moderne.

In einer Zeit, in der die Menschheit wieder einmal an die Grenzen ihres zivilisatorischen Fortschritts gerät, ist es für Christen wichtig zu wissen, in wie hohem Maße sich schon die biblischen Zeugen mit dem Problem menschlicher Kulturarbeit auseinandergesetzt haben. Es ist für sie aber auch wichtig zu wissen, daß diese damit nicht alleine stehen, sondern trotz vieler Besonderheiten einstimmen in den Chor anderer antiker Völker. Auch heute geht es ja um Probleme, die keineswegs nur uns Christen betreffen. Deswegen haben wir Christen meiner Meinung nach die Aufgabe, nicht nur das, was unsere eigene biblische Tradition, sondern auch das, was die Überlieferungen anderer alter längst untergegangener Völker und Religionen zum Problem menschlicher Zivilisation zu sagen haben, neu ins Spiel zu bringen. Dazu will dieser Aufsatz ein Beitrag sein. Ich könnte mir durchaus vorstellen, daß neben den biblischen Aussagen auch eine Reihe alter Menschheitserfahrungen, die das babylonische Atramḫasīs-Epos aufbewahrt hat, uns bei der tiefgreifenden Neuorientierung, die von uns heute gefordert wird, hilfreich sein können.

FRIEDEMANN W. GOLKA

Keine Gnade für Kain

(Genesis 4,1–16)

Die Auslegung dieser rätselhaften Geschichte beschäftigt mich nun seit genau fünfzehn Jahren, seit ich nämlich im Oberseminar des Jubilars in Heidelberg im Wintersemester 1964/65 in ihre Probleme eingeführt wurde. Mehr als bei den anderen Kapiteln der Urgeschichte war die Diskussion von Gen 4 besonders lebhaft, ja sogar hitzig. Sie endete ohne einen Konsensus, was bei den unterschiedlichen theologischen Ausgangspunkten der Teilnehmer auch nicht anders zu erwarten war. Seither habe ich gelernt, auf solche theologischen Voraussetzungen der Exegeten besonders zu achten. Und es geschieht in diesem Sinne, daß das Gespräch mit dem Jubilar noch einmal aufgenommen wird[1].

Claus Westermann machte uns Studenten klar, daß das Verständnis der Urgeschichte durch die dogmatische Tradition besonders erschwert wird. Die Umwandlung der Urerzählungen in dogmatische Lehrinhalte stellt eine zusätzliche Barriere dar. Diese Barriere gilt es zunächst einmal niederzureißen, damit die Erzählungen vom Anfang der Bibel wieder neu Gesprächspartner der Kirche und der Menschheit werden können. Exegese bekommt damit eine theologiekritische Funktion. Wie aber ist ein solches Unternehmen zu bewerkstelligen?

Claus Westermanns Antwort auf diese Frage war eine verstärkte religionsgeschichtliche Arbeit, und zwar nicht nur an den Hochreligionen, sondern gerade auch an den Religionen der Primitiven. Stellte man die Urerzählungen in einen gesamtmenschlichen Rahmen, dann trat der ursprüngliche Sinn der alttestamentlichen Texte gegenüber der christlichen dogmatischen Tradition wieder deutlich hervor. Damit stellte sich Westermann gegen die damals in Deutschland herrschende Barthsche

---

[1] Seine eigene Auslegung hat Claus Westermann inzwischen vorgelegt in: Genesis, Biblischer Kommentar I/1, 1974, 381–435. Die Exegese von Gen 4,1–16 erschien ab 1970. Mitten in das oben erwähnte Oberseminar fiel die Veröffentlichung von „Arten der Erzählung in der Genesis", Forschung am AT, Bd. 1, 1964, 9–91.

Theologie. Es ist wohl im Nachkriegsdeutschland kein exegetischer Kommentar erschienen, in dem religionsgeschichtliche Vergleiche einen solch breiten Raum einnehmen wie in Westermanns „Genesis". Das trifft besonders auf die Schöpfungs-, Sintflut- und Turmbauerzählungen zu, während es bei Gen 4,1–16 nur vergleichbare Einzelmotive gibt.

Das Oberseminar des Jubilars zeichnete sich noch durch ein weiteres Novum aus: Zu Beginn einer jeden Sitzung wurde jeweils ein Einführungsreferat zu einem Genesiskommentar gehalten. Dabei waren die Methode des Exegeten und seine theologische Grundhaltung zu erarbeiten. Jedem Leser des Kommentars wird auch aufgefallen sein, wie stark Westermann gerade das Gespräch mit der jüdischen Exegese (Benno Jacob, E. A. Speiser und, vor allem, Cassuto) und der angelsächsischen Exegese (J. Skinner) sucht. Auch hier also ein Versuch, zur deutschen reformatorischen Tradition zunächst einmal Distanz zu gewinnen. Behält man diese oben genannten Gesichtspunkte im Auge, so wären zu Gen 4,1–16 hauptsächlich zwei Fragen zu stellen: 1. Berichtet die Erzählung eine Milderung des gegen Kain ergangenen Urteils? Daraus ergibt sich dann die weitere Frage: 2. Welches Gottesbild liegt der Erzählung zugrunde?

Bei der Erörterung dieser Fragen gehe ich jeweils von der Exegese des Jubilars aus, die hier als bekannt vorausgesetzt wird (vgl. Anm. 1). Vor allem sehe ich die Abweisung der Wellhausen-Stadeschen Keniterhypothese durch Westermann[2] als endgültig an trotz der versuchten Erneuerung durch W. Dietrich[3]. Daher wird Kain als eine urgeschichtliche Gestalt und das Geschehen als ein urgeschichtliches Geschehen ausgelegt werden.

Die Erzählung besteht aus zwei gleich langen, einander entsprechenden Teilen: Das Vergehen (V. 1–8) und seine Ahndung (V. 9–16). Im einzelnen ergibt sich folgender Aufbau:

Teil I   Das Vergehen (V. 1–8)
   (1)   die Vorgeschichte (V. 1–5):
          (a) Kain und Abel, ihre Geburt und Beruf (V. 1f.)
          (b) das Opfer (V. 3–5)
   (2)   der Mord (V. 6–8):
          (a) Jahwe warnt Kain (V. 6f.)
          (b) die Tat (V. 8)
Teil II   Die Ahndung (V. 9–16)
   (3)   das Verhör (V. 9f.)
   (4)   das Urteil (Fluch) (V. 11f.)

---

[2] Westermann, BK I/1, 385–392.
[3] W. Dietrich: „„Wo ist dein Bruder'? Zu Tradition und Intention von Genesis 4", FS Zimmerli, 1977, 94–112.

(5)   die Leidklage Kains (V. 13 f.) und Jahwes
       Antwort darauf (V. 15)
(6)   der Vollzug der Strafe (V. 16)

Unsere Fragen nach einer etwaigen Milderung des Urteils und nach
dem Gottesbild der Erzählung betreffen besonders den zweiten Teil,
und hier vor allem die Funktion der Leidklage Kains.

Nach Westermann[4] ist der Anfang der Erzählung V. 3–16 nicht erhalten, sondern durch eine Genealogie V. 1 f. ersetzt, die dann in V. 17–26
weitergeführt wird. Nur durch diese Genealogie ist Kain Adamssohn
geworden, der Kain der urgeschichtlichen Erzählung war es noch nicht.
Die Kaingeschichte ist damit nicht die Fortsetzung von Gen 2–3, sondern eine eigenständige Erzählung.

Die Vorgeschichte berichtet zunächst die Geburt von Kain und Abel
(Genealogie V. 1 f.) und charakterisiert sie nach den Grundberufen der
Menschheit: Ackerbauer und Kleinviehhirte. Schwierig ist in V. 1b der
sog. Evaspruch: *qānītī ᾿īš ᾿æt-jåhwæ*.

qnh kommt nach KBL 72mal in der Bedeutung ‚erwerben‘ vor. Westermann[5] führt sieben Belege für die Bedeutung ‚schaffen‘ an: Gen
14,19.22; Ex 15,16; Dtn 32,6; Ps 78,54; 139,13; Spr 8,22. In Gen
14,19.22 ist der Titel des ᾿ ēl ᾿æljôn wohl aus dem kanaanäischen Gebrauch übernommen worden: *qōnēh šāmăjĭm wā᾿āræs*. Es liegt ein ‚Uga-
ritismus‘ vor, aus dem man keineswegs schließen kann, daß *qnh* im Hebräischen auch ‚schaffen‘ heißt. Ein Beispiel: die Amerikanismen
‚Hamburger‘ und ‚Frankfurter‘. Selbst wenn diese ausnahmsweise im
Deutschen gebraucht werden, und zwar als bewußte Amerikanismen, so
beziehen sich diese beiden Wörter in der eigentlichen deutschen Sprache
immer noch auf die Einwohner der beiden Städte, und nicht auf
Fleischwaren. – In Ex 15,16 und Ps 78,54 ist an die Exodustradition gedacht: Jahwe hat das Volk aus Ägypten ‚erworben‘ – losgekauft, befreit!
–, und nicht ‚geschaffen‘. Auch in Spr 8,22 ist die Bedeutung ‚erwerben‘
für *qnh* nicht ausgeschlossen, und in Dtn 32,6 ist ist Bedeutung ‚Schöpfer‘ nicht zwingend (Luther: „Herr“). Es schiene mir aber methodisch
unzulässig, die Bedeutung ‚schaffen‘ allein auf Ps 139,13 zu stützen.
Muß es hier wirklich heißen: Du hast meine Nieren ‚bereitet‘? Vielleicht
ist auch hier ‚erwerben‘ gemeint, wir verstehen nur die poetische Anspielung (noch) nicht. Vor der Entdeckung der Ras-Shamra-Texte war
das ja auch bei vielen anderen poetischen Stellen der Fall, und Textände-
rungen und Sonderübersetzungen sind heute überflüssig geworden. –
Westermanns Übersetzung von *qānītī* versucht, einen Mittelweg zu gehen: „Ich habe einen Mann *gewonnen*“[6].

---

[4] Westermann, BK I/1, 388.
[5] Westermann, BK I/1, 395.   [6] Westermann, BK I/1, 383.

' *īš* ist nicht minder schwierig. Es ist schon lange beanstandet worden, daß es nicht ‚männliches Kind' heißen kann. Nach Westermann sei das in dem Ausruf der Mutter auch nicht gemeint. Er bietet eine Zukunftsdeutung an: „Sie sieht vielmehr in dem Kind, das sie geboren hat, den (zukünftigen) Mann . . ."[7]
Es ist sicher möglich, daß sich Aussprüche der Mutter oder des Vaters bei der Geburt eines Kindes oder die Namengebung auf die Zukunft beziehen können[8], ein Bezug auf die Vergangenheit oder Gegenwart läge aber näher[9]. Gemeint ist daher wohl: Eva hat bereits einen Mann erworben.

Die verschiedenen vorgeschlagenen Übersetzungsmöglichkeiten von *'æt-jăhwæ* sind bei Westermann ausführlich referiert[10]. Aus theologischen Gründen möchten die Exegeten gern ‚mit Jahwes Hilfe' übersetzen. Westermann stellt aber ausdrücklich fest: „Es bleibt der Tatbestand, daß das *'æt* im Sinne von ‚mit Hilfe von' nie bei einer Gottesbezeichnung steht."[11] Man muß sich dann wohl mit dem schwierigen Gedanken vertraut machen, daß *'æt-jăhwæ* tatsächlich einen Akkusativ darstellt. Geht man dann von den normalen Wortbedeutungen für *qnh* und *'īš* aus, so ergibt sich: ‚Ich habe einen Mann erworben, den Jahwe'; das ist vielleicht theologisch schwierig, sprachlich aber das Nächstliegende. Vor allem aber darf der MT nicht aus theologischen Gründen geändert werden, wenn der überlieferte Text sprachlich einen Sinn ergibt. Das Verständnis von *'æt* als Akkusativpartikel findet sich bereits in Luthers letzter Revision seiner Übersetzung und wird in der Neuzeit unter Berufung auf Umbreit von Budde[12] gegen die Kritik von König[13] vertreten. Wie Westermann anmerkt, beruft sich König zu Unrecht auf die alten Übersetzungen für sein Verständnis von *'æt* = ‚mit'[14].

Läßt sich *qānītī 'īš 'æt-jăhwæ* sprachlich als ‚Ich habe einen Mann erworben, den Jahweh' verstehen, so verlangt der Inhalt dieser Übersetzung nach einer Erklärung. Es wird dann nämlich behauptet, daß Kain, wie Romulus, Gottessohn war. Wenn Skinners Aruru-Marduk-Parallele[15] richtig ist, dann ist wahrscheinlich seine Mutter *Hawwah* auch keine sterbliche Frau gewesen. M.a.W., es liegt in dem Evaspruch ein mytholo-

---

[7] Westermann, BK I/1, 395 f.
[8] Gen 5,29. Vielleicht ist hier an Noahs Ackerbau gedacht.
[9] Gen 21,6; 25,25.26a; 38,29; 41,51.52; Ex 2,10.22; 1Sam 1,20; 4,21.
[10] Westermann BK I/1, 396 f.
[11] Westermann, BK I/1, 396.
[12] K. Budde: „Die Erklärung des Namens Kajin in Gen 4,1", ZAW 31, 1911, 147–151.
[13] E. König: „Der Evaspruch in Gen 4,1", ZAW 32, 1912, 22–32, und „Jahwes Funktion in Gen 4,1b", ebd., 232–237.
[14] Westermann, BK I/1, 396.
[15] J. Skinner: Genesis, 1910, ICC, 102 f.

gischer Rest vor, der zu 4,1a in direktem Widerspruch steht und der auch
in den Versen 2–16 nicht mehr aufgenommen wird. Ist das möglich?
Der Evaspruch stellt die Ätiologie eines Personennamens dar. Bereits
an anderer Stelle habe ich versucht zu zeigen, daß sich ätiologische Motive
oft nicht mit dem Spannungsbogen der Haupterzählung decken und zu
dieser gelegentlich ein sehr lockeres Verhältnis haben[16]. In unserem Zusammenhang dürfte am meisten die *Ḥawwah*-Ätiologie Gen 3,20 interessieren: ,Der Mensch nannte seine Frau *Ḥawwah*, denn sie war (Westermann: wurde) die Mutter aller Lebenden.' Der Name ,Mutter aller Lebenden' setzt nach Westermann eigentlich voraus, daß die Frau bereits ein
Kind geboren hat[17]. Das ist aber noch nicht der Fall. Da, wie im Falle von
4,1b, eine Vorausbeziehung der Ätiologie unwahrscheinlich ist – bei
Westermann wird das durch das ,wurde' ein wenig suggeriert –, müssen
wir also mit einer unabhängigen, uns aus der Urgeschichte nicht mehr
bekannten *Ḥawwah*-Tradition rechnen. Man braucht nicht allzuviel
Phantasie, um hinter 3,20 eine mythologische Überlieferung von der Urmutter (Mutter Erde) zu vermuten: ʾēm kŏl-ḥāj.

Trifft das oben ausgeführte zu, dann ist es also nicht unmöglich, daß
wir in dem Evaspruch einen mythologischen Rest vor uns haben. Es ist
dann ehrlicher, den Widerspruch zur Haupterzählung anzuerkennen,
statt aus theologischen Gründen textkritische oder semantische Operationen durchzuführen. Der MT hat theologisch die *lectio difficilior*.

Zu der weiteren Vorgeschichte, dem Opfer (V. 3–5) hat Westermann
das Wesentliche gesagt[18]. Theologisch ist wichtig, daß die Erzählung
keinen Grund für die Annahme des einen und die Ablehnung des anderen Opfers erkennen läßt. Weder ist Kains Opfergabe unangemessen
(Skinner, Benno Jacob[19]) noch seine Gesinnung (Cassuto[20]). Westermann ist sich hier mit Zimmerli[21] und von Rad[12] einig, daß die Gewäh-
rung oder Verweigerung des Segens ganz in die freie Entscheidung Jahwes gestellt ist. Diese Aussage ist den Exegeten offenbar zu ungeheuer-
lich gewesen. So reißen denn auch die Versuche nicht ab, Kain mit dem
Sittengesetz oder Ähnlichem zu schulmeistern[23].

---

[16] F. W. Golka: ,,The Aetiologies in the Old Testament", VT 26, 1976, 410–428, und
vol. 27, 1977, 36–47; zu den ätiologischen Motiven bes. vol. 26,418f.
[17] Westermann, BK I/1, 364.
[18] Westermann, BK I/1, 400–406.
[19] Skinner, Genesis, z. St.; B. Jacob: Das erste Buch der Tora, 1934, z. St.
[20] U. Cassuto: A Commentary on the Book of Genesis, Part I, 1961, z. St.
[21] W. Zimmerli: Die Urgeschichte, 1.Mose 1–11, ZBK, ³1967, z. St.
[22] G. von Rad: Das erste Buch Mose: Genesis, 9., überarbeitete Auflage, 1972, z. St.
[23] So C. Hartlich: ,,Warum verwirft Gott das Opfer Kains? (Gen 4,1–16)", Der ev. Er-
zieher 20, 1968, 190–200. Zu Recht abgewiesen von W. Zimmerli: ,,Zur Exegese von Gen
4,1–16", ebd., 200–203.

Nachdem Jahwe Kains Opfer nicht angesehen hat, reagiert Kain ganz natürlich: Er wird zornig, und sein Gesicht ‚fällt' (V. 5b). Jetzt kommt es aber nicht sofort zum Mord, sondern es ergeht eine Warnung an Kain, die für das Gottesbild der Erzählung sehr wichtig ist (V. 6f.). Nach Zimmerli[24] ruft Jahwe „Kain an und verrät darin, daß seine Zurückweisung von Kains Opfer nicht dem Haß entsprang. Gott liebt Kain darum warnt er ihn." Und zwar handelt es sich um die Liebe des Schöpfers zu seinem Geschöpf, wobei es hier besonders auf das Element der Sorge ankommt. Fürsorglich sieht Jahwe bereits die schrecklichen Möglichkeiten voraus.

V. 7 hat sicherlich eine lange Vorgeschichte, die nicht mehr restlos aufzuhellen ist. Sprachlich hat Speiser den Vers am überzeugendsten erklärt, dem auch Westermann folgt: "The only way that the present reading can be grammatically correct is a predicative phrase: 'sin is a rbṣ', with the following possessives referring to rbṣ, a masculine form."[25] ‚Sünde ist ein Lagernder, und nach dir steht sein Verlangen; du aber sollst ihn beherrschen' – nach Speiser[26] ein Weisheitsmotiv.

Doch Kain achtet nicht auf die Warnung Jahwes. Es kommt zum Mord V. 8 auf dem Felde, ohne Zeugen. Alles wird kurz und knapp berichtet. Westermann vermißt die „Worte, die Kain nach der Einleitung von Vers 8 zu seinem Bruder spricht (sie sind von den Übersetzungen ergänzt worden)"[27]. Es fehlt aber gar nichts, der Text enthält sogar ein Aleph zuviel! Nach einem Vorschlag von Gunkel[28] ist lediglich wăjjēmăr von mrr ‚bitter sein' in wăjjōmœr verlesen. (Sprachlich besser wäre allerdings impf. cons. hitpalp. wăjjĭtᵉmărᵉmăr, was Dan 11,11 auch mit 'œl konstruiert wird). Es hieß ursprünglich: ‚Und Kain ergrimmte (wurde bitter) gegen seinen Bruder Abel.' Erst als das in ‚Kain sagte zu seinem Bruder' verlesen worden war (durch Einfügung eines Aleph), mußte man ja nun erfinden, was er sagte. Das wurde dann einfach aus wăjᵉhī bĭhᵉjôtām bāśśādœh V. 8b erschlossen. Daher paßt es auch so gut! Die Streichung des Aleph ist aber einfacher als die Ergänzung, und sie gibt einen guten Sinn. Kain fordert nicht auf, sondern wartet auf die Gelegenheit.

Kain, ein Mensch wie jeder, aber eben von Jahwe zurückgesetzt, begeht nun den Mord an dem von Jahwe Gesegneten. „Nicht Kain, der Mensch ist es, der zum Mörder an seinem Bruder wird. Daß dies gemeint

---

[24] Zimmerli, ZBK, z. St.

[25] E. A. Speiser: Genesis, The Anchor Bible, ⁵1964, 33.

[26] Speiser, ebd.

[27] Westermann, BK I/1, 391.

[28] H. Gunkel: Genesis, HK, ⁶1964 = ³1910, 44. Gunkels erster Vorschlag, die Ableitung vom impf. hiph. der Wurzel mrh ‚hadern, Streit anfangen' ist nicht gut möglich, da dieses Verb sonst mit dem Akkusativ, bᵉ oder 'ĭm konstruiert wird.

ist, wird dadurch bestätigt, daß die Erzählung eigentlich von Kain handelt, und nicht von Kain und Abel. Abel tritt völlig zurück; er ist das Opfer des Mordes, mehr nicht."[29] Thielicke drückt das sehr treffend aus:
„Abel . . . ist nur Statist auf der Bühne."[30]

Der Name *hæbæl* ist nach Westermann ein aus der Erzählung gebilde-
tes Appellativ[31]. Er wird ‚Hauch-Nichtigkeit' genannt, weil seine einzige
Rolle die ist, von Kain erschlagen zu werden. Dazu gibt es im Englischen
eine schöne Parallele in der Geschichte vom reichen Mann und dem armen Lazarus: Der namenlose reiche Mann (lat. *dives*) hat einen Namen
bekommen, und die Geschichte heißt jetzt ‚Dives und Lazarus'.

Damit haben wir unseren Gang durch den ersten Teil der Erzählung
(‚das Vergehen' V. 1–8) abgeschlossen und wenden uns nun dem
schwierigeren zweiten Teil (‚die Ahndung' V. 9–16) zu. Es ist dieser
Teil, auf den sich die Befürworter der Keniterhypothese berufen haben.
Westermann weist daher an dieser Stelle noch einmal den urgeschichtlichen Charakter der Erzählung nach. „Diese Ahndung ist darin urgeschichtliches Geschehen, daß, wie in Kap. 3, Gott selbst in direkter Anrede die beiden Akte der Vernehmung und der Bestrafung vollzieht,
Auge in Auge. Allein diese Tatsache genügt für den Nachweis, daß hier
Urgeschichte dargestellt ist; denn ein Gerichtshandeln Gottes in dieser
Direktheit gibt es im AT nur in Gn 1–11, sonst niemals."[32] Westermann
verweist auf folgende Parallelen im Aufbau[33]:

„Das Verhör	4,9–10	3,9–13
Der Straf(Fluch)spruch	11–12	14–19
Milderung der Strafe	13–15	21
Vertreibung (Entfernung)	16	23.24."

Dem ist grundsätzlich zuzustimmen; es ist nur sehr genau die Frage zu
stellen, *wie weit* die Parallelität eigentlich reicht. Ein schwaches Glied in
der Kette ist die angebliche Milderung der Strafe. Daß Kains Leidklage
keine Entsprechung in Gen 3 hat, mag noch angehen. Daß Kains Strafe
ermäßigt wird, wird man aber wegen 4,16 kaum behaupten können
(siehe unten). Vor allem aber fehlt eine Milderung in Gen 3. Die modi-
sche Aufbesserung der Menschen von Feigenblattschurzen zu Fellrök-
ken genügt angesichts der Vertreibung aus der Gemeinschaft mit Gott

---

[29] Westermann, BK I/1, 412.
[30] H. Thielicke: „Der Kain in uns", in: J. Illies (Hrsg.), Brudermord. Zum Mythos von
Kain und Abel, 1975, 98.
[31] Westermann, BK I/1, 398.
[32] Westermann, BK I/1, 412.
[33] Westermann, ebd.

wohl kaum. Selbst von Rad[34], der diesen Punkt so sehr betont, muß zugeben, daß 3,21 zu 3,7 in einer gewissen Spannung steht und aus einem anderen Überlieferungskreis stammt. Oh kümmerliche Gnadentheologie, die sich noch an den letzten Rockzipfel klammern muß, weil ihr sonst – um im Bilde zu bleiben – die Felle davonschwimmen! Hier werden ständig von den Exegeten Gottesvorstellungen eingetragen, die die Texte ganz offensichtlich nicht teilen! (Mehr zu den Schuld-Strafe-Erzählungen am Schluß.)

Besteht die Parallelität hinsichtlich einer Strafmilderung also höchstens darin, daß eine solche nicht stattfindet, so enthalten beide Erzählungen in der Tat einen Straf(Fluch)spruch und die Vertreibung. Aber auch hier besteht ein wesentlicher Unterschied: In Gen 4 sind Straf(Fluch)spruch und vollzogene Strafe deckungsgleich (V. 11–12 = V. 16), in Gen 3 ist das nicht der Fall (V. 14–19 ≠ V. 23–24). Die Ätiologien 3,14–19 decken sich nicht mit dem Spannungsbogen von Gen 2–3, der in 3,22–24 zu seinem Ziel kommt[35].

Sehr ähnlich die beiden Fluchsprüche:

> 3,17b: 'ᵃrūrāh hā'ᵃdāmāh bă'ᵃbūrækā
> 4,11 : 'ārūr 'ātāh mĭn-hā'ᵃdāmāh.

Trifft aber in 3,17b der Fluch die 'ᵃdāmāh, so richtet er sich in 4,11 direkt gegen Kain. Benno Jacob[36] hat beobachtet, daß das 'ᵃdāmāh-Motiv in beiden Erzählungen eine große Rolle spielt. In Gen 2–3 erscheint es achtmal: 2,5.6.7.9.19; 3,17.19.23; in Gen 4 sechsmal: V. 2.3.10.11.12.14. – Die Entsprechung von Gen 3 und 4 beschränkt sich also auf Verhör, Fluchspruch ('ᵃdāmāh-Motiv) und Strafe (= Vertreibung). Daß eine Milderung der Strafe in keinem Fall beabsichtigt ist, darauf wird noch zurückzukommen sein.

Betrachten wir nun die Einzelheiten dieses urgeschichtlichen Geschehens: Für das Gottesbild der Erzählung ist von entscheidender Bedeutung, daß es (wie in 3,9–13) zu einem Verhör kommt (V. 9f.). Die Schlange (3,14f.) wird nicht verhört. Hierin zeigt sich Kains Menschenwürde als Jahwes Geschöpf, daß er auch nach dem Mord von Jahwe angesprochen und persönlich zur Verantwortung gezogen wird. Die Erkundigungsfrage ‚Wo ist dein Bruder Abel?' hat nach Westermann[37] die Funktion der Teilnahme. Kain versucht, seine Tat zu vertuschen, und antwortet mit einem „frechen Witz" (von Rad; Gunkel: „höhnisch"; Zimmerli: „lästerlich"). An dieser Stelle wird nach Westermann von vielen Exegeten auf eine Steigerung der Sünde gegenüber Gen 3 hinge-

---

[34] Westermann, z. St.
[35] Zu den urgeschichtlichen Ätiologien vgl. Golka, VT 27, 1977, 44–46.
[36] Jacob, Tora, 156.
[37] Westermann, BK I/1, 413.

wiesen. August Dillmann spricht von einem „furchtbaren Fortschritt der Sündenmacht"[38]. Diese Argumentation wird von Westermann mit zwei Gründen abgewiesen: Einmal ist darin „der christliche Sündenbegriff vorausgesetzt, der nicht ohne weiteres auf die Urgeschichte übertragen werden kann", und zum anderen sind „die Erzählungen 2–3 und 4,2–16 unabhängig voneinander entstanden"[39].

Aber Kains Leugnen nützt ihm nichts, er wird durch das Zetergeschrei des Bruderblutes von der *ʾădāmāh* her überführt (V. 10). Nach Abschluß des Verhörs ergeht nun in V. 11 f. das Urteil. Nach Westermann setzt es sich aus einem Fluchspruch V. 11a.12b (‚Verflucht du vom Ackerboden fort, unstet und flüchtig sollst du sein im Land') und einer Erweiterung V. 11b.12a zusammen. In der Erweiterung herrscht noch die magische Vorstellung, daß die *ʾădāmāh,* die das vergossene Blut hat aufnehmen müssen, nun ihrerseits dem Mörder ihren Ertrag verweigert[40]. Vergehen und Strafe entsprechen sich genau: die *ʾădāmāh* hat Kain mit dem vergossenen Bruderblut vergewaltigt, von der *ʾădāmāh* wird er vertrieben.

An den folgenden drei Versen, der Leidklage Kains V. 13 f. und Jahwes Antwort darauf V. 15, hängt nun die Auslegung der ganzen Erzählung. Auf die Bedeutung der Reden und Dialoge in Gen 4 weist Cassuto besonders hin. Sie nehmen einen breiten Raum ein und zeichnen sich gegenüber den Erzählteilen durch einen gehobenen Stil aus, so daß „the focal point is to be sought in the spoken and not in the narrative portion"[41]. Wie wird nun dieser Dialog im allgemeinen ausgelegt? Als ein typischer Vertreter darf Gunkel gelten: „Auf Qains *Bitte* ermäßigt Jahve den Fluch."[42]

Steht das im Text? Wo findet sich in V. 13.14 eine *Bitte?* Kains Worte haben die Form einer *Klage,* und zwar in ihren klassischen drei Teilen[43]:

Du-Klage (Gott-Klage):   *gērăšʿtā . . .*
Ich-Klage: *mĭppānœjkā ʾæssātēr . . .*
Feind-Klage: *kŏl-mōṣeʾ ī jăhărʿgēnī.*

Es fehlt aber das entscheidende Element: eine Bitte! Kain bittet nicht, daher wird ihm auch nichts ermäßigt, wie denn auch die Strafe in V. 16 genauso ausgeführt wird, wie das in Jahwes Urteil V. 11 f. ausgesprochen worden war. Was ist dann aber der Sinn der Klage Kains (wenn nicht eine Bitte um Ermäßigung)? Es handelt sich um eine *Leidklage.*

---

[38] In: A. Knobel: Die Genesis, ³1875 neu bearb. von A. Dillmann.
[39] Westermann, BK I/1, 414.
[40] Westermann, BK I/1, 416.
[41] Cassuto, Genesis, 183.
[42] Gunkel, Genesis, z. St.; Sperrung von mir.
[43] Vgl. die grundlegende Arbeit des Jubilars: „Struktur und Geschichte der Klage im AT", Forschung am AT, Bd.1, 1964, 266–305.

Die Leidklage setzt aber voraus, daß das Leid im Augenblick unabänderlich ist. Sie bereitet das Leid vor einem Mitmenschen aus, dessen Teilnahme das Leid erträglicher macht. Der andere trägt das Leid mit (Mitleid). Wem aber soll Kain sein Leid klagen? Seinen Nächsten, den Bruder, hat er erschlagen. Die Eltern spielen nur in der Genealogie eine Rolle, nicht aber in der Erzählung. Alle anderen Menschen *(kŏl-mōṣ*ᵉ˒ *ī)* sind seine Feinde! Also wendet er sich an das einzige Gegenüber, das ihm noch geblieben ist, nämlich an Gott. Wie Hiob, dem die Freunde zu Feinden geworden sind, klagt er dem Gott sein Leid, von dem die Schläge ausgehen. Und wieder zeigt sich die Liebe des Schöpfers zu seinem Geschöpf darin, daß er ihn auch jetzt noch anhört – nicht darin, daß Jahwe die Strafe mildert.

Haben wir die Funktion der Rede Kains als Leidklage bestimmt, so ist nun noch nach der Bedeutung der Einzelheiten zu fragen. Kain leitet seine Klage in V. 13b mit der Feststellung ein: ‚Groß ist mein ᶜᵃwōn vom Tragen aus.‘ Für diesen rätselhaften Halbvers gibt es zwei Übersetzungstraditionen: ‚Meine Sünde ist größer, denn daß sie mir vergeben werden möge‘ (Luther) und ‚zu groß ist meine strafe zum ertragen‘ (Heinr. Ewald). Mit diesen Übersetzungen ist schon eine Vorentscheidung über die Aussage der Klage Kains gefallen. Erklärt Kain seine Sünde für unvergebbar, so erkennt er seine Strafe an, ist ihm die Strafe zu schwer, so lehnt er sich gegen diese auf (Einspruch). Westermann möchte diese Alternative vermeiden und erklärt, daß die Bedeutung ‚Sünde‘ in der ‚Strafe‘ mit eingeschlossen sei[44]. Wir können daher unsere Behauptung, das Verständnis von Gen 4,1–16 hänge an der Erklärung der Verse 13–15, noch zuspitzen: es hängt entscheidend an dem Begriff *nāśā˒ ᶜᵃwōn.*

Damit haben wir die übliche Frage der Forschung schon präzisiert: Es genügt nicht, zu erörtern, ob ᶜᵃwōn nun ‚Sünde‘ oder ‚Strafe‘ oder beides hieße, sondern es muß exakt nach der Bedeutung der Wendung *nāśā˒ ᶜᵃwōn* gefragt werden. R. Knierim gibt als Grundbedeutung von ᶜᵃwōn ‚Verkehrtheit‘ an[45]. Im AT kommt *nāśā˒ ᶜᵃwōn* nach Knierim 35mal vor[46]. Nur Gen 4,13; Hos 14,3 und Lev 16,22 sind älter als P oder Ezechiel. Der spätere Gebrauch, ‚den ᶜᵃwōn wegtragen‘ (im Sinne von ‚Sünde vergeben‘), kann daher – gegen Cassuto[47], der hier ein Opfer seiner Ablehnung der Quellenscheidung wird – in Gen 4,13 nicht einfach ohne weiteres vorausgesetzt werden.

Gen 4,13 gehört zu den 15 Fällen, in denen der Schuldige seinen ᶜᵃwōn selbst tragen muß (in 20 Fällen wird der ᶜᵃwōn durch einen anderen ge-

---

[44] Westermann, BK I/1, 420f.
[45] R. Knierim: ᶜᵃwōn Verkehrtheit, in: THAT II, 1976, 244ff.
[46] R. Knierim: Die Hauptbegriffe für Sünde im AT, 1965, 218–23.
[47] Cassuto, Genesis, 222.

tragen). Kain hat seinen ʿᵃwōn selbst zu tragen, er kann es aber nicht. An den anderen 34 Stellen gibt die revidierte Luther-Übersetzung ʿᵃwōn mit ,Schuld/Sünde' wieder, warum dann jetzt in Gen 4,13 mit ,Strafe'? Es ist aus semantischen Gründen unwahrscheinlich, daß Gen 4,13 einen Einzelfall darstellt. Nach Knierim sieht das Alte Testament überall denselben Grundvorgang und will „mit der Wendung eben diesen Grundvorgang vor allem sichtbar machen . . . Wir sollten dementsprechend die Wendung nāśāʾ ʿᵃwōn in jedem Falle möglichst mit denselben Termini wiedergeben, und zwar mit denen, die den Grundvorgang am deutlichsten bezeichnen. Die Wiedergabe des Verbs, auf die es hier vor allem ankommt, ist klar: den ʿᵃwōn tragen"[48].

Was ist dann aber Kains ʿᵃwōn? Knierim erklärt die Wortbedeutung aus dem dynamistischen Weltverständnis: „Danach ist der ʿᵃwōn, eine lebendig wirksame Last, auf jeden Fall zu tragen, und zwar so lange, bis er seiner Qualität gemäß dem Täter zum entsprechenden Schicksal geworden und damit zum Ziel, zur Erfüllung gelangt ist."[49] Der ʿᵃwōn ist also die Wirkung des Mordes auf den Mörder, die sein Schicksal verändert. Es ist die durch den Mord verursachte *Schuld,* und gerade nicht die *Strafe!* Wenn ich ein modernes Beispiel für die Wirkung des ʿᵃwōn geben darf, so sei hier nur an das Schicksal des Hiroshima-Piloten erinnert, einer modernen Kainsgestalt. – Kain, und hier hat Cassuto[50] recht, bittet also nicht um Strafmilderung, sondern bekennt sich zu seinem ʿᵃwōn, obwohl er ihn nicht tragen kann. Und auch Jahwe will diesen ʿᵃwōn nicht von ihm nehmen. Daher ist die folgende Klage Kains V. 14 eine Leidklage und kein Einspruch.

Wie reagiert nun Jahwe in V. 15 auf die Leidklage Kains? Er geht auf die in der Feindklage Kains getroffene Feststellung (,jeder, der mich trifft, wird mich töten') ein, indem er dem Kain ein persönliches Schutzzeichen setzt, das ihn vor Tötung bewahrt[51]. Darin haben die meisten Exegeten einen Erweis der Gnade Jahwes oder eine Ermäßigung des Fluches gesehen, da Jahwe den Brudermörder nun doch nicht so hart bestrafen wolle, wie er eigentlich vorhatte[52]. Und woher wissen diese Exegeten, was Jahwe eigentlich vorhatte? Natürlich aus der Blutrachevorstellung: Der Mörder muß selbst getötet werden! Während Westermann mit Gen 9,6 P (!) wenigstens noch in der Urgeschichte bleibt, beruft sich Zimmerli auf Ex 21,12. Dabei wird übersehen, daß diese Voraussetzung

---

[48] Knierim, Hauptbegriffe, 220.
[49] Knierim, Hauptbegriffe, 221.
[50] Cassuto, Genesis, 430.
[51] Vgl. Westermanns Exkurs, „Das Kainszeichen", BK I/1, 424–27.
[52] So F. Delitzsch: Die Genesis, ⁴1872; H. Holzinger: Genesis, 1898, KHC; Gunkel; B. Jacob; H. Frey: Das Buch der Anfänge, 1935 (Die Botschaft des AT, Bd. 1); Zimmerli; von Rad, jeweils z. St.

von Gen 4,1–16 noch nicht geteilt wird. Ein solches Gesetz wird hier auch von Jahwe nicht eingesetzt, da es in der *vor*-sintflutlichen Zeit keine Geltung hat.

Kain fürchtet auch gar nicht den Bluträcher, sondern den Tod durch die Hand eines beliebigen Menschen *kŏl-mōṣ^{e}ʾī*, der von seinem Vergehen überhaupt nichts weiß! Durch seine Vertreibung von der *ʾᵃdāmāh* ist er vogelfrei geworden. Jeder könnte ihn töten. Das widerspräche aber ausdrücklich dem Fluche Jahwes über Kain: *nāʾ wānād tĭh^{e}jæh bāʾāræṣ.* Kain ist zum Leben verurteilt, nicht zum Tode (V. 12b)! „Der entscheidende Zug, daß der Bruder-(oder Verwandten-)mörder nicht getötet werden darf, aber vertrieben werden muß, ist noch von Musil (Arabia Petraea III 360) bei den Arabern festgestellt worden."[53]

Aber dieses Leben des ruhelosen Vertriebenen ist nun völlig wertlos, denn ‚Leben' ist im Alten Testament kein biologischer Begriff: Leben ist immer Leben vor Jahwe. Wer fern vom Angesichte Jahwes ‚dahinleben' muß, ist eigentlich schon im Bereich des Todes[54]. Das ist Jahwes Fluch über den, der seine Gunst gesucht hatte: Verbannung aus der Gottesnähe zu einem ruhelosen Leben in der Gottesferne, das nicht mehr ‚Leben' genannt werden kann.

Das Kainszeichen ermöglicht also, daß die Strafe so vollstreckt werden kann, wie es der Fluch V. 11a.12b vorsieht. Gott will nicht, daß in die von ihm festgesetzte Strafe eingegriffen wird (Dillmann). So lebt Kain im ‚Lande Nod' (= auf der Flucht) V. 16. Einige Exegeten warnen vor dem Urteil, daß die Verstoßung eine mildere Strafe sei als die Todesstrafe[55]. Das ist auch nicht beabsichtigt. Die Strafe vollzieht sich nämlich ganz genau nach der von Benno Jacob beobachteten Talion: Derjenige, der den Segen Jahwes (Fruchtbarkeit) und die Gottesnähe suchte, der wird in die Gottesferne verstoßen, und die *ʾᵃdāmāh* verweigert ihm ihren Ertrag. Diese Talion ist also nicht an der Tat orientiert, sondern sie bezieht sich viel genauer auf Kains ursprüngliche Motive. Diese sind zwar an sich positiv, dürfen aber nicht dazu führen, daß in das Recht des Schöpfers über das Leben seines Geschöpfes eingegriffen wird.

Und noch ein Weiteres bewirkt das Kainszeichen: es wehrt den Anfängen! von Rad spricht von einem ordnenden und bewahrenden Gotteswillen. „Der in Kain ausgebrochene Mordgeist soll sich nicht in im-

---

[53] Westermann, BK I/1, 430. – Die von O. Gruppe, „Kain", ZAW 39, 67–76, angeführte Parallele aus einer vorgriechischen Schicht halte ich für unzutreffend. Kain ist ein Mörder und kein Totschläger; Asyl stand den Totschlägern grundsätzlich offen und ist keine Milderung der Strafe im Einzelfall. (Vgl. die Asylstädte im AT.)

[54] G. von Rad: TheolAT I, ⁴1962, 399–403; vgl. bes. S. 400 zur Identifizierung der Wüste mit der Scheol (Belege ebd. Anm. 12).

[55] O. Prockschl: Die Genesis, 1913, KAT, H. Junker: Genesis, 1949, Echter-Bibel jeweils z. St.; Westermann, BK I/1, 418.

mer weitere Kreise fortpflanzen (Dillmann), und die Strafe, die Gott über Kain verhängt hat, soll nicht zu einer Verwilderung der Menschheit untereinander den Anlaß geben."[56] Hier sieht von Rad das Handeln Gottes noch genauer als in seiner Gesamtauslegung der jahwistischen Urgeschichte[57]: Dieses Handeln ist ordnend und bewahrend gerichtet auf die *Menschheit,* und nicht vergebend auf den Brudermörder Kain. Was sagt dann Gen 4,1–16 von Gott?

1. Jahwe ist der souveräne Herr: Er nimmt Abels Opfer an (V. 4b), aber lehnt Kains ab (V. 5a). Dafür gibt die Erzählung keine Erklärung. Jahwes Ratschluß bleibt verborgen.
2. Jahwe warnt Kain, der fürsorgliche Schöpfer sein Geschöpf (V. 6f).
3. Jahwe würdigt Kain eines Verhörs, obwohl die Aussage des schreienden Bruderblutes ihn bereits entscheidend belastet hat (V. 9f.).
4. Jahwe bestraft Kain: Er richtet damit eine Grenze wieder auf, die Kain überschritten hat. Das Geschöpf hat kein Recht über das Leben eines Mitmenschen (V. 11f.).
5. Jahwe hört die Leidklage Kains an (V. 13f.). Er erkennt damit die Menschenwürde an, die auch der Mörder noch hat.
6. Jahwe ordnet und bewahrt: Durch das Kainszeichen setzt er dem in der Menschheit ausgebrochenen Mordgeist eine Grenze (V. 15).

Zusammenfassend: Jahwe ist souveräner Herr. Fürsorglich, ordnend und bewahrend verweist er den Menschen in seine Grenzen. Damit darf der Mensch auch Mensch bleiben, denn Menschsein heißt, in Begrenztheit existieren (Westermann). Darin liegt auch seine Würde. Die Gefahr des Übermenschen, wie die des Unmenschen, ist abgewendet.

Woher stammt nun dieses Gottesbild? Es gibt im Alten Testament eine „geistige Tradition" (Whybray), die von Jahwe als dem Schöpfer und Garanten der Weltordnung spricht, die Weisheit. Ich beziehe mich hier vorwiegend auf die älteren Sammlungen von Proverbien Spr 10ff. und die entsprechenden Untersuchungen durch G. von Rad und H. D. Preuß[58]. Wie soll man aber Gen 4,1–16 mit der Weisheit vergleichen? Es stellt sich hier eine grundsätzliche Methodenfrage.

Üblicherweise wird das so gemacht, daß man Vers für Vers auf Parallelen hinweist, die zwischen den Proverbien und dem entsprechenden Vergleichstext bestehen[59]. Damit kann man aber so ziemlich alles be-

---

[56] von Rad, Genesis, 80.

[57] von Rad, Genesis, 116–118.

[58] G. von Rad: „Die ältere Weisheit Israels", KuD 2, 1956, 54–72; H. D. Preuß: „Das Gottesbild der älteren Weisheit Israels", VT Suppl 23, 1972, 117–145. Preuß belegt ausführlich, was in unserem Zusammenhang nur sehr summarisch festgestellt werden kann.

[59] Ich nenne nur drei Beispiele: H. W. Wolff: Amos' geistige Heimat, WMANT 18, 1964; E. Gerstenberger: Wesen und Herkunft des ‚apodiktischen Rechts', WMANT 20, 1965; R. N. Whybray: The Succession Narrative, 1968.

weisen, da die Proverbien den ganzen Bereich des damaligen Lebens abdecken[60]. Statt dessen wollen wir auf den Gesamtduktus der Gottesaussagen in der älteren Weisheit achten.

Hier bestehen nun erstaunliche Ähnlichkeiten zu Gen 4,1–16. Nach Preuß[61] sprechen die Texte der älteren Weisheit von Jahwe als dem „Stifter und Garanten der kosmisch-sittlichen Weltordnung, des Tun-Ergehen-Zusammenhangs . . ., damit von der Auffassung der Welt als einer Ordnung . . . Dieser Zusammenhang von Tat und Tatfolge ist dem richterlichen Walten Jahwes eingeordnet." Ganz ähnlich die Sicht von Kains ʿawōn in Gen 4. Diese Weltordnung wird von Jahwe gesetzt und erhalten. Dem dienen auch die Strafen. Jahwe belohnt den Gerechten und straft den Gottlosen, er macht auch reich durch seinen Segen (Abel!). „Somit wird Jahwe hauptsächlich . . . als der gesehen, welcher durch diese von ihm gesetzte und garantierte Ordnung Gutes belohnt und Böses bestraft und beides darin zur Vollendung (šlm) bringt."[62] Und Erhalter dieser Weltordnung ist Jahwe eben als ihr Schöpfer.

Es soll nun nicht behauptet werden, Gen 4,1–16 sei von der älteren Weisheit abhängig[63]. Tatsache ist vielmehr, daß sowohl in der Urgeschichte als auch in der Weisheit Gott primär der Schöpfer ist. Von hier aus wird theologisch gedacht und von seinem Erhalten und Lenken gesprochen. Und zwar lenkt Gott auf zweierlei Weise: einmal durch Fürsorge (Warnung an Kain, Respektierung seiner Menschenwürde, Schutz der Menschheit) und zum anderenmal durch Strafen. Durch die Strafen werden die Ordnungen aufrecht erhalten, auf die sich der Mensch verlassen kann, so daß sie zur Lebenshilfe werden. Diese Hilfe ist, sowohl in der Urgeschichte als auch in der Weisheit, allen Menschen vom Schöpfer zugedacht, nicht nur seinem Volk Israel. Es ist also keine Gnade und Vergebung in Gen 4 zu erwarten, denn die Güte des Schöpfers zeigt sich ja gerade in der absoluten Verläßlichkeit der Ordnungen.

Im Zusammenhang mit dem Kainszeichen hatte von Rad[64] auf das ordnende und bewahrende Handeln Gottes hingewiesen. Leider hat er diese Sicht in seiner theologischen Gesamtbeurteilung der jahwistischen Urgeschichte aufgegeben. Dort heißt es dann: „Wir sehen also wie (schon in der Urgeschichte!) jedesmal in und hinter dem Gericht ein bewahrender, vergebender Heilswille Gottes offenbar wird, wie mit dem

---

[60] Vgl. die vernichtende Kritik von J. L. Crenshaw an Whybray in: „Method in determining wisdom influence upon 'historical literature'", JBL 88, 1969, 129–142 (bes. 137–140). Whybray vertritt inzwischen eine abgewogenere Sicht der Weisheit in: The Intellectual Tradition in the OT, BZAW 135, 1974.

[61] Preuß, „Gottesbild", 121.

[62] Preuß, „Gottesbild", 121f.; dort auch viele Belege.

[63] Das versuchen jeweils in ihrem Bereich die in Anm. 59 genannten Autoren.

[64] von Rad, Genesis, 80.

Mächtigwerden der Sünde die Gnade noch viel mächtiger wird (Röm 5,20)."[65] Bewahrt wird in der Urgeschichte, aber auch vergeben? Ein leises Echo dieser Position klingt noch bei Westermann an, wenn er meint, daß „der Zug der Abmilderung der verhängten Strafe für die Erzählung von Schuld und Strafe in der Urgeschichte bezeichnend ist"[66].

Natürlich überschreitet dieses Problem die Grenzen der Thematik dieses Aufsatzes. So kann ich meine Sicht der Schuld-Strafe-Erzählungen hier nur skizzieren. Am einfachsten läßt sich die Urgeschichte von ihrem Ende her aufrollen. Bei Gen 11,1–9 muß selbst von Rad zugeben: „Die Geschichte vom Turmbau schließt mit einem gnadenlosen Gottesgericht über die Menschheit."[67]

Aber statt seine theologische Position aufgrund der Evidenz des Textes zu hinterfragen, schließt von Rad die Erwählung Abrahams Gen 12,1–3 trotz des Fehlens einer jahwistischen Genealogie in Kap.11 mit in die Urgeschichte ein, damit die Gnade wieder das letzte Wort behält. Die theologischen Voraussetzungen des Exegeten waren wieder einmal stärker als die Aussage des Textes. In Gen 9,18 ff. (Noahs Söhne) und in der Sintflutgeschichte findet sich ganz eindeutig die Sicht, daß Gott die Gerechten segnet bzw. rettet, aber die Gottlosen straft. Eine Strafmilderung findet sich ebensowenig wie in der Erzählung von den Gottessöhnen und den Menschentöchtern Gen 6,1–4. Ich meine nachgewiesen zu haben, daß sich in Gen 4,15 das bewahrende Handeln Jahwes auf die Menschheit, und nicht auf Kain, bezieht. Findet sich in fünf von sechs Schuld-Strafe-Erzählungen keine Milderung, so wird man nicht mehr sagen können, die Strafmilderung sei für die Schuld-Strafe-Erzählungen charakteristisch.

Dennoch haben die Exegeten keine Mühe gescheut, diese aus Gen 2–3 zu erweisen. Und zwar wird hier das, was man exegetisch abgewertet hatte, theologisch wieder aufgewertet. Hatte man gerade (wie von Rad) noch erklärt, die Fellröcke in 3,21 seien traditionsgeschichtlich sekundär und vertrügen sich schlecht mit den Feigenblattschurzen 3,7, so müssen diese Bekleidungsstücke nun theologisch dazu herhalten, das ganze Gewicht der Gnade Gottes zu tragen. Ob man sie da nicht etwas überstrapaziert? Auch eine Inkonsequenz der Erzählung wird gründlich ausgebeutet: Dem Menschen und seiner Frau wird in 2,17 der Tod angedroht, sie werden aber in 3,22–24 ‚nur' vertrieben. Nun erklärt fast jeder Kommentator, daß hier zwei Überlieferungen vorliegen, die Tradition vom Baum der Erkenntnis, die die Todesdrohung enthält, und die vom Lebensbaum, der der Schluß der Erzählung (die Vertreibung) ent-

---

[65] von Rad, Genesis, 117.
[66] Westermann, BK I/1, 419 f.
[67] von Rad, Genesis, 117.

stammt. Diese werden nämlich säuberlich getrennt und eben so auch exegetisch verstanden. Theologisch werden sie dann wieder zusammengeworfen. Auf diese Weise kann die Inkonsequenz – exegetisch als Mangel angekreidet – dann theologisch weidlichst zum Erweis der Gnade Gottes ausgeschlachtet werden.

Leider tut Jahwe den Exegeten nirgends den Gefallen, einmal festzustellen: ‚Ich will dich/euch (den/die Menschen) doch nicht so hart bestrafen, wie ich eigentlich vorhatte.‘ Das ist aber auch nicht nötig, denn das weiß man ja ohnehin schon! Und woher? Das von Radsche Römerbriefzitat (5,20) macht es uns leicht: Aus der paulinisch-lutherischen Rechtfertigungslehre! Außer Westermann und den jüdischen Exegeten stellt niemand die Frage, ob solch christliches Reden von Sünde und Gnade (= Zustände) wohl mit der Schilderung von Vergehen in der Urgeschichte zur Deckung gebracht werden könne. Von Rad stellt noch ausdrücklich fest, daß sich diese Tatsachen, wenn auch nicht die Begriffe, „schon in der Urgeschichte (!)"[68] finden. Ist damit die fundamentalistische Behauptung übernommen, daß die Bibel in allen ihren Teilen das gleiche aussage[69]? Auf jeden Fall ist es wissenschaftlich nicht haltbar, den Gottesbegriff eines Teiles der Bibel in einen anderen einzutragen. Auch als theologisches Kriterium ist die Bibel damit nicht mehr ernst genommen und die Basis reformatorischer Theologie verlassen, auch wenn – und gerade weil! – die Exegeten das Gegenteil erreichen wollten.

Das christliche Verständnis von Sünde und Gnade wird nicht dadurch geschmälert, daß es sich in der Urgeschichte nicht findet. Theologisch ist aber wichtig, daß die Bibel Alten und Neuen Testamentes erst vom Handeln Gottes an seinem Volk reden kann, nachdem sie von dem Schöpfer aller Menschen gesprochen hat, der die Menschheit durch die von ihm geschaffenen Ordnungen erhält. Der Einhaltung dieser Ordnung dienen Gottes Güte und Fürsorge, aber, wenn es sein muß, auch unbarmherzige Strafen. Vergebung findet sich in der Urgeschichte nicht, und damit auch keine Gnade für Kain.

---

[68] von Rad, Genesis, 117.
[69] Vgl. James Barr: Fundamentalism, London 1977 (SCM Press).

ROLF RENDTORFF

Genesis 15 im Rahmen der theologischen Bearbeitung der Vätergeschichten

Die Sonderstellung von Gen 15 innerhalb der Vätergeschichten ist längst festgestellt worden. Nach O. Kaiser[1] haben vor allem L. Perlitt[2], J. van Seters[3] und H. H. Schmid[4] den deuteronomistischen Charakter des Kapitels betont. Schmid findet es „erstaunlich, daß diese Datierung von Gen 15 in der alttestamentlichen Wissenschaft nicht schon lange als Selbstverständlichkeit gilt"[5].

Allerdings sind damit die Probleme des Kapitels keineswegs gelöst, denn es unterscheidet sich auch sonst in vieler Hinsicht von den übrigen Vätersagen. Schon H. Gunkel hat gesehen, daß Gen 15 „kaum eine ‚Geschichte' zu nennen" ist, sondern daß man „es wohl für eine späte Neubildung halten" darf und daß es „nicht in den Kreis der älteren Sagen gehört"[6].

C. Westermann hat schließlich darauf hingewiesen, daß Gen 15,1–6 „eine Verheißungs-Erzählung (ist), die aber . . . Spuren einer den Väter-Erzählungen fremden Sprache trägt" und die „nicht eine ursprüngliche Verheißungs-Erzählung (ist), sondern eine Fügung, die neben anderen Elementen . . . die beiden Verheißungen (d. h. Sohnes- und Mehrungsverheißung, R. R.) schon voraussetzt"[7]. Auch Gen 15,7–21 kann nur „im Kontext der Verheißungen an die Väter im ganzen und der Verheißung des Landes im besonderen" erklärt werden"[8].

Damit ist eine Aufgabe bezeichnet, der hier weiter nachgegangen werden soll. Was Westermann für Gen 15,7–21 gesagt hat, gilt offen-

---

[1] O. Kaiser, Traditionsgeschichtliche Untersuchung von Genesis 15, in: ZAW 70, 1958, 107–126.

[2] L. Perlitt, Bundestheologie im Alten Testament, Neukirchen 1969, 69 ff.

[3] J. van Seters, Abraham in History and Tradition, New Haven und London, 1975, 249 ff.

[4] H. H. Schmid, Der sogenannte Jahwist, Zürich 1976, 121 ff.

[5] Ebd., 126.

[6] H. Gunkel, Genesis, Göttingen 1922[5], 182.

[7] C. Westermann, Arten der Erzählung in der Genesis, in: Forschung am Alten Testament, München 1964, 24 (= Die Verheißungen an die Väter, Göttingen 1976, 24).

[8] C. Westermann, Genesis (BK.I,2), Neukirchen 1977, 127.

sichtlich für das ganze Kapitel: es muß im Zusammenhang der Verheißungen an die Väter verstanden werden. Denn in beiden Abschnitten
(V. 1–6 und 7–21) bildet die Verheißung das eigentliche Thema. „Das
Anliegen von Kap.15 scheint dahin zu gehen, die beiden großen Verheißungen an Abraham: 1. Gabe eines leiblichen Nachkommen . . ., und
2. Zusage des Landes . . . nochmals in enger Verbindung laut werden zu
lassen."[9] Dieses Verständnis des Kapitels hat aber grundsätzliche Konsequenzen für seine überlieferungsgeschichtliche Einordnung. Denn es
hat sich gezeigt, daß die Verheißungen in den Vätergeschichten durchweg nicht zum Bestand der älteren Erzählungen gehören, sondern daß
sie „ganz überwiegend dem Stadium des Zusammenfügens der alten Erzählungen zu größeren Einheiten" zuzurechnen sind[10]. Demnach müßte
Gen 15 als ganzes diesem Stadium zugerechnet werden.

I

Der parallele Aufbau der beiden Abschnitte V. 1–6 und V. 7–21 ist
von Kaiser betont worden. Dabei spielt vor allem die „zweifelnde Frage
des Erzvaters" eine wichtige Rolle[11]. Sie ist in dieser Form innerhalb der
Verheißungstexte in den Vätergeschichten singulär. Deshalb darf sie
wohl nicht bloß als erzählerisches Stilmittel gewertet werden. Vielmehr
signalisiert sie, worum es in Gen 15 eigentlich geht: um eine Auseinandersetzung mit der zweifelnden Frage nach der Gültigkeit der Verheißung. Man kann diese Frage zusammenfassend so formulieren: Wer
wird das Land besitzen?
Dabei wird nun in beiden Abschnitten betont das Verbum *jrš* verwendet. Es ist ein bevorzugter Ausdruck der deuteronomisch-deuteronomi-
stischen Sprache[12]. Aber es spielt auch sonst in den Diskussionen um den
Landbesitz eine Rolle. Besonders interessant ist dafür Ez 33,24. Hier
wird ein Wort der im Lande zurückgebliebenen Judäer zitiert: „Abraham war einer und nahm das Land in Besitz *(jrš)*, wir aber sind viele, und
uns ist das Land zum Besitz *(môrāšāh)* gegeben." Es dürfte kaum ein Zu-

---

[9] W. Zimmerli, 1.Mose 12–25: Abraham (Zürcher Bibelkommentare AT 1.2), Zürich
1976, 49.
[10] C. Westermann, aaO., 33; vgl. R. Rendtorff, Das überlieferungsgeschichtliche Problem des Pentateuch, Berlin und New York 1976, 37 ff., besd. 57 ff. Hier sei noch ange-
merkt, daß in den beiden Erzählungen in Gen 16 und 18, in denen die erhoffte oder verheißene Geburt eines Sohnes das eigentliche Thema der Erzählung bildet, eben vom
„Sohn" und nicht von der „Nachkommenschaft" die Rede ist, wie es durchweg in den Verheißungsreden der Fall ist.
[11] O. Kaiser, aaO., 117.
[12] Vgl. dazu M. Weinfeld, Deuteronomy and the Deuteronomic School, Oxford 1972,
341 ff.

fall sein, daß dieses Verbum hier innerhalb einer Diskussion um den Besitz des Landes mit der Berufung auf Abraham erscheint. Auch in der Bestreitung dieses Anspruchs verwendet Ezechiel das Verbum: „ihr wollt das Land besitzen?" (V. 25f.). Das Nomen *môrāšāh* wird ebenfalls in Ez 11,15 verwendet, wo es um die gleiche Frage geht. Die Leute in Jerusalem sagen: „Uns ist das Land zum Besitz gegeben." Verbum und Nomen werden aber nicht nur für die Auseinandersetzung zwischen den Exulanten und den Zurückgebliebenen um den Besitz des Landes gebraucht. In Ez 36 ist von den Bergen Israels die Rede, die zum Besitz *(môrāšāh)* der Feinde geworden sind (V. 2f.5), und es wird verheißen, daß Jahwes Volk Israel zurückkehren und das Gebirge in Besitz nehmen wird *(jrš* V. 12)[13].

Hier wird auch davon gesprochen, daß die Kinderlosigkeit Israels ein Ende haben soll (V. 12f.14f. cj). Damit taucht das Thema von Gen 15,1–6 auf: die Frage, wer denn das Erbe Abrahams antreten soll, ein Fremder oder der eigene Nachkomme. (Dabei ist der Ausdruck *ªrīrī* in V. 2 offenbar ein erbrechtlicher terminus technicus, wie Jer 22,30 zeigt, wo Jojachin als kinderlos „eingetragen" werden soll.) Die gleiche Frage wird in Jer 49,1f. diskutiert – wiederum unter Verwendung des Verbums *jrš:* „Hat denn Israel keine Söhne, hat es keinen Erben *(jôrēš)?* Warum hat ‚Milkom' Gad in Besitz genommen *(jrš)* und sein Volk sich in dessen Städte gesetzt?", und als Antwort heißt es am Schluß von V. 2: „und Israel wird seine Besetzer besitzen *(wᵉjārāš jiśrāēl ᵓæt-jôrᵉšāw)*".

Der Sprachgebrauch in Jer 49,1 zeigt übrigens deutlich, daß man den „verschiedenen Gebrauch von *jrš*" in Gen 15,3f. und 7f. nicht mit Wellhausen[14] als Argument für eine literarkritische Trennung der beiden Abschnitte in Gen 15 verwenden kann. Vielmehr ist dieser Ausdruck offenbar gerade deshalb gewählt worden, weil er die beiden Aspekte der erbberechtigten Nachkommenschaft und des Landbesitzes in sich vereinigt. So kann er dazu dienen, die Doppelfrage von Gen 15 „Wer wird das Land besitzen?" zu beantworten: Der eigene *Erbe* wird es *besitzen.*

Van Seters hat auf die Beziehungen zwischen Gen 15 und Deuterojesaja aufmerksam gemacht. In unserem Zusammenhang ist besonders der Vergleich mit Jes 54,1–3 interessant[15]. Auch hier steht das Thema der Kinderlosigkeit im Vordergrund: die Unfruchtbare *(ªḳārāh,* V. 1) soll zahlreiche Kinder haben. Abschließend heißt es dann: „und dein Same wird Völker in Besitz nehmen" *(wᵉzarᵉēk gôjīm jīrāš* V. 3b). Hier taucht

---

[13] Zu *jrš* vgl. noch Jes 65,9 und Ob 17.19f.

[14] J. Wellhausen, Die Composition des Hexateuchs und der historischen Bücher des Alten Testaments, Berlin 1963⁴, 21.

[15] Van Seters, aaO., 268.

also wieder das Verbum *jrš* auf, verbunden mit dem Wort *zærǎ*ʿ „Same“, das ja in Gen 15,1–6 eine Schlüsselstellung einnimmt[16].

II

Das Stichwort „Same“ führt uns nun zurück in den unmittelbaren Kontext von Gen 15. Es spielt eine wichtige Rolle in den Verheißungen an die Erzväter. Die Analyse der Verheißungsreden hat ergeben, daß diese ein bewußt eingesetztes Mittel der Bearbeitung und theologischen Interpretation der Vätergeschichten darstellen. Zugleich hat sich gezeigt, daß diese Bearbeitung offenbar nicht in einem Zuge erfolgt ist, sondern daß sich dabei verschiedene Stadien oder Schichten erkennen lassen[17].

Gen 15 nimmt auch hierbei wieder eine Sonderstellung ein. Hier sind die Themen, die sonst in fest formulierten Verheißungsreden erscheinen, erzählerisch entfaltet. Dabei zeigen sich deutliche Beziehungen zu bestimmten Schichten der Verheißungsreden. Dies gilt zunächst für V. 1–6: Das Bild von den „Sternen des Himmels“, das hier zum Gegenstand der Erzählung gemacht worden ist (V. 5), findet sich im übrigen nur noch in Gen 22,17 und 26,4. Gerade diese beiden Texte heben sich aber auch in anderer Hinsicht heraus[18]. Sie stellen die Verbindung zwischen der Abrahamgeschichte und der Isaakgeschichte dar, indem das Thema „Segen für andere“ am Schluß der Abrahamgeschichte noch einmal aufgegriffen und dann mit ausdrücklichem Rückbezug auf Abraham am Beginn der Isaakgeschichte wiederholt wird; dabei ist beidemal die sonst in der Genesis nicht begegnende Wendung *ʿēḳæb* *ᵃšær* „darum, daß“ verwendet[19].

Das bedeutet, daß Gen 15,1–6 mit derjenigen Bearbeitungsschicht in Zusammenhang gebracht werden muß, der die beiden Texte in Gen 22,17 und 26,4 zuzurechnen sind[20]. Nun hat die Analyse ergeben, daß es sich dabei um eine relativ späte Schicht handelt; denn der hier vollzogenen Verbindung der Abrahamgeschichte mit der Isaakgeschichte ist offenbar die Verbindung von Abrahamgeschichte und Jakobgeschichte

---

[16] Van Seters bezeichnet V. 3 geradezu als „summary for Genesis 15 and for the final promise in VV. 18–21“. Ebd., 268. Interessant ist auch van Seters Hinweis auf Jes 40,9f., ebd. 267f.

[17] Vgl. Rendtorff, aaO., 40ff.

[18] Ebd., 60.

[19] Gen 32,13 und 16,10 stellen insofern eine Variante zu 15,5 dar, als sie die Aussage vom „Zählen“ entweder mit dem „Sand des Meeres“ oder ohne Bild einfach mit dem „Samen“ verbinden.

[20] In Gen 22,17 wird auch das Verbum *jrš* verwendet; dabei erinnert die Wendung „das Tor der Feinde besitzen“ an Jes 54,3, wo vom Besitzen der Völker die Rede ist (s. o.).

durch das Thema „Segen für andere" bereits vorausgegangen, wie die
übereinstimmenden Formulierungen in Gen 12,3 und 28,14 zeigen. In
der späteren Schicht, zu der Gen 15 gehört, spielt auch das Stichwort
„Same" eine wichtige Rolle: der Segen für andere soll durch den „Samen" Abrahams (22,18) bzw. Isaaks (26,4) vermittelt werden.

Auch für Gen 15,7–21 gilt, daß hier ein Verheißungsthema, das im
übrigen in der Form fest geprägter Verheißungsreden erscheint, erzählerisch entfaltet worden ist – wie in V. 1–6 aufgrund der zweifelnden
Rückfrage Abrahams. Perlitt hat mit Recht darauf hingewiesen, daß von
früheren Exegeten der archaische Charakter der Zeremonie in V. 9ff.
nur „traditionell gefühlsmäßig" behauptet worden ist, daß sich dafür
aber kein Beleg erbringen läßt, der älter ist als Jer 34,18f.[21]. Wenn dieses Argument wegfällt, liegt m. E. kein Grund vor, V. 7–21 grundsätzlich anders zu beurteilen als V. 1–6, zumal angesichts des offenkundig
parallelen Aufbaus beider Abschnitte. Danach will also Gen 15,7–21 die
Frage beantworten: „Wer wird das Land besitzen?"

Die Antwort, die an Abraham gegeben wird, lautet: „Deinem Samen
gebe ich dieses Land" (V. 18). Im Gefälle dieser Erzählung liegt der Ton
auf dem Wort „Samen". Es ist in diesem theologisch reflektierten Kapitel gewiß kein Zufall, daß zunächst Abraham die Frage stellt: „Woran
soll ich erkennen, daß *ich* es besitzen werde?" (V. 8), und daß dann die
Antwort lautet: „*Deinem Samen* gebe ich dieses Land" (V. 18)[22].

Von hier aus könnte sich ein neues Verständnis für die Funktion des
Wortes „Same" in den Verheißungsreden ergeben. In ihnen begegnet
das Wort häufig in einer eigenartig nachgestellten Weise, die es als Hinzufügung erkennbar macht, z. B. Gen 13,15; 28,13 u. ö.[23]. Diese Zusätze könnten der gleichen Bearbeitungsschicht angehören, der auch
Gen 15 zuzurechnen ist. In einigen weiteren Fällen findet sich dann die
Formel in dem Wortlaut, den auch Gen 15,18 aufweist: 12,7; 24,7 (als
Zitat einer Verheißungsrede); ähnlich 26,4. Hier geht es demnach überall darum, die Landverheißung ausdrücklich auf die Nachkommen der
Erzväter auszuweiten – und das heißt: auf die Exilsgeneration, die die
zweifelnde Frage nach der Gültigkeit der Verheißungen stellt.

Auch bei der Verheißung zahlreicher Nachkommenschaft (Mehrungsverheißung) ist ein deutlicher Unterschied erkennbar zwischen
Texten, die das Wort „Same" enthalten, und solchen, in denen es nicht
vorkommt[24]. Von den ersteren wurden die Stellen bereits genannt, in
denen die Mehrung der Nachkommenschaft „wie die Sterne des Him-

---

[21] Perlitt, aaO., 73.
[22] V. 18 schließt also inhaltlich unmittelbar an V. 13–16 an. Vgl. dazu auch van Seters,
aaO., 266f.
[23] Vgl. Rendtorff, aaO., 42f.
[24] Ebd., 46f.

mels" verheißen wird: Gen 15,5; 22,17; 26,4. Aber auch bei der Rede
vom „Staub der Erde" taucht das Wort „Same" auf: Gen 13,16; 28,14;
(32,13 als Zitat)[25]. Dabei zeigt sich, daß gerade bei diesen Texten die
Verbindung der beiden Verheißungsthemen Landgabe und Mehrung
durch das Stichwort „Same" hergestellt wird: an das in der Landverheißung hinzugefügte Wort „Same" ist sofort die Mehrungsverheißung angefügt unter ausdrücklicher Aufnahme dieses Stichworts: Gen 13,15f.;
28,13f.[26].
Damit ergibt sich ein überraschender neuer Gesichtspunkt für die
Frage, wie es zur Verbindung dieser beiden Verheißungsthemen gekommen ist: Die Landverheißung wurde ausdrücklich auf die Nachfah-
ren der Erzväter, den „Samen", ausgedehnt. Dadurch stellte sich aber
die Frage, wer denn angesichts der schwindenden Bevölkerungszahlen
Träger dieser Verheißung sein solle. Zur Beantwortung dieser Frage
wurde die Mehrungsverheißung für den „Samen" hinzugefügt. Die Verbindung der beiden Verheißungsthemen bildet somit eine Antwort auf
die gleiche Doppelfrage, von der auch Gen 15 bestimmt wird: „Wer
wird das Land besitzen?"
Somit ergibt sich ein verhältnismäßig geschlossenes Bild dieser Bearbeitungsschicht. In den beiden Abschnitten von Gen 15 wird die Doppelfrage entfaltet: „Wer wird das Land besitzen?" Sie wird dadurch beantwortet, daß Abraham zunächst zahlreiche Nachkommenschaft „wie
die Sterne des Himmels" zugesagt und sodann die Verheißung des Landes auf die Nachkommenschaft, den „Samen", ausgedehnt wird. Diese
erneuerte und erweiterte Doppelverheißung wird Abraham gegeben in
dem Augenblick, als er sich an seinem Hauptort Mamre niedergelassen
hat. Insofern schließt Gen 15 unmittelbar an den Schluß von Kapitel 13
an.
Diese Neuformulierung der Verheißungen wird nun auch an anderen
Stellen in die Vätergeschichten eingefügt. Das Bild von den Sternen des
Himmels wird in der die Abrahamgeschichte abschließenden Verheißungsrede wieder aufgenommen (22,17) und am Anfang der Isaakgeschichte wiederholt und auf Isaak ausgeweitet (26,4). Das Stichwort
„Same" wird noch an weiteren zentralen Stellen zur Landverheißung
hinzugefügt: jeweils am Anfang der Abrahamgeschichte (13,15), der
Isaakgeschichte (26,3) und der Jakobgeschichte (28,13). An diesen Stellen wird dann die Mehrungsverheißung für diesen „Samen" unmittelbar
angefügt: 13,16; (26,4[27]); 28,14. Ferner wird in die Einleitung der Abrahamgeschichte, in Verbindung mit dem ersten Altarbau Abrahams auf

---

[25] Vgl. ferner Gen 16,10; 21,12; 26,24.
[26] Vgl. Rendtorff, aaO., 51f.
[27] Der schwer durchschaubare Abschnitt Gen 26,2–5 nimmt eine Sonderstellung ein.

dem Boden des verheißenen Landes (12,7), die Landverheißung für den „Samen" in der gleichen Formulierung wie beim Bundesschluß in 15,18 betont eingesetzt[28]. Dadurch wird die ganze Vätergeschichte von dieser in Gen 15 entfalteten Doppelverheißung für den „Samen" geprägt[29].

III

Schließlich ist nun noch die Frage zu stellen, wie sich diese Bearbeitungsschicht in den Vätergeschichten, in der Gen 15 eine zentrale Stellung innehat, zum übrigen Pentateuch verhält. Hierfür bietet die Aussage über den Glauben Abrahams in Gen 15,6 einen wichtigen Ansatzpunkt.

Es ist bekannt, daß die hier gebrauchte Verbindung der Verbform *hæˀæmīn* mit nachfolgendem *b*ᵉ nicht sehr häufig im Alten Testament begegnet. Es lohnt sich aber, dieser Frage weiter nachzugehen. Zum Abschluß der Exodusgeschichte in Ex 14,31 wird die gleiche Formulierung gebraucht: „Da glaubten sie an Jahwe und an seinen Knecht Mose." Nun kann gar kein Zweifel darüber bestehen, daß dieser Satz zum theologischen Rahmen der Exodusgeschichte gehört[30]. Er schließt sie dadurch ab, daß er noch einmal die Aussage von 4,31, daß die Israeliten der Ankündigung der Rettung durch Mose und Aaron geglaubt hätten, aufnimmt; diesmal glauben die Israeliten aber, weil sie „sehen", was Jahwe getan hat.

Auch im übrigen Pentateuch begegnet die Wendung *hæˀæmīn b*ᵉ noch einigemale – aber ausschließlich negativ: die Israeliten glauben nicht: Num 14,11; 20,12; Dt 1,32 bis hin zu 2.Kön 17,14![31] Nach diesem Geschichtsbild gab es diesen Glauben also nur am Anfang der Geschichte des Volkes Israel: bei Abraham in exemplarischer Weise, und dann noch einmal beim Exodus; danach war alles nur noch Geschichte des Unglaubens. Das gleiche Geschichtsbild zeigt sich in Ps 106: Nach der Errettung am Schilfmeer glauben die Israeliten an Jahwes Worte *(hæˀæmīn b*ᵉ V. 12), danach glauben sie nicht mehr (V. 24[32])[33].

Insbesondere ist hier die deuteronomistische Terminologie sehr ausgeprägt, vgl. besonders V. 3bβ und 5b.

[28] Vgl. auch Gen 24,7; 32,13.

[29] J. Hoftijzer, Die Verheißungen an die drei Erzväter, Leiden 1956, hat richtig gesehen, daß Gen 15 eine zentrale Stellung innerhalb einer Gruppe von Verheißungstexten einnimmt. Er ordnet ihr auch im wesentlichen die gleichen Texte zu. Allerdings ist bemerkenswert, daß Gen 12,1–3 nach unserer Analyse nicht zu dieser Gruppe gehört, da das Wort „Same" fehlt.

[30] Vgl. Rendtorff, aaO., 71.

[31] Vgl. auch Ps 78,22.

[32] Hier wird allerdings *hæˀæmīn* mit *l*ᵉ konstruiert.

[33] Interessant ist in Ps 106 auch V. 31, wo es heißt, daß dem Pinchas seine Tat „zur Ge-

Im Blick auf diesen geprägten Sprachgebrauch wird man Gen 15,6 gewiß in diesem größeren Zusammenhang sehen müssen. Abraham steht hier als der exemplarisch Glaubende am Anfang der Geschichte des Volkes Israel. Er empfängt die Verheißung der zahlreichen Nachkommenschaft – und glaubt. Daraufhin wird die Landverheißung für diese Nachkommenschaft erneuert. In Ägypten wird der Glaube an diese Verheißung auf eine harte Probe gestellt – aber nach dem Auszug und der Rettung am Meer glauben die Israeliten, daß Jahwes Verheißung gilt; denn sie haben ja selbst gesehen, daß Jahwe zu seinem Wort steht.

Die dann folgende Geschichte ist eine Geschichte der Abkehr von diesem Glauben. Aber wie sieht nun der Bearbeiter (oder der Bearbeiterkreis), der hinter Gen 15 steht, seine eigene Zukunft und die seiner Generation? Wenn unsere Interpretation dieses Kapitels im Rahmen der zweifelnden Frage der im babylonischen Exil lebenden Judäer nach der Gültigkeit der Verheißung richtig ist, dann kann die Antwort kaum zweifelhaft sein: Der Glaube Abrahams hat sich bewährt; auch die ägyptische Exilsgeneration hat aufgrund der großen Taten Jahwes, die sie gesehen hat, zu ihm zurückgefunden. Darum kann die babylonische Exilsgeneration sich in diese Reihe hineinstellen und wie Abraham darauf vertrauen, daß die Landverheißung auch für sie gilt und daß Jahwe sie an ihr und ihren Nachkommen wahrmachen wird.

---

rechtigkeit angerechnet" wird, wobei die Formulierung mit der von Gen 15,6 übereinstimmt.

Erhard Blum macht mich darauf aufmerksam, daß der deuteronomistische Charakter von Gen 15 schon 1865 von John William Colenso nachgewiesen worden ist (The Pentateuch and Book of Joshua critically examined, Part V, 1895, bes. 54 ff.). Colenso hat den deuteronomistischen Sprachgebrauch von Gen 15 im einzelnen belegt und u.a. auch auf den Zusammenhang mit Gen 22,14 ff. und 26,4 f. hingewiesen. Seine Auffassung ist „that the Deuteronomist, living in the early days of *Josiah* was – not the *Compiler*, but – the *Editor* of the Pentateuch and the Book of Joshua, which he interpolated throughout, and enlarged specially with the addition of the Book of Deuteronomy" (53).

GEORGE W. COATS

Strife without Reconciliation
a Narrative Theme in the Jacob Traditions

"God promised the fathers possession of a great land and posterity as numerous as the stars of heaven or the sands of the sea." This statement typifies the core of the patriarchal traditions according to a large segment of Old Testament scholars. Typical for this group is the work of Martin Noth. After suggesting characteristics of the earliest patriarchal traditions in terms of immediate possession of land, he concludes that incorporation of the tradition into the scheme that became the Pentateuch meant a change in focus. "In regard to the patriarchal tradition, it meant a one-sided shift of emphasis to the element of the *promise* of the land and posterity contained in this tradition."[1] It might be debated whether the primary promise tradition in the series was the one for land[2], or whether that facet was in fact secondary to the promise for posterity[3]. But the basic characteristic for the tradition lay in the divine promise.

An important crack in this growing consensus came with the publication of a monograph on the promise traditions by J. Hoftijzer[4]. According to his analysis, the promises to the patriarchs were never a part of the primary narrative tradition about the patriarchs. Rather, with the exception of Gen 15 and 17, they were generally attached secondarily to the texts that now give them context. As a consequence the promise cannot stand as the thematic core of the patriarchal traditions but represents instead a subsequent theologizing tendency. Claus Westermann recognized the gravity of Hoftijzer's observations[5]. The methodology in par-

---

[1] Martin Noth, A History of Pentateuchal Traditions. Trs. Bernhard W. Anderson (Englewood Cliffs: Prentice-Hall, 1972) 56. See also Terence E. Fretheim, "The Jacob Traditions: Theology and Hemeneutic", Interp 26 (1972) 421.

[2] See the thorough review by W. Malcolm Clark, The Origin and Development of the Land Promise Theme in the Old Testament. Dissertation, Yale, 1964.

[3] See the thorough evaluation of the question by Claus Westermann, Die Verheißungen an die Väter. Studien zur Vätergeschichte. (FRLANT 116; Göttingen: Vandenhoeck and Ruprecht, 1976) 123–149.

[4] J. Hoftijzer, Die Verheißungen an die drei Erzväter (Leiden: Brill, 1956).

[5] Westermann, p. 17.

ticular demands attention and, according to Westermann, requires that all of the promise texts be reexamined in order to determine where the promise tradition is primary, an intrinsic part of the tension creating a story, and where it has been added to a story as an extraneous element. It should be noted, of course, that Noth's analysis already anticipated the objection. He suggested that the process that made the partriarchal traditions a part of the Pentateuch involved a shift of emphasis to the promise. As a dominant part of the tradition, the promise would nonetheless be secondary. But the issue was not posed as clearly by Noth, a challenge for the discipline of Old Testament scholarship in the area of patriarchal studies, as it is in the work of Westermann. Where does the promise tradition stand as a primary element in the patriarchal narrative tradition? Westermann's answer to that inquiry is in the traditions that depict the promise for *a son,* Gen 18 or Gen 16 and its parallel in Gen 21.

The purpose of this essay is to advance these observations to the next logical step. If, indeed, the promise tradition is secondary in many of the patriarchal narratives, what was the controlling narrative theme in the primary stage of the tradition? It is possible, of course, that more than one controlling theme lay at the foundation of rather diverse patriarchal traditions. The question assumes a broader perspective, however. Was there a controlling theme for the patriarchal traditions as a whole, a motif that provided unity for the expanse of stories that comprise this element in the Pentateuch? Did it control a degree of unity in the traditions before the promise theme entered the picture? Was it overridden by the promise theme, or did it maintain its position despite the entry of the promise as a dominating motif? In particular, how does it appear in Gen 18 and 21?

The working hypothesis of the essay assumes a positive response to these questions. A basic narrative theme in the patriarchal traditions, complementary to the promise, but in some cases more intrinsic for the development of narrative structure, is "strife in the family". Unfortunately, the theme can be expanded by reference to a tragic element: "Strife without reconciliation" opens the door to narrative tension in the development of key patriarchal stories[6]. This basic theme has been obscured, so it seems to me, by the extensive discussion of the promise.

---

[6] Cf. Michael Fishbane, "Composition and Structure in the Jacob Cycle (Gen. 25:19–35:22)" JJS 26 (1975) 15–38. After completion of the essay, an unpublished article by John G. Gammie, "Theological Reflections on the Esau/Jacob Cycle", came to my attention. Gammie also suggests that strife in the family is a narrative theme that merits attention. Westermann, pp. 66–69, introduces his discussion of strife narrative in relationship to stories about "Streit um den Lebensraum" (Pp. 66–69). But these stories are

I. Gen 29–31, The Jacob-Laban Story

It is appropriate to begin a defense of the thesis by narrowing the range of discussion to one pericope within the Jacob narratives, the Jacob-Laban story in Gen 29–31. Reasons for this selection are: 1) Martin Noth observed: "It is certain that this theme [promise to the patriarchs] was first treated only in relation to the figure of *Jacob*."[7] If his observation has merit, then, to explore the thesis in relation to the Jacob traditions would be methodologically sound. 2) In the Jacob-Laban story, the potential for focal emphasis on the promise for great posterity is present, for here the children of Jacob are born. And these children appear as the eponymic fathers of the twelve tribes of Israel, a fitting fulfillment for the promise for a great posterity. Moreover, the structural pattern of the story employs a framework built around leaving the land and returning to the land. One might expect, therefore, that both the promise for posterity and the land promise would appear here as structural motifs of great importance. 3) Yet, in both facets the promise theme is totally absent. The pericope offers an opportunity, then, to examine a narrative for controlling theme without the complication of arguments about the promise as primary or secondary. 4) The story itself is extensive and complex, raising some question about its genre. It is possible to assert here, however, that the story appears to be remarkably unified (see the comments below). It is not possible to reduce the story to a cycle of originally distinct tales about Jacob and Laban[8]. Narrative theme is thus of crucial importance for understanding how the story works. To isolate a narrative theme here serves, not only as an indication of theme for the broad scope of the tradition, but as a germane element in the critique of the pericope.

---

noticeably different from the ones constructed under the theme of strife in the family. Cf. p. 68. Westermann, pp. 80–87, notes a further distinction in the Jacob-Laban pericope that places the story on the borderline between family stories and tribal narrative or history. That element is the focal interest on law, such as the important role for contracts. He also notes the importance of strife for the story. But my impression is that the development of plot here centers in the strife, not a strife that leads to war over legal grounds, but a strife that causes the family to break apart.

[7] Noth, p. 56.

[8] Cf. Gerhard von Rad, Genesis, a Commentary. Trs. John D. Marks (Philadelphia: Westminster, 1968) 305. He notes: "This detailed narrative about Jacob's separation from Laban is also closely connected with what precedes. Hence, one sees that the earlier individual narratives about Jacob and Laban, from which our narrative derives and which were certainly at one time much shorter, have now been merged in a long, compact and almost novellistic story about Jacob and Laban." But success in defining where those earlier individual narratives are seems sharply limited to me. See also Noth, pp. 91–94.

a) Structure of the pericope

The story in Gen 29–31 will not submit readily to divisions into various original story units. While independent traditions may comprise the sources from which the present story gained its content, reconstruction of those traditions is highly hypothetical and should not obscure the unity of the story as it now stands.

Structure in the story begins with a lengthy exposition (29:1–14), then establishes complication (29:15–30), only to divert attention into a digression (29:31–30:24) and then repeat the complication with the principals in reversed roles (30:25–43; cf. the Joseph story). The denouement itself (31:1–54) involves a series of elements that renew the complication and then advance a temporary resolution: resolution, 31:1–21, renewed complication, 22–23; resolution, 24; renewed complication, 25–32; resolution, 33–35; renewed complication, 36–44. Finally, the resolution, 45–54, breaks the series and brings the story to its end. The statement in 32:1 (RSV 31:55) highlights the concluding relationships between the principals, and indeed, advances the pericope itself, to a conclusion.

1. The exposition bodes nothing of the tension that subsequently underwrites the plot of the story. Rather it introduces three of the principals in the story with a stereotyped setting. Jacob comes in his journey to a well (cf Gen 24:11; Exod 2:15). The reasons for his journey, set out so painfully by the framework narrative in Gen 27 and 28, are no longer important. One might hypothesize that, to the contrary, Jacob labors here under the pressure of his timely departure from Canaan. Vs 13 reports that Jacob "told Laban all these things"[9]. But that comment is at best only vaguely related to the pressured departure from Esau. And the Esau battle plays no further role in the story. The primary point is thus simply that Jacob stops in his journey at a well. The well, however, is apparently restricted for the use of shepherds, since the stone covering the mouth of the well is so large it could be removed only when all the shepherds worked together. The emphasis of this segment in the story falls, therefore, not so much on laziness among the shepherds waiting in the vacinity of the well, but on the size of the rock, requiring all the shepherds to move it[10]. The comment in vs 2 sets up the dialogue in vss

---

[9] J. P. Fokkelman, Narrative Art in Genesis. Specimens of Stylistic and Strucutral Analysis (Amsterdam: Van Gorcum, 1975) 126. He observes: "Jacob tells his story–'all these things', a rather vague, flat formula–and Laban will have become aware of the reason why Jacob arrived alone, without the entourage of a prince (Gen. 24), even without a *mohar*."

[10] von Rad, pp. 288–289. Von Rad emphasizes the lazines of the sheperds, but notes also: "Furthermore, the stone was so heavy that it could be raised only by all of them to-

4–8. And the point of the dialogue is that it is not possible (physically) to remove the rock until all the shepherds join strength to roll it away. Use of the water fairly by all shepherds could thereby be guaranteed. The contrast with vss 9–10 is thus significant. When Jacob saw Rachel, he removed the stone alone. The point is not so much a rebellious break with the local custom, but rather a demonstration of heroic strength before the heroine. Moved by the sight of Rachel, whether by her beauty or by the recognition of a kinswoman, Jacob removed the stone. And the connection between the two points is fundamental for the story: "When Jacob saw Rachel, the daughter of Laban, his mother's brother, and the sheep of Laban, his mother's brother, Jacob went up and rolled the stone from the well's mouth and watered the flock." The heroic demonstration results in a kiss for Jacob from the heroine[11], then a welcoming kiss from Laban, the woman's father. The kiss from the father is significant for the structure of the story, for it serves as a contrasting inclusion with the absence of a kiss for Jacob in 32:1. Moreover, the formula in vs 14 depicts the unity between Jacob and Laban, another contrast to the conclusion: "Surely you are my bone and my flesh!" And with that, Laban embraces Jacob as a kinsman (cf Gen 2:23). Thus, the introduction of the principals occurs under a stamp of unity and peace. Jacob assisted Rachel and thereby becomes a part of Laban's family.

2. The first complication in the story, 29:15–30, depicts disruption in the images of family unity. Jacob and Laban enter negotiations for a business agreement concerning Jacob's work. It may be that the very fact of negotiations for a business relationship already shows tension, since now the footing between Jacob and Laban shifts from an informal, familial context to a formal, business one[12]. But the story does relatively little with this tension. Rather, it moves beyond that point to narrate Laban's duplicity. The complication is prefigured in vss 16–17 by an introduction of a second daughter, cast in contrast to Rachel. In the structure of the story, then, the second daughter is subordinated to the first, not a princi-

---

gether." Cf. also Hermann Gunkel, Genesis. (6th ed.; HAT 1/1; Göttingen: Vandenhoeck & Ruprecht, 1964) 325.

[11] Fokkelman, pp. 124–125. He interprets a heroic version of this story as a "modern, romantic interpretation, cheap enough to leave it to ladies' journals. It is demonstrably incorrect." My objection here is not so much with the sexist allusion, although that point in itself calls for some protest. The point of my objection is that the text suggests just the image Fokkelman denies. The rock on the mouth of the well requires all shepherds to move it because it is so heavy. Vs. 10 then says: "Just as soon as Jacob saw Rachel, the daughter of Laban, the brother of his mother, and the flocks of Laban, the brother of his mother, Jacob drew near and rolled the stone away from the mouth of the well. And he watered the flocks of Laban . . ." The conjunction, *ka^{a}ser,* suggests some kind of causal relationship between Jacob's seeing Rachel and his ability to remove the stone.

[12] Fokkelman, p. 127.

pal in her own right, introduced by the exposition, but a foil to the principal Rachel. As a foil, the new daughter, Leah, is the older daughter, a position of typical weakness[13]. She was, moreover, afflicted with weak eyes. The precise meaning of Leah's weak eyes for the story emerges, however, not in other references to good or weak eyes, but in the contrast established by vs 17b: "But Rachel was beautiful and lovely." In the contrast alone the idyllic peace of vs 14 is broken. But the foreshadowing quality of vss 16–17 does not come to full expression immediately. Rather, the business negotiations appear to be completed in good faith, with Jacob committing himself to seven years of labor for his love. And the seven years were for Jacob a small price. The peace of the family remains intact, threatened only by the foreshadowing skill of the storyteller.

The threat comes to full flower in vs 21–30. Jacob completes his agreement and claims his bride. Laban then shows himself untrustworthy. He throws a feast, an event depicted by a word constructed, not from the verb "to eat", but from the verb "to drink" *(misteh)*. And in the confusion created by the feast, Laban brings the wrong daughter to Jacob. Jacob, perhaps befuddled by the drink at the feast, fails to discover the deception until morning. And by then he has spent the credit established by his seven years of work. Whether in fact or in principle alone, the marriage has been consummated. His accusation against Laban, vs 25, is thus somewhat pointless. Despite the deception, Jacob cannot return his bride for a new one. He has accepted Laban's older daughter, as demonstrated by his night in her bed. It is not difficult to suggest, then, that Laban's somewhat lame excuse, vs 26, does not need to be entirely convincing. The marriage is already a fait accompli, regardless of the prior negotiations, regardless of Laban's failure to tell Jacob about the custom. The deception worked.

Vss 27–30 complete this element with arrangements for a second marriage. Jacob will serve Laban an additional seven years. And following the week of marriage celebration for Leah, Laban will give Jacob his second daughter. Both daughters thus become brides. But in the process the unity of the family disappears. Strife borne by deception is now the order of the day.

3. The second complication in 30:25–43, constitutes a frame with 29:15–30, embracing the digression in 29:31–30:24 (on the digression, see the comments below). After a transition from the digression in vs 25a, vss 25b–34 present a renewed business negotiation between Jacob and Laban, similar in function to the negotiation in 29:15–19. The

[13] Judah Goldin, "The Youngest Son or Where does Genesis 38 Belong". JBL 96 (1977) 27–44. See esp. pp. 36–37.

negotiations open with Jacob's appeal to Laban for permission to leave
with his wives and children. Laban counters Jacob's request with his own
appeal for Jacob to continue in his service. Jacob demurs at first, then
names his wages for his continued work. He would receive all speckled or
spotted sheep and goats, and all black sheep, a suggestion which would
apparently involve few animals. Laban agrees quickly. The disruption in
the family symbolized by this arrangement gains an immediate hearing,
however. Laban culls the flocks and puts the marked animals three days
journey from Jacob. So, the agreement founders on deception borne out
of strife. And the results are separation.

Vss 37–43 show, however, that Jacob has more in mind than the apparent. By manipulation he succeeds in promoting the birth of marked
animals. And the manipulation places him as victor over his host (so,
31:1–2). The deceived becomes the deceiver. One might object here that
manipulation of the flock's breeding is not deception, at least not of the
same order as that in the first element of the complication. In the first deception Laban offers an apparent fulfillment of his agreement, but de-
ceives Jacob by switching daughters. Here, he takes Jacob's wages before
Jacob has an opportunity to claim them. In the manipulation, then, Jacob
would succeed in taking what he had properly earned, what in fact is
marked as his own. But the point remains that in both cases the victim
falls prey to an apparent fulfillment of the business agreement, only to
discover after the fact that the fulfillment was not what it appeared to be.
The deceiver becomes the deceived. And the family unity, affirmed in
29:14, but fractured in 29:25–26, is fractured again (so, 31:1–2).

4. The resolution of tension in the story's plot, ch 31, begins with a
transition. Vs 1–2 give expression to the tension created by the preceding
element (contrast 30:43). Laban's sons observe the wealth Jacob has
gathered by converting the apparent into the unexpected. Indeed, vs 2,
in a classic understatement, denotes the strife that has disrupted Laban's
family. Significantly, the resolution of tension does not operate with reconciliation as the goal of the principals' behavior. Rather, in the face of
the obvious fracture in the family, Jacob's ploy calls for separation. And
the separation idea derives from God himself (cf 31:3). The strife
between Jacob and Laban gains, therefore, a certain institutionalized
stature. Reconciliation in this case is not the ideal instilled by God in the
fates of his heroes. Rather, God calls for division.

Moreover, even the separation depends on deception. In 30:25–26
Jacob appealed directly to Laban for permission to leave. Now, Jacob's
plans develop as a plot kept secret from Laban. Jacob chooses a time
when Laban is away. He then calls his two wives to him in order to
explain his plot. His explanation again evidences the disruption in the
family, claiming at the same time divine backing for his role in the strife, a

point which is absent from the narrative account of Jacob's deception in every respect except the instructions to leave Laban for Canaan. Thus, Laban is pronounced the cheat whose efforts failed because of God's intervention (vs 7b). Indeed, the growth of Jacob's flock at the expense of Laban's now appears as the result of God's intervention (vs 9). But even more, the manipulation ritual, promoting the birth of marked animals in 30:37–39, dissolves into knowledge derived directly from divine revelation. In vs 10 the revelation comes as a dream. In vs 11 it results as a communication from a messenger, derived from the God of Beth'el (an allusion to the pericope in 28:10–22). These items should not be taken as evidence for competing sources, however, but as signs of Jacob's construction. At most the final redactor is placing in Jacob's mouth a story contrary to the account in 30:37–43. And the results are colors depicting Jacob as a deceiver who constructs his story in order to convince his audience, not in order to present a factual description. This contrast in itself gives the story a remarkably secular cast, as if Jacob claims divine sanction for his action as a part of his deceptive plot without justification.

The women answer with one voice, a striking contrast to the relationship between the two in the digression (see the remarks on the digression below). They agree to go with Jacob. But the reason for their agreement does not lie in Jacob's claims for divine sanction, even his appeal to God's instructions that they should all leave Paddan-Aram. Their reason lies rather in the disruption of the family: "Is there any portion or inheritance left to us in our father's house? Are we not regarded by him as foreigners? For he has sold us, and he has been using up the money given for us." The answer thus reveals a marked element of strife in the family, an element that promotes a willingness to leave the family and assume permanent separation. The answer implies, moreover, some friction between the women and Jacob. "All the property which God has taken away from our father belongs to us and to our children." But what about Jacob? Was the great flock not his wages for years of work?

Thus Jacob and his family flee from Laban and his family. And the flight is victory over Laban (see vss 17–21). The resolution contains, however, an allusion to a coming renewal of tension. In a parenthetical remark, at this point quite undeveloped, the narrator observes that Rachel stole her father's household gods. The gods have nothing to do with the decision for flight from Laban. The sole intention of this motif here is to set the stage for a coming confrontation. (See the comments below.)

Vss 22–23 renew the tension by setting Laban in hot pursuit after the fleeing Jacob. It is, perhaps, significant that this element pits Laban and his kinsmen against Jacob (and his kinsmen? Cf. vs 37). The tension introduced at this point in the story is, however, compromised. In one fell stroke, vs 24 resolves the tension. By virtue of divine intervention, Laban cannot take hostile action against Jacob. The renewal of the conflict in vss 25–32 must thus shift the focus of strife from Jacob-Laban. And it is just here that the household gods enter the scene. The conflict scene has Laban detail his accusation against Jacob (vss 26–29a), only to recognize that the problem is no longer a viable point of contention (vs 29b). The new accusation, vs 30, deals with the matter of the gods. But here the tension shifts. The issue now resides between Rachel and Laban, with Jacob unaware of the real conditions. Jacob's reponse shows this new point of tension, adding weight to the problem by unknowingly condemning the thief to death. The scene in vss 33–35 is thus tension-filled. Will Laban unmask the guilt of his own daughter? But the tension of the scene shifts character to comedy. Gerhard von Rad is certainly correct in describing Laban searching for his gods as "a scene bordering on buffoonery"[14]. He concludes however, with some shift of focus: "Thus a very sharp judgment is given concerning the unholiness and nothingness of this 'god'; a woman sat upon it in her uncleanness (Lev 15:19 et seq.)."[15] The story may intend to cast derision on Laban's gods. But the primary weight of the derision falls on Laban. It is Laban in his frantic search for his gods, bearing the authority of Jacob's oath to execute whoever may be found with them in his possession, who is tricked by the ploy of his daughter. And it is Rachel whose wit enables her to overcome the threat posed by her husband's oath and her father's wrath. The scene thus builds on the relationship between Rachel and Laban. And the resolution of tension does not lead to reconciliation between the two. Rather, it renders permanent the strife and hostility reflected by the sisters in vss 14–15. And it marks Laban as the loser in the struggle.

In vss 36–44 the roles in the conflict are reversed. Jacob takes the offensive, accusing Laban of false charges, as well as all the other complaints he has amassed against his father-in-law (vss 36–42). Laban responds with a defense now weakened by the change of roles (cf. especially vs 43b) and appeals for a resolution of the strife through a covenant. But it is clear, even at this point, that a covenant will not dissolve the strife Jacob and his family experience with Laban. Laban is now helpless. "What can I do . . .? Let us make a covenant, you and I; and let it be a witness between you and me."[16]

---

[14] von Rad, p. 309.

[15] von Rad, p. 310.

[16] von Rad, p. 311. He sees a break in the tradition at just this point. "The narrative about Laban's contract with Jacob is based on an ancient aetiological tradition which once circulated by itself . . . One can still sense it in the rather abrupt and unmotivated transition from v. 43 to v. 44; for this contractual agreement is not exactly what we expect of the angry Laban." But the contract is a means for maintaining a claim in the face of divine interven-

Vss 45–54 confirm this point. Jacob and Laban construct a pillar and a heap of stones. One sees a duplicity in the tradition here, perhaps evidence of duplicity in sources[17]. But despite the duplicity, the resolution of tension effected by the element is not disruptive to the story. Rather, it describes a process that formalizes relationship as they have developed through the strife between the principals. The heap of stones is pronounced a witness between the two striving parties (vs 48a). The witness serves then to guarantee two points, both associated with both the heap and the pillar (thus, the duplicity seems to be collapsed into a single tradition). The first guarantees the position of the two daughters in Jacob's house. The second, a non-aggression pact, preserves the boundary between the two as inviolate. The separation produced by strife is now institutionalized, bound by a covenant to hold its alienation in formal, permanent limitations. The sayings in vss 49–50 and 51–52 are negative. They reflect a lack of trust that requires protection by formal ritual. Strife without reconciliation is thus the center of the story.

This point is confirmed by the conclusion to the story in 32:1 (RSV 31:55). Laban leaves with kisses and blessings for his daughters and their children. But the storyteller omits Jacob from the group kissed and blessed. The omission can hardly be accidental, for the contrast between it and 29:13–14 constitutes the very subject of the story. Laban greeted Jacob with kisses and an affirmation of familial unity. Now he departs with kisses for his daughters and their children, but nothing for Jacob. The story ends without reconciliation for the striving parties. It confirms that the subject of the story is not a divine promise for land, not even a divine promise for wealth and posterity, but rather strife without reconciliation.

5. The digression in 29:31–30:24 diverts the attention of the audience from the tension between Jacob and Laban to an account of tension between Rachel and Leah. The new point of tension has been foreshadowed by the allusion to the two sisters in 29:16, as well as the comment on Jacob's love in 29:30. But now the full attention of the storyteller falls on the relationship between the two sisters and their husband. The element opens in 29:31 with a statement that captures the tension: "When the Lord saw that Leah was hated, he opened her womb; but Rachel was barren." The digression moves, then, from Leah's success and Rachel's failure through various conflicts to the final success for Rachel, the birth of Joseph for her husband[18].

---

tion, not a relinquishing of the claim. It would thus be, in some sense at least, an appropriate response to the situation. See the comments below.

[17] von Rad, p. 312.

[18] von Rad, p. 294, observes: "Above all, it is immediately obvious that this is not a for-

The digression contains several interesting items of content, the etiologies for the tribes of Israel. The point for emphasis here, however, is the expression of strife at the center of the various explanations, a point that contrasts to the total absence of allusion to the promise for posterity. Thus, for Leah, Reuben is not explained in terms of "seeing a son" but rather in terms of Leah's affliction and her desire that now, with success in child-bearing, her husband would love her. The explanation for Simeon alludes to Leah as the one who was hated. Levi's explanation expresses Leah's desire to be joined to her husband. And the explanation for Zebulun seems to assume a continuing pursuit for the husband's respect. For Rachel, the conflict is reflected in the explanations for the names of the children borne by the maid. Indeed, strife irrupts between Rachel and Jacob (30:2). And the strife is reflected in Rachel's names for Bilhah's children: "God has judged me and has heard my voice and given me a son . . ." "With mightly wrestlings I have wrestled with my sister and have prevailed." The first, an explanation for Dan, is not explicit but may allude to the strife between Rachel and Jacob in vs 2. The explanation for the second, however, picks up the full impact of the strife between the sisters. Finally, the small unit of narration leading to the explanation for Issachar is relevant to the display of strife in the digression. In a narrative anecdote, Rachel appeals to Leah for a portion of the mandrakes brought to her by Reuben. Leah responds with hostility. "Is it a small matter that you have taken away my husband? Would you take away my son's mandrakes also?" The women have struggled against each other for Jacob. And in this section Jacob is the subject of their negotiations. Thus, in tradition that would set an obvious context for the promise for posterity, the dominant theme that gives flesh to the narrative is strife. Indeed, the entire digression develops in one degree or another around the theme of strife. And the strife here stands in contrast to the unity between the sisters in 31:14—16. Strife without reconciliation is the matrix for Jacob's twelve children.

Concluding remarks about the structure of the pericope should emphasize the remarkable unity apparent in the relationship of the various elements. It may be that originally distinct tales constitute sources for the creation of this story. But if that is the case, the lines of division that mark off those tales are no longer apparent. The pericope offers to the con-

---

mal narrative, but a number of small units without a context, which all conclude in the explanation of a name." While it is true that each explanation has integrity for itself, there is a context that connects the digression with the larger Jacob-Laban story. Rachel was barren. Leah was fertile. And in that setting conflict emerges, until finally Rachel herself gives birth to a son. With Rachel's success the digression comes to an end.

trary a tightly structured narrative with each part contributing its own weight to the integrity of the whole. The point of comparison would be the Joseph story[19].

b) Source Criticism

Very little priestly tradition appears in this story. At most source critics identify 31:18aβb as a priestly fragment[20]. Elohistic elements seem more prevalent. Martin Noth identifies 30:1aβb, 2, 3abα, 6, 17, 18aα (18aβ) 18b, 19, 20aα, 22, 23.31:2,4–16, 19b, 21aβ, 24, 25a, 26aβb, 28, 29, 30b, 32–35, 36b, 37, 41–44a (44b), 45, 50, 53b, 54. 32:1[21]. Bruce Vawter has a similar but distinct list: 29:15–30, 32bβ. 30:1aβb, 2,3,5–8, 17–20aα, 22abα, 23. 31:2, 4–16, 19b–20, 24–25a, 26, 28–29, 30b, 32–35, 36b, 37, 41–45, 49–50, 51bα, 52aβ, bβ, 53b, 54. 32:1[22]. The first question in considering lists like these is the adequacy of distinction between J and E. In commenting on the name etiologies, E. A. Speiser observes: "The boundaries between J and E are sometimes indistinct."[23] We might refine the question a step in order to ask whether E is an independent recension of the story or a dependent expansion, or in any other manner significant enough to be labelled a source. The principal question here, however, is not how to refine the source list in order to distinguish between J and E in a complex literary sequence, but rather to determine whether the theme, strife without reconciliation, can be found in the one or the other source? Or is it in both? Or does the theme suggest a sequence that forms a functional unity, not adequately submitting to division into two sources (cf. the Joseph story).

Examination of this problem begins in 29:1–14, a section assigned by both Noth and Vawter to J. Here Jacob performs his heroic deed, meets Rachel, and enters the household of Laban as "my bone and my flesh". Vss 15–30 belong, according to Vawter, to E, although he assigns them to the Elohist with hesitation[24]. Here Laban pawns his older daughter off to the unsuspecting Jacob and sets the stage for strife. Vawter feels that this material is a different narrative element from the heroic introduction of vss 1–14. The difference was noted above. But does the difference suggest a second, not-so-parallel, narrative source, or does it reflect

[19] George W. Coats, From Canaan to Egypt. Structural and Theological Context for the Joseph Story (CBQMS 4; Washington: Catholic Biblical Association, 1976).
[20] Noth, p. 17. Cf. also Bruce Vawter, On Genesis: A New Reading (Garden City: Doubleday and Company, 1977) 333–334.
[21] Noth, p. 25.
[22] Vawter, pp. 317–344.
[23] E. A. Speiser, Genesis. The Anchor Bible (Garden City: Doubleday, 1964) 232.
[24] Vawter, p. 319.

movement in the structure of the story, a shift from idyllic scenes to the subject of the story? Indeed, the difference which Vawter feels seems to be structurally a sound device for marking the narrative theme of the plot. I am thus more inclined to agree with Noth that these verses in ch 29 belong to J.

The second complication in the story, 30:25–43, stands in both lists as a part of J, a conclusion I would support. The problem in distinguishing between J and E returns, however, when the critic considers ch 31. The analyses of this chapter by Noth and Vawter are almost identical; the differences are Vawter's inclusion of vss 20, 26a, 49, 51bβ, 52aα,bα for E and his exclusion of vs 21aβ from E. In this segment, three principal questions appear: 1) In the present form of ch 31, the account of Jacob's plot to manipulate the herds of Laban, the substance of the speech to the wives, gains a divine origin in contrast to the narrative account of the same plot in ch 30. Yet, this point can fit well within the J source if one assumes that Jacob claims divine origin for his plot in order to make his case the more convincing for his wives. Jacob manipulates, not only the herds of Laban, but also his account of the process. Why should an effective touch by the storyteller be removed when the results would appear to be a wooden distinction in unimaginative parallels. If one did not assume from the beginning that two sources were present, the necessity for finding a parallel from the second source might not appear so great. The same point would apply, as it seems to me, to an elimination of vs 2 from the J context (cf. vs 5). 2) The household gods appear as an unexpected theme in the present form of the story, at least in vs 19b. This observation must be evaluated in close connection with vs 24, for it provides a point of tension for the story when the obvious one is removed in vs 24 by fiat. With this point go vss 30b, 32–35, 36b–37. 3) Vs 24 introduces an artificial resolution of the point of tension into the plot of the story as it now stands. But to attribute the verse to E only pushes the problem back by a step. The verse would be just as artificial for E, unless the Elohistic tale should be reduced to a wooden tendency to introduce a divine origin for the major movements in the story. But in that case E would not appear as an independent parallel to the J story but as an expansion of J developed under the stamp of a particular theologizing tendency[25]. To this tendency belong also vss 28–29, 41–44a, as well as the part of Jacob's speech to his wives that claims divine origin for his manipulation plot.

The remaining element in the structure of the story is the digression (29:31–30:24). It is especially difficult, unfortunately, to make distinctions between J and E here, at least in part because of the isolated character of each birth report. It seems to me, in particular, weak methodology

---

[25] See my comments on the Joseph story in From Canaan to Egypt, pp. 60–74.

to draw those distinctions on the basis of vocabulary, such as the classic variation in divine names. If such distinctions should hold water, then the possibility would be stronger for concluding that rather than simply an expansion of J, E preserves items of tribal tradition. The E list includes, for both Noth and Vawter, 30:1aβb, 2, 3abα, 6, 17, 18aα (18aβ) 18b, 19, 20aα, 22abα, 23. In addition Vawter includes 29:32bβ. 30:3bβ, 5, 7–8, while Noth includes vs 22bβ[26]. These items would contain the theme of strife between Rachel and Jacob (30:2) or Rachel and Leah (30:1aβb). If these items should properly be attributed to E, the theme would appear to be in material that is not simply dependent on J. It would, perhaps, belong to the basic tradition behind both sources, an element of the more ancient tradition.

c) Genre Criticism and Tradition History

The story as a whole appears to me to be a novella, like the Joseph story, and like the Joseph story it reveals more about the creative production by its author than the process that brought the tradition to its present form. Evidence for this conclusion can be drawn from the structure of the whole, the subtle interplay of the elements within the design of the whole, and indeed, the constructive pattern reflected by the narrative theme. One might object that the resolution of tension by fiat in 31:24 compromises the plot structure and seriously weakens the quality of style in the narration. But even this point does not argue against identification of the story as novella. Moreover, the story reveals an interest in characterization of the principals with perceptive insight into their emotional relationships. Strife leads to strife. And the principals involved find themselves deeply immersed in the chain, without the ability to break it and reconcile the relationships. The points suggest the artistry of novella. And in keeping with this point, one may observe that distinctive vocabulary to characterize the genre fades into the particular vocabulary of the artist. Indeed, when one asks about setting, he again confronts the particularity of the artist more strongly than the typical of the genre. Setting for the story is doubtlessly the situation of the storyteller, a situation not limited by a single institution or a stereotyped occasion[27].

In moving the discussion to questions of tradition history, for this unit a procedure that stands closely related to both source criticism and genre criticism, two points demand attention. 1) Traditio-historical analysis cannot open the background of this pericope with the same constructive

---

[26] Noth, p. 35; Vawter, pp. 324–326.
[27] See my comments, From Canaan to Egypt, pp. 74–79.

insight available, for example, in Gen 28[28]. As an artistic production, the story has a relatively short history, limited to the literary expansions suggested in the source analysis. As a literary piece, the unit is again like the Joseph story, resisting efforts to probe its deeper background, perhaps even denying evidence for reconstruction of prior levels. The oldest novella available for consideration appears to me to be the story in J. 2) Traditio-historical analysis rests on firmer ground when it investigates the background of themes or motifs which comprise the content of such stories. It would appear to me to be a defensible thesis to suggest that the theme held in common between J and E, particularly the common theme in the birth reports about strife between Leah and Rachel (or Jacob and Rachel), constitutes the oldest element in the background of the story. If this conclusion should be correct, then we would be able to conclude that the birth of Jacob's children, obviously not controlled by the promise theme, has nonetheless a theme of significance for its plot structure. And the theme arises, not as an ad hoc creation of the author of the novella, but as an element of the tradition, firmly rooted in the tradition's history. That theme is strife in the family, strife that is not resolved by an act of reconciliation.

Von Rad observes that the tradition's history is probably rooted in the boundary agreement securing the relationship between the striving parties on a permanent basis. "According to v. 50, it obligated Jacob to loyal treatment of Laban's daughters; in v. 51 it sanctions a boundary that may not be transgressed with evil intent by any party to the contract. There can be no doubt that the latter intentionally legal conception is much older . . . It apparently goes back to a very old boundary agreement which was made between the Israelites . . . and an Aramean tribe . . ."[29] This story may root in some such historical event as that. But if it does, the ancient tradition would nonetheless feature strife, or at least distrust, as its fundamental content[30]. It would seem to me, however, that the theme of familial strife is not simply an adjustment in the ancient tradition about a boundary, but itself an ancient tradition about Jacob and his family. I am not certain that any hypothesis that suggests simply an historical event or complex of events can adequately account for the origin and character of such a theme. Rather, the hypothesis must move from

---

[28] Albert de Pury, Promesse divine et légende cultuelle dans le cycle de Jacob. Genèse 28 et les traditions patriarcales (Paris: Gabalda, 1975.) It is significant to note that in this pericope, with its emphasis on the promise, there is no sign of the strife theme.

[29] von Rad, p. 312.

[30] von Rad, pp. 312–313, sees the contract as a fairly peaceful agreement. Yet, the tone of the agreement highlights a concern to prevent strife, or at least misdeeds. The "peace" of the agreement seems more directly to defend "peace" against people who cannot be trusted. But contrast Speiser, p. 278.

the historical plane, for all of its value, to a folkloristic plane. The theme now functions, not as an insight into the early history of Israel, although it may yield such insight. It now functions as a literary device. And its character as literary datum must be probed. Because of this dimension, I would suggest that the earliest form of the theme may be sought in those texts that preserve folkloristic formulations, such as the birth oracle in 25:23 (see the comments below).

It is significant that the same theme dominates the accounts of the birth of Abraham's sons in Genesis 16, 18, and 21. There, as here, the story develops around the theme of strife between the wives of the patriarch. Although the stories contain promises for sons, the promise theme is not the controlling motif in establishing an arch of tension in the story's plot. To be sure, Sarah is barren, and the promise given in 18:10 raises the question of Sarah's prospects for becoming a mother. But the fact of Sarah's barrenness creates a story, not by developing the promise for the birth of a child, but by setting Sarah against Hagar. Indeed, the strife between the two wives leads to competition, at least for the tradition, between Isaac and Ishmael, the sons eventually borne out of the strife. That competition is depicted, not simply in the narrative display of Sarah's jealousy, but also in a significant word play in Gen 21:9. The issue here is not one of homosexuality in Ishmael, or any other moral violation, but rather one of competition. "Sarah saw the son of Hagar, the Egyptian, whom she had borne to Abraham, 'Isaacing'." Ishmael was acting like Isaac, claiming Isaac's spot. And as a consequence, Sarah forced Hagar out. For the story, there is no reconciliation for Hagar and her son. They must live apart from the family of Abraham. The results of the relationship place one member of the family in permanent separation from the source of familial blessing. It would seem to me, therefore, that even in the Abraham tradition, the narrative develops under the control of the theme of strife without reconciliation, not the theme of promise for a son[31].

II. Genesis 27–33. The Jacob-Esau Story

The thesis of the essay gains support from the Jacob-Esau story, a narrative with important similarities to the Jacob-Laban story.

a) Structure

It is obvious that Gen 27:41–28:9 and 32:3–33:17 form two pieces of a framework that embraces the Jacob-Laban story and the Bethel

---

[31] Contrast Westermann, pp. 61–66.

pericope. Moreover, the framework pieces obviously depend on a narrative theme about strife in the family, in this case, strife between Jacob and Esau. The strife theme begins, however, not in the structure of the framework itself, but in the story in 27:1–40.

1. The story in 27:1–40 features deception, Rebekah against Isaac, and strife, Jacob against Esau. Rebekah overhears Isaac's plan to bless Esau and lays her plot for securing that blessing for her favorite (cf 25:28, a foreshadowing for this story, if not also for the whole range of the Jacob-Esau tradition). Jacob outwits Esau, here as also in the negotiations over Esau's birthright (25:29–34. See also 27:36). The skill of the storyteller, delightfully apparent in the pictures of plots and plans carried out with meticulous timing (cf. 27:30), focuses the narrative theme on the patriarchal blessing. Indeed, the point of tension in the story, the danger Jacob risks that Isaac would discover the deception if Esau returned from his errand too soon, peaks with the pronouncement of the blessing for Jacob (27:27–29), and the anticlimax features the residue available for Esau (27:39–40) as the end of the plot. It is significant, then, that the sharpest formulation of the narrative theme appears in the blessing. The occasion offers an opportunity for the promise to be passed down, for here Jacob receives approval as the heir to his father's estate. But nothing of the promise appears[32]. Rather, the first part of the speech highlights the fertility of the land without using the motifs of the promise. And the second part features the theme of strife and division: a) Let people serve you; b) be lord over your brothers; c) cursed by everyone who curses you. Brothers shall be servants. Jacob shall be lord. And any who oppose shall be cursed. What more effective picture of a family divided could be advanced! This shows clearly that the theme, strife in the family, is not limited to the Jacob-Laban story, but, to the contrary, constitutes the substance of narrative structure in a second Jacob pericope. Indeed, the curse on opposition suggests that the strife appears without benefit of reconciliation, since those who are cursed will remain cursed. The residue for Esau, vss 39–40, features the same theme. Esau shall live by the sword, committed to physical strife with his brother. This "blessing" is virtually the curse anticipated in the patriarch's gift to Jacob.

Noth suggests that the story comes entirely from J[33]. It is a tale designed to preserve the blessing for Jacob and the corresponding vision of

---

[32] von Rad, p. 278. He suggests: "The blessing is strangely independent of the otherwise rather uniformly formulated patriarchal promises."

[33] Noth, p. 29, n. 93. He observes: "The striking and unmotivated alternation of the divine name in vs 27b and in vs 28 does remain troublesome and could suggest that there are elements of an E variant in this chapter. However, there are far too few traces of such a var-

the future of Esau. Its setting must be in the folklore of the people, open to the storyteller who depicts the fate of the people under the stamp of strife. If one pursues the tradition history of this theme, would he not find a new indication of its antiquity precisely in these statements of future for Jacob and Esau[34]? The same point can be made with reference to Gen 25:23. The birth oracle for Jacob and Esau does not appear to me to be simply a formulation dependent on the following narrative[35]. In the following narrative Esau does not "serve" Jacob. The brothers are always too far apart for physical "service". The image here is rather identical to the image in the blessing. And the imagery supports, not a tradition about servitude, but a tradition about strife. In Hos 12:3, a relatively early witness to the tradition, the prophet indicts Jacob for his strife, paralleled by the strife with God reflected in Gen 32. The twins struggle in the womb. Gen 25 reports that Rebekah seeks an oracle of the Lord in despair over that strife. Then she hears: "Two nations are in your womb. Two peoples born of you shall be divided *(yippārēdû)*. The one shall be stronger than the other, the elder shall serve the younger." Surely, in these elements of tradition, an ancient theme, if not the primary theme of the Jacob traditions, appears. This suggestion must, however, be treated with care. 1) The oracle does not suggest the promise theme, even though it anticipates that the twins will become "peoples". The promise vocabulary does not shine through these allusions. Rather, the statements seem to anticipate simply the ethnological connections between Jacob and Israel or Esau and Edom. 2) But would such connections not suggest dependency on later ethnological developments in the tradition[34a]? Yet, one must not assume historical insight into the family of Isaac as a simple plane for the origin of the theme. How early is the antagonism between Israel and Edom? Or perhaps such ethnological connections are themselves secondary to an initial novellistic theme in the tradition. Brother strives with brother. And the results of the strife can be seen in division[34b].

2. The framework story in Gen 27:41–28:9 develops a brief account of Jacob's departure from Esau. 27:41–42 are clearly dependent on the preceding narrative, while vs 43 has the Jacob-Laban story in view. It is

---

iant and the blessing in vss. 27b–29 seems to be compiled somewhat promiscuously from a variety of fixed blessing formulas . . . Because of these considerations, it seems to me better to ignore E in the case of Gen 27."

[34] Noth, p. 98.

[35] Contrast von Rad, p. 265.

[36] Gunkel, p. 295.

[37] Gunkel, p. 295. But *yippārēdû* should not be stricken from the unit. It is an intrinsic part of the oracle.

not clear to me, then, that this unit provides an independent witness to the Jacob-Esau tradition, much less to the narrative theme of strife. It is clear, however, that the theme provides the basic structural key for the composition of the unit. The transition in vss 41–42 opens with an assertion about the relationship between Esau and Jacob: "Esau hated Jacob because of the blessing with which his father blessed him." And the relationship leads to a more overt plan of action: "Esau said in his heart, 'The days of mourning for my father are approaching. Then I will kill Jacob my brother'." The hostility between the two brothers then becomes the occasion for Jacob to depart Canaan. There is no allusion to Jacob's right to possession of the land, no allusion to a land promise. There is only the theme of strife with its necessary complement of separation.

27:46–28:9 introduce a new motif into the narration of brotherly relationships, an element obviously dependent on the allusion in 26:34–35. The point at issue here is not the strife between the brothers, but rather the problems caused by Esau's foreign wives. The occasion for Jacob's departure is now Rebekah's concern to prohibit Jacob from marrying such women. Isaac accedes to the request, blesses Jacob without any connotations of deception on Jacob's part, and sends him away. In this element the strife theme has been decisively altered, and Jacob appears uninvolved, innocent of the burden represented by Esau and his disdain for the family.

Moreover, in the place of Jacob's role as a party to the familial strife is the blessing itself, now explicitly developed around the motifs of the promise for great posterity and possession of a great land: "May El Shaddai bless you and make you fruitful and multiply you . . ., that you may take possession of the land of your sojournings which God gave to Abraham." It is nonetheless significant that strife remains as a narrative theme. "They [the Hittite wives of Esau] were a bitter spirit for Isaac and Rebekah." And it recurs at the end of the unit: "When Esau saw that the Canaanite women were evil in the eyes of Isaac his father, Esau went to Ishmael and took as wife . . . Mahalath, the daughter of Ishmael . . ."

The competition between these two elements in the narrative, indeed, these two formulations of the strife theme, can be clarified by the observation that 27:46–28:9 is without doubt from the priestly source. P changes the character of the strife rather sharply, removing Jacob from its pale, and introducing the promise theme as the consequence of God's blessing[38]. J, on the other hand, preserves the theme of strife in the family as

---

[38] Walter Gross, "Jakob, der Mann des Segens. Zu Traditionsgeschichte und Theologie der priesterschriftlichen Jakobsüberlieferungen", Bibl 49 (1968) 321–344. See also Vawter, p. 337. Peter Weimar, "Aufbau und Struktur der priesterschriftlichen Jakobsgeschichte", ZAW 86 (1974) pp. 174–203.

a part of his own conceptual scheme. And in this facet there is no reference to the promise.

3. The framework story concludes in 32:4–33:17. This element embraces the account of Jacob's struggle at the Jabbok with the mysterious visitor in the night, 32:23–33. This unit, more or less distinct in the context of the Jacob-Esau strife, proffers several critical problems that need not be discussed in order to advance to goals of this essay[39]. The depiction of Jacob struggling with the visitor is not to be regarded simply as a variation on the theme of strife in the family. It has been argued, of course, that the night visitor might be understood as Esau[40]. It is significant in this regard that vs 30 avers that Jacob saw God face to face, the basis for the etiology for Peniel, while 33:10 suggests that seeing Esau is like seeing the face of God[41]. But the scene remains nonetheless ambiguous.

The name change is perhaps more significant for the tradition's history. The visitor observes: "Your name shall not again be called Jacob, but rather Israel, because your have striven *(śārîtā)* with God and with men, and you have prevailed *(wattûkāl)*." The structure of the name does not, of course, support this interpretation. God is the subject of the sentence name, suggesting something like "May God rule"[42]. But the interpretation is nonetheless a witness to a relatively early tradition (cf. Hos 12:3–4), an effort to probe the significance of the name. The verb in the interpretation, *śārîtā*, is, moreover, not altogether clear[43]. In the context, however, particularly with the verb, *wattûkāl*, as the consequence, it does appear to refer to Jacob's strife. The strife with God would apparently refer to the struggle with the night visitor (cf. Hos 12:3–4), although the allusion resists clear correlation. Perhaps it intends to say simply that is is Jacob's nature to strive with God. The strife with man would apparently refer to the struggles with Esau and Laban[44]. But again, the allusion is ambiguous. Perhaps it is Jacob's nature to strive with men. The question of importance is whether this explanation has the nar-

---

[39] See R. Barthes, "The Struggle with the Angel: Textual Analysis of Genesis 32:23–33", in Structural Analysis and biblical Exegesis (Pittsburgh Theological Monograph 3; Pittsburgh: Pickwick, 1974) 21–33, and Robert Martin-Achard, "An Exegete Confronting Genesis 32:23–33", also in Structural Analysis and Biblical Exegesis, pp. 34–56.

[40] Joe O. Lewis, "Gen 32:23–33, Seeing a Hidden God", in Society of Biblical Literature Proceedings, Lane McGaughy, editor (Missoula: Society of Biblical Literature, 1972) 449–457.

[41] So, Lewis, p. 454. See also von Rad, p. 327.

[42] von Rad, p. 322.

[43] von Rad, p. 322.

[44] von Rad, p. 322.

rative about Jacob and Laban or Jacob and Esau in view. Or does it represent that core of tradition from which the narrative theme develops? Would this piece not fit with other kernels of tradition such as 25:23 and 27:27–29 as evidence for the early stages in the tradition's history? The allusion to the tradition in Hosea, without tying the tradition to a change in the patriarch's name, might suggest such a conclusion.

Noth's suggestions about sources in this element supports this conclusion. He observes: "Vs 23b is an inappropriate addition and the first word of vs 24 takes up the thread after this addition. Otherwise the narrative in 32:23–33 substantively is comprised of various motifs but cannot be analyzed literarily."[45] The strife motif would thus stand outside the material of J and E, an element of the tradition behind the narrative sources.

The framework story itself develops entirely on the theme, strife without reconciliation. This pericope comprises three major structural elements, an extension of the narrative introduced in 27:41–28:9. These elements are: I. Complication (32:4–33:3). II. Denouement (33:4–11). III. Conclusion (33:12–17).

I. The complication emerges with the messengers' report to Jacob (32:4–7). Jacob attempts to resolve the strife with his brother by buying off the opposition. The messengers sent to accomplish this goal return, unfortunately, with the news that Esau himself was coming to meet Jacob, and that he was supported by four hundred men. Jacob's response to the news clearly assumes the strife of the earlier narrative: "Jacob was exceedingly afraid and distressed." And accordingly, he lays his plans to meet his brother.

The intercession in vss 10–13 is significant, for here the two themes, promise and strife, merge. Jacob prays for deliverance from Esau, and the appeal is rooted in the Jacob-Laban story, a notation that Jacob's decision to return to Canaan was motivated by divine command. The rootage thus shows that at least the intercession is late in the tradition's history and secondary to the Jacob-Laban novella, the work of redaction that shaped the entire Jacob narrative. Vs 12 then appeals to the promise for great descendents. The appeal is, however, not constructed as motivation for the preceding plea. It may be that the logic implicit in the construction is as follows: "I fear that Esau will slay us all, including the children. But you promised to make us into a numerous people. Therefore, in order to defend your promise, deliver us from Esau's hand." In this case the promise would become the basis for an appeal for divine intervention to stay the strife. But if that is the connection, the development is rough. As the text now stands, the promise is unintegrated and cannot be

---

[45] Noth, p. 29, n. 98.

considered a substantial motif for the development of the story. Indeed, just here one can see the promise as an extraneous motif imposed on a narrative about strife in the family.

In vss 14–21 Jacob prepares his gift as a means for buying off the anger of his brother. The confrontation itself then unfolds in 32:23–33:3. The struggle at the Jabbok is enframed by a brief statement that the gift was sent, but that Jacob remained in the camp. Then, 33:1–3 detail the meeting. The account develops some irony by describing Jacob, the one who won the blessing by his deception, as an abject suppliant who pleads for mercy. "He himself went on before them /his family/, bowing himself to the ground seven times until he came near to his brother."

II. The denouement of the story comes in 33:4–11. One should note especially vs 4, for here Esau offers reconciliation to his brother (cf. Gen 45:15). The response from Jacob is nonetheless qualified. He still offers his gift (vss 8–11a), a gesture which Esau graciously accepts. The gift and its reception might well mark the reconciliation of the striving brothers. Esau embraces Jacob. Jacob gives Esau a gift (a sign of his commitment?). And so, the tension appears to be resolved.

III. Yet, the story posts an anticlimax. Reconciliation should apparently be symbolized by physical community. What good is reconciliation if the brothers do not live together? Thus, Esau offers Jacob an invitation. The invitation comes to expression in a dialogue about the journey back home. But Esau presses his offer for reconciliation only to be met with Jacob's apologies. Jacob cannot join Esau on the journey because his flocks, herds, and children are too young to keep pace. Jacob has no need for Esau's assistance in moving those members of his company along. The character of this renewed relationship is clarified, however, in Jacob's duplicity. He assures Esau: "Let my Lord pass on before his servant, and I will lead on slowly . . . until I come to my lord *in Seir*." That comment projects a physical reunion of the brothers as a consequence of the reconciliation, just as Esau suggests. But vs 17 concludes the unit with a marked contrast: "Jacob journeyed *to Succoth,* and built himself a house . . ." The reunion, a physical sign of the reconciliation, Jacob rejects. Indeed, one may ask whether Jacob ever contributed to a reconciliation with Esau. Does his hesitancy with all offers from Esau not suggest an absence of reconciliation[46]? The framework story ends, therefore, at the same point it begins. The brothers are separated. And the strife between them becomes permanent division.

Noth suggests that the Elohist can be found here in 32:1–3, 14b–22, and 33:4–5, 8–11, 19–20[47]. If this analysis should be correct, it would

---

[46] Vawter, p. 353.
[47] Noth, p. 35.

demonstrate again that E employs the strife theme. It may be more likely that in these cases E can be most appropriately understood as an expansion of J. If so, the witness of E would not be independent evidence for suggesting depth in the tradition's history. But the question does not require resolution here since these elements do not contain crucial points in the structure of the narrative. The principal source that develops the theme of strife without reconciliation is again J.

b) Genre Criticism and Tradition History

The Jacob-Esau story resists genre identification more vigorously than the Jacob-Laban story, at least in part because the unity of the narrative has been disrupted by a redactor who used it for a framework. Framework stories might belong to any conceivable narrative genre, their function as framework a matter of structure imposed by a redactor. To label a pericope a framework story says something about its structure, not something about its genre. It would seem to me to be apparent that in the present form of the text, the framework story belongs together with the tale of strife between the brothers in Gen 27, an expansion of that tale which provides not only a context for the Jacob-Laban story, but also an ending for the tension over the patriarchal blessing. The genre of this expanded story would have more in common, so it seems to me, with the genre of the Jacob-Laban story than with the isolated tales commonly assumed for the patriarchal traditions (such as the Bethel story, Gen 28). The redactional setting for the whole would point in the same direction. The story has been created by a redactor-author to round off the Jacob narrative, embracing the Jacob-Laban novella in the process. It seems appropriate to me, then, to suggest that the Jacob-Esau story is a novella, too, an item created by a storyteller of some great skill to encompass the Jacob traditions as a whole (cf. also the Joseph story).

It would be necessary to probe the story's tradition history, not only to complete the critical questions posed to a pericope, but also, perhaps more importantly, to expand the observations about the narrative theme. The Jacob-Esau story is foreshadowed by the preface in Gen 25:27–28, virtually a precis of the story it introduces: "When the boys grew up, Esau was a skillful hunter, a man of the field, while Jacob was a quiet man, dwelling in tents. Isaac loved Esau . . . but Rebekah loved Jacob." This statement may indeed summarize the story tradition, thus presupposing the formulation of the story[48]. But even if it should be con-

---

[48] von Rad, pp. 265–266. He makes his point specifically about vss 21–26. The point would seem to apply nevertheless to vss 27–28, as his note about the limits of the exposition to the Jacob-Esau narrative suggests.

sidered a late piece in the tradition's history, its summary statement emphasizes the theme of the story's structure: Jacob against Esau; Rebekah against Isaac. Thus, at a late point in the tradition's history, the plot was understood clearly as a tale of strife that divided the family.

The brief tale in 25:29–34 offers evidence for the tradition's history that is significant. It is clear that this small tale from the Yahwist does not simply presuppose the longer story of strife between the two brothers. Rather, it sets one brother against the other for completely new reasons. 1) Jacob wants the birthright that belongs to Esau, while Esau despises that familial heritage. 2) Cultural norms highlight the conflict, the hunter against the shepherd. Does this distinct struggle not put the reader into an earlier stage of the tradition? This point would be the more significant for understanding the history of the strife tradition, since it offers evidence for defining the relationship between the promise and the strife themes. Von Rad observes: "Now it is, of course, clear that the strange occurrence must be ultimately related to the great promise to the patriarchs."[49] The promise theme and the strife theme would thus appear as correlative terms at a relatively early stage of the tradition. But this conclusion must be examined carefully. There is no allusion to the promise for land or the promise for posterity here, no allusion to the promise for a son. The only point at issue is the birthright. But the birthright as a subject is not developed. It is only asserted. The meaning of the birthright does not seem to be important for the tale. The important point is that the birthright promotes Jacob's desire and Esau's hostility (so, vs 34). And in that conflict the story develops its brief plot. Moreover, the allusion to the story in 27:36 connects this conflict explicitly with the strife of the brothers. The Jacob-Esau novella would thus owe its narrative theme to the tradition behind this brief tale. But it would not have inherited an emphasis on the promise. The fundamental content of the tradition is not promise, but strife.

III. Conclusion

Thus, to respond to the introductory questions of the essay: In the Jacob traditions there is a controlling theme: Strife without reconciliation. It provides unity for the narrative as a whole, not just a portion of it. It appears most common in the Yahwist, although traces of it can be seen in both the Elohist and the priestly sources. It would, therefore, be an ancient theme, not created ad hoc by the author of the Jacob-Laban story, not even by the Yahwist. And it is not overridden or subordinated to the promise theme. Rather, it sets the tone of the whole, both in the tradi-

---

[49] von Rad, p. 267.

tion's complexion and in its theological tendency. God's chosen appears consistently as a figure embroiled in strife. And, moreover, the strife leads to separation that is not healed by signs of reconciliation. Where in that complex picture can the audience find evidence of blessing for the families of the earth? But perhaps the affirmation in all this strife and its corresponding lack of reconciliation is that God's blessing appears in spite of strife, as an alternative to reconciliation. If reconciliation occurs, so much the better (cf. Gen 45:4–15). But blessing can emerge from relationships that cannot be reconciled.

The Elohist appears to me to be primarily an expansion of J, although some more ancient tradition may be preserved there. If so, E would offer early evidence of the strife theme, parallel in most cases to the J theme. The priestly source connects this theme with the promise, removing Jacob in the process form the burden of the strife. The tendency of this move does not seem to express an interest in making Jacob a saint who would not stoop to strife with a brother. Rather, it focuses on a central role for divine intervention. God promises. And fulfillment of the promise would resolve the familial strife. It is important to note just here, however, that this correlation of the strife and promise themes does not appear in the early material. In the earliest levels the Jacob traditions stand under the formative influence of one theme: Strife without reconciliation. And that one theme is embodied at an early level by the birth oracle for Jacob and Esau, as well as other kernels of familial tradition.

If one asks about setting for the theme, the results of the inquiry must reflect a certain diversity. The theme belongs obviously to the body of tradition available to the storyteller. It is a part of the heritage that tells Israel who she is. I can imagine, then, that the theme had its setting in the heritage of Israel concerned with its own familial struggles, the north against the south. To be sure, struggles with neighbors also enter the picture. Israel faces Edom, or the Arameans. And these struggles influence the picture of the heritage. But the tradition cannot be reduced to international disputes. It concerns family strife. And it suggests that patriarchal blessing, or better, divine blessing must come in spite of strife, in spite of disappointment in the search for reconciliation[50].

---

[50] An earlier form of this paper was presented to the Seventh World Congress of Jewish Studies in Jerusalem, August, 1977.

Klaus Koch

păḥăd jiṣḥaq – eine Gottesbezeichnung?

1. A. Alts Studie über den Gott der Väter[1] wird fast ein halbes Jahrhundert später von Claus Westermann[2] als „eigentliche(r) Wendepunkt der Forschung" über die Religion der Väterzeit eingestuft, da in ihr zum erstenmal der aufgewiesene Religionstyp überzeugend mit den soziologischen Verhältnissen der Trägergruppen verbunden wird. Wer wollte solchem Urteil nicht beipflichten? Doch der Tatbestand, daß die Diskussion um Alts These bis heute noch nicht abgeklungen ist, sondern in den letzten Jahren heißer geführt wird als je zuvor, läßt erahnen, daß in Sachen Väterreligion noch lange nicht das letzte Wort gesprochen ist. Aus dem inzwischen vielschichtig gewordenen Problemkreis sei hier ein Element herausgegriffen: der in der Erzählung vom Bund Labans mit Jakob Gen 31,42.53 erwähnte *păḥăd jiṣḥaq*.

In Alts Beweisführung nimmt die Wendung eine Schlüsselstellung ein. Von der Annahme ausgehend, daß der „Gott des Vaters" ursprünglich ein namenloser ortsungebundener Führungsgott war, der als „Gott des NN" allein durch den Bezug zu einem Ahnherrn als Offenbarungsempfänger und Kultstifter kenntlich gemacht wurde, möchte Alt doch nicht die farblose Verbindung *ᵅᵉlohê* (oder *'el*) *'ăbraham (jiṣḥaq / jă⁽ᵃqob)* als älteste Stufe voraussetzen, sondern sucht nach eigentümlicheren Bezeichnungen für die tragende Relation des Numen zum kultstiftenden Menschen. Alt findet sie in dem Titel *'ᵃbir jă⁽ᵃqob,* der sich leider nirgendwo in Jakobüberlieferungen, sondern nur in poetisch-kultischen Texten findet, und vor allem in *păḥăd jiṣḥaq,* der als einzige der als ursprünglich gemutmaßten Gottesbezeichnungen tatsächlich in einer alten Sage auftaucht[3]. Wie immer sich auch seither Alttestamentler zu den einzelnen Zügen der Vätergott-Theorie stellen, die Einschätzung von *păḥăd jiṣḥaq* als uralter Gottesbezeichnung ist fast einhellig übernommen worden.

---

[1] BWANT III, 12, 1929 = Kleine Schriften I, 1953, 1–78.
[2] Genesis 12–50, Erträge der Forschung 48, 1975, 100f.
[3] Kleine Schriften I, 24f.

Über den Sinn des Ausdrucks besteht freilich keine Einigkeit. Alt verstand ihn wie Gunkel[4] als „Schrecken Isaaks", nämlich als Kennzeichnung des Numen, vor dem Isaak erschrickt. Albright hingegen hat unter Berufung auf andere semitische Sprachen vorgeschlagen, das Wort von einer zweiten Wurzel *phd* abzuleiten und „Verwandter Isaaks" zu übersetzen[5]. Zu einer familienzentrierten Väterreligion paßt eine solche Bedeutung ausgezeichnet, unterstreicht sie doch die Beziehung zwischen Gott und Mensch in ihrer Innigkeit und Ausschließlichkeit. So haben denn so profunde Sachkenner wie Eißfeldt[6] und de Vaux[7] wie viele andere ihre Zustimmung erklärt, und für Alt selbst verdient der Vorschlag „Beachtung"[8]. Nun hat allerdings 1972 Hillers die Albrightsche Ableitung einer vernichtenden Kritik unterzogen. Im (targumischen und syrischen) Aramäisch bedeutet *phd* „Schenkel, Lende, Hoden", ebenso schon im Hebräischen (Hi 40,17) und ähnlich im Arabischen *(faḫḏ)*. „In no Semitic language is there a *paḥad* ‚kinsman'." Damit aber wird das Ruder wieder zur alten These von Gunkel zurückgeworfen. „It is preferable to stick with ‚fear of Isaak'."[9]

Ist damit das letzte Wort gesprochen? Die alte Auffassung befriedigt deshalb wenig, weil die Vätergeschichten vom „Schreck" vor der Gottheit kaum etwas erkennen lassen, die Isaakgeschichten schon gar nicht; es sei denn, man läßt seiner psychologischen Phantasie mit M. Krieger[10] freien Lauf. Es kommt hinzu, daß die Wurzel *phd* den Tetrateuchquellen und den älteren geschichtlichen Büchern mit Ausnahme von 1Sam 11,7 unbekannt ist, hier aber ein panisches Entsetzen beschreibt, welches das ganze Volk überfällt und wie einen Mann hinter Saul zum Krieg schreiten läßt. Gunkel hat den angeblichen Gottesnamen, ins Dämonische abgesunken, im *păḥăd* der Nacht Ps 91,5 wiederfinden wollen[11]. Aber auch Dtn 28,66f. ist Wirkung des von Jahwä verhängten Fluchs, daß der Betroffene bei Nacht und Tag von Entsetzen gejagt wird *(phd)*. Deshalb ist *păḥăd* etwas, was man seinen ärgsten Feinden wünscht (Ex 15,16; Dtn 2,25; 11,25). Nirgendwo läßt sich mit *păḥăd* (im Unterschied zu *jir'â*) so etwas wie ein positives Erlebnis der Gottesnähe verbinden. *păḥăd* bedeutet das nackte Entsetzen, das den Menschen zugrunde gehen läßt. In

---

[4] Genesis. Übersetzt und erklärt, HK I,1, ³1910, 349f., zu 31,42.
[5] Von der Steinzeit zum Christentum, dt. 1949, 248.434 A 84.
[6] Kleine Schriften III, 1966, 392, A 4.
[7] Histoire Ancienne d'Israël, 1971, 259.
[8] AaO., 26 A 2.
[9] JBL 91/1972, 90–92; vgl. F. M. Cross, Canaanite Myth and Hebrew Epic, 1973, 4.269.
[10] Judaica 17/1961, 193–195.
[11] Vgl. H. P. Müller, ZA 65/1975, 311.

nachexilischer Zeit mag an einigen Stellen *pāḥăd* abgeschwächt „Ehrfurcht" bedeuten[12]; doch das trägt für vorstaatliche Überlieferungen nichts aus. Im Blick auf sie hat Holzinger[13] recht, daß bei der angenommenen Übersetzung ein gen. subj. oder gen. auct. analog *pāḥăd jhwh* 1Sam 11,7 vorauszusetzen wäre, also „der von Isaak ausgehende Schrecken"[14].

2. Westermann hat in den methodischen Vorbemerkungen zur Kommentierung der Vätergeschichte herausgestellt, daß es nicht damit getan ist, Motive herauszupicken und für ein angebliches Patriarchenzeitalter zu reklamieren; nötig erscheint vielmehr, die entsprechenden Daten im überlieferungsgeschichtlichen Zusammenhang der Erzählung, im Gefälle des Kontextes zu erfassen und zu deuten[15], also textsemantisch. Was ergibt dann eine Durchmusterung der Sage vom Bundesschluß Gen 31,43 ff.? Die Überlieferung vom Bund zwischen Laban und Jakob weist auf hohes Alter zurück. Das erweist sich nicht nur an der altertümlichen „Gottesbezeichnung" mit *pāḥăd*, sondern auch an der Rolle, die hier Masseben und Steinhaufen als Bundeszeugen spielen. Vor allem aber fällt auf, daß im Unterschied zum sonstigen Jakob-Laban-Sagenkranz, in den die Erzählung nunmehr eingegliedert ist, Laban hier als der in jeder Hinsicht Überlegene geschildert wird, und Jakob als junger Mann, der bereitwillig dessen Vorschläge und dessen Stiftung entgegennimmt. Dies spiegelt, wie schon Gunkel[16] betont, Verhältnisse wieder, wie sie nur vor den Aramäerkriegen des 9. Jh. denkbar waren. Vermutlich war eine solche Zeichnung Labans schon nicht mehr von dem Zeitpunkt ab denkbar, in dem David die Aramäerstaaten überrannte und damit die hier vorgenommene Grenzziehung beseitigt hatte.

Konstatierung der Realität von Bundeszeugen und Anrufung göttlicher Schwurzeugen werden durch Laban in einer feierlichen Rede vorgenommen V. 51–53a:

Es sprach Laban zu Jakob:
a) Siehe, dieser Steinhaufen / und siehe die Massebe,
b) welche ich gegründet habe (*jrh* wie in *jᵉru-šalem*) zwischen mir und zwischen dir.
c) Zeuge ist dieser Steinhaufen / und Zeugin die Massebe.
d) Weder ich – nicht werde ich überschreiten zu dir hin diesen Haufen.

---

[12] G. Wanke, Der Stamm *pḥd* im Alten Testament, ThWNT IX, 200.
[13] Genesis, KHC I, 1898, 206, zu Gen 31.
[14] Vgl. E. Meyer, Die Israeliten und ihre Nachbarstämme, 1906 = 1967, 254 f.
[15] Gen 12 ff., BK I/2, 11. Lfg., 1977, 22.55.
[16] AaO., 351.

e) Noch du – nicht wirst du überschreiten zu mir hin diesen Haufen
f) und diese Massebe in böser Absicht.
g) Der Gott Abrahams und der Gott Nahors / sie möge(n) es aufrichten *(špṭ)* zwischen uns/der Gott ihres Vaters nämlich (oder, unter
   Versetzung des Atnach und anderer Abtrennung der Halbzeilen:
   zwischen uns *[waltet]* der Gott ihres Vaters).
Jakob reagiert daraufhin und schwört beim *păḥăd* seines Vaters Isaak.
Die Szene endet mit einem Opfermahl.

Der Text weckt den Eindruck von parallelismus membrorum, sobald
man die Sätze b und f als Prosaisierung bei der Niederschrift einklam-
mert, für den Zusammenhang sind sie überflüssig. b unterstreicht den rituellen Vollzug, f stellt nochmals Jakobs Werk besonders heraus, um ein
Gegengewicht gegen die alleinige Initiative Labans zu bieten. Der
rhythmische Abschnitt endet, wie oft in hebräischer Poesie, mit einem
schweren Schluß.

Was in Genesis-Erzählungen poetisch gefaßt wird, ist zumeist alter
Herkunft. Für hohes Alter spricht auch die Parallele zum Schluß, die sich
in Aussagen über den „Vatergott" in assyrischen Texten des 2. Jt.s bietet:

„Aššur, EŽ.DAR.ZA.AT und der Gott deines Vaters (mögen Zeugen sein)."[17]

Was aber an Gen 31 auffällt, ist die Häufung der Gottesbezeichnungen. Für die meisten Exegeten sind es entschieden zu viele. Sie helfen sich
deshalb mit einer textkritischen und einer literarkritischen Operation.

Textkritisch wird allgemein der Schluß von V. 53a *ᵚᵉlohē ᵚᵃbihœm*
ausgeschieden, unter Berufung auf *G*[18]. Es sei verstattet, Bedenken an
solcher Streichung anzumelden. Daß der griechische Übersetzer die
Wendung seltsam und anstößig fand, sie deshalb vorsichtshalber ausließ,
läßt sich leicht begreifen. Wie aber sollte ein nachträglicher Zusatz, falls
ein solcher im hebräischen Text vorliegt, motiviert gewesen sein? Ein
Glossator hätte gewiß dem Kontext und seiner Kenntnis der Genesis
gemäß eingefügt „unserer Väter" (wie *S* sinngemäß ändert); „ihre Väter" aber im Mund Labans überrascht und bietet lectio difficilior. Das
Suffix kann sich nur auf Abraham und Nahor beziehen und deren Vater
meinen, also Terach. Hinter dem Gott Abrahams und dem Gott Nahors
– nur hier taucht die Verbindung des *ᵚᵉlohîm*-Lexems mit einem Eigennamen auf; der sonst unentbehrliche Vatertitel fehlt, ein Zeichen für unselbständigen Rang der Wendung – steht ein gemeinsamer Vatergott. Er
hängt mit Terach zusammen, mit dem nach *J* wie nach *P* die Heilsge-

---

[17] H. Hirsch, AfO 21/1966, 57.
[18] So seit J. Wellhausen, Composition des Hexateuch, ⁴1963, 41 praktisch alle neueren
Kommentare.

schichte im engeren Sinn angehoben hatte (11,27 f.). Die Erzählung vom Bundesschluß verankert also die beiden Partner in einer gemeinsamen Herkunft durch den Hinweis auf den Vatergott, der für beide derselbe ist. Es besteht also kein überzeugender Grund zur Streichung. Störender wirkt aber anscheinend noch die scheinbare Inkongruenz von V. 53b mit 53a. Laban ruft als göttliche Zeugen den Gott Abrahams und Nahors (als Erscheinung des Gottes des gemeinsamen Vaters) an. Hernach aber schwört Jakob bei keiner dieser Größen, sondern beim *păḥăd jiṣḥaq*. Wird hier nicht Literarkritik unausweichlich? Der gesamte Abschnitt 31,43 ff. gehört zu jenen klassischen Pentateuchstellen, wo jedermann Quellenscheidung für unabdingbar hält. Denn nicht nur das Nebeneinander des Gottes Abrahams/Nahors einerseits und des *păḥăd jiṣḥaq* andererseits wird als unerträgliche Doppelung empfunden. Eine Reihe weiterer konkurrierender Textbestandteile treten hinzu[19]. Daß Jakob eine Massebe aufstellt V. 45 und ‚Laban' (V. 46 *L*) mit seinen Brüdern daneben (oder darum herum) einen Steinhaufen, scheint im Bericht eines einzigen hebräischen Schriftstellers undenkbar. Die beiden Ortsnamen Gilead und Miṣpa V. 48 f. lassen sich gegeneinander ausspielen. Hinzu kommt, daß Laban zweimal hintereinander mit einer Rede anhebt, dabei das erste Mal um das Schicksal seiner Töchter besorgt ist, während er das zweite Mal das Augenmerk auf die Nichtüberschreitung der Landesgrenze richtet (V. 50 u. 51 f.). Gunkel hat deshalb eine privatrechtliche Miṣpa-Version nach *E* und eine völkerrechtliche Gileadversion nach *J* unterschieden, und die Neueren sind ihm darin gefolgt. Nur das sonst bewährte Kriterium des Gottesnamenwechsels will hier nicht verfangen. *jhwh* taucht auf in V. 49, der sich nicht zu *J* fügen will; Gunkel ändert deshalb nach *G* zu *ᵃᵉlohîm,* Noth (ÜGP 1948, 31) plädiert für *J*ˢ. Der alternative Gottesname *ᵃᵉlohîm* steht allein V. 50 in einem Satz, den *G* ausläßt und dessen Ursprünglichkeit deshalb nicht sicher ist. Das doppelte *ᵃᵉlohê* mit nachfolgendem Väternamen V. 53 muß *J* zugewiesen werden.

Doppelungen liegen im Abschnitt unstreitig zutage. Reichen sie für eine Quellenscheidung aus? Oder erklären sie sich als Ausfluß einer Bundesidee (*bᵉrit* V. 44), bei der es auf möglichst ausgewogene Beiträge beider menschlicher Partner ankommt? An dieser Stelle rächt sich einmal mehr, daß es zur alttestamentlichen Literarkritik keine methodische Darstellung gibt. Niemand hat noch die Kriterien aufgewiesen, anhand derer sich innerhalb des hebräischen Sprachsystems und seiner einzelnen Gattungen absichtliche Doppelungen eines Verfassers von unabsichtlichen Doppelungen bei Kontamination verschiedener Überlieferungen unterscheiden lassen. So klar es z. B. am Anfang der Genesis je-

---

[19] Bei H. Gunkel, aaO., 350, aufgezählt.

dem einsichtig ist, daß Gen 1 unmöglich vom gleichen Verfasser stammen kann wie Gen 2, weil hier nicht nur Doppelungen, sondern Gattungsunterschiede, Risse in der Erzählung und eklatante Widersprüche sich häufen, so problematisch wird es 31,43 ff. und an vielen anderen Stellen, wo einzig Doppelungen aufgezählt werden.

Es stellt sich die Frage, ob die Exegeten nicht einem modischen Geschmacksurteil erliegen. Quellenscheidungen der Art, wie sie von den Kommentatoren zu unserer Stelle exerziert werden, könnten den Verdacht erwecken, daß die Exegeten einem hebräischen Schriftsteller nur eine einlinige, um nicht zu sagen primitive Gedankenführung zutrauen und ihm die Fähigkeit zu komplexen Gedanken a limine bestreiten. Es ist aber ein fragwürdiges Ding, wenn sich der Kommentator von vornherein klüger dünkt als der Text, den er zu kommentieren sich anschickt. Sollte es nicht schon für eine mündlich umlaufende Sage möglich gewesen sein, für den Bundesschluß an der Landesgrenze vorauszusetzen, daß jeder Partner sein Teil beisteuert, Jakob also eine Massebe, Laban daneben (oder darum herum) einen Steinhaufen errichtet? Auch die doppelte Rede Labans muß nicht unbedingt den Rahmen einer Quelle sprengen. Töchterschicksal und Verbote der Grenzüberschreitung liegen in einer Sprachgemeinschaft, welche die Welt als Familienzusammenhang erlebt, sowieso näher beisammen als für das neuzeitliche Bewußtsein. Darüber hinaus aber dienen V. 49 f. – die erste Rede Labans ist nicht poetisch gefaßt, besitzt also nicht das Gewicht der zweiten – der Verklammerung der Bundesschlußerzählung mit dem Jakob-Laban-Sagenkranz. Das ist zureichender Grund für die Erweiterung der Labanrede und für die in Frage stehende Doppelung, gehört aber zu einem Vorgang, der gewiß lange vor der Verschriftung erfolgt ist.

Doch wie immer man über die Ein- oder Zweisträngigkeit von V. 43–52 urteilen mag, das Auseinanderreißen von V. 53 steht noch auf einem anderen Blatt. Hier ist der Vorgang der Quellenscheidung noch sehr viel kritischer zu beurteilen. Wenn nämlich V. 53a und V. 53b auf zwei Quellen X und Y verteilt werden, dann muß Quelle X auch einen V. 53b entsprechenden, jetzt aber verlorenen Satz etwa gleicher Länge und gleichen Inhalts enthalten haben und umgekehrt Y eine Entsprechung zu V. 53a. Denn es erscheint schwer denkbar, daß Laban in der Erzählung seine lange Rede ohne Anrufung göttlicher Zeugen schließt. Noch weniger läßt sich auf eine Zustimmung und einen Schwur Jakobs verzichten, der beim Gespräch bisher nur den Namen *gǎlʿed* beigesteuert hatte V. 47. Die mißliche Annahme solcher genau korrespondierenden Lücken in beiden Versionen läßt sich vermeiden, wenn man V. 53 als Einheit nimmt, als die er sich zunächst ja auch präsentiert. Dann spitzt sich alles auf die Frage zu, warum Laban auf den Gott Abrahams, also den Ahn Jakobs, neben seinem eigenen Gott verweist, und Jakob darauf nicht ausdrücklich eingeht, sondern bei dem *pāḥăd* seines Vaters Isaak schwört.

Dabei ist zu bedenken, daß Jakob seinerseits im Vorgespräch vor der Bundeshandlung auf seinen Vatergott verwiesen hat V. 42:

> Wenn nicht der Gott meines Vaters (sing.), der Gott Abrahams, wie der *pāḥăd*
> Isaaks für mich gewesen wären, –
> fürwahr, jetzt hättest du mich mittellos entlassen.
> Mein Elend und die Arbeit meiner Hand sah *ᵃᵉlohîm* und hat gestern entschieden.

Nach dem Satz, wie er dasteht, scheint der Gott des Vaters mit dem Abrahams identisch zu sein und der *pāḥăd* Isaaks eine weitere Größe darzustellen. An dieser Stelle verzichten die Kommentare meist darauf, den geschlossen wirkenden Satz auf zwei Quellen zu verteilen. Entweder scheiden sie *ᵃᵉlohê 'ăbraham* als Zusatz aus: „der Name ist ganz blaß neben dem so konkreten folgenden"[20]. Oder sie weisen den ganzen Vers *J* zu[21] und nehmen sich damit eigentlich das Recht, dann zehn Verse später den Gott Abrahams und den *pāḥăd* Isaaks auseinanderzureißen. Warum aber wird auch V. 42 die eine Größe als *ᵃᵉlohîm,* die andere als *pāḥăd* eingeführt? Setzt man nur einen einzigen Schriftsteller voraus – und dies scheint näherliegend –, warum unterscheidet er dann den Gott Abrahams von einem *pāḥăd jiṣḥaq?*

3. Es gibt einen Weg, den literarkritischen Klippen zu entgehen. Dazu ist nur nötig, den *pāḥăd jiṣḥaq* von dem Typ des Gottes des Vaters „abzukuppeln" und ihn als eigenständige Größe zu begreifen. Dafür empfiehlt es sich, die von Hillers nachgewiesene Wurzel *pḥd* II heranzuziehen. Der Erzähler setzt dann voraus, daß Jakob *bei der Lende oder dem Zeugungsglied seines Vaters* Isaak schwört. Der ist freilich schon tot; es wird also mit einem geheimnisvollen Weiterwirken des Ahnen und seines Leibes in dem Nachkommen gerechnet. Dafür gibt es im AT auch sonst Beispiele (etwa „Jakob" als Volksname). Weiter ist vorauszusetzen, daß die Zeugungskraft des Vaters nicht nur in den Söhnen weiterlebt, sondern sich sogar in der Fruchtbarkeit und Zeugungskraft der zum Haus gehörenden Tiere auswirkt V. 42. Schließlich erscheint der Gott des Vaters Abrahams als eine Macht, die sich in der Vermehrung der Nachkommenschaft durch die Fähigkeit zu Zeugung und Geburt hindurch wirksam erweist. Denn wenn Jakob beim *pāḥăd jiṣḥaq* schwört, dann will er ganz gewiß nicht die Bindung zu dem eben von Laban genannten Gott Abrahams leugnen, sondern sie unterstreichen. Der (oder – als Körperteil feminin – die?) *pāḥăd* Isaaks ist also auf den Gott des Vaters Abraham bezogen, aber keineswegs mit ihm identisch, sondern eine beigeordnete Größe.

---

[20] Ebd. 349.   [21] Z. B. O. Eißfeldt, Hexateuchsynopse, 1922 = 1962, 63*.

Für eine solche Deutung läßt sich die Darstellung der Schwurhandlung in zwei anderen Genesisstellen heranziehen. Danach wird beim Schwur die Hand auf das Geschlechtsglied des Partners gelegt. 24,2 f. fordert Abraham seinen Haussklaven auf: „Lege deine Hand unter meine Lende. Ich lasse dich schwören bei Jahwä, dem Gott des Himmels und dem Gott der Erde." Hier bindet sich der schwächere Partner, indem er auf irgendeine Weise an der Zeugungskraft des Stärkeren, zugleich aber an einer dahinter waltenden Gottheit partizipiert. Das Geschlechtsglied selbst ist also nicht göttlich. Andererseits kommt ihm eine gewisse Macht zu, die über die lokale Anwesenheit der dazu gehörenden Personen hinausreicht, und den Schwörenden noch im fernen Land und noch nach Ableben des Schwurherrn bindet[22]. All das läuft zu der eben gegebenen Deutung zu 31,53 auffällig parallel. Auch der Schwur, den Josef seinem Vater Israel auf dieselbe Weise leistet, soll über dessen Ableben hinaus binden 47,29. Brauch und Vorstellung wirken überaus archaisch. (Spätere Zeiten pflegen bei der *næpœš* des Schwurherrn zu schwören z. B. 1.Sam 1,26, dies ist sehr viel entmythologisierter, bleibt aber dem Umkreis von vitaler Kraft des Menschen vorstellungsmäßig haften.)

Sollte die vorgeschlagene Deutung von *păḥăd* richtig sein, könnte man erwägen, ob die vorher dreimal erwähnte Massebe im Kontext ein Phallossymbol darstellt (was für 28,22; 35,14.20 sicher nicht gelten wird!). Zwingend ist solche Vermutung nicht. Was soll schon ein Phallos als Grenzwächter? Eher mag man daran denken, daß bei der Schilderung des idealen Sohnes im ugaritischen *Aqhat*-Epos der Satz voransteht, der ebenfalls auf ein Steinsymbol verweist: „Der aufstellt (eine) Stele(n) dem Gott des Vaters (*'il 'ib*) im Heiligtum."[23] Solche Fährte soll aber hier ebensowenig verfolgt werden wie der nicht weniger interessante Zusammenhang von Bundesschluß und Vätergottreligion an unserer Stelle.

Worauf es mir ankam, war allein, hinter die allzu selbstverständlich gewordene Auffassung, der *păḥăd jiṣḥaq* könne nichts anderes als eine Gottesbezeichnung sein, ein Fragezeichen zu setzen. Zwar wird an einer jüngeren, offensichtlich vom Schriftsteller selbst stammenden Stelle, der Gott des Vaters (sing.) nicht nur als Gott Abrahams, sondern auch als Gott Isaaks interpretiert 32,10; aber das beweist kaum, daß es einmal einen eigenständigen Gott Isaaks gegeben hat[24], während mit einer Ver-

---

[22] Vgl. H. Gunkel, aaO., 250 f., zu 24,2.
[23] K. Koch, ZA 58/1967, 214; vgl. H. Gese, Religionen Altsyriens, Altarabiens und der Mandäer, 1970, 104–106; anders E. Lipiński, *skn* et *sgn* dans le sémitique occidental du nord, UF 5/1973, 197 f.
[24] H. Seebaß, Der Erzvater Israel und die Einführung der Jahweverehrung in Kanaan, BZAW 98, 1966, 51.

ehrung des „Gottes des Vaters Abrahams" unter Randnomaden, die später im Verband Israel aufgegangen sind, mit Wahrscheinlichkeit zu rechnen ist. Sollte es einen Gott des Vaters Isaak je im Kult eigenständig gegeben haben, dann hatte er mit dem *păḥăd* von Gen 31 vermutlich nichts zu tun.

Claus Westermann sieht die Grenze der Altschen These vom Väter-gott darin, „daß in ihr eine Religion, bzw. ein Religionstyp allein (oder doch fast allein) auf eine Gottesbezeichnung begründet wurde"[25]. Die alte Überlieferung Gen 31,43, insbesondere ihr poetischer Höhepunkt, gehört zu den wenigen Abschnitten, wo die Vätergottreligion nicht bloß in fossilen Titeln, sondern in urtümlichen Erzählungen über den prakti-schen Vollzug noch greifbar zu werden scheint. Die Verbindung des Gottes des Vaters Abrahams (und des dahinterstehenden Gottes des Vaters Terach) mit dem Zeugungsglied *(păḥăd)* des jüngeren Ahnherrn Isaak läßt ahnen, daß die Religion der Vätergruppen so einfach nicht strukturiert war, wie es im Gefolge der Altschen Entdeckung bisweilen scheinen mochte. Das Ergebnis unterstreicht aber auch einmal mehr, daß diese Religion sich nur sachgemäß erfassen läßt, wenn man sie auf die Lebensweise der Väter bezieht; ein Gesichtspunkt, den kein anderer so betont hat wie Westermann[26].

---

[25] Genesis 12 ff., BK I/2, 12. Lfg., 1977, 116 f.
[26] Z. B. ebd. 117.

Johannes Kühlewein

Gotteserfahrung und Reifungsgeschichte in der Jakob-Esau-Erzählung

Ein Beitrag zum Gespräch zwischen Theologie und Tiefenpsychologie

„Theologisch ist der ganze Erzählungskreis von Jakob und Esau vom Segen bestimmt."[1] Die Erlangung des Segens ist in diesen Kapiteln der Bibel (Gen 25–35) etwas sehr Tiefes und Weites. Letztlich geht es um das, was die heutige Tiefenpsychologie „Individuationsprozeß" (C. G. Jung) nennt. Das schließt Wachstum, Fruchtbarkeit, Aufstieg, Loslösung und Entwicklung des Ich ebenso mit ein wie Vertiefung und Reifung, Selbsterfahrung und Gotteserfahrung. Persönliche Reifung und Gotteserfahrung sind nach C. G. Jung nicht voneinander zu trennen: Therapien zeigten, daß „alle Patienten in der 2. Lebenshälfte letztlich an ihrer religiösen Einstellung krankten und daß niemand letztlich geheilt war, der seine religiöse Einstellung nicht wieder erreichte"[2].

Die Lebens- und Gotteserfahrungen eines Jakob sind gewiß nicht nur auf einem persönlich-familiären Hintergrund zu sehen. C. Westermann hat mehrfach darauf hingewiesen, daß diese Erzählungen den Rahmen des Familiären transzendieren. Stammesgeschichtliches klingt ebenso an wie Volksgeschichtliches (Jakob soll Israel heißen). Von tiefenpsychologischer Sicht ist hier an das Moment des „kollektiven Unbewußten" zu erinnern, Kräfte und Möglichkeiten, die abgesehen von der Kindheitsentwicklung des Einzelnen in jedem Menschen bereitliegen und die Wandlung vorantreiben. Für Israel war klar, daß die Glaubens- und Lebenserfahrungen des Erzvaters Jakob mehr enthalten als nur die einmaligen Erfahrungen eines individuellen Menschen.

Freilich sind Erfahrungen und Erlebnisse von Menschen nie nur kollektive Erfahrungen, sondern Begebnisse, die mit der konkreten Situa-

---

[1] C. Westermann, Arten der Erzählung in der Genesis, in: Forschung am Alten Testament (I), München 1964, 89.

[2] Gesammelte Werke XI, 1963, 362.

tion eben dieses Menschen, *seiner* Kindheitsentwicklung, *seiner* körperlichen, geistigen und seelischen Entwicklung, *seiner* Umwelt zusammenhängen.

Man wird bei der Jakobgeschichte diesen kollektiven und individuellen Hintergrund beachten müssen.

In dem theologisch-exegetischen Traditionsstrom, in dem wir heute stehen, hat man die Frage nach Gotteserfahrung und Reifungsgeschichte ganz gerne als „psychologisierend" abgetan. Ohne hier auf R. Otto oder P. Tillich eingehen zu können, sei ein Satz G. v. Rads[3] zitiert, der gewiß nicht nur für die alttestamentlichen Propheten, sondern auch für die Jakobsgeschichte gilt: „Daß Jahwe im psychischen Raum so Ungewöhnliches sich ereignen ließ, das alles muß seine besonderen Zusammenhänge haben und kann wohl kein theologisches Adiaphoron sein."

Sieht man die Jakob-Esau-Geschichte als Erzählungsganzheit, so vollziehen sich bei Jakob etwa zu Beginn seiner zweiten Lebenshälfte (21 Jahre lang hatte er bei Laban gedient) ganz entscheidende Erfahrungen und Wandlungen. Sie betreffen das Verhältnis

1. zunächst zum Brüderlichen
2. zum Väterlichen
3. vielleicht zum Weiblichen und
4. entscheidend zum Göttlichen

1. Die Versöhnung mit dem Bruder

Während in den Abrahamgeschichten die Fruchtbarkeit der Frauen und die Frage nach Sohn und Nachkommenschaft im Vordergrund steht, geht es in Gen 25–35 schwerpunktmäßig um die Brüder[4], um ihren Streit und ihre Versöhnung. Von der tiefenpsychologischen Forschung her fällt auf dieses Thema noch ein selten gesehenes Licht.

Wie oft, so ist auch bei Jakob der Zwillingsbruder eine Art Schattengestalt. Der Bruder verkörpert die eigenen unterentwickelten Seelenanteile. Während es von Jakob heißt (25,27), er sei ein „gesitteter Mann, der in Zelten wohnt", mit glatter Haut – ist Esau „ganz und gar wie ein behaarter Mantel", „ein tüchtiger Jäger, ein Mann des freien Feldes". Esau ist der Bereich des Natürlichen, des Behaarten, des Tierischen – also der Seelenteil, den wir ganz gerne zu verdrängen geneigt sind.

Aber von Anfang an ist er da – das zeigt die Jakob-Esau-Geschichte –, er ist sogar der Erstgeborene. Und es wäre notwendig, sich ihm unterzuordnen, zumindest ihn gelten zu lassen. Aber Jakob nimmt ihm sein

---

[3] Theologie des Alten Testaments II, [4]1965.
[4] Vgl. C. Westermann, aaO.

Erstgeburtsrecht. Das Natürliche in uns hat natürliche Bedürfnisse. Esau geht es um einen Teller Linsen. Sie sind vom andern Teil der Seele, vom Geistigen relativ leicht zu übertölpeln. Freilich sind die übertölpelten Seelenanteile wie schlafende Hunde.

Das Erschleichen des Erstgeburtsrechtes heißt, „daß das zum Bewußtsein erstarkte Ich nun die Führung der Gesamtperson übernimmt"[5]. Die triebhaften Teile werden entmachtet, d. h. verdrängt. Wenn die übertölpelten Seelenanteile wie schlafende Hunde sind, verwundert es nicht, daß Esau auf Rache sinnt und den Bruder erwürgen will. Das zeigt – tiefenpsychologisch gesehen – die Schwere des inneren Konflikts. So sagt Christa Meves[6]: „Dies kennzeichnet die Situation des inneren Konflikts, in der sich Menschen nach der Geburt ihres Ichs, der Erstarkung ihres Bewußtseins, befinden: sie geraten in den Zustand einer gefährlichen inneren Unausgeglichenheit, sie wehren alle Möglichkeiten, die ihr schwaches Ich verletzen können, ab und geraten bei all ihrem Abschirmen doch immer mehr in die Gefahr, von ihrem eigenen Unbewußten überflutet zu werden und damit in den undifferenzierten Urzustand der Bewußtlosigkeit zurückgeschwemmt zu werden. Das ist in der Mordabsicht des Esau ausgedrückt."

So flieht Jakob vor Esau. Diese Abspaltung des Ich vom Unbewußten ist vielleicht vorübergehend zur Erstarkung des Ich notwendig, bedeutet aber letztlich keine Lösung. Die Texte in Gen 29–31 zeigen ja sehr eindrücklich, wie dieses Ich nach und nach erstarkt: zuerst noch Knechtschaft, dann Frauen und Kinder, dann Herden, der Zuwachs an Wissen, Erkenntnis und Erfahrung. Am Ende sehen wir einen sehr selbstbewußten Jakob, der sich nun auch aus dem väterlichen Einflußbereich (s. u.) trennen kann.

Aber eben dort, wo das bewußte Ich auf dem Höhepunkt angelangt ist, beginnt der Rückweg. Es ist, nach allem, was wir wissen – zu Beginn der zweiten Lebenshälfte. Ein Weiter kann es eben jetzt nur geben in der Aussöhnung mit dem eigenen, verdrängten, abgespaltenen Unbewußten. Es *muß* zur Begegnung und Aussöhnung mit Esau, dem eigenen Schattenanteil kommen.

„Jakobs Bereitschaft, Esau einen so großen Teil seines Reichtums zu schenken, kennzeichnet in typischer Weise den Initialvorgang zum Individuationsprozeß, wie C. G. Jung ihn uns bewußt gemacht hat: Auf dieser Stufe muß der Mensch seine profanen Bemächtigungswünsche zugunsten einer Versöhnung mit dem Unbewußten einschränken. Die Opferung, bewußte Reduzierung an äußerer Machtfülle ist die Vorausset-

---

[5] Chr. Meves, Die Bibel antwortet uns in Bildern, Freiburg 1973, 62.
[6] AaO., 63.

zung zu einer innerseelischen Ergänzung und Ausreifung der Person, eine Aufgabe, die auch heute noch in jedem von uns eine Angelegenheit der 2. Lebenshälfte darstellt."[7]

Für mein Verständnis ist es nicht zufällig, daß die Erzählung von der so entscheidenden Aussöhnung mit dem Bruder etwa in der Mitte – im jetzigen Textzusammenhang – unterbrochen ist durch die Erzählung von der Gottesbegegnung am Jabbok. Man sieht daraus sehr eindrücklich, wie eng Selbsterfahrung und Gotteserfahrung, Lebenserfahrung und Glaubenserfahrung miteinander verflochten sind.

2. Die Versöhnung mit dem Vater

Isaak und Laban sind für Jakob die beiden Gestalten, die das Vaterbild konstellieren. Die Spannungen zum Vater Isaak sind deutlich: „Isaak hatte den Esau lieber, weil er gerne Wildbret aß. – Jakob aber war der Liebling Rebekkas" (25,28). Für den „Fersenhalter" (25,26) Jakob eine fast typische Ödipuskonstellation. Noch ganz gefangen im mütterlichen Bereich, begeht er den Betrug am Vater, indem er sich den Segen erschleicht.

So wichtig für jede menschliche Entwicklung die (bei Jakob erfolgte) Ablösung vom Elternhaus ist, durch die Flucht läßt sich der innere Konflikt nicht lösen. Solange der Konflikt nicht gelöst ist (Flucht bedeutet lediglich Verdrängung), wird er sich bei ähnlichen Konstellationen im Leben ständig wiederholen. Dafür ist das Verhältnis zu Laban recht typisch. Es ist kein Verhältnis der gegenseitigen Achtung und Anerkennung. Der Betrüger wird vom Vater betrogen (statt der geliebten Rahel erhält er die ungeliebte Lea – seine Dienste werden immerfort weiter ausgenützt). Jakob betrügt weiter den Vater: mit den Herden und nicht zuletzt durch seinen überraschenden Weggang.

Erst beim Übergang in die neue Phase seines Lebens, im Zusammenhang mit anderen entscheidenden Lebens- und Glaubenserfahrungen, vollzieht sich die Versöhnung mit dem Väterlichen. Laban und Jakob (31,44–54) schließen einen Bund der Versöhnung, richten Steine auf und essen. Es ist ein Bund gegenseitiger Achtung. Der Sohn kann den Vater, der Vater den Sohn achten. Jeder hat sein Land, seine Anschauungen, seinen Glauben und seinen Besitz. Jakob ist nicht mehr mit dem Vater identifiziert und von ihm abhängig, noch muß er ihn in einem fort betrügen. So kann bei gelungener seelischer Wandlung die Versöhnung mit dem Väterlichen erfolgen.

---

[7] Chr. Meves, aaO., 65.

3. Auseinandersetzung mit dem Weiblichen

Jakob ist Mutters Liebling, offenbar auch recht lange von der Mutter abhängig. Die große, nährende, zugleich festhaltende Mutter (so ein tiefenpsychologischer Terminus von E. Neumann) bestimmt über Jakob die Gesetze seines Handelns. Sie bringt Jakob auf den Plan mit der Erschleichung des Segens, sie richtet alles zu, organisiert alles, belauscht den Vater sowie Esau und gibt Jakob den Ratschlag zu fliehen.

Das ist typische Folge, wenn das Ich im Bereich der festhaltenden Mutter gefangen bleibt, daß die Beziehung zum Weiblichen problematisch wird. Es ist die Mutter, die eine selbständige Beziehung zum Weiblichen nicht zuläßt. Sie sagt: „Du sollst dir kein Weib nehmen von den Töchtern Kanaans. Mache dich auf und ziehe nach Mesopotamien . . . und hole dir dort ein Weib von den Töchtern Labans, des Bruders deiner Mutter" (28,1 f.). Wieder eine recht typische Ödipuskonstellation: Jakob bleibt auch bei der Wahl seiner Frau ganz im mütterlichen Bereich, der Liebling der Mutter.

Wie ungestüm und unausgeglichen das Verhältnis zu Lea, Rahel und den beiden Mägden geschildert wird, ist gewiß nicht nur Ausdruck damaliger Bräuche, sondern m. E. auch Ausdruck eines sehr diffusen Verhältnisses zum Weiblichen.

4. Begegnung mit dem Göttlichen

Die entscheidende Begegnung, Auseinandersetzung und Vertiefung erfährt Jakob am Jabbok-Fluß – eben an jener Stelle und zu jener Zeit, wo sich auch sonst bei ihm entscheidende Wandlungen vollziehen.

Auch die Gottesbegegnungen kann man nicht – so wenig wie die bisher genannten Erfahrungen und Vertiefungen – isoliert sehen. Was bei der Begegnung am Jabbok zu einem Höhepunkt kommt, hat sich durchaus angedeutet, insbesondere im Traum zu Bethel (Gen 28).

H. Dieckmann hat in seinem Buch „Träume als Sprache der Seele"[8] einiges zu dem in Gen 28 berichteten Traum gesagt. Er nennt ihn einen „Inkubationstraum, der einen neuen Lebensabschnitt einleitet und ihm (Jakob) Kraft und Bestätigung für diesen Weg gibt". Die emotionale Bewegtheit („Er fürchtet sich . . . wie furchtbar ist diese Stätte.") ist typisch für einen solchen Traum, in welchem ein Mensch Gott begegnet (die prophetischen Visionen berichten Ähnliches). Die Leiter führt nicht in die Tiefe (etwa in einen Keller, wie das in Träumen oft vorkommt), sondern in den Himmel. „Jakob geht in das biologische Leben der ersten

---

[8] Stuttgart 1972, 53 ff.

Lebenshälfte hinein und erhält die Bestätigung von oben für seinen schwierigen Weg."[9]

Dieses Gehen in die Fremde ist ja für Jakob ohne Zweifel die erste große Schwellen- oder Krisensituation. Eine durchaus denkbare Vertiefung, eine wirkliche Begegnung in der Tiefe der Seele vollzieht sich hier jedoch noch nicht.

Dieser Traum hat wohl einen vergleichbaren Stellenwert wie heute gelegentlich einmal die Konfirmation. Hier kommt es durchaus zu Begegnungen mit Gott und zu Glaubenserfahrungen. Hier kann die Kraft des göttlichen Segens erfahrbar werden und eine Ahnung darum entstehen, daß der Weg ins Leben nicht allein aus eigener Kraft gemeistert werden kann. Aber es sind nur mehr Vorboten eines späteren und tieferen Lebensprozesses.

Von der Symbolsprache von Gen 28 her gesprochen heißt das: Hier gehen die Boten Gottes auf und ab, die Berührung aber mit dem Göttlichen selbst erfolgt nicht. Die „Pforte des Himmels", die Jakob hier lokalisiert, wird nicht betreten, das Haus Gottes wird von ihm nicht bewohnt. Es werden Steine aufgerichtet, was sicherlich in diesem Zusammenhang wichtige Symbole sind. Im übrigen sagt er: „*Wenn* Gott mit mir ist und mich behütet auf dem Wege ... und ich wohlbehalten wieder in mein Vaterhaus zurückkomme, *so* soll Jahwe mein Gott sein, und dieser Stein soll das Gotteshaus werden ..." (28,20ff.).

Wenn ... dann. Aber bis dahin muß sich noch viel ereignen, und die Trennung vom Bruder läuft der Trennung vom Göttlichen durchaus parallel. Erst auf dem Rückweg deutet sich eine tiefere Gottesbegegnung an durch ein Fragment, das von einer Begegnung mit dem Engel Gottes erzählt (32,1f.) und durch ein Gebet vor der Begegnung mit Esau, das an den Bethel-Traum erinnert (32,10ff.).

Was sich so lange angedeutet hat, vollzieht sich dann erst in einer entscheidenden Gottesbegegnung und Glaubenserfahrung am Jabbok-Fluß (32,25ff.). Darauf möchte ich ausführlicher eingehen, weil sich in den einzelnen Aussagen dieser „Gottesbegegnung auf dem Weg" (C. Westermann) wesentliche Momente einer inneren Wandlung widerspiegeln.

Jakob aber blieb allein zurück

Allein – exegetisch gehört dieses Satzglied möglicherweise noch zur Überleitung zum Jakob-Esau-Erzählkreis. Aber es ist ja eben nicht zufällig, daß diese Erzählung nur ganz lose mit dem Kontext verbunden ist. Diese seine entscheidende Gottesbegegnung hat Jakob ‚allein‘ zu bestehen. Ganz davon abgesehen, daß die Vätergeschichten erst in einem se-

---

[9] Ebd. 57.

kundären Stadium zu einer Einheit zusammenwuchsen, was Isaak und was Abraham an Selbst- und an Gotteserfahrungen gemacht haben, könnte dem Jakob hier wenig helfen. Er steht allein. „In religiösen Dingen kann man bekanntlich nichts verstehen, das man nicht innerlich erfahren hat."[10] Oder, um einen Theologen zu zitieren: „Ohne eine vorherige Erfahrung des Unbedingten kann es keinen Glauben an das Unbedingte geben."[11] Solche Erfahrungen und Erlebnisse des Unbedingten kann man aber nur ‚allein‘ haben, und es wird darum keinem erspart bleiben, sich ‚allein‘ in diesen Erfahrungsprozeß hineinzubegeben, wenn er zum Segen kommen will.

Es war Nacht

Das geht nicht nur aus dem Zusammenhang, sondern auch aus dem Hinweis „bis zur Morgenröte" hervor. „Die Gottheit erscheint bei Nacht, grauenvoll, geheimnisvoll."[12] Es ist, so beschreibt es die Tiefenpsychologie, das Eintauchen in die dunkle Tiefe des Unbewußten – schwer und gefährlich, aber eben auch notwendig, wenn der Prozeß der Erfahrung in Gang kommen soll.

Am Jabbok-Fluß

Das Flußmotiv ist ein in der Tiefenpsychologie bekanntes Symbol der Wandlung, der Grenzerfahrung. „Das Überqueren eines Flusses ist ein häufiges Symbol für eine grundlegende Einstellungsänderung[13]. Und um eine Wandlung handelt es sich ja gerade in dieser Erzählung. W. G. Niederland[14] weist speziell auf die Tod- und Geburtssymbolik im Flußmotiv hin. „Im Fall Jakob sind beide Phantasiebereiche zu finden: die Gefahr des Todes durch den nahen Rächer und die Geburt oder eher Wiedergeburt einer neuen Persönlichkeit, wie sie sich im Namenswechsel ausdrückt."[15]

Jedenfalls wäre zu sehen, daß in vielen Parallelen das Fluß- bzw. Wassermotiv am Anfang einer Wandlung steht, man vergleiche die Funktion des Schilfmeers im Exodusgeschehen, die des Wassers bei der Taufe u.a.m.

---

[10] C. G. Jung, Psychologie und Alchemie, 1944, 71.
[11] P. Tillich, Gesammelte Werke VIII, 1970, 178.
[12] H. Gunkel, Genesis übersetzt und erklärt, HK I, 1, ³1910, 361.
[13] M. L. v. Franz, Der Individuationsprozeß, in: C. G. Jung, Der Mensch und seine Symbole, Zürich 1968, 199.
[14] Jakobs Kampf am Jabbok, in: Y. Spiegel, Psychoanalytische Interpretation biblischer Texte, München 1972, 128 ff.
[15] Ebd. 135.

Da rang ein Mann mit ihm

„Das Wort ‚Mann' läßt alle Möglichkeiten offen."[16] Dennoch ist aus dem jetzigen Zusammenhang der Erzählung eindeutig klar, daß es sich bei dem zunächst Unbekannten (die hebräische Vokabel läßt das offen: ‚Mann' oder ‚irgendjemand') um den ‚Gott Jakobs', bzw. Jahwe, den Gott Israels handelt. Es erstaunt, daß Gunkel[17] bemerkt: „Jahwe ist dieser Gott jedenfalls nicht; Jahwe ist ja der Gott, der Jakob liebt und ihm hilft." Was Gunkel hierbei leitet, ist unser tief vom neutestamentlichen Christusglauben her geprägtes Gottesbild, daß Jahwe ein Gott der Hilfe und Liebe ist. (Das dürfte auch der Grund sein, weshalb in Hos 12,5 gesagt ist, Jakob habe mit einem ‚Engel' gerungen.) In Wirklichkeit kennt die Bibel (auch das NT) ja doch die andere Seite ebensogut: den schlagenden, ringenden, zürnenden Gott, also gleichsam die göttliche Schattenseite (vgl. Ex 4,24–26). Gerade C. G. Jung hat – vor allem in seiner Schrift über Hiob – darauf hingewiesen, daß es einfach nicht richtig ist, das Lieben und das Zürnen Gottes auseinanderzureißen. „Gott ist eine coincidentia oppositorum. Beides ist berechtigt: die Furcht vor und die Liebe zu Gott."[18]

Jedenfalls diesem Gott der Gegensätze begegnet hier Jakob. Er begegnet dem Gott, der mit ihm ringt, dem Gott aber auch, mit dem er sich einlassen kann, weil er weiß, daß er dadurch (und nur dadurch) den Segen erringt. V. Rad (z. St.) weist darauf hin, daß es sich „um ein langes Ringen gehandelt hat". Daß man das nicht sozusagen mit dem kleinen Finger erledigen kann, wenn es um den Segen und um solch elementare Gotteserfahrung geht, das ist ja selbstverständlich.

Und er schlug ihn auf das Hüftgelenk

Wer schlug wen? Der Text ist nicht ganz eindeutig. Es ist durchaus möglich, daß eine ältere Version meinte, Jakob habe den Gott geschlagen, worauf der Gott bittet, losgelassen zu werden (V. 27). Wenngleich für unsere Ohren eine Ungeheuerlichkeit, konnte in Israel V. 26 doch offensichtlich so verstanden werden. Das zeigt Hos 12,5a, wo es von Jakob heißt: „er rang mit dem Engel und übermochte ihn; er weinte und flehte ihn an um Erbarmen." Und auch der Erzähler von Gen 32 hat in V. 26a.27 diese Deutungsmöglichkeit durchaus offen gelassen. H. Gunkel[19] weist aus einer ganzen Reihe von Parallelen nach, daß „das Motiv vom nächtlichen Kampf mit Dämonen, Ungeheuern, Gespenstern oder dem Teufel sehr häufig belegt" ist.

---

[16] G. v. Rad, Das erste Buch Mose/Genesis, ATD 2/4, ⁹1972, 260.
[17] AaO., 364.
[18] C. G. Jung, Antwort auf Hiob, 1952.
[19] AaO., 364.

Tiefenpsychologisch gehört dieser sog. „Heldenkampf" zu den allerersten Stadien einer Wandlung. Was hier dem Jakob entgegentritt, ist in einer ganz urtümlichen Weise das Dämonische, das Chaotische, das Verschlingende. „Der Kampf gegen die Angst, gegen die Gefahr, wieder zurückgeschluckt zu werden in den Zustand des Anfangs im Überwältigtwerden durch Regression, welche die Emanzipation rückgängig macht, das ist der Kampf mit dem Drachen in seinen vielfältigen Abwandlungen, die erst die Selbständigwerdung des Ichs und des Bewußtseins vollendet."[20]

Es wäre sicherlich falsch, wollten wir durch vorschnelle Harmonisierung des biblischen Textes diesen für die Wandlung so notwendigen Aspekt unter den Teppich kehren. „Jedoch ist diese ungeheuerliche Auffassung, daß Jakob den Himmlischen beinahe niedergerungen habe, jetzt durch den klaren Wortlaut von V. 26b und V. 33b verdeckt."[21] Also: Gott schlägt den Jakob, und Jakobs Hüftgelenk wurde verrenkt. Daß Gott die Menschen schlägt, ist – wie auch immer theologisch gedeutet – in Israel eine geläufige Erfahrung geworden: Er schlägt die Ägypter (Ex 3,20), das Volk Israel (Num 11,33; Jer 14,19), auch ein Einzelner kann von Gott geschlagen werden (der Gottesknecht Jes 53,4; Hiob). „Gott kann schlagen und heilen" (Dtn 32,39; Hos 6,1).

H. Dieckmann zeigt an zwei modernen Traumbeispielen, wie sehr die Begegnung mit dem Göttlichen die ganze Emotionalität des Menschen, bis hinein in somatische Reaktionen anspricht[22]. Was für einen Jakob galt, hat ein Paulus, ein Augustinus, ein Luther ähnlich empfunden. Und es gilt gewiß auch für die heutige Begegnung mit Gott: ohne Ringen und Schläge wird sich Gottes Nähe nicht erfahren lassen.

Ich lasse dich nicht, du segnest mich denn

Eben von dem, der ihn schlägt, erwartet Jakob Segen. Es sind wieder die Gegensätze in Gott, wie sie C. G. Jung in seinem Buch über Hiob aufgezeigt hat: „Das ist wohl das Größte in Hiob, daß er angesichts dieser Schwierigkeit nicht an der Einheit Gottes irre wird, sondern klar sieht, daß Gott sich in Widerspruch mit sich selbst befindet . . . Jahwe ist kein Mensch; er ist beides, Verfolger und Helfer in einem, wobei der eine Aspekt so wirklich ist wie der andere."[23]

Hinter diesem Festhalten und Nicht-Loslassen des Göttlichen steckt ja eine eigenartige Faszination. Jakob hält den fest, der ihn schlägt. Was

---

[20] E. Neumann, Ursprungsgeschichte des Bewußtseins, München [2]1974, 108.
[21] G. v. Rad, aaO., 260.
[22] Der Traum und das Selbst des Menschen, in: Zeitschrift für analytische Psychologie 1/1974, 1 ff.
[23] C. G. Jung, Antwort, 14.

diese Faszination betrifft, wäre vor allem von R. Otto, P. Tillich und C. G. Jung noch viel zu lernen. Jung sagt über das religiöse Erlebnis: „Erlebnisse aber können nie ,gemacht' werden. Sie geschehen, aber nicht absolut, sondern glücklicherweise relativ. Man kann sich ihnen nähern . . . Der Weg zum Erlebnis ist ein Wagnis, das den unbedingten Einsatz der ganzen Persönlichkeit fordert."[24] Eben dieser Annäherung hält Jakob stand, und unter totalem Einsatz versucht er, den Segen zu erringen.

Für die Tiefenpsychologie C. G. Jungscher Prägung weisen die bisher aufgezeigten Züge in Gen 32 auf eine Begegnung mit dem Archetyp des ,Selbst' hin. „Der Archetyp des Selbst muß aus dem Zustand der Unanschaulichkeit in den Zustand der Anschaulichkeit übergehen und erscheint im Bewußtsein dann in einer Vielzahl sich oft komplementär zueinander verhaltender Symbole und Figuren, die mit dem Attribut des höchsten Wertes ausgezeichnet sind . . . Allen diesen Bildern aber ist gemeinsam, daß sie bei ihrem Auftreten ein hochgradiges Faszinosum besitzen, mit einer starken Emotionalität aufgeladen sind und vom Bewußtsein als numinos erlebt werden, d. h. mit jener spezifischen Mischung aus Angst und Ehrfurcht, die die Epiphanie des Göttlichen begleitet."[25]

Man kann von daher die Frage stellen, ob nun Jakob Gott oder dem Archetyp des Selbst begegnet ist. Oder anders gefragt: ob für die Jungsche Tiefenpsychologie Gott und der Archetyp des Selbst identisch sind. Begegnet der Mensch im ,Selbst' nur sich selbst, und kann er Heil und Segen nur in Begegnung mit sich selbst erlangen?

Von der Jakobgeschichte möchte ich zunächst einmal festhalten, daß Jakob – tiefenpsychologisch ausgedrückt – eine Erfahrung des ,Selbst' hat, worin er ganz deutlich das Göttliche als Gegenüber erfährt, das ihn schlägt, bzw. von dem er Segen erbitten muß. C. G. Jung scheint – wenngleich sich in seinem Werk auch andere Aussagen finden – dem recht zu geben, wenn er sagt: „Wenn ich daher als Psychologe sage, Gott sei ein Archetypus, so meine ich damit den Typus in der Seele, was bekanntlich von typos = Schlag, Einprägung herkommt. Schon das Wort ,Archetypus' setzt ein Prägendes voraus."[26]

Du sollst nicht mehr Jakob, sondern Israel heißen

Der innere Wandlungsprozeß, der sich zugleich mit der Gottesbegegnung hier vollzieht, drückt sich in der neuen Namensgebung aus. Wenn man weiß, was damals in Israel der Name bedeutet hat, wird man in diesem Vers nicht nur eine Umbenennung, sondern einen Eingriff, eine Wandlung erkennen.

Überlieferungsgeschichtlich drückt sich aber in dieser Umbenennung (Jakob = Israel) noch etwas anderes aus. Es zeigt, daß das spätere Israel diese uralte, auf einen der Väter übertragene Geschichte nochmals als

---

[24] Psychologie und Religion, Freiburg ²1972, 135.
[25] H. Dieckmann, aaO., 3.
[26] Psychologie und Alchemie, 25.

ein Modell verwenden konnte. Offenbar haben spätere Generationen gemeint, daß ein solcher Prozeß immer wieder ablaufen müsse, wo es zu einer Wandlung und zu einer Gottesbegegnung, schließlich zur Erlangung von Segen und Heil kommen soll.

Wie sehr die Verwandlung des Namens in der christlichen Kirche mit der inneren Wandlung verknüpft ist, zeigt ein kurzer Blick auf die Taufe und insbesondere auch auf die Geschichte des Mönchtums.

Der Name Gottes bleibt im Dunkel (V. 30)

Das „erklärt sich aus dem alten, bei vielen Völkern verbreiteten Glauben, daß die Kenntnis des Namens eine Macht über den Träger, auch den Gott oder den Dämon gibt: wer den Namen Gottes ‚kennt', kann ihn fortan ‚zitieren'."[27] Dem entspricht tiefenpsychologisch die oben schon ausgesprochene Erkenntnis, daß man die Begegnung mit dem Göttlichen nicht ‚machen' kann. Auch eine einmal gehabte Begegnung mit dem Göttlichen verleiht dem, der sie gehabt hat, keine Macht darüber.

Und er segnete ihn daselbst

Hier ist nun das Ziel der Erzählung erreicht. Es war ein langer Weg der Selbsterfahrung und Gotteserfahrung bis dahin. Eine „schwer erreichbare Kostbarkeit", von der viele Mythen und Märchen erzählen als von einer ‚Perle', die mühsam gefunden oder einem ‚Schatz', der hart erkämpft werden muß.

Das Besondere dieser Erzählung ist, daß der Segen Gottes dem Menschen (Jakob, Israel) nicht automatisch zufließt, sondern am Ziel eines Weges, zu welchem Kampf und Wandlung gehören, zu erreichen ist. Auch nach Gen 27 muß sich Jakob den Segen erkämpfen. In Gen 32 jedoch – was in der Bibel ohne Parallele ist – im Zweikampf mit Gott. C. Westermann bemerkt dazu: „Wenn bei diesem Kampf der Preis eine von dem Besiegten auf den Sieger übergehende Kraft ist, dann weist das auf eine ursprünglich mythische Erzählung, die nur wenig verändert in die Vätergeschichte einging."[28] Eine solche Geschichte hat Israel aufgenommen und als eine zentrale theologische Erzählung verstanden.

Die Segnung bedeutet eine conjunctio besonderer Art. Segen ist Kraft (eigentlich Kraft der Fruchtbarkeit, wie man gerade in der Jakobgeschichte deutlich sehen kann), und indem Gott einen Menschen segnet, geht seine Kraft und damit er selbst in den Menschen ein – Menschwerdung Gottes. Für mich zeigt sich in diesem Weg in die Tiefe des Kampfes

---

[27] H. Gunkel, aaO., 362.
[28] Forschung am Alten Testament (I), 85.

und der Wandlung bis hin zur Erlangung des Segens eine deutliche Parallele zum Christusgeschehen und zur Taufe.

Ich habe Gott von Angesicht zu Angesicht gesehen und bin am Leben geblieben

Dabei handelt es sich um eine Ätiologie des Ortsnamens Pniel. Im Unterschied zu anderen Erzählungen ist hier deutlich zu erkennen, „daß das ätiologische Moment ein hinzukommendes ist, daß es aber nicht die Erzählung gestaltet hat"[29]. Nach Westermann ist V. 31 „ein berichtendes Lob". Der Gerettete blickt zurück und berichtet von Gefahr und Rettung.

Eben darin wird deutlich, daß dieser ganze Prozeß, durch den Jakob hindurchgegangen ist, kein Kinderspiel war, sondern eine Sache, wo es um Gefahr und Rettung, Tod und Leben, man könnte auch sagen, um Tod und Auferstehung ging. Gott von Angesicht zu Angesicht sehen, bedeutet in Israel Tod (Ex 33,20; Ri 6,22; 13,22). Andererseits „erlebt ein besonderes Glück, wer Gottes Angesicht geschaut hat und am Leben bleibt, vgl. Jdc 6,23 13,23; Dtn 34,10; Tob 12,16f."[30]. Wer Gott begegnen will, muß sich wohl oder übel auf diesen Prozeß einlassen, eben „unter Einsatz der ganzen Persönlichkeit", wie C. G. Jung sagt (s. o.).

Es ging ihm aber die Sonne auf, und er hinkte

Jakob hinkt der aufgehenden Sonne entgegen. S. Sas[31] betrachtet das Hinken Jakobs im Vergleich mit dem Hinken des Hephaistos, Wielands des Schmieds, des Teufels u. a. hinkenden Gestalten, wie sie in Mythen, Märchen und Träumen begegnen. Dabei werden dem Symbol des Hinkenden die Schmiedekunst, das Moment des Schöpferischen, das Phallische oder das Mangelhafte zugeordnet. Das Besondere an Jakob ist – nach Sas –, daß er „seine Lahmheit durch eine Tat erwirkt"[32]. Er kämpft mit der höheren Gewalt, unterliegt aber nicht. Er hinkt zwar am Ende, „wird aber durch den Segen seelisch geheilt"[33]. Sas deutet nun das Hinken Jakobs – im Unterschied zu anderen hinkenden Gestalten – als ein Opfer, „das die Wendung zum Guten einleitet"[34]. „In diesem Zusammenhang betrachtet kann man im Hinken von Jakob vielleicht eben diese Opferung des Ichs gegenüber der höheren Instanz des Selbst erblicken."[35] Eine vergleichbare Opferung sieht Sas in der Beschneidung des Mose (Ex 4,24–26).

---

[29] Ebd.
[30] H. Gunkel, aaO., 363.
[31] Der Hinkende als Symbol, Studien aus dem C.-G.-Jung-Institut, Zürich, 1964.
[32] Ebd. 117.
[33] Ebd. 119. [34] Ebd. 76. [35] Ebd. 119.

Es scheint mir nun vom Exegetischen her nicht gerechtfertigt zu sein,
Gen 32 und das Hinken Jakobs vom Motiv der Opferung her zu interpretieren. Jakobs Tat ist nicht die, daß er die Lahmheit erwirbt, indem er
etwas von sich opfert. Wenn man schon von Tat sprechen will, dann von
der, daß er sich der Gottheit zum Kampf stellt. Erwünscht und erstritten
hat er sich den Segen. Sein Hinken ist kein von ihm dargebrachtes Opfer,
sondern Folge des Kampfes, Folge des göttlichen Schlages.

Auch darin kann man Sas nicht zustimmen, daß er unter dem Symbol
des ‚Hinkenden‘ Jakob (und Mose) so einfach neben Hephaistos, Wieland und andere hinkende Gestalten stellt. Sas sagt selbst bei der Behandlung von Gen 32: „Wir stehen hier einem ganz anderen Hinken gegenüber als bei den bisher angeführten Gestalten." Während man zwischen Hephaistos und Wieland, dem Schmied über das Motiv des Hinkens hinaus durchaus viele Querverbindungen sehen kann, steht der
Hinweis auf Jakob in der Schrift von Sas ganz isoliert. Es genügt nicht,
nur Einzelphänomene einander gegenüberzustellen. Hilfreich ist ein
solcher Vergleich nur, wenn die Texte in ihrer Ganzheit und Tiefe interpretiert und von daher dann (als Ganzheit und im Bezug auf die einzelnen Motive) verglichen werden.

Hier ist überhaupt Kritik an der tiefenpsychologischen Aufnahme und Verar-
beitung biblischer Texte anzumelden. Als Beispiele seien nur drei Beiträge genannt, die sich auf Gen 32,25ff. beziehen. Sas geht es um das Einzelmotiv des
Hinkens, Niederland um die Flußsymbolik, Meves um das Motiv der Zwillinge
(Jakob–Esau) und die Integration des Schattens. Immer handelt es sich um ein
mehr oder weniger zufälliges (und damit auch oberflächliches) Heranziehen von
Einzelmotiven.

Schon in der form- und überlieferungsgeschichtlichen Arbeit ist klar geworden, daß das Vergleichen einzelner Form- und Strukturelemente nur dann sinnvoll ist, wenn man sie im Zusammenhang ihres jeweiligen Kontextes, also in ihrer
geschichtlichen Tiefe sieht. Darauf hat insbesondere C. Westermann im Blick
auf den Vergleich religionsgeschichtlicher Texte aufmerksam gemacht: „Ein
Vergleich der im AT dargestellten Religion mit den sie umgebenden bzw. ihr
vorangehenden Religionen kann sich nicht mehr auf Einzelheiten beschränken,
sondern muß Ganzheiten ins Auge fassen."[36]

An sich sollte man erwarten, daß dies der Tiefenpsychologie selbstverständlich wäre. Denn darauf legt sie in ihrer praktisch-analytischen Arbeit besonderen
Wert, daß etwa Einzelmotive in Träumen von Patienten für sich genommen wenig besagen. Interpretierbar, bedeutungsvoll und hilfreich werden die Einzelmotive nur dann, wenn gleichsam der ganze ‚Kontext‘ des Träumers beachtet wird.

Aber wie ist dann die Bemerkung zu deuten, daß Jakob hinkte? Jakob
hat sich der Erfahrung des Göttlichen gestellt. Er hat sich in den Prozeß

---

[36] Das Verhältnis des Jahweglaubens zu den außerisraelitischen Religionen, in: Forschung am Alten Testament (I), 192.

der Wandlung hineinbegeben. Er hat den Kampf aufgenommen, um den Segen zu erlangen. Er hat Gott von Angesicht zu Angesicht gesehen. Mit alledem hat er das totale Risiko auf sich genommen: die Möglichkeit des Sterbens. Er blieb am Leben, hat gesiegt, den Segen erreicht, aber er wurde zuvor geschlagen, so daß er hinkte. Wenn er dieses totale Risiko auf sich nahm, kann man (Sas folgend) durchaus von Opferbereitschaft sprechen, allerdings in einem weit umfassenderen Sinn als eben nur auf die Lahmheit bezogen.

Die Motivabfolge: Kampf – Geschlagenwerden – Segen – der Sonne entgegenhinken – erinnert sehr stark an den von J. L. Henderson[37] beschriebenen Archetypus der Initiation[38]. Dabei geht es um einen tiefen Wandlungsprozeß. Der Initiand muß sich – so beschreibt Henderson – einer Prüfung unterziehen. „Er muß gewillt sein, diese Prüfung ohne Hoffnung auf Erfolg auf sich zu nehmen. Er muß sogar zum Sterben bereit sein, und obwohl das Ausmaß der Prüfung vielleicht erträglich (eine Fastenperiode, das Ausschlagen eines Zahns oder eine Tätowierung) oder auch sehr schmerzlich ist (die Wunden der Beschneidung oder anderer Verstümmelungen), der Zweck bleibt immer derselbe: eine symbolische Todesstimmung zu schaffen, aus der die symbolische Stimmung der Wiedergeburt entspringen soll."[39] Dieses Erleben von Tod und Wiedergeburt markiert im Individuationsprozeß einen entscheidenden Schritt auf dem Weg von der Jugend zur Reife und zur „neuen moralischen Verantwortlichkeit des Mannesalters"[40].

Eben diesen Weg von der Jugend zur Reife beschreibt ja dann auch der gesamte Kontext in den Jakob-Esau-Erzählungen. Gotteserfahrung und Reifungsgeschichte sind – wie gezeigt – eng miteinander verschränkt.

So hinkt also Jakob der aufgehenden Sonne entgegen. Er hat sich dem Kampf gestellt, hat sich selbst erfahren, sein Verhältnis zum Bruder, zum Väterlichen und Weiblichen gefunden, er ist Gott begegnet, ist gewandelt und gesegnet. Wenn im Osten die Sonne aufgeht, ist die Nacht vorüber. Jung vergleicht die Wandlung mit dem Mythos der „Nachtmeerfahrt". Die Fahrt geht vom Westen nach Osten, dort ist sie zu Ende[41]. Wenn die Sonne aufgeht, ist die Nacht auch überstanden, es ist wie die Wiedergeburt eines neuen Menschen[42].

---

[37] Der moderne Mensch und die Mythen, in: C. G. Jung, Der Mensch und seine Symbole, Zürich 1968.
[38] Ebd. 128 ff.
[39] Ebd. 132.   [40] Ebd.
[41] Vgl. Symbole der Wandlung, [4]1952, 353 ff., wo er übrigens auch 390 auf Jakobs Kampf und Wandlung Bezug nimmt.
[42] Vgl. H. Barz, Selbsterfahrung, 1973, 57 ff., der das in seiner tiefenpsychologischen Deutung der Taufe zeigt.

Was ist das für ein Mensch, der durch den Individuationsprozeß hindurchgegangen ist? Ein strahlender Sieger? Gewiß! Aber doch eben auch einer, der weiß, daß und wo er hinkt. Es sind die Wundmale der Prägungen Gottes. Jakob hinkt der aufgehenden Sonne entgegen. Jakob heißt Israel. Der aufgehenden Sonne entgegenhinken, ist das nicht ein Bild für die Geschichte des Volkes Israel überhaupt, zugleich ein Bild für jeden heutigen Menschen, der aus seiner Selbsterfahrung und Gotteserfahrung heraus etwas von den Wirklichkeiten und Hoffnungen dieses Lebens weiß? Der aufgehenden Sonne entgegenhinken – das ist ein Bild für die eschatologische Existenz des Menschen.

HANS WALTER WOLFF

Sodom und Gomorrha

Predigt über 1. Mose 19,1–29
im Universitätsgottesdienst der Peterskirche zu Heidelberg
am vorletzten Sonntag im Kirchenjahr
(Volkstrauertag, 16. November) 1975

Nach Sodom kamen eines Abends zwei Boten. Lot saß gerade im Tor von Sodom. Als Lot sie sah, stand er auf, ging ihnen entgegen, verneigte sich mit dem Angesicht bis zur Erde ²und sagte: „Bitte sehr, meine Herren! Kehrt doch ein ins Haus eures Knechts! Bleibt zur Nacht! Badet eure Füße! Morgen früh könnt ihr dann aufbrechen und eures Weges ziehen." Sie aber sagten: „Nein. Wir möchten lieber im Freien übernachten." ³Doch er nötigte sie sehr. So kehrten sie bei ihm ein und kamen in sein Haus. Nun bereitete er ihnen ein Mahl; er backte ungesäuerte Kuchen. Sie aßen.

⁴Noch hatten sie sich nicht hingelegt, da umzingelten die Männer der Stadt das Haus, die Männer von Sodom, junge Leute und ältere, das ganze Volk, restlos. ⁵Sie riefen nach Lot. Sie sagten zu ihm: „Wo sind die Männer, die heute abend zu dir gekommen sind? Bringe sie zu uns heraus! Wir wollen Verkehr mit ihnen haben." ⁶Da ging Lot zu ihnen hinaus vor den Eingang. Er schloß aber die Tür hinter sich zu. ⁷Er sagte: „Handelt doch nicht so gemein, meine Brüder! ⁸Seht doch: ich habe zwei Töchter, die noch mit keinem Mann Verkehr hatten. Die will ich zu euch herausbringen. Macht mit *ihnen,* was ihr gern wollt! Nur diesen Männern dürft ihr nichts tun. Denn darum sind sie unter den Schatten meines Gebälks gekommen." ⁹Sie aber sprachen: *gæš hāl°āh!* („Hau ab!") Und sie sagten: „Kommt da einer als Fremder her und will schon den Richter spielen. Dich wollen wir noch übler behandeln als jene." Dann bedrängten sie den Mann, den Lot, heftig und rückten an, die Tür aufzubrechen. ¹⁰Doch da streckten die Männer ihre Hand heraus und zogen Lot zu sich in das Haus. Die Tür schlossen sie ab. ¹¹Die Leute aber vor dem Hauseingang schlugen sie mit Verblendung, klein und groß. Da gaben sie es auf, die Tür zu finden. ¹²Danach sagten die beiden Männer zu Lot: „Wen hast du noch hier? Einen Schwiegersohn? Deine Söhne? Deine Töchter? Irgendeinen Angehörigen in der Stadt? Bringe sie weg aus diesem Ort! Denn wir werden diesen Ort jetzt zerstören. ¹³Weil schwere Klage über ihn vor den Herrn gekommen ist, hat der Herr uns geschickt, sie zu zerstören." ¹⁴Da ging Lot hinaus und sprach zu seinen Schwiegersöhnen, die seine Töchter heiraten wollten. Er sagte: „Macht euch auf! Geht *heraus* aus diesem Ort! Denn der Herr

wird die Stadt jetzt zerstören." Aber seine Schwiegersöhne hielten ihn für einen Spaßmacher.

[15]Als nun die Morgenröte heraufzog, drängten die Boten den Lot zur Eile: „Steh auf! Nimm deine Frau und deine beiden Töchter, die bei dir sind! Sonst kommst du auch um im Strafgericht über die Stadt." [16]Er aber zauderte. Da griffen die Männer ihn und seine Frau und seine Töchter bei der Hand, weil der Herr Mitleid mit ihm hatte. So brachten sie ihn hinaus und ließen ihn erst draußen vor der Stadt wieder los.

[17]Und als sie sie herausgebracht hatten, sagte er: „Rette dich! Es geht um dein Leben! Blick nicht hinter dich! Bleib auch nirgends stehen im ganzen Umkreis! Ins Gebirge rette dich! Sonst kommst du um." [18]Aber da sagte Lot zu ihm: „Nicht doch, Herr! [19]Dein Knecht hat doch Gnade vor deinen Augen gefunden. Du hast deine Freundlichkeit groß gemacht, die du mir erwiesen hast, daß du mich überleben läßt. Aber ins Gebirge kann ich mich nicht retten. Ich würde zusammenbrechen. Ich würde sterben. [20]Sieh doch die Stadt da in der Nähe! Dahin könnte ich fliehen. Sie ist ganz klein. Dahin könnte ich mich retten. Ist sie nicht ganz klein? So könnte ich am Leben bleiben." [21]Da sagte er zu ihm: „Ja! Auch diese Bitte will ich dir gewähren, daß ich die Stadt, von der du sprichst, nicht vernichte. [22]Eile! Rette dich dorthin! Denn ich kann nichts tun, bis du dorthin gelangt bist." Darum nennt man den Namen der Stadt Zoar – „ganz klein".

[23]Die Sonne war eben über der Erde aufgegangen, Lot war eben nach Zoar gelangt, [24]da ließ der Herr auf Sodom und Gomorrha Schwefel und Feuer regnen, vom Herrn her, vom Himmel herab. [25]Und er vernichtete jene Städte und den ganzen Umkreis und alle Einwohner der Städte und was auf dem Lande gewachsen war. [26]Aber Lots Frau, die hinter ihm war, blickte sich um und wurde zu einer Salzsäule. [27]Abraham aber machte sich in der Morgenfrühe auf an den Ort, an dem er vor dem Herrn gestanden hatte. [28]Er spähte nach Sodom und Gomorrha und auf den ganzen Umkreis hinunter und sah – da stieg der Rauch aus dem Lande auf wie der Rauch aus einem Schmelzofen. [29]Als Gott die Städte des Umkreises zerstörte, da gedachte Gott an Abraham, und er befreite Lot aus der Vernichtung heraus, da er die Städte vernichtete, in denen Lot gewohnt hatte.

Liebe Universitätsgemeinde!

Ein Text für Filmemacher! Die Aufnahmen könnten schon laufen. Denn jeder von uns spielt bereits eine Rolle. Zur Wahl stehen: Herr Lot als ein in Sodom Zugezogener, dessen Frau, die beiden Töchter, die beiden angehenden Schwiegersöhne, zwei überraschend eingetroffene Boten, von den alteingesessenen Sodomitern jugendliche und senile Homosexuelle, schließlich der alte Abraham. Einige von uns haben gleich zwei Rollen übernommen. Andere sind dabei, die Rolle zu tauschen. Noch besteht die Möglichkeit. Eben deshalb wollen wir jetzt ins Drehbuch schauen.

Achten wir sofort auf die Hauptsache! Was ist der rote Faden in den Szenen nach den Eingangsskizzen? Die Boten sagen sofort am Abend ihres Eintreffens zu Lot: „Schaff deine Leute heraus aus der Stadt!" Noch in der Nacht sucht Lot die Schwiegersöhne auf: „Verlaßt den Ort!"

Am Morgen drängen die Boten Lot selbst zum Aufbruch. Die packen ihn, sie zerren ihn und die drei Frauen hinaus. Erst vor der Stadt lassen sie sie wieder los. Dann feuern sie sie neu an: „Hinauf ins Gebirge! – Nicht stehen bleiben! Es geht ums Leben. Fort von hier!" Genug für jetzt. Das ist offenbar das Thema dieser Szenenkomposition: Trennung von Sodom ist lebensnotwendig. „Hinaus! Hinaus!" So dröhnt es durch den Text.

Aber warum denn diese sofortige Emigration? Die Boten nennen den Grund: Die Totalvernichtung ist unabwendbar und steht unmittelbar bevor. Die Klagen über Sodom schreien gen Himmel. Ein paar grelle Bilder genügen. Was die Boten selbst erleben, ist schlimmer als erwartet. Anscheinend wollten sie im Freien erproben, was in dieser Stadt möglich sei. Nun wird sogar das gastliche Haus gestürmt. Um die Fremden zu schützen, will Lot seine Töchter den Lüstlingen ausliefern. Dieser peinliche Zug zeigt, wie unheimlich das Unrecht neues Unrecht herbeizwingt. Wagt Lot Widerstand, so wird er niedergeschlagen. Ein Go-in mit gewaltsamem Aufbrechen der Tür wird versucht. Es schreit gen Himmel. Dazu teilen die Boten mit: dieser hemmungslosen Herrschaft von Gier und Gewalt wird ein Ende gesetzt. Gott hat entschieden. Darum ist Abschied von Sodom lebensnotwendig.

Heute ist Volkstrauertag. Was soll das? Wir denken an ferne Gräber, an Vermißtenschicksale. Für wieviele unter uns ist durch den Krieg das Altern noch schwerer geworden, noch einsamer, noch hilfloser. Vor 30 bis 35 Jahren regnete Feuer und Schwefel herab auf unsere Städte. Sodom war dagegen ein winziges Vorspiel. Trauern wir Älteren über unsere Mitschuld an der Unrechtsherrschaft von Gier und Gewalt, über unseren allzu schwachen Widerstand? Trauert Ihr Jungen mit uns Älteren darüber, daß wir so wenig dazugelernt haben. Ja, nun haben schon wieder die einen ihr Sodom, die anderen ihr Gomorrha aufgebaut, obwohl es uns so unverdient gut ging. Obwohl? Lot war ja auch nach Sodom gezogen, weil dort günstigste Lebensbedingungen bestanden. Abraham hatte es ihm großmütig ermöglicht: „Willst du zur Linken, so geh ich zur Rechten!" Genau im Überfluß wuchsen Übermut und Hemmungslosigkeit.

Heute haben wir weder das Sodom Lots noch das Gomorrha der Nazis zu lokalisieren, sondern jeder sein eigenes Sodom und wir alle unser gemeinsames Gomorrha. Prüfen wir aufrichtig, solange es Zeit ist, unseren Umgang mit Menschen heute, mit Fremden heute: Wo blüht bei uns ungezügelte Gier und Gewinnsucht, Lust zur direkten oder indirekten Gewaltanwendung? Wo wird Liebe, die sich in den anderen hineinversetzt, durch Rücksichtslosigkeit verdrängt? Jeder sollte sein Sodom erkennen.

Die Gemeinde aber, auch eine Universitätsgemeinde, sollte nicht blind sein für unser öffentliches, gemeinsames Sodom. Die Freude auch an der leiblichen Geschlechtlichkeit wird dämonisiert dadurch, daß man Koitus ohne den Willen zur Koexistenz erzwingt. Ein unheimlicher Sog des Sexuellen droht Leib und Seele zu zerspalten und die umfassende Liebe zu zerstören. Genau ebenso vergiftet der Mißbrauch von Energiequellen unseren Lebensraum. Der in öffentlicher Hemmungslosigkeit selbstfabrizierte Smog droht uns vielleicht bald im eigenen Fortschritt zu ersticken. Die Selbstgerechtigkeit im Parteiengezänk degradiert Mitmenschen zu Feinden, auch in der Universität, auch in der Kirche. Die christliche Gemeinde sollte nüchtern und einig werden in der Diagnose: Geile Gier und raffinierte Gewalt sind in allen Lebensbereichen die Gefahr für die Zukunft, für die persönliche wie für die öffentliche.

Sollte nicht die Sodomgeschichte von 1933–1945 als Warnung genügen? Damals hat man die Sodomgeschichte von 1.Mose 19 verlacht und verachtet – und mußte sie doch selbst wiederholen. Wer hört heute aus der Bibel Gottes warnendes Wort? Unsere Geschichte sollte uns zeigen, wie schwer wir Menschen uns tun, die Rollen zu wechseln, obwohl eben dieses Wort hilfreiche Anstöße dazu gibt.

Vier verschiedene Reaktionen auf die Zumutung entschlossener Trennung hält sie uns als Spiegel vor.

Da sind zuerst die Schwiegersöhne. Daß Gier und Gewalt unweigerlich Feuer und Schwefel auf sich ziehen sollen, erscheint ihnen lächerlich. Sie halten den alten Lot für einen komischen Kauz. Das könnte die Normalreaktion des heutigen Menschen sein. Ohne Gewalt gibt's keine bessere Zukunft, meint man. Wer das Gegenteil behauptet, macht schlechte Späße. Merken wir: da ist nicht weniger als das Kreuz Christi zum Gespött geworden. „Lieber Unrecht leiden als Unrecht tun" – darüber meint man, wie über alle Katastrophendrohungen, zur Tagesordnung übergehen zu können. So die Schwiegersöhne, einst und jetzt, um uns und vielleicht in uns.

Wie reagiert Lot selbst? Haben ihn die dickfelligen Schwiegersöhne schon angesteckt? Jedenfalls müssen ihn die Boten beim Anbruch der Morgenröte zur Eile drängen. „Er aber zauderte", heißt es. Herr Lot hat es schwer mit seinem Charakter. Gegenüber dem Onkel Abraham hatte er es verstanden, seine Gebietsansprüche durchzusetzen; er hatte das günstigere Wohn- und Wirtschaftsgelände bekommen. Davon sollte er sich jetzt trennen? Was kann man schon tragen? Wer kennt das Kofferpacken, wenn man innerhalb weniger Stunden des Landes verwiesen wird und nur 20 Pfund mitnehmen kann! Was alles macht uns die Trennung von unserem Sodom so schwer? Lot wäre wohl gar nicht vom Fleck gekommen, wenn nicht die beiden Boten ihn und Frau Lot und die beiden Töchter mit jeder Hand eine Person gegriffen und aus der Stadt herausgezogen hätten. So sieht es aus in Sodom. Einst und jetzt, um uns und in uns. Noch der relativ beste Typ ist ein Mann halber Entschlüsse. „Er

aber zauderte." Ohne Gottes Sonderkommando hätte er bald mitten im
Feuerregen gestanden.

Das Lachen der Schwiegersöhne! Das Zaudern Lots! Wie sieht die
dritte Reaktion aus? Draußen vor der Stadt wird Lot losgelassen, jenseits der Hauptgefahrenzone. Er erhält neuen Befehl: „Nicht stehen
bleiben! Nicht umschauen! Ins Gebirge hinauf!" – Doch da überkommt
ihn ein Schwächeanfall. „Ich kann nicht." „Diese Steilhänge schaffe ich
nicht." Nur zu langen Reden fehlen ihm die Kräfte nicht. Vielleicht ein
typischer Intellektueller, religiös eingefärbt! Ja, er bezieht sich ausführlich auf die bisherige Barmherzigkeit Gottes. Er kommt mit Spezialwün-
schen. Da in der Nähe liegt Zoar. Zwar noch am Rande des Unheilsge-
bietes. Aber – er rechnet Gott vor – es ist „ganz klein" (danach der
Name Zoar). Könnte dieses winzige Dörfchen nicht vom Großstadt-
schicksal ausgespart werden? Der schwächliche Lot schafft keinen Gipfel. Einst nicht und heute nicht, um uns nicht und in uns nicht. Und siehe
da: die Bitte findet Gehör. Die Marschverkürzung wird gewährt. Nur:
„Eile! Rette dich dorthin!"

Kurz darauf gibt es noch eine vierte Reaktion. Unheimlich stumm ist
die Szene. Lot ist eben nach Zoar gelangt. Sodom steht schon in Flam-
men, Frau Lot aber ist noch hinter ihm. Da blickt sie sich um und – erstarrt zur Salzsäule. Dies fahl beleuchtete Bild ist fast noch grauenvoller
als die brennende Stadt. Warum nur dies? Hing ihr Herz doch mehr am
alten Sodom als am neuen Leben? Wie gut wir die liebenswerte Dame
verstehen! Für damals und für heute, von anderen und von uns selbst
aus! Wie oft haben wir schon eine ähnliche Rolle gespielt! Süchtig nach
Sodom noch im Untergang.

Was soll dieses schaurig wortlose Bild? Lot steht schon im Sonnenauf-
gang eines geretteten Lebens in Zoar. Und seine Frau, dicht hinter ihm,
erstarrt im Feuerschein von Sodom. Diese Figur steigert ins unvergeß-
lich Grausige, was die voraufgegangenen Szenen sagen wollen: Ganze
Trennung ist lebensnotwendig. Das Gelächter der Schwiegersöhne verstummt im Schwefelregen. Lot zaudert, aber er läßt sich ziehen. Lot
schafft keinen Gipfel, aber er geht auf Zoar zu. Frau Lots Rückblick
wirkt wie ein Bann. Bild um Bild schärft dem Leser ein: Emigration ist
unerläßlich, die innere wie die äußere. Wie oft ist es nun wiederholt!
Wiederholende Einprägung des Wortes – das brauchen wir – in den Ver-
suchungen unseres angegriffenen, zerrissenen, trägen Lebens. Die Wiederholung des Wortes, das uns ergriff, macht unsere Seele gesund und
hält sie auf dem notwendigen Weg.

Aber: ist die Zumutung dieser biblischen Erzählung nicht im Grunde
ganz unpopulär? mehr noch: ist sie nicht heute verantwortungslos? Ver-
führt sie nicht sogar zum Pharisäismus? Nun, sie ist sicher für gefährdete,
hilfsbedürftige Menschen geschrieben, für Menschen, für die das Über-

leben alles andere als selbstverständlich ist. Sie sagt gewiß nicht alles, was zum Problem Unrecht und Rettung zu sagen wäre. Aber folgendes will sie bestimmt: 1. Sie charakterisiert jede Unrechtzone als lebensbedrohende Gefahrenzone. 2. Sie fordert eine eindeutige Distanzierung vom Unrecht. 3. Sie ist leidenschaftlich von der Sorge für die Gefährdeten bewegt.

Nehmen wir dazu drei Bilder mit: Zuerst das Bild Lots. Wer sein Zoar wie er erreicht hat, der hat nichts zu prahlen. Sein eigener Beitrag war Unentschlossenheit und Trägheit. Daß er den Gluten entging, verdankt er allein dem Zupacken der beiden Boten und der barmherzigen Wegabkürzung. Pharisäismus hat hier keinen Boden. Aber hier ist auch noch für halbherzige, gebrechliche Christen Hoffnung! Wie danken wir dafür?

Dazu das zweite Bild: die Hände der beiden Boten. Zuerst zogen sie Lot beim Überfall durch den Türspalt in den Schutz des Hauses, und dann schleppten sie ihn aus der gefährdeten Stadt heraus. Wofür brauchen wir unsere Hände? Sollten sie uns nicht auch für Gefährdete gesund erhalten sein? Den Gegenbeweis gegen den Verdacht der Verantwortungslosigkeit für Sodom muß nicht der Erzähler – wir müssen ihn antreten. Wir werden heute für die jugendlichen Strafgefangenen in Pforzheim um eine Kollekte gebeten werden. Wenn unsere Hände schon nicht direkt Gefährdete erreichen, so sollten diese Hände heute um so tiefer in die Tasche greifen – für sie.

Über ihnen und über uns steht das dritte Bild: der alte Abraham, der noch einmal von Mamre aus vorgebeugt in die Schreckenslandschaft hinunterspäht. Über ihn heißt es am Ende: „Da gedachte Gott an Abraham, als er Lot aus der Vernichtung heraus befreite." So hatte Abraham doch nicht ganz umsonst für Sodom gesprochen. Das weist uns auf den Einen hin, der für unser Sodom sich selbst eingesetzt hat. Er tritt bei Gott für uns und alle Sodomiter ein. Auch für unsere Emigration aus Sodom. Sie bleibt ebenso unpopulär wie lebensnotwendig.

Die große Hoffnung aber verwehrt uns, daß wir Jesu Zumutungen verdrängen; sie fordern nicht weniger deutlich zur Trennung auf als die Boten bei Lot. Solange wir unterwegs sind zwischen Sodom und Zoar, will er uns in Bewegung halten, daß jeder das Seine richtig tut. Was ruft er uns bei Lukas zu (Lk 17,31–33)? „Wer auf dem Felde ist, der wende sich nicht um nach dem, was hinter ihm ist. Gedenket an Lots Weib! Wer da sucht, seine Seele zu erhalten, der wird sie verlieren. Und wer sie verlieren wird, der wird ihr zum Leben helfen."

Die Aufnahmen zum Film „Sodom und Gomorrha" laufen an. In jedem Fall spielen wir mit. Noch können wir zu einer besseren Rolle überwechseln. Darum: Der Friede Gottes, der höher ist als alle Vernunft, berge unsere Herzen und Sinne in Christus Jesus. Amen.

Herr, was wird nur aus Frau Lot? Muß die Salzsäule stehen bleiben? Gönne ihr doch ein warmes, belebendes Bad! Erbarme dich über alles versteinerte Leben unter uns!

Herr, bist Du nicht auch für Lots Schwiegersöhne ins Totenreich gegangen? Sieh doch auf alle, denen dein Wort lächerlich ist. Bringe sie auf den guten Weg, bevor ihnen das Lachen ganz vergeht.

Herr, erkennst Du nicht in unserer Mitte Herrn Lot? Siehst Du, wie er zaudert, wie schnell er müde wird? Du hast uns schon oft Deine Boten geschickt. Das Wort genügt nicht. Ihre Hände brauchen wir, daß sie uns aus den Gefahrenzonen herausholen. Laß Deine Boten unsere besten Freunde werden. Du mutest uns steile Gipfel zu. Hab Mitleid mit unseren Schwächen, wenn wir nur bis Zoar kommen!

Herr, laß die beiden Boten nicht aussterben! Rüste sie auch unter uns aus, je zwei und zwei. Tapfere Boten, die nicht verschweigen, welche Stunde geschlagen hat. Tatkräftige Boten, die den Zögernden auf dem Weg in die Freiheit unter die Arme greifen. Hier ist das Geld, das wir für die Pforzheimer Straffälligenhilfe gesammelt haben. Mach Du aus dem Geld etwas wirklich Gutes für die Jugendlichen dort. Bevollmächtige ihren Pfarrer als Deinen eigenen Boten.

Herr, mit Abraham rufen wir Dich an für ganz Sodom und Gomorrha, um Jesu willen bitten wir Dich für Sodom und Gomorrha in allen Ländern unserer Welt, in den zerspaltenen Vereinten Nationen, in unserem Land, in unserer Universität, in unser aller persönlichem Leben. Im Namen Jesu flehen wir zu Dir, wie er uns gelehrt hat. Vater unser . . .

EBERHARD RUPRECHT

Exodus 24,9–11 als Beispiel lebendiger Erzähltradition aus der Zeit des babylonischen Exils

I. Die Problemlage

Ex 24,9–11 ist ein schwer einzuordnendes Überlieferungsstück. Zumindest auf den ersten Blick will es als eine Fortsetzung von Ex 19 nicht recht passen. Dort (Ex 19,12.13.21–24) gibt Jahwe zweimal gestrenge Weisung, daß niemand außer Mose auf den Berg hinaufsteigen darf, während hier mit Mose 70 Älteste, der Priester Aaron und zwei seiner Söhne auf den Berg hinaufgestiegen sind, um Gott zu schauen und vor ihm ein Mahl zu halten. Völlig ungeschützt sind sie aus nächster Nähe der Majestät und Heiligkeit Gottes ausgesetzt.

Zu Ex 24,9–11 gehört offensichtlich Ex 24,1a, da dort derselbe Personenkreis genannt ist und beides sich wie Befehl und Ausführung zueinander verhält. Ex 24,1b.2 ist dagegen offenbar eine spätere Ergänzung zu V. 1a, da hier der Befehl in der Tendenz von Ex 19,12.13.21–24 eingeschränkt wird im Gegensatz zur Ausführung von V. 9–11: Die Ältesten dürfen höchstens ein Stück weit mit hinauf; sie sollen Jahwe von Ferne anbeten, während nur Mose ihm nahen dürfe. Formell fällt auf, daß in V. 1a Mose direkt angeredet wird, während in V. 1b–2 über Mose in der dritten Person bestimmt wird und plötzlich vom ‚Volk‘ die Rede ist, was man nur als expliziten begründenden Rückverweis auf Ex 19 verstehen kann. Dieser formale Bruch ist ein weiteres Indiz dafür, daß V. 1b–2 auf die Arbeit eines Ergänzers zurückgeht.

V. 3–8 wird eine Mischung aus einem Opfergottesdienst und einem Bundesschluß dargestellt, durch den das Volk von Mose auf das von ihm aufgeschriebene Gesetz (doch wohl das Bundesbuch Ex 20,22–23,19 oder 23,33) verpflichtet wird. Ort der Handlung ist „am Fuße des Berges" (V. 4).

Ex 24,1a.9–11 und Ex 24,3–8 sind also voneinander unabhängig, wie schon der unterschiedliche Ort der Handlung zeigt. Daß V. 3–8 mitten in den ersten Text eingefügt ist, läßt sich als Indiz dafür werten, daß V. 3–8 literarisch jünger ist als V. 1a.9–11.

Auch die äußeren Kriterien des Sprachgebrauches, die man üblicherweise für die Quellenscheidung heranzieht, helfen bei der Einordnung
des Stückes nicht weiter. Ex 24,1a benutzt den Gottesnamen ‚Jahwe‘, V.
9–11 heißt es *ᵃlōhê jiśrā’ēl* und *ᵃlōhīm*. So spricht auch der Sprachgebrauch für die Vermutung, daß unser Text keiner der alten Quellen (J
oder E) zugeschrieben werden kann, und nicht nur die sachliche Spannung zu Ex 19 (JE). Außer dem Widerspruch zu Ex 19,12 f. fällt auf,
daß die Ältesten – wenn man von der deuteronomistischen Bearbeitung
in Ex 19,3c–8 absieht – in Ex 19 nicht vorkommen, und ferner daß der
Befehl V. 1a keinen erkennbaren Bezug zum vorangehenden Bundesbuch hat.

Dieser literarische Befund ist so eindeutig, daß es geboten erscheint,
Ex 24,1a.9–11 in einem ersten Arbeitsgang zunächst ohne Rücksicht auf
den jetzigen Kontext als eigenständiges Traditionsstück zu betrachten.

II. Vorläufige Analyse von Ex 24,9–11

Die meisten Ausleger meinen, daß es Ex 24,9–11 um ein ‚Bundes-
mahl‘ gehe, eine ‚altertümliche‘ Erzählungsvariante vom ‚Bundesschluß
Jahwes mit Israel‘. Aber damit tragen sie in methodisch unerlaubter
Weise aus dem eingeschobenen und deshalb höchstwahrscheinlich jüngeren Text Ex 24,3–8 etwas ein, was nicht dasteht[1], obwohl sie zugleich
fast alle sagen, daß die Verse 1–2.9–11 und andererseits V. 3–8 ursprünglich voneinander unabhängige Texte seien, die erst sekundär mit
einander kombiniert worden sind. Sie gehen eben von dem Vorurteil
aus, in allen oder fast allen Schichten der Sinaiperikope gehe es im Zentrum um den Bundesschluß zwischen Jahwe und Israel. Deshalb wittert
man überall Elemente eines Bundesschlusses.

Zu einem Bundesschluß gehört als Kernstück eine vertragliche Ver-
einbarung. Aber gerade davon fehlt im Text jede Spur. Deshalb entfallen Gen 26,26–30 und 31,43–53 als mögliche Analogien. Während dort
die Vertragspartner ihren ‚Bund‘ durch ein gemeinsames Mahl besiegeln, geschieht dies Ex 24,9–11 gerade nicht; der postulierte Bundes-
partner Jahwe ist an dem Mahl nicht beteiligt, wie Lothar Perlitt mit
Recht betont.

---

[1] So urteilt mit guten Gründen L. Perlitt, Bundestheologie im Alten Testament, Neukirchen 1969, 181 ff. Ihm folgt in diesem Punkt E. W. Nicholson, The Interpretation of
Exodus XXIV 9–11, VT 24/1974, 77–97; ders. The Tradition in Exodus XXIV 9–11, VT
26/1976, 148–160; ders. The Antiquity of the Tradition in Exodus XXIV 9–11, VT
25/1975, 69–79. In diesen drei überaus gründlichen Studien hat Nicholson die bisherige
Forschung so ausführlich kritisch referiert, daß ich mir ein solches Referat sparen und einfach pauschal auf ihn verweisen kann.

Höhepunkt von Ex 24,9–11 sind die Schau Gottes und das Essen und Trinken vor Gott. Beides wird so nahtlos und selbstverständlich aneinander gefügt, daß beides Elemente eines und desselben Vorganges zu sein scheinen. So wie beides in einem Atemzug gesagt wird, wird das ‚Essen und Trinken' als ein ‚Essen und Trinken vor Gott' qualifiziert. Fangen wir zunächst bei dem letzten an, dem Essen und Trinken vor Jahwe, bzw. vor Gott. Die nächste Parallele ist Ex 18,12. Nach Moses Bericht über die Errettung aus Ägypten feiert Jethro mit Mose, Aaron und allen Ältesten Israels einen Dankgottesdienst mit Opfern, zu dem ganz wesentlich das gemeinsame Mahl der Festteilnehmer ‚vor Gott' gehört[2].

‚Vor Jahwe essen' ist an Stellen wie Dtn 12,7.18; 14,23.26; 15,20; 27,7; Ez 44,3; 1.Chr 29,22 eine feste Bezeichnung für ‚einen Festgottesdienst feiern' in dessen Mittelpunkt eben das gemeinsame Opfermahl der Festteilnehmer steht[3]. So geht es offensichtlich auch Ex 24,9–11 darum, daß Mose mit den siebzig Ältesten auf dem Gipfel des Berges einen Festgottesdienst feiert.

Damit kommen wir zu dem nächsten Element, der Schau Gottes. Wie ist die Beziehung der Theophanie zum Gottesdienst? Eine eindeutige Antwort scheint hier kaum möglich zu sein. Man könnte an die Wendung ‚das Angesicht Gottes suchen' denken, die eine feste Redewendung für ‚zum Heiligtum gehen' ist, und das heißt ja in der Regel: zu einem Gottesdienst (Ps 24,6; 27,8; 105,4). Man könnte auch etwa an Ps 50 erinnern, wo Jahwe in kultischem Rahmen kommt, um zu Israel als der versammelten Festgemeinde zu reden, ähnlich wie Ps 81 und 95. Aber Ex 24,9–11 ist nicht von einem ‚Kommen' Gottes die Rede, und Gott spricht hier nicht.

Selbst wenn man an die von gottesdienstlichen Elementen (Tempel, Lobgesang, glühende Kohle vom Altar) stark bestimmte Berufung Jesajas (Jes 6) oder an Ez 1–3 erinnert, so ist die Schau Gottes in Ex 24,9–11 innerhalb des Alten Testamentes doch ein ganz außergewöhnlicher Vorgang, gerade wenn man von Ex 19 herkommt, wo der erscheinende

---

[2] Vgl. L. Perlitt, aaO., 188.
[3] Zu dem Vorgang vgl. etwa Lev 19,5 f.; Dtn 16,6 f.; 1.Sam 1,4–9; 9,12 f.; 16,5; 2.Sam 6,18 f.; Ps 22,26 f.; 36,9; 1.Chr 29,21 f.; 2.Chr 30,21–27; aus kritischer Distanz Jes 28,7 f.; Hos 4,8.11; Am 2,8; und für einen fremden Gott Num 25,2; Ri 9,27. In Neh 8,9–12 ist aus dem Opfermahl ein Festmahl in den Häusern geworden, und an die ursprüngliche Mahlgemeinschaft der Festteilnehmer wird nur noch dadurch erinnert, daß man den Armen einen Anteil vom Festessen zuschickt. F. Nötscher, ‚‚Das Angesicht Gottes schauen" nach biblischer und babylonischer Auffassung, Würzburg 1924, betont S. 104 mit Recht, ‚vor Jahwe essen' bedeute ‚ein Mahl mit Opferfleisch halten' oder ‚Jahwes Gast sein' so wie ‚vor dem König essen' heißt ‚des Königs Gast sein'. So sei auch das Opfermahl Ex 18,12 ein Mahl zu Ehren Gottes.

Gott sich in Wolkendunkel hüllt, oder wenn man gar daran denkt, daß nach Ex 33,20 sterben muß, wer Gott schaut. Deshalb läßt sich mehr über Herkunft und Bedeutung dieser Gottesschau erst weiter unten bei der Erklärung des religionsgeschichtlichen Hintergrundes sagen.

Der eingeschobene reflektierende Satz V. 11a bringt das Staunen darüber zum Ausdruck, daß Gott die ‚Edlen Israels' am Leben ließ, obwohl sie ihn schauten. Der sehr seltene Ausdruck ‚Edle' ist wohl gewählt, um Mose und die drei Priester und die siebzig Ältesten unter einen gemeinsamen Begriff bringen zu können.

Daß V. 11a eine eingeschobene Reflektion ist, muß nicht heißen, daß es sich um eine Glosse handelt. Auch ein Erzähler kann ausnahmsweise einmal eine Erklärung oder eine Reflektion in seine Erzählung einschieben. Aber das geschieht nur ausnahmsweise, weil dadurch der Fluß des Geschehens unterbrochen wird. Um wieder den Anschluß zu finden, mußte der Erzähler deshalb in V. 11b zunächst V. 10 wieder aufnehmen. Nur so konnten die Gottesschau und die Mahlgemeinschaft als zusammengehöriges Geschehen verstanden werden.

Diese Wiederaufnahme hat aber zugleich die Funktion, die in V. 11a ausgesprochene Verwunderung zu begründen: Schauten sie doch Gott schlechthin, nämlich den, der allein es verdient, ‚Gott' genannt zu werden. Dies dürfte der Sinn des bestimmten Artikels vor ʾælōhīm sein.

Dann ist es richtiger, den ersten Teil von V. 11b noch zu der Reflektion von V. 11a hinzuzurechnen, einmal als konzessiven Nachsatz („obwohl sie Gott schauten"), zum andern, weil der Erzähler die Wiederaufnahme dazu benutzt, um auf die Einzigkeit des Gottes Israels hinzuweisen; denn damit hebt er das Geschehen von V. 10 auf die Ebene der theologischen Reflektion.

Ähnlich betont z. B. Dtn 7,9a die Einzigkeit des Gottes Israels: „Du sollst wissen, daß Jahwe, dein Gott, einfach der Gott ist." Diese Betonung der Einzigkeit Jahwes, die übrigens nichts mit einem theoretischen Monotheismus zu tun hat, ist in der Spätzeit (Dtn, Ez, Dtjes) besonders ausgeprägt. ʾælōhīm mit bestimmtem Artikel findet sich mit nicht eindeutig erkennbarer, aber doch wohl gleicher Tendenz auch häufiger in elohistischen Stücken wie Gen 20,6.17; 22,3.9.

Um in V. 11 dies aussagen zu können, daß sie den sahen, der allein Gott ist, spricht der Erzähler in V. 10 vom ‚Gott Israels', statt den Jahwe-Namen zu gebrauchen. So ließ sich das Wort ‚Gott' gewissermaßen als Stichwort wiederaufnehmen. So erklärt sich, weshalb der in der Eröffnung der Szene in V. 1a gebrauchte Jahwe-Name auf dem Höhepunkt der Szene nicht wiederkehrt.

III. Das Alter der Überlieferung von Ex 24,9–11

Unter den Auslegern herrscht große Einmütigkeit darüber, daß es sich um eine höchst altertümliche Überlieferung handele. Diese Einschätzung wird zum einen damit begründet, daß die Ältesten Israels hier eine zentrale Rolle spielen; ja mit der Ganzheitszahl 70 repräsentieren sie Israel so vollständig, daß viele Ausleger meinen, Mose und Aaron sowie seine beiden Söhne gehörten ursprünglich nicht dazu; denn sie hätten keine eigene Funktion neben den Ältesten. Die Überlieferung sei vormosaisch.

Zu andern gilt als Indiz für das hohe Alter, daß Gott direkt geschaut werden darf, und zwar von Vertretern des Volkes, während er Ex 19 nur in Verhüllung im Rauch bzw. Wolkendunkel erscheint und dem Volk verboten wird, den Berg zu besteigen. Man löst diese Spannungen zwischen Ex 19 und 24 nämlich so, daß man eine Entwicklungsgeschichte der ‚Theophanietradition am Sinai‘ postuliert; Ex 24 sei sehr alt, ja vormosaisch, Ex 19 dagegen sehr viel jünger. Der Jakobstraum in Gen 28 scheint ein Beleg für die Altertümlichkeit einer direkten Schau in den geöffneten Himmel zu sein.

Die Hypothese von dem hohen Alter unseres Textes hat aber auch manche Schwierigkeiten. Wie will man es erklären, daß eine altertümliche Überlieferung noch in einer Zeit tradiert wird, die längst ganz andere Anschauungen hat? Wie verträgt sich das Nebeneinander von ‚alter‘ und ‚junger‘ Tradition mit dem entwicklungsgeschichtlichen Modell? Eine Tradition bleibt doch nur so lange lebendig, wie sie irgendwie einem Lebensinteresse der Tradenten entspricht. Ist das nicht mehr der Fall, so wandelt sie sich oder sie stirbt.

Haben die Verfasser der alten Quellenschriften das Nebeneinander so verschiedener Traditionen nicht als spannungsvoll empfunden, wenn man unsern Text einer von ihnen zurechnen will? Aber selbst wenn man aus den eingangs genannten Gründen den Text weder J noch E zuschreibt, sondern wie Th. C. Vriezen[4] als selbständige Überlieferung und als späteren Einschub in JE ansieht, bleibt die Frage des Traditionsweges bis hin zu dem Interpolator und die Frage, wie der Interpolator das Verhältnis zur übrigen Sinaiperikope und insbesondere zu Ex 19 gesehen hat, welche Absicht er mit seiner Interpolation verfolgt, welchem ‚Mangel‘ er abhelfen wollte.

Daß Israel in unserem Text primär durch seine Ältesten repräsentiert wird, ist kein schlüssiges Argument für das hohe Alter des Textes; denn an zwei verschiedenen Stellen in der Geschichte Israels erscheinen die Ältesten deutlich als *die* Repräsentanten des Volkes: an der Wende zur Königszeit (Ri 11,4–11; 21,16; 1.Sam 4,3; 8,4; 15,30; 30,26; 2.Sam

---

4 The Exegesis of Exodus XXIV 9–11, OTS 17/1972, 100–133 auf S. 100.

3,17; 5,3; 17,4.15; 19,12; 1.Kön 8,13) und erneut im Exil (Jer 29,1; Ez 8,1; 9,6; 14,1; 20,1–3; Klgl 2,10; 5,14; Esr 2,68; 3,12), zumindest im Gottesdienst, auch wenn es im Bereich des Alltages neben ihnen nach Esr 10,8.14 noch ,Oberste' und ,Richter' gab.

Aber der Eindruck täuscht, wollte man meinen, während der Königszeit seien die Ältesten bedeutungslos gewesen. Zumindest, wo Israel als Kultgemeinde auftritt, sind die Ältesten wie selbstverständlich die Repräsentanten Israels (1.Kön 8,1–3; 2.Kön 23,1; vgl. Dtn 5,23; 29,9; Jo 1,14). Wenn auch unter dem Königtum ihr politischer Einfluß trotz 1.Kön 20,7 nahezu bedeutungslos gewesen zu sein scheint, so hatten sie doch auf lokaler Ebene weitgehend ihre Funktion behalten. Sie bilden bei dem Prozeß gegen Jeremia offenbar gemeinsam mit dem königlichen Beamten das Richterkollegium, wie wohl auch Jes 3,14 (vgl. Jes 9,14) vorausgesetzt wird. Auch sonst erscheinen sie als lokale Repräsentanten (2.Kön 6,32; 10,1), denen vor allem die Rechtsprechung obliegt (Rt 4,1–12; Dtn 19,12; 21,1–9; 22,13–21; 25,7–10).

Besonders stark erinnert die aus nachexilischer Zeit stammende Zukunftserwartung von Jes 24,23 an unsern Text, daß Jahwe sich als König auf dem Zion vor den Ältesten verherrlicht[5].

Soweit ich sehe, hat sich bisher als einziger Henning Hensel[6] entschieden gegen die Hypothese von dem hohen Alter unseres Textes ausgesprochen und ihn in exilische Zeit datiert.

Er geht von einer Bemerkung Julius Wellhausens[7] aus, der unsern Text für ein „Einschiebsel" in E hält und den die „Sprachfarbe" von V. 10 an die Priesterschrift und Ezechiel erinnert.

Hensel führt zwei Argumente an: 1. Die Benutzung der Vergleichsform zur Darstellung eines Annäherungswertes („sie sahen so etwas wie . . .") in Ex 24,10 ist auch für die Theophaniebeschreibung in Ez 1,26f.; 8,2; 10,1 typisch. Dieses auffällige Stilmittel des vagen Vergleiches rückt unsern Text in die Nähe Ezechiels.

2. Erst von der Exilszeit an werden im Alten Testament Edelsteine namentlich genannt.

Da die Arbeit von Henning Hensel kaum jemandem zugänglich ist, führe ich seine Argumentation wörtlich an. Auf S. 68–72 schreibt er:

„Das Fundament, auf dem Jahwe Ex 24,10 steht, Ez 1,26; 10,1 sitzt, wird hier mit einem Saphirziegel, dort mit einem Saphirstein verglichen[8]. Beide Male

---

[5] Lies mit LXX *jkbd* statt *kbd*.

[6] Die Sinaitheophanie und die Rechtstraditionen in Israel, Diss. theol. (Masch.) Heidelberg 1971.

[7] Die Composition des Hexateuch und der historischen Bücher des Alten Testaments, Berlin ³1899 = ⁴1963, 89.

[8] Eine Vorstellung, die außer an den genannten Stellen nur noch Jes 54,11, auf die Fundamente des neuen wunderbaren Jerusalem angewandt, vorkommt.

wird zudem die Erscheinung mit Himmelsphänomenen verglichen, hier der
Glanz des Fundaments, auf dem Jahwe steht (Ex 24,10), dort seine Erscheinung
selbst (Ez 1,28)[9].
Vergleicht man beide Theophanien mit der Jesaja (Jes 6) oder Micha-ben-
Jimla (1.Kön 22,19–23) zuteil gewordenen, so besteht die Pracht der Erscheinung bei Jesaja und Micha-ben-Jimla im Zeremoniell, bei Ezechiel und Ex 24 in
der Pracht des Materials[10]. An Naturvergleichen ist Jes 6 und 1.Kön 22,19–23
nichts zu finden. Das rückt Ex 24 und die Theophanien bei Ezechiel näher zusammen.
Betrachtet man das Stilmittel des Vergleichs in Ex 24,10 und Ez 1,4–28; 8,2.3;
10,1 näher, so fällt auf, daß neben echten Vergleichen in Ez 1,7b.24.28a[11], gerade in der eigentlichen Theophaniebeschreibung in Ez 1,26f.; 8,2; 10,1 kein
echter Vergleich vorliegt[12], zu dem neben dem verglichenen Gegenstand der
Vergleichsgegenstand und das nicht immer genannte, dann aber sicher zu erschließende tertium comparationis gehört. In den genannten Stellen ist aber nur
von dem mit k^e eingeleiteten Vergleichsgegenstand die Rede, der verglichene
Gegenstand wird unklar gelassen. Das tertium comparationis ist nur aus dem
Vergleichsgegenstand zu erschließen, d. h. ist kein echtes tertium, da das primum fehlt. Der Vergleich fällt in sich zusammen, primum und secundum sind
identisch. Die Vergleichspartikel k^e ist uneigentlich gesetzt. Ihre Funktion läßt
sich bei Ezechiel noch deutlich ermitteln. Sie hat in Ezechiel 1,26f.; 8,2; 10,1 offenbar dieselbe Funktion wie tăbnīt in Ez 8,3 (10,8). Vom ,Bild einer Hand' kann
eigentlich nicht gesagt werden, daß jemand es ausgestreckt habe. tăbnīt ist nur
gesagt, um die Andersartigkeit der im Grunde unbeschreibbaren Erscheinung
der ,Hand' Gottes, gewissermaßen ihre Transzendenz zu wahren. Genau die-
selbe Funktion hat $d^e m \bar{u} t$ in Ez 1,22.26; 8,2; 10,1.21. Läßt sich $d^e m \bar{u} t$ in Ez 1,5
noch konkret als ,Gestalt' verstehen[13], bedeutet das Wort in Ez 1,10.16 schon
übertragen ,Aussehen', so ist seine Bedeutung in Ez 1,22.26; 8,2; 10,1 auf ,etwas
wie' reduziert. Dieses ,Etwas wie' ist nun desto sorgfältiger bewahrt, je näher die
Beschreibung der Vision der eigentlichen Theophanie kommt[14]. Das ,Etwas wie'
der Feste in Ez 1,22 ist in V. 23.(25).26 und Ez 10,1 wieder vernachlässigt, das
,Etwas wie' des unmittelbar mit Gott in Berührung kommenden Thrones von V.
26a in V. 26b jedoch sorgfältig festgehalten, das ,Etwas wie' der Gestalt Gottes

---

[9] Vgl. damit, daß sich Israel in seinem Erkenntniswillen erst sehr spät der Natur zugewandt hat (G. v. Rad , Theologie des Alten Testaments I, [6]1969, 460).
[10] Auch W. Zimmerli, Ezechiel, BK XIII/1,1969, 18 f. zieht Jes 6 und 1.Kön 22,19–23
zur Deutung von Ez 1–3 heran, allerdings ohne auf diese Vorstellungsunterschiede einzugehen.
[11] Auch Dan 10,6, einer offenbar von Ezechiel beeinflußten Stelle, liegt echter Vergleich vor; Gen 1,26 ist textkritisch nicht einwandfrei.
[12] Das hat Zimmerli wohl gespürt, wenn er aaO., 56 zu 1,27 bemerkt: „Die Verhalten-
heit der Schilderung wird in der Steigerung der bloß mehr annähernd beschreibenden
Rede spürbar."
[13] So die Übersetzung von Zimmerli, aaO., 1 und 33; vgl. aber in der Auslegung zu V. 5
S. 52: „Er (sc. Ezechiel) sieht ,etwas wie vier Lebewesen . . .'."
[14] Vgl. das Zitat von Zimmerli, aaO., 69 A 3.

in Ez 1,26b; 8,2 sogar zusätzlich zu *d͏ᵉmūt* durch *kᵉmăr'æ* verstärkt[15]. Dem verhüllenden Gebrauch von *d͏ᵉmūt* entspricht also der verhüllende Gebrauch von *kᵉmăr'æ*. So ist auch *kᵉmăr'æ 'æbæn săppīr* in Ez 1,26a und *kᵉ'æbæn săppīr* in Ez 10,1 mit „etwas wie (das Aussehen) ein(es) Saphirstein(es)" wiederzugeben.

Dieser selben andeutenden Redeweise entspricht in Ex 24,10 in derselben Sprachgestalt *kᵉmă'ᵃśē libnăt hăssăppīr* und *kᵉ'æṣæm hăššāmăjim*. Dieses Stilmittel erscheint meines Wissens nur bei den Theophanien bei Ezechiel und Ex 24,10[16]. Das läßt den Zusammenhang von Ex 24,10 und den genannten Ezechielstellen noch enger erscheinen.

Jes 54,11 und Ez 1;10 stammen beide aus dem Exil. Sollte diese Vorstellung eines saphirfarbenen Fundaments aus Babylon mit seinen viel mit lapislazuliblau lasierten Ziegeln beeinflußt sein[17]? Ex 24,10 ist die einzige alttestamentliche Stelle, die diese Vorstellung teilt.

săppīr kommt bis auf unsere in Frage stehende Stelle und möglicherweise Hhld 5,14[18] nur in exilischen und nachexilischen Texten vor, wie überhaupt Edelsteine in vorexilischen Texten kaum erwähnt werden[19] und breitere Volksschichten auch wohl kaum mit den einzelnen Namen genaue Vorstellungen verbinden konnten. Das wäre ja die Voraussetzung für einen verständlichen Vergleich. Diese Voraussetzung war im und nach dem Exil durch die Erfahrung der Prachtentfaltung Babylons eher gegeben. So ist auch die Pracht der Angelophanie in Dan 10 wie der Theophanie in Ez 1; 10 u. a. die Pracht von Edelsteinen oder Edelsteinfarben.

In Erwägung aller dieser Momente kann dieser Text nicht früher als im Exil in der Nähe Ezechiels, wo auch die ,Ältesten Israels' wieder an Bedeutung gewinnen (vgl. die ,Männer von den Ältesten Israels' Ez 14,1; 20,1 und die götzendienerischen *,siebzig* Mann von den Ältesten des Hauses Israel' Ez 8,11), entstanden sein."

Die Stilform des vagen Vergleiches ohne tertium comparationis ist ein sprachliches Mittel, um die Transzendenz Jahwes zu betonen, der sich jeder Anschaulichkeit und Anschaubarkeit entzieht; er ist eben unvergleichlich nach irdisch-menschlichen Maßstäben. Diese Beobachtung ist ein sehr starkes Argument dafür, daß unser Text literarisch sehr jung ist.

Aber etwas unbefriedigend ist bei Henning Hensel, daß er hier ab-

---

[15] Dasselbe bei dem in Ez 10,1 das Zentrale der Theophanie verhüllenden ,Thron'.

[16] Bei allen anderen alttestamentlichen Theophanien, bei denen Phänomene beschrieben werden, werden diese Phänomene als real beschrieben (vgl. Gen 15,17; Jes 6; Ex 3,2 u. ö.).

[17] Vgl. zu Jes 54,11 F. Stummer; C. Westermann, Der Prophet Jesaja, Kap. 40–66, ATD 19, 1966, 224 und zu Ex 24,10 M. Noth, Exodus, ATD 5, ³1965, 158.

[18] Das Lied ist möglicherweise im Nordreich entstanden (vgl. die geographischen Anspielungen in V. 15).

[19] Einzige von mir gefundene Ausnahme ist in Gen 2,12 der Sohamstein, wohl weil zum Priesterornat gehörig (vgl. Ex 25,7; 28,9 u. ö.). Die alten Stellen, die vom Reichtum etwa Salomos oder anderer sprechen, sprechen von Gold und Elfenbein und – wenn überhaupt – ganz allgemein von Edelstein *('æbæn jᵉqārā):* 2.Sam 12,30; 1.Kön 10,2.10.11.18.22; Am 3,15; 6,4; Ps 45,9.

bricht und nicht fragt, wieso gerade in der Exilszeit jemand zu dieser Gestaltung der Erzählung kommt; ob die Erzählung eine besondere, auf die Situation der Exilierten in Babylon zugespitzte Aussagetendenz enthält. Denn so bietet Hensel nur gewisse Indizien, die noch kein schlüssiger Beweis sind. Um hier weiter zu kommen, müssen wir zunächst nach dem religionsgeschichtlichen Hintergrund unseres Textes fragen.

IV. Der religionsgeschichtliche Hintergrund von Ex 24,9–11

Wir müssen bei der Theophanieschilderung in V. 10 ansetzen: „Sie sahen den Gott Israels, und zwar unter seinen Füßen so etwas wie ein Gebilde aus lapislazulifarbenem[20] Glasurziegel[21], genau wie[22] der Himmel in seiner Klarheit."

Der Lapislazuli ist ein dunkelblauer Stein, manchmal mit winzigen goldfarbenen Einsprengseln aus Eisen- oder Schwefelkies. „Von diesem Erscheinungsbild her kann es nicht verwundern, daß der Lapislazuli früh mit dem tiefblauen Taghimmel oder dem blauschwarzen, mit Sternen übersäten Nachthimmel assoziiert wurde. Ja, der Lapislazuli ist ein Stück des Himmels."[23]

Er wurde aus dem fernen Afghanistan über Persien ins Zweistromland importiert und als Kostbarkeit bis nach Ägypten gehandelt, um ägyptisches Gold zu erhalten. Lapislazuli wurde vor allem für Kultgegenstände verwendet[24].

Mit lapislazulifarbenen Lasurziegeln verkleidet war auch jeweils das obere Stockwerk der Tempeltürme, nämlich das Heiligtum auf der Spitze der Tempeltürme, das als Wohnung der Gottheit eingerichtete Sanctuarium[25].

Nebukadnezar (605–562) rühmt sich: „Etemenanki, den Stufenturm von Babylon, Euriminanki, den Stufenturm von Borsippa, ihren gesamten Bau stellte ich mit Asphalt und Brandziegeln her und führte ihn zu

---

[20] Es herrscht weitgehende Übereinstimmung, daß mit dem Saphir in Ex 24,10 Lapislazuli gemeint ist.

[21] Die von den Lexika neben ‚Fliese' vorgeschlagene Übersetzung ‚Steinplatte' muß als philologisch unhaltbare Phantasterei in aller Schärfe zurückgewiesen werden.

[22] Das mit der Kopula angeschlossene letzte Satzglied ist als weitere Apposition zu *mǎ'ªśē* (Gebilde) zu verstehen.

[23] O. Keel, Jahwe-Visionen und Siegelkunst, Stuttgarter Bibelstudien 84/85, Stuttgart 1977, 256; vgl. die dort angeführten Belege. Vgl. ferner A. Hermann, Edelsteine, RAC IV, 505–552, bes. Sp. 514–519.

[24] Nach O. Keel, aaO., 257.

[25] Vgl. dazu E. Unger, Babylon. Die heilige Stadt nach der Beschreibung der Babylonier, Berlin und Leipzig 1931, 191–200, bes. S. 196, und A. Salonen, Die Ziegeleien im Alten Mesopotamien, Annales Academiae Scientarum Fennicae, Sarja–Ser. B. Nide-Tom. 171, Helsinki 1972.

Ende. Ein glänzendes Göttergemach, ein Heiligtum von höchster Kunst-
fertigkeit, aus Brandziegel und glänzendem Blaustein erbaute ich auf ihren strahlenden Oberstockwerken."[26]

Daß ,auf der Spitze des als Götterberg konzipierten Tempelturmes
wohnen' identisch ist mit der Aussage, daß die Gottheit im Himmel
thront, geht allein schon aus der Verkleidung des als Tempel und Göttergemach gestalteten Stockwerkes des Tempelturmes mit blauen Lasurziegeln hervor; denn dieses wird damit als zum blauen Firmament des
Himmels gehörig charakterisiert.

Aber in verschiedenen babylonischen Königsinschriften wird auch direkt gesagt, daß der Tempelturm „bis an den Himmel hinauf" ragt.

So sagt der assyrische König Asarhaddon (681–669) in einer Bauin-
schrift von sich: „Als das zweite Jahr herankam, führte ich Esarra, die
Wohnstätte meines Herrn Assur, himmelhoch auf; oben erhöhte ich
seine Spitze gen Himmel, unten festigte ich sein Fundament in der Unterwelt. Ehursaggula (d. h.) ,das Haus des großen Berges' machte ich
glänzend wie die ,Schrift des Firmaments', türmte es berggleich auf."[27]

Oder der neubabylonische Herrscher Nabopolassar (625–605) sagt in
einer Inschrift über den Marduktempel in Babylon: „Damals befahl mir
Marduk, der Herr, I-timin-an-ki, das Heiligtum von Babylon, welches
vor mir baufällig geworden und verfallen war, sein Fundament an die
Brust der Unterwelt festzulegen und seine Spitze dem Himmel gleich zu
machen."[28]

Zahlreiche Tempeltürme des Zweistromlandes haben u. a. den Titel
,Haus des Bandes zwischen Himmel und Erde'[29]. Oder es heißt in einer
Cylinder-Inschrift des Gudea von Lagasch (um 2144–2124) über-
schwenglich: „(Diesen) Tempel wie ein Gebirge im Himmel und auf Erden erhöhte er gen Himmel."[30]

In derselben Inschrift sagt Gudea in einem Lobruf: „Das e-ninnû, das
Antlitz des Himmels ist deine Wohnung, o Ba-u, welche du eingibst Leben Gu-de-a."[31] Dann heißt es weiter: „Den Tempel seines Königs erbaute er gewissenhaft, der rechtmäßige Hirt Gu-de-a baute ihn im
Himmel und auf Erden, wie den Neumond ließ er ihn hochsteigen

---

[26] VAB IV, 115, Kol. I, 38–43. Des gleichen Verdienstes rühmt sich Nebukadnezar
VAB IV, 99 Kol. I, 23–26; 127 Kol. III, 15–17; 209 Nr. 49, Z. 11–14.

[27] R. Borger, Die Inschriften Asarhaddons, Königs von Assyrien, Archiv für Orientfor-
schung, Beiheft 9, Graz 1956, § 2: Ass. A, V 27–41.

[28] KB III, 2, S. 5. Vgl. darüber hinaus die Sammlung von Belegen bei Th. Dombart, Der
Sakralturm, I. Teil: Zikkurat, München 1920, 38–43.

[29] Ebd. 34 f.

[30] F. Thureau-Dangin, Die sumerischen und akkadischen Königsinschriften, VAB I, 1,
Leipzig 1907, 113: Cylinder A 21,23 des Gudea von Lagasch.

[31] Ebd. 117, Cyl. A 24,5–7. Eninnu ist der Haupttempel von Lagasch.

(gleich) einer Tiara, seinen Namen in der Mitte der Länder ließ er strahlen. Den Tempel Nin-gir-sus ließ Gu-de-a wie die Sonne unter den Sternen erstrahlen. Gleich einem Gebirge von Blaustein baute er ihn, gleich einem Gebirge von leuchtendem Marmor stellte er ihn zur Bewunderung. . . . Das strahlende Haus . . . war wie ein Berg von Blaustein, stehend im Himmel und auf der Erde."[32]

Wenn Ex 24,10 von einem „Gebilde aus einem lapislazulifarbenem Glasurziegel" spricht, so wird hier ganz bewußt eine Analogie zu den babylonischen Tempeltürmen hergestellt. Wie jene ragt der Berg Sinai bis zum Himmel hinauf, und der von dort aus sichtbare Wohnbereich Jahwes im Himmel erscheint in dem gleichen strahlenden, tiefblauen Edelsteinglanz wie das Göttergemach auf einem babylonischen Tempelturm.

Aber es ist noch ein weiterer Zug zu beachten. Dieses „Gebilde aus Lasurziegel" befindet sich „unter Jahwes Füßen". Das Firmament des Himmels dient Jahwe offenbar als Fußschemel. Er erscheint hier noch eine Stufe höher und erhabener als Jes 66,1, wo der Himmel sein Thron und die Erde der Schemel seiner Füße ist. Jahwe ist so groß und als Schöpfer von Himmel und Erde über diese seine Schöpfung so hoch erhaben, daß es eine Herabminderung seiner Größe wäre, wollte man sagen, er wohne im Himmel. Die Erhabenheit und Transzendenz Jahwes wird hier ebenso herausgestellt wie im Tempelweihgebet 1.Kön 8,27: „Siehe, der Himmel und aller Himmel Himmel vermögen dich nicht zu fassen." Das Firmament des Himmels reicht gerade noch dazu aus, als Fußschemel für Jahwe zu dienen.

Eine aufschlußreiche Analogie dazu findet sich in einem Text von Sargon I. von Assur (um 1780 v. Chr.)[33]. Vertreter der kappadokischen Handelskolonie Qaniš bitten Sargon I. um militärische Hilfe. Dieser versammelt daraufhin die Bewohner der Stadt Akkad an der Gerichtsstätte vor dem Stadttor, anscheinend um einen Volksentscheid darüber herbeizuführen. Gegenüber der Statue des Gottes Zababa sitzt Sargon ebenso wie die Gottheit auf einem goldenen Thron mit einem Fußschemel aus Lapislazuli: der entscheidende Textabschnitt in Zeile 13–15 der Rückseite der Tafel lautet:

„13. [. . .] . . . *Einfriedigung,* an der oben eine Fußunterlage aus Lapislazuli (ist), an der unten etwa 55 Vorsteher *(sich befinden).*
14. *[Zabab]a sitzt vor ihm, der gleich diesem* auf einem goldenen Throne sitzt. Es sitzt da der König gleich der Gottheit!
15. *[We]r ist wie der König erhaben?"*

---

[32] Ebd. 117, Cyl. A 24,8–17; 25,12–13.
[33] E. F. Weidner, Der Zug Sargons von Akkad nach Kleinasien, Boghazkoi-Studien Heft 6, Leipzig 1922, 69.

Mit dem Lapislazuli als Fußschemel wird Zababa als Himmelsgott charakterisiert und ihm gegenüber Sargon als sein irdisches Ebenbild und damit als sein irdischer Statthalter[34].

Eine Bestätigung und zugleich einen weiteren Aspekt bringt eine Stelle in dem Cylinder B des Gudea, wo von der Überführung des Götterbildes in den neu gebauten Tempel berichtet wird: „In seinen strahlenden Wagen, beladen mit Pracht, stieg der König, der Krieger Ningir-su, gleich der Sonne. Der Thron im gu-en-na aufgestellt war gleich dem reinen Tempel des Himmels, wo die Pracht wohnt."[35]

Der Thron des Gottes Ningirsu gleicht dem Göttergemach auf der Spitze des Tempelturmes. Dies ist eine der Hauptthesen der Arbeit von Theodor Dombart, daß in der ganzen Geschichte des Zweistromlandes das Göttergemach auf dem Tempelturm immer zugleich als Wohnstätte der Gottheit angesehen wird und als Thron, von dem aus sie die ganze Welt regiert. So heißt es z. B. in einem Hymnus an Bel: „Auf deinen Befehl möge das Fundament dieser Stätte vor dir bestehen, seine Zikkurrat als Sitz deiner Herrschaft auf Erden anerkannt werden."[36]

Wir haben die entsprechende Vorstellung Jes 14,12–14, wo es heißt, daß der König auf dem Götterberg im Norden seinen Thron aufstellte. So kann es nicht verwundern, wenn der Text Ex 24,10 zugleich die Wohn- und die Thronvorstellung assoziieren läßt.

Diese Parallele läßt zur Gewißheit werden, was auch so schon aus Ex 24,10 zu entnehmen ist: Jahwe wird dort als Thronender vorgestellt. Das Firmament des Himmels dient als Fußschemel seines Thrones.

Es ist offenbar die Absicht des Erzählers, den Königstitel Jahwes beim Hörer zu assoziieren. Dieser Titel hatte in exilischer Zeit spätestens seit Deuterojesaja und den von ihm vermutlich abhängigen[37] ‚Thronbesteigungspsalmen‘ eine neue Aktualität gewonnen.

Der Königstitel stammt aus dem Polytheismus, wo der König der Götter der über alle anderen erhabenen höchste Gott ist. In Israel dient er dazu, die Einzigkeit Jahwes gegenüber allen andern Göttern zum Ausdruck zu bringen; außer ihm gibt es keinen Gott, der wirksam wäre. Deshalb wird in Texten wie dem wahrscheinlich recht alten Ps 82 implicit und andererseits Jes 44,6–8; Ps 96,4f.; 97,7 explicit von dem ‚König‘ Jahwe gesprochen, dem gegenüber alle andern Götter nichtig sind.

---

[34] K. Baltzer, Das Bundesformular, WMANT 4, Neukirchen 1964, 40 A 1 hat auf diesen Text hingewiesen, ebenso E. W. Nicholson, VT 24/1974, 92. Die Schlußfolgerung Baltzers, da in beiden Texten ein ähnlicher Fußschemel vorkomme, handele es sich auch in Ex 24 um eine ‚Audienz‘, ist abwegig. Das Charakteristische einer Audienz ist die Wechselrede, das Reden und Hören. Aber in Ex 24,9–11 fehlt gerade jegliches verbale Element.

[35] VAB I, 1, Leipzig 1907, 137, Cylinder B 16,15–18.

[36] M. Jastrow, Die Religion II, 23, zitiert nach Th. Dombart, aaO., 40.

[37] Vgl. C. Westermann, Das Loben Gottes in den Psalmen, Göttingen 1954, 106–111.

Die Vorstellung von dem thronenden König Jahwe in Ex 24,10 korrespondiert also der theologisch reflektierenden Aussage in Ex 24,11b von der Einzigkeit des Gottes Israels. Mit dieser Charakterisierung Jahwes als König wird faktisch dem Götterkönig Marduk sein Rang bestritten.

Vor diesem religionsgeschichtlichen Hintergrund läßt sich auch die Herkunft der Gottesschau in Ex 24,9–11 klären. Es ist deutlich geworden, daß der Berg Sinai hier in Analogie zu den Tempeltürmen des Zweistromlandes dargestellt wird, in deren blau gefliestem Göttergemach auf dem obersten Stockwerk sich gewissermaßen Himmel und Erde berühren. Wir wissen leider fast nichts davon, was für kultische Akte dort oben stattfanden. Nachrichten aus der Zeit der 3. Dynastie von Ur, daß dort oben der die Fruchtbarkeit des Landes garantierende ‚hieros gamos‘ zwischen der Priesterin und dem die Gottheit repräsentierenden König vollzogen wurde, lassen keinen Schluß auf Kultvorgänge in neubabylonischer Zeit zu.

Aber in einer Inschrift Nebukadnezars, also aus der Zeit des babylonischen Exils, gibt es eine äußerst interessante Stelle: „I-timin-an-ki, den Stufenturm von Babylon, I-urra-imin-an-ki, den Stufenturm von Borsippa ihren Bau gänzlich führte ich in Erdpech und Ziegelsteinen aus und vollendete ihn. Ein strahlendes Heiligtum als Ort (?) der Opfermahle erbaute ich aus strahlenden uknû-glasierten Ziegelsteinen auf ihrer Spitze prächtig."[38]

Hier ist also davon die Rede, daß in dem Göttergemach auf der Spitze der Tempeltürme Opfermahle gefeiert wurden, am ehesten wohl im Rahmen des Neujahrsfestes. Aus den räumlichen Verhältnissen dort oben ergibt sich schon, daß an diesem Opfermahl nur wenige Repräsentanten teilnehmen konnten.

Mir scheint, daß wir hier das direkte Vorbild der Szene Ex 24,9–11 haben. Der exilische Erzähler will seinen Hörern sagen, daß der erste Gottesdienst Israels auf dem Sinai mindestens ebenso herrlich war wie die babylonischen Kultfeste mit ihrer blendenden Prachtentfaltung. Daß Israel dabei nur durch Repräsentanten vertreten ist, ergibt sich entsprechend daraus, daß dieser Gottesdienst auf dem Berggipfel stattfindet.

Die Pracht babylonischer Stufentürme wird in Ex 24,10 weit überboten. Es ist offenbar die Vorstellung, daß der Berg Sinai wie jene Stufentürme ‚bis an den Himmel‘ heranreicht. Wegen dieser Entsprechung können die Ältesten auf der Spitze des Berges in den Himmel als den Thronsaal Jahwes ein wenig hineinschauen. Nur ist in Ex 24,10 gleich-

---

[38] E. Schrader, Historische Texte des neubabylonischen Reiches, KB III,2, Berlin 1890, 31, Col. I,42 f.

sam das oberste Stockwerk des Stufenturmes vom Berge Sinai abgehoben; die Ältesten sehen den tiefblauen Fußschemel Jahwes über sich. So führt die Analogie zu den babylonischen Stufentürmen dazu, daß in Ex 24,9–11 von einer Gottesschau der Ältesten erzählt wird. Aber dabei wird die Transzendenz Jahwes sehr sorgfältig gewahrt. Jahwe ist nicht auf den Sinai herabgekommen, wie in Ex 19, sondern es ist von dort oben lediglich ein Blick in seinen Bereich möglich. Dabei wird die Gottesschau mit äußerster Zurückhaltung beschrieben. Es ist nur von dem Podest unter seinen Füßen die Rede, nicht einmal wie in Jes 6 von dem ‚Saum seines Gewandes'. Und durch die Form des vagen Vergleiches wird noch einmal mehr auf die Transzendenz und die Unvergleichbarkeit Jahwes abgehoben, wie das gerade für die spätere Zeit typisch ist.

So ergibt sich angesichts des religionsgeschichtlichen Hintergrundes, daß die Erzählung von Ex 24,9–11 in dieser Gestalt nur aus exilischer Zeit stammen kann. So konnte nur unter den Exilierten in Babylon erzählt werden.

Daß es unter den Exilierten in Babylon noch lebendige Erzähltradition gab und daß dort alte Stoffe aktualisierend neu gestaltet wurden, ist besonders deutlich durch die Erzählung vom Kauf der Grabstätte durch Abraham Gen 23 belegt; denn Herbert Petschow[39] hat in einer eingehenden Analyse nachgewiesen, daß Gen 23 nach dem Schema der neubabylonischen Gesprächsurkunde aufgebaut ist, einem Vertragsformular, das erst in dieser Zeit aufgekommen ist.

V. Die Bedeutung von Ex 24,9–11 innerhalb des Ganzen der Sinaiperikope

Unsere bisherige Untersuchung hat ergeben, daß in Ex 24,9–11 dargestellt wird, wie die Repräsentanten des Volkes Israel auf dem Gipfel des Berges Sinai einen Gottesdienst feiern. Man wird annehmen dürfen, daß nach dem eigenen Verständnis des Erzählers dies der erste Gottesdienst Israels am Sinai ist.

Dies entspricht der Konzeption der Priesterschrift, daß das Ziel der Ereignisse am Sinai die Gründung des stetigen Kultes mit der Feier des ersten Gottesdienstes (Lev 9) ist[40].

---

[39] Die neubabylonische Zwiegesprächsurkunde und Gen 23, JCS 19/1965, 103–120. Unabhängig von ihm kommt auch G. M. Tucker, The Legal Background of Genesis 23, JBL 85/1966, 77–84, zu dem gleichen Ergebnis.

[40] Vgl. dazu vor allem C. Westermann, Die Herrlichkeit Gottes in der Priesterschrift, in: Wort – Gebot – Glaube, W. Eichrodt z. 80. Geb., Zürich 1970, 227–249 = C. Westermann, Forschung am Alten Testament, Gesammelte Studien II, München 1974, 115–137.

Um klären zu können, in welcher Absicht das Überlieferungsstück Ex 24,9–11 an seiner jetzigen Stelle eingefügt wurde, ist es wichtig zu wissen, ob die übrigen Überlieferungsschichten der Sinaiperikope, und insbesondere die alten Quellen (JE), eine entsprechende Konzeption wie die Priesterschrift erkennen lassen.

Für das jahwistische Geschichtswerk sprechen m. E. gewichtige Indizien dafür, daß nach der ursprünglichen Fassung dieses Werkes am Sinai der stetige Kultus Israels gegründet wurde und hier Israel seinen ersten Gottesdienst feierte, genau wie in der Priesterschrift, die als Besonderheit lediglich die Errichtung des Zeltes der Begegnung und die Institutionalisierung des Priestertums hat. Die Gründe sind folgende:

Wenn Jahwe in der Rauch- und Feuersäule vom Sinai (Ex 19,18) bereits bei der grundlegenden Rettungstat am Schilfmeer erscheint (Ex 14,24) und dorthin geleitet (Ex 13,21 ff.), nur dort, dann werden beide Ereignisse in der Darstellung des Jahwisten aufs engste miteinander verknüpft, um deutlich zu machen, daß die Rettung am Schilfmeer und das Geschehen am Sinai untrennbar aufeinander bezogen sind als die Ereignisse, welche die Gottesverehrung Israels begründen[41].

Ein weiteres Indiz sind die nach allgemeinem Urteil sehr alten kultischen Ordnungen in Ex 20,23–26; 23,10–19 und weitgehend parallel dazu Ex 34,17–26. Wenn diese beiden Texte überlieferungsgeschichtlich und in ihrer jetzigen Formulierung sehr alt sind und Ordnungen aus vorstaatlicher Zeit wiedergeben, so ist zu vermuten, daß sie auch literarisch zum ältesten Bestand gehören, also zu JE. Wie anders sollten sie sonst überliefert worden sein?

Ein drittes Indiz bietet die Erzählung vom goldenen Kalb (Ex 32). Sie ist ein Produkt religiöser Polemik gegen das ‚abtrünnige‘ Nordreich[42].

Wenn man die Vorwürfe gegen die kultischen Maßnahmen Jerobeams I. in 1.Kön 12,26–32 ansieht, so ist der Hauptvorwurf, daß er das Volk von dem zentralen Ladeheiligtum in Jerusalem abwendig macht und eigenmächtig einen anderen heiligen Ort für die großen Wallfahrtsfeste einsetzt. Ein weiterer Vorwurf ist, daß er das große Wallfahrtsfest im Herbst eigenmächtig auf einen andern Termin gelegt hat; und drittens wird ihm vorgeworfen, daß er eigenmächtig Priester für dieses königliche Heiligtum eingesetzt hat, übrigens ein Recht, das in der Antike jeder König für sich beanspruchte, auch die davidischen Könige in Jerusalem.

Erst an vierter Stelle nenne ich das, was gemeinhin als Hauptvorwurf angesehen wird: die Errichtung der Stierbilder in Bethel und Dan; denn

---

[41] Zum Nachweis im Einzelnen vgl. E. Ruprecht, ZAW 86/1974, 293 f. A 52a.

[42] Zur Begründung dieser weithin akzeptierten These vgl. M. Noth, ATD 5, ²1961, 202 f. und ders., Könige, BK IX/1, 1968, 281 ff.

hier ist einige polemische Verdrehung im Spiel. Bei dem Vorwurf des Stierkultes wird auffälligerweise weder gesagt, daß man im Nordreich mit den Stieren andere Götter verehren will als Jahwe, noch daß man dort die Stiere als Bilder Jahwes ansieht. Denn jeder, der es wissen wollte, konnte wissen, daß diese Stierbilder als leere Podeste für Jahwe gedacht waren, der nicht in sichtbarer Gestalt erscheint. Sie hatten also genau die gleiche Funktion wie der leere Cherubenthron im Tempel von Jerusalem.

Dennoch geht der Vorwurf eines Verstoßes gegen das Bilderverbot nicht völlig fehl. Denn durch das leere Podest für die Gottheit versuchte man in ganz ähnlicher Weise wie durch ein Götterbild die Gegenwart Gottes an einem bestimmten Ort herbeizuzwingen. Wenn der Cherubenthron niemals als so problematisch betrachtet wurde wie die Stierbilder Jerobeams im Nordreich, dann ist vermutlich ein wesentlicher Grund, daß der Stier in der Volksfrömmigkeit sehr viel leichter mit dem gleichgesetzt werden konnte, dem er nur als Podest dienen sollte, um so selbst zum Gegenstand der Verehrung zu werden, wie die Kritik des Propheten Hosea bestätigt.

Im Vergleich zu 1.Kön 12 scheint in Ex 32 die Verletzung des Bilderverbotes auf den ersten Blick das einzige Vergehen der Israeliten zu sein. Sie wollen in dem ,Kalb' den Gott verehren, der sie aus Ägypten herausgeführt hat (V. 4), nämlich Jahwe, wie Aaron V. 5 ausdrücklich sagt.

Da der Mittler fort ist, sucht das Volk ein Mittel, durch das die Verbindung zu Jahwe dennoch aufrechterhalten wird und Jahwe an die wandernde Gruppe gebunden wird. Dies ist der eine Aspekt, daß das Stierbild die Gegenwart Jahwes repräsentiert und damit garantiert. Der andere Aspekt ist, daß das Stierbild grundsätzlich ein bewegliches Heiligtum ist, das die Israeliten nicht am Sinai zurücklassen, sondern auf ihrer Wanderung mitnehmen wollen. Das hat zur Folge, daß sie es nach eigener Willkür an jedem beliebigen Ort aufstellen und damit diesen Ort zum heiligen Ort erklären können. Dieser Aspekt des beweglichen Heiligtums, das die willkürliche Wahl eines heiligen Ortes ermöglicht, kommt in 1.Kön 12 dadurch zum Ausdruck, daß das Volk die beiden Stierbilder jeweils in einer großen Prozession nach Bethel und Dan bringt.

Aber wenn man weiß, daß nach dem ursprünglichen – für die Hörer bekannten – Erzählzusammenhang Jahwe am Sinai den stetigen Gottesdienst geordnet und eingesetzt hat, dann erhält Ex 32 eine ungleich schärfere Pointe. Statt zu warten, bis Mose ihnen die Weisungen überbringt, wann, wo und wie sie für Jahwe einen Gottesdienst feiern dürfen, haben sie eigenmächtig einen selbsterdachten Gottesdienst gefeiert. Das ist ihr eigentlicher Frevel. Die Errichtung des Stierbildes fügt sich da hinein, weil für sie dort der heilige Ort ist, wo sie eigenmächtig das Stierbild errichtet haben. Erst wenn man Ex 32 in diesem Licht sieht, kehren alle Vorwürfe von 1.Kön 12 wieder, so daß wir eine genaue Parallele haben.

Wegen des Frevels der Israeliten in Ex 32, die einen eigenmächtigen Gottesdienst feierten, konnte der von Jahwe eingesetzte Gottesdienst, dessen Ordnung Mose mitbrachte, nicht gefeiert werden. Mit der Einfügung von Ex 24,12–14 und Ex 32/34 in das jahwistische Geschichtswerk mußte die alte Erzählung vom ersten Gottesdienst Israels am Sinai fortfallen. Erst wenn man Ex 32 mit der Voraussetzung hört, daß dies in Israel jedem Hörer bewußt war, erst dann wird das Vergehen von Ex 32 richtig deutlich.

Diese drei Indizien erhalten aber erst ihr volles Gewicht, wenn man mit Claus Westermann[43] sieht, daß das Sinaiereignis den Gottesdienst Israels begründet. Das ergibt sich für ihn insbesondere daraus, daß Ex 19 die Grundelemente des gottesdienstlichen Geschehens enthält.

Das Geschehen von Ex 19 beginnt damit, daß die Israeliten am Berg ankommen. Dies bedeutet: Was hier geschieht, geschieht ein erstes Mal. Es wird von der Entdeckung eines heiligen Ortes, nämlich eines heiligen Berges erzählt. Dieser Typ von Erzählung, daß eine Gruppe unterwegs ein Heiligtum entdeckt, ist religionsgeschichtlich älter als der andere Typ, der erzählt, daß der Berg schon immer als heilig bekannt ist, sei es, weil er Wohnsitz eines Gottes oder einer Götterversammlung ist, sei es, daß auf diesem Berg ein (von Menschen) errichtetes Heiligtum steht, wie der Tempel im Norden der ugaritischen Mythologie.

Zu dem Element des heiligen Ortes kommen in Ex 19 als weitere Grundelemente des Gottesdienstes zunächst als Folge der Heiligkeit des Ortes das Verbot, diesen zu betreten. Wegen dieses Verbotes kommt als zweites Element die Funktion des Kultmittlers hinzu, der als einziger an diesen heiligen Ort gehen und Worte Gottes empfangen kann. Als drittes Element haben wir die heilige Zeit, die eine Vorbereitung für den bevorstehenden Kultakt bedingt wie das Reinigen der Kleider. Gottesdienst ist zur festgelegten Zeit, der ,Festzeit'.

So zeigt Ex 19 in seinem Aufbau – ganz abgesehen von dem, was Gott sagt –, daß die Erzählung auf die Grundelemente des Gottesdienstes zielt. Die Theophanie von Ex 19 zielt auf die Begründung des stetigen Gottesdienstes mit Priesterschaft und heiligem Ort, wie er für Israel erst in der seßhaften Zeit Bedeutung hat. Am klarsten und konsequentesten wird dies in der jüngsten Überlieferungsschicht der Sinaiperikope herausgearbeitet, der priesterschriftlichen (Ex 24,15–Lev 9 ohne Ex 32–34).

---

[43] Theologie des Alten Testaments in Grundzügen, ATD Ergänzungsreihe 6, Göttingen 1978, 43. 166 ff.

Dies Ergebnis wurde an Ex 19 im ganzen gewonnen unter Absehung von der literarischen Schichtung. Dies ist in diesem Fall methodisch geboten; denn hinsichtlich der literarischen Schichtung von Ex 19 ist zu viel unklar und umstritten; und ein unsicheres Ergebnis einer literarkritischen Analyse kann nicht zur Grundlage für weitere Schlußfolgerungen gemacht werden. Aber daß das eben gewonnene Ergebnis auch dann gilt, wenn man versucht, die literarischen Schichten zu scheiden und für sich zu betrachten, das soll im folgenden wenigstens noch kurz skizziert werden.

Die jüngeren Schichten von Ex 19 lassen sich ziemlich eindeutig ablösen. V. 1.2a ist eine Itinerarnotiz von P. – V. 3b–8 ist ein deuteronomistischer Einschub[44]. V. 9 ist m. E. ein späterer Nachtrag zu V. 3b–8, wie die Wiederaufnahme von V. 8b in V. 9b beweist. Dieser Nachtrag hat eine gewisse Beziehung zu dem ebenfalls deuteronomistischen Einschub Ex 20,18–21 und der literarisch in Dtn 5,4f.22 dokumentierten Erzähltradition. Ganz nah verwandt ist die völlig gleichartig strukturierte Absichtserklärung vor Beginn des Sinaigeschehens in Dtn 4,10.

Das Zwiegespräch zwischen Jahwe und Mose in Ex 19,21–25 ist m. E. eine in sich einheitliche spätere Ergänzung, die allein dem Zweck dient, Aaron neben Mose an dem Offenbarungsempfang auf dem Berge Sinai zu beteiligen, Ex 32 zum Trotz. Der Einwand des Mose in V. 23 bezieht sich direkt auf V. 12f. zurück. Die dort ergangene Weisung wird nun dahingehend modifiziert, daß weder das Volk noch die Priester auf den Berg dürfen, aber Aaron als der Archetyp des nachexilischen Hohepriesters.

In der Tendenz ähnlich ist die Glosse Ex 24,1b.2, die ebenfalls von dem Verbot Ex 19,12f. ausgeht. An sich geht es dort um ein zeitlich begrenztes Verbot, das Ex 19,13b auf die Zeit vor dem Beginn des ersten Gottesdienstes am Sinai begrenzt wird: „Erst wenn das Widderhorn ertönt, dann erst[45] dürfen, ja sollen sie am[46] Berge hinaufsteigen."

Die Glosse Ex 24,1b.2 dagegen versteht Ex 19,12.13a als zeitlos gültiges Verbot. Das Allerheiligste, den Berggipfel, darf nur Mose betreten. Auffällig ist, daß Aaron nicht neben Mose genannt wird. Der Glossator kannte Ex 19,21–25 wahrscheinlich noch nicht. Aber sein Interesse ist nicht weniger kultisch-kleri-

---

[44] Zur Begründung vgl. M. Noth, ATD 5, 124ff. und L. Perlitt, Bundestheologie, 167ff.

[45] Man beachte das ungewöhnlich gesetzte Demonstrativpronomen, das m. E. als sprachliches Signal dafür zu verstehen ist, daß es sich um einen adversativen Bedingungssatz handelt: „Aber wenn . . ., dann sollen sie . . ." Die oben gebotene Übersetzung versucht, diesen adversativen Sinn noch etwas pointierter zu formulieren.

[46] Die übliche Übersetzung „auf den Berg hinauf" ist ungenau. Wenn die Bewegung des Hinaufsteigens unter dem Aspekt des Endpunktes, des Erreichens des Gipfels, gesehen würde, müßte es ʿālā ʿāl heißen. So ist dagegen die Bewegung als solche im Blick, und die Formulierung läßt bewußt offen, wie weit sie hinaufsteigen dürfen.

kal. Er hat mit Mose vermutlich die nachexilische Gestalt des Hohenpriesters im Blick. Ihm geht es darum, die statisch verstandene Heiligkeit des allerheiligsten Bereiches als dem Wohnbereich Gottes vor dem Zutritt normaler Menschen, des Volkes, zu schützen.

Den übrigen Bestand von Ex 19 darf man JE zuschreiben. Jeder, der eine weitere Scheidung versucht, muß von der nüchternen Feststellung ausgehen, daß es nur eine einzige eindeutige Doppelung gibt: die konkurrierenden Beschreibungen der Theophanie in V. 16 und V. 18: V. 16 mit den Phänomenen eines Gewitters, V. 18 denen eines tätigen Vulkanes. V. 16 kommt zu Donner, Blitz und Regenwolke „mächtiger Hörnerschall". In V. 13b wurde angekündigt, „das Widderhorn" werde erschallen. Da in beiden Versen verschiedene Bezeichnungen des Widderhornes gebraucht werden, wird in V. 16 nicht das Eintreffen von V. 13b erzählt. Folglich kann V. 13b nur zu der in V. 18 erkennbaren Schicht gehören, deren besonderes Kennzeichen der Gebrauch des Gottesnamens Jahwe ist.

Am Anfang von Ex 19 ist die alte Überlieferung fragmentarisch. Der Bericht von der Ankunft am Berge ist durch die Itinerarnotiz von P verdrängt worden und verloren bis auf V. 2b, der ebenso gut von J wie E formuliert sein könnte. Da die Ankunft am Berge notwendig in die Exposition jeder Erzählung vom Sinaiereignis gehört, ist die Alternative J oder E im Hinblick auf V. 2b eine müßige Fragestellung.

Der erste Satz von V. 3 („Aber Mose stieg hinauf zu dem Gott") läßt sich nicht eindeutig einordnen, da wir nicht erfahren, weshalb Mose hinaufsteigt. Die Motivation muß in dem verlorenen Bericht von der Ankunft am Berge enthalten gewesen sein. Möglicherweise ist deshalb von „dem Gott" die Rede, weil der Gott des heiligen Berges gemeint ist, den Mose noch nicht kennt. Ähnlich ist es in der Erzählung von der Berufung des Mose Ex 3,1–8, einer in der Geschehensfolge völlig einlinigen Erzählung, bei der deshalb m. E. keinerlei Anlaß besteht, irgendein Element J abzusprechen. Dort heißt es in V. 6, daß Mose sein Antlitz verhüllte, weil er sich fürchtete, „den Gott anzuschauen". Hier steht das Wort ‚Gott', weil Mose die ihm begegnende Gottheit noch nicht mit Namen kennt. Deshalb besteht auch Ex 19,3 kein Anlaß, den ersten Satz dem Jahwisten abzusprechen.

Der nächste Satz von V. 3 gehört ebenfalls zu J. Man soll es sich wohl so vorstellen, daß Mose bei seinem Aufstieg den Gipfel noch längst nicht erreicht hat, als Jahwe ihm bereits zuruft. Dieser Satz ist die Einleitung der Gottesrede V. 10–13: Sie sollen sich kultisch reinigen, und sie dürfen den Berg nicht betreten, so lange das Widderhorn noch nicht das Signal gegeben hat für den Beginn der heiligen Festzeit.

Die der Ankündigung entsprechende Zeitangabe „am dritten Tage" (V. 16), die Schilderung der Theophanie in V. 18 und die Aufforderung an Mose V. 21, auf den Berg zu steigen, bilden wie der Gebrauch des Gottesnamens Jahwe zeigt, die Fortsetzung des Erzählfadens J.

In der jahwistischen Version sind bis hierher die Grundelemente des Gottesdienstes (der heilige Ort, die heilige Zeit und der Mittler) eingeführt. Es ist zu erwarten, daß Mose auf dem Berg nun weitere Anweisungen für den zu erwartenden gottesdienstlichen Akt erhalten soll.

Die Nahtstelle zwischen J und E liegt zwischen den konkurrierenden Zeitangaben am Anfang von V. 16. Ex 19,16.17.19 ist die elohistische Sicht des Kapitels. V. 16 scheint nach dieser Variante der Erzählungseinsatz zu sein, der unmittelbar auf die Notiz von der Ankunft am Berge folgt. Denn aus dem Erschrecken des Volkes über die Theophanie kann man folgern, daß diese nicht wie bei J vorher angekündigt war. Die weitere Reaktion auf die Theophanie ist, daß Mose sich mit dem Volk erwartungsvoll am Fuße des Berges aufstellt.

Etwas schwer zu verstehen ist, was dann V. 19 vor sich geht. Offenbar kommt es dort zu einem Dialog zwischen Mose und Gott. Es ist nur ein recht eigenartiger Dialog; während Mose redet, kommen als Antwort von Gott vom Berge her keine Worte, sondern nur zwei verschiedene akustische Signale: der anschwellende Hörnerschall und Donner.

Henning Hensel hat die ansprechende These aufgestellt, daß es sich hier um die Struktur des Orakels handele, das auf artikulierte Fragen nur mit ja oder nein antwortet[47]. Dann kann es aber in Ex 19,19 nur um die Beantwortung ganz einfacher Alternativfragen gehen wie die Frage, ob das Volk auf den Berg dürfe oder nur Mose allein. So scheint in der elohistischen Version erst hier eine Entsprechung zu den bei J schon vor der Theophanie ergehenden Weisungen gefolgt zu sein[48]. Ausgeschlossen ist jedenfalls, daß im Rahmen dieses Orakelvorganges etwa der Dekalog verkündet wäre; denn im Orakel äußert sich die Gottheit ja gerade nicht mit artikulierten Worten.

Aber mehr läßt sich nicht sagen, da mit V. 19 die elohistische Schicht abbricht. In den folgenden Kapiteln findet sich m. E. nichts, das eine Fortsetzung von Ex 19,16.17.19 sein könnte. Offenbar wollte die Re-

---

[47] AaO. 108 ff., wie übrigens bereits H. Holzinger (in: E. Kautzsch, Die Heilige Schrift des Alten Testaments, 4. Aufl., Tübingen 1922, 125) gesehen hatte. Diese These trifft aber nur für diesen einen Vers das Richtige. Die Hauptthese seiner Dissertation, daß das Ziel der Sinaiperikope die Einrichtung der Institution des Orakels sei und daß die ganze Gesetzgebung aus dem Orakel hervorgegangen sei, ist leider eine abwegige Spekulation. Denn er verkennt die Funktion des ‚Orakels' in dem Geschehenszusammenhang von Ex 19, und er sieht nicht, daß Ex 19 keine abgeschlossene Erzählung ist, so daß V. 19 kein Erzählschluß und nicht das Ziel einer Erzählungsvariante sein kann.

[48] Wenn diese Vermutung stimmt, kann aber der erste Satz von V. 3 nicht zu der elohistischen Darstellung gehören. Wir hatten schon oben vermutet, daß er zur jahwistischen gehört.

daktion lediglich an dem Höhepunkt der Darstellung von Ex 19 aus einer anderen Erzähltradition die Darstellung eben dieses Höhepunktes mit einflechten, mehr nicht.

Dieses kleine Bruchstück einer elohistischen Erzählung läßt aber immerhin die Vermutung zu, daß es eine zu Ex 19 J in den wesentlichen Zügen parallele elohistische Darstellung gegeben hat, die ebenfalls auf die Gründung des Gottesdienstes zielte. Das zur Ankündigung und der Eröffnung eines Festtages gehörende Blasen von Widderhörnern und der heilige Ort sprechen für die Vermutung. Aber angesichts der Kürze des Erzählungsfragmentes ist keine sichere Aussage möglich.

Die weitere Frage ist nun, ob sich im folgenden Weisungen Jahwes finden, die den Erwartungen entsprechen, die durch den bisherigen Gang der Ereignisse in Ex 19 geweckt worden sind.

Der Dekalog kann nicht die Fortsetzung sein. Weil der deuteronomistische Einschub Ex 20,18–21 voraussetzt, daß Jahwe noch nicht zu Mose gesprochen hat, muß die Einfügung des Dekaloges noch jünger sein[49]. Und wenn man sieht, daß Ex 20,18–21 an Ex 19,16–20 anschließen will und ebenso der noch später eingefügte Dekalog, dann ergibt sich, daß die Einfügung Ex 19,21–25 ein Nachtrag aus noch späterer Zeit ist.

Aber die geforderten Bedingungen erfüllt der sogenannte ‚Rahmen‘ des Bundesbuches Ex 20,23–25; 23,14–19. In dem ersten Teil wird die Gestaltung des heiligen Ortes geregelt: an der heiligen Stätte darf es keine Symbole oder Bilder anderer Götter geben, da für Israel die Ausschließlichkeit der Jahweverehrung gilt; und die Gestaltung des Altars wird geregelt. In der zweiten Hälfte dieser Sammlung kultischer Ordnungen geht es um Regelungen für die heilige Zeit, insbesondere die Jahresfeste, und die Opfergaben. Allerdings gehen diese Ordnungen insofern über die erzählte Situation hinaus, als hier der Gottesdienst für die seßhafte Zeit grundsätzlich geregelt wird und es nicht nur um den ersten Gottesdienst Israels am Sinai geht. Die Erzählung von der Wiederherstellung der Gesetzestafeln in Ex 34 bestätigt, daß auf dem Sinai die Ordnungen für den Kult erlassen wurden[50].

Es fehlt vor Ex 20,23 nur die als Eröffnung der Jahwerede zu erwartende Selbstvorstellung Jahwes. Sie ist vermutlich von dem Interpolator des Dekaloges zu Gunsten der Selbstvorstellung in Ex 20,2 getilgt und durch eine abgewandelte Selbstvorstellung in Ex 20,22 ersetzt, die an

---

[49] So mit S. Mowinckel, Erwägungen zur Pentateuchquellenfrage, Oslo 1964, 76–78.

[50] S. Mowinckel argumentiert aaO., 84: Wenn der Redaktor, der Ex 34 als Erneuerung des gebrochenen Bundes verstand, die seiner Meinung nach wichtigsten Bundesgebote neu einschärfte, dann kann er Ex 20,1–17 noch nicht gekannt haben, sondern nur Ex 20,23; 22,28–23,19.

Dtn 4,11; 5,4.22 und vor allem Dtn 4,36 erinnert und darauf zurückweist, daß der spricht, der eben den Dekalog verkündet hat[51].

Auch die literarisch in Dtn 4/5 dokumentierte deuteronomische Erzähltradition vom Sinaigeschehen läßt durch die Selbstvorstellungsformel am Beginn des
Dekaloges noch erkennen, daß es am Sinai ursprünglich um die Entdeckung eines heiligen Ortes unterwegs geht. Der dort erscheinende Gott muß sich durch
die Selbstvorstellung zu erkennen geben. Die Selbstvorstellung ist nicht etwa ein
Element, das sich aus dem Vorgang der gottesdienstlichen Gebotsverkündigung
erklärt; denn im Gottesdienst ist klar, wer spricht, wenn ein Gotteswort verkündet wird; sondern sie erklärt sich nur aus der Erzählung von der ersten Verkündung des Dekaloges am Sinai.

E. W. Nicholson[52] hat mit Recht darauf hingewiesen, daß Ex 20,22
mit Dtn 4,36 korrespondiert, wo es heißt: „Vom Himmel hat er dich
seine Stimme hören lassen, daß er dich unterweise, und auf Erden hat er
dich sein großes Feuer sehen lassen, und seine Worte hast du aus dem
Feuer gehört."

Er sieht ebenfalls, daß Ex 20,22 von dem Redaktor stammt, der den
Dekalog in Ex 20,1–17 eingefügt hat. Treffend hat Nicholson die theologische Absicht dieses in der Tradition von Dtn 4/5 stehenden Redaktors herausgearbeitet. In Dtn 4/5 ist der Dekalog das einzige, was Jahwe
direkt zu dem Volk sagt, ohne die Vermittlung des Mose. Dadurch erhält
der Dekalog eine besondere Würde gegenüber den übrigen, durch Mose
vermittelten Ordnungen. Genau in dieser Absicht, den Dekalog im
Rang hoch über alle anderen Ordnungen zu erheben, als direkte Mitteilung Gottes an das Volk, hat der Redaktor den Dekalog hinter Ex
19,16–20 und vor Ex 20,18–21 eingefügt.

Diese Absicht des Redaktors wird aber nur erkennbar, wenn man Dtn
4/5 zum Vergleich heranzieht. Daraus folgt m. E., daß der Redaktor in
der Erzähltradition stand, die in Dtn 4/5 ihren literarischen Niederschlag gefunden hat, und daß er diese bei den Lesern des Pentateuch mit
naiver Selbstverständlichkeit als bekannt voraussetzte. Daß Dtn 4/5
auch literarisch älter ist, ergibt sich m. E. mit Sicherheit daraus, daß das
Deuteronomium Teil des relativ genau datierbaren deuteronomistischen Geschichtswerkes ist und die Rahmenstücke des Deuteronomiums älter sind als dieses Geschichtswerk.

Wenn Dtn 5,22 ähnlich wie in 1.Kön 8,9 durch ein streitbares ‚nur‘ in polemischer Zuspitzung sagt, daß der Dekalog das Einzige war, was Jahwe den Israeliten direkt, d. h. ohne Vermittlung des Mose verkündet hat, dann ist das nicht

---

[51] Zutreffend bemerkt E. Zenger, Die Sinaitheophanie, Forschung zur Bibel 3, Würzburg 1971, 68: „Ex 20,22 setzt sich von Ex 20,21 durch andere Gottes- und Volksbezeich-
nung ab."
[52] The decalogue as the direct address of God, VT 27/1977, 422–433.

etwa theologische Spielerei, durch die versucht wird, aus Eitelkeit heraus die eigene theologische Tradition gegenüber anderer Tradition aufzuwerten; sondern ich vermute, daß dahinter ein enorm praktischer Gesichtspunkt steht. Die Vertreter der Konzeption von Dtn 4/5 meinten m. E., daß der Dekalog in jedem Gottesdienst der Gemeinde als Weisung Gottes verkündet werden solle, und darüber hinaus bei jeder sich bietenden Gelegenheit (Dtn 11,18f.). Die Israeliten sollen sich ihn ins Herz schreiben, so wie in vergleichbarer Absicht Martin Luther empfohlen hat, regelmäßig den Katechismus zu beten.

Denn – das will Dtn 5,22 mit dem ,nur' zum Ausdruck bringen – der Dekalog enthält in sich auf eine kurze Form gebracht die ganze Tora, so wie in positiver Formulierung es das Doppelgebot der Liebe für sich beansprucht, das die Grundstruktur des Dekaloges aufnimmt und deshalb zweiteilig ist. Die übrigen Gesetze des Mose dagegen studiert lesend, wer lesen kann, oder man läßt sie sich alle sieben Jahre (Dtn 31,10) einmal vorlesen. In der Praxis jüdischer Frömmigkeit hat allerdings das *š^emă'jiśrā'ēl* von Dtn 6 diese Stelle eingenommen, die nach Dtn 4/5 m. E. dem Dekalog zugedacht war.

Der Interpolator des Dekaloges in Ex 20 geht m. E. noch einen Schritt weiter, wenn er das Sabbatgebot von Gen 1 her begründet. Es geht ihm dabei anscheinend nicht nur um dieses eine Gebot, sondern um die Verankerung des Dekaloges, von dem das Sabbatgebot ja nur ein Teilstück ist, als Ganzem in der Schöpfung. Damit will er zum Ausdruck bringen, daß der Dekalog nicht nur die Zusammenfassung des gesamten Israel offenbarten Gotteswillens ist, sondern daß er auch universale Geltung hat für die ganze Menschheit als eine mit der Schöpfung gegebene Ordnung.

Ferner fällt auf, daß die beiden die Gottesdienste betreffenden Gebote im Dekalog (das Fremdgötter- und das Bilderverbot) durch die wie eine Abschlußformel wirkende konditionale Verkündung von Fluch und Segen ganz stark abgesetzt sind von der auf das Alltagsleben ausgerichteten Gebotsreihe. Diese erscheint wie ein Anhang oder ein Nachtrag. In diesem Befund spiegelt sich m. E. immer noch das Wissen darum, daß ursprünglich am Sinai nur der Gottesdienst Israels geordnet wurde. Aber die deuteronomische Tradition sagt: ,Jahwe dienen' heißt nicht nur: ihn, und ihn allein, im Kult zu verehren, sondern heißt ebenso: Jahwes Willen gemäß sich im Alltag gemeinschaftstreu zu verhalten. Weil Gottes-dienst hier in diesem weiteren Sinne als ,Gott auch im Alltag dienen' verstanden wird, nämlich durch solidarisches Verhalten zum Mitmenschen, deshalb wurde in sachgemäßer Weise die ,zweite Tafel der Gebote' angefügt.

Genau der gleiche Vorgang zeigt sich m. E. in der Überlieferungsgeschichte des Bundesbuches. Man hat schon lange darin eine ,protodeuteronomische'[53] Bearbeitung beobachtet. Auch daß auf die Sammlung der Mischpatim (Ex 21,1–22,16) eine Zusammenstellung religiöser und sittlicher Weisungen (Ex 22,16–23,13) folgt, hat man seit langem gesehen. Es ist ja ein eigenartiger Vorgang, daß eine Rechtssammlung, die aus der Rechtsprechung im bürgerlichen Alltag herausgewachsen ist, bearbeitet wird für den Gebrauch als gottesdienstliche Mahnung für das ethische Verhalten im Alltag. Und das in dieser Absicht

---

[53] Vgl. W. Beyerlin, Die Paränese im Bundesbuch und ihre Herkunft, in: Gottes Wort und Gottes Land (Hertzberg-Festschrift), Göttingen 1965, 9–29.

bearbeitete Bundesbuch ist in die alte Reihe kultischer Ordnungen Ex 20,23–26; 23,14–19 mitten hineingefügt[54] und so zum Bestandteil der am Sinai gegebenen Weisungen geworden. Damit sollte zum Ausdruck gebracht werden, daß dieses Ganze von Ex 20,23–23,19 jetzt als verbindliche Weisung Jahwes für den Gottesdienst der Festtage wie für den Gottesdienst des Alltages zu verstehen ist. Damit hat das Bundesbuch genau die gleiche Struktur wie der Dekalog.

Es wäre m. E. zu fragen, ob nicht die sozialen Wandlungen der frühen und mittleren Königszeit den Hintergrund bilden, wenn es als nötig erschien, alltägliche Verhaltensnormen, die in sozial homogenen Gruppen unausgesprochene Selbstverständlichkeiten sind, in einer ‚zweiten Tafel‘ von Geboten als Weisungen für erwachsene Menschen autoritativ zu verkünden. Das gleiche gilt im Blick auf das Bundesbuch. Was ist das für ein Wandel, wenn das Recht, das einst im Torgericht galt, dort nicht mehr durchsetzbar war, weil der Arme sich im Tor dem Diktat des mächtigen Großgrundbesitzers oder des reichen Spekulanten beugen mußte, so daß das einstige Recht nur noch als ethisches Postulat proklamiert werden konnte?

Ferner ist zu fragen, ob Dekalog und Bundesbuch bereits eine Reaktion vor allem auf die sozialen Anklagen der Gerichtspropheten des 8. Jh. sind, oder ob es sich um eine von der klassischen Prophetie unabhängige und ihr zeitlich vorausgehende Antwort auf die mit der Königszeit aufkommenden sozialen Mißstände handelt. Der Unterschied ist deutlich. Während hier versucht wird, durch mahnende Appelle Wandlung und Abhilfe zu erreichen, wird dort angeklagt, verurteilt und unabwendbares Strafgericht angekündigt, so daß zumindest für die Zeit bis zum Eintreffen des Gerichtes eine Wandlung nicht mehr für möglich gehalten wird. Dann hätten wir in zeitlicher Folge die in Dekalog und Bundesbuch dokumentierte Bemühung um Wandlung durch Mahnung vor der Zeit der Prophetie des 8. Jh. und in Ausläufern bis in diese Zeit hinein. Eine zweite Phase der gleichen Bemühung, die im Deuteronomium ihren Niederschlag gefunden hat und mit einem ungleich größeren Aufwand an werbender Bemühung arbeitet, reicht dann vom Untergang des Nordreiches bis in die Zeit der josianischen Reform und der Prophetie um die Wende vom 7. zum 6. Jh. Die dritte Phase ist in der deuteronomistischen Theologie zu erkennen.

` Die ersten beiden Gebote des Dekaloges signalisieren, daß am Sinai ursprünglich der Bereich des Kultus geordnet wurde. Aber ob sie als ausdrücklich formulierte Gebote bereits zum ältesten Bestand der Sinaiüberlieferung gehört haben, kann man bezweifeln; denn Ex 20,23 hebt sich durch die pluralische Anrede von den folgenden Weisungen mit singularischer Anrede deutlich ab. Das Fremdgötter- und das Bilderverbot haben doch wohl eine etwas andere Herkunft und Traditionsgeschichte als das Altargesetz.

Mit der Verkündung der kultischen Ordnungen Ex 20,23–26; 23,14–19 bricht der jahwistische Erzählungsfaden ab. Wegen der Einfü-

---

[54] Dies hatte bereits S. Mowinckel, Le décalogue, Paris 1927, 32–34, richtig erkannt.

gung von Ex 32/34 konnte, wie gesagt, der erste rite vollzogene Gottesdienst am Sinai nicht stattfinden[55].

Aus diesem Überblick über Ex 19–24 folgt, daß Ex 24,9–11 keine in
sich geschlossene Erzählung, sondern der Erzählschluß, genauer die
abschließende Szene einer im babylonischen Exil gestalteten Erzählform des Sinaigeschehens ist, welche die Episode vom goldenen Kalb
nicht kannte, sondern nur die in der jahwistischen Gestalt fragmentarisch erhaltene und zu erschließende, in der priesterschriftlichen Fassung
klar erkennbare und in ihrem Grundmuster mit J übereinstimmende und
traditionsgeschichtlich ursprüngliche Geschehensfolge.

Die Einfügung läßt sich so erklären, daß ein Leser von JE den Bericht
von der Feier des ersten Gottesdienstes am Sinai vermißte und nun dieses ,fehlende' Stück ergänzte in der ihm vertrauten, aus dem babylonischen Exil mitgebrachten Erzählform.

Nach dieser grundsätzlichen Klärung bleibt noch eine Streitfrage offen: ob
Mose, Aaron, Nadab und Abihu in unserm Text ursprünglich sind. Sie seien
funktionslos, wird gesagt, und die Ganzheitszahl 70 zeige an, daß Israel hier bereits durch die Ältesten vollständig repräsentiert werde. Nur wie kommt jemand
dazu, ,funktionslose' Gestalten nachträglich in einen Text einzufügen?

Leider wissen wir außerordentlich wenig über Nadab und Abihu. In der Priesterschrift wird nur gesagt, daß diese beiden mit dem Priesteramt betrauten
Söhne Aarons starben, als sie „in der Wüste am Sinai ein ungehöriges Feueropfer
vor Jahwe darbrachten" (Num 3,1–4). Wegen genau des gleichen Vergehens
müssen nach Num 16P 250 von den Ältesten Israels sterben. Die Parallelität ist
auffällig und gibt zu denken. Zugleich handelt es sich um genau den Personenkreis, der in Ex 24,9–11 beteiligt ist.

Sind Nadab und Abihu vielleicht Exponenten der Priesterschaft der Landhei-
ligtümer vor der Kultzentralisation in Jerusalem? Denn dort war es üblich, daß
die Familienhäupter bzw. Sippenältesten die Opfer darbrachten, während der
Priester als Wächter des Heiligtums nur über die Einhaltung der Ordnungen zu
wachen hatte (vgl. 1.Sam 1 u. 2). Ganz anders in Jerusalem als dem Königsheilig-
tum, dessen Typ des Kultus sich in der Priesterschrift spiegelt. Dort wurden die
täglichen Opfer als Opfer des Königs dargebracht, so daß dort die Priesterschaft
im Auftrag des Königs Gottesdienste feierte, an denen das Volk nicht notwendig, und wenn, nur als Zuschauer beteiligt war.

Angesichts der sehr kurzen Zeitspanne zwischen der josianischen Reform und
der Zerstörung Jerusalems wäre es eigenartig, wenn es bei den Entwürfen für einen Neuanfang nach der erhofften Rückkehr aus dem Exil nicht auch Stimmen
gegeben hätte, die Zustände vor der josianischen Reform zu erneuern wünsch-
ten. Es ist zu bedenken, daß im Exil die Familie der einzige Traditionsort religiöser Traditionen war und damit die Familienhäupter erneut entscheidende Träger

---

[55] Daß, wie ich meine, Ex 24,12–14 nicht zu J gehört, sondern ein Werk der Interpolation von Ex 32/34 ist, müßte in einer eigenen Arbeit gezeigt werden.

der Traditionen waren, an denen das Bewußtsein der eigenen Identität Israels hing. Sollten sie bei den Entwürfen für die Zukunft ausgeschlossen sein? Ez 8,11 sehen wir tatsächlich siebzig Älteste Israels, die im Tempel von Jerusalem Rauchopfer darbringen, auch wenn es sich nach Ezechiels Urteil um greuliche Götzenopfer handelt. Walther Zimmerli[56] hält es durchaus für möglich, daß die Ältesten nach ihrem eigenen Verständnis Jahwe das Rauchopfer darbrachten. Deshalb fragt er, ob nicht der Priesterprophet Ezechiel schon darin, daß die Ältesten überhaupt ein Opfer darbringen, „einen frechen Eingriff in einen ihnen untersagten gottesdienstlichen Bereich erkennt".

So erscheint es als wahrscheinlich, daß die Priesterschrift in Num 3,4 und Num 16 zwar alte Traditionen aufnimmt, diese aber polemisch gegen Strömungen in der eigenen Gegenwart einsetzt. Die für die Priesterschrift scheinbar selbstverständlichen Vorrechte der Priester waren seinerzeit anscheinend noch umstritten.

Falls Nadab und Abihu tatsächlich Repräsentanten der Priesterschaft an den nichtköniglichen Heiligtümern im Lande waren, hätte die Priesterschrift sich ihrer sehr geschickt entledigt. Indem diese Ex 6,23 und Num 3,2 f. zu Söhnen Aarons erklärt werden, wird bestritten, daß es jemals eine nicht-aaronitische Priesterschaft gegeben habe. Gleichzeitig bestreitet sie mit Lev 10,1 f. und Num 3,4; 26,60 f., daß es eine in spätere Zeit oder gar bis in die Gegenwart reichende priesterliche Tradition gegeben haben könne, welche sich auf Nadab und Abihu zurückführte, da beide kinderlos gestorben seien. Den Namen Nadab(= „er ist Jahwe freiwillig gegeben worden") könnte man als ein Indiz für eine nicht vom König eingesetzte und nicht am Königstempel dienende Priesterschaft werten. Aber wir wissen so wenig von Nadab und Abihu, daß wir über vage Vermutungen nicht hinauskommen, wenn wir fragen, weshalb sie in Ex 24,9–11 beteiligt sind. Die Tradition muß mehr von ihnen gewußt haben.

Deshalb bleibt auch die Vermutung, daß erst im Laufe der Traditionsgeschichte Nadab und Abihu sowie Mose zu den 70 Ältesten hinzugekommen sind[57], eine Vermutung. Es ist zu bedenken, daß Priester und Älteste in alter Zeit keineswegs Konkurrenten waren, sondern daß beide im Kult an den Ortsheiligtümern gegeneinander genau abgegrenzte kultische Funktionen hatten. So steigen unter Mose als dem Mittler und Anführer alle kultischen Funktionsträger der alten ortsgebundenen Heiligtümer auf den Berg, um vor Jahwe den ersten Gottesdienst Israels zu feiern. Beide Gruppen führen sich auf das Amt des Mose zurück, die Priester auf Mose als den Mittler der kultischen Ordnungen, über die sie zu wachen haben; die Ältesten haben nach Num 11,24–30 Anteil an dem Geist der prophetischen Führergestalt des Mose. So sind Mose, die beiden Priester und die siebzig Ältesten in gleicher Weise notwendig, um Israel bei dem ersten Gottesdienst auf dem Berge Sinai zu repräsentieren. Höchstens bei Aaron kann man fragen, ob er als der Repräsentant der späteren königlichen Priesterschaft nicht in einem späteren Stadium der Überlieferungsgeschichte hereingekommen ist. Daß Nadab und Abihu in Ex 24,9–11 nicht als ‚Söhne Aarons' aus-

---

[56] AaO., 216 f.
[57] M. Noth, Überlieferungsgeschichte des Pentateuch, Stuttgart 1948 = Darmstadt 1966, 178 und Th. C. Vriezen, OTS 17/1972, 108.

gewiesen werden, ist sorgfältig zu beachten. Der notwendigerweise hypothetische Charakter dieser These sei noch einmal betont.

VI. Ex 24,9–11 aus der Sicht der deuteronomistischen (Tetrateuch-)Redaktion

Eingeschoben in unsern Text Ex 24,1a.9–11 ist der deuteronomistische[58] Abschnitt V. 3–8. Diese These gilt es jetzt zu begründen.

V. 3 werden die vorangehenden Weisungen als „die Worte Jahwes" und „die Worte, die Jahwe gesprochen hat" bezeichnet. Dieser äußerst seltene blasse Ausdruck „Worte Jahwes" bezeichnet an keiner Stelle sonst Gebote oder Gesetze mit einer indirekten Ausnahme, die der zweiten Formulierung in V. 3 entspricht: „Die zehn Worte" in Dtn 4,13; 10,4, die aufgrund dieser beiden Stellen zum Begriff des ‚Dekaloges' geworden sind und die Dtn 4,10.36; 5,5 (?).22 und höchst wahrscheinlich auch 11,18 „die Worte" genannt werden, die Jahwe zu Israel gesprochen hat.

Es ist allerdings nicht zwingend, daß Ex 24,3 mit diesen ‚Worten Jahwes' der Dekalog gemeint ist. Es kann damit auch lediglich das Bundesbuch gemeint sein, das ja die gleiche Struktur hat wie der Dekalog und in welchem sich alle Weisungen des Dekaloges irgendwie wiederfinden lassen.

Der Ausdruck kŏl-hămmišpāṭīm in V. 3 meint jedenfalls die Rechtsordnungen des Bundesbuches in Ex 21,1 ff. Da dieser Ausdruck in V. 3b in der Antwort des Volkes und in V. 4a.8b nicht wieder aufgenommen wird, vermute ich, daß er von einem Späteren nachgetragen worden ist, für den „die Worte Jahwes" nach Dtn 4/5 ein geprägter Ausdruck für den Dekalog waren und der deshalb aus Ex 21,1 die Bezeichnung für den Hauptteil der Ordnungen des Bundesbuches nachtrug.

Für Ex 24,3 und 7f. hat Lothar Perlitt ausführlich aufgewiesen, daß diese beiden Verpflichtungsakte des Volkes die gleiche Struktur und Sprache haben wie der in Ex 19,3b–8.

Von dem verbalen Verpflichtungsakt in V. 3 deutlich abgesetzt findet am nächsten Morgen ein Kultakt statt. Es werden zwölf Malsteine aufgerichtet nach der Zahl der Stämme Israels. Sie haben für das Folgende offenbar die Funktion von Zeugen wie der ‚hörende' Stein Jos 24,26f., der

---

[58] Zur Begründung dieses Urteils, daß es sich um einen deuteronomistischen Text handelt, verweise ich auf die Ausführungen von L. Perlitt (Bundestheologie, 191–203), der allerdings nur Ex 24,3b–4aα; 7–8 für deuteronomistisch hält, V 4b–6 dagegen für eine alte Darstellung eines Opfers als Antwort auf die Theophanie am Sinai. H. Hensel dagegen, dessen Gesichtspunkte im folgenden mit verarbeitet werden, hält den ganzen Abschnitt V. 3–8 für deuteronomistisch.

alle Worte ‚hört‘, auf die sich die Israeliten verpflichten[59]. Die Errichtung der zwölf Mazzeben ist m. E. eine bewußte Analogiebildung zu Dtn 27,2–4, wo Mose gebietet, für die Verpflichtungshandlung auf dem Berge Ebal „große Steine“ aufzurichten. Die Zwölfzahl wird auf Einfluß der volkstümlichen Erzählung Jos 3/4 zurückgehen.

Die Steine sind hier nahezu funktionslos historische Erinnerungsstükke, da nicht auf sie die Weisungen Jahwes aufgeschrieben werden, sondern in ein Buch. Wir haben es hier eben mit einer späteren, mit Büchern hantierenden Zeit zu tun. Im Rahmen eines normalen Opfergottesdienstes, den man als Antwort auf die Theophanie von Ex 19 verstehen könnte, haben diese Steine jedenfalls keine Funktion. Das weist darauf hin, daß es im folgenden um etwas anderes gehen muß.

Deutlich erkennbar ist als Ziel des Abschnittes ein von Mose vollzogener Blutritus, der als Zeichenhandlung die in V. 3 übernommene Verpflichtung besiegeln soll, wie Mose in V. 8b in seinen deutenden Worten sagt. Es ist nur die Frage, ob es sich um einen zweiseitigen Ritus handelt, da das Blut V. 8a auch auf das Volk gesprengt wird[60]. Zwischen beiden Hälften des Ritus steht V. 7 die Verlesung des Bundesbuches.

Dieser Ritus ist singulär. Sonst wird immer nur der Altar mit dem Blut des Opfertieres besprengt, aber niemals die zum Opfer versammelte Gemeinde. Das ist auch verständlich, da m. E. dieses Besprengen des Altars mit dem Blut des Opfertieres zu verstehen ist als die Rückgabe des Lebens an den Herrn des Lebens, da nach Lev 17,14; Dtn 12,23 das Blut das Leben enthält.

Es gibt im Alten Testament nur einen Ritus, bei dem etwas von dem Blut des Opfers einem Menschen appliziert wird. Das ist der Ritus der Priesterweihe in Ex 29,20f.; Lev 8,24.30. Dort heißt es, man solle etwas von dem Blut des Opfertieres Aaron und seinen Söhnen auf der rechten (d. h. der Glück bringenden) Seite an das Ohrläppchen, den Daumen und die große Zehe streichen und den Rest des Blutes auf den Altar sprengen. Durch diesen Ritus werden Menschen in besonderer Weise von Jahwe in Dienst genommen. Der Diener hat auf die Weisungen seines Dienstherrn zu hören, hat mit seinen Füßen dorthin zu gehen, wohin sein Herr befiehlt, und er hat mit seinen Händen die Befehle seines Herrn auszuführen. In diesem Sinn handelt es sich m. E. um den Ritus einer besonderen Indienstnahme bzw. Dienstverpflichtung. Etwas von

---

[59] ‚Hörender Stein‘ ist bei des Lesens unkundigen Menschen die Bezeichnung für einen Inschriftenstein; denn er hat das gesprochene Wort, das er beurkundet, in sich aufgenommen und kann es wiedergeben.

[60] So H. Hensel, aaO. 91, der hier einen wechselseitigen Verpflichtungsritus sieht mit einer Selbstverpflichtung Jahwes und Verpflichtung des Volkes, wozu es nur noch in Dtn 26,17a.18a ein Gegenstück gibt. Da V. 7 die beiden Teile dieses Ritus auseinanderreißen, erklärt er – m. E. zu Unrecht – auf S. 50 V. 7 als eine Glosse.

dem an sich allein Jahwe gehörenden Blut wird dem Priester appliziert, um ihn zu heiligen, d. h. als Zeichen dafür, daß er allein Jahwe gehört (vgl. Dtn 33,9).

Ernst Kutsch[61] hat zu dem Blutritus von Ex 24 einen bei Aischylos, ‚Sieben gegen Theben‘, Z. 42–48, belegten Ritus als Analogie herangezogen, ein Beleg, der aus genau der gleichen Zeit, allerdings einem anderen Kulturkreis stammt, dem griechischen, jedoch ganz ähnlich auch in altarabischer Literatur belegt ist. Dort bekräftigen griechische Krieger ihren Schwur damit, daß sie ihre Hand mit dem Blut eines geopferten Stieres benetzen und sagen, mit ihrem eigenen Blut solle das Land begossen werden, wenn sie die Festung nicht erobern. Ein gewisser Unterschied ist, daß es hier um Selbstverpflichtung geht, in Ex 24,5–8 dagegen Mose als Mittler fungiert, der das Volk verpflichtet. Entsprechend wird das Volk von Mose mit Blut besprengt. Da es in beiden Texten um eine Verpflichtungshandlung geht, folgert Kutsch, daß der Ritus in beiden Fällen als Fluchhandlung gemeint ist: „So wie das Blut des Opfertieres vergossen wurde, soll das Blut derjenigen, die mit dem Tierblut in Berührung kamen, vergossen werden, falls sie ihre Verpflichtung bzw. ihren Eid brechen. Was in Ex 24,8 stillschweigend vorausgesetzt ist, spricht der griechische Text in Z. 48 ausdrücklich aus."[62]

Wenn es die Absicht des Verfassers wäre, nur eine Verpflichtung des Volkes darzustellen, wie Kutsch und Perlitt meinen, wäre es eigenartig, weshalb er nicht auf den bei Verträgen und ähnlichen Verpflichtungshandlungen üblichen Ritus zurückgreift, daß der sich Verpflichtende durch die beiden Hälften eines zerteilten Tieres hindurchschreitet, wie er Jer 34,18 und in gewagter Übertragung auf Jahwe Gen 15,8 ff. belegt ist. Dieser Ritus der bedingten Selbstverfluchung wäre eindeutig gewesen, im Unterschied zu der Besprengung des Volkes in Ex 24,8a.

Auch kann ich Kutsch und Perlitt darin nicht folgen, daß es keine direkte Beziehung zwischen der Opferhandlung in V. 5 f. und dem Besprengen des Volkes in V. 8 gäbe. Zwar ist das Besprengen des Altars mit Blut genuiner Teil der Opferhandlung. Aber wenn das Blut des Opfertieres genau in zwei Hälften geteilt und die eine Hälfte für den Ritus in V. 8 aufbewahrt wird, und wenn außerdem beidemal dasselbe Verbum ‚besprengen‘ gebraucht wird, dann muß doch irgendein Zusammenhang intendiert sein.

Die zu derselben literarischen Schicht gehörende bedingte Verheißung Jahwes in Ex 19,5 f. kann uns m. E. weiterhelfen. Dort wird gesagt, Israel solle das besondere Eigentum Jahwes sein vor allen Völkern, die ja ebenfalls Jahwe gehören, weil er der Schöpfer und Herr der Welt ist (V. 5). Diese Besonderheit Israels gegenüber den anderen Völkern wird in V. 6a in Analogie zum Priestertum erklärt. So wie der Priester aus dem Volk ausgesondert wird und in besonderer

---

[61] Verheißung und Gesetz. Untersuchungen zum sog. ‚Bund‘ im Alten Testament, BZAW 131, Berlin 1973, 86 f.

[62] E. Kutsch, aaO., 87.

Weise zu Gott gehört, d. h. ‚heilig‘ ist, so hat Israel in der ganzen Jahwe gehörenden Völkerwelt eine Sonderstellung; es ist ein ‚heiliges Volk‘. Das schließt eine besondere Verpflichtung Israels gegen Jahwe ein und ebenso wohl eine besondere Aufgabe Israels gegenüber den Völkern, auf jeden Fall aber den besonderen Schutz und die besondere Fürsorge Jahwes, wie Ex 23,20 ff. verheißen wird.

Angesichts dieser Verheißung, Israel solle ein ‚heiliges Volk‘, ein ‚Königreich von Priestern‘ werden, erscheint es nicht als abwegig, den Ritus der Priesterweihe als Analogie zu Ex 24,5–8 heranzuziehen. Wenn das Volk mit der einen Hälfte des allein Jahwe gehörenden Bluts der Opfertiere besprengt wird, dann läßt sich dies analog zum Ritus der Priesterweihe als ‚Heiligung‘ des Volkes verstehen, das so in besonderer Weise Jahwes Eigentum wird, entsprechend der Verheißung Ex 19,5f. Aber solche ‚Heiligung‘ bedeutet auch eine Indienstnahme wie bei einem Priester. Deshalb spricht Mose in den Deuteworten V. 8b von dem ‚Blut der Verpflichtungshandlung‘. Grundlage der Verpflichtung sind die V. 7 verlesenen Weisungen Jahwes. Wenn das Blut ‚gesprengt‘ wird und nicht wie Ex 29,20f. an Ohr, Hand und Fuß jedes einzelnen Israeliten gestrichen wird, dann kann man diese Abwandlung so erklären, daß der Ritus an einer nach Tausenden zählenden Menschenmenge anders gar nicht vollzogen werden konnte.

Wer sich ‚heiligen‘, d. h. sich Jahwe weihen läßt, der weiß, daß er sich Jahwes Zorn zuzieht, wenn er aus diesem besonderen Verhältnis ausbricht oder seine Verpflichtungen nicht erfüllt. Insofern ist die Weihung nicht weniger bindend und folgenschwer als die Selbstverfluchung bei einer Schwurhandlung.

Man muß mit der Möglichkeit rechnen, daß der Verfasser von Ex 24,3–8 den Ritus bewußt so offen gestaltet hat, daß er gleichzeitig an den Ritus der Priesterweihe wie an den Ritus einer bedingten Selbstverfluchung erinnern will. Allerdings ist gerade die Deutung von Ritualien äußerst schwierig. So konnte auch hier nur die Möglichkeit eines Verständnisses aufgewiesen werden, mehr nicht.

Das Darbringen der Opfer in V. 5 dient nur der Gewinnung des Blutes für das von Mose vollzogene Ritual. Deshalb stellt Mose lediglich Hilfskräfte (‚Burschen‘) an, die Opfer darzubringen. In einer Zeit, in der es wegen der Zerstörung des Tempels keinen Opfergottesdienst mehr gab, konnte der Verfasser sehr unbekümmert diese Zubringerarbeit von kultisch nicht qualifizierten Personen ausführen lassen[63].

Auf dem Blutritus liegt großes Gewicht, weil er verpflichtend besiegelt, was hier erklärt wird. Deutlicher als der Ritus lassen die erklärenden Worte erkennen, daß eine zweiseitige Verpflichtung gemeint ist, trotz der Ungleichheit der Partner Gott und Mensch. Deshalb kann man

---

[63] Für L. Perlitt ist diese Unbekümmertheit ein Indiz für die Altertümlichkeit der Opferszene. Aber wo in alter Zeit hätten je unqualifizierte Jünglinge Opfer dargebracht? Das war allein den Familienhäuptern oder Sippenältesten oder einer vergleichbar angesehenen Persönlichkeit wie dem Seher Samuel (1.Sam 9) vorbehalten, einen Opfergottesdienst zu leiten und bei dem Opfermahl den Vorsitz zu haben.

hier tatsächlich von einem ‚Bund‘ sprechen. Dieser ‚Bundesschluß‘ besteht aus folgenden Elementen:

1. der Selbstverpflichtung Jahwes mit der bedingten Verheißung Ex 19,4–6;
2. einer vorlaufenden Selbstverpflichtung des Volkes auf die erst angekündigten Weisungen Jahwes (Ex 19,7f.);
3. der Proklamation der Israel verpflichtenden Weisungen durch Jahwe (Ex 20,22a.23–23,19);
4. dem Abschluß dieser Proklamation durch weitere bedingte Verheißungen Jahwes (Ex 23,20–33);
5. der Selbstverpflichtung des Volkes auf diese Weisungen (Ex 24,3);
6. der Beurkundung dieser Weisungen durch Niederschrift (Ex 24,4a);
7. der Besiegelung durch einen Verpflichtungsritus, wobei die Verpflichtungsurkunde nochmals verlesen wird (Ex 24,4b–8).

Diese Übersicht verdeutlicht, wie die deuteronomistische Redaktion durch die beiden Textstücke Ex 19,3b–8 und Ex 24,3–8 die alte Darstellung des Sinaigeschehens gleichsam in einer großen Klammer gefaßt und in außerordentlich wirkungsvoller Weise Ex 19–23 neu interpretiert hat, nämlich als Bundeschluß zwischen Jahwe und Israel, genauer als ‚feierliche Verpflichtung‘[64] Israels auf die am Sinai gegebenen Weisungen Jahwes.

Daß es sich bei der Stilisierung des Sinaigeschehens als einem Bundesschluß um die jüngste Interpretationsschicht innerhalb von Ex 19–24 handelt, bestätigen einige allgemeinere Überlegungen insbesondere zu dem historischen Ort der ‚Bundestheologie‘.

Ein Argument von H. Hensel für eine späte Datierung von Ex 24,3–8 ist, daß alle durch b^{e}rīt näher bestimmten Konstruktusverbindungen außer in Ex 24,7f. und Ex 34,28 erst im Deuteronomium und noch jüngeren Schriften vorkommen[65]. Es sind ja auch Abstraktbildungen, die als solche eine lange Geschichte der Reflexion voraussetzen und deshalb in ein relativ spätes Stadium gehören.

Daß ‚Bund‘ als Umschreibung des Verhältnisses zwischen Jahwe und Israel ein später theologischer Begriff ist, zeigt zunächst der literarische Befund. Erst im Deuteronomium und der nachfolgenden Literatur ist er auf breiter Linie als ein zentraler theologischer Begriff nachweisbar. Die wenigen Belege, die möglicherweise älter sein könnten, fallen demgegenüber kaum ins Gewicht. Dies haben die Untersuchungen zu diesem Wort von Ernst Kutsch ergeben, und dieses Ergebnis wird von Lothar Perlitt bestätigt.

---

[64] E. Kutsch hat in der in Anm. 61 genannten Arbeit herausgearbeitet, daß dies die Grundbedeutung von b^{e}rīt ist.

[65] Er nennt aaO., 66: ‚Bundesbuch‘ 2.Kön 23,2.21; 2.Chr 34,30f.; ‚Bundesblut‘ außer Ex 24,8 nur Sach 9,11; ‚Bundesworte‘ Ex 34,28; Dtn 28,69; 29.8; 2.Kön 23,3; Jer 11,2–8; 34,18; ‚Bundesflüche‘ Dtn 29,20; ‚Bundeszeichen‘ Gen 9,12–17; 17,11; ‚Bundestafeln‘ Dtn 9,9–15; ‚Bundesland‘ Ez 30,5; ‚Bundesfürst‘ Dan 11,22; ‚Salz des Bundes deines Gottes‘ Lev 2,13; ‚Bundeslade‘ im Dtn; bei Jer; 1./2.Chr; Num 10,33; 14,44; öfter in Jos; Ri 20,27; 1.Sam 4,3–5 und 1.Kön.

Von einem ,Bund' mit Gott kann man nur in übertragenem Sinne reden, da es einen Bundesschluß als realen Vorgang nur zwischen Menschen gibt. Es handelt sich bei der Rede vom ,Bund Jahwes mit Israel' also um eine deutende Kategorie theologischer Begriffsbildung im Unterschied etwa zu dem direkt erfahrbaren Vorgang einer Rettung. Als eine begriffliche Aussage, die intensive theologische Reflektion voraussetzt, kann die Aussage vom ,Bundesschluß am Sinai' nicht zum ältesten Bestand gehören. Das Geschehen vom Sinai wird hier auf eine griffige Formel gebracht, die nicht nur Interpretament sein kann, sondern auch an die Stelle des Erzählens treten kann, indem der formelhafte Ausdruck als ein Erinnerungszeichen auf die als bekannt vorausgesetzte Erzählung verweist. Zugleich kann derselbe Ausdruck *b^erīt* für den Inhalt der Verpflichtung stehen als zusammenfassender Begriff für die Gebote und Gesetze[66].

Zeitlich gesehen haben wir die augenfällige Konzentration der Belege für *b^erīt* als zentralem theologischen Begriff erst in Werken, die nach dem Untergang des Nordreiches entstanden sind, eben seit dem Deuteronomium[67]. Das ist kein Zufall, sondern ist nur auf dem Hintergrund der konkreten politischen Situation zu verstehen.

Israel hatte im Jahre 721 zum erstenmal die katastrophalen Folgen zu spüren bekommen, die sich aus der Aufkündigung des Vasallenverhältnisses zu einer Großmacht ergeben. Alle in den assyrischen Vasallenverträgen für den Fall des Vertragsbruches vorgesehenen Sanktionen und Flüche hatten das Nordreich Israels in voller Schärfe getroffen. Die Reaktion darauf war aber nun nicht, daß man sagte: ,,Wir haben einen politischen Fehler gemacht und die Macht Assurs unterschätzt." Sondern die Tradition levitischer ,Gesetzespredigt' und das nachträgliche Ja zu der prophetischen Gerichtsankündigung haben dazu geführt, daß man sagt: ,,Die eigentliche Ursache der Katastrophe ist nicht, daß wir gegenüber der Großmacht Assur ,bundesbrüchig' wurden und unsere Verpflichtungen als Vasall aufgekündigt haben, sondern daß wir den ,Bund mit Jahwe' gebrochen und unsere Verpflichtungen gegenüber Jahwe nicht erfüllt haben." So wurde der ,Bund' Jahwes mit Israel zur zentralen theologischen Aussage. Mit ihrer Hilfe war es möglich, den Untergang des Nordreiches theologisch zu bewältigen und später die Zerstörung Judas und Jerusalems im Jahre 587 v. Chr. – Die enge Verwandtschaft der bedingten Flüche in Dtn 28,15–68 mit den Fluchreihen in assyrischen Vasallenverträgen ist ein äußeres Indiz, das diese historische These stützt[68].

---

[66] Zum Nachweis vgl. E. Kutsch, aaO.

[67] Daß es sich beim Deuteronomium im Ganzen um den utopischen Entwurf einer Neuordnung für einen erhofften Neuanfang nach der Katastrophe handelt, zeigt am deutlichsten das ,Königsgesetz' Dtn 17,14 ff., das dem König sowohl seine innenpolitischen Kompetenzen (Rechtsprechung Dtn 17,8–13) wie die außenpolitischen Kompetenzen (Kriegführung Dtn 20,1 ff.) nimmt. Daß das Deuteronomium in Gestalt levitischer Mahnrede in reichem Maße aus der Tradition des Nordreiches alte Rechtsüberlieferungen in sich aufgenommen hat, steht dazu in keinem Widerspruch.

[68] Diese Überlegungen zum historischen Ursprung der ,Bundestheologie' im Alten Testament waren das Ergebnis einer Gesprächsrunde im Doktoranden-Colloquium von Herrn Prof. D. C. Westermann.

Die vielerlei vorangehenden Überlegungen haben ergeben, daß Ex 24,3–8 ein deuteronomistisches Stück ist, das eine außerordentlich große Nähe zu den Rahmenstücken des Deuteronomiums aufweist. Das literarkritische Ergebnis, daß es sich hier um die jüngste Schicht im weiteren Kontext handelt, wird damit bestätigt.

Wir können jetzt die Frage beantworten, wie diese deuteronomistische Redaktion das Überlieferungsstück Ex 24,1a.9–11 verstanden hat. Wir sahen, daß in Ex 24,3–8 alles Gewicht auf der Verpflichtung liegt und die gottesdienstlichen Elemente des Opfers demgegenüber nur eine dienende Funktion haben. Wenn die Redaktion V. 1a von V. 9–11 getrennt hat, dann sagt sie damit eindeutig, daß diese Aufforderung Jahwes nicht eine Folge der Selbstverpflichtung des Volkes ist und deshalb das Mahl auf dem Berge nicht der Bestätigung oder Bekräftigung des Bundesschlusses dient, wie man das von Vertragsabschlüssen zwischen gleichrangigen Partnern kennt[69]. Vielmehr zieht sie V. 1a zu den vorangehenden Weisungen Jahwes, die sich auf den Gottesdient beziehen und darüber hinaus entfalten, was es heißt, auch im Alltag Gott zu dienen, seinen Willen zu erfüllen.

Dann gibt es aber nur eine Möglichkeit des Verstehens. Die deuteronomistische Redaktion hat Ex 24,1a als Weisung im Blick auf den ersten nach der von Jahwe festgesetzten Ordnung zu feiernden Gottesdienst Israels verstanden. Deshalb hat sie die sich nur auf diesen ersten Gottesdienst beziehende Weisung Ex 24,1a an die grundsätzlichen kultischen Ordnungen des Bundesbuches herangerückt. Auch für diese Redaktion wird am Sinai der Gottesdienst Israels gegründet und geordnet.

Das Zwischenstück Ex 24,3–8 ist nun aber nicht als völlig freie Schöpfung dieser Redaktion anzusehen, sondern das in der Erzähltradition vorauszusetzende, literarisch in der jahwistischen Gestalt wegen des Einschubes von Ex 32/34 nicht erhaltene Element der Erzählung, daß Mose vom Berg herabsteigt und dem Volk die Ordnungen Jahwes verkündet, hat die deuteronomistische Redaktion ausgestaltet zu einer Verpflichtung des Volkes auf die Ordnungen Jahwes. Das ausdrückliche Ja zu diesen Ordnungen ist die Voraussetzung dafür, daß Israel Jahwe dienen und so auch in der von Jahwe geordneten Weise den ersten Gottesdienst feiern kann.

So ist der Einschub von Ex 24,3–8 völlig folgerichtig. Mose, Aaron und die Ältesten kommen der Aufforderung, sich Jahwe zu nahen, ‚sein Angesicht zu suchen‘, erst nach, nachdem das Volk sich mit ihnen auf die Ordnungen Jahwes verpflichtet hat. So besteht aus der Sicht des Redaktors kein Widerspruch zwischen dem Verpflichtungsakt am Fuße des Berges und der kultischen Feier auf der Spitze des Berges.

---

[69] Vgl. Gen 26,30 das Gastmahl vor, in Gen 31,54 nach dem Vertragsschluß.

Beachtlich ist, daß auch für diese deuteronomistische Redaktion der ‚Bund‘ Jahwes mit seinem Volk und damit der Gottesdienst Israels durch die Herausführung aus Ägypten begründet wird (Ex 19,4). Gewissermaßen den ersten Teil der Bundesformel „Ich will euer Gott sein" hat Jahwe mit dieser Tat verwirklicht. Das Zweite, „ihr sollt mein Volk sein", bietet Jahwe am Sinai an. Die Herausführung aus Ägypten begründet das Gottesverhältnis Israels, das Sinaiereignis begründet den Gottesdienst Israels als Antwort auf diese Rettung am Anfang, als Antwort des Lobes und Antwort des Gehorsams. Beides zusammen, Exodus und Sinai, bildet auch für die deuteronomistische Redaktion eine untrennbare Einheit.

Wenn auch die deuteronomistische Redaktion die Ansicht teilt, daß am Sinai der Gottesdienst Israels gegründet, geordnet und erstmals gefeiert ist, dann ist das eigentlich nur so vorstellbar, daß ihr eine entsprechende mündliche Tradition vertraut war, die statt der Episode vom ‚goldenen Kalb" vom ersten Gottesdienst Israels am Sinai erzählte. Dann hätten wir neben der exilischen Erzählform, zu der Ex 24,9–11 gehört, und der Priesterschrift einen weiteren, allerdings indirekten Zeugen dafür, daß bis in exilische Zeit in mündlicher Tradition diese ursprüngliche Form der Sinaierzählung fortlebte. Das ist traditionsgeschichtlich äußerst interessant. Offenbar blieb auch nach der ersten schriftlichen Sammlung der Erzähltraditionen durch den Jahwisten die mündliche Weitergabe die Normalform. Wer konnte denn auch schon Bücher kaufen und lesen. Der normierende Einfluß dieser schriftlichen Sammlung auf die weitere Erzähltradition war offenbar so gering, daß eine Änderung im Werk des Jahwisten wie die nachträgliche Einfügung von Ex 32/34 auf die im Volk lebendige Erzähltradition praktisch keinen Einfluß hatte. Die Jerusalemer Sondertradition vom ‚goldenen Kalb‘ hat sich offenbar über Jahrhunderte hin nicht einmal in ihrem Stammland durchsetzen können. Sie wird nur Dtn 9,7 ff. und in dem sehr späten Psalm 106 aufgenommen.

Zu der deuteronomistischen Redaktionsschicht gehören im Bereich von Ex 19–24 außer Ex 19,3bβ–8 und Ex 24,3–8 auch Ex 19,18–21 und Ex 23,20–31a.

Zu den beiden letzten Abschnitten können nur einige Indizien genannt werden, die auf ihre Zugehörigkeit zu dieser redaktionellen Schicht hinweisen; denn eine ausgeführte Analyse dieser Texte würde den Rahmen dieser Arbeit sprengen.

Ex 23,20–33 hat, wie M. Noth, ATD z. St., mit Recht sagt, nach Stil und Inhalt deuteronomistisches Gepräge. Die Zusage von Führung und Beistand (V. 20) und die Mahnung zum Gehorsam (V. 21) werden in V. 22–31a in zweifacher Weise als eine bedingte Verheißung entfaltet, und zwar liegt in V. 22–26 das Gewicht auf der Segensverheißung; die Vertreibung der Feinde und die damit angedeutete Landgabe sind nur als Voraussetzung für den Segen im Lande ge-

nannt, der ähnlich wie Dtn 28,3 ff. entfaltet wird. V. 27–31a wird die auf die
Landverheißung zielende Beistandszusage entfaltet. Dies ist m. E. eine planvol-
le, in sich geschlossene Komposition. V. 31b–33 ist m. E. ein späterer Zusatz.
Für Ex 20,18–21 seien drei Punkte genannt: 1. Daß Ex 20,18 zu einer redaktionellen Schicht gehört, ergibt sich daraus, daß Ex 19,16.17.20 (E) wie Ex
19,18 (J) aufgenommen und miteinander kombiniert werden. Die Vereinigung
von JE wird also vorausgesetzt. – 2. kommt das Motiv, daß Gott Menschen auf
die Probe stellt, außer Gen 22 nur in späteren Texten vor. – 3. Ex 20,19 nimmt
die in Dtn 5,23–27 bezeugte Erzähltradition auf und dürfte deshalb zeitlich von
Dtn 4/5 nicht allzu weit entfernt sein.

Wir sahen, wie planvoll und wirkungsvoll diese Redaktion den hier
untersuchten Textbereich Ex 19–24 in ihrem Sinne durchgestaltet und
interpretiert hat. Die ebenso sparsam wie planvoll arbeitende deuteronomistische Redaktion von Ex 15–18, deren Existenz ich in ZAW
86/1974, 169–307 nachgewiesen habe, geht m. E. auf dieselbe Hand zurück. Dafür spricht die gleiche Technik redaktioneller Arbeit hier wie
dort und die Wiederaufnahme des von dieser Redaktion in Ex 15,25b
angeschlagenen und in Ex 16/17 programmatisch durchgeführten Themas „Versuchung" in Ex 20,18–21. Mir wird es immer wahrscheinlicher, daß wir es hier nicht mit irgendeiner, sondern mit der großen JE
und P zu einem einzigen monumentalen Werk zusammenfassenden Redaktion zu tun haben. Weil mit Dtn 1 das deuteronomistische Geschichtswerk beginnt[70], bezeichne ich die von mir vermutete Redaktion
von JE und P als die ‚deuteronomistische Redaktion des Tetrateuch'.

Die Untersuchung von Ex 24,9–11 führte uns zu der Annahme, daß es
noch in exilischer Zeit eine lebendige Erzähltradition gab, die alte Überlieferungen aktualisierend erzählerisch neu gestaltete. Das Erzählungsfragment Ex 24,9–11 nimmt die Anfechtung der Exilsgemeinde in Babylon auf, die in ihrer hoffnungslos erscheinenden Lage zweifeln mußte,
ob Marduk mit seinem prächtigen Kult nicht größer und mächtiger sei als
Jahwe. Solchen Anfechtungen begegnet dieses Erzählungsfragment mit
einer Darstellung des ersten Gottesdienstes am Sinai, der sich mit dem
Mardukkult messen kann, ja ihn eher noch überbietet.

Wir sehen hier eines der zahllosen biblischen Beispiele, wie sich die
Verkündigung in der Form des Erzählens vollzieht. Es ist kein Zufall,
daß die Alten vieles im Nacherzählen der alten Überlieferungen zum
Ausdruck gebracht haben, das sich auch abstrakt-gedanklich sagen ließe; denn die Erzählung spricht das bildliche Vorstellungsvermögen und
das Gefühl an und nicht nur einseitig den Verstand. Sie erlaubt dem Hörer, sich mit einzelnen Gestalten innerlich zu identifizieren. Weil die Er-

---

[70] Von den alten Quellen ist nur der Abschluß der Priesterschrift in Dtn 34 mit eingear-
beitet worden, als in späterer Zeit JEP und DtrG miteinander vereinigt wurden.

zählung so umfassend den Menschen in allen Schichten seiner Person anspricht, deshalb sind Versuche ‚erzählender Predigt' in neuerer Zeit so
verheißungsvoll. Sie stehen in bester biblischer Tradition. Der Jubilar
hat oft genug auf die grundlegende Bedeutung der Erzählung für die biblische Überlieferung hingewiesen. Es lohnt sich, daran weiterzuarbei-
ten.

DIETER VETTER

Satzformen prophetischer Rede

Hermann Gunkel[1] hatte in der Erforschung alttestamentlicher Prophetie die vernachlässigten literaturgeschichtlichen Fragen aufgeworfen. Seine Beobachtungen an „den Formen prophetischer Rede"[2] legten den Grund, von dem her zu entfalten und zu folgern, zu sondern und genauer zu erfassen sich lohnte[3]. In Gunkels Abriß einer prophetischen „Literaturgeschichte" herrscht die Einsicht in die Mannigfaltigkeit ursprünglich nicht-prophetischer Gattungen *vor* der Antwort auf „die Frage, welches *die eigentlich prophetische Gattung* ist"[4].

Einen Einschnitt auf dem Weg der Erforschung prophetischer Sprüche seit Gunkel bildet eine Untersuchung, die in der älteren Prophetie das Gerichtswort an einen einzelnen nachweist: Es sind die 1978 in fünfter Auflage erschienenen „Grundformen prophetischer Rede" von Claus Westermann. Zur Vollendung seines siebzigsten Lebensjahres grüße ich meinen verehrten Lehrer herzlich mit diesen Ausführungen.

I. Der syntaktische Ansatz

1. Westermann untersucht „das eigentlich prophetische Reden nach seinen Formen"[5]. Er findet in Am 7,16–17; 1.Kön 21,17–19; 2.Kön 1,3–4 „eine geprägte Wortform zusammen mit der Situation, der sie angehört und aus der sie erwächst"[6]. Ein konkretes Vergehen des Angeredeten ist jeweils die Voraussetzung für das Ergehen des Prophetenwor-

---

[1] Die Propheten als Schriftsteller und Dichter. Einleitungen zu H. Schmidt, Die Großen Propheten (SAT II,2), 1915, XXXVI–LXXII (= Propheten); ders., Die israelitische Literatur (Die Kultur der Gegenwart I,7), ²1925, 78 ff.; ders., Propheten II seit Amos (RGG² IV), 1546 ff.

[2] H. Gunkel, Die geheimen Erfahrungen der Propheten. Einleitungen, aaO., XX.

[3] Vgl. den Überblick über die Geschichte der Forschung bei C. Westermann, Grundformen prophetischer Rede (Beiträge z. EvTh 31), ⁵1978, 21–63.

[4] H. Gunkel, Propheten II.

[5] AaO., 66.

[6] Ebd. 93.

tes. Welche Merkmale aber führen zu der „Annahme einer festen Form"[7]? Westermann zeigt einen übereinstimmenden Aufbau prophetischer Gerichtsworte[8]. Er erhebt ihn aus der *Leistung* des zweiteiligen[9] Prophetenwortes, in dem eine Begründung der Strafansage vorausgeht. Die Sätze der beiden Teile charakterisiert Westermann nach semantisch zu nennenden Funktionen als Aussagesatz oder als Fragesatz[10]. Seine Beobachtungen orientieren sich am Mitteilungswert, an der in einem Satz gemachten Aussage; sie gehen nicht von der Syntax eines Satzes aus.

Gunkel hatte auf den *syntaktischen* ‚Stil' der eigentlich-prophetischen Redeweise aufmerksam gemacht, jedoch seine Bemerkungen zur Form an den Schluß seiner Schilderung der prophetischen Rede gesetzt[11]. Seine Beobachtungen galten den eigentümlich prophetischen Kunstmitteln[12]. Von der Syntax her formale Merkmale zu gewinnen, die zu differenzierter Bestimmung einer Formengruppe beitragen, stellte sich erst später als Aufgabe[13].

2. Nachstehende Ausführungen gehen von sprachlich gebundenen Beobachtungen an den von Westermann gebotenen Textbelegen des prophetischen Gerichtswortes an einen einzelnen Menschen aus. Sie fragen nach den *sprachlichen Äußerungen in Satzrealisierungen* und danach, was die festgestellten Elemente im Zusammenhang des Prophetenwortes leisten. Die von Westermann als „Anklage" und „Ankündi-

---

[7] Ebd. 94.

[8] Westermann, ebd. 97 f., sieht den Ursprung des prophetischen Gerichtswortes an einzelne im Rechtsverfahren: Der Prophet habe das von Gott gesprochene Urteil dem Angeklagten übermittelt und als „der Bote des Richters" die „Urteilsverkündigung" vollzogen, wie die einleitende Botenspruchformel anzeige, ebd. 96. Diese Erklärung der Herkunft des Prophetenspruchs läßt eine Reihe von Fragen offen (dazu G. Fohrer, Bemerkungen zum neueren Verständnis der Propheten, in: Studien zur alttestamentlichen Prophetie (BZAW 99), 1967, 20). Die Gerichtsankündigung ist aus dem Botenwort nicht ableitbar; Westermanns Beispiele geben dafür keinen Hinweis, aaO., 71–82 (dazu R. Rendtorff, Botenformel und Botenspruch, in: ZAW 74/1962, 172 f.). Dessen ungeachtet lassen sich im Prophetenspruch charakteristische Sprachformen des Botenwortes nachweisen.

[9] Dies entspricht der Unterscheidung Gunkels zwischen „Scheltrede" und „Drohwort", Propheten IL.LXV.

[10] AaO., 94 f.102–106.

[11] Propheten LVI-LVIII.

[12] Ebd. LVI f.: „Es gehört zu der Eigentümlichkeit gewisser Gattungen, daß sie bestimmte syntaktische Bildungen lieben."

[13] Dazu grundsätzlich W. Richter, Exegese als Literaturwissenschaft. Entwurf einer alttestamentlichen Literaturtheorie und Methodologie, 1971 (= Exegese), 22 ff.36 ff.72 ff. Vgl. K. Koch, Reichen die formgeschichtlichen Methoden für die Gegenwartsaufgaben der Bibelwissenschaft zu?, in: ThLZ 98/1973, 801–814; ders., Was ist Formgeschichte? Methoden der Bibelexegese, ³1974 (= FG), 289–342; ders. u. Mitarbeiter, Amos. Untersucht mit den Methoden einer strukturalen Formgeschichte I–III (AOT 30), 1976 (= Amos I–III), I, 7–15.

gung" zitierten Teile der Beispieltexte werden nacheinander in einzelne Redesätze zerlegt[14] und die Sätze nach ihrer Satzart als Nominalsatz oder als Verbalsatz benannt. Von dem verblosen Nominalsatz (NS) ist der partizipiale Nominalsatz (part. NS) zu unterscheiden; Leistung und Wortbildung seines prädikativen Gliedes[15] weisen ihm eine Mittelstellung zwischen dem Verbal- und dem verblosen Satz zu. Die Ausdruckslinie[16] des Verbalsatzes läßt sich nach ihren morphologischen und syntaktischen Besonderheiten beschreiben. Die Beachtung der Verbalbildung als Afformativkonjugation (AK) oder als Kurzform bzw. Langform der Präformativkonjugation[17] (PKKF bzw. PKLF) sowie der Wortfolge[18] im Satz hilft funktionsgleiche[19] und -differente[20] verbale Sinneinheiten erfassen. Die an sprachlichen Mitteln erkennbaren Verbindungen und Einschnitte in der Satzfolge[21] sind für die Gliederung und die Bedeutungsebene des jeweiligen Redeteils von Belang.

Sprachliche Sätze verweisen auf nichtsprachliche Sachverhalte[22].

---

[14] Einzelne Sätze eines Verses werden mit a, b, c etc. bezeichnet.

[15] Anders als die Wortart Verb realisiert das Partizip die personale Kategorie nicht. Im Gegensatz zum Nomen kann das Partizip ein direktes Objekt regieren.

[16] Das „sprachliche Zeichen" läßt sich funktionsmäßig in zwei „Funktive" scheiden, die bei einem Text „Inhaltslinie" und „Ausdruckslinie" genannt werden können, vgl. G. C. Lepschy, Die strukturale Sprachwissenschaft. Eine Einführung, [3]1969, 60.

[17] Zum Nachweis zweier Präformativkonjugationen vgl. O. Rössler, Die Präfixkonjugation Qal der Verba Iᵃᵉ Nûn im Althebräischen und das Problem der sogenannten Tempora, in: ZAW 74/1962, 125–141.

[18] Ebd. 135 ff. Zur Aufnahme von Rösslers Inversionstheorie vgl. W. Richter, Traditionsgeschichtliche Untersuchungen zum Richterbuch (BBB 18), [2]1966 (= Richterbuch), 16 f. A 102; ebd. 355–361; ders., Recht und Ethos. Versuch einer Ortung des weisheitlichen Mahnspruches (StANT 15), 1966, 68–78.90.

[19] Gleiche Leistung stellen Rössler und Richter bei den Verbformen des jeweiligen Inversionspaares fest.

[20] Die Funktion hängt z. T. von der Stellung des finiten Verbs im Satz ab. Das haben die Untersuchungen an prosaischen Texten gezeigt, vgl. W. Richter (außer in den bereits angeführten Werken), Die sogenannten vorprophetischen Berufungsberichte (FRLANT 101), 1970; G. Liedke, Gestalt und Bezeichnung alttestamentlicher Rechtssätze. Eine formgeschichtlich-terminologische Studie (WMANT 39), 1971; H. Schweizer, Elischa in den Kriegen. Literaturwissenschaftliche Untersuchung von 2 Kön 3; 6,8–23; 6,24–7,20 (StANT 37), 1974; W. Groß, Bileam. Literar- und formkritische Untersuchung der Prosa in Num 22–24 (StANT 38), 1974 (= Bileam); H. H. Witzenrath, Das Buch Rut. Eine literaturwissenschaftliche Untersuchung (StANT 40), 1975. Auch sind die Wortstellungsregeln schon an einer Reihe poetischer Texte überprüft und teilweise modifiziert worden, vgl. W. Groß, Verbform und Funktion. wayyiqṭol für die Gegenwart? Ein Beitrag zur Syntax poetischer althebräischer Texte (Münchener Universitätsschriften, Fachbereich Kath. Theologie 1), 1976 (= Verbform); J. Floss, Die Wortstellung des Konjugationssystems in Jes 24. Ein Beitrag zur Formkritik poetischer Texte im AT (BBB 50), 1977. Dazu W. Groß, Zur Funktion von qatal. Die Verbfunktionen in neueren Veröffentlichungen, in: BN 4/1977 (= Funktion), 26–35.

[21] Vgl. W. Richter, Exegese 82–88.

[22] K.-D. Bünting, Einführung in die Linguistik, 1973, 32 f.: „Mit Zeichen wird generell

Sachverhalte der außersprachlichen Wirklichkeit gehen Zeitbezüge ein. Die Funktionsbestimmung von Verbformen muß berücksichtigen, „welche Rolle das Subjekt dieses Sachverhaltes in der Sprechsituation spielt"[23]. Damit die Verweisrelation vom Zeichen[24] auf den Sachverhalt untersucht werden kann, wie Sprache und Wirklichkeit aufeinander bezogen sind, bedarf es der Kenntnis von „Zuordnungsregeln". Ich übernehme sie von Fall zu Fall aus der „allgemeinen Zeitlehre" von Adolf Denz[25], wenn mir die Angabe der Zeitbezüge von Sachverhalten nötig erscheint, auf die sich Satzrealisierungen beziehen.

Der außersprachliche, reale Sachverhalt wird durch das Bezeichnete (= Inhalt, Bedeutung) vermittelt. Deshalb darf bei der Analyse von Sätzen die Scheidung zwischen Bezeichnendem (= Form, Ausdruck) und Bezeichnetem nicht das Ziel sein. Die Interdependenz zwischen beiden Ebenen formuliere ich auf der Grundlage der von Walter Groß gewonnenen Ergebnisse[26]: Die Verbformen *wajjiqtol (wa* = PKKF) und *qatal* (AK) weichen bezüglich ihrer Stellung im Satz einander so aus, daß sie das Inversionspaar *wajjiqtol-x//(w' =)x-qatal* ergeben[27]; ihre Funktion ist der komplexe oder perfektive Aspekt[28]. Als Glieder eines weiteren Inversionspaares begegnen *w' =qatal-x//(w' =)x-jiqtol* (PKLF) bzw. *(w' =)jiqtol* (PKLF)*//(w' =)x-jiqtol* (PKLF)[29]; sie stehen für den kursiven oder imperfektiven Aspekt.

---

der Sachverhalt benannt, daß etwas auf etwas anderes verweist . . . Das Zeichen hat einen Inhalt, eine Bedeutung. Die Bedeutung des Zeichens ist nicht der Sachverhalt, auf den verwiesen wird".

[23] A. Denz, Die Verbalsyntax des neuarabischen Dialektes von *Kwayriš* (Irak). Mit einer einleitenden allgemeinen Tempus- und Aspektlehre (AKM XL,1), 1971, 5.

[24] Zum Saussureschen Ansatz und zu der Lehre von den Zeichen vgl. G. C. Lepschy, aaO., 25–39.

[25] AaO., 7–51. Damit muß ich für meine Schlußfolgerungen die unbewiesene Annahme vom Aspektcharakter des Althebräischen benutzen; ebd. 25.32. Bisher sind die von Denz erarbeiteten Kategorien m. E. überzeugend auf das Hebräische angewendet worden von W. Groß, Das nicht substantivierte Partizip als Prädikat im Relativsatz hebräischer Prosa, in: JNWSL 4/1975, 23–47; ders., Verbform.

[26] Ebd. 12.37.41; ders., Funktion 29.

[27] Der mit „x" beginnende Fall bezeichnet das invertierend wirkende Satzglied.

[28] A. Denz, aaO., 12, weist bei seiner Beschreibung des „Zeitablaufverhältnisses" „mit den beiden sich gegenseitig ausschließenden Möglichkeiten der Vollständigkeit und Unvollständigkeit" hin auf den Ausgangspunkt der Aspektlehre von E. Hermann, Aspekt und Aktionsart, in: Nachrichten der Ges. f. Wiss. zu Göttingen, Phil.-histor. Klasse, 1933, 477: „Der Unterschied zwischen kursiv und komplex . . . ist, bildlich gesprochen so, daß man sich beim kursiven (imperfektiven) Verb gewissermaßen in das Innere der Handlung hineinversetzt, während man sie beim komplexiven (perfektiven) von außen betrachtet".

[29] W. Groß hat die von W. Richter weiter entwickelte Theorie Rösslers über das Verbalsystem modifiziert, vgl. Verbform 22–42.

II. Das Vergehen des einzelnen in Satzrealisierungen

1. *Verbalsätze mit (w˙ =)x-qaṭal//wajjiqṭol-x.* Durch sie werden wir auf
der Ebene des Bezeichneten an individuelle[30] perfektische Sachverhalte[31] verwiesen; sie sind zwar zum Zeitpunkt des betreffenden Sprechak-
tes vergangen, lassen jedoch auf durch sie verursachte und noch anhal-
tende Zustände schließen.

a) *AK bei Erstsetzung in Redesätzen*[32]: *x-qaṭal.* Die Wortfolge im Satz
ist von der Absicht des Redenden geleitet, ein nicht-verbales Element
zur Betonung in die erste Position zu rücken. Einmal wird das Objekt
durch Voranstellung hervorgehoben (2.Sam 12,9b–d; Jer 28,13d), ein
andermal das Subjekt in Gestalt des separaten Personalpronomens (Jer
36,29c). Außer diesen Belegen für freie Inversion finden sich erste
Redesätze, in denen die obligatorische Wortstellung dem finiten Verb
die erste Position im Satz verwehrt. Zu beobachten ist Inversion nach
Fragepartikeln (1.Kön 21,19c; 1.Sam 13,11b; 2.Kön 20,14c.15b=Jes
39,3c.4b; 2.Sam 12,9a; Jes 37,23a) und nach anderen Partikeln (*jă˓ăn*
1.Kön 20,42c; *jă˓ăn ˒ᵃšær* Jer 29,23a; 29,31c; *kī* 2.Sam 12,12a;˓*ēqæb kī*
2.Sam 12,10b; *lō˒* 1.Sam 13,13c; Jer 28,15c; *jă˓ăn ˒ᵃšær lō˒* 1.Kön
20,36a).

In direkter Redeerwähnung müssen nicht alle Sätze eines Gesprächs-
ganges untereinander syntaktische Beziehungen unterhalten. Anders als
der Erzähler, der mittels *wᵉ=/wă=* als Satzweiser die Sinneinheiten
gliedert[33] und dadurch die gleiche Bedeutung jedes *Teil*vorgangs innerhalb des zu erzählenden Vorgangs signalisiert, kann der Sprecher[34] mit
jeder Äußerung wieder von neuem anheben. In diesem Fall verzichtet er
vor neu einsetzenden Sinneinheiten innerhalb seiner Rede oder des Zusammenhangs der Wechselrede auf den Satzweiser, ohne damit auf ein
asyndetisch bestimmtes Verhältnis zum vorgehenden Satz hinweisen zu
wollen. Folglich wird ein als selbständig beurteilter Satz hier behandelt,
als eröffne er die Rede[35] (2.Sam 12,9b; 1.Sam 13,13c; 2.Kön 20,15b =
Jes 39,4b).

b) *AK bei Zweitsetzung: x-qaṭal/(w˙ =)x-qaṭal.* Durch Vorstellung
werden 1.Kön 14,9d; Jes 37,24a die Objekte betont und die *wajjiqṭol-*
Formen durch solche ihrer Umkehrung ersetzt. Die Sinneinheit mit

---

[30] A. Denz, aaO., 13: „Es sind nicht nur Sachverhalte, die einen Zeitbezug haben, das
Ich des Menschen ist ein Ich in der Zeit mit ihm eigentümlichen Zeitstrukturen", ebd. 7 f.

[31] Ebd. 48–51.

[32] Dazu vgl. die Ausführungen von W. Groß, Verbform 35.

[33] Vgl. W. Richter, Exegese 83 f.

[34] Zur Typisierung der verschiedenen Kommunikationssituationen vgl. die Sprechhal-
tungen des Besprechens und Erzählens bei H. Weinrich, Tempus. Besprochene und erzählte Welt, ³1977, 33–54.

[35] Vgl. W. Richter, Exegese 84; W. Groß, Verbform 77.

$w^e=/w\check{a}=x\text{-}qa\underline{t}al$ in Zweitsetzung folgt 1.Kön 14,9d dem vorhergehenden Satz syndetisch oder aber Jes 37,24a in explikativer Asyndese. Sie begegnet Jer 28,13e als opponierender Redesatz zum vorausgegangenen; mit Vorstellung des Subjekts Jer 28,15d; demonstriert mit $w^e=l\bar{o}$' 1.Kön 14,8c den Gegensatz zum rückblickenden Redeteil vv 7–8b in $j\check{a}^{\,\varsigma}\check{a}n\,{}^{\prime a}\check{s}\alpha r=x\text{-}qa\underline{t}al/wajjiq\underline{t}ol\text{-}x$. Inversion muß erfolgen nach Fragepartikel (Jes 37,23c) und nach anderen Partikeln ($j\check{a}^{\,\varsigma}\check{a}n$ Jes 37,29a; $'\alpha p\alpha s\ k\bar{\imath}$ + paronomastischer Inf. a. 2.Sam 12,14a; $w^e=l\bar{o}$' 1.Kön 14,8c; Jer 29,31d; 36,31c; $k\bar{\imath}\ l\bar{o}$' 1.Sam 13,14d).

Schwierigkeiten bereitet die Deutung der Verbfunktion in dem „Einwortsatz" 1.Sam 13,13b, mit dem Samuel nach der Antwort Sauls mit seiner Rede neu einsetzt. Belegt die Wortstellung $qa\underline{t}al\text{-}x$ das Inversionspaar mit imperfektivem Aspekt $qa\underline{t}al\text{-}x//x\text{-}jiq\underline{t}ol$ LF und weist infolgedessen auf ein in der Gegenwart andauerndes („törichtes") Handeln Sauls hin? Dem widerspricht die $x\text{-}qa\underline{t}al$-Konstruktion vv 13c.14d, die den individuellen Sachverhalt der Vergangenheit bezeichnet. Ist dann der These von Groß[36] zuzustimmen, nach der Belege von $qa\underline{t}al\text{-}x$ in Redesätzen perfektiven Aspekt und damit individuellen Sachverhalt der Vergangenheit ausdrücken?

Der Befund erscheint in einem anderen Licht, wenn den von Groß gesammelten Belegen von $qa\underline{t}al\text{-}x$ in Redesätzen, deren Zahl sich leicht vergrößern läßt, solche Textstellen gegenüber gestellt werden, die finite Formen der gleichen Verbwurzeln an zweiter Position im Satz, nach emphatischem $k\bar{\imath}$ bzw. $h\check{\imath}nn\bar{e}$[37], gebrauchen:

Der Verwendung der Übereignungsformel[38] in $qa\underline{t}al\text{-}x$ Ri 16,23.24; 1.Sam 26,8 stehen zahlreiche Belege in $x\text{-}qa\underline{t}al$ gegenüber, in denen an erster Stelle im Satz $k\bar{\imath}$: Jos 2,24; 6,16; Ri 3,28; 7,9.15; 1.Sam 14,12 bzw. $r^{e\,\varsigma}\bar{e}$ für $h\check{\imath}nn\bar{e}$ steht: Jos 6,2; 8,2.

Dem in $qa\underline{t}al\text{-}x$ begegnenden perfektischen Sachverhalt („Ich habe gesündigt" o. ä.) Ex 9,27; 10,16; Num 22,34; Jos 7,11; 1.Sam 12,10; 15,24.30; 2.Sam 12,13 u. a. sind in $x\text{-}qa\underline{t}al$ angeordnete Sätze mit $k\bar{\imath}$ in erster Position: Num 14,40; 2.Sam 19,21; Jer 8,14; 14,20; 40,3; Mi 7,9 etc. entgegenzusetzen (vgl. auch Jos 7,20; Dan 9,15; Num 32,23; Ex 9,16).

Der Gebrauch des Verbums $\check{s}m^{\,\varsigma}$ in $qa\underline{t}al\text{-}x$ 1.Kön 9,3; 2.Kön 20,5; Jes 38,5 ist mit dem in $k\bar{\imath}=x\text{-}qa\underline{t}al$ Gen 29,33; 16,11; Ex 16,9 bzw. $h\check{\imath}nn\bar{e}=x\text{-}qa\underline{t}al$ 1.Sam 12,1 zu vergleichen.

---

[36] Bileam 184; ders., Verbform 32–34; ders., Funktion 33–35.
[37] Zu $k\bar{\imath}$ vgl. C. Brockelmann, Hebräische Syntax, 1956, § 159a; Th. C. Vriezen, Einige Notizen zur Übersetzung des Bindewortes ki, in: Von Ugarit nach Qumran (BZAW 77), 1958, 266–273; C. H. Gordon, Ugaritic Textbook (AnOr 38), 1965, § 9,17. Zu $h\check{\imath}nn\bar{e}$ vgl. I. Lande, Formelhafte Wendungen der Umgangssprache im Alten Testament, 1949, 15; T. Muraoka, Emphasis in Biblical Hebrew, 1969, 106–110.
[38] Vgl. W. Richter, Richterbuch 22–24.

Ebenso dürfen Gen 32,9; 1.Kön 22,17; 2.Kön 20,5 mit *r'h* in *qaṭal-x* nicht isoliert von der Stellung des Verbums *kī=x-qaṭal* Gen 7,1;29,32; 32,31; Ex 4,31; 1.Sam 9,16 bzw. *hĭnnē=x-qaṭal* 1.Sam 16,18; 2.Sam 18,10 gedeutet werden. Gleiches ist zur Verwendung von *'mr* Num 24,11; 2.Sam 19,30 *qaṭal-x* und Gen 20,11; 2.Sam 12,22 *kī=x-qaṭal* und 2.Kön 5,11 *hĭnnē=x-qaṭal* zu sagen. Das Verständnis von 1.Sam 10,2 *qaṭal-x* mit *mṣ'* Ni. als einer sicheren Zusage[39] ist aufgrund der Belege 1.Sam 9,20; 10,16 *kī=x-qaṭal* und 1.Sam 9,8 *hĭnnē=x-qaṭal* im Sinn eines individuellen Sachverhalts der Vergangenheit zu korrigieren.

Auch Num 22,14 *qaṭal-x* bringt mit *m'n* den gleichen Sachverhalt der Vergangenheit zum Ausdruck wie Num 22,13 *kī=x-qaṭal* (vgl. Hos 11,5; Spr 21,7.25).

Zu vergleichen sind die Sätze *qaṭal-x* Gen 30,18.20.23 mit denen Gen 29,32.33 *kī=x-qaṭal*.

1.Kön 21,10.13 *qaṭal-x* läßt sich kein Beleg *kī=/hĭnnē=x-qaṭal* entgegenhalten, in dem *brk* Pi. *qll* Pi. ersetzt. Die Ursache für diesen negativen Befund kann in der seltenen euphemistischen Verwendung des Verbums liegen, so daß eine Beurteilung diejenigen Fälle nicht außer acht lassen sollte, in denen *brk* Pi. in der Bedeutung ‚segnen' *kī* bzw. *hĭnnē* nachgestellt ist.

Schließlich muß in Überlegungen, welche Ausdrucksabsichten 1.Sam 13,13b *niskāltā* realisiert sind (vgl. 2.Chr 16,9, vielleicht *kī* zu ergänzen), die Beachtung von 2.Sam 24,10; 1.Chr 21,8 mit *kī=x-qaṭal* (*skl* Ni.) und von 1.Sam 26,21 mit *hĭnnē=x-qaṭal* (skl Hi.) eine Rolle spielen (vgl. auch Gen 31,28 mit *'ăttā=x-qaṭal*).

Ergebnis: Von allen Verben, die in *qaṭal-x-*Redesätzen angetroffen werden, lassen sich Beispiele anführen, die ihr Vorkommen in Redesätzen nach *kī* und/bzw. *hĭnnē* belegen. Diese Beobachtung rechtfertigt folgende Vermutung: Unabhängige Sinneinheiten direkter Redeerwähnung, die nach dem Kontext nur einen individuellen Sachverhalt der Vergangenheit zur Sprache bringen können, obwohl ihre afformativen Verbformen an erster Position stehen, sind mit Ersparung des emphatischen *kī* oder *hĭnnē* verwirklicht worden. Vielleicht soll durch die Ellipse der besondere Erregungszustand des Redenden ausgedrückt werden. Es handelte sich dann um ein Stilmittel, mit dem durch Auslassung bewußt von den Grundverhältnissen abgewichen wird. Dies würde auch erklären, warum sich gleiche Fälle scheinbarer Abweichung von den Wortstellungsregeln in Handlungstexten (also außerhalb von Redesätzen in prosaischen Texten und außerhalb von poetischen Texten) nicht finden.

M. E. ist bei dem zur Diskussion stehenden „Einwortsatz" 1.Sam 13,13b von der voll ausgeformten syntaktischen Form und ihrer Leistung auszugehen. Die emphatische Partikel *kī/hĭnnē* ist jedoch erspart worden: *(x-)qaṭal* für perfektiven Aspekt.

In attributiven und in selbständigen *'ăšær*-Sätzen[40] begegnet *x-qaṭal*,

---

[39] So W. Richter, Die sog. vorprophetischen Berufungsberichte, aaO., 38.
[40] Vgl. W. Gesenius/E. Kautzsch, Hebräische Grammatik, [28]1962, § 138; C. Brockelmann, aaO., § 152.

weil das syntaktische Funktionswort die erste Position der abhängigen Sinneinheit belegt (1.Sam 13,13ca.14da; 1.Kön 14,8ca).

c) *AK bei Zweitsetzung nach verschiedenen Satzarten.* In den zu untersuchenden Belegen erscheint *x-qaṭal* lediglich als Folge unerläßlicher Wortstellung Jer 22,15c nach Frage- und Negationspartikel. Koordinierendes *w*ᵉ= läßt auch v 15d–e die nachfolgenden AK-Formen von der einleitenden Interrogativ- und Verneinungspartikel abhängig sein. Das ganze Redestück verhält sich oppositionell zum ersten Teil v 15a–b, der in (Fragepartikel=)*x-jiqṭol* und mittels Konjunktion angeschlossenem part. NS besteht.

Ferner wird Inversion bewirkt Jes 22,16c im konjunktional angeknüpften Subjektsatz[41] nach und in Attributivsätzen zum Fragesatz *x-jiqṭol* 1.Sam 2,29aa bzw. zum Redesatz *wajjiqṭol* + *l*ᵉ mit Inf. c. 1.Kön 14,9aa.

d) *PKKF (wajjiqṭol) als Zweitsetzung nach Redesätzen mit AK an zweiter Position: x-qaṭal/wajjiqṭol-x (+ Inf. c.).* An erster Position im Satz führt *wajjiqṭol* als Zweitsetzung bei Abfolge der Handlung[42] perfektisches *x-qaṭal* fort, und zwar AK in Erstsetzung 2.Sam 12,10c; 1.Kön 14,9a–c; Jer 29,23b–c wie auch in Zweitsetzung unter den *x-qaṭal*-Sinneinheiten Jes 37,23d.24b; Jer 29,31e. Das Verbum finitum in der Form von *wajjiqṭol* wird 1.Kön 14,9a.c zur Angabe der begleitenden Umstände oder 2.Sam 12,10b der Absicht durch *l*ᵉ mit Inf. c. fortgesetzt.

e) *Inf. c. nach x-qaṭal + l*ᵉ *mit Inf. c.* Der Inf. c. mit präfigierter Partikel *l*ᵉ dient der Näherbestimmung des durch *x-qaṭal* ausgedrückten komplexiven bzw. perfektiven Sachverhalts 2.Sam 12,9a; 1.Kön 14,8c; Jer 36,29c.

2. *Verbalsätze mit x-jiqṭol LF.* Das Bezeichnende ist jeweils eine kursive bzw. imperfektive Verbform[43]; das Bezeichnete ist in diesen Fällen ein noch unvollständiger, im Ablauf begriffener Sachverhalt[44].

a) In unabhängigen Sätzen, deren x an erster Position eine Fragepartikel ist, findet sich PKLF für individuelle Gegenwart 1.Sam 2,29a; 2.Kön 20,14d = Jes 39,3d; Jer 22,15a. Im abhängigen Satz bezeichnet *x-jiqṭol* die untergeordnete gleichzeitige Handlung[45]. Sie bezieht sich Jes 7,13c auf einen Tatbestand, der als nominaler Fragesatz mit Inf. c. gestaltet ist. Da dieser Tatbestand nur gegenwärtig gemeint sein kann, realisiert auch der konjunktionale *x-jiqṭol*-Satz v 13d eine gegenwärtige individuelle Wirklichkeit.

---

[41] Dazu C. Brockelmann, aaO., § 159a.
[42] So W. Groß, Verbform 35.163.
[43] Vgl. E. Hermann, aaO., 477.
[44] Dazu A. Denz, aaO., 23.
[45] Vgl. W. Groß, Verbform 43.

b) *x-jiqtol/wajjiqtol-x*. Auf den Vorwurf in Gestalt einer Wortfrage in *x-jiqtol* gegen einen gegenwärtigen Sachverhalt folgt eine Sinneinheit in *wajjiqtol* 1.Sam 2,29a–b. Eine individuelle Gegenwart aber kann *wajjiqtol* nicht ausdrücken[46]; daher muß hier Vergangenheit gemeint sein. Folglich erhellt die zweite Sinneinheit auch die erste: Das in der Gegenwart anstößige Verhalten geschah auch schon in der Vergangenheit[47]. Der Inf. c. mit *l^e*, der die Verbform 1.Sam 2,29b in PKKF fortsetzt, nennt die näheren Umstände.

c) *x-jiqtol+kī* part. NS. Der Satzfrage untergeordnet ist der konjunktionale partizipiale Subjektsatz Jer 22,15a–b; er liefert eine konkrete Angabe zur gegenwärtigen Wirklichkeitserfahrung, die der verbale Hauptsatz aussagt.

3. Partizipiale Nominalsätze

a) *Der partizipiale Hauptsatz*. Am 7,16b wird der part. NS weder durch ein Verbum finitum noch durch ein Partizip fortgeführt. Daher fehlt ein formales Kriterium für das Verständnis des Sachverhalts, den der part. NS bezeichnet. Da er jedoch ein Zitat einführt[48], mit dem das schuldhafte Reden des Angeredeten gegenwärtig ist[49], läßt sich der part. NS als Aussage über einen individuellen gegenwärtigen Sachverhalt deuten[50]. Damit zeigt sich das Partizip als ein mit PKLF konkurrierendes[51] sprachliches Mittel.

b) *Untergeordnete Partizipialsätze*. Der näheren Bestimmung des gleichen Satzteils (enklitisches Personalpronomen der 2. Pers. s. m. bei präfigiertem *l^e*) in den beiden vorangehenden gleichgeordneten Nominalsätzen Jes 22,16a–b dienen asyndetisch untergeordnete Partizipialsätze v 16d–e[52]. In gleicher Funktion zu den beiden Objekten in der Gestalt von Eigennamen im übergeordneten *x-qatal*-Satz der Botenformel[53] Jer

---

[46] Zu diesem Ergebnis gelangt auch W. Groß, Verbform 165.

[47] Vgl. W. Groß, Verbform 106 A 105.

[48] So H. W. Wolff, Das Zitat im Prophetenspruch. Eine Studie zur prophetischen Verkündigungsweise, 1937, 15 A 39 = Ges. Stud. z. AT, ²1973, 43 A 39.

[49] Vgl. H. W. Wolff, Dodekapropheton 2. Joel und Amos (BK XIV/2), 1969, 363.

[50] K. Koch, Amos II, 130: „. . . partizipiale Nominalsatzbildung, die auf Zuständlichkeit zielt". Dagegen spricht jedoch die Beobachtung, daß ein Partizip wie PKLF gebraucht wird, s. u. zu 2.Kön 20,1; Jer 28,16; vgl. bes. Gen 37,15.16.

[51] Dazu W. Groß, Verbform 39.

[52] Zur Konstruktion mit unterbrochener Verbindung zwischen Regens und Rectum durch Lokaladverb bzw. Präposition mit ihrer Dependenz vgl. C. Brockelmann, aaO., § 70f.

[53] Vorgeschlagen wird als Bezeichnetes „Koinzidenz in Stellvertretung" von W. Groß, Bileam 202 A 76, unter Bezug auf A. Denz, aaO., 44f. A 24, zum Verständnis von „Koinzidenz".

29,21a steht der ebenfalls asyndetisch verbundene partizipiale Relativsatz. Ein nominaler Fragesatz 2.Kön 1,3d.6g erhält als Subjekt einen asyndetisch untergeordneten part. NS, den ein Inf. c. inhaltlich ausführt vv 3e.6h. Konjunktional subordiniert ist eine weitere partizipiale Nominalsatzbildung Jer 22,15b; sie ist der voranstehenden Frage in *x-jiqtol* v 15a als Subjekt eingefügt. Auch in untergeordneten Sätzen trifft das Partizip mit der Leistung der PKLF in abhängigen Sätzen zusammen, gleichzeitige Handlungen zu bezeichnen. Der partizipiale Hauptsatz wie die untergeordneten partizipialen Nominalsätze meinen individuelle Sachverhalte.

4. Reine Nominalsätze

a) Bei den vorkommenden Belegen handelt es sich um nominale Satzbzw. Wortfragen. Sie werden Jes 22,16a–c weitergeführt durch einen konjunktional untergeordneten *x-qatal*-Satz oder Jes 7,13c–d durch Inf. c. und eine mittels Konjunktion subordinierte *x-jiqtol*-Sinneinheit, 2.Kön 1,3d–e durch einen asyndetisch folgenden part. NS mit Inf. c. (vgl. v 6g–h) oder 2.Kön 1,16d lediglich durch Inf. c. Die nominalen Fragesätze sprechen von der Gegenwartswirklichkeit der Adressaten. Die syntaktische Weiterführung des NS durch *x-qatal* Jes 22,16a–c weist darauf hin, daß der gegenwärtige Zustand aus einer Tat in der Vergangenheit herzuleiten ist. Die Verbindung mit Inf. c. 2.Kön 1,16d; Jes 7,13c bezieht sich auf einen Tatbestand in der Gegenwart, zu dem die abhängige Aussage in *x-jiqtol* eine gleichzeitige Handlung beisteuert v 13d und den 2.Kön 1,3d–e (vgl. v 6g–h) der syndetisch untergeordnete part. NS mit Inf. c. näher bestimmt und entfaltet.

5. *Ergebnis:* Verschiedene syntaktische Formen der Sätze lassen zwischen verschiedenen Funktionen der Sätze unterscheiden.

a) Verbalsätze mit dem Inversionspaar *(w˙=)x-qatal//wajjiqtol-x* herrschen vor. Sie begegnen mit der Stellung *x-qatal* bei Erstsetzung in Redesätzen, *w˙=x-qatal* bei Zweitsetzung, wenn der Sprecher keine Handlungsabfolge ausdrücken will, *(w˙=)x-qatal* bei Zweitsetzung, wenn das Verbum finitum aus verschiedenen Gründen nicht die erste Position im Satz einnimmt. Das andere Glied des Umkehrpaares *wajjiqtol* steht bei Zweitsetzung an erster Stelle im Satz; es führt *x-qatal* fort, wenn der Sprecher den individuellen vergangenen Sachverhalt als Handlungsverlauf erzählen will.

Das Charakteristische an dem durch *(w˙=)x-qatal//wajjiqtol-x*-Sätze realisierten ersten Teil des prophetischen Wortes ist die Nachricht über einen vergangenen Sachverhalt in der Weise, daß der Adressat den Gegenwartszustand als das Ergebnis aus dem vernommenen Sachverhalt in der Vergangenheit folgern und anerkennen muß.

b) Wenige Verbalsätze mit *x-jiqtol* LF bringen Satz- und Wortfragen
zum Ausdruck in der Form *x-jiqtol* oder *x-jiqtol/wajjiqtol-x* (+ Inf. c.).
Das Bezeichnende steht für individuellen Sachverhalt der Gegenwart; es
versetzt Sprecher und Hörer in das Innere der Handlung, die noch ver-
läuft.

c) Partizipiale Nominalsätze formulieren einen gegenwärtigen individuellen Sachverhalt und konkurrieren in ihrer Leistung mit Verbalsät-
zen in *x-jiqtol* LF.

d) Reine nominale Satz- bzw. Wortfragen, aber auch nominale Aussa-
gesätze nehmen auf individuelle gegenwärtige Tatbestände Bezug. Verbale, partizipiale oder Unterordnungen durch Inf. c. beleuchten die
Lage des Adressaten von einem vergangenen oder noch nicht abgeschlossenen oder sich in Gang setzenden Sachverhalt her. Sprechakte in
solchen Satzgefügen verfolgen ein didaktisches Ziel: NS+*kī*=*qatal* oder
NS – part. NS+Inf. c. oder NS+Inf. c. – *kī*=*jiqtol* oder NS+Inf. c.

III. Die Strafe für den einzelnen in Satzrealisierungen

1. Verbalsätze mit (w᷊ ≠)jiqtol LF-x//(w᷊ =)x-jiqtol LF. PKLF bezeichnet individuelle Sachverhalte der Zukunft[54].

a) *PKLF in der Stellung x-jiqtol.* Sie ist durch freie Inversion hervorgerufen: Die erste Position im Satz ist 2.Sam 12,12b.14b besetzt durch das
aus Oppositions- oder anderen Gründen betonte Subjekt, 1.Kön 21,19g
durch eine Raumergänzung oder Am 7,17b–f; Jer 22,19a; 37,17i durch
verschiedene Objektergänzungen. Die Umkehrung ist erzwungen: Es
handelt sich um solche Sätze, in denen eine Partikel vor dem Verbum finitum stehen muß (*lō'* 1.Sam 13,14a; 2.Sam 12,10a; 2.Kön 1,4b.6i.16e;
Jer 22,11b.12b.18b.d.30ba.c; *lākēn* Jes 7,14a; *kī* 2.Kön 1,4c.6j.16f; Jer
22,12a). Nicht selten fallen zwei Gründe für die Inversion zusammen
(1.Sam 13,14a; 2.Sam 12,10a.14b; 2.Kön 1,4b.c.6i.j.16e.f; Jer
22,12a.30c).

b) PKLF bezeichnet in den zu beachtenden Belegen der prophetischen Ansage zukünftige Sachverhalte. Das nicht verneinte Verbum finitum drückt einmal die Wende aus, die Gott herbeiführt 2.Sam 12,12b,
sonst die eintretende neue Wirklichkeit für den Betroffenen 2.Sam
12,14b; 1.Kön 21,19g; Am 7,17b–f; Jes 7,14a.17i. Die mit PKLF gebil-
dete negierte Aussage schließt eine Veränderung der Welterfahrung des
Betroffenen aus 1.Sam 13,14a; 2.Sam 12,10a; Jer 22,30b–c. Eine Anzahl von Ansagen setzt sich aus Sätzen zusammen mit *lō'*=*x-jiqtol* und
solchen mit *x-jiqtol*; d. h. sie verbindet[55] den Gesichtspunkt der aus-

---

[54] Dazu A. Denz, aaO., 22–24.27.
[55] Anders K. Koch, FG 260; ders., Amos II, 146f., der außer dem „Lagehinweis" und

geschlossenen Zukunft mit dem des neuen Sachverhalts 2.Kön 1,4b–c.6i–j.16e–f; Jer 22,11b–12b.18b–19a.

c) *PKLF in der Stellung (w˙ =)jiqtol-x.* An erster Position steht Jes 7,17a *w^ejābī'*[56]. Es handelt sich zweifelsfrei um PKLF. Der Gebrauch von *(w˙ =)jiqtol* LF-x ist in den hier zu befragenden Texten singulär und auch darüber hinaus nicht häufig[57], jedoch eindeutig nachweisbar[58]. Er leistet die gleiche Funktion wie die bereits besprochenen Fälle von PKLF in umgekehrter Position; er zeigt einen individuellen zukünftigen Sachverhalt an.

d) *Einleitende Imperativsätze.* Zweimal beginnt die Ansage mit einem Imperativ. Er realisiert jeweils sprachlich 2.Kön 20,1e; Jer 22,30b die Aufforderung[59] zu einer Handlung, die einen zukünftigen Tatbestand vorbereitet. Dieser bevorstehende Sachverhalt findet einmal sprachlichen Ausdruck in einem durch emphatisches *kī* mit der Aufforderung verknüpften zukünftigen part. NS und einem syndetisch verbundenen Satz mit *lō'*+PKLF 2.Kön 20,1f–g. Die Partizipialsatzbildung steht hier in der Leistung einer Sinneinheit mit nicht verneinter PKLF; zum andern fügt sich an den Imperativsatz mit asyndetischem Relativsatz mit Hilfe eines emphatischen *kī* ebenfalls eine Aussage in *lō'*+PKLF, die eine bezeichnete zukünftige Wirklichkeitserfahrung ausschließt Jer 22,30c[60].

2. *Part. NS und verbale Fortführung.* Vom ersten, das Vergehen des einzelnen beachtenden Teil des prophetischen Wortes leitet *hinnē* zur Zukunftsansage über. Dem Präsentativ folgt ein part. NS. Sein Subjekt ist als enklitisches Personalpronom der 1. Pers. Gottes und einmal in der 3. Pers. mit dem Tetragramm gegeben.

Unter den hier gesammelten Belegen stellt *hinnē* mit dem enklitischen Personalpronomen der 2. Pers. s. eine Ausnahme dar: 1.Kön 20,36c spricht von dem Betroffenen und seinem Ergehen, nicht vom Eingreifen Gottes. – 1.Sam 2,31a; 2.Kön 20,17=Jes 39,6 erscheint als Subjekt ein Substantiv im Plural, das die Kongruenz beim partizipialen Prädikat bewirkt. Aber auch die Wendung „Sie-

---

der „Weissagung" einen fakultativen dritten Teil „Abschließende Charakteristik" postuliert.

[56] Gegenüber MT liest VQ^a vor *jābī'* noch *w^e*. *w^e*=/*wă*= wirken nicht invertierend nach W. Richter, Richterbuch 354 A 50; W. Groß, Verbform 43 A 96.

[57] Vgl. W. Groß, Verbform 39.

[58] 1.Sam 12,3; 1.Kön 15,19. Dazu und bes. zu Gen 1,9 W. Groß, Verbform 40f.

[59] Zu „Auslösung und Aspekt" vgl. A. Denz, aaO., 40–44. – Bei einigen Unheilsworten fehlt die Situationsbeurteilung. Sie ist Jer 20,1–3 in die Erzählung eingegangen und wird beim Sprechakt vorausgesetzt. Zu 2.Kön 20,1; Jer 22,11–12.30; 37,17 vgl. die These von C. Westermann, aaO., 115f. Zur defektiven Überlieferung der Gattung vgl. K. Koch, Amos II, 127.

[60] Zur attributiven Näherbestimmung des Subjekts folgen zwei untergeordnete, untereinander syndetisch verknüpfte Partizipialsätze.

he, Tage kommen"[61] weist auf einen von Jahwe herbeizuführenden neuen Abschnitt in der Geschichte und vertritt die entsprechenden Formulierungen vom Eingreifen Gottes[62].

Der part. NS bezieht sich auf einen individuellen zukünftigen Sachverhalt[63].

a) *Beide Formen des Inversionspaares* w˙ =qaṭal-x//x-jiqṭol *führen den part. NS weiter.* Es ist am gleichgeordneten w˙ =qaṭal mit *identischem* Subjekt in anschließenden Sinneinheiten zu beobachten 2.Sam 12,11b–d; 1.Kön 14,10a–c. Die Kette der subjektidentischen w˙ =qaṭal-Glieder wird innerhalb der gleichen Konstruktion 2.Sam 12,11e um ein zusätzliches w˙ =qaṭal-Element mit *anderem* Subjekt erweitert. Schließlich fügt sich der gleichgeordnete w˙ =qaṭal-Satz mit *neuem* Subjekt unmittelbar an den part. NS Jer 20,4b–c; 29,21b–c+22a. Formal gehören hierher auch 1.Sam 2,31a–b; 1.Kön 20,36c; 2.Kön 20,17 = Jes 39,6.

b) Gemäß dem Inversionspaar w˙ =qaṭal-x//x-jiqṭol wird der part. NS auch durch asyndetisch anschließende PKLF weitergeführt, weil Jer 29,32b–d die Negation zur Umkehrung von Verbform und Wortfolge nötigt. Als eine Nebenwirkung der Inversion richtet sich die Aufmerksamkeit auch auf die Veränderung des Subjekts.

Jer 29,32b–d ist das Verhältnis der x-jiqṭol-Sätze, die untereinander durch w^e verbunden sind, zu dem vorangegangenen part. NS asyndetisch beigeordnet[64], d. h. im Sinn von Ursache und Wirkung zu verstehen. Gegen einen möglichen selbständigen „Neueinsatz in bewegter Rede"[65] beim ersten Verbum finitum in PKLF spricht die Verwendung der anderen Form des Inversionspaares trotz Subjektwechsels im entsprechenden Redezusammenhang 2.Sam 12,11e; Jer 20,4c; 29,21c–22a.

Es stellt sich die Frage, ob 1.Kön 14,11a–b; 2.Kön 20,17c = Jes 39,6c konjunktionsloses x-jiqṭol zur Reihe gleichwertiger Teilsätze gehört, die mit part. NS beginnt und mit einem bzw. mehreren w˙ =qaṭal-Sätzen fortgesetzt wird 1.Kön 14,10a–c; 2.Kön 20,17a–b = Jes 39,6a–b, oder sich asyndetisch der Satzreihe unterordnet[66] und dem zukünftigen Sach-

---

[61] Vgl. G. v. Rad, „Der Tag" im AT, in: ThWNT II, 948 f.

[62] C. Westermanns Einordnung von 2.Kön 20,17 = Jes 39,6 in die Gruppe der Ankündigungen, die nur in einer Aussage über die Strafe bestehen, ist deshalb fragwürdig, aaO., 107.

[63] Dazu W. Groß, Verbform 78–81.

[64] Vgl. C. Brockelmann, aaO., § 133c.

[65] W. Groß, Verbform 80.

[66] In diesem Fall wäre die andere Form des Inversionspaares, w˙ =qaṭal, nicht anwendbar; vgl. W. Groß, Verbform 43.

verhalt der Hauptsätze gleichzeitige Handlungen hinzufügt[67] oder aber als Neueinsatz innerhalb der Rede aufzufassen ist. Auch hier darf die Entscheidung nicht außer acht lassen, daß beide Inversionsformen $w^{\cdot}=qa\underline{t}al$-$x//x$-$jiq\underline{t}ol$ ohne und mit Subjektwechsel den part. NS weiterführen können und sich 1.Kön 14,10–11; 2.Kön 20,17 = Jes 39,6 die Wahl der PKLF an Stelle der bisherigen $w^{\cdot}=qa\underline{t}al$-Fortführung durch das betont an den Satzanfang rückende Objekt bzw. durch die feste Position der Negationspartikel erklären läßt; hinzu kommt, daß auf diese Weise zugleich der Subjektwechsel markiert werden kann 1.Kön 14,10–11.

Ebenfalls ohne Konjunktion führt x-$jiq\underline{t}ol$ Jes 22,17–18b zuerst mit gleichem, danach mit neuem Subjekt den nominalen Eingang der prophetischen Ansage weiter, der aus zwei gleichwertigen syndetischen Partizipien besteht. Paronomastische Stellung des Inf. a. vor dem Verbum finitum v 18a und die aus Betonungsgründen eingenommene erste Position im Satz durch ein Adverb v 18b erklären den Gebrauch der PKLF in beiden Sinneinheiten mit verschiedenen Subjekten. Gleiches wie PKLF v 18b leistet der syndetisch verbundene NS v 18c. Chiastisch motiviert ist die Folge $w^{\cdot}=qa\underline{t}al$-$x/w^{\cdot}=x$-$jiq\underline{t}ol$ v 19a–b[68]. Das Verbum finitum an erster Position kann hier nur als Zweitsetzung und in der jetzigen Textgestalt als Weiterführung des part. NS begriffen werden.

Verneinungspartikel und Betonung des neuen Subjekts durch Voranstellung sind 1.Sam 2,32b.33b offensichtliche Gründe für die Umkehrung zum syndetischen x-$jiq\underline{t}ol$. Die andere Form des Inversionspaares an erster Position der Sinneinheit v 32a setzt die mit dem part. NS beginnende Ansage v 31a[69] fort, an den sich v 31b ein erster $w^{\cdot}=qa\underline{t}al$-Satz anschloß. So erweisen sich die syndetisch verknüpften und syntaktisch unterschiedlich geformten Sätze vv 31–33 als gleichwertige Teilsätze einer Satzreihe.

3. *Part. NS und partizipiale Fortführung.* Der durch Präsentativ mit enklitischem Personalpronomen der 1. Pers. Gottes eingeleitete part. NS wird durch einen weiteren part. NS mit *neuem* Subjekt Jer 28,16b–c asyndetisch fortgeführt: *hinnē* part. NS/x-part. NS. Das Bezeichnete ist

---

[67] Etwa in dem Sinn (2.Kön 20,17 = Jes 39,6): „. . . da wird alles weggetragen werden . . . (nämlich so, daß) nichts übrigbleiben wird" und (1.Kön 14,10–11): „Darum, siehe ich bringe . . . ich will vernichten . . . und will ausfegen . . ., (nämlich so, daß) wer von Jerobeam in der Stadt stirbt, den die Hunde fressen . . ."

[68] H. Wildberger, Jesaja 13–27 (BK X/2), 1978, 834, erkennt in v 19 einen Nachtrag. Zum Text ebd. 833.

[69] Die Frage, ob 1.Sam 2,27–36 ein Zusatz oder eine nachträgliche Überarbeitung anzunehmen sei, erörtert H. J. Stoebe, Das erste Buch Samuelis (KAT VIII), 1973, 86 A 21 und A 22.

ein individueller Sachverhalt der Zukunft[70]. Die partizipiale Weiterführung konkurriert mit der durch PKLF in der Leistung.

4. *NS und verbale Fortführung*. Der in der Schwurformel bestehende NS wird durch zwei *subjektidentische w'=qaṭal*-Sätze und zwei Sinneinheiten in *w'=x-jiqṭol* mit *neuem* Subjekt Jer 22,24a+25–27 weiter- und inhaltlich ausgeführt. Die immer wieder beobachtete Funktion des Inversionspaares, zukünftige Sachverhalte sprachlich zu realisieren, trifft auch hier zu: Der Schwur richtet sich auf ein Kommendes. Die Reihe gleichwertiger und syndetisch verknüpfter Teilsätze läßt die Inversionsformen dort wechseln, wo *w'=qaṭal* als Zweitsetzung nach dem NS seine erste Position im Satz zugunsten eines Umstandswortes und der Negationspartikel räumen und *x-jiqṭol* seine Funktion wahrnehmen lassen muß. Es ist zugleich der Einschnitt, an dem sich der Wechsel vom Subjekt Gottes zu dem der Betroffenen vollzieht. Eine irreal gedachte Bedingung[71] mit Prodosis und Apodosis in *'im=jiqṭol/x-jiqṭol*[72] v 24b trennt die Schwurformel von ihrer *w'=qaṭal*-Fortsetzung[73].

Auf die Beteuerung in nominaler Gestalt folgen 1.Sam 2,30e–f zwei untereinander kopulativ verbundene ausführende Sätze in *x-jiqṭol*. Wortstellung und Verbform sind durch Hervorhebung jeweils des Objektes motiviert, das in beiden Fällen durch ein asyndetisch untergeordnetes Partizip mit Nominalrektion, dazu einmal paronomastisch, gebildet ist. Der Subjektwechsel wird nur durch die grammatische Form gekennzeichnet. Er unterstreicht den Gegensatz, der in den oppositionellen Nominal- und Verbalformen zum Ausdruck kommt und als dessen syntaktisches Instrument *w'* = fungiert. Die ganze Satzreihe meint zukünftige Handlungen.

Der zukünftige NS wird 1.Sam 2,34a–b durch PKLF weitergeführt. Die Erststellung der Präposition mit ihrer Dependenz im Satz bestimmt die Wahl dieser Verbform.

5. *Verbalsätze mit den Formen w'=qaṭal-x//x-jiqṭol nach elliptischem (partizipialem) NS*. Anders als beim häufigen Gebrauch verbaler Weiterführung eines partizipialen oder eines reinen NS durch *w'=qaṭal-x* bietet die für die Umkehrungsform zu *x-jiqṭol* notwendige Zweitsetzung 1.Kön 20,42d; Jes 37,29b–c Probleme. Sollte *w'=qaṭal-x* an erster Position eines *Nach*satzes an einen Kausalsatz anknüpfen[74]? Dann müßten

---

[70] Dazu W. Groß, Verbform 78–81; ebd. A 80.

[71] C. Brockelmann, aaO., § 165a.

[72] Emphatisches *kī* zu Beginn der Prodosis wird in der Apodosis wieder aufgenommen.

[73] Auf den Einschub eines Bedingungssatzes nach der Beteuerung 1.Sam 20,13 weist W. Gesenius/E. Kautzsch, aaO., § 149d, hin.

[74] Vgl. C. Brockelmann, aaO., § 176a.

beide Teile des Prophetenwortes eine syntaktische Einheit[75] bilden; *x-qaṭal* für einen *vergangenen* Sachverhalt würde unmittelbar von *w'=qaṭal* für einen *zukünftigen* gefolgt[76]. Eine andere Erklärung erscheint mir einleuchtender; denn sie schließt an die bisherigen Beobachtungen an. Danach erkenne ich elliptische Realisierungen prophetischer Redesätze. Erspart sind in beiden Belegen das Gelenk „x" zwischen dem Situationshinweis und der Zukunftsansage: *hinnē* sowie ein (part.) NS. Der Situationshinweis beginnt mit „Es verhält sich so, daß"[77], der folgende Redeteil mit „Siehe, ich . . ."[78]. Nur *scheinbar* bezieht sich die Zukunftsansage in *w'=qaṭal-x* syntaktisch auf die vorangehende Situationsbeurteilung in *x-qaṭal;* vielmehr führt sie in Zweitsetzung einen sachlich zu ergänzenden (part.) NS vom Eingreifen Gottes weiter. Eine solche Ersparung[79] scheint möglich gewesen zu sein[80], weil die häufige *w'=qaṭal-*Fortführung auch allein ihre Funktion erkennen und den ersten Redesatz der Reihe sinngemäß erschließen läßt.

Von der Annahme eines elliptischen Redeelements her ist auch der syntaktische Aufbau von Jer 36,30–31 deutbar, wenn man das prophetische Wort nicht sogleich als Beispiel für eine sekundäre Mischform mit späterem Nachtrag[81] von syntaktischen Überlegungen ausschließt. Die Auslassung des (part.) NS mit göttlichem Subjekt könnte die im überlieferten Text befremdlich wirkende Abfolge der Aussagen von der Strafe und vom Eingreifen Jahwes geradezu erst veranlaßt haben. Die Umstellung hätte dann den Zweck erfüllen müssen, die für *w'=qaṭal* v 31 er-

---

[75] Davon geht C. Westermann, aaO., 106, aus, wenn er eine „Gruppe von Formulierungen der Anklage . . . in einen logisch-grammatischen Zusammenhang mit der Ankündigung gebracht" sieht; dazu zählt er freilich syntaktisch unterschiedlich geformte Worte: 1.Sam 15,23; 1.Kön 20,36.42; 2.Kön 21,11; Jes 37,29. Nach H. W. Wolff werden in einigen Fällen „Begründung und Drohung" „direkt syntaktisch verbunden"; der Beispieltext Jes 29,13–14 läßt jedoch auf *x-qaṭal-*Sätze und *wajjiqṭol-*Satz mittels eines Übergangsweisers auf die Gegenwartsbeurteilung die Zukunftsansage folgen mit Präsentativ+Partizipialsatz+Inf. c., Inf. *a./w'=qaṭal-x/x-jiqṭol.* Vgl. H. W. Wolff, Die Begründungen der prophetischen Heils- und Unheilssprüche, in: ZAW 52/1934, 6 = Ges. Stud. z. AT, ²1973, 14. Zu den Thesen von Westermann und Wolff vgl. D. E. Gowan, The Use of *ya'an* in Biblical Hebrew, in: VT 21/1971, 168–185.

[76] W. Gesenius/E. Kautzsch, aaO., § 112x, urteilt über solche Fälle: „So steht Perf. consec. . . . in Anknüpfung an einen Bericht über . . . vergangene Tatsachen, namentlich wenn dieselben den Grund für die im Perf. cons. dargestellte Handlung etc. enthalten".

[77] K. Koch, FG 259; ders., Amos I, 168; II, 128.

[78] Vgl. 1.Kön 20,36; Jer 29,31–32.

[79] K. Koch, Amos I, 220; II, 141, hält Am 8,9 infolge Streichung des Eingangselements für defektiv. Zu Am 5,26–27 vgl. W. Gesenius/E. Kautzsch, aaO., § 112x; K. Koch, Amos I, 182; II, 141.

[80] Sie konnten aber auch den Eindruck erweckt haben, als sei die *w'=qaṭal-*Form aus ihrer ursprünglichen Bindung gelöst und führe ein selbständiges Leben, vgl. W. Gesenius/E. Kautzsch, aaO., § 111h.

forderliche Zweitsetzung wiederherzustellen, weil die Ersparung des (part.) NS – z. B. infolge der Wiederholung der Botenformel v 29 in v 30 – nicht mehr empfunden wurde. Für denkbar halte ich eine frühere Anordnung der Sätze, nach der w` $=qaṭal$-Sinneinheiten nach erspartem (part.) NS von solchen in x-$jiqṭol$ mit Subjektwechsel abgelöst wurden; die Inversion war durch positionsgebundene Verneinungspartikel und durch hervorgehobene Anfangsstellung des Subjekts begründet.

6. Unter syntaktischem Gesichtspunkt nehmen 1.Sam 15,23c–d.26c–d eine Sonderstellung ein. Der als Zukunftsansage erwartete Redeteil ist als ein *wajjiqṭol*-Satz formuliert, dessen Subjekt Jahwe ist. Da *wajjiqṭol*[82] eine stellungsgebundene Form ist und seine erste Position im Satz nur als Zweitsetzung beziehen kann, handelt es sich bei der durch PKKF verwirklichten Sinneinheit jeweils um einen nachfolgenden Gesprächsteil. Für die Vermutung einer unvollständigen Rede fehlen Hinweise aus diesen und anderen Belegen. Die für den *wajjiqṭol*-Satz[83] notwendige Gesprächseröffnung im engeren Kontext liegt in dem vorangehenden x-$qaṭal$-Satz vor. Der Sprecher stellt einen perfektischen Sachverhalt[84] fest. Mit Hilfe von *wajjiqṭol* verwirklicht er den Zustand seines Adressaten sprachlich so, daß er ihn sich aus seiner Gehorsamsverachtung (x-$qaṭal$ vv 23c.26c) resultieren läßt. 1.Sam 15,23c–d.26c–d präsentieren demnach keine prophetische Ansage, sondern eine prophetische Reflexion am konkreten Fall[85] über den Zusammenhang von Grund und Folgen, menschlicher Schuld und göttlichem Handeln, der sonst die beiden Teile des Prophetenwortes aufeinander angewiesen sein läßt.

7. *Ergebnis:* Verschiedene syntaktische Formen der Sätze lassen zwischen verschiedenen Funktionen der Sätze unterscheiden.

a) PKLF mit eindeutiger Tendenz zur zweiten Position im Satz bezeichnet den individuellen zukünftigen Sachverhalt, wenn er mit dem bloßen Strafgeschehen zusammenfällt[86]: $(lō$`$=)x$-$jiqṭol$ und $(w$` $=)jiqṭol$-x. Die Aufnahme eines Imperativs in die Ansage gibt „zu verstehen, daß das Wirklichwerden eines Sachverhaltes erstrebt wird"[87]: Imp./$kī$=$lō$`$=jiqṭol$.

b) Part. NS und verbale Fortführung bezeichnen verschiedene, aufeinander bezogene individuelle zukünftige Sachverhalte: die Verände-

---

[81] So C. Westermann, aaO., 108.

[82] Vgl. W. Groß, Verbform 33–38.

[83] Nach W. Gesenius/E. Kautzsch, aaO., § 111h, und C. Brockelmann, aaO., § 176a, leitet Imperf. consec. hier den Nachsatz ein; darauf beruft sich H. J. Stoebe, aaO., 291.

[84] Vgl. W. Groß, Verbform 163 f.

[85] H. J. Stoebe, aaO., 295: „Auch hier geht es nicht um eine prinzipielle Stellungnahme gegen das Königtum, sondern um die Person Sauls."

[86] Ausnahme: 2.Sam 12,12b.

[87] A. Denz, aaO., 40.

rung der Wirklichkeitsverhältnisse seitens Gottes und die dadurch aus-gelösten Straffolgen für den Betroffenen[88].

(a) Part. NS und subjektidentische, gleichwertige $w\cdot=qatal$-Fortführung be-nennen die Wirklichkeitsveränderung seitens Gottes und das göttliche Strafhan-deln 2.Sam 12,11b–d; 1.Kön 14,10a–c; vgl. 1.Sam 2,31a–b[89]:

hĭnnē part. $NS/w\cdot=qatal$-x

Die $w\cdot=qatal$-Fortführung wird durch ein weiteres gleichgeordnetes $w\cdot=qatal$ mit neuem Subjekt erweitert 2.Sam 12,11e; vgl. 1.Sam 2,31–32a; zum göttlichen Strafhandeln kommen die Straffolgen für den Betroffenen hinzu:

hĭnnē part. $NS/w\cdot=qatal$-$x/w\cdot=qatal$-x

Die mit dem part. NS subjektidentische, gleichwertige $w\cdot=qatal$-Fortführung wird durch asyndetisches, gleichwertiges x-$jiqtol$ mit neuem Subjekt erweitert 1.Kön 14,11a–b[90]; auch hier kommen zum göttlichen Strafhandeln die Straffol-gen hinzu:

hĭnnē part. $NS/w\cdot=qatal$-x/x-$jiqtol$

Die mit dem part. NS subjektidentische, gleichwertige $w\cdot=qatal$-Fortführung wird bei Subjektwechsel durch gleichgeordnetes $w\cdot=qatal$ und gleichgeordnetes, syndetisches x-$jiqtol$ erweitert 1.Sam 2,31–32+33b; zum göttlichen Strafhan-deln treten die verschiedenen Strafwirkungen für den Betroffenen:

hĭnnē part. $NS/w\cdot=qatal$-$x/w\cdot=qatal$-$x/w\cdot=x$-$jiqtol$

(b) Part. NS wird durch gleichwertiges $w\cdot=qatal$ mit neuem Subjekt fortge-führt Jer 20,4b–c; 29,21b–c+22a; auf der Ebene des Bezeichneten fehlt das Strafhandeln Gottes; die Strafwirkung ergibt sich unmittelbar aus der Verände-rung der Wirklichkeitsverhältnisse von Gott her:

hĭnnē part. $NS/w\cdot=qatal$

Part. NS wird bei Subjektwechsel durch gleichwertiges $w\cdot=qatal$ und gleichwer-tiges, asyndetisches x-$jiqtol$ fortgeführt 2.Kön 20,17 = Jes 39,6; auch hier ergibt sich die Strafwirkung unmittelbar aus der Wirklichkeitsveränderung:

hĭnnē part. $NS/w\cdot=qatal$-x/x-$jiqtol$

Part. NS wird bei Subjektwechsel durch gleichgeordnetes, asyndetisch beigeord-netes x-$jiqtol$ fortgeführt Jer 29,32b–d; Wirklichkeitsveränderung und Unheil erscheinen als Ursache und Wirkung:

hĭnnē part. NS/x-$jiqtol$

Part. NS wird durch subjektidentisches und gleichwertiges, jedoch asyndetisches x-$jiqtol$ weitergeführt. Mit neuem Subjekt setzen konjunktionsloses x-$jiqtol$ und syndetischer NS die Satzreihe fort. Die chiastische Folge von $w\cdot=qatal$ und $w\cdot=x$-$jiqtol$ stellt die Beziehung zum Subjekt des part. NS wieder her Jer 22,17–19. Die Straffolgen resultieren (auf der Ebene des Bezeichneten, nicht auf der syntaktischen des Bezeichnenden) aus dem verschiedenartigen göttli-chen Unheilwirken:

hĭnnē part. $NS/w\cdot=part$. NS/x-$jiqtol/x$-$jiqtol/w\cdot=NS/w\cdot=qatal$-$x/w\cdot=x$-$jiqtol$

---

[88] 1.Kön 20,36c bezieht sich lediglich auf die Strafe, obwohl der Text syntaktisch den oben besprochenen Worten nahe steht.
[89] Jes 37,29b–c scheint unvollständig sprachlich realisiert zu sein. S. o.
[90] Zu Jer 36,30–31 und einem angenommenen elliptischen (part.) NS s. o.

c) Part. NS und partizipiale Fortführung bezeichnen einen zukünftigen individuellen Sachverhalt Jer 28,16b–c. Er setzt sich aus dem Wirklichkeitswandel von Gott her und der Straferfahrung seitens des Angeredeten zusammen:

hinnē part. *NS/x-part. NS*

d) NS und die verbale Fortführung bezeichnen individuelle zukünftige
Sachverhalte.

Der NS signalisiert den Wandel der Verhältnisse, subjektidentisches und
gleichgeordnetes *w˙* =*qaṭal* das göttliche Strafhandeln; syndetisch beigeordnetes
x-jiqṭol mit neuem Subjekt zeigt auf die inhaltlichen Konsequenzen Jer
22,24–27:

NS(x-jiqṭol/x-jiqṭol)/w˙ =qaṭal-x/(w˙ =qaṭal-x)/
w˙ =x-jiqṭol/(w˙ =x-jiqṭol)

Subjektidentisches, gleichwertiges *x-jiqṭol* führt den NS weiter, syndetisches *x-*
jiqṭol in gleicher Ordnung wechselt in der Satzreihe das Subjekt 1.Sam 2,30d–f.
Wirklichkeitsveränderung und göttliches Strafhandeln sowie daraus resultie-
rende Straferfahrung sind das Bezeichnete:

NS/x-jiqṭol/w˙ =x-jiqṭol

Asyndetisch mit dem NS verknüpftes *x-jiqṭol* mit neuem Subjekt verweist den
Angeredeten auf das ihm zugedachte Unheil 1.Sam 2,34a–b:

NS/x-jiqṭol

IV. Zusammenfassung

Bemerkenswert ist die Tatsache, daß es keine Gleichungen zwischen
Ausdruckswillen und sprachlichen Verwirklichungen gibt. Die Satzart-
Inhalt-Relation ist variabel. Jede Bildung einer Verbform macht ver-
schiedene Leistungen möglich. Daher ist jeweils wechselweise zu fragen
nach der beabsichtigten Sprachhandlung, die an der Inhaltslinie[91] er-
kennbar ist, und nach der Art ihrer sprachlichen Realisierung, die an der
Ausdruckslinie erkennbar ist. Nur so kann die je besondere Absicht in
Äußerungen von Sprechern ermittelt werden. Eine Änderung des
Sprachinhalts bewirkt eine Änderung der Sprachgestalt. Ein Unterschied der Form zeigt einen Bedeutungsunterschied an[92].

Die an Beispieltexten beobachteten Satzformen prophetischer Rede
lassen differenzierte Bedeutungen und durch sie vermittelte Wirklich-
keitsverweise bestimmen:

1. Satzrealisierungen mittels *x-qaṭal//wajjiqṭol-x* geben ein Vergehen
als einen vergangenen Sachverhalt dergestalt kund, daß der Adressat auf
den daraus resultierenden gegenwärtigen Zustand schließen muß. Sie

---

[91] Vgl. G. C. Lepschy, aaO., 60.
[92] Vgl. A. Martinet, Grundzüge der allgemeinen Sprachwissenschaft, ⁵1971, 43.

stoßen Reflexion beim Hörer an und bewegen ihn zur Anerkennung des Vergehens.

2. Satzrealisierungen mittels *x-jiqtol* und part. NS deuten ein Vergehen als einen noch im Ablauf befindlichen Sachverhalt, an dem Sprecher und Hörer unmittelbar teilhaben. Sie behaften den Angeredeten im Vollzug des Vergehens.

3. Satzrealisierungen mittels NS und Unterordnung durch *x-qatal* oder part. NS oder Inf. c. setzen die gegenwärtige Situation des Angeredeten entweder mit einem vergangenen oder mit einem noch nicht abgeschlossenen Sachverhalt in Beziehung oder qualifizieren sie durch einen sich gegenwärtig anbahnenden Sachverhalt, der sich in gottfeindlichen Bestrebungen auswirkt. Sie belehren den Hörer über seine Wirklichkeit.

4. Satzrealisierungen mittels *(w˙=)jiqtol-x//(w˙=)x-jiqtol* äußern ein Strafgeschehen an einem einzelnen Menschen als einen zukünftigen Sachverhalt.

5. Satzrealisierungen mittels part. NS bzw. NS und *w˙=qatal-x// (w˙=)x-jiqtol*-Fortführung sowie mittels part. NS und partizipialer Fortführung decken einen Wirklichkeitswandel und das aus ihm herrührende Unheilsereignis als verschiedene zukünftige Sachverhalte auf, die sich als Ursache und Wirkung zueinander verhalten.

SAMUEL AMSLER

Les prophètes et la communication par les actes

L'étude des formes littéraires du discours prophétique, qui a reçu des travaux de Claus Westermann l'impulsion que l'on sait[1], a raison d'insister sur l'importance de la tradition et de la rédaction des oracles délivrés par les prophètes: «Das Bewahren, Weitertragen und Weitergeben dieser Worte (der Propheten) von denen, für die sie bestimmt waren, von den Hörern, von den Jüngern, von den durch sie Betroffenen ist von nicht minder wesentlicher Bedeutung als das Ergehen dieser Worte.»[2] L'attention prêtée à la forme littéraire des oracles prophétiques est caractéristique de la période actuelle de la recherche, qui a pris ses distances à l'égard des études antérieures où régnait la personnalité vivante des prophètes, avec les paroles ‹authentiques› qu'on voulait bien leur reconnaître.

On peut se demander pourtant si cette saine orientation de la recherche, qui conduit aujourd'hui à indentifier chez les prophètes des genres littéraires de plus en plus nombreux, n'en vient pas à trop oublier que le texte écrit est le résultat plus ou moins direct d'un acte de communication initial: celui que représente l'intervention même du prophète dans les rues de la ville, à la porte du temple, à la cour du roi, partout où il a rencontré ses premiers auditeurs. Il est vrai, nous ne conservons de ces interventions premières que l'écho littéraire fourni par les textes. Ceux-ci sont la seule voie d'approche des paroles du prophète. Mais cette approche n'est pas totalement impraticable. A cet égard, le genre littéraire d'un oracle écrit est certainement utile, dans la mesure où la tradition doit avoir souvent mieux respecté la forme que les termes exacts d'un discours prophétique. Lorsqu'Amos entonne sur Samarie la complainte funèbre d'une femme morte avant l'âge (Am 5,1–2), on saisit aisément qu'il veut jeter sur la ville en fête, à cause du jugement qui vient, le froid

---

[1] Grundformen prophetischer Rede, München 1960; Sprache und Struktur der Prophetie Deuterojesajas, in: Forschung am Alten Testament. Gesammelte Studien I, München 1964, 92–170.

[2] Grundformen, 7.

mortel d'un jour de funérailles. De même, le discours de procès, si courant chez les prophètes, trahit leur intention de mettre Israël et son Dieu face à face pour la mise à jour de leurs relations, exactement comme un vassal devant son suzerain, ou même comme deux citoyens en conflit devant le tribunal local[3]. Ainsi, en vertu de la relation qui lie un genre littéraire à son *Sitz im Leben* original, l'emprunt que le prophète choisit de faire de tel ou tel genre de la vie courante trahit son intention d'opérer, à travers son message, un certain effet sur ses auditeurs. Cet aspect dynamique de l'intervention prophétique est, pour le moins, aussi important que les idées exprimées dans les mots et les phrases de leurs discours.

Les récentes théories de la communication mettent précisément en évidence ces deux niveaux: tout processus de communication opère à un premier niveau, qu'on appellera «digital» dans le langage de l'informatique, et qui consiste à désigner par des mots et des constructions du code sémantique les réalités à percevoir. Mais en même temps, toute communication opère toujours aussi à un second niveau, qu'on peut appeler «analogique», parce qu'elle met en oeuvre divers moyens non-verbaux visant à produire un certain effet sur les destinataires, mis en demeure de réagir à leur tour[4]. Il est patent que le choix du genre littéraire relève de ce second niveau. Cette «pragmatique de la communication» qui s'intéresse aux phénomènes d'effet et de contre-effet accompagnant tout acte de communication attire utilement aujourd'hui notre attention sur la performance que constitue la communication prophétique dans l'Ancien Testament.

Pour rendre hommage au jubilaire et à sa préoccupation de contribuer, même à travers ses travaux les plus scientifiques, à la proclamation de l'Evangile aujourd'hui, tentons quelques observations dans cette direction, en partant d'un groupe de textes qui se prêtent particulièrement à ce type d'analyse: les récits d'actes prophétiques[5].

---

[3] Parmi beaucoup d'études consacrées au *rîb,* cf. mon article: Le thème du procès chez les prophètes d'Israël, in: RThPh III/24/1974, 116–131.

[4] Ainsi P. Watzlawick, J. H. Beavin, D. D. Jackson, Une logique de la communication. Trad. de l'américain par J. Morche, Paris 1972, 59 s.: «L'exemple suivant rendra peut-être plus claire la différence entre ces deux modes de communication: on aura beau écouter une langue étrangère à la radio, on n'arrivera pas à la comprendre, alors qu'on peut déduire assez facilement une information élémentaire de l'observation du langage par gestes et des mouvements servant à signaler une intention, même lorsqu'on a affaire à un individu d'une culture entièrement différente. Nous pensons que la communication analogique plonge ses racines dans des périodes beaucoup plus archaïques de l'évolution, et qu'elle a par suite une validité beaucoup plus générale quel la communication digitale, verbale, relativement récente et bien plus abstraite.»

[5] Je préfère cette appellation, un peu générale certes, à celle plus courante d'«actions symboliques» («symbolische Handlungen») dont G. Fohrer s'est fait l'observateur le plus systématique, in: Die Gattung der Berichte über die symbolischen Handlungen der Pro-

Ces récits, distribués inégalement dans les recueils traditionnels des prophètes[6], se caractérisent par une analogie entre l'acte que le prophète dit avoir reçu l'ordre d'accomplir et la parole qu'il est chargé de faire entendre à ses auditeurs.

Au niveau de la rédaction *littéraire,* cette analogie est établie par divers moyens: le plus souvent, c'est le verbe décrivant l'acte qui réapparaît en force au centre de l'oracle: «Tu *briseras* le vase sous les yeux des hommes qui t'accompagnent et tu leur diras: Ainsi parle YHWH Sebaoth: C'est ainsi que je *brise* ce peuple et cette ville comme on *brise* l'oeuvre du potier qui ne peut plus ensuite être réparée» (Jer 19,10–11). Ou encore: «Va encore, *aime* une femme *aimée* par un autre et se livrant à l'adultère: car tel est *l'amour* de YHWH pour les fils d'Israël . . . qui *aiment* les gâteaux de raisin» (Hos 3,1). Ailleurs, le verbe de l'oracle s'investit dans un nom propre: «Appelle-le *Lo-Ammi* – c'est-à-dire: Celui qui n'est *pas mon peuple* – car vous n'êtes *pas mon peuple* et moi je n'existe pas pour vous» (Hos 1,9). Ou bien: «Appelle-le *Maher-Shalal-Hash-Baz* – c'est-à-dire: *En hâte le butin, vite le pillage* – car avant que l'enfant sache dire «papa» et «maman», on apportera les richesses de Damas et *le butin* de Samarie devant le roi d'Assyrie» (Jes 8,3–4). Les nombres jouent parfois rôle de crochet pour renforcer le parallélisme de l'acte et de la parole:

«Tu te raseras la tête et la barbe, puis tu prendras une balance et tu feras plusieurs parts:

tu brûleras *un tiers* de tes poils *au milieu de* la ville, quand seront accomplis les jours de siège;

tu prendras *le deuxième tiers* que tu frapperas *par l'épée*[7] *tout autour de* la ville;

le dernier tiers, tu le *disperseras au vent . . .*

---

pheten, in: ZAW 64/1952, 101–120 = Studien zur alttestamentlichen Prophetie, Berlin 1967 (BZAW 99) 92–112; et Die symbolischen Handlungen der Propheten, Zürich ²1968. En français, on consultera l'article de L. Ramlot, Prophétisme, section: Les actions symboliques, in: Supplément au Dictionnaire de la Bible, vol VIII, Paris 1972, 969 ss. Sur le caractère inadéquat de l'adjectif «symbolique», cf nos remarques ci-dessous, p. 213 f.

[6] Liste chez G. Fohrer, Die Handlungen, 18 s. Malgré les essais de classification formelle, ces récits présentent de nombreuses variantes, allant d'une simple mention non-expliquée (Jes 7,3) à une construction parfaitement élaborée (Ez 12,1–11). Parfois le récit paraît construit à partir d'un oracle (Jes 20,1–4). Par ailleurs, les limites de la liste sont imprécises; ainsi la mise à l'épreuve des Récabites par Jérémie (Jer 35) obéit au même schéma et s'apparente à un acte prophétique: ordre de YHWH (v. 2), mise à exécution (v. 3–11), explication-application à l'auditoire (v. 12 ss). On en vient à se demander, malgré G. Fohrer, s'il s'agit là d'un «genre littéraire» au sens strict.

[7] Cette précision anticipe, dans la description de l'acte, un élément appartenant à l'oracle. Ainsi la rédaction tend à renforcer l'analogie par tous les moyens, même au prix d'une invraisemblance de l'acte. L'allégorie est toute proche.

Ainsi parle le Seigneur YHWH: Moi aussi, je passerai le rasoir . . .: *un tiers* de tes gens mourra par la peste ou sera anéanti par la famine *au milieu de* toi;

le deuxième tiers tombera *par l'épée autour de* toi;

et *le dernier tiers,* je le *disperserai* à tout *vent* . . .» (Ez 5,1.2.11.12).

L'analogie est encore soulignée par des particules de comparaison, qui vont du simple «ainsi» (Jes 20,3) ou «c'est ainsi que . . .» (Jer 19,11) au «de même que . . . de même . . .» (Jer 13,11; Ez 12,11). Elle s'exprime enfin, parfois, par la double notion, si prégnante qu'il faudra y revenir plus bas, de *signe et prodige ('oth w^emôphet)* marquant la portée révélatrice de l'acte qui soutient et renforce l'oracle.

A la différence des passages ne rapportant que les paroles des prophètes, où la portée analogique de la communication reste implicite[8], les récits d'actes prophétiques s'efforcent de restituer pour le lecteur le processus de la communication prophétique, à son double niveau digital et analogique. En fait, pour le lecteur actuel, le récit n'est plus qu'une restitution littéraire du processus lui-même: il évoque l'acte prophétique en jonction avec l'oracle, un peu à la manière d'un récit parabolique destiné à renforcer l'efficacité provocatrice d'une communication au niveau digital[9]. Il n'est pas exclu d'ailleurs que *le récit* d'acte prophétique ait déjà été utilisé, occasionnellement, par un Jérémie ou un Ezéchiel comme un procédé rhétorique, sans avoir mis l'acte à exécution, ou en se limitant à un simple simulacre de geste. L'évocation *verbale* d'un geste à accomplir sur l'ordre de YHWH suffit déjà à renforcer la portée analogique et provocatrice d'une intervention parlée. Le fait que beaucoup de récits passent sous silence la mise à exécution du geste n'oblige pas, on l'a montré[10], à mettre systématiquement en doute la réalisation effective de l'acte par le prophète. Les éléments de l'ordre divin qui ne sont pas exploités dans l'oracle[11] viennent plutôt à l'appui d'une mise à exécution du geste, même là où le récit n'en parle pas. Ce silence s'explique tout simplement par le fait que le récit concentre entièrement l'attention sur l'analogie entre le geste et l'oracle.

Remontons maintenant, pour autant que c'est possible, du niveau littéraire du récit au niveau de la pragmatique de la communication mise en oeuvre par l'intervention prophétique elle-même.

---

[8] Le genre littéraire en est souvent une bonne indication.

[9] Nos récits se distinguent cependant de la parabole en ce que le locuteur est lui-même l'acteur du scénario parabolique. Même si certaines paraboles évangéliques mettent vraisemblablement en scène Jésus lui-même, c'est toujours sous les traits imagés d'un autre personnage, tel le semeur, le berger, le fils du roi, etc.

[10] Cf G. Fohrer, Die Handlungen, 74 ss.

[11] Par exemple le sevrage de *Lo-Ruhama* (Hos 1,8) ou le prix payé pour l'achat de la femme adultère (Hos 3,2).

L'analogie entre le geste et la parole prend, chez les prophètes, deux formes principales: le plus souvent, le prophète est appelé à faire, à la mesure d'un geste d'homme, ce que YHWH lui-même va faire sur la scène de l'histoire. Ainsi, Jérémie brise le vase, comme YHWH va briser la ville de Jérusalem (Jer 19). Osée aime la (probablement: sa) femme adultère, comme YHWH aime les fils d'Israël (Hos 3). Zacharie confectionne une couronne d'argent et d'or et couronne Zorobabel[12] comme YHWH lui-même va désigner le Germe messianique (Sach 6,9ss). Dans ces cas, il y a une analogie *active*. Parfois, l'analogie est plutôt *passive:* le prophète subit en personne le sort qui est réservé à ses interlocuteurs. Ainsi Esaïe déambule tout nu dans les rues de Jérusalem, comme le seront les Egyptiens et les Nubiens en qui les gens de Jérusalem croient trouver leur secours (Jes 20). Ezéchiel porte le péché du peuple en restant couché autant de jours que le peuple restera d'années sous le jugement divin (Ez 4,4ss). Ou encore, il mime dans tous ses détails la déportation de la population de la ville (Ez 12).

Dans l'une et l'autre forme de l'analogie, l'acte du prophète sert d'abord à renforcer la portée *anticipatrice* de l'oracle. Le prophète ne se contente pas de communiquer digitalement l'acte imminent du jugement ou du salut de YHWH. Son acte est comme une amorce qui va déclancher l'acte divin. Foher l'a comparé à l'acte magique: il en a l'efficacité, mais il en diffère essentiellement parce qu'il est exécuté non sur l'initiative d'un magicien détenteur de pouvoir sur le monde divin, mais sur l'ordre exprès que YHWH donne à un homme démuni et obéissant[13].

L'acte vient aussi renforcer la portée *certifiante* de l'oracle: la désignation digitale de l'intervention condamnatrice ou salutaire de Dieu trouve dans le geste prophétique une expression immédiate au niveau du vécu des auditeurs, avec tout le pouvoir émotionnel et provocateur d'une sorte de «happening». Si le récit littéraire de l'acte prophétique s'apparente au procédé de la parabole, l'acte lui-même a un effet semblable à celui du miracle: il certifie la vérité de la parole de Dieu délivrée par le prophète. Tel est précisément le sens de la notion de *signe ('ôth),* cet acte qui manifeste l'intervention de Dieu dans le monde et la vie des hommes[14]. On ne s'étonnera donc pas que ce terme classique des récits de miracles surgisse dans deux récits d'acte prophétique[15].

---

[12] Nom à rétablir à la place de *Josué,* qui résulte très probablement d'une adaptation secondaire, cf. mon commentaire à paraître in: Commentaire de l'Ancien Testament, vol XI c.

[13] G. Fohrer, Prophetie und Magie, in: ZAW 78/1966, 25–47 = Studien, 242–264.

[14] Cf. C. A. Keller, Das Wort *OTH* als Offenbarungszeichen Gottes, Diss. Basel 1946, spécialement 94–117. Et les articles 'ôth, in: THAT, vol I, 1971, 91–95 (F. Stolz) et in: ThWAT, vol. I, 1971, 182–205 (F. J. Helfmeyer).

[15] Jes 20,3a; Ez 4,3; cf. Jes 8,18.

Enfin l'acte prophétique a le plus souvent, en commun avec le miracle d'ailleurs, un caractère *étonnant,* choquant, voire scandaleux. C'est le trait souligné par le second terme: le *prodige (môpēt)* [16]. Le mariage d'Osée avec la femme adultère heurte de front toutes les prescriptions de la loi en la matière. Et la nudité d'Esaïe dans les rues de Jérusalem n'a pas dû laisser impassibles les bourgeois de la ville! Certains récits conservent encore la trace du choc provoqué par l'acte prophétique: c'est la question posée au prophète par les auditeurs-spectateurs étonnés: «La maison d'Israël, cette engeance de rebelles, ne t'a-t-elle pas dit: Que fais-tu là?» (Ez 12,9). «Les gens me dirent: Ne nous expliqueras-tu pas ce que signifie ce que tu fais?» (Ez 24,19 cf. 21,12). En Ez 4,14, la question vient même du prophète, choqué de l'acte qu'il doit accomplir. La différence d'avec le miracle tient à la nature de la norme qui est ici transgressée: alors que les miracle brise la norme du *pouvoir* habituel de l'homme, l'acte prophétique transgresse la norme du *comportement* raisonnable de l'homme dans la société. Toute parole est provocatrice par elle-même, dans la mesure où elle établit une véritable communication. Mais la parole jointe à l'acte décuple sa dynamique et met l'auditeur, devenu du même coup spectateur, en demeure de réagir, qu'il le veuille ou non.

Dans la vie courante, la communication d'homme à homme est rarement un début absolu. Toute communication intervient, à un moment précis dans le cours d'une séquence d'échanges qui constituent le dialogue [17]. Il en est ainsi de la communication prophétique: le prophète n'intervient pas au nom d'un Dieu inconnu qui interpellerait pour la première fois son peuple. Le seul nom de YHWH qui ouvre, ponctue et clôt ses oracles suffit à évoquer toutes les relations établies par Dieu avec son peuple, à travers l'histoire, depuis les patriarches et depuis la sortie d'Egypte (Hos 12,10). L'intervention prophétique n'est qu'un moment du dialogue entre YHWH et son peuple. Mais ce moment est particulièrement critique, car le dialogue qui s'était engagé dans la confiance et l'obéissance a dégénéré dans le malentendu: la «connaissance» authentique de YHWH a fait place à la contestation et à la revendication, à la fois accusatrice et auto-justificatrice. C'est un dialogue bloqué, où toute tentative de communication de la part de Dieu est déviée, soit par le refus («c'est une engeance de rebelles»: Ez 12,2), soit par l'orgueil qui se sert soi-même au détriment de l'autre («Je déteste *vos* fêtes»: Am 5,21).

A la lumière de la pragmatique de la communication, les actions prophétiques se révèlent être bien plus que les visualisations «symboliques» d'un message. Elles ne sont rien moins qu'un procédé de communication

---

[16] Jes 20,3a; Ez 12,6b.11a; 24.27b; cf. Jes 8,18.
[17] Cf. P. Watzlawick, *op. cit.,* 52 ss.

destiné, si c'est possible, à débloquer le dialogue entre Dieu et son peuple: l'acte renforce la portée provocatrice de la parole et manifeste la prétention de YHWH de se faire entendre, coûte que coûte. Car il est plus aisé de refuser d'écouter une parole que de refuser de voir un geste, surtout lorsque ce geste sort de l'ordinaire et prend une allure anormale ou choquante. Face à l'acte, l'interlocuteur est assailli à la fois par l'oeil et par l'oreille. Il est acculé à sortir de son apathie muette pour reprendre, ne serait-ce que par une question étonnée, le dialogue auquel il se refusait. L'acte vise une zone plus profonde de la vie intérieure de l'interlocuteur, au-delà des mots et des formules qui sont devenus inefficaces. Certes, l'acte n'est pas autre chose que la parole dont il est à la fois le support et le prolongement. Mais il provoque l'auditeur-spectateur avec une telle efficace qu'il l'oblige à réagir en manifestant une écoute nouvelle, ou au contraire un refus total et définitif.

Aucun des récits d'actes prophétiques, dans la prophétie classique tout au moins, ne nous rapporte l'effet de l'acte sur ceux à qui il était destiné. Les quelques allusions qu'on peut y trouver semblent plutôt indiquer des réactions négatives, aussi négatives qu'à l'égard de leur message parlé: face à Esaïe et son fils au nom prophétique *Shéar-Yashouv = Un reste reviendra,* le roi Achaz reste prisonnier de sa crainte incrédule (Jes 7,2.12). Et Ezéchiel est averti que, même face à son geste prophétique de l'émigré, les destinataires de son message «ont des yeux pour voir et ne voient pas, des oreilles pour entendre et n'entendent pas, car c'est une engeance de rebelles» (Ez 12,2). Est-ce à dire que là où la parole échoue, l'acte échoue, lui aussi? Selon l'analyse pragmatique de la communication, il est plus correct de dire que ni la parole ni l'acte n'échouent jamais complètement, et l'acte encore moins que la parole. Le refus d'écouter une parole est déjà une sorte de réponse – négative – de la part de l'interlocuteur. Le refus de se laisser atteindre par l'acte renforçant une parole est, lui aussi, un réponse, où l'interlocuteur s'est engagé plus totalement. Dans le dialogue que YHWH poursuit avec son peuple, l'intervention par les actes des prophètes représente donc une intensification de la communication, le resserrement d'un dialogue qui ne se dénouera pas avant d'avoir atteint une sorte de point de rupture. Ce point de rupture, c'est d'abord le temps de l'exil, où Dieu poursuit paradoxalement le dialogue en se taisant, avant de sortir à neuf de son silence. Mais, en dernière analyse, c'est le point qui est atteint à l'heure de l'acte prophétique ultime: celui où le Dieu d'Israël se livre lui-même à la mort, dans la personne de son fils Jésus, sous le regard moqueur de la foule, et sous le regard renouvelé des croyants. Tous les actes des prophètes anticipent, d'une manière ou d'une autre, l'acte décisif de la croix de Golgotha, où tout se brise entre Dieu et les hommes et où tout se noue à neuf.

Il n'est pas exclu que la prédication de l'Evangile aux hommes d'aujourd'hui exige des croyants qu'ils répercutent à leur tour l'acte prophétique par excellence que constituent ensemble la mort et la résurrection de Jésus. L'Evangile des actes de Jésus les presse d'accomplir certains gestes concrets qui soient autant d'actes prophétiques au service de la communication entre Dieu et les hommes. A côté des oeuvres de justice et d'amour qui découlent des exigences éthiques de l'Evangile, il y a place dans le témoignage chrétien pour des actes exceptionnels, choquant le bon sens de l'homme de la rue, peut-être même scandaleux pour la morale bourgeoise. Ces actes relèvent plus de la manifestation de rue que de l'exemple à imiter. Ils n'ont pas la prétention de contribuer à résoudre concrètement un problème de la vie sociale ou individuelle des hommes. Peut-être des actes tels que l'objection de conscience au service militaire ou le programme du Conseil Oecuménique des Eglises pour la lutte contre le racisme, parmi d'autres à inventorier ou à imaginer, sont-ils au nombre de ces actes-là. L'Eglise ne s'acquittera pas à moins de sa mission prophétique dans le monde d'aujourd'hui.

ILSE VON LOEWENCLAU

Der Prophet Nathan im Zwielicht von theologischer Deutung und Historie

Der Prophet Nathan begegnet uns in einer der bekanntesten Erzählungen der Bibel. Mit Recht nimmt sie in einer allgemeinverständlichen Einführung des verehrten Jubilars einen besonderen Platz ein: „Die Stunde, in der Nathan vor David trat und ihm sagte: ‚Du bist der Mann.‘, gehört zu den entscheidenden Geschehnissen im Alten Testament."[1] Wer ist dieser Nathan, der in Vollmacht einem König David gegenübertritt?

Schon die Grundangaben zur Person suchen wir in den Texten vergebens. Sie verschweigen den Ort seiner Herkunft, wir erfahren nicht den Namen von Vater oder Mutter. Bei einem Manne vom Range Nathans fällt das auf – besonders, wenn sich im Kontext bei anderen die entsprechenden Angaben in reichem Maße finden: Benaja ist der Sohn Jojadas, Joab der Sohn der Zeruja. Nun könnte man einwenden, bei Kriegsleuten, die häufig denselben Personennamen führen, sei ein solcher Zusatz notwendig (so gibt es unter den „Helden Davids" zweimal einen „Benaja": 2Sam 23,20 und 30), Nathan aber sei am Hofe Davids eine so unverwechselbare Größe, daß sein Name solcher Ergänzung nicht bedürfe. Heißt er doch immer wieder „der Prophet", als käme kein anderer neben ihm für diesen Titel in Betracht.

Andererseits hätte gerade die Apposition „der Prophet" es nahelegen können, Elternnamen oder Herkunftsort zu erwähnen. Jedenfalls pflegt das bei der Nennung eines Propheten im Alten Testament sonst der Fall zu sein: Elia etwa ist „der Thisbiter" (1Kön 17,1), Jesaja „der Sohn des Amoz" (Jes 1,1). Ist Nathan überhaupt denen gleichzustellen, die sonst im Alten Testament „Propheten" heißen? In der Apposition „der Prophet" ist bereits das ganze Problem seiner Person angezeigt.

Vorbemerkung: Dieser Beitrag ist die überarbeitete Form meiner Rektoratsrede zur Eröffnung des Studienjahres 1975/76 am Evang. Sprachenkonvikt in Berlin/DDR.

[1] C. Westermann, Tausend Jahre und ein Tag, 1957[1], 132. „An diesem Bericht mag einer, dem die Bibel noch fremd ist, erkennen, warum das Alte Testament geschrieben wurde und warum es zur Bibel der Christenheit gehört" (ebd.).

Es fällt nur dem nicht auf, der bei der Nennung Nathans sogleich das Geschehen von 2Sam 12 vor Augen hat. Denn dieser Text scheint – im Verein mit 1Kön 21 – das Auftreten der großen Gerichtspropheten zu präludieren; mehr noch – „hier ist die Prophetie in ihrer im ersten Augenblick ihres Auftretens im wesentlichen vollendeten Form auf dem Plan"[2]. Überraschen könnte allerdings daneben die sog. Nathanverheißung in 2Sam 7 (von einigen lieber Nathanweissagung genannt)[3]. Liegt hier nicht eine andere Art von Prophetie vor, „Hofprophetie" oder auch „Kultprophetie"[4]: ein König fragt beim Propheten an, ob er seinem Gott einen Tempel errichten solle; ein König empfängt in feierlicher Psalmensprache Zusagen für sein Haus? Beide Formen von Prophetie – Gerichtsprophetie und Hofprophetie – werden gleichermaßen durch den Titel *nābî'* angezeigt.

Schwieriger wird es hingegen in 1Kön 1, jenem Kapitel, in dem Nathan mit Hilfe der Bathseba die Einsetzung Salomos als Thronfolger durchsetzt. Nach Herrmann tritt Nathan „mehr als ‚Geheimrat' denn als Prophet auf"[5], jedenfalls spricht er kein einziges Gotteswort, sondern fungiert lediglich als Ratgeber des greisen David. Unüberbietbar scharf sagt Schwally zum Nathan dieses Kapitels: „In 1Kön 1 wird er zwar geflissentlich ‚der Profet' . . . genannt, aber sonst ist an dem Profeten nichts Profetisches zu entdecken. Nicht die Gottheit bestimmt ihn, in die Händel dieser Welt einzugreifen, sondern sein eigenes intrigantes Herz."[6] Schwally löst das Problem auf seine Weise, indem er die Apposition „der Prophet" beim Namen Nathan als sekundäre Erweiterung tilgt. Wir werden ihm hierin kaum folgen: wenn die Apposition auch in 1Kön 1 gehäuft auftritt (insgesamt neunmal), so erscheint sie doch gleichermaßen in 2Sam 7, und noch Jesus Sirach faßt das gesamte Wirken Nathans als ein prophetisches zusammen (Jes Sir 47,1).

Die Apposition „der Prophet" bedarf nach wie vor der Interpretation. Bei ihr sind wir, was von Schwally und anderen älteren Auslegern zu lernen ist, auf 1Kön 1 als Ausgangstext angewiesen. Denn dieses Kapitel ist als Bestandteil der Erzählung von der Thronfolge Davids historisch im höchsten Maße zuverlässig.

---

[2] Ebd.

[3] Die neueste Studie zur Thronfolgeerzählung von E. Würthwein (Die Erzählung von der Thronfolge Davids – theologische oder politische Geschichtsschreibung? ThSt 115/1974), mir erst im nachherein zugänglich, redet von „Weissagung".

[4] Innerhalb des Alten Testaments wird sie besonders stark in 1Kön 22 der Gerichtsprophetie kontrastiert: die 400 Hofpropheten Ahabs (V. 6) erweisen sich gegenüber dem Einzelgänger Micha ben Jimla, der nur Böses zu sagen weiß (V. 8), als Lügner (V. 28.34).

[5] S. Herrmann, Geschichte Israels in alttestamentlicher Zeit, 1973, 215.

[6] F. Schwally, Zur Quellenkritik der historischen Bücher. I. Der Profet Natan, ZAW 12 (1892) 155.

In ihm fällt Folgendes auf: Nathan erscheint ganz überwiegend als Glied einer Gruppe (V. 8.10.26.32,34.38.44.45). Innerhalb dieser Gruppe heißt er „der Prophet" und zwar im Gegenüber zu Zadok, welcher „der Priester" heißt. Zu der Gruppe gehört auch Davids Söldnerführer Benaja, „der Sohn Jojadas". Es ist zu folgern, daß die Amtsbezeichnung der beiden anderen von gleicher typischer Qualität sein soll wie die genealogische Angabe bei Letztgenanntem (schon deshalb darf „der Prophet" nicht etwa gestrichen werden!). Dieser Gruppe, die Salomo als Thronanwärter stützt und ihn auch zu sich rechnet, steht eine andere gegenüber, die Adonia befürwortet. Auch sie hat einen Priester in ihrer Führung, Ebjathar, dazu den Heerbannführer Joab. Während die Spitzen der Adoniapartei schon lange vor der Eroberung Jerusalems unter Davids Leuten zu finden sind, erscheinen Nathan und Zadok erst in der Jebusiterstadt am Hofe Davids, wo sie offenbar von vornherein eine bestimmende Rolle spielen. Jedenfalls gelingt es Zadok alsbald, den altbewährten Priester Ebjathar in den Hintergrund zu drängen (2Sam 15,24 ff. deuten das an!), und von einem anderen Propheten als Nathan ist in der Thronfolgegeschichte nicht mehr die Rede[7].

Auffälligerweise entbehrt Zadok – wie Nathan – einer Genealogie. Zwar weiß 2Sam 8,17 eine solche anzuführen („Zadok, der Sohn Achitubs und Achimelech, der Sohn Ebjathars, waren Priester"), doch hat bereits Wellhausen diesen Vers als „mit Absicht verderbt" erkannt[8]. Achimelech als Sohn Ebjathars werde durch 1Sam 22 widerlegt, wo es genau umgekehrt sei. Achitub schließlich, der hier zum Vater Zadoks gemacht werde, sei dort der Vater Achimelechs. Es müsse gelesen werden: „Ebjathar, der Sohn Achimelechs, des Sohnes Achitubs, und Zadok waren Priester" (entsprechend Zürcher Bibel). Sah Wellhausen noch die Textverderbnis durch 2Sam 15,24 ff. veranlaßt[9], so haben neuere Ausleger ihren eigentlichen Grund schärfer präzisiert: Zadok war ursprünglich eine Priestergestalt aus dem vordavidischen Jerusalem, die sekundär mit einer isaelitischen Genealogie ausgestattet wurde – entweder, weil für Zadok keine Genealogie vorlag, oder die vorliegende irgendwie anstößig war.

Mögen die Ansichten der Ausleger in Einzelheiten auseinandergehen (etwa: ob Zadok nur Priester war oder der jebusitische Stadtkönig

---

[7] 2Sam 24 liegt eine Tradition eigener Prägung vor; zu dem hier letztmalig auftretenden Gad vgl. H. Haag, Gad und Nathan, in: Archäologie und Altes Testament, FS Galling, 1970, 135–143.

[8] J. Wellhausen, Der Text der Bücher Samuelis, 1871, 177.

[9] Ebd.: „Nun finden wir 2Sam 15,24 ff. das Bestreben, den Ebjathar gegen Sadok in den Schatten zu stellen und wo möglich, selbst seinen Namen als amtierenden Priesters des Königs David zu unterdrücken. Ein gleiches hat hier gewaltet und zu einer systematischen Verkehrung der Reihenfolge der vier Priesternamen geführt."

selbst, dem David die priesterlichen Funktionen beließ, oder: ob Zadok und Melchisedek miteinander zu identifizieren sind . . .) – „daß jener Zadok tatsächlich der Vertreter des autochthonen, vorisraelitischen Kultes von Jerusalem gewesen sein wird"[10] darf historisch als das Wahrscheinlichste gelten.

Die Schlußfolgerung für Nathan, der in dem historisch zuverlässigsten Text an der Seite Zadoks erscheint, mit ihm keine genealogischen Angaben zur Person aufweisen kann und erst in Jerusalem auftritt, liegt auf der Hand. Haag hat sie so formuliert: „Wenn Zadok, der den Namen seines Jerusalemer Stadtgottes führt, der Priester eines jebusitischen Heiligtums war und später den jahwistischen Kult leitete, dann dürfte analog auch Nathan aller Wahrscheinlichkeit nach von David nach seiner Besitzergreifung der Stadt übernommen sein."[11] Das würde bedeuten: Nathan ist von Haus aus – also nach dem historischen Sachverhalt – ein Jebusiter, der zum Jahweglauben übergewechselt ist. Die zu seiner Person gehörige Apposition „der Prophet", die gerade dort am häufigsten erscheint, wo sie vom Geschehen her am wenigsten gerechtfertigt ist – 1Kön 1 –, stammt wie der Titel bei Zadok bereits aus jebusitischer Zeit. Dabei kann man zweifellos Nathan nicht den Ekstatikergruppen zuordnen, die in den Samuelisbüchern gelegentlich auftauchen[12]. Gerade die enge Verbindung mit dem Priester Zadok schließt aus, daß Nathan überhaupt einer prophetischen Vereinigung angehört. Dagegen waren beide bereits im vordavidischen Jerusalem hochgestellte Persönlichkeiten am Hofe des Stadtkönigs. Als David dessen Nachfolge antrat, übernahm er auch seinen Hofstaat mit Zadok und Nathan. Alle diese Beobachtungen legen es nahe, Nathan am ehesten als „Hofpropheten" zu verstehen, wobei er als prophetische Einzelpersönlichkeit in die Nähe der klassischen Gerichtspropheten Israels rückt[13].

Bekanntlich hat sich David nach der Eroberung Jerusalems den Besiegten gegenüber freundlich verhalten, kein Jebusiter wurde vertrieben, Jerusalem nicht von Israeliten besiedelt. Lediglich David, sein Hofstaat und seine Söldner wohnten in der Stadt. Es ist bekannt, in welchem

---

[10] A. H. J. Gunneweg, Leviten und Priester, 1965, 102; daselbst 98–104 ausführliche Darstellung des Zadok-Problems.

[11] H. Haag, aaO. (Anm. 7) 140f.

[12] F. Schwally, aaO. (Anm. 6) 156.

[13] Konnte K. Budde in seinem Kommentar (Die Bücher Samuel, KHC 1902, 234) noch meinen, es gehöre zu den Voraussetzungen der *späteren* Geschichtsanschauung, „dass ein Prophet unablässig als Berater und Warner neben dem König steht", so haben uns die Mari-Briefe eines Besseren belehrt. Die Mari-Prophetie ist Hofprophetie, ihr Adressat der König. Ihre Nähe zu der Prophetie eines Nathan ist nicht zu übersehen (vgl. C. Westermann, Die Mari-Briefe und die Prophetie in Israel, in: TB 24, Forschung am Alten Testament, 1964, 180f.).

Maße die Religiosität der alten Kanaanäerstadt dem Jahweglauben integriert wurde[14]. Angesichts dessen kann es nicht verwundern, wenn führende Persönlichkeiten der alten Jebusiterstadt bei David in Ansehen standen, Zadok mit dem Dienst an der Lade betraut, Nathan um Rat gefragt wurde (2Sam 7,1–3) und ihm auch die Erziehung des kleinen Salomo übertragen wurde (2Sam 12,25). Mit dessen Benennung als „Jedidja", die faktisch danach keine Rolle mehr spielt, legt Nathan ein öffentliches Bekenntnis zu Jahwe ab und gibt zugleich den zu Jerusalem von einer Jebusiterin geborenen Davidsohn in Jahwes besondere Obhut. Manches – das bekannte Gleichnis etwa – spricht dafür, daß Nathan geradezu dem Stande der Weisen angehörte. Hier wird man daran denken, daß der Prohpet Jesaja zwei Jahrhunderte später dem gleichen Stande entstammt, und kann fragen, ob der Ansatz dazu in dem Nabitum der alten Jebusiterstadt mit seinem Kronzeugen Nathan zu suchen sei. Jesaja ist auffallend vertraut mit den alten Jerusalemer Traditionen, die Anspielung auf die Stadt, „in der Gerechtigkeit wohnt" (Jes 1,21), weist zurück auf die alten Überlieferungen Jerusalems, die ihm offenbar noch ganz gegenwärtig sind[15].

Wir werden uns also den jebusitischen Propheten Nathan als eine hochgestellte Persönlichkeit bei Hofe vorzustellen haben, die ihre Ratschläge klug erteilt, die in göttlicher Autorität auch eine Weisung oder Ankündigung zu geben vermag – eine Persönlichkeit, die als Prinzenerzieher geradezu prädestiniert ist. Wir werden dabei ein Zweites zu bedenken haben. Obwohl zum Jahweglauben übergetreten, hat Nathan niemals jebusitische Interessen außer Acht gelassen. Sie ließen ihn zum Wortführer der Salomopartei werden. Sie ließen ihn so handeln, wie es unser Ausgangstext 1Kön 1 darstellt. Mit großem Geschick schiebt er Bathseba vor, die dem altersschwachen König suggeriert, Adonia habe sich ohne Davids Wissen zum König ausrufen lassen. Dann behaftet sie David bei einem ihr gegebenen Versprechen, Salomo solle doch der Thronfolger werden. Im richtigen Augenblick löst Nathan dann Bathseba ab und bestätigt die Thronbesteigung Adonias derart, daß er sie auf David zurückführt: „Mein Herr König, du selbst hast (offenbar) gesagt: Adonia soll nach mir König sein, und er ist es, der auf meinem Thron sitzen soll" (1Kön 1,24). Beeindruckt durch die doppelte Mitteilung, deren schwerwiegenden Inhalt Nathan sehr geschickt ihm, dem König, anlastet, läßt David Bathseba rufen und sagt ihr Erfüllung seines Schwurs zugunsten Salomos zu, von dem man nicht weiß, ob er tatsächlich je ergangen ist. Dann ordnet er die Inthronisation durch die Salomopartei an, die

[14] Vgl. in extenso F. Stolz, Strukturen und Figuren im Kult von Jerusalem, BZAW 118, 1970.
[15] Vgl. ebd. 219.

dank Nathans klugem Vorgehen einen vollen Sieg davongetragen hat. Danach verschwindet der Prophet Nathan von der Bildfläche: 1Kön 4,5 weiß von seinen Söhnen zu berichten, daß sie am Hofe Salomos hohe Ämter bekleideten.

Zweifellos erscheint Nathan 1Kön 1 in einem fragwürdigen Lichte. Ist er aber Jebusiter, wird zumindest verständlich, daß er in entscheidender Stunde die Interessen seiner einheimischen Mitbürger bedenkt. Indem er für Salomo votiert, handelt Nathan „als Exponent einer toleranten, auf dauerhafte Vermittlung zwischen Siegern und Besiegten bedachten Politik"[16]. Mag er dem greisen König falsche Tatsachen vorgespiegelt haben, um zu seinem Ziele zu gelangen – Nathan *hat* sich jedenfalls noch an den König gewandt und sich seiner moralischen Autorität versichert. Das neue Königtum Salomos sollte nicht das Königtum eines Usurpators sein, es sollte durch Davids Wort bestätigt werden und die echte Kontinuität zur Vergangenheit so bewahrt bleiben. Der Israelit Benaja hingegen, als Söldnerführer kaum noch israelitisch denkend, schließt sich der jebusitischen Partei aus recht persönlichen Gründen an: er reflektiert auf den Posten Joabs und führt auf dem Wege dahin, ohne eine Miene zu verziehen, alle Befehle Salomos gefügig aus (vielleicht hat jede Partei ihren Benaja . . .). Das letzte Kapitel der Thronfolgeerzählung berichtet, wie Salomo unter seinen Gegnern aufräumt. Abermals beruft sich die jebusitische Partei auf David, um ihre Maßnahmen zu rechtfertigen. Man wird nämlich den Grundbestand der letzten Worte Davids in 1Kön 2,1–12 als ihr Werk werten dürfen, das in späterer Zeit deuteronomistisch ergänzt wurde[17]. Zugleich wird die antisalomonische Tendenz der Thronfolgeerzählung durch diesen Einschub entschärft[18]. Ob Nathan selbst mit diesem „Testament" noch etwas zu tun hat, kann nicht mehr ausgemacht werden.

Die Tendenz der jebusitischen Partei, den Glanz des Namens David in

---

[16] H. Haag, aaO. (Anm. 7) 143.

[17] Als Grundbestand sehe ich V. 1.5–9.12 an. Eine Fülle deuteronomistischer Wendungen in V. 2–4 (wobei formal die bedingte Heilsankündigung zu beachten ist, inhaltlich das deuteronomistische Ideal des vollkommenen Gerechten), sowie in V. 10 f. (Sterbeformel und Bestattungsformel wie sonst beim deuteronomistischen Redaktor der Königsbücher) weisen auf die Bearbeitung der späteren theologischen Schule hin (die Thronfolgeerzählung hat m. E. niemals Davids Tod erzählt – Salomo trat ja noch zu seinen Lebzeiten die Herrschaft an!). Die „Todesaufträge" des Grundbestandes begründen die Beseitigung Joabs und Simeis als im Interesse der Dynastie liegend (ebenso E. Würthwein aaO. [Anm. 3] 16): sie darf weder durch Blutschuld noch durch Fluchworte belastet sein (obwohl nach der Thronfolgeerzählung selbst beides ausscheidet: vgl. 2Sam 3,28 f. und 2Sam 16,11 f.; 19,17–24). Die Versorgung Barsillais steht nicht nur mildernd zwischen den Todesaufträgen – sie deutet an, wie Salomo, der „weise" König, an seinen Freunden handelt (gewiß gehörten Barsillais Nachkommen zum Kreis um Salomo).

[18] Vgl. zu ihr auch E. Würthwein, aaO. (Anm. 3) 11–17.

den Dienst ihrer Interessen zu stellen, begegnet noch in einem weiteren
Zusammenhang, 2Sam 7, der Nathanverheißung bzw. Nathanweissagung. Entgegen neueren Neigungen, in diesem Text mehr oder weniger
eine Einheit zu sehen[19], halte ich ihn nach wie vor für eine Komposition,
deren einzelne Bestandteile jeweils zu erfragen und zu interpretieren
sind[20]. Als Kernstück sehe ich V. 11b an: „Ein Haus wird dir Jahwe
schaffen." Was meint die Wendung „ein Haus schaffen" (1Sam 25,28
und 1Kön 2,24), in späterer Sprache „ein Haus bauen" (1Chr 17,10;
1Sam 2,35; 2Sam 7,27)? Die Antwort ist dem unzweifelhaft alten Text
1Kön 2,24 zu entnehmen. Hier sagt Salomo: „Und jetzt, so wahr Jahwe
lebt, der mich gefestigt hat und gesetzt auf den Thron meines Vaters David und der mir ein Haus geschaffen hat, wie er gesagt hat – heute soll
Adonia sterben!"

Die parallelen Glieder interpretieren das Verb „schaffen" im Sinne
von „festigen, konsolidieren" – nur deshalb kann der Todesbeschluß
über Adonia (und dessen Ausführung) folgen. „Haus" hätte dann den
Sinn von „Hausstand" = „königliche Macht", keineswegs kann es in
seinem Kontext als „Nachkommenschaft" oder „Dynastie" verstanden
werden. Es fällt auf, daß Salomo sich für die seinen Schwur unterstrei-
chende Feststellung auf ein Jahwewort beruft: „wie er – Jahwe – gesagt
hat". Bei welcher Gelegenheit hat Jahwe gesprochen? Es kann kaum
fraglich sein, daß der neue König unseren Versteil 2Sam 7,11b im Auge
hat, den er so zitiert, als habe er *ihm, nicht David* gegolten[21].

Alle geschichtliche Wahrscheinlichkeit spricht dafür, daß tatsächlich
Salomo der Erstempfänger der Zusage von 2Sam 7,11b war und Nathan
ihr legitimer Übermittler. Deshalb kann Salomo sie nach seiner Erhe-
bung zum König als erfüllt ansehen (1Kön 2,24 steht dementsprechend
auch das Perfekt). Wie aber kam die Nathanankündigung in den Zu-

---

[19] M. Noth (David und Israel in 2Sam 7 [1957] , jetzt in: TB 6 1966³, 334–345) denkt
analog ägyptischen Parallelen mit S. Herrmann an die „Königsnovelle", deren Vorbild ihm
die Argumente für eine formgeschichtliche Einheit von 2Sam 7 geben soll. Dagegen lehnt
E. Kutsch (Die Dynastie von Gottes Gnaden, Probleme der Nathanweissagung in 2Sam 7,
ZThK 58 [1961] 137–153) eine ägyptische Beeinflussung unseres Textes ab und plädiert
für eine literarische Einheitlichkeit des ganzen Kapitels, wobei V. 11b den Kern bilde und
außerdem nur noch geringfügige deuteronomistische Zusätze anzunehmen seien.

[20] Der ältere, lange das Feld beherrschende Entwurf von L. Rost (Die Überlieferung
von der Thronnachfolge Davids, BWANT 1926, Nachdruck 1965) unterscheidet Textteile
aus der Zeit Davids (11b, 16, 18–21, 27–29, wohl auch 26 und 1–7), aus der Zeit nach dem
Untergang des Nordreiches (8–11a, 12,14f., 17), der josianischen Zeit (13) und der Exilszeit (22–24).

[21] Die vielfach von Übersetzungen und Kommentaren vorgenommene Textänderung,
die „ihm" statt „mir" liest, ist nach dem Maßstab der lectio difficilior nicht gerechtfertigt:
der hebräische Grundtext ist beizubehalten. M. Noth's gezwungene Auffassung, daß sich
Salomo „nunmehr neben David" stellt (Könige, BK IX, 1, 1968, 35) ist abzulehnen.

sammenhang von 2Sam 7 – wie kam es zu der Übertragung eines ursprünglich Salomo geltenden Wortes auf David?

Nach ihrer Machtergreifung bediente sich die Salomopartei der von Haus aus antisalomonischen, aber nicht mehr aus der Welt zu schaffenden Thronfolgeerzählung, um ihren König und sein Handeln zu legitimieren. Dieser Absicht diente im Schlußteil der Einschub der letzten Worte Davids, wie wir bereits sahen. Einen geradezu prosalomonischen Akzent setzte sie jedoch der Thronfolgeerzählung durch den Vorbau von 2Sam 7 auf[22]. Hierbei wurde das ursprünglich Salomo geltende Jahwewort – unter Beibehaltung desselben Übermittlers Nathan – zu einem Wort an David umfunktioniert. Die Möglichkeit dazu bot das vielschichtige Wort „Haus", das infolge der Fortsetzung in V. 12 nur als „Nachkommenschaft" bzw. als „Dynastie" verstanden werden kann. Die „Dynastie" aber wird zunächst nur durch *einen* vertreten, eben Salomo. Er ist identisch mit dem „Samen", von dem V. 12 redet. Das entspricht dem Verständnis von 1Chron 17,11. Der Chronist unterscheidet sich hierin nicht vom Deuteronomisten, der den auf Salomo gehenden V. 13 sonst nicht hätte einfügen können[23]. Es liegt kein Grund vor, uns von diesem inneralttestamentlichen Verständnis zu distanzieren zugunsten eines Kollektivverständnisses von „Samen" = „Nachkommenschaft", einer Generationenfolge also[24]. Salomo gilt dann auch die Verheißung von V. 14 a, die aus dem alten Kultus Jerusalems stammt und bei der Königskrönung eine Rolle spielte; in ihr wurde der König von der Gottheit „adoptiert" (Ps 2,6 f.). Schließlich geht auch die Zusage ständiger Huld in V. 15 a zunächst nur auf Salomo[25].

---

[22] Wie gut ihr das gelungen ist, bestätigt die von E. Würthwein zu Recht angefragte These L. Rosts, daß die Thronfolgeerzählung „in majorem gloriam Salomonis" abgefaßt sei (E. Würthwein aaO. [Anm. 3] 11).

[23] Der deuteronomistische Charakter von V. 13 ist allgemein anerkannt. Ein Tempelbauverbot mußte für die vom Deuteronomium herkommende theologische Richtung der Exilszeit befremdlich sein. 1Kön 8,17 f. (vgl. auch 5,19) deutet die alte Überlieferung um: An sich billigte Jahwe Davids Plan, hatte aber Salomo für die Ausführung vorgesehen. Letztere Aussage wird – 1Kön 8,19 entsprechend – als Jahweankündigung in 2Sam 7,13 eingefügt. Nach Dtn 12,5 wird der Tempel dem „Namen" Jahwes errichtet, ebenso V. 13 unseres Kapitels.

[24] So die Ausleger meist, obwohl V. 12 nach Hertzberg (Die Samuelbücher, ATD 10, 1960) „durchaus auf den unmittelbaren Nachfolger Davids gedeutet werden" kann (ebd. 230). Offensichtlich haben sie die postulierte Verheißung an eine Dynastie vor Augen, die als solche einer Abfolge von Generationen gilt. V. 12 rechtfertigt dieses Verständnis in keiner Weise. Schon der Relativsatz „der aus deinen Lenden hervorgeht" paßt besser zum leiblichen Sohn (vgl. Gen 15,4). Vor allem aber entspricht die Verheißung des festen Königtums genau der Proklamation von 1Kön 2,12, in der die Stimme der jebusitischen Partei zu vernehmen ist, die unter Nathan Salomo auf den Thron gebracht hat.

[25] Erst in V. 16 kann von einer Verheißung an die Dynastie Davids geredet werden, die jedenfalls nachsalomonischer Zeit angehört (sprachlich Ps 132,12 und 89,30 f. nahestehend, wo im Zusammenhang auch explizit von „Söhnen" geredet wird).

Die Umfunktionierung der Salomoankündigung zu einem Wort an
David in V. 11 b dient also nur dazu, Salomo um so stärker ins Licht der
Jahweverheißungen zu stellen. *Ihm* gelten sie im Grunde alle, nicht David. Der hat nur insofern mit ihnen zu tun, als er sie durch die Erzeugung
Salomos in Kraft setzt. Von vornherein ist Salomo als legitimer, weil unter den Zusagen Jahwes stehender Thronfolger ins Auge gefaßt – auch
wenn nirgendwo sein Name fällt. Daß nur Salomo in Betracht kommt,
folgt aus seiner besonderen Beziehung zu dem Jebusiter Nathan, folgt
vor allem aus der 2Sam 7,11 b umfunktionierten Nathanzusage von
2Kön 2,24.

Wir können mit Sicherheit annehmen, daß 2Sam 7 erst nach dem Tode
Nathans seine früheste Gestaltung erfuhr. Tote können sich nicht dagegen wehren, was aus der Hinterlassenschaft ihrer Worte wird. So muß es
sich Nathan gefallen lassen, von denen, die die Früchte seines Wirkens
ernteten, zu ihren Gunsten eingesetzt zu werden. Die auf Salomos
Thronfolge gerichtete Intention von 2Sam 7 ist allerdings mit der des Je-
busiters Nathan identisch, und damit gerechtfertigt. Freilich liegt eine
tiefe Ironie darin, daß der eigentlich „theologische" Text der Thronfolgeerzählung eine sekundäre Ergänzung der unter so fragwürdigen Umständen siegreichen Salomopartei darstellt . . .

Er wurde später aufgefüllt durch einen Abschnitt, in dem Nathan nach
der Weise eines Geschichtspsalms und z. T. in deuteronomistischen
Wendungen einen Rückblick auf die Frühgeschichte Israels gibt, in der
Jahwe keines Tempels bedurfte (V. 4–11 a). Da er seinerseits auf einen
Abschnitt folgt, in dem David bei Nathan die Erlaubnis zum Tempelbau
einholen will (V. 1–3) – nichts spricht gegen die Historizität dieser Anfrage! –, liegt die Vermutung nahe, hier (V. 4–11 a) werde ein ursprünglich ergangenes Verbot Nathans kaschiert und dabei zugleich eine Überleitung zum Kernstück in V. 11 b hergestellt. Für den deuteronomistischen Letztbearbeiter von 2Sam 7 war Nathan schon längst der Prototyp
eines Jahwepropheten und als solcher befugt, dem König in Vollmacht
Jahwes Sicht auseinanderzusetzen.

Diese eigentümliche Entwicklung des jebusitischen Propheten zum
Jahwepropheten ist an 2Sam 12,1–15 a zu verdeutlichen. Hierbei sind
zwei exegetische Einsichten vorauszusetzen, die den Abschnitt im ganzen und seine einzelnen Teile betreffen. Insgesamt wird man mit Schwally[26] unseren Abschnitt als Einschub in die vorliegende Geschichtserzäh-
lung ansehen: 11,27 und 12,15 b schließen ausgezeichnet aneinander an.
Es fällt auf, daß in 12,15 bff. die vorangehende Begegnung Davids mit
Nathan unbekannt ist. Davids Ringen um das Leben seines Kindes
scheint nichts von dem ergangenen Prophetenwort zu wissen. Es setzt

---

[26] F. Schwally, aaO. (Anm. 6) 153–155.

die als Jahwes Eingreifen verstandene Krankheit voraus (V. 22). Denkt man sich 12,1–15a fort, dann hat das Sterben des Kindes keinen Strafcharakter (bekanntlich – das schwere katechetische Problem dieses Textes). In der Einzelanalyse kann ich weitgehend den überzeugenden Ausführungen von Rost folgen.Nach ihm sind 1–7a und 13–15a ältester Bestand (wobei ich 14 ausnehme), jüngere Ergänzungen sind 7b–10 und 11f.[27]. Der Grundbestand wird beherrscht von dem Gleichnis, das zwei Menschen gegenüberstellt: den Reichen, der aus der Fülle seines Besitzes an Schafen und Ziegen nehmen könnte, und den Armen, der nur ein einziges Schaflamm sein eigen nennt. Während die Tiere des Reiches sozusagen eine unpersönliche Masse darstellen, hat der Arme zu seinem einen Tier ein liebevolles und persönliches Verhältnis (V. 3, der das detailliert beschreibt, ist mit 25 hebräischen Worten im Kontrast zu V. 2 mit 6 Worten zu sehen). Jeder spürt, wie gemein der Reiche an den Armen handelt, wie weit sein Eingriff nicht nur die geringe Habe des Armen antastet, sondern mit ihr auch ein großes Stück Freude aus dem Leben des Armen fortnimmt. Jeder soll das spüren. Es gibt Phänomene innerhalb der Menschengemeinschaft, über die Einhelligkeit bei allen herrscht, die noch ein Empfinden für Recht und Gerechtigkeit bewahrt haben. Um ein solches Phänomen geht es im Gleichnis des Nathan.

Wir können seiner Vorgeschichte ein Stück weit nachgehen. Nathan kommt von einer Vorstellung her, die im ganzen alten Orient weit verbreitet war. Nach ihr ist die Welt eingebettet in eine umfassende Ordnung, die der König im irdischen Bereich als Sohn und Vertreter des höchsten Gottes zu garantieren hat. Zu den Grundelementen dieser Weltordnung gehört die Fürsorge für den Rechtlosen und die Bestrafung der Frevler[28]. Wir können annehmen, daß dieses Weltordnungsdenken gerade im jebusitischen Jerusalem eine besondere Rolle spielte. Der neue König der Stadt hat sich gegen diese Ordnung vergangen, hier hat Nathan seine Stimme zu erheben. Das geschieht in dem Gleichnis, mit dessen Hilfe er dem König den Urteilsspruch entlockt, der dann gegen David selbst gekehrt wird. David ist derjenige, der dem Armen sein Liebstes weggenommen hat: dem Uria seine Frau. David versteht: „Ich habe an Jahwe gesündigt." Ungemein knapp ist seine Antwort, so knapp wie der Spruch Nathans (im Hebräischen jeweils nur zwei Wörter). Wortreich wird unser Abschnitt nur an zwei Stellen: in V. 3 und 4. Die kleine heile Welt eines Menschen und deren brutale Zerstörung, – das sind die Themen, auf die unsere Erzählung ihr sprachliches Schwergewicht legt; dagegen wirken die expliziten Elemente des Jahweglaubens

---

[27] L. Rost, aaO. (Anm. 20) 204, entsprechend W. Hertzberg, aaO. (Anm. 24) 253.
[28] Diese Aufgabe des Königs wird besonders deutlich in dem Salomo zugewiesenen späten Ps 72.

fast zu sparsam und formelhaft. Der späteren Überlieferung hat Davids knappes Bekenntnis nicht zugereicht, sie hat ihm den langen 51. Psalm in den Mund gelegt. Wir dürfen gerade in der Kurzform die Pointe des Ganzen sehen. Denn sie bringt unüberhörbar zum Ausdruck, daß die hinter dem Nathan-Gleichnis stehende Weltordnungsvorstellung mit Jahwe zu verbinden ist. Jahwe hat sie gewissermaßen in seine Hut genommen. Wer sie verletzt, vergeht sich gegen Jahwe selbst und bedarf seiner Vergebung. Sie realisiert sich in der Aufhebung des Todesurteils: „Du wirst nicht sterben!" Damit hat die Nathan-Perikope ihren spürbaren Abschluß erreicht, auf diesen Bescheid darf eigentlich nichts mehr folgen (es sei denn die Erwähnung der Heimkehr Nathans in V. 15)[29].

2Sam 12,1–15a stellt in seinem Grundbestand die dritte frühe Einfügung in die Thronfolgeerzählung dar, abermals den Kreisen der Salomopartei entstammend. Sie zeigt die Reserve, mit der diese dem König David begegnete, begegnen mußte: der Eroberer-König war in Jerusalem, in einer Stadt „voll Rechts" (Jes 1,21), an einer jebusitischen Frau schuldig geworden[30] und hatte darüber hinaus seinen treuen Söldner Uria in den Tod geschickt, um sich selbst aus der Affäre zu ziehen. Die kritische Haltung der Salomopartei gegenüber David teilt die Einfügung mit dem Verfasser der Thronfolgeerzählung, der in Einzelheiten die schlimme Vorgeschichte zum Auftreten Nathans bringt[31]. Unsere Einfügung läßt gleichzeitig verstehen, weshalb die Salomopartei zwar die Autorität des mächtigen David zu ihren Gunsten einspielte (1Kön 1f. und 2Sam 7), im übrigen aber ihre ganze Hoffnung auf den Sohn mit jebusitischer Tradition setzte. Das Königtum Salomos mit allen seinen Folgen war der Preis, der letztlich zu zahlen war und zu dem Nathan entscheidend beitrug. Andrerseits muß erwogen werden, ob die Adoniapartei in ihrem konservativen Traditionsstreben nicht von vornherein zum Scheitern verurteilt war, in jedem Fall der Klugheit eines Nathan unterlegen[32]. Nicht von ungefähr wird der ihm anvertraute Salomo später zum Typus des „weisen" Königs werden[33], wird noch die späte Weisheit Israels sich auf ihn berufen (Pred 1,12.16).

---

[29] V. 14 wird am besten als sekundäre Hinführung zum folgenden Geschichtsbericht verstanden, der den Tod des Kindes erzählt.

[30] Daß Bathseba Jebusiterin war, darf aus 11,3 gefolgert werden: ihr Vater Eliam hat einen mit El gebildeten Namen.

[31] Zu der antidavidischen Tendenz in 2Sam 10–12 vgl. E. Würthwein, aaO. (Anm. 3) 19–32.

[32] Der Verfasser der Thronfolgeerzählung sieht jedenfalls das Recht der Erbfolge auf seiten Adonias (so schon I. Benzinger, Die Bücher der Könige, KHC IX, 1899, 1). Die Zusage Nathans liefert Salomo das Recht, den Bruder zu beseitigen . . .

[33] Im übrigen wissen wir von Salomo „nur wenig" (C. Westermann, Abriß der Bibelkunde, 1962, 100).

In dem ältesten Bestand unseres Textes suchen wir vergebens prophetische Elemente, es fehlt auch das für Nathan typische Beiwort „der Prophet". Sein Auftreten ist nach jebusitischem Verständnis wohl nicht spezifisch prophetischer Art, sondern gehört eher hinein in den Vorgang der Belehrung. V. 1 a klingt mit dem Stichwort „senden" an prophetische Beauftragungen an, kann aber insgesamt sekundär sein und der ursprüngliche Beginn „Nathan kam zu David" gelautet haben (der Ausleitung V. 15a entsprechend). Im Grundbestand unseres Abschnittes kommt es darauf an, die Verfehlung des Königs mit der gerade für ihn gültigen Weltordnung zu konfrontieren. Der Jebusiter Nathan ist ihr Anwalt, er fungiert gewissermaßen als Wächter über die Ordnung. David identifiziert sie seinerseits mit „Jahwe", und Nathan bejaht diese Identifikation in der Zusage der Vergebung.

Im weiteren Traditionsprozeß wird nun die Weltordnung am Jahwerecht überprüft. Davon legen die Ergänzungen Zeugnis ab. In ihnen, die natürlich Nathan in den Mund gelegt werden, erscheint er als Prophet, der über die Einhaltung des Jahwerechtes wacht – in Israel Aufgabe des Propheten, die auch einem König gegenüber wahrzunehmen ist (vgl. 1Kön 21). Nur in diesen Ergänzungen erscheinen die spezifischen Grundformen prophetischer Rede: V. 7b–10 Anklage und Unheilsankündigung, V. 11–12 ausschließlich Unheilsankündigung. Alles Gewicht liegt auf der Unheilsankündigung – nicht zuletzt darin verrät sich der Ergänzer als Vertreter der deuteronomistischen Schule: Ungehorsam gegen Jahwes Gebot führt nach ihrem Geschichtsverständnis mit Sicherheit in die Katastrophe.

Die erste Erweiterung, 12,7b–10, ist ein in sich geschlossenes Prophetenwort, das typische Strukturelemente späterer Zeit aufweist. Die erweiterte Botenformel zu Beginn ist typisch für die deuteronomistische Redaktion des Jeremiabuches (z. B. Jer 11,3). Steht die Botenformel im älteren Prophetenspruch vor der Ankündigung, so leitet sie hier überschriftartig den ganzen Spruch ein. Die in V. 7b und 8 folgende „Kontrastierung des Frevels, dessen der Betreffende angeklagt wird, mit der Einsetzung in sein Amt durch Jahwe und weiteren Heilstaten" (C. Westermann, Grundformen prophetischer Rede, 1960, 112) ist sonst für deuteronomistische Stellen belegt (1Sam 2,30; 13,18f.; 15,17–19; 1Kön 14,7f.). Hier setzt sie eine bereits mit 1Sam 16,1–13 beginnende Davidgeschichte voraus (v 7b). Aus ihr werden besonders hervorgehoben die Rettung vor Saul und die Gewinnung beider Reiche Israel und Juda als Jahwes Gabe. Dagegen ist V. 8a ausgesprochen ungenau: David erhielt nicht die Töchter Sauls, sondern eine dieser Töchter. Er übernahm auch nicht Sauls Frauen, vielmehr wird hier aus einem geschichtlichen Abstand heraus auf David übertragen, was erst für Absalom belegt ist (vgl. 2Sam 16,22, dazu Adonias Bitte 1Kön 2,17). Auf die Kontrastierung von V. 7bf. folgt in V. 9 die Anklage, zunächst in Form einer Frage, dann als Aussagesatz. Anklagende Fragen erscheinen ganz überwiegend in späten Texten (vgl. die Stellenangaben bei C. Westermann, aaO.

103 f.); für die Spätansetzung unseres Textes spricht außerdem die deuteronomistische Wendung „das Böse in den Augen Jahwes tun" („übel tun vor dem Herrn": Deut 4,25; 9,18; 17,2; 31,29; Ri 2,11; 3,7.12 u. ö.). Jahwe tut im „Wort"(=Gesetz) seinen Willen kund, und dieses hat David verachtet (vgl. dieselbe Wendung Num 15,31). Der Aussagesatz bringt als Anklagepunkt die Tötung des Uria durch David, wobei die Wiederholung in 9 b wohl auf einer glossierenden Korrektur nach dem Kontext (2Sam 11,14 ff.) beruht (nicht David selbst, sondern David durch das Schwert der Ammoniter . . .). Hier ist die Intention des Gleichnisses mißverstanden, dafür aber das Jahwegesetz mit seinem strengen Verbot einer solchen Tat eingebracht (Ex 21,12; Gen 9,6). Nach ihm steht darauf die Todesstrafe, womit das Urteil von V. 5 („ein Kind des Todes") eine ganz andere Begründung erfährt. Mehr noch: jenes Urteil Davids ist nun unzureichend. Die Ankündigung in V. 10 a verschärft es in einer geradezu unerhörten Weise: „auf Dauer" wird das Schwert (das Mittel der bösen Tat Davids) nicht vom Königshause lassen. Hier wird gewissermaßen die Nathanverheißung ins Negative gewendet. Das bedeutet, daß unser Text wohl nicht älter sein wird als 2Sam 7,16. Dann bezieht er sich auch nicht nur auf Amnon, Absalom und Adonia, sondern auf das ganze „Haus David" bis zur Katastrophe des Exils. So stehen in eigentümlicher Dialektik die Ankündigung des Schwertes und die Verheißung einer bleibenden Dynastie nebeneinander . . . Der eigentliche Grund zur Beseitigung Urias wird in der Anklage von V. 10 b genannt, womit zum Vergehen im Sinne des Gleichnisses zurückgelenkt wird. Auch die Erweiterung in V. 11–12 ist als deuteronomistisch zu begreifen. Stand bereits in der vorangehenden unter dem Stichwort „Schwert" die Strafe zur Schuld in Entsprechung, so findet sich auch in V. 11–12 – nun unter dem Thema „Raub der Frau" – ein paralleler Sachverhalt: auch David soll seine Frauen an andere Männer verlieren, und jeder in Israel wird das wahrnehmen. Die Anspielung auf 2Sam 16,22 ist längst gesehen, und so verklammert gerade diese Ergänzung die Nathanperikope mit dem weiteren Kontext (eine im übrigen auch sonst nachweisbare Tendenz deuteronomistischer Bearbeitung: 2Sam 7,14 b.15 b).

Das Gleichnis bleibt bei allen Erweiterungen beherrschendes Element. Es erinnert – neben dem Versagen eines großen Königs – an seine Begegnung mit dem klugen Vertreter einer hohen Geistigkeit in der eroberten Jebusiterstadt. Damit erinnert es an eine Möglichkeit, die auch heute die meine ist: im außerchristlichen Bemühen um Menschlichkeit den Anruf Christi zu hören und solches Bemühen an seinem Wort zu überprüfen.

Unser Abschnitt aus 2Sam 12 gab uns eingangs den Anstoß zu unserer Leitfrage: Wer ist dieser Nathan? Sie kann nunmehr differenziert beantwortet werden. Historisch gesehen, war Nathan ein Jebusiter (in Stichworten die Argumente: ohne Genealogie und Herkunftsort, plötzliches Auftreten in Jerusalem, Beziehung zu dem Jebusiter Zadok). Er führte die anders als in Israel akzentuierte Amtsbezeichnung „der Prophet" (Hofprophet und königlicher Ratgeber, kein Ekstatiker, kein Glied einer Prophetenvereinigung) und gehörte vielleicht dem Stand der

Weisen an (belehrende Funktion in 2Sam 12, Prinzenerzieher). Nach der Eroberung Jerusalems und dem eigenen Übertritt zum Jahweglauben spielte er auch am Hofe Davids eine bestimmende Rolle, war der führende Kopf der jebusitisch bestimmten Salomopartei, deren Ziel er maßgeblich zum Erfolg führte und die hernach das Erbe seiner Worte bewahrte (2Sam 7 und 2Sam 12).

Erst in der theologischen Deutung der Deuteronomisten wird Nathan zum Jahwepropheten. Ausschlaggebend ist hierfür – neben dem historisch vorgegebenen Beiwort „der Prophet" – die Funktion, die er ursprünglich in 2Sam 12 als Hüter und Anwalt der Weltordnung einnimmt. Ihre Überprüfung nach dem Jahwerecht, das hier gleichermaßen verletzt wurde, läßt den Hüter der Weltordnung zum Unheilspropheten im Sinne der Deuteronomisten werden. Doch nicht erst bei ihnen rückt Nathan in das Zwielicht von theologischer Deutung und Historie. Der erste Schritt war bereits dort getan, wo Nathans Worte umfunktioniert werden, um der Thronfolgeerzählung einen prosalomonischen Stempel aufzudrükken, wo kultische Zusagen eingesetzt wurden, um Macht zu begründen – in 2Sam 7. Dieser bei jeder theologischen Deutung virulenten Gefahr ist nur einer entgangen: Er, den das Neue Testament als wahren Davidssohn bekennt.

WALTHER ZIMMERLI

Das Gottesrecht bei den Propheten Amos, Hosea und Jesaja

I.

In seinem Aufsatz „Die Begründungen der prophetischen Heils- und Unheilssprüche" hat H. W. Wolff[1] den Tatbestand unterstrichen, daß die den Gerichtsworten der Propheten beigefügten „Begründungen" dem Volk die ihm von jenen angesagte Gerichtsbotschaft „bejahbar" machen sollten. Th. M. Raitt[2] redet in diesem Zusammenhang geradezu von einem „Theodizee"-Element im Prophetenwort. C. Westermann, dem diese Ausführungen in alter Verbundenheit zu seinem 70. Geburtstag gewidmet sind, hat seinerseits mit Nachdruck unterstrichen, wie unablösbar diese „Begründungen" ins eigentliche Prophetenwort hineingehören[3]. Diese Unterstreichung behält auch da Bedeutung, wo man das Phänomen der „Grundgewißheit"[4] des Propheten, die bei der vorexilischen Prophetie im Wissen um das nahende Gericht besteht, als das Eigentliche der prophetischen Botschaft[5] meint festhalten zu sollen.

In der Frage nach dem „Woraufhin" des prophetischen Rechtens mit den von der Prophetie Angeredeten hat sich dann eine lebhafte Diskussion entsponnen, wobei Amos immer wieder das Paradebeispiel der Auseinandersetzung gewesen ist. Die Frage nach der „geistigen Heimat" des Propheten wird von dieser Fragestellung her besonders stark beleuchtet. Unterstrichen dabei E. Würthwein[6] und wesentlich extremer

---

[1] H. W. Wolff, Die Begründungen der prophetischen Heils- und Unheilssprüche, ZAW 52/1934, 1–22 (Gesammelte Studien zum AT, TB 22, München 1964, 9–35).

[2] Th. M. Raitt, A Theology of Exile. Judgement/Deliverance in Jeremiah and Ezekiel, Philadelphia 1977.

[3] C. Westermann, Grundformen prophetischer Rede, BEvTh 31, München ⁵1978.

[4] W. H. Schmidt, Die prophetische „Grundgewißheit". Erwägungen zur Einheit prophetischer Verkündigung, EvTh 31/1971, 630–650.

[5] H. W. Wolff, Die eigentliche Botschaft der klassischen Propheten, in: H. Donner, R. Hanhart, R. Smend (Hrsg.), Beiträge zur Alttestamentlichen Theologie. Festschr. W. Zimmerli, Göttingen 1977, 547–557.

[6] E. Würthwein, Amos-Studien, ZAW 62/1949/50,10–52 (Wort und Existenz. Studien zum AT, Göttingen 1970, 68–110).

Graf Reventlow[7] den kultischen Hintergrund des Rechtswissens des Amos, so meint H. W. Wolff[8] im Gefolge E. Gerstenbergers darin[9] Elemente der Sippenweisheit und des Sippenrechtes finden zu können, während H. H. Schmid[10] hier „eine selbständige Sprachwerdung des allgemeinen Wissens" feststellt und R. Smend[11] in seinem „Nein des Amos" in etwas anderer Weise unter Bezugnahme auf die Sichten Wellhausens vor allem die freie Eigenständigkeit des von keinen „Traditionen" her zu verstehenden Amos unterstreicht.

In alledem ist wohl noch nicht das letzte Wort gesprochen, zumal in der augenblicklichen Situation, wo die Frage nach dem osmotisch nicht nur die Geschichtsbücher, sondern auch die prophetische Überlieferung durchdringenden „Deuteronomismus" von allen Seiten her neu aufgeworfen ist. Es wird dabei notwendig sein, die Differenzierung der Verkündigung der einzelnen Propheten ebenso sorgfältig zu beachten, wie allfällige Kontinuitäten unter ihnen nicht zu übersehen. Der vorliegende Beitrag möchte die Arbeit in dieser Richtung etwas vorantreiben.

II.

Zwei allgemeine Vorüberlegungen sind dabei am Platze. Die erste scheint eine Selbstverständlichkeit festzuhalten. Es kann keinen Zweifel leiden, daß die Propheten, deren „eigentliche Botschaft" sich etwa in der Ansage des bevorstehenden „Tages Jahwes" eindrücklich artikulieren kann, auch in ihrer Begründung der kommenden bedrohlichen Gottesnähe keine andere „Forderung" im Sinne haben als die Forderung Jahwes. Das gilt auch da, wo sie dieses nicht explizit erwähnen. Dazu das andere: Die Freiheit, in der sie ihres Gottes Kommen und sein Gericht in verschiedenerlei Weise ankündigen, ermöglicht auch ihrem Reden von dieses Gottes Forderung eine Weite, die nicht buchstäbelnd an vorgegebenen Gebotsmustern klebt. Der Propheten Rede ist immer wieder von sehr direkter Konkretheit. Sie können losbrechen, wenn sie ein klar formuliertes Einzelgebot ihres Gottes verletzt sehen. Aber sie können dieses Gottes Willen ganz so in umgreifenden, keineswegs aus Rechtscodices zitierten Formulierungen zu Gehör bringen. Sie haben auch jederzeit

---

[7] H. Graf Reventlow, Das Amt des Propheten bei Amos, FRLANT 80, Göttingen 1962.

[8] H. W. Wolff, Amos' geistige Heimat, WMANT 18, Neukirchen 1964.

[9] E. Gerstenberger, Wesen und Herkunft des „apodiktischen Rechts", WMANT 20, Neukirchen 1965 (Diss. 1961).

[10] H. H. Schmid, Amos. Zur Frage nach der „geistigen Heimat" des Propheten, WuD NF 10/1969, 85–103 (Altorientalische Welt in der alttestamentlichen Theologie, Zürich 1974, 121–144).

[11] R. Smend, Das Nein des Amos, EvTh 23/1963, 404–423.

die Freiheit, ihr Wissen um den Willen Jahwes in Wendung auf neue, zeitgenössische Tatbestände hin, die früherer Zeit noch nicht bekannt waren, zu artikulieren.

Diese Vorerwägungen müssen schon im Blick auf Amos im Gedächtnis behalten werden. Man wird Amos kaum zu nahe bei kultischer Amtsbindung und dann auch kultischer Formularsprache ansiedeln dürfen. Die Einwendungen von Wolff, Smend, Schmid[12] u. a. haben hier Gewicht. Andererseits aber hat Amos in seinem Rechten um Recht, auch wo er über die innerisraelitische Sphäre hinausgreift, zweifellos keine andere Instanz als Normgeber vor Augen als eben den Jahwe, der ihm durch die fromme Überlieferung seines Volkes bekannt ist. „Mein Volk Israel" nennt dieser Herr das Volk auch gerade da, wo er die Botschaft: „Das Ende ist gekommen", lautwerden läßt (8,2). Die Relativierung der Exodusaussage in Am 9,7, mit der alles fette Beanspruchen einer Prärogative zerschlagen wird, löscht das: „Euch allein habe ich erkannt (erwählt) aus allen Sippen der Erde" von 3,2 nicht aus[13]. Die erschreckende prophetische Konsequenz dieses Erwählungswissens: „Darum suche ich an euch heim alle eure Vergehungen" verrät unüberhörbar, daß in dem besonderen „Erkennen" Jahwes auch eine besondere Rechtsbehaftung dessen, den Jahwe „erkennt", beschlossen liegt.

Hinter dem Vorwurf der „Wegkrümmung" (ʿāwōn)[14] und der „Verfehlung" (ḥǎṭṭāʾā)[15] steht bei Amos ein deutliches Empfinden von göttlicher Norm, die vom Volke verletzt ist. Die Frage nach der konkreten Gestalt dieser von Amos vorausgesetzten Norm führt am nächsten an Formulierungen des Bundesbuches heran. Evident ist diese Nähe in dem Angriff auf Menschen, die sich auf gepfändeten Gewändern hinstrecken (2,8)[16]. Gewiß kehrt das Gebot der Rückgabe des gepfändeten Mantels (Ex 22,25f.) auch in Dtn 24,13[17] wieder. Da im genuinen Amoswort Berührungen mit spezifisch deuteronomischer Rechtsgebung und deren Vokabular fehlen, wird man auf eine ältere Vorstufe der Rechtsformulierung zurückgewiesen. So lassen sich auch des Amos nachdrücklich

---

[12] S. o. Anm. 8.10.11.

[13] In 2,9 weist Amos auch auf das Geschehen der Vernichtung der Amoriter vor Israel zurück – eine Israel verpflichtende Heilstat. Dagegen dürften die Hinweise auf den Exodus in 2,10; 3,1; 5,25 wohl nicht von Amos stammen.

[14] Das zugehörige Verb ʿwh wird durchaus noch in dieser Richtung empfunden.

[15] Auch das Verb ḥṭʾ kann etwa im Hi. noch vom Verfehlen eines Ziels durch einen Schützen gebraucht werden (Ri 20,15).

[16] Die weitere Angabe „neben jedem Altar" dürfte ein Zusatz sein.

[17] Hier ist aber das Verb ʿbṭ gebraucht, in 24,17, wo im besonderen die Pfändung des Gewandes der Witwe verboten wird, dann ḥbl und bægæd wie bei Amos. Das könnte darauf deuten, daß Amos einen näher der (nicht dt. bearbeiteten) Formulierung von 24,17 liegenden Wortlaut des Gebotes kannte.

wiederholte Angriffe gegen die Korruption des Rechtswesens sehr wohl auf dem Hintergrund eines Richterspiegels in der Art von Ex 23,1 ff. verstehen. Auch hier fehlen Hinweise auf die speziellen deuteronomischen Aussagen über das Rechtswesen. Ans Bundesbuch gemahnt aber auch trotz abweichender Terminologie[18] des Propheten Angriff auf die Benachteiligung und Unterdrückung des Schwachen, Einflußlosen. Am 5,1 macht dann deutlich, wie der Prophet in seiner unmittelbaren Situation den Zusammenhang zwischen dem in Samaria erkennbaren Luxus, dem Genußleben mit seinen „Parties" und der Ausbeutung des Schwachen erkennt, der diese dolce vita durch die von ihm rücksichtslos eingetriebenen Bußabgaben (2,8b) und Zinszuschläge (5,11) zu finanzieren hat. Von daher werden die Angriffe auf den in Samaria getriebenen Luxus (3,12.15; 6,4–6) auch da verständlich, wo der Hintergrund der sozialen Rücksichtslosigkeit nicht ausdrücklich aufgewiesen ist. Zum „Aufwand", der in der momentanen Wohlstandskultur Israels getrieben wird, gehört für den Propheten ganz so der aufwendige Kult- und Wallfahrtsbetrieb (5,4 f.21 ff.), der die primäre Gebundenheit an „Recht und Gerechtigkeit" (5,24) vermissen läßt. Die auf seinem Hintergrund verstehbare securitas (6,1; 9,10) und der auf dem Wohlstand (und dem Erwählungswissen?) beruhende, in stolzen Bauten sich spiegelnde Hochmut (6,8), der sich dann auch seiner Kriegserfolge rühmt (6,13), verletzt den Herrn Israels. Das spezifische Wissen um die von Kanaan verschiedene Sexualmoral, das im Bundesbuch nicht zur Sprache kommt, aber durch Formulierungen, wie sie in Gen 34,7 und 2.Sam 13,12 zu hören sind, als alt erwiesen ist, scheint nur in 2,7 gestreift zu sein. Man ist dabei geneigt, an Ordnungen zu denken, wie sie dann im Heiligkeitsgesetz formuliert sind[19].

Wenn sich daneben in den Völkersprüchen der Angriff und der Vorwurf des Verbrechens *(pæšäʿ)* auch gegen die Umweltvölker wendet, so führt das auf die im AT auch sonst erkennbare selbstverständliche Annahme, daß man auch außerhalb Israels etwas von „Gottesfurcht" wissen sollte[20]. Das steht der Überzeugung nicht im Wege, daß die explizite Rechtsforderung Jahwes Israel in besonderer Weise betrifft und Israel darum von Jahwe in besonderer Weise zur Rechenschaft gezogen wird (3,2).

Man wird Amos weder gerecht, wenn man ihn zu nahe an kultische Institutionen der Rechtsproklamation heranrückt, noch wenn man in ihm einen Mann sieht, in dem das allgemeine menschliche Wissen in einem eigenständigen freien Akt „in Verwaltung genommen" ist (Schmid).

---

[18] Zu den Belegen für *däl* und *ʾæbjön* in den Proverbien vgl. Wolff (Anm. 8) 48 f.
[19] Vgl. Lev 18,8.15.17; 20,11.12.14.
[20] Vgl. etwa die Bemerkung Josephs in Gen 42,18, ev. auch Ex 1,17.21.

Man hat in ihm einen Angehörigen des Jahwevolkes vor sich, dem der Rechtswille Jahwes über seinem Volke, z. T. auch in konkret fallbezogener[21] Prägung bekannt ist. Auf welchen Wegen dieses z. B. im Bundesbuch schriftlich fixierte Rechtswissen[22] des Jahwevolkes für Amos gegenwärtig geworden ist, bleibt eine noch immer nicht sicher beantwortete Frage. Daß es nur gerade über die Weisheit der Einzelsippe geschehen sollte, ist keine voll befriedigende Auskunft[23].

Als ein unter dem freien Zugriff Jahwes auf den Weg Gesandter weiß er sich ermächtigt, ohne jede einseitige Buchstabenbindung situationsgerecht in die Welt, die ihm im Brudervolk Israel begegnet, hineinzureden und seine Gerichtsankündigung in freier Interpretation des ihm überkommenen Jahwewillens zu begründen[24]. Auch seine „Scheltrede" ist von hier aus zu verstehen[25]. Zu des Amos Freiheit gehört, daß er sein Wissen um den Jahwewillen auf die umgreifenden (Nenner-)Begriffe „Recht und Gerechtigkeit" oder „das Rechte" ($n^e k\bar{o}h\bar{a}$ 3,10) bringen und darin ein Vokabular verwenden kann, das statistisch öfter in den uns vorliegenden Weisheitssprüchen als in den Rechtskorpora zu belegen ist.

III.

Hört man neben Amos die Verkündigung Hoseas, seines jüngeren, im Nordreich beheimateten Zeitgenossen, so ist hier wennmöglich noch schärfer formuliert, daß sich auch dieser Prophet keinem anderen Rechtswillen verpflichtet weiß, als dem Willen Jahwes. Und doch ist nicht zu übersehen, daß man hier in neue Horizonte, einen ganz andersartigen Sprach- und Denkraum hineintritt.

Hoseas Wissen um Jahwe ist im Zentrum bestimmt von der gottesdienstlich wachgehaltenen Erinnerung an den Gott, der sein Volk aus

---

[21] Vgl. Anm. 17.

[22] Es ist kaum anzunehmen, daß das uns heute vorliegende Bundesbuch die einzige Ausformung dieser Art war. Die Wahrnehmung, von der in Anm. 17 zu reden war, läßt auch an verwandte andere Formulierungen des Wortlauts denken.

[23] Zu den Einwendungen, die Schmid in Abschnitt II gegen Wolff formuliert hat, ist noch hinzuzufügen, daß die Verankerung des Ethos in der Sippe die Frage unbeantwortet läßt, auf welchen Wegen es dann zum gesamtisraelitisch-jahwistischen Ethos, das Amos doch so selbstverständlich voraussetzt, gekommen ist. Diese Antwort bleibt schon Gerstenberger schuldig.

[24] Von „charismatischer Neuinterpretation" (G. von Rad, Theologie des Alten Testaments II, München ⁴1965, 420.434) wird man bei dem nüchternen Vorgang der Aktualisierung gerade des rationalen Begründungselementes im Prophetenspruch besser nicht reden.

[25] Zur Sonderung der „Scheltrede" von der „Begründung des Gerichtswortes" vgl. L. Markert, Struktur und Bezeichnung des Scheltworts, BZAW 140, Berlin/New York 1977.

Ägypten gerufen und es dadurch zu seinem Volke gemacht hat. „Als Israel jung war, da gewann ich es lieb und aus Ägypten rief ich meinen Sohn" (11,1). So sagt Jahwe sich auch in der persönlichen Zuwendung zu seinem Volke aus: „Ich bin Jahwe, dein Gott, vom Lande Ägypten her, und einen Gott außer mir kennst du nicht, und keinen Retter hast du außer mir" (13,4, vgl. auch 12,10).

Aus diesem Wissen um die Zusammengehörigkeit Jahwes und Israels erklärt sich, was bei Hosea den Nerv des nun für Israel geltenden „Gottesrechtes" darstellen muß: „Einen Gott außer mir kennst du nicht." Der Ausschließlichkeitsanspruch Jahwes gegenüber Israel[26] prägt den fordernden Gotteswillen, unter dem Israel steht. Das „Fremdgehen *(znh)*" Israels stellt seine große Versündigung dar. So wird in der Zeichenhandlung von Hoseas Ehe mit einem „Hurenweib *('ēšæt z^e nū-nīm)*"[27] gleich zu Eingang (1,2) sichtbar gemacht, was die tatsächliche böse derzeitige Lage zwischen Jahwe und Israel ist. An die Stelle des Vater-Sohn-Bildes von 11,1 ist hier das Ehebild getreten, das möglicherweise durch im Lande beheimatete Vorstellungen von der Ehe zwischen Gottheit und Land[28] bestimmt ist. In Hoseas Verständnis ist es aber völlig aus der Sphäre des Naturglaubens, der den Himmelsbaal zum Gatten der Erde machte, herausgerückt und vom geschichtlichen Geschehen der Führung aus Ägypten her verstanden.

Daß Israel in den Tagen Hoseas „fremdgeht" und in der Art seines Kultes bis hin zur Benennung Jahwes selber als Baal (2,18) seit seinem Eintritt ins Fruchtland beim Baal Peor (9,10) das über ihm stehende Urrecht vergessen hat, das ist sein großer Abfall und die grundlegende Versündigung an seinem Gott, welche auch das von Hosea anzukündigende Gericht innerlich verständlich macht. Das Stichwort *znh* wird von daher eine grundlegende Deutungskategorie für Israels Vergehung gegen das Gottesrecht. Sie hat sich der prophetischen Sprache in der Folge tief eingekerbt. Sie wird bei Jesaja einmal am Rande begegnen[29], bei Jeremia stärker in die Mitte rücken (2,20; 3,1.6.8) und bei Ezechiel die breit ausgeführten Darstellungen der Sündengeschichte Jerusalems bzw. der beiden Israelreiche in Ez 16 und 23 beherrschen. Die Verwendung dieses Verbs wird in der Folgezeit von der unmittelbaren kultischen Abweichung in baalistisch geprägtes Brauchtum ausgeweitet auf das politische „Fremdgehen" in der Bündnispolitik mit fremden Mächten (Ez 23).

---

[26] Zur zunehmenden Reichweite desselben vgl. M. Rose, Der Ausschließlichkeitsanspruch Jahwes. Deuteronomische Schultheologie und die Volksfrömmigkeit in der späten Königszeit, BWANT 106, Stuttgart 1975.

[27] Die etwa zwischen H. W. Wolff und W. Rudolph strittige Frage nach dem Verständnis dieser Bezeichnung braucht hier nicht besprochen zu werden.

[28] Die Formulierung in 1,2 legt diese Vermutung nahe.

[29] S. u. zu Jes 1,21 ff.

Diese Politik des Sich-Anhängens an die Mächte und des Schutz-Suchens bei ihnen wird schon bei Hosea als Bruch des Jahwerechtes gewertet (5,13; 8,9; 12,2), wenn auch die Anwendung des Verbs *znh* auf diesen Bereich bei Hosea noch nicht zu finden ist.

Neben dem *znh* als Bezeichnung der fundamentalen Vergehung gegenüber dem Gotteswillen tritt das Verb *nʾp*, das normalerweise den Ehebruch im streng juristischen Sinne bezeichnet, stärker zurück. Es ist in 3,1 anstelle des in 3,3 dann verwendeten *znh* gebraucht, steht 4,13 f. in unmittelbarer Parallele zu *znh*. Auch 7,4 könnte noch den übertragenen Gebrauch für die Beziehung Israels zu Jahwe widerspiegeln, während 4,2 die innermenschliche Versündigung des Ehebruchs inmitten anderer zwischenmenschlicher Vergehungen aufführt. In 2,4 wird man sich fragen, ob die zunächst als Abstraktbildungen wirkenden Substantive *zᵉnūnīm* und das parallele *nǎʾᵃpūpīm* nicht konkreter als „Dirnen-" bzw. „Ehebruchs-Zeichen" zu verstehen sind[30]. Im Ganzen fällt auf, daß sich nicht das strenge *nʾp* „ehebrechen", sondern *znh* „huren" zur ausgesprochenen Vokabel für das religiöse „Fremdgehen" entwickelt hat.

Hosea ist mit seinem zentralen Wissen um die Gottesforderung der ungeteilten Liebesverbundenheit Israels mit Jahwe, die in der Vergegenwärtigung der Anfangsgeschichte Israels beim Auszug lebendig gehalten wird, nach seiner Herkunft ungleich näher beim Kult Israels angesiedelt als Amos. So ist es denn auch in der Formulierung der Kultpolemik Hoseas zu erkennen, daß er anders als Amos nicht „Recht und Gerechtigkeit" in der Antithese gegen den regen Kultbetrieb beschwört, sondern Liebesverbundenheit und Gotteserkenntnis. „Denn an Liebesverbundenheit *(hæsæd)* habe ich Wohlgefallen und nicht an Mahlopfer, an Gotteserkenntnis *(dǎ'ǎt 'ᵆlōhīm)* mehr als an Brandopfern" (6,6). Angesichts des bewegenden Bußgebetes des Volkes, das Hosea zitiert, stellt Jahwe fest: „Eure Liebesverbundenheit *(hæsæd)* ist wie Morgengewölk, wie Tau schwindet sie schon am frühen Morgen dahin" (6,4).

Auch wenn man *hæsæd* nicht mit N. Glueck[31] als „die einem Rechts-Pflicht-Verhältnis entsprechende Verhaltungsweise" übersetzen kann, so genügt doch auf der anderen Seite seine Deutung durch Jepsen[32], Stoebe[33] als freie Liebesgesinnung nicht. *hæsæd* bezeichnet das rechte

---

[30] Vgl. dazu die Kommentare.

[31] N. Glueck, Das Wort *hæsæd* im alttestamentlichen Sprachgebrauche als menschliche und göttliche Verhaltungsweise, BZAW 47, Gießen 1927 (Berlin ²1962).

[32] A. Jepsen, Gnade und Barmherzigkeit im Alten Testament, KuD 7/1961, 261–271 (Der Herr ist Gott. Aufsätze zur Wissenschaft vom Alten Testament, Berlin 1978, 211–220).

[33] H. J. Stoebe, Die Bedeutung des Wortes *häsäd* im Alten Testament, VT 2/1952, 244–254.

Verhalten in einer Gemeinschaftsbeziehung[34]. Um welche Beziehung es sich dabei für Israel handelt, wird durch des Hosea nachdrücklichen Hinweis auf Jahwe, den Gott Israels von Ägypten her, deutlich. Und für die „Gotteserkenntnis" hat H. W. Wolff[35] gegen E. Baumann[36], der diese nur auf die innere Verbundenheitsempfindung deuten wollte, wahrscheinlich gemacht, daß in ihr eben gerade auch das kognitive Element des Wissens um die geschichtliche Begegnung Jahwes mit Israel beschlossen liege. In diesem „Wissen", das in dem Gott-Wissen (= Gott-Erkennen) sich zur echten Erwiderung der Israel von seinem Gott her entgegenkommenden Liebe[37] wandeln sollte, liegt, was Jahwe von seinem Volke erwartet – das eigentliche „Gottesrecht" Israels. An der Unterweisung in diesem Gottesrecht haben es die Priester, die für die Gotteserkenntnis recht eigentlich Verantwortlichen, fehlen lassen und in ihrem Vergessen der echten Jahweverbundenheit in „Lehre und Leben" die Entartung zur kanaanisierten Gottesverehrung verschuldet. Im Kedeschenwesen auf den Höhen und der kultischen Prostitution, der Scheinehrung des lebendigen Gottes in all den mantischen Praktiken (Baum-, Holzbefragung) und der ungezügelten sexuellen und im Rausche gesuchten Selbstbefriedigung menschlicher Instinkte, haben sich gerade die Priester in besonderer Weise vor Jahwe schuldig gemacht (Hos 4).

In diesen Zusammenhang gehört auch des Hosea scharfe Polemik gegen das Stierbild in Bethel. Wo in Israel „Menschen Kälber küssen" (13,2), verrät sich die böse Verzerrung der Frömmigkeit, die das Bild mit dem verwechselt, der als der Herr, Menschen ungreifbar, bei all seiner Zuwendung zu Israel doch allezeit dessen heiliger Herr bleibt.

Hosea drängt aber nicht nur auf die rechte innere Liebesbeziehung und „Erkenntnis" Israels gegenüber seinem Gotte, sondern weiß vom Rechtswillen Jahwes, der auch die Beziehungen zwischen Mensch und Mensch und auch die politischen Lebensordnungen Israels betrifft. Dieses Nebeneinander ist eindrücklich in der Worteinheit angesprochen, die wohl mit Bedacht an die Spitze der Wortsammlung Kap. 4–14 gestellt worden ist. Wenn hier im Prozeß-Anruf an die Israeliten in 4,1 zunächst in weitgefaßten Begriffen das Fehlen von Treue *(ˀæmæt),* Liebesverbundenheit *(hæsæd)* und Gotteserkenntnis im Lande gerügt wird, so

---

[34] W. Zimmerli, Art. *charis* B. Altes Testament, ThWNT IX, 366–377.

[35] H. W. Wolff, „Wissen um Gott" bei Hosea als Urform von Theologie, EvTh 12/1952/53, 533–554 (Gesammelte Studien zum AT, ThB 22, München 1964, 182–205), – Erkenntnis Gottes im Alten Testament, EvTh 15/1955, 426–431.

[36] E. Baumann, „Wissen um Gott" bei Hosea als Urform von Theologie? Eine Antwort, EvTh 15/1955, 416–425.

[37] Hos 3,1bα ist vielleicht zu lesen *kᵉˀăhᵃbātī.*

verschlingt sich hier beides: Der Hinweis auf das rechte Verhalten gegenüber Jahwe in zuverlässiger Liebesverbindung, die alles Fremdgehen vermeiden würde und die in der soeben in ihrer Mehrdimensionalität gekennzeichneten Gotteserkenntnis begründet sein müßte, einerseits, und auf das rechte zwischenmenschliche Verhalten andererseits. In der Weiterführung 4,2 rückt dieses voll ins Blickfeld: „Verfluchen und Betrügen und Morden und Stehlen und Ehebrechen breiten sich aus, und Bluttat reiht sich an Bluttat." Wenn man auch hier nicht kurzschlüssig einen Beleg für die Kenntnis des klassischen Dekalogs von Ex 20 reklamieren kann, so ist doch nicht zu verkennen, daß im Hintergrund dieser Anklage Formulierungen liegen, die nahe an die Formulierungen der zweiten Hälfte jenes Dekalogs heranführen. Wenn dazu noch genommen wird, daß Hoseas ganze Rechtsforderung von der göttlichen Proklamation herkommt: „Ich bin Jahwe, dein Gott, vom Lande Ägypten her, und einen Gott außer mit kennst du nicht" (13,4), und dazu die leidenschaftliche Polemik Hoseas gegen den Bilderdienst bedacht wird, so hat man (abgesehen von Sabbatgebot und Gebot der Elternehrung) eigentlich die Elemente beieinander, die den klassischen Dekalog konstituieren. Und die Frage erscheint nicht abwegig, ob nicht Hosea in seiner Jahweweisung schon Zusammenfassungen bekannt sind, die in die Nähe des klassischen Dekalogs führen.

Im Weiteren sehen wir Hosea ganz so wie Amos als den Propheten vor uns, der nicht einfach vorgegebene Gesetzesformulierungen zitiert, sondern in freier Formulierung all das angreift, was ihm als Verfehlung des wahren Gotteswillens begegnet.

Es ist dabei ein weit ausgefächertes Spektrum von Angriffen, in denen auch ein weit ausgefächertes Vokabular zu Gehör kommt. Anklänge an Formulierungen des Amos sind dabei nicht ganz zu überhören. Am nächsten meint man Hosea bei Amos zu finden, wo er in 10,4 davon redet, daß Recht (mišpāṭ) wie Gift aus den Ackerfurchen aufsproßt. Die von Am 6,12 (vgl. 5,7) her bekannte Rede von der Verwandlung des Rechts in Gift ist hier mit dem bei Hosea beliebten Wachstumsbild[38] verbunden. Anders als bei Amos aber steht hier nicht die Mißachtung des Rechts im Torgericht vor Augen, sondern die menschliche Treulosigkeit: „Worte machen[39], trügerisch schwören, Vertrag schließen" (4a). Das Stichwort mišpāṭ kann bei Hosea auch sonst noch gelegentlich auftreten. In 5,1 werden die für das Recht verantwortlichen Priester und Politiker (kī lākæm hămmišpāṭ) angerufen. Es ist dabei auf Vergehungen in Mizpa, auf dem Tabor, in Sittim[40] angespielt, deren nähere

---

[38] 8,7 Wind säen – Sturm ernten; 10,12 Neubruch pflügen.
[39] Lies dăbbēr (statt M dĭbbᵉrū).
[40] In 5,2 ist wohl zu lesen wᵉšăḥăt hăššĭṭīm (statt M wᵉšāḥᵃtā śēṭīm).

Kenntnis uns leider entgeht. Wenn aber im Heilswort 2,21 f. unter den Brautgeld-Gaben von Jahwes Neuverlobung mit Israel jenseits des Gerichtes „Gerechtigkeit und Recht" *(sædæq – mišpāṭ)* genannt werden, so verbindet Hosea damit unmittelbar Liebesverbundenheit *(ḥæsæd)*, Erbarmen *(răḥᵃmīm)*, Treue *(ᵃᵉmūnā)*, Erkennen Jahwes. Er verrät darin, in welcher Richtung er „Recht und Gerechtigkeit" interpretiert. Auch die Rede von Saat und Ernte in 10,12 nennt *ḥæsæd* parallel zu *ṣᵉdāqā:* Das Saatgut der Gerechtigkeit führt zur Ernte der Liebesverbundenheit. In der einzigen, sonst noch vorliegenden Belegstelle des Wortes *mišpāṭ* (6,5), wo *ūmišpāṭī kā'ōr* abzutrennen ist, deutet dieses auf das von Jahwe geschaffene Heil, das wie Licht aufstrahlt. Im menschlichen Verhalten stehen Hosea nicht nur die äußeren Taten, sondern die innere Mitte menschlicher Entscheidung vor Augen: „Ihr Herz ist falsch – nun müssen sie büßen" (10,2).

Diese Falschheit des Herzens führt nicht nur zur Hinwendung zu fremden Göttern (3,1), zur Widerspenstigkeit *(mrh* 14,1), dem störrischen Verhalten gegenüber Jahwe *(srr* 4,16; 9,15), dem Verlassen *('zb* 4,10) und Vergessen *(škḥ* 2,15; 4,6; 8,14; 13,6) Gottes, zu Hochmut *(gā'ōn* 5,5; 7,10) und Treulosigkeit *(bgd* 5,7; 6,7) Israels, sondern ganz so zu den zwischenmenschlichen Unordnungen, falschem (Schwur-)Fluch *('lh* 4,2 ; 10,4), trügerischem Verhalten *(kḥš* 4,2; 7,3; 10,13; 12,1), Lügen *(kzb* 7,13; 12,2), Morden *(rṣḥ* 4,2; 6,9), Blutschuld *(dām[īm]* 1,4; 4,2; 6,8; 12,15), Stehlen *(gnb* 4,2; 7,1), Gewalttat *(šōd* 12,2), Anfeindung *(măśṭēmā* 9,7 f.), Unrecht *(ăwlā* 10,9.13), zum Bandenwesen *(gᵉdūd* 7,1), das die Grundlagen der Ordnung erschüttert. So erlebt es Hosea in seinen Tagen, wie Könige gestürzt und andere auf den Thron erhoben werden (7,7; 8,4; 13,10) und das ganze innenpolitische Gefüge in Unordnung gerät, weil Jahwe in all diesen Dingen nicht mehr befragt wird, sondern der Mensch eigenmächtig handelt (8,4). Jene Rückfrage nach Jahwes Willen, die das Königsgesetz Dtn 17,14 vorsieht: „Wenn . . . du sagst: Ich will über mich einen König setzen . . . dann sollst du über dich einen König setzen, den Jahwe, dein Gott, erwählt", unterbleibt. Von einer göttlichen Ordnung etwa der Herrschaft eines Davididen ist bei diesem Nordreichpropheten nichts zu erkennen[41]. Ja, das Königtum als Institution selber scheint ihm schon im Ansatz etwas Fragwürdiges zu sein, was ihn wieder nahe an Empfindungen heranrückt, die dann im dtr. Geschichtswerk, falls diesem mit Noth[42] 1.Sam 8; 10,17 ff.; 12 zuzuschreiben sind, zum Ausdruck gelangen.

---

[41] 3,5aγ ist ein judäischer Zusatz.
[42] M. Noth, Überlieferungsgeschichtliche Studien I. Die sammelnden und bearbeitenden Geschichtswerke im Alten Testament, SKG.G 18,2, Halle 1943.

Der Nichtbeachtung göttlicher Ordnung wird aber auch das judäische Nachbarvolk geziehen, wie denn auch diesem ganz so wie Nordisrael das falsche Rennen zu den Helfern in der Welt der Großmächte, durch das die alleinige Bindung an Jahwe auch in diesem Teil des Jahwevolkes verleugnet wird, rügend vorgehalten wird (5,13). Über diesem Brudervolk steht ganz wie über „Ephraim" das besondere Jahwe-Israelrecht.

Die am vollsten angegriffene Gruppe im Volke aber sind nicht die politischen Führer, sondern die Priester, gegen die sich fast das ganze Kap. 4 wendet. Im Anfang von Kap. 5 sind sie an erster Stelle, noch vor dem Königshaus angerufen. Daß der Prophet selbst im Hause seines Gottes, in dem doch das entscheidende Sagen bei den Priestern liegt, Anfeindung erfährt, tritt dabei nicht so stark in den Vordergrund wie die Vergehung der Priester gegenüber ihrem eigentlichen Amtsauftrag. Ihr Amt wäre die rechte Hut der *tōrā*. Diese Verpflichtung haben sie vergessen (4,6). Es mag auffallen, daß hier singularisch von der *tōrā* geredet ist, was auf eine zusammenfassende Betrachtung der Rechtsweisung deutet. Hat man in 8,12 gegen M wohl pluralisches *tōrōtăj* zu lesen, so kann an der ebenfalls singularischen Lesung in 8,1, einem Wort, das nach 1a wieder vor allem an das „Haus Jahwes" gerichtet ist, kein Zweifel bestehen. Der Frevel an der *tōrā* ist hier parallel zu Übertretung des Bundes ausgesagt. Ob es bei der für die Hoseaworte unverkennbaren Nähe und zugleich Vorläuferschaft zu der deuteronomischen Gedankenwelt geraten ist, diesen Vers als nachträgliche dtr. Eintragung zu eliminieren[43]? Wenn

---

[43] So L. Perlitt, Bundestheologie im Alten Testament, WMANT 36, Neukirchen 1969, 146–149 mit behutsamer Einzelbegründung. Diese vermag allerdings nicht zwingend zu überzeugen. Zum Wortgebrauch: Die Wendung *ʿbr bᵉrīt* ist in 6,7, gewiß in einem nicht voll durchsichtigen, möglicherweise auf politisches Geschehen deutenden Zusammenhang gebraucht. Aber das parallele *bāgᵉdū bī* im Munde Jahwes (vgl. daneben das *bᵉjähwœ bāgādū* von 5,7) zeigt doch die Nähe zum Vollvergehen gegen Jahwe. Daß die Verbindung von *tōrā* mit dem auf Jahwe bezüglichen Suffix bei Hosea nicht undenkbar ist, zeigt das nahe verwandte *tōrăt ᵃᵉlōhǣkā* von 4,6, wo es gewiß im Zusammenhang um die Priesterweisung geht. Aber das parallele *hădʾ̌ăt* in 6bα impliziert, wenn man den Nachweisen von H. W. Wolff über „Wissen um Gott" bei Hosea als Urform von Theologie (Anm. 35) folgt, zugleich auch das Wissen um die Geschichtsverkündigung, in der die *bᵉrīt*-Aussage beheimatet ist. Daß danach *tōrātī* in 8,1 „völlig singulär in vor-dt Texten" sei, ist nicht zutreffend. Das Fehlen des verbalen Gebrauchs von *pšᶜ ʿal* wiegt neben dem *pāšᵉū bī* von 7,13 ganz so wie das *jăʾăn* nicht sonderlich schwer – man könnte genau umgekehrt argumentieren, daß die im AT einmalige Verbindung *pšᶜ ʿal* neben dem auch in jüngeren Texten reichlich belegten *pšᶜbᵉ* einen ausgesprochen originelleren Eindruck macht. Die „schlagende Parallele" Ri 2,20 in DtrG schließlich vermag in keiner Weise die Möglichkeit zu widerlegen, daß Hosea eben in die „Vorgeschichte" dt. Sprache und Theologie gehört. Auch Ri 2,20 ist in diesem Falle „Erbe" Hoseas. – Zum Kontext: Steht 8,1b hier wirklich so fremd im Kontext, wenn auf die *bᵉrīt*- und *tōrā*-Aussage hin unmittelbar der Gebetsanruf des Volkes mit dem Appell an sein „Kennen" (*dăʾăt*) seines Gottes folgt? Für die von H. W. Wolff m.E. richtig gemachte Feststellung, daß 8,1–3 einen „Generalvorwurf" formulieren, der dann in

man es nicht tut, dann ist aber bei Hosea nicht nur das zusammenfassende sing. Reden von *tōrā* als dem Inbegriff vor allem der vom Priester in Hut zu nehmenden „Weisung" im „Gotteshause", wo man zwar auf das „Kennen" Jahwes pocht (8,2), aber das „Gute" verwirft (*znḥ* 8,3), zu finden, sondern ganz so auch schon ein zusammenfassendes Reden vom „Bund". Die dann im Dtn breit ausgebaute „Bundestheologie", welche die Gottesweisung im Bund Israels mit dem, der von Ägypten her sein Gott ist, verankert, ist dann schon bei diesem (leider so einsamen) Zeugen der Nordreichtheologie zu erkennen. Der „restaurative Charakter" des Dtn dürfte dann, wie es sich schon von allgemeineren Überlegungen her nahelegt, auch gerade in seinem Reden vom Jahwebund erkennbar werden.

Es mag in diesem Zusammenhang noch auf eine, für diese Feststellung gewiß nicht zwingende Wahrnehmung gewiesen werden, die immerhin festgehalten sei. Im vorliegenden Text des Dtn sind der Sammlung der Einzelgebote in zwei verschiedenen Weisen Vorreden vorgeschaltet. Sie haben je in ihrer Art die Aufgabe, dem Vielerlei an Gebot, das in Dtn 12 ff. folgt, einen zusammenfassenden Kanon der rechten Lesung dieses Vielerlei voranzustellen[44]. In Dtn 5 wird an das Geschehen am Gottesberg mit seiner Proklamierung des Dekalogs erinnert. Was in Dtn 12 ff. an Einzelweisung folgt, soll danach als Erläuterung und Entfaltung des als eine umgreifende, knappe Zusammenfassung des Gotteswillens verstandenen Dekalogs[45] gelten. In Dtn 6 ist in noch stärkerer Verdichtung der Vielzahl der Gebote das eine, große Gebot der Gottesliebe als Kanon des rechten Verständnisses vorangestellt worden. In umgekehrter Reihenfolge der Elemente findet sich nun eine solche summierende Zusammenfassung der Rechtsübertretung Israels in Hos 4,1 f. im Auftakt der Wortsammlung Hos 4–14. Sie ist nicht im Wortlaut, wohl aber in ih-

---

8,4 ff. in konkreten Schuldaufdeckungen expliziert wird, bietet die Abfolge von 4,2 auf 4,1b eine schöne Analogie.– Grundsätzlich möchte ich die Frage stellen, ob man nicht angesichts von so klar in Hoseas Worten verankerten Aussagen, wie etwa die Dekalogpräambel Ex 20,2/Dtn 5,6 unverkennbar in Hos 12,10; 13,4 ihr Vorbild hat, doch viel ernsthafter mit der Möglichkeit rechnen muß, daß die dt. Sprache, einschließlich der Verwendung der Bundeskategorie, ihre Wurzeln in früheren Nordreichtraditionen hat. Ein Jammer, daß wir keine weiteren genuinen Nordreichpropheten in ihrem Eigenwort kennen! Aber, was L. Köhler in seiner schönen Rektoratsrede über die „Hebräische Rechtsgemeinde" (wieder abgedruckt als Anhang in „Der hebräische Mensch", Tübingen 1953, 143–171) über den dt. Predigtstil sagt: „Wo er uns begegnet, ist der Predigtstil schon reif und in voller Form; also entstand er früher" (l.c.164), scheint mir auch für dtr. Theologumena voller beherzigt werden zu müssen.

[44] So wie Ps 1 dem Psalter, Spr 1,7 den Proverbiensammlungen vorangestellt ist.

[45] Zu dieser Absicht des Dekalogs vgl. besonders A. Alt, Die Ursprünge des israelitischen Rechts, BVSGW. PH 86,1, Leipzig 1934, 52–59 (Kleine Schriften zur Geschichte des Volkes Israel I, München 1953, 317–322).

rer eigentlichen Aussage mit der doppelten Präambel des Dtn durchaus zu vergleichen. In Hos 4,1b ist vorangestellt, was in etwa als negative Entsprechung zum *šᵉmă'* von Dtn 6,4ff. verstanden werden kann: „Keine Treue, keine Liebe, keine Gotteserkenntnis im Lande." In 4,2 folgt, was in der Nähe des Dekalogs von Dtn 5,6ff. steht: „Verfluchen, Betrügen, Morden, Stehlen, Ehebrechen, Bluttat" – eine geraffte, Einzelvergehungen aufzählende Kette von sozialen Vergehungen. Die Entsprechung zu den Anfangssätzen des Dekalogs fehlt, weil ihr zentraler Gehalt schon in 4,1 zur Sprache gekommen ist.

Man wird diese Wahrnehmung nicht überwerten, aber soll sie auch nicht unterbewerten. Von einer neuen Seite her läßt sich von daher beleuchten, wie sehr das von Hosea vorausgesetzte Gottesrecht ins Vorfeld des Dtn gehört und wie sehr hier, in ganz anderer Weise als bei Amos, der intensive Versuch gemacht ist, das Vielerlei an Einzelgebot Jahwes, von dem bei Hosea ebenfalls viel zu sehen ist, auf einen großen Nenner zu bringen und darin den Weg der Nachfrage nach dem „größten Gebot"[46] zu begehen.

Hosea gibt sich in seiner starken Traditionsverbundenheit und dem steten Rückverweis auf den von altersher in Israel bekannten Gott keineswegs als Revolutionär. Er ist ein Zeuge für ein ihm vorausliegendes Gottesrecht, das er in der Stunde der nahenden Radikalbedrohung Israels diesem in bohrender Nachfrage nach dem Kern des Gottesgebotes vorhält. Aus der Übertretung dieses Gebotes versteht er den unweigerlich nahenden Zusammenbruch seines Volkes und die Rücknahme Israels hinter das erfahrene Heil der Landgabe. Man wird bei Hosea, diesem gottesdienstnäheren Nordreichpropheten noch stärker als bei Amos darauf geführt, daß Israel um eine explizite Kundgabe des Gottesrechtes weiß und vom Propheten auf dieses Wissen hin behaftet wird.

IV.

Mit Jesaja kehren wir wieder zurück ins Südreich – diesmal in dessen Königsstadt Jerusalem. Auch Jesaja ist nun auf sein Wissen um das Gottesrecht hin zu befragen.

Am Eingang der Verkündigung Hoseas steht nach Aussage von 1,2 der Auftrag, ein „Hurenweib" zu heiraten und „Hurenkinder" zu zeugen. Das Stichwort *znh* wird daraufhin eine zusammenfassende Deutungskategorie für Hoseas prophetisches Reden von der Mißachtung des Gottesrechtes in seinem Volk. Die Akzentuierung seines Rechtswissens ist in der Folge grundlegend von diesem Ansatz her bestimmt. Daneben war auch eine leichte Berührung durch die Amosprophetie nicht

---

[46] Unter diesem Stichwort ist Dtn 6,4f. in Mk 12,28–30 zitiert.

zwingend auszuschließen. Man kann nun bei aller Unterschiedenheit im einzelnen Analoges auch bei Jesaja feststellen, bei dem dann allerdings noch eine nicht unwesentliche dritte Komponente dazuzutreten scheint. Auch Jesajas Verständnis des Gottesrechtes ist grundlegend bestimmt von der Berufungserfahrung, aus welcher er herkommt.

Es ist dabei vorausgesetzt, daß Jes 6, das in seiner Formulierung von den Erfahrungen der Zeit des syrisch-ephraimitischen Krieges her geprägt sein dürfte, nicht eine Wortbeauftragung des Propheten irgendwann im Laufe seiner Wirksamkeit[47], sondern seine anfängliche Berufungserfahrung schildert. Hier begegnet Jahwe dem Propheten im Tempel in einer Szene, die vom Trishagion der psalmensingenden Seraphen durchhallt ist. Als den „Heiligen" erfährt Jesaja den ihn zum Dienst sendenden Gott. Wenn er diesen in der Folge als den „Heiligen Israels" bezeichnet, so hält er darin die unauflösliche Verbundenheit des Heiligen mit dem von ihm berufenen Israel fest. In der Begegnung mit dem Heiligen nun erfährt Jesaja zunächst die Unmöglichkeit des Menschen, vor diesem Heiligen bestehen zu können. Er ist „ein Mensch unreiner Lippen und wohnt unter einem Volk unreiner Lippen". Zum Gesandten Jahwes kann er erst werden, nachdem seine Lippen in einem priesterlichen Akt der Reinigung durch einen Seraphen gesühnt worden sind. Hinter dieser Grunderfahrung steht die rituelle Heiligtumskategorie von Rein und Unrein. Jahwe fordert Reinheit. Es kann auffallen, daß die kultische Reinheit in der Folge bei Jesaja (anders als beim Priesterpropheten Ezechiel) für sein Verständnis des Gottesrechtes kaum eine Rolle spielt[48]. Um so stärker tritt dafür die in der Berufungserfahrung nachdrücklich gegenwärtige Kategorie des „Heiligen", deren normales Gegenwort im streng priesterlichen Vokabular das „Profane *(ḥōl)*" sein müßte[49], heraus. Diese ist bei Jesaja als eine das enger priesterlich-rituelle Verständnis transzendierende Aussage über die unnahbare Majestät des allein Erhabenen, der „auf einem hohen und erhabenen Throne thront", verstanden. Von daher ist nun ganz unverkennbar Jesajas Verständnis vom Rechtsanspruch Gottes gegenüber den Menschen, zumal gegenüber seinem Volke „Israel" bestimmt. Unrecht ist, was diesen zentralen Anspruch Jahwes verletzt und Jahwe nicht als den „Heiligen" anerkennt. Wie sehr Jesajas Verkündigung auch für seine Hörer von dieser Mitte her bestimmt ist, läßt sich im Echo sowohl in der spottenden Her-

---

[47] So O. H. Steck, Bemerkungen zu Jesaja 6, BZ 16/1972, 188–206.

[48] Das „Wascht euch, reinigt euch" *(rāḥᵃṣū hizzăkkū)* von 1,16 könnte in diese Richtung deuten, wird aber in der Fortführung sofort auf das soziale Verhalten bezogen, vgl. dazu H. J. Hermisson, Sprache und Ritus im altisraelitischen Kult, WMANT 19, Neukirchen 1965.

[49] Ez 22,26; 44,23.

ausforderung der Leute: „Er beeile, er beschleunige doch sein Tun, es
nahe und treffe ein der Ratschluß des Heiligen Israels, daß wir es erkennen" (5,19), wie in ihrer unwirschen Abweisung der prophetischen Predigt erkennen: „Laß uns (doch endlich) in Ruhe mit dem Heiligen Israels" (30,11).

Wie die Forderung von „Liebe und Gotteserkenntnis" bei Hosea, so
ist Jesajas Forderung der Anerkennung des Heiligen nicht als in alten,
proklamierten Rechtssatzungen niedergelegter Satz anzusprechen[50]. Sie
stellt eine Jesaja in der Stunde seiner Berufung übermächtig gewordene
Erkenntnis dar.

Wenn wir dann weiter fragen, wie sich Jahwes Forderung nach den
Aussagen Jesajas auf einzelne Tatbestände hin konkretisiert, so ist auch
bei ihm die Berührung mit der zeitlich vorangehenden großen Prophetie
kaum zu übersehen.

An Hosea erinnert Jes 1,21–26, wo eingangs geklagt wird: „Wie ist
zur Dirne *(zōnā)* geworden die (einst) zuverlässige Stadt." In der Weiterführung wird dann allerdings auffallen, daß hier vom „Fremdgehen"
mit anderen Göttern, der Baalisierung, dem Eindringen kanaanäischer
Riten ins fromme Brauchtum Jerusalems kein Wort gesagt wird[51], sondern das *znh* in einer neuartigen Verfremdung auf das soziale Unrecht-
tun, das für Amos die Mitte seiner Gerichtsbegründung kennzeichnete,
bezogen wird. „Voll Recht *(mišpāṭ)* war sie einst, Gerechtigkeit *(ṣædæq)*
wohnte in ihr."[52] Daneben wird das üble Jetzt gestellt: „Deine Fürsten
sind Unbotmäßige *(sōrᵉrīm)*, Diebsgesellen, sie alle lieben Bestechungsgeschenk, jagen Geschenken nach."[53] Anklang an hoseanisches Reden
könnte auch in 1,3 gefunden werden, wo die Vergehung *(pšᶜ1,2)* Israels
beschrieben ist: „Israel hat keine Erkenntnis, mein Volk hat keine Einsicht." Die beiden Deutungsvokabeln für des Volkes Rechtsvergessen-
heit: Fremdgehen *(znh)*, Mangel an Erkenntnis *(jdᶜ)* könnten sich an
Hoseas Formulierungen anlehnen.

Stärker aber erinnert die materielle Beschreibung des Unrechtes bei
Jesaja, wie schon die neuartige Zuordnung des *znh* zeigte, an Amos, dessen Stichworte „Recht und Gerechtigkeit" (Jes 5,7.16; 28,17) ganz so

---

[50] Lev 19,2 wird er dann im Heiligkeitsgesetz zum Nenner einer Gesetzesformulierung
gemacht, wobei er auch hier schon aufgeweitet wird und rituelles sowohl wie nichtrituelles
Gebot umschließt.

[51] 1,29; 17,10, wo Sitten, die aus den kanaanäischen Naturkulten stammen, gerügt sind,
verwenden die Kategorie des *znh* nicht.

[52] Hier dürfte eine Anspielung auf den vorisraelitischen König Melchisedek von Jerusalem zu hören sein, vgl. Gen 14,18–20; Ps 110,4.

[53] In M findet sich hier die weitere Ausführung: „Der Waise schaffen sie nicht Recht,
den Rechtsstreit der Witwe führen sie nicht." Sie dürfte in Anlehnung an 1,17 nachträglich
zugefügt sein.

wie gewisse Themata (Tag Jahwes, reiche Frauen, luxuriöse Gelage, ausgeführte kritische Kultbeschreibung) und Redeformen (Strophengedicht) bei Jesaja wiederkehren. Wie bei Amos spielt dabei die Rechtshilfe für den Schwachen eine besondere Rolle. Daß bei ihm über Amos hinaus Witwen und Waisen besonders genannt sind (1,17; 10,2[54]), dürfte auf Beeinflussung des hofnahen Jerusalemers Jesaja durch das altorientalische Regentenideal, nach dem schon der ugaritische Danel gezeichnet ist, zurückweisen[55] – über diese auf die höfische Weisheit zurückdeutende Linie wird gleich noch zu sprechen sein. Es erinnert an Am 5,21 ff., daß Jesaja diese Rechtsforderung gerade auch in seinem, gegenüber Amos noch voller entfalteten polemischen Wort gegen das aufwendige Kultgepränge seiner Tage (1,10–17) zu Gehör bringt. Ganz so wird auch der auf dem Zion gelegte Stein, wohl der Grundstein des wahren Gottestempels, nach dem Richtmaß von ,,Recht und Gerechtigkeit" (28,17) gelegt sein. Ein Vergleich mit der Vision vom neuen Tempel in Ez 40 ff. kann deutlich machen, wie anders das Richtmaß des Gottesrechtes im Verständnis Jesajas, der doch im Erschrecken vor Gottes Nähe seine Sünde in der rituellen Kategorie der Unreinheit bekannt hatte, ist. Auch die Wahrnehmung, daß Jesaja das ihm aufgetragene Gotteswort mehrfach als *tōrā* bezeichnet, kann nicht darüber hinwegtäuschen, daß seine Rechtsweisung sehr anders geprägt ist als diejenige Ezechiels, aber auch in manchem anders als diejenige Hoseas.

Das Stichwort *tōrā*, wie auch die zuvor gemachte Wahrnehmung, daß in der Gerechtigkeitsforderung Jesajas über Amos hinaus das Recht der Witwen und Waisen ausdrücklich genannt wird, führt nun auf die dritte Komponente, die in Jesajas Verständnis der Rechtsforderung Jahwes nicht übersehen werden kann. Blieb das Postulat einer ,,Sippenweisheit" als Hintergrund der Amosverkündigung problematisch, so ist der Einfluß weisheitlichen Denkens bei Jesaja nicht zu verkennen. Fichtner[56] hat darauf aufmerksam gemacht. Bei der Untersuchung des *tōrā*-Begriffes ist Jensen[57] im Gefolge anderer zur These gekommen, daß die nicht

---

[54] Zu dem sekundären 1,23b vgl. Anm. 53.

[55] F. Ch. Fensham, Widow, Orphan, and the Poor in Ancient Near Eastern Legal and Wisdom Literature, JNES 21/1962, 129–139. – Im Dtn tritt dann als Dritter neben Witwe und Waise der Schutzbürger (*gēr*) (10,18; 24,17; 26,19), an welchen zusammen mit jenen auch bei der Ernte auf dem Kornfeld, dem Ölbaum und Weinberg gedacht sein soll (14,19–21). Beim Drittjahr-Zehnten und Festefeiern soll darüber hinaus als Vierter auch der Ortslevit nicht vergessen werden (14,29; 16,11.14; 26,12f.).

[56] J. Fichtner, Jesaja unter den Weisen, ThLZ 74/1949, 75–80. – Jahwes Plan in der Botschaft des Jesaja, ZAW 63/1951, 16–33 (Beides in: Gottes Weisheit. Gesammelte Studien zum Alten Testament, hrg. von K. D. Fricke, Stuttgart 1965, 18–26.27–43).

[57] J. Jensen, The Use of *tōrā* by Isaiah. His Debate with the Wisdom Tradition, CBQ Mon. Ser. 3, Washington 1973.

seltene Rede Jesajas von *tōrā* „instruction" (1,10; 5,24; 8,16.20(?); 30,9) ganz vom weisheitlichen Gebrauch des Wortes her zu verstehen sei[58]. Von den Inhalten her spricht für die Annahme weisheitlicher Einflüsse die nachdrückliche Polemik gegen das Weintrinken in gleich zwei verschiedenen Weherufen (5,11.22), gegen das Weisesein in den eigenen Augen (5,21), die bei Amos fehlende Rede vom Bestechungsgeschenk (*šōḥăd* 1,23; 5,23; *šălmōnīm* 1,23)[59], die Warnung vor dem Ansehen der Person (*hăkkārăt p^enēhœm* 3,9, in 11,3 *măřē ʿēnăjīm*)[60], das gesteigerte Wertlegen auf das „Hören" (1,19; 28,12; 30,9)[61], die Polemik gegen die „Spötter" (*lāṣōn – hĭtlōṣēṣ* 28,14.22), das Reden von Torheit (*n^ebālā* 9,16), die Erwähnung der Gottesfurcht (29,13 *jĭřātām'ōtī*), aber möglicherweise auch das zugleich hoseanische Erinnerung verratende absolute Reden vom „Erkennen" in 1,3[62]. Vor allem aber weist die Bedeutsamkeit des „Planes Jahwes" (*ʿēṣā* 5,19; 14,26; 28,29) und die von da her bestimmte leidenschaftliche Reaktion gegen alles menschliche Planen hinter dem Rücken Jahwes (29,15; 30,1) terminologisch in den Bereich der Weisheit.

Bei all dieser Berührung mit vorausgehender Prophetie und Weisheit ist aber nicht zu überhören, wie das bei der Berufung aufgebrochene Wissen um die Majestät des allein Hohen Jesajas Aussagen über das Gottesrecht, wider das Jahwes Volk frevelt, vor allem bestimmt. Dieser Ton ist da zu hören, wo der Prophet das Kommen Jahwes zum Rechtsstreit mit den Ältesten und Fürsten seines Volkes ankündet und diesen das „Abweiden" seines Weinberges[63] in der Beraubung der Armen vorwirft: „Was fällt euch ein, daß ihr mein Volk zerschlagt, das Angesicht der Armen zermalmt!" (3,15). Er ist da zu hören, wo Jesaja in Aufnahme einer Thematik des Amos die reichen Frauen der Hauptstadt angreift. Anders als in Am 4,1 steht hier nicht die soziale Unverantwortlichkeit vor Augen, sondern das Hochmutsgehaben der Töchter Zions, die gereckten Halses und mit koketten Augen einhertrippelnd modisch mit ihren Schrittkettchen klirren. Der Unterschied zu Amos ist vor allem in der Schilderung des nahenden Tages Jahwes zu erkennen, der nach Jes. 2 über alles Hohe in Natur und Menschenwerk dahinfegen und es

---

[58] Zu Jes 1,10ff. möchte man aber doch gerne auch noch das Hereinspielen des priesterlichen Gebrauches vermuten, vgl. J. Begrich, Die priesterliche Tora, BZAW 66, Berlin 1936, 232–260 (Gesammelte Studien zum Alten Testament, München 1964, 232–260).

[59] In Ex 23,8 schon im Bundesbuch, aber dort bezeichnenderweise ganz so wie in Dtn 16,19 durch ein Sprichwort begründet.

[60] Spr 24,23; 28,23.

[61] Schon die alte ägyptische Lehre des Ptahhotep (A. Erman, Die Literatur der Ägypter, Leipzig 1923, 86–99; ANET 412–414) mündet in eine langatmige Ausführung über das rechte „Hören" aus.

[62] I. von Loewenclau, Zur Auslegung von Jes 1,2–3, EvTh 26/1966, 294–308.

[63] Vgl. 5,1–7.

demütigen wird. In vielfacher Differenzierung wird in der Sammlung der Weherufe von 5,8–24; 10,1–3 all das Tun angegriffen, in dem Menschen sich frech über Jahwes Ordnungen hinwegsetzen: In der Verletzung des gottgewollten Bodenrechtes, bei der sich einige wenige anmaßend zu alleinigen Besitzern der Häuser und der Ländereien zu machen anschikken (5,8)[64], in ausgelassenen Gelagen das Achten auf Jahwes Tun übertäuben (5,11f)[65], die Gerechtigkeit im Gericht verleugnen (5,22f.), mit lästerlicher Rede über das Säumen Jahwes in seinem Gericht die Schuld geradezu mit Wagenseilen auf sich selber herabziehen (5,18f.), die klare Rede von Gut und Böse eigenmächtig verwischen (5,20), hochmütig in ihren eigenen Augen weise sind (5,21) und in selbstherrlichem Erlaß neuer Satzungen das Recht der Armen beugen (10,1f.).

Wie unbedingt der Gottesanspruch alleiniger Hoheit alles menschliche Großtun auch über Grenzen hinweg trifft, zeigt sich im Weheruf über das von Jahwe selber zum Dienst des Gerichtes aus der Ferne aufgebotene Strafwerkzeug Assur, das sich seiner Siege rühmt und die eroberten Länder total verwüsten zu können meint (10,5ff.). Hier wendet sich Gottes Recht auch gegen den, der gestern noch sein Werkzeug war.

Mit diesem Weheruf ist schon die weite Sphäre der Geschichtsankündigungen angerührt, die von der Zeit des syrisch-ephraimitischen Krieges ab bis in die späten Jesajaworte[66] Raum gewinnt. Wie bei Hosea, so brandet nun auch in der Zeit Jesajas die Weltgeschichte der Mächte in den politischen Bereich, in dem er lebt, herein. Die Auseinandersetzung mit dem Verhalten des Jahwevolkes in dieser Sturmzeit führt auf der einen Seite zu Äußerungen, die nahe bei den Äußerungen Hoseas liegen, aber bei Jesaja doch wieder den seiner Verkündigung eigenen Akzent zeigen. Ruht bei Hosea der Angriff auf des Volkes Laufen zu den Mächten, von denen man sich Hilfe verspricht, auf dem Wissen um Jahwe, „deinen Gott von Ägypten her", nach welchem Jahwe alles Anrecht auf die Liebesverbundenheit *(hæsæd)* seines Volkes hätte, so geht es bei Jesaja um das Verlassen des allein Hohen. „Weil dieses Volk die langsam rinnenden Wasser des *šīlōᵃḥ*[67] verachtet", darum wird er es durch die er-

---

[64] Dazu auch Mi 2,1. Zum Bodenrecht Israels ist die im heutigen Wortlaut zweifellos jüngere Gesetzgebung von Lev 25 zu vergleichen. Auch H. Donner, Die soziale Botschaft der Propheten im Lichte der Gesellschaftsordnung in Israel, OrAnt 2/1963, 229–245.

[65] Wieder ist dahinter auch der Nachhall von Amosworten (6,2ff.) zu vernehmen.

[66] Es ist dabei eine Frage, ob man die besonders stark an Amos gemahnende innenpolitische Rechtsverkündigung nur dem frühen Jesaja zuschreiben kann. Die Wahrnehmung, daß auch in der späteren „assyrischen Periode" der jesajanischen Verkündigung das Wort 28,14–22 vom Neubau Zions durch „Recht und Gerechtigkeit" redet (28,17), kann davor warnen, die Nähe zu Amos einseitig auf die „Frühverkündigung" des Propheten einzuengen.

[67] Der Artikel dürfte hier verraten, daß in diesem „Namen" noch die Bedeutung des

säufenden Fluten des „Stromes", d. h. der Großmacht Assur, auf die es mehr traut, ins Gericht führen (8,6–8). Andererseits wird die Angst vor „Verschwörung", die in Jerusalem umgeht und in ihrer Art ganz ebenso das Wissen um den allein Hohen verleugnet, durch die Enthüllung der Heiligkeit Jahwes, die seinem Volk nun zum Stein des Anstoßens wird, beantwortet werden (8,11–15). Jahwes Anspruch in all den politisch bedrängenden Situationen geht dahin, daß sein Volk im Verlaß auf den „Heiligen Israels" zum „Nicht-Fürchten" (7,4) und zu der „Ruhe" *(hăšqēṭ* 7,4; 30,15, *năḥăt* 30,15), die um den rechten Verlaß weiß, umkehrte. Diese ganze Ankündigung der Gottesforderung an das Volk verdichtet sich in neuartiger Formulierung in der Aufforderung zum „Glauben" *(hæ'æmīn* 7,9; 28,16)[68]. Wieder geht es dabei um die geraffte Beschreibung eines Verhaltens, das nicht in „Rossen und Reitern", nicht in der Hilfe Ägyptens, mag diese nun in offenen Verhandlungen oder heimlichem Planen gesucht werden, seine eigene Stärke sucht. Denn „Ägypten ist Mensch und nicht Gott, ihre Rosse sind Fleisch und nicht Geist" (31,3).

All dieses verbalisiert sich nicht in der Zitierung alter Rechtssätze[69]. Gewiß ist in der Zeit der Totalbedrohung des Restisrael, mit dem Jesaja es in Juda zu tun hat, nicht als ungültig beiseitegeschoben, was Israel aus seines Gottes zuvor gegebener Rechtsverkündigung weiß. Wohl aber ist die Gottesforderung hier nochmals in neuer Weise auf ihre gültige Mitte hin durchdacht, und der Mensch seinem Herrn, Gott, gegenübergestellt. Daß Israel seinen Gott, der als der „Heilige Israels" es in besonderer Weise mit ihm zu tun haben will, nicht als seinen Gott gelten läßt, sich nicht in seinem Gott „festmacht" *(hæ'æmīn),* „glaubt", ist der umfassende Ausdruck dafür, daß es nicht „willig ist und hört" (1,19, ähnlich 28,12; 30,9, auch 15), nach menschlichen Helfern Ausschau hält *(hĭbbīṭ, măbbāṭ* 20,6; 22,8.11), lästernd auf seine Abmachungen mit Tod und Unterwelt verweist (28,14–22), statt Jahwe zu suchen *(drš* 1,17; 8,19; 9,12; 31,1) und nach ihm auszuschauen *(šʾh)* und ihm zu vertrauen *(bṭh* 30,12; 31,1), daß es das Wort des Propheten (28,7ff.; 30,10f.) und in alledem Jahwe verläßt *('zb* 1,4, vgl. 28), ihn, bzw. seine *tōrā* verschmäht *(nʾṣ* 1,4; 5,24), verwirft *(mʾs* 5,24; 8,6; 30,12), sich ihm weigert *(mʾn* 1,20), widerspenstig ist *(mrh* 1,20,3,8; 30,9) und in alledem seinen Gott

---

Wortes „Wasserleitung" (wobei an die Wasserleitung entlang dem Stadtberg, auf dessen Höhe Jahwe im Tempel thront, gedacht ist) anklingt.

[68] R. Smend, Zur Geschichte von *hʾmn,* Hebräische Wortforschung. Festschrift für W. Baumgartner, VT Suppl XVI, Leiden 1967, 284–290.

[69] Vgl. dazu auch W. Dietrich, Jesaja und die Politik, BEvTh 74, München 1976, 199–218 (Tradition und Kerygma).

„ermüdet" (*lh* 7,13). Weil es nicht „glaubt", darum gibt Jahwe es der Verblendung preis (6,9f.; 28,9f.) und richtet es.

V.

Die Frage nach dem bei den drei befragten Propheten vorausgesetzten Gottesrecht ist mit keiner Einheitsformel zu beantworten. Jeder der Propheten hat seine eigene „geistige Heimat", seine eigene Erstbegegnung mit Jahwe, seine eigene geschichtliche Umwelt, in die hinein er redet. In mehrfacher Brechung enthüllt sich darin der fordernde Anspruch des einen Herrn Israels, dessen Mißachtung im Gottesvolk (und darüber hinaus) das angekündigte Gericht „bejahbar" macht.

Anders Jørgen Bjørndalen

Erwägungen zur Zukunft des Amazja und Israels nach der Überlieferung Amos 7,10–17

Die Jahwerede Am 7,17 spricht von der Zukunft Amazjas und seiner Familie, sowie von der Zukunft des Volkes Israel. Ich frage, was man textgemäß über Inhalt und Funktion dieser Rede ihr entnehmen kann, sofern sie zugleich von Amazja und von Israel handelt, und sofern sie in einer dem Leser zugewandten Überlieferung begegnet.

Die Frage nach der oder nach einer Historizität von Am 7,10–17 darf hier auf sich beruhen. Es wird nicht historisch danach gefragt, was Amos dem Amazja gesagt haben mag, mit welchem Sinn und welcher Funktion. Auch die Frage, ob v 17bβ ein literarisch sekundärer Textteil ist, wofür einiges spricht, wird hier beiseite gelassen[1]. Ich frage nach der Überlieferung Am 7,17, die sich allerdings vornimmt, eine Zukunftsaussage so darzustellen, daß sie von Amos an Amazja gerichtet wird. Es wird nach dieser Darstellung gefragt, einmal so, wie sie Amazja angesprochen sein läßt, aber dann auch so, wie sie damit ihren Leser anredet.

Einer Erwägung Peter R. Ackroyds folgend möchte ich vorsichtshalber die Wortüberlieferung des Amosbuches nur in begrenztem Ausmaß zur Interpretation von Am 7,17 heranziehen[2], zumal 7,16f. – der in der Überlieferung entworfenen Darstellung zufolge – in einem *Gespräch* geäußert wird, in dem die übrigen Worte des Propheten nicht als Kontext zu v 17 vorausgesetzt werden. In der ‚kleinen Einheit‘, zu der v 16 f. gehören, ist das ein wenig anders, wie v 11 zeigt. Als Rahmen, als Kon-

---

[1] Vgl. jedoch H. W. Wolff, Dodekapropheton 2. Joel und Amos, Neukirchen-Vluyn 1969, 353 z. St.; W. Rudolph, Joel – Amos – Obadja – Jona, Gütersloh 1971, 259. – I. Willi-Plein, Vorformen der Schriftexegese innerhalb des Alten Testaments, BZAW 123, Berlin 1971, 47, ist der Ansicht, daß Am 7,17, von v bβ abgesehen, gut von Amos herrühren kann.

[2] P. R. Ackroyd, A Judgment Narrative between Kings and Chronicles? An Approach to Amos 7:9–17, in: G. W. Coats and B. O. Long (Hrsg.), Canon and Authority. Essays in Old Testament Religion and Theology, Philadelphia Penn. 1977, 84 u. a. mit Rücksicht auf die Möglichkeit, der Text sei ursprünglich außerhalb des Amosstoffes bzw. Amosbuches überliefert.

text zur Interpretation dessen, was Amos im Gespräch sagt, haben einerseits die Aussagen zu gelten, die der Gesprächspartner Amazja in 7,11 Amos in den Mund legt und deren eine auch von Amos, der Überlieferung zufolge, im Gespräch v 17bβ wiederholt wird. Andererseits stellt die Überlieferung die Sache so dar, als habe Amazja auch gewisse Vorstellungen über Amos' Herkunft, seinen berufsmäßigen Hintergrund, seine derzeitige Tätigkeit und deren mutmaßliche Wirkungen (7,10.12f.). Die Überlieferung deutet jedoch in keiner Weise an, daß andere, von ihr auf Amos zurückgeführte Äußerungen, sei es 8,2 oder sei es 5,4f.6.14f., zur Interpretation dessen, was Amos im Gespräch sagt, heranzuziehen wären. Was sie Amos im Gespräch sagen läßt, will zunächst im Gespräch verstanden werden. Wohl geben die wenigen Sätze vv 12–17 sicher bei weitem kein erschöpfendes Bild des eventuell zugrunde liegenden Gesprächs, wie auch jeder Hinweis auf einen situativen Kontext fehlt. Es ist aber zu erwarten, daß diese wenigen Sätze ein ausreichendes Bild dessen vermitteln, was hier quasi im Gespräch gesagt werden soll.

Die ,kleine Einheit', der wir uns zuwenden wollen, wird herkömmlich als Am 7,10–17 abgegrenzt. Die Zäsur zwischen 7,17 und 8,1 ist gesichert und braucht hier nicht weiter diskutiert zu werden, während das Verhältnis zwischen 7,9 und 7,10ff. problematisch ist. Wahrscheinlich ist jedoch 7,9 kein Teil der mit 7,17 endenden Einheit, sondern eher zum Zwecke der Verbindung und Überleitung zwischen den drei ersten Visionsberichten und unserer folgenden Einheit eingeschaltet worden[3].

---

[3] Am 7,9 ist mit 7,10ff. verzahnt durch die lexematischen Verbindungen *jiśḥāq* vv 9.16; *miqdāš* vv 9.13; *järöbäm* vv 9.10f. und durch *baḥæræb* vv 9.11.17. Diese Lexeme verzahnen sicher, und zwar sicher nach vorn, da die beiden ersten bekanntlich außer vv 9.16 bzw. vv 9.13 sonst nicht im Amosbuch vorkommen, und Jerobeam sonst im Buch nur noch 1,1 genannt wird. (Die Lautvariante *jiśḥāq* sonst im AT nur noch Jer 33,26; Ps 105,9.) Zugleich hebt sich v 9 deutlich vom vorhergehenden Visionsbericht ab, was hier im einzelnen nicht erörtert werden braucht. Immerhin ist v 9 wie v 8b Jahwerede.
Es fragt sich nun, auf welche Weise die Verzahnung v 9/vv 10ff. zu erklären ist. Man hat v 9 als eine überleitende Einschaltung zu vv 10–17 angesehen (H. W. Wolff, aaO., 340.348; I. Willi-Plein, aaO., 46). V 9 ist dann erst bei der Komposition von Kap. 7 hinzugekommen und gehört nicht zur Überlieferung vv 10–17. Andererseits hat P. R. Ackroyd zu zeigen versucht, daß v 9 von vornherein zum folgenden Text mit hinzugehört habe, und zwar als eine Art Ausgangspunkt, als Text, der im Folgenden erzählerisch exegesiert würde. Die erste Stufe der Entfaltung wäre v 11aββ (P. R. Ackroyd, aaO., 73). Anzunehmen wäre eine nunmehr verloren gegangene narrative Zitateinführung zu v 9, mit Amos oder einem anonymen Propheten als Subjekt, ähnlich wie in Jer 26,18; 1.Kön 13,1 oder 2.Chr 25,15 (ebd. 81f.). Ackroyd wägt behutsam die Möglichkeitsbedingungen dieser Annahme ab. Es ist hier nicht der Ort, seiner Untersuchung im einzelnen nachzugehen, es sei nur das Folgende zu bedenken gegeben: Ist die Aussage v 9 als intendierter Ausgangspunkt für den folgenden Text anzusehen, sollte man erwarten können, daß die Verwüstung der Höhen und Heiligtümer Israels (v 9a) und der Untergang des königlichen Hauses (v 9b) als

Der durch 7,9 und 8,1 abgegrenzte Textverlauf 7,10–17 begegnet nun seinerseits als ein kohärentes Textganzes, und zwar als eine durch den Wechsel von Subjekt und/oder Dativobjekt der Rede gegliederte Redefolge, deren innerer Zusammenhang durch Verflechtungen und Verweisungen im Text greifbar ist[4]. Andererseits ist deutlich, daß dies Überlie-

---

Themen des Textganzen zur Entfaltung kommen (Ackroyd nimmt nur letzteres als Gegenstand der grundlegenden Absicht des Textes an, ebd. 81). Es fällt dann aber auf, daß nicht nur auf die Satzinhalte v 9a überhaupt nicht mehr Bezug genommen wird, sondern auch daß die thematische Progression innerhalb des Textverlaufs vv 10–17 das Geschick des königlichen Hauses (v 9b) nicht mehr berührt und eine Drohung gegen den König selbst nur in der Botschaft an ihn (vv 10bα.11aβ) zur Sprache kommt.

Dabei hätte es ja keineswegs allzu fern gelegen, Amos die Zukunft Jerobeams oder seiner Dynastie vv 12–17 thematisieren zu lassen, wenn die Ansage des Untergangs dieser Dynastie eine oder die grundlegende Absicht des Textes sein sollte. Jedoch läßt das Gespräch diese Themen völlig außer acht. Statt dessen greift Amos v 17bβ, der überlieferten Darstellung zufolge, gerade das andere im Zitat v 11 angesprochene Thema auf, die Ansage der Deportation des Volkes.

Zur relativen Selbständigkeit von vv 10 ff. gegenüber v 9 in thematischer Hinsicht kommt noch hinzu, daß v 9 und v 10 ursprünglich wohl mit Rücksicht auf jeweils andere Gruppen von Hörern oder Lesern formuliert sind: in v 9 ist Jerobeam eine bekannte Person, in v 10 wird er als König Israels identifiziert. Es ist auch wahrscheinlich, daß die Zitateinführung v 10a, wo Jerobeam explizit als König Israels bezeichnet wird, nicht in Anschluß an v 9 oder mit v 9 vor Augen formuliert worden ist. Denn v 9 erwähnt „das Haus Jerobeams" in synthetischer Parallele zu „Israel(s Heiligtümern)" und weist so schon, wenn auch verhalten, auf Jerobeam als den König Israels hin.

Andererseits tritt zu den genannten lexematischen Verzahnungen von v 9 mit vv 10 ff. auch eine Verbindung von v 9 nach hinten. Die Jahwerede v 9 ist nicht als selbständiges Zitat eingeführt, sondern folgt unmittelbar auf das Zitat v 8b, das als Jahwerede explizit eingeführt ist. Unter dieser Zitateinführung läßt die Überlieferung auch v 9 lesen.

Es erscheint dann doch wohl immer noch das Wahrscheinlichere zu sein, daß v 9 zum Zwecke der Verbindung und Überleitung zwischen den drei ersten Visionsberichten und dem folgenden Text eingeschaltet worden ist.

[4] Zwischen Am 7,9 und 8,1 finden sich drei Zitateinführungen. Wichtige Bezüge zwischen ihnen sind diese: In den beiden ersten ist das Subjekt dasselbe, Amazja, während das Dativobjekt jeweils ein anderes ist, Jerobeam bzw. Amos. Amazja wird in der ersten Zitateinführung explizit identifiziert, in der zweiten eben deshalb gar nicht. – Das Subjekt der dritten Zitateinführung ist identisch mit dem Dativobjekt der zweiten, d. h. Amos. Umgekehrt ist das Dativobjekt der dritten Zitateinführung identisch mit dem Subjekt der (ersten und) zweiten, d. h. Amazja. Zugleich hat das einleitende Verbum in der dritten Zitateinführung u. a. eine rückweisende Funktion: ʿnh q. Der Text 7,12f.14ff. vermittelt so das Bild eines Redewechsels, eines Gesprächs. Außerhalb dieses Gesprächs steht das erste Zitat. Die Einführung des Gesprächs v 12aα wird jedoch im Anschluß an die Botschaft und ihre Einführung formuliert sein, wie das Fehlen einer Identifizierung von Amazja in v 12aα nach v 10a zeigt.

Es bestehen auch Bezüge zwischen den drei Zitaten und zu den Zitateinführungen. Dies ist im Zusammenhang damit zu sehen, daß das erste Zitat an derselben thematischen Progression teilhat, die sich im Redewechsel 7,12f.14ff. fortsetzt. Die Bezüge sind verschiedener Art und verbinden verschiedene Teile der Zitate wie auch der Zitateinführungen.

Der Satz *ʾattā ʾômēr* v 16bα führt eine freie Wiedergabe von v 13 ein.

ferungsstück nicht selbständig formuliert und überliefert worden ist: Die erste Zitateinführung beginnt unvermittelt mit Narrativ. Die Einheit wird wahrscheinlich in Anschluß an eine vorliegende Überlieferung über Amos formuliert und überliefert worden sein, welche auch immer[5].

Unsere Frage ist, was man an Inhalt und Funktion der Rede Am 7,17 entnehmen kann, sofern sie über die Zukunft des Amazja und Israels spricht. Dabei kommt v 17 als Glied der Einheit 7,10–17 in Betracht. Mit dieser Abgrenzung der Einheit ist es weniger wahrscheinlich, daß eine grundlegende Absicht des Textes die Aussprache des Gerichts über Jehus Dynastie sein sollte[6]. Der Rahmen und Hintergrund von v 17 wird ein anderer sein, doch wird er in jedem Fall durch die Einheit vv 10–17 dargeboten. Es ist allerdings behauptet worden, daß die Absicht der Rede v 16f. auch ohne den Kontext von v 10ff. durchaus greifbar gewesen wäre[7]. Der Text v 16f. sagt aber unmittelbar selbst nicht, wer hier redet und zu wem, und legt nicht dar, warum das Redeverbot, auf das v 16 verwiesen wird, nun ein derartig grobes Vergehen sei, wie es durch v 17 angedeutet wird. Die vv 10–15, mit v 16f. gut verzahnt, sind mit einzusehen.

Die Einheit beginnt mit der Botensendung und Botschaft Amazjas an Jerobeam, v 10–11.

Was hier auch immer mit *qāšar 'ālækā 'āmôs* gemeint sein mag, die Botschaft handelt betont vom Reden des Amos, das als für das Land untragbar hingestellt wird. Er habe den gewaltsamen Tod des Königs sowie die Deportation des Volkes angesagt. Besonders wichtig im Rahmen der Einheit 7,10–17 ist einmal Amazjas Beurteilung der Lage, das Land könne die Worte des Amos nicht mehr ertragen (v 10bβ), womit er gegen Amos Stellung nimmt und wozu sein Befehl an Amos v 12a korrespondiert, sodann und in anderer Weise die Wiedergabe seiner Ankündigung der Deportation v 11b, die von Amos im Gespräch wörtlich wiederholt wird (v 17bβ). Durch eben diese beiden Elemente erhält der

---

Zahlreiche Verflechtungen mittels Wiederaufnahme von *Worten* und *geprägten Wendungen* verzahnen v 10 mit allen folgenden Versen bis einschl. v 17, v 11 allseitig mit v 17 und v 12 mit den meisten folgenden Versen.

Hinzu kommt, daß Verwendung desselben Wortstamms auch noch Bezüge stiftet: v 10 *mælæk* zu v 13 *mamlākā;* v 12.13 *nb'* ni. zu v 14 *nābī.*

Die Verflechtung auf der Satzebene und der lexematischen Ebene erfaßt somit alle drei Zitateinführungen und Zitate.

[5] Daß Am 7,10–17 gerade in das Buch Amos eingefügt wurde, geschah am ehesten aufgrund der Auffassung, daß der Text ursprünglich von Amos gehandelt hat. Vgl. P. R. Ackroyd, aaO., 80 zu 7,9–17.

[6] So P. R. Ackroyd ebd. 81 aufgrund seiner Sicht der Zugehörigkeit von v 9.

[7] G. M. Tucker, Prophetic Authenticity. A Form-Critical Study of Amos 7:10–17, in: Interp. 27/1973, 434. Tucker ist jedoch der Meinung, daß v 16f. die Ergebnisse des vorher (vv 10ff.) berichteten Konflikts und seiner Lösung (v 15) mitteilt, s. ebd. 428.

Textteil v 10–11 im Rahmen der Einheit gegenüber dem Leser die Funktion, Amazja als verantwortlichen Antagonisten gegen Amos und gegen seine Tätigkeit einzuführen und vorzustellen, man vergleiche schon das erklärende *kôhēn bêt-ēl* v 10aα. Ob Amazja hier aus freien Stücken handelt oder nicht vielmehr nur oder auch aus amtlicher Pflicht, wie es wahrscheinlich erscheint *(kôhēn bêt-ēl)*[8], spielt demgegenüber keine Rolle. In beiden Fällen bleibt Amazja verantwortlich und tritt durch seine Aktion gegen Amos auf. Dies zu zeigen, ist die Funktion des Absatzes vv 10–11.

Deshalb wäre es letzten Endes abwegig, im Text die Darstellung oder auch nur einen Hinweis auf die Reaktion des Königs zu vermissen, oder auch zu vermuten, Amazja habe die Reaktion des Königs nicht abgewartet, bevor er mit Amos sprach, oder auch, Amazja habe eben doch erst nach eingetroffenem königlichen Befehl Amos angewiesen zu fliehen[9].

Mit dieser Funktion von vv 10–11 wird Amazjas Einschreiten gegen Amos vv 12–13 narrativ vorbereitet.

Es folgt die Darstellung des Gesprächs zwischen Amazja und Amos. In der Zitateinführung v 12a ist das Thema Amazja aus dem Kontext (v 10) bekannt, weshalb ein identifizierendes Glied, etwa wie *kôhēn bêt-ēl*, hier fehlt. Diese Zitateinführung setzt somit die erste v 10a voraus. Zur Botschaft Amazjas an den König tritt nun hinzu, was Amazja dem Amos unmittelbar ausrichtet.

Im Zitat vv 12–13 wird *ḥôzæ* das Thema sein. Referent dieser Bezeichnung ist der in der Gesprächsituation Angeredete, Amos. *Rhemen* zu diesem Thema sind die folgenden Sätze des Zitats, d. h. die Aufforderung an Amos, nach Juda zu fliehen (v 12aβ), die Zugeständnisse, sich dort Lebensunterhalt zu verschaffen (v 12bα) und dort als Prophet tätig zu sein (v 12bβ) und schließlich das Verbot, in Bet-El weiterhin als Prophet wirksam zu sein (v 13a). – V 13b schließt die Rede Amazjas ab mit dem Thema *Bet-El*, aus dem letzten Rhema herübergenommen, nunmehr pronominell realisiert. Rhemen: *mǐqdaš-mäläk; bêt mamlākā*. Die

---

[8] Vgl. E. Würthwein, Amos-Studien, in: ZAW 62/1949–50, 19 f.

[9] Es ist dennoch verständlich, daß Erwägungen in dieser Richtung bei der Kommentierung des Textes häufig auftreten. Die Botensendung *läßt* doch in diesem Fall eine Antwort erwarten, und der Exeget hat ein legitimes historisches Interesse. Man muß aber auch auf die Funktion des Abschnitts achten. Wenn W. Rudolph, aaO., 254 f. schreibt, es „hätte . . . der Klarheit gedient, wenn der Erzähler ausdrücklich gesagt hätte, daß das Einschreiten des Priesters auf der Zustimmung oder Weisung des Königs beruhte", wird von einer Klarheit gehandelt, an der zwar wir interessiert sind, an der es dem Text jedoch sehr wenig gelegen ist. Die so unangenehm wortkarge Darstellung konzentriert vor dem Gespräch vv 12–17 alles auf die Aktion Amazjas, um über seine Stellung und Verantwortlichkeit ausreichende Klarheit zu verschaffen.

Sätze v 13b begründen das Verbot v 13a und dienen somit Amazjas Ausführungen zum Thema: *Amos der ḥôzæ.*

Es ist eine vielverhandelte Frage, ob Amazjas Rede v 12aβb sich in Hohn und Ironie ergeht[10] oder ob sie nicht vielmehr wohlwollend gehaltene, *persönliche* Ratschläge bringe, zu der sich dann die amtliche Entscheidung des *Priesters* Amazja v 13 geselle[11]. Wie dem auch sei: da die Aufforderung v 12aβ, nach Juda zu fliehen, immerhin von einem Amazja kommt, der eben auch Amtsträger ist, stellt sie Amos durchaus nicht frei, in Israel zu verbleiben. Und mit v 12aβb weist Amazja dem Amos auf jeden Fall das Land Juda als Ort seiner weiteren prophetischen Tätigkeit zu. Der eventuell wohlwollende Rat befreit somit Amazja nicht von seiner Verantwortung. Gerade auch für seine womöglich *amtliche* Entscheidung v 13 haftet er v 16 *persönlich* (s. dazu unten).

In der letzten Zitateinführung, v 14aα, ist das Thema *Amos*[12]. Im Zitat ist wiederum Amos das Thema, zunächst als Referent des *ʾānôkī*. Wir brauchen in unserem Zusammenhang schwerlich auf Einzelheiten der Satzinhalte v 14 einzugehen[13]. Was in v 14aβγ mit Negationen ausgesagt wird, dürfte gerade dadurch als Rhema herausgestellt sein, eine dem Amazja offenbar neue oder von ihm vorher wenigstens nicht (korrekt) beachtete Information. Die Negationen besagen vermutlich, daß diese Information nicht implizit in der Aussage Amazjas vv 12–13 gegeben ist und nicht schon aus ihr abgeleitet werden kann, sondern vielmehr darauf aus ist, die Rede Amazjas zu demselben Thema in bestimmten Punkten richtigzustellen. Ebenfalls wird dann vermutlich der assertorische Satz v 14b gegen Amazja ein Rhema zum Thema Amos einbringen[14]. Diese

---

[10] Vgl. neuerdings E. Hammershaimb, Amos, København ²1958, 113; W. Rudolph, aaO., 255. – Es erscheint jedoch etwas schwierig, ironische Rede im Text Am 7,12f. einigermaßen sicher nachzuweisen. Einzelheiten des Wortgebrauchs können wenigstens an wohlwollende Rede denken lassen (etwa das Verbun *brḥ*, s. E. Sellin, Das Zwölfprophetenbuch, Leipzig 1922, 210; E. Würthwein, aaO., 20, und *lᵉkā*, s. H. W. Wolff, aaO., 353.358). Trotzdem, ja um so mehr könnte es einen ironischen Ton der Rede gegeben haben, wovon jedoch die Überlieferung schweigt. Ob ihr diese Angelegenheit weniger interessant war?

[11] In dieser Richtung gehen u. a. E. Sellin, aaO., 210 (bezüglich v 12a); E. Würthwein, aaO., 20f.; A. Weiser, Das Buch der zwölf Kleinen Propheten, ATD 24, Göttingen ⁵1967, 191; H. Graf Reventlow, Das Amt des Propheten bei Amos, FRLANT 80, Göttingen 1962, 14f.; H. W. Wolff, aaO., 358; J. L. Mays, Amos. A Commentary, London 1969, 136.

[12] Rhema: (er) antwortete, indem er zu Amazja sagte.

[13] Es erübrigt sich hier eine Stellungnahme zu einer Reihe wichtiger und schwieriger Probleme, wie die Fragen nach Zeitstufe der Nominalsätze v 14aβγ und nach dem Verhältnis zwischen den Bezeichnungen *ḥôzæ* und *nābī*.

[14] Zu den Berufsangaben v 14b vgl. die Erwägung von H. Schult, Amos 7,15a und die Legitimation des Außenseiters, in: H. W. Wolff (Hrsg.), Probleme biblischer Theologie. Gerhard von Rad zum 70. Geburtstag, München 1971, 475f. – Die *Redeweise* v 14, mit

Rhemen der Rede v 14 betreffen die Lebensweise und Funktionen wie
auch den Unterhalt des Amos. Das wird nun anders in der Fortführung
seiner Rede v 15. Thema ist auch hier Amos, jetzt angezeigt durch Pro-
nominalsuffix. *Die Rhemen aber handeln alle von Jahwe:* von seinem Zugriff nach Amos und von seinem Auftrag an Amos, gegen Israel als Prophet aufzutreten. In diesem Auftrag nennt Jahwe Israel *'ammī* und beansprucht damit Hoheitsrecht und Verfügungsgewalt über Israel[15].

Der verpflichtenden Aufforderung *Amazjas* an Amos, nach Juda zu
fliehen, seinem Zugeständnis an Amos, in Juda als Prophet wirken zu
dürfen, seinem Verbot gegen Amos' fortgesetzte Tätigkeit als Prophet in
Bet-El ist somit, nach den Entgegnungen v 14, ein Auftrag *Jahwes* an
Amos, gegen eben Israel als Prophet anzutreten, gegenübergestellt.

Welcher Tatbestand liegt insoweit vor? Man kann Gewicht darauf legen, daß Amos in v 15 seine Berufung und Vollmacht behauptet, gegen
Israel Prophet zu sein. In der Tat: Amos handelt von seiner prophetischen Autorität[16]. Dies ist aber nur eine Seite, und bedeutet keine umfassende Aufnahme von v 15. Wo wir verkürzend und ein wenig abstra-
hierend von *des Propheten* Berufung und von *seiner* Vollmacht reden,
spricht der Text in den Rhemen v 15 von *Jahwe,* betont *seinen* Zugriff
und *seinen* Befehl an Amos. Im Gespräch gegeben sind zwei einander
widersprechende imperativische Aussagen, zwei einander widersprechende Satzfolgen gebietenden, z. T. verbietenden Redens, beide
(v 15bβ primär) an Amos gerichtet und für ihn bestimmt. Im Gespräch
werden damit zwei Autoritäten behauptet. Amazja behauptet sich selbst
als Autorität gegenüber Amos[17], Jahwe wird als Gebietender über

---

negierenden und dann einem assertorischen Satz, alle zum Thema Amos, läßt am ehesten
erwarten, daß den Anweisungen Amazjas die Grundlage genommen werden soll. Soweit
dienen die Ausführungen des Amos einer Abwehr gegenüber Amazja. Sichtbar soweit ist
ein *Konflikt zwischen Amazja und Amos.*

[15] So in der Sicht der Überlieferung des Amosbuches, vgl. Am 3,1 f.

[16] Betont von G. M. Tucker, aaO., 428. – H. Schult, aaO., 464–474, hat wahrscheinlich
zu machen versucht, daß in v 15a „das Motiv der ‚Berufung des Hirten oder Landmanns'
angewendet wird" (Zitat ebd. 474), und zwar mit der Funktion, „der Legitimation eines
Außenseiters ohne institutionellen Hintergrund" (ebd.) zu dienen, dies im Sinne einer
Hauptfunktion oder *wesentlichen* Funktion der Aussage. Sicher dient v 15a, aber auch
v 15b – als Aussagen von Amos – seiner Legitimation. Die primäre und wesentliche Funktion der Aussagen ist das aber nicht. Im Unterschied zu v 14 rückt v 15 nicht den Propheten, sondern Jahwe in den Vordergrund. Es ist wohl aber nicht ganz zufällig, daß v 15a,
wenn Schult den Text als Ergänzung zu v 14a im Rahmen seines Verständnisses wiedergibt, die Form erhält: „sondern mich hat Jahwe hinter dem Kleinvieh weg genommen . . ."
(ebd.). Im TM v 15aba ist vielmehr *Jahwe* als Subjekt stark hervorgehoben, in v ba durch
eine – semantisch gesehen – durchaus nicht notwendige ausdrückliche Benennung. In beiden Sätzen wird auf das Ich des Propheten durch relativ unbetonte Pronominalsuffixe verwiesen, in v 14 völlig anders mit wiederholten Pronomina.

[17] Mit einem leisen Hinweis auf einen Hintergrund königlicher Autorität v 13b.

Amos von Amos zitiert und behauptet, und zwar im Widerspruch, d. h.[18] im Widerspruch *Jahwes* zu Amazja.

Der Tatbestand, der hiermit vorliegt, ist nur von einer Seite gesehen der eines Streitgesprächs zwischen Amazja und Amos. In dem Konflikt, der durch die Rede Amazjas und die Gegenrede des Amos ausgetragen wird, prallen zwei gebietende Willen gegeneinander, die beide Amos beherrschen wollen: Jahwes Wille gegen Amazjas Willen. Strittig ist in diesem Konflikt nicht, ob Amos Prophet ist. Amazja erkennt ihn wenigstens gewissermaßen an: als *ḥôzæ* mit prophetischer Tätigkeit v 12. Strittig ist aber, wo und gegenüber wem Amos als Prophet wirksam sein soll und wer von den zwei gegeneinanderstehenden Autoritäten das festlegen darf, Amos schicken darf, seinen Dienst adressieren darf. Wer ist die Autorität, die über Amos gültig gebietet?

Soweit, bis einschließlich v 15, hat sich der Konflikt vorerst nur manifestiert in den gegensätzlichen Aufträgen v 12 (mit dem Verbot v 13) einerseits und v 15 andererseits. Der Konfliktverlauf ist damit nicht zur Ruhe gekommen oder gar entschieden, wenn auch die im Sinne des Textes entscheidenden Momente wohl mit v 15 dargelegt sind[19]. Die Fortsetzung ist durchaus offen, sowohl auf der Ebene Amazja–Amos, sofern sie die Überlieferung noch beschäftigen würde, als auch auf der Ebene Amazja–Jahwe. Eine Fortsetzung zu erwarten, ist jedoch erzählerisch nahegelegt, nicht nur durch lexematische Beziehungen zwischen vv 10–12 und vv 16–17 (angedeutet oben Anm. 4), sondern besonders, weil die Gegensätze im Konflikt bisher auf keiner Ebene Ausgleich gefunden oder Ergebnisse anderer Art gezeitigt haben. Es bleibt Amos am Wort.

Mit v 16a, der Aufforderung an Amazja, den *dᵉbar YHWH* zu hören[20], führt Amos zunächst zitatweise Amazja selbst ein. Das Zitat von

---

[18] Im Sinne des Textes, sofern er nämlich Jahwe zitiert werden läßt mit einem Auftrag, der dem Auftrag seitens Amazjas entgegengesetzt ist.

[19] In welchem Sinne man etwa mit G. M. Tucker, aaO., 428, sagen könnte, der Konflikt (Tucker: ein Konflikt zwischen Amazja und Amos) sei v 15 gelöst, *finally* gelöst, ist mir nicht greifbar geworden.

[20] Mit dieser Abgrenzung der Aufforderung ist zugleich angedeutet, daß der Satz *'attā 'ômēr* schwerlich ein attributiver, asyndetischer Relativsatz ist (zu C. Westermann, Grundformen prophetischer Rede, BEvTh 31, München ³1968, 104; C. Hardmeier, Texttheorie und biblische Exegese. Zur rhetorischen Funktion der Trauermetaphorik in der Prophetie, BEvTh 79, München 1978, 314 Anm. 89). C. Hardmeier macht geltend, daß mit *'attā 'ômēr* als Hauptsatz die Gottesrede bereits hier beginnen und dadurch in Spannung zur Botenformel in v 17 geraten würde (ebd.). – Es erscheint jedoch sehr wohl möglich, daß die Gottesrede Menschenrede zitieren kann und im Anschluß daran, aber davon unterschieden das, was Gott von sich aus sagen will, zum Ausdruck bringen kann. Die zitierte Menschenrede ist damit eben nicht quasi als Gottesrede schlechthin dargestellt, wohl aber im Rahmen der Gottesrede *geltend gemacht*. Wenn die Spannung zur Botenformel v 17, mit der

Amazja v 16b begründet nach Ausweis der v 17 einleitenden Partikel *lākēn* die Unheilsansage v 17[21]. Mit dem Zitat spielt Amos wohl auf das Verbot Amazjas an, in Bet-El weiterhin prophetisch zu reden v 13. Der Hinweis erfolgt in sachlicher Gebundenheit an die mutmaßliche Reichweite des Verbotes. In Wirklichkeit habe Amazja verboten, *gegen ('al) Israel* prophetisch zu reden. Es folgt die Unheilsansage Jahwes v 17.

Die Rede vv 16–17 stellt exakt die beiden Autoritäten, Amazja und Jahwe – und nur sie – zitatweise einander gegenüber. Amazja an Hand des Verbotes an Amos, gegen Israel zu prophezeien, welches gerade den Konflikt mit Jahwe heraufbeschworen hatte[22], Jahwe mit der durch dieses Verbot begründeten Ansage des Untergangs in verschiedenen Formen über Amazjas Familie, Amazja und über Israel, gegen das sich der prophetische Auftrag des Amos (v 15) richtete. Die Unheilsansage wird somit als ein Ergebnis des Konflikts mitgeteilt[23].

In dieser Weise integriert die Rede vv 16–17 das meiste der bisherigen Darstellung ab v 10. Damit stellen sich vv 16–17 als Ziel des Textes

---

Hardmeier argumentiert, tatsächlich relevant sein sollte, wäre das Vorkommen der Botenformel sowohl in Jer 36,29, zur Einführung eines sogleich auf Jojakim zurückgeführten Zitats, als auch in 36,30, zur Einführung der Unheilsansage Jahwes, nicht zu verstehen.

Hinzu kommt, daß die Botenformel v 17 durch die Partikel *lākēn* eingeleitet wird, ein Umstand, der nicht einen asyndetischen Relativsatz im begründenden Vorbereich der Formel erwarten läßt, vgl. unten Anm. 21.

[21] Wie C. Hardmeier, aaO., 315 (vgl. S. 249), ausführt, weist die Partikel *lākēn* den Vortext als Begründung aus. – In den Fällen nun, wo der begründende Vortext ein subordinierter Satz ist, ist dieser Satz mit *ja'an* (Num 20,12), *ja'an* '*ašær* (Ez 26,2), *ja'an kī* (Jes 8,6 vgl. 29,13), *kī* (Jes 28,15), *ka'*ašær* (Ri 11,7b) oder *'īm* (Jer 42,13) eingeleitet, oder aber es handelt sich um einen syndetischen Relativsatz (Jes 30,10; Ez 36,4bβ; Ez 36,5bα, während in 1.Sam 3,13b vielleicht *ja'an* '*ašär* zu lesen ist). Oder der begründende Satz vor der Partikel *lākēn* ist abhängig von einem Präpositionsausdruck (2.Kön 1,3b; 1,6a). In den weitaus meisten Fällen jedoch besteht der begründende Vorbereich des mit *lākēn* eingeleiteten Satzes aus Hauptsätzen oder ist von Hauptsätzen dominiert. Ich kenne keine alttestamentliche Stelle, wo die begründende Funktion im Vorbereich eines *lākēn*-Satzes von einem asyndetischen Relativsatz ausgeübt wäre. Wahrscheinlich wird somit *'attā 'ōmer* Am 7,16 Hauptsatz sein. Vgl. neuerdings neben H. W. Wolff, Dodekapropheton 2.Joel und Amos, 1969, 352, und W. Rudolph, aaO., 249.259, auch K. Koch und Mitarbeiter, Amos. Untersucht mit den Methoden einer strukturalen Formgeschichte, AOAT 30, Neukirchen-Vluyn 1976, Teil 1, 210: für den Satz *'attā 'ōmēr* v 16 das Satztypsiglum *11b*, s. dazu Teil 3, 18.

[22] In genauer Übereinstimmung mit vv 10–11, wo Amazja als verantwortlicher Antagonist gegen Amos vorgestellt und eingeführt wird, aber dem Leser gegenüber der Erwartung von reaktiven Maßnahmen oder Weisungen des Königs gerade nicht entsprochen wird, handeln die Unheilsansagen v 17 nicht speziell vom König. Vom Anfang bis zum Ende stellt der Text nicht den König, sondern *Amazja* als den Antagonisten in den Vordergrund, wie er gegen Amos auftritt (vv 10 f.12 f.) und damit gegen den Amos von Jahwe gegebenen Auftrag und somit eigentlich gegen Jahwe (v 15), woraufhin das Wort *Jahwes* an und gegen eben ihn ergeht (vv 16–17).

[23] So auch G. M. Tucker, aaO., 428; vgl. P. R. Ackroyd, aaO., 82.

vv 10–17 heraus[24]; sie sind im Lichte des Konflikts, wie er ab v 10 darge-stellt ist, zu verstehen. Daß auch Jahwe über Amos schon verfügt hatte und daß Jahwe Amos als Propheten eben nicht nach Juda, sondern nach Israel geschickt hatte, steht nicht vv 16 f. zu lesen, sondern erfährt der Leser von vv 10–15.

Israel

Im Rahmen der an Amazja gerichteten Ansage der Zukunft Am 7,17 handelt v 17bβ von der Zukunft Israels: Israel wird von seinem Boden weg verschleppt werden. Es wird der Wortlaut 7,11b wiederaufgenom-men. Mit „Israel" wird das Volk Jerobeams II. gemeint sein, das Volk, dem Amazja angehört. Zu vergleichen ist neben 7,10 in der sonstigen Überlieferung des Amosbuches 2,6; 3,14; 8,2. Israel erscheint hier in der 3. Person der Rede. Das ist natürlich so, weil die Rede v 17, so wie sie der Text darstellt, ja an Amazja gerichtet ist. Die Form der Rede in der 3. Person weist hier gerade darauf hin, daß Israel als Nicht-Angere-deter in Betracht kommt.

Mit der Wiederaufnahme von v 11b, jetzt als Ansage des Amos, wird dem Amazja die Vergeblichkeit, die Überflüssigkeit seiner Botschaft an den König wie auch seiner weiteren Maßnahmen gegen das Auftreten des Amos aufgezeigt. Es mag als bittere Ironie erscheinen, daß Amazja, wie er es auch immer gemeint haben mag, nur erreicht, diesen verhee-renden Willen festbleiben zu lassen, der hier das Wort führt. Hat so v 17bβ im Rahmen des Gesprächs immerhin eine Funktion gegenüber Amazja, so andererseits *kein Anliegen* gegenüber Israel, dem entspricht einmal die Form der Rede in der 3.[25] Person[26].

---

[24] Im Ergebnis ähnlich u. a. J. Lindblom, Die literarische Gattung der prophetischen Literatur. Eine literargeschichtliche Untersuchung zum Alten Testament, Uppsala 1924, 90; E. Würthwein, aaO., 22–24; H. Graf Reventlow, aaO., 20; H. W. Wolff, aaO., 354. – P. R. Ackroyd, aaO., 81, findet, daß neben der Grundabsicht, Gericht über Jehus Dynastie auszusprechen, der Text (vv 9–17) auch noch Gericht über den aussprechen will, der be-strebt ist, den wahren Willen der Gottheit und die Vermittlung ihres Wortes umzubiegen.

[25] Die Überlieferung im Amosbuch kann sich sonst reichlich der Form der 2. Person Is-raels oder von Israeliten bedienen, vgl. in 3,1–2; 4,1–3; 4,4 f.6–13; 5,4 f.; 5,16 f.; 5,21–27; 5,1 vor vv 2 f. – 2,6–16 *mündet* in Anrede an Israeliten, 3,9–11 in Anrede an das Volk in Samaria. Mit 6,2b bricht Anrede hervor in einem Text, der sonst durchgehend von 3. Per-son geprägt ist (6,1–7, Weheruf). Gewiß stand also die Form der Anrede an Israel der Überlieferung zur Verfügung.

[26] Man kann dagegen nicht ins Feld führen – auch nicht, eine historisch zutreffende Darstellung einmal vorausgesetzt – daß wir nicht wissen, ob und eventuell welche andere Personen, womöglich solche, die für Israel repräsentativ waren, beim Gespräch zugegen waren. Wäre es z. B. nicht denkbar, daß Amos die Rede von der Deportation besonders an sie gerichtet hatte? Demgegenüber gibt uns die Überlieferung das Bild eines Gespräches

Daran ändert nichts, wenn v 17bβ der Überlieferung sekundär hinzugefügt sein sollte. Die Überlieferung läßt so oder so den Satz v 17bβ an dieser Stelle zur Kenntnis nehmen, als ob er Teil einer Äußerung in einem Gespräch zwischen zwei – und nur zwei – Personen gewesen wäre, und als ob dabei Israel nicht, wohl aber Amazja angeredet wäre. Die Überlieferung leistet sich so, diesen Satz über Israel *hier* als außerhalb einer Anrede an Israel vernehmen zu lassen.

So wie diese Ansage im Gespräch wiedergegeben wird, fehlt ihr ein jeder *Vorbehalt,* wie übrigens in der Botschaft Amazjas 7,11b auch (vgl. noch Am 4,2f.; 5,5bα; 5,27; 6,7a).

Auch fehlt im Gespräch ein jeder Ausblick auf eine alternative Möglichkeit Israels etwa der Art, wie sie Amos sonst nach dem Vorbild der Jahwerede (5,4) streng an das „Suchet Jahwe!" bindet (5,6a), oder wie sie als nach Ermessen erwogene Möglichkeit auch noch in der Überlieferung der Mahnrede 5,14f. begegnet. Eine solche Möglichkeit hätte aber auch außerhalb einer förmlichen Anrede an Israel Ausdruck im Gespräch finden können, wäre die Zukunft Israels noch als offen anzusehen.

Auch nicht die geringste Möglichkeit, daß ein *Rest* Israels die von Jahwe angekündigte Deportation und das Sterben in der unreinen Ferne vermeiden könnte, kommt in diesem Gespräch zur Sprache.

Es weist nichts, so wie die Überlieferung das Gespräch darbietet, auf ein Anliegen gegenüber Israel hin, das mit der Äußerung v 17bβ zu Wort käme. Es würde der Annahme eine jede Grundlage fehlen, es gehe im Gespräch bei v 17bβ darum, Israel zu einer Änderung seiner Verhaltensweise zu bewegen, die die Deportation hätte abwehren, hätte entfallen lassen können. Nicht einmal das Anliegen, die Zukunft Israels zu begründen, einsichtig zu machen oder bejahbar, zeigt die Überlieferung hier mit diesem Gespräch bzw. mit Amos.

Es wird im Gespräch die Zukunft Israels v 17bβ vorbehaltlos und ohne Anruf an Israel, es zu bewegen, als durchaus unabhängig von weiterem Tun und Lassen des Volkes – und des Amazja – *angekündigt*[27]. Die Zukunft Israels ist, schlechthin *ist* die Deportation. Was die Überlie-

---

mit zwei – und nur zwei – Akteuren und läßt uns auch nicht implizit andere Personen zugegen sehen, sondern die Aussagen im Gespräch insgesamt als Kommunikation zwischen den zwei Akteuren und nur ihnen beiden lesen und verstehen.

[27] Demgegenüber erscheint es in bezug auf v 17bβ weniger sinnvoll, hier mit E. Balla, Die Droh- und Scheltworte des Amos, Leipzig 1926, 24, von einem Drohwort zu sprechen, vgl. dazu C. Westermann, Grundformen prophetischer Rede, ³1968, 46ff., s. auch G. M. Tucker, Prophetic Speech, in: Interp. 32/1978, 41, ausführlich L. Markert, Struktur und Bezeichnung des Scheltworts. Eine gattungskritische Studie anhand des Amosbuches, BZAW 140, Berlin 1977, 214ff.221ff.

ferung Amazja an Verstehenshintergrund betreffs Amos haben läßt, stimmt damit überein, siehe besonders 7,11b.10bβ.

Gerade weil die Deportation des Volkes Israel hier als unabwendbar und sicher eintretend intendiert wird, kann v 17bβ gegenüber Amazja die Funktion haben, ihm die Vergeblichkeit seiner Maßnahmen gegen Amos aufzuzeigen. Was Amazja verhindern möchte, wird doch geschehen.

Gegenüber Angehörigen des Volkes Israel hat der Satz v 17bβ außerhalb der Gesprächssituation, etwa als Teil einer unter Pilgern aus dem Nordreich[28] tradierten Überlieferung, möglicherweise auch keine Funktion gehabt, wohl jedenfalls keine informatorische Funktion. Die Deportation wird man schon gefürchtet haben. – Anders wird es sich außerhalb der Gesprächssituation, d. h. im Rahmen der Überlieferungstätigkeit, mit der Anrede an die Einzelperson v 17a.bα verhalten haben.

Amazja

Zentral in der Jahwerede v 17 stehen die Sätze, die von Amazjas Zukunft handeln, v 17aγ.bα. Redet die Ankündigung der Zukunft Israels von Deportation *von seinem Boden weg* v 17bβ, so wird dem Amazja gesagt, er werde *auf unreinem Boden* sterben, d. h. als Deportierter in Exil. Der unreine Boden, vermutlich Gegensatz zu Amazjas *ʾadāmā* v 17aγ, wird der Boden außerhalb des Landes Israels (7,11) sein, dort, wo der deportierte Priester sich befinden werde. „Unrein" wird der Boden genannt im Hinblick auf die fehlende Möglichkeit, Kultus für Jahwe zu üben, vgl. 1.Sam 26,19; 2.Kön 5,17. Zuvor wird Amazja schon gesagt, seine *ʾadāmā* werde mit der Meßschnur verteilt werden (v 17aγ), d. h. an neue Besitzer. Amazja werde sein Recht auf seine *ʾadāmā* aufgeben müssen. Im Vorgriff auf v 17bβ liest sich das wie eine Kehrseite der Deportation. Auch nach Mi 2,4f.10 ist das Verteilen der Felder an andere mit Deportation der bisherigen Besitzer verbunden.

Mit den angezeigten Satzinhalten von v 17aγ.bα wird das zukünftige Geschick Amazjas, wie oft gesehen[29], als Teilhabe am Geschick des Volkes Israel bestimmt. Welche Funktion haben nun aber diese Sätze, so wie sie hier quasi *im Gespräch* geäußert werden? – Es fehlt ihnen ein jeder Vorbehalt und ein jeder Ausblick auf andere Möglichkeiten, wie v 17bβ auch. Sie handeln aber von dem, den sie anreden, demgegenüber sie im Gespräch vermutlich irgendeinem Anliegen Ausdruck verleihen

---

[28] Vgl. H. W. Wolff, aaO., 134.356.
[29] Vgl. u. a. H. Graf Reventlow, aaO., 23; H. W. Wolff, aaO., 363f.; J. Jeremias, Kultprophetie und Gerichtsverkündigung in der späten Königszeit Israels, WMANT 35, Neukirchen-Vluyn 1970, 179; W. H. Schmidt, Zukunftsgewißheit und Gegenwartskritik. Grundzüge prophetischer Verkündigung, Neukirchen-Vluyn 1973, 60.

wollen. Könnte es dann sein, daß diese Anrede an Amazja darauf aus wäre oder imstande wäre, ihn, den durch sie unmittelbar Betroffenen, zu einer Änderung seiner Verhaltensweise zu bewegen, die ihn – wenn möglich – vor der angekündigten Deportation des Volkes hätte schützen können?

Die Ansage v 17 hat in v 16b eine Begründung, und zwar in der Form eines Zitats, das mit dem Hauptsatz 'áttā 'ōmēr eingeführt wird (vgl. oben, Anm. 20.21). – L. Markert hat in seiner umfassenden Untersuchung auch der Begründungselemente der Unheilsankündigung Amos 1–6.8–9 u. a. die syntaktische Struktur dieser Begründungselemente ins Auge gefaßt. Er weist auf den häufigen Gebrauch von Partizipialkonstruktionen hin. Er findet, daß die Begründung „in der Regel Verhaltensweisen und zuständliche Handlungen" zu beschreiben scheint, nicht dagegen „von Personenmerkmalen oder von abgeschlossenen vorliegenden Tatsachen" berichtet. Die Begründung schildere so „ein bestimmtes Handeln als unabgeschlossen" und schließe „damit die Möglichkeit seiner *Änderung* ein". Daß hier eine Handlung als nicht endgültig abgeschlossen beschrieben wird, könne somit unter Umständen „ein Hinweis darauf sein, daß das Begründungselement eine Änderung des Verhaltens, d. h. Umkehr intendiert"[30].

Es erscheint angebracht, die Fragestellung Markerts auch gegenüber der Begründung Am 7,16b versuchsweise zu aktualisieren. Hier beschreibt das Partizip 'ōmēr gewiß das Reden Amazjas als gegenwärtig aktuell, ohne markierten Abschluß, mit der Möglichkeit, andauern zu können. Natürlich schließt das Möglichkeiten *verschiedener* Änderungen mit ein. Amazja mag aufhören zu reden, er mag fortfahren sogar mit einer thematischen Änderung usw. Aber mag er auch umkehren? Es ist klar, daß die verschiedenen Möglichkeiten nur unter höchst unterschiedlichen Voraussetzungen verwirklicht werden könnten, auf die im Text Am 7,10–17 jedoch gar nicht eingegangen wird. Die Überlieferung mißt diesen verschiedenen Möglichkeiten kein Gewicht bei. Gewicht hat, was Amazja gegenwärtig redend verbietet. Das wird als Begründung durch das *lākēn* v 17 geradezu *festgehalten*. Andererseits deutet kein Signal im Text an, daß das künftige Verhalten Amazjas gefragt oder auch nur interessant ist, vielmehr wird ihm seine Zukunft als Ergehen ungefragt eröffnet. Es erscheint angesichts der Partizipialkonstruktion mehr treffend, was *Klaus Koch* und Mitarbeiter zusammenfassend zu dem von ihnen Lagehinweis genannten Textelement formulieren: „Der Prophet sieht also die von ihm Angesprochenen und Getadelten in einem unablässig sich fortzeugenden bösen Tun begriffen, für das es keine Grenze und kein Halten mehr gibt."[31]

Sodann ist zu erwägen, ob die Satzfolge v 17aβ–aγ auf eine Intention deutet, Amazja zu einer Änderung seines Verhaltens zu bewegen. Der Zusammenhang ist gewiß nicht zufällig: Amazja trägt wohl z. T. die Verantwortung für das Geschick seiner Familienangehörigen. Wird er

---

[30] Das Referat und die Zitate nach L. Markert, aaO., 216f. bzw. 217f. und 218.
[31] K. Koch und Mitarbeiter, aaO., Teil 2, 131f.

mit den schlechten Aussichten seiner Familie unter Druck gesetzt, damit er den Widerstand gegen Amos aufgibt? Es muß aber gesehen werden, daß die Sätze über Amazjas Familienangehörigen in der 3. Person einhergehen, ohne Anruf an sie, es wird also gewissermaßen über sie hinweg und ohne Vorbehalte gesprochen. Nirgends im Gespräch wird angedeutet, daß die v 17aβ angesagten Katastrophen über die Familie unter Umständen nicht eintreten würden. Das Unglück scheint nicht mehr zu vermeiden zu sein. Dies ist das Bild, das die Sätze v 17aβ ergeben.

Es bleibt somit die Anrede an Amazja zu befragen, die ihn persönlich betrifft. Auch in diesen Sätzen v 17aγ.bα wird nichts als seine Deportation und sein Tod im Exil sichtbar. Ohne Vorbehalte und ohne Ausblicke auf andere Möglichkeiten wird ihm die Teilhabe am Geschick seines Volkes angekündigt. Es wird dem Amazja genau so entschieden und so unentrinnbar eine Zukunft im Exil verheißen, wie sie nachher *über* das Volk, ohne Anruf, es zu bewegen, angekündigt wird – so unabwendbar, wie Amazja zuvor Amos jede weitere prophetische Tätigkeit in Israel verboten hatte.

Und schließlich *interessiert* sich die Überlieferung überhaupt nicht für die Frage, wie sich Amazja im dargestellten Gespräch oder danach zur Ansage seiner Zukunft verhalten habe oder hätte verhalten sollen, ob etwa reuig oder nicht. Es ist insofern mit unserer Überlieferung anders bestellt als mit der Notiz von der Buße Ahabs 1.Kön 21,27–29 (nach 21,20–22)[32], aber auch ganz anders als mit der Notiz von den Söhnen Elis, die auf ihren Vater *nicht* hörten 1.Sam 2,25 – eine Notiz, die mit 1.Sam 2,24 dem Vater eine gegensätzliche Absicht zuschreibt. Nicht so hier.

Offensichtlich ist die Jahwerede Am 7,17, wie sie in der Überlieferung im Rahmen der Darstellung eines Gesprächs dargeboten wird, nicht so zu interpretieren, als suchte sie Amazja zu einer Änderung seines Verhaltens gegenüber Amos zu bewegen. Seine Zukunft ist schon definitiv in die seines Volkes eingebunden und wird als völlig unabhängig von seinem Verhalten gegenüber dieser Ansage verstanden. Das ist, nach dem auf v 16 zurückweisenden *lākēn* am Anfang von v 17, das Ergebnis des mit seinem Verbot an Amos heraufbeschworenen Konflikts mit Jahwe. Wie die unmittelbar folgende Wiederaufnahme der Ansage der Deportation des Volkes Israel v 17bβ impliziert, vermag die Vertreibung des Propheten nicht, seine Zukunftsankündigungen zu entschärfen oder

---

[32] Zur Frage der redaktionsgeschichtlichen Einordnung („Dtr P") und der Funktion von 1.Kön 21,27–29.20bβ–22 vgl. W. Dietrich, Prophetie und Geschichte. Eine redaktionsgeschichtliche Untersuchung zum deuteronomistischen Geschichtswerk, FRLANT 108, Göttingen 1972, 21f.11f.36f.51.

aufzuheben, auch nicht die gegen Amazja. Der Botschaft des Amos ist nicht zu entrinnen.

Die primäre Funktion der Sätze v 17aγ.bα, so wie sie im Gespräch geäußert werden, wird es sein, Amazja über seine Zukunft zu informieren. Damit ist aber vielleicht zweierlei verbunden: Erstens die Vorstellung, diese Zukunft irgendwie in Gang zu bringen. Die Einheit Am 7,10–17 deutet zumindest an – mit v 10bβγ –, daß den Ansagen des Amos eine Wirkung oder eine Kraft, Verwirklichung zu erzielen, zugesprochen wurde. Zweitens wird wohl Jahwe als dem Herrn seines Volkes und dessen katastrohpaler Zukunft gewissermaßen Ehre bezeugt, und zwar nicht durch Amazja, sondern durch Amos, der durch seine Ankündigung den *Willen*[33] *Jahwes* gegen Widerspruch durchsetzt.

Der Leser

Schließlich ist die Überlieferung Am 7,10–17 dem Leser des Amosbuches zugewandt. Der Leser ist zwar nicht Amazja, er könnte aber wohl *mutatis mutandis* der Versuchung erliegen, Amazjas Verhalten Amos und seinem Herrn gegenüber zu übernehmen[34], zumal die Überlieferung 7,10–17 gerade an jener Stelle im Amosbuch eingeschaltet ist, wo die Fürbitte des Amos aufgehört hat (nach dem 3. Visionstext) und die von Amos nicht mehr zurückgenommenen, totalen Unheilsankündigungen gegen „mein Volk Israel" stehen (7,8; 8,2). So ist die Überlieferung von Amazja und seinem Gespräch mit Amos geeignet, den Leser zu warnen[35]. Er sollte schon im eigenen Interesse das prophetische Wort nicht abweisen und seinen Lauf nicht hindern.

Gewiß liefert die Überlieferung hier eine Argumentation für die Autorität des Propheten bzw. des prophetischen Wortes (vgl. oben, zu Anm. 16). Vor allem aber weist der Text unüberhörbar auf den Herrn hin, dem sich derjenige aussetzt, der die Bahn eines Amazja gegenüber dem prophetischen Wort einschlägt. In großer Härte, die vor allem auch eine Härte *Jahwes* ist (vgl. *kô-'āmar YHWH* v 17), wird Amazja – nun auch im Gegenüber zum Leser – über seine Zukunft und sein bitteres Ende als Teilhabe an der bevorstehenden Deportation des Volkes Gottes mit präziser Begründung nur informiert, ohne eine spürbare Absicht, ihn dadurch zur Umkehr zu bewegen[36]. Dem entspricht in erschreckend

---

[33] Vgl. G. M. Tucker, aaO., 41.

[34] Gerade deswegen ist der Überlieferung eine explizite Begründung der Ansage gegen Amazja wichtig, vgl. v 16b mit Rückbezug auf vv 12f.

[35] Vgl. G. M. Tucker, Prophetic Authenticity. A Form-Critical Study of Amos 7:10–17, in: Interp. 27/1973, 434, in ähnlicher Richtung auch P. R. Ackroyd, aaO., 81.

[36] Die Frage, ob ein Amazja die Möglichkeit hätte, zu Jahwe um Rettung aufzuschreien,

derber Kargheit der Worte, wie die Überlieferung Jahwes Ankündigung von der Deportation seines Volkes im Gespräch hörbar macht: ohne Begründung, ohne Anruf an Gottes Volk, über es hinweg. – Insofern: erledigt.

Dem Leser aber ruft die Überlieferung Am 7,10–17 noch zu, auf das prophetische Wort zu achten. Von der Härte dieser Verwarnung zeugt inzwischen in durchaus neuer Weise und definitiv die Überlieferung vom Tod Jesu Christi. Es ist aber eben auch die Gerichtsverkündigung des Amos, „die auf dieses Neue hinführt"[37].

---

läge durchaus abseits vom Text, der den Fragenden warnen will, die Bahn des Amazja zu betreten.

[37] C. Westermann, Das Alte Testament und Jesus Christus, Stuttgart 1968, 17.

Hans-Jürgen Hermisson

Jeremias Wort über Jojachin

Das Jeremia-Buch überliefert an einer Stelle ein Prophetenwort, das ausdrücklich auf Jojachin bezogen ist: Jer 22,24–30. Ein oder zwei weitere Texte betreffen nur *möglicherweise* diesen König: so nach verbreiteter Meinung Jer 13,18–19; darüber hinaus muß aber auch der jetzt auf „den Josia-Sohn", „Schallum", gedeutete Spruch Jer 22,10–11 wenigstens daraufhin befragt werden, ob er nicht ursprünglich ein Prophetenwort zum Thronwechsel im Jahre 598 war.

Die Gestalt des unglücklichen jugendlichen Königs Jojachin hat die Zeitgenossen offenbar viel beschäftigt. War er auch 597 abgesetzt, so scheint sich doch die Hoffnung vieler auf eine Rückkehr dieses Königs gerichtet zu haben[1], und er war ja dann auch über Zedekias Ende hinaus der letzte judäische König: freilich ohne Land und Volk und Herrschaft im Exil, aber selbst im Sprachgebrauch der Babylonier noch ein „König"[2]. Die Schlußnotiz des deuteronomistischen Geschichtswerks informiert denn auch über die Begnadigung Jojachins durch den babylonischen König, der ihm sogar eine besondere Ehrenstellung unter den in Babylon gefangengehaltenen Königen zugewiesen habe (2.Kön 25,27–30). Das zeigt immerhin, wie bemerkenswert ein solcher Vorgang noch den im fernen Juda wirkenden deuteronomistischen Kreisen erschien. Es ist jedoch schwerlich als ein – wenn auch verhaltener – messianischer Schlußakkord des Geschichtswerks zu verstehen[3]: dagegen spricht gerade die Überlieferung des Textes, der im folgenden vor allem zu analysieren ist, Jer 22,24–30. Demgegenüber hat die Hesekiel-Tradition in Hes 17,22–24 von einem zukünftigen Heil gesprochen, das durchaus an Jojachin und seine Nachkommenschaft anknüpft[4]; aber das ist gerade das Gegenbild des Jeremia-Wortes über Jojachin.

---

[1] Vgl. z. B. Jeremia 28,1 ff.; M. Noth, Geschichte Israels, 255 f.

[2] Vgl. Textbuch zur Geschichte Israels, hrsg. K. Galling, Tübingen ²1968, 78 f.

[3] Vgl. G. von Rad, Theologie des Alten Testaments I, ⁴1962, 355, aber dort mit großer Zurückhaltung als eine Möglichkeit, die der Deuteronomist angesichts der offenen Frage einer Erfüllung der Nathanweissagung sah. Vgl. auch G. von Rad, Ges. Stud. zum Alten Testament, ThB 8, 1961, 202 f.

Diese wenigen Bemerkungen mögen hier genügen, um das Interesse
zu skizzieren, das der „Winterkönig" Jojachin zu seiner Zeit gefunden
hat, noch lange Jahrzehnte über das Ende seiner kurzen tatsächlichen
Herrschaft hinaus. Daß die Erwartung in den ersten Jahren nach 597 am
gespanntesten war, lehrt das Jeremia-Buch selbst (vgl. z. B. Jer 28;29),
es liegt ja auch in der Natur der Dinge. So erscheint die Annahme plausibel, daß bereits der Prophet selbst zu der damit aufgeworfenen Frage
Stellung bezogen hat; gleichwohl ist auch mit viel späterem Interesse an
der Frage der Legitimität eines Nachkommen Jojachins (als des künftigen, erhofften Königs) zu rechnen. Beide Möglichkeiten sind bei der
Beurteilung von Jer 22,24–30 zu berücksichtigen.

1. Jer 22,24–30

1.1 Eine eingehende Analyse des Textes Jer 22,24–30 hat in neuerer
Zeit W. Thiel im Rahmen einer redaktionsgeschichtlichen Arbeit zum
ganzen Jeremia-Buch vorgelegt[5]. Sein Ergebnis, in dem die älteren Analysen sorgfältig verarbeitet sind, sei hier an den Anfang gestellt. Danach
hat der dtr. Redaktor des Jeremia-Buches[6] drei ursprünglich selbständige Jeremia-Worte an Jojachin verarbeitet. Das erste ist, wie seit B.
Duhm[7] von den meisten Exegeten anerkannt wird, in v 24 fast unverändert erhalten:

„So wahr ich lebe, Spruch Jahwes, wäre auch Konjahu ein Siegelring an meiner rechten Hand – ich reiße ihn doch von dort weg."

Der überlieferte Text hätte danach nur eine Erweiterung durch die
Herkunftsangabe für Jojachin-Konja erfahren („des Sohnes Jojakims,
des Königs von Juda"), und er wäre am Schluß durch den Übergang zur
Anrede des Königs an die Fortsetzung in vv 25–27 angepaßt worden.
Diese Fortsetzung ist nach Thiel wie den meisten Exegeten ganz sekundär, ein prosaischer Kommentar des Prophetenworts, den man entweder
„der Feder Baruchs"[8] oder, wahrscheinlicher, einem dtr. Bearbeiter zuschreibt. Ein besonderes Problem ist noch der v 27, den Duhm wegen
des erneuten Wechsels von der Anrede zur Rede von Jojachin etc. für
einen noch späteren Zusatz hielt[9], doch kann Thiel mit Recht auf die

---

[4] Vgl. W. Zimmerli, BK XIII, 1 z. St., 390.

[5] W. Thiel, Die deuteronomistische Redaktion von Jeremia 1–25, WMANT 41, 1973.

[6] Die Frage, ob der dtr. Bearbeiter dieses Textes mit dem Redaktor des Jeremiabuchs
identisch ist, muß hier unerörtert bleiben.

[7] B. Duhm, Das Buch Jeremia, KHC, 1901, 179 z. St. (Kommentare werden im folgenden nur einmal mit vollem Titel zitiert, danach mit den Verfassernamen.)

[8] So wohl W. Rudolph, Jeremia, HAT, ³1968, vgl. 143 mit 139.

[9] B. Duhm, 179. Ob v 25b – z. T. in der Septuaginta fehlend – erst ein späterer Zusatz
ist, kann hier offen bleiben; die Maßstäbe der Septuaginta sind jedenfalls bei diesem Text

Überleitungsfunktion des Verses zu v 28 hinweisen und ihn der gleichen Bearbeitungsschicht zurechnen.

Erheblich problematischer ist die Analyse der restlichen Verse; hier ist schon umstritten, ob es sich um ein oder zwei (erweiterte und kommentierte) Jeremia-Sprüche handelt. Thiel, der für zwei Jeremia-Worte votiert, bestimmt den ersten originalen Spruch in v 28 im wesentlichen nach Duhms Vorgang:

> „Ist ein verachtet < > Gebilde < > Konjahu / oder ein Gefäß, das nicht gefällt? / Warum denn <wurde> er <ı> auf die Erde geschleudert < > ?"

Über Duhm hinaus hat Thiel mit Recht nur noch das „und geworfen" der dtr. Bearbeitung zugewiesen: es handelt sich um ein bezeichnendes dtr. Sprachelement für das Exil (vgl. bes. Dtn 29,27)[10]; zudem ergibt sich erst damit ein Spruch von befriedigender poetischer Gestalt (ein Trikolon statt Duhms etwas holprigem Zweizeiler). Es ist nach Thiel „eine Feststellung der Verwerfung Jojachins . . . in der Form einer Klage um ihn"[11].

Eine vom Üblichen erheblich abweichende Meinung vertritt Thiel zu den originalen Anteilen von v 30[12]. Ursprünglich ist danach gerade nur v 30a:

> „Schreibt diesen Mann als kinderlos auf, einen Menschen, dem nichts glückt zu seiner Zeit."

Die Fortsetzung, mit der den Nachkommen Jojachins der Thron für immer abgesprochen wird, hält Thiel geradezu für eine dtr. Korrektur ex eventu, d. h. hier aufgrund der Tatsache, daß dem Jojachin doch Kinder geboren wurden. Üblich ist dagegen – sofern man nicht den ganzen Vers für sekundär hält[13] – die Streichung des Satzes von der Erfolgslosigkeit Jojachins zugunsten der Aussage über die Thronlosigkeit der Nachkommen[14].

Im Ergebnis hätten wir demnach drei jeremianische Unheilsworte, wobei noch offen ist, ob das zweite ein rückblickendes Wort der Klage oder ein Zukunftswort in Form einer Klage ist (bei Thiel bleibt das mit

---

nicht einfach zu übernehmen, und die beliebte Argumentation mit Auslassungen dieser Übersetzung ist dornenreich, wie man beispielhaft an der Argumentation zu v 28 sehen kann: auch Duhm folgt der Septuaginta nur, wo sie seine (intuitiv richtige) Einsicht bestätigt.

[10]   W. Thiel, aaO., 244.

[11]   W. Thiel, aaO., 245.

[12]   Die Herkunft von v 29 läßt er letzten Endes offen, hält ihn aber nicht für jeremianisch.

[13]   Z. B. Duhm.

[14]   Z. B. C. H. Cornill, Das Buch Jeremia, 1905, 262; W. Rudolph, 144.

der Bezeichnung „Feststellung der Verwerfung" durchaus in der
Schwebe). Der Anteil des (dtr.) Bearbeiters bestünde nach Thiel in einer
Konkretion der Sprüche aufgrund der Ereignisse oder – so bei v 30 – sogar einer Korrektur der Weissagung; das alles aber aufgrund der „dtr.
Konzeption vom unlösbaren Zusammenhang von Geschichte und Gotteswort"[15]: Geschichte ist geweissagt, ergo muß der Prophet *davon* geredet haben. Wie weit sich diese sehr geschlossene Sicht der Dinge bestätigt, soll im folgenden noch einmal überprüft werden.

1.2 Die weithin befolgte und in den Grundzügen überzeugende
Analyse von vv 24–27 weckt doch an zwei Stellen Bedenken. Das erste
betrifft die wie selbstverständlich vollzogene Änderung des Textes am
Schluß von v 24: die Tilgung der Anrede des Königs zugunsten der Formulierung in dritter Person: „. . . will ich *ihn* wegreißen." Auf der Ebene
der Textkritik empfiehlt sich solche Verbesserung nicht, denn obwohl
die Vetus Latina wie die Vulgata das Suffix der dritten Person bevorzu-
gen, hat doch der masoretische Text klärlich die lectio difficilior *und* hat
die gewichtigeren Textzeugen auf seiner Seite. Die Änderung wird dementsprechend auch nicht textkritisch, sondern literarkritisch begründet: als bewußte Anpassung des Jeremia-Spruchs an den folgenden prosaischen Kommentar des dtr. Bearbeiters. Aber ist das ein einleuchten-
des Argument? Was in aller Welt sollte einen kommentierenden Bearbeiter veranlassen, seine eigenen Bemerkungen in direkter Anrede an
den (schwerlich noch lebenden) König zu verfassen und dafür den überlieferten Prophetenspruch umzuformen und mit einer sprachlichen
Schwierigkeit zu belasten? Wenn man die dtr. Kommentierungen in der
näheren Umgebung vergleicht, begegnet man vielmehr dem umgekehrten Verfahren: sowohl in 22,1–5 hat sich der Bearbeiter der Anredeform
des kommentierten Spruchs 21,12 angepaßt[16], als auch in 22,11f. der
Rede in dritter Person von v 10b. Daß er seinen Stil der Überlieferung
anpaßt, nimmt Thiel auch für das Verhältnis von v 27 zu v 28 an (s. o.).
So liegt es am nächsten, sich auch literarkritisch für die „lectio difficilior"
zu entscheiden. Dann bleibt freilich die Inkongruenz zwischen v 24a und
b erklärungsbedürftig. Unwahrscheinlich, daß sie von Anfang an bestand: vielmehr dürfte der Spruch ursprünglich ganz in der Anrede formuliert gewesen sein. Die Spannung aber wäre erst mit der (mündlichen
oder schriftlichen) *Überlieferungsgestalt* des Textes entstanden. Daß hier
ein Bedürfnis für einen Eingriff in den „Originaltext" bestanden haben
kann, ist leicht zu zeigen. War der Prophetenspruch unmittelbar an den
König gerichtet, so konnte sich der Prophet mit einem „wärest du auch
(Konjahu)" begnügen. Die Überlieferungsgestalt eines Spruches aber

---

[15] AaO., 246.
[16] Zum Zusammenhang vgl. W. Thiel, aaO., 238.

müßte anders aussehen: Sie wäre entweder einzuleiten mit einem Satz
wie „Wort Jahwes über Konjahu" oder „So hat Jahwe über Konjahu gesprochen" (oder ähnlich) – denn damit wäre dem Interesse aller späteren Hörer an einem *Bericht* über ein ergangenes Jahwe-Wort und an der
notwendigen *Information* über den Adressaten Genüge getan. Oder
aber die Überlieferung könnte verfahren wie hier, indem sie jene Information über den Adressaten ebenso wie die Wendung von der Anrede
zum Bericht darüber durch eine teilweise Umformung des Spruches zu
erreichen suchte. Daß damit kein sprachliches Monstrum entstand, zeigt
Duhms Hinweis auf die Möglichkeiten „höflicher Sprache z. B. einen
König zuerst mit seinem Titel und damit in der 3. P., dann aber in der
2. P." anzusprechen – ein „Wechsel" freilich, den er hier für „nicht begründet" hält[17]. Der Grund aber läge auf einer anderen Ebene: in der
mitunter notwendigen Differenz zwischen der Gestalt eines Wortes in
seiner Ursprungs- und Anwendungssituation und seiner Überlieferungsgestalt.

Demnach hätten wir in unserem Text drei Schichten zu unterscheiden,
die noch ihre Spuren hinterließen: Erstens das verkündete Wort des
Propheten, das in der Anrede an Jojachin verfaßt war[18]; zweitens die
Überlieferungsgestalt, in der der Übergang zum Bericht von einem Jahwe-Wort und die Information über den Adressaten[19] in den Spruch hineingezogen war; schließlich drittens die kommentierende Bearbeitung
des Spruches durch den dtr. Prosatext, der sich durchaus seiner Vorlage
am Anfang wie am Ende anzupassen suchte.

Das andere Bedenken gilt der Abgrenzung des Jeremia-Wortes von
seiner Bearbeitung. Das Bildwort vom Siegelring scheint in sich noch
nicht abgeschlossen zu sein; wenn Jahwe sich den Ring vom Finger reißt,
so erwartet man wohl eine weiterführende Aussage darüber, was er denn
nun mit dem Ring in seiner Hand tut. (Solch Abschluß ist natürlich nicht
zwingend erforderlich, aber es läge im Gefälle des dramatischen Bildworts, daß die darin angezeigte Gebärde auch vollendet wird.) Gewiß ist
die das Bild verlassende Kommentierung in v 25 nicht als ursprüngliche
Fortsetzung in Anspruch zu nehmen. Wohl aber enthält v 26 Elemente,
die durchaus als Abschluß des Bildwortes gelten können. Auch in diesem Vers gibt es nämlich eine sprachliche Inkongruenz, die man ge-

---

[17] B. Duhm, aaO., 179.

[18] C. Westermann, Grundformen prophetischer Rede, ²1964, 115f., verweist darauf,
daß eine „bloße Unheilsankündigung" ohne Begründung als Antwort auf eine Anfrage ergehen kann und hält diese Konstellation auch für Jer 22,24 ff. für möglich. In der Tat
würde das die zunehmende Urgestalt des Spruches in 22,24 am besten erklären.

[19] Ob das originale Wort den Vokativ „Konjahu" verwandte und damit schon die Information über den Adressaten gab, muß offen bleiben; auch dann bleibt die Nötigung zum
Wandel der Form von der Anrede zur Information über eine Wortverkündigung.

wöhnlich durch eine Textänderung zu beseitigen sucht. Aber das ist ein
unbegründeter Gewaltstreich. Der masoretische Text bietet, wörtlich
übersetzt: „und ich schleudere dich auf die Erde – eine andere" – und
das soll jetzt natürlich heißen: „in ein anderes Land." Die mangelnde
Übereinstimmung zwischen determiniertem Nomen und indeterminier-
tem Attribut zeigt jedoch noch an, daß hier ein ursprünglicher Sinn – bei
Respektierung des Wortbestands – durch den dtr. Bearbeiter umgedeu-
tet oder doch konkretisiert wurde: aus dem „und ich schleudere dich auf
die Erde", das sich dem Bildwort von dem von der Hand gerissenen Siegelring mühelos anfügt und es zu Ende führt, wurde die Ankündigung
der Exilierung: „ich schleudere dich in ein anderes Land." Bei dieser
Umformulierung könnte dem dtr. Bearbeiter durchaus ein Satz wie Dtn
29,27 vorgeschwebt haben[20]: „. . . er warf sie in ein anderes Land" –
wăjjăšlīkēm ʾæl-ʾæræṣ ʾăḥæræt), aber gegen die ihm geläufige Wendung
ließ er dann doch das ʿăl und die Determination sowie schließlich das andere und offenbar überlieferte Verb (*ṭwl* hif. schleudern statt *šlk* hif. werfen) stehen[21]. Das heißt: auch hier zeigt sich der behutsame Umgang des
Bearbeiters mit seiner Vorlage. Der ursprüngliche Jeremiatext wäre
dann aber folgendermaßen zu rekonstruieren:

„So wahr ich lebe, Spruch Jahwes, wärest du auch (Konjahu) ein Siegelring an
meiner rechten Hand – ich reiße dich doch von dort weg und schleudere dich auf
die Erde."

Zu dem sachlichen Gehalt der abschließenden Wendung dieses
Spruchs mag man dann einen Text wie Jer 13,18 vergleichen, der nach
herkömmlicher Auffassung auch auf Jojachin zielt (aber siehe unten);
andererseits spricht das Bildwort für sich selbst.

Es mag auffallen, daß der Schluß dieses Jeremia-Wortes der Sache
und den verwendeten Vokabeln nach ziemlich genau der von Duhm und
Thiel rekonstruierten Schlußwendung des vordeuteronomistischen Textes in v 28 entspricht, der für beide der zweite originale Jeremia-Spruch
ist. Diese Übereinstimmung ist natürlich ein zweischneidiges Argument,
das sogar eher gegen die Originalität der Wendung im ersten Spruch geltend zu machen wäre, solange man den v 28 auf ein *selbständiges* Jeremia-Wort zurückführen will. So wird denn auch meist argumentiert, der

---

[20] Vgl. W. Thiel, aaO., 243.
[21] *ṭwl* hif. gehört nicht zum speziell dtr. Vokabular. Es begegnet zwar auch in dem dtr.
Text Jer 16,13, aber dort eher abhängig von Jer 22,26 (vgl. W. Thiel, aaO., 244); in älterer
Überlieferung schon 1.Sam 18,11; 20,33 (vgl. auch Jes 22,17); dann hier noch einmal in
v 28. Zu der Annahme, daß v 26 von v 28 abhängig sei, s. u., tatsächlich verhält es sich umgekehrt. – Eine ähnliche Wendung mit *ṭwl* hif. begegnet auch Hes 32,4 (C. H. Cornill,
260).

Bearbeiter habe die Wendung aus v 28 nach v 26 übernommen. Aber ob die Voraussetzung zutrifft, daß der v 28 auf ein *selbständiges* Jeremia-Wort zurückgeht, bleibt noch zu prüfen.

1.3 Die Rekonstruktion des ursprünglichen Wortlauts von v 28 nach Duhm und Thiel (s. o. 1.1) ist wohlbegründet und dürfte im wesentlichen das Richtige treffen. Bei Cornill, Volz und Rudolph wird dem eine andere Abgrenzung vorgezogen: Sie lassen den Vers original mit der Wendung enden „. . . in ein Land, das er nicht kennt (kannte)"[22]. Cornill setzt sich dabei ausdrücklich mit Duhms Argument auseinander, der Nachsatz falle aus dem Bild; in der Tat setzt Duhm bei seiner Emendation voraus, daß es sich um ein irdenes Gefäß handele, was *so* in Duhms rekonstruiertem Text nicht dasteht, aber schon von demjenigen assoziiert wurde, der das *nāpūṣ* „zerschlagen" hinzufügte[23]. Der Grundgedanke eines *eigenständigen* Bildworts wäre also wohl mit Cornills Stichworten: wertlos – darum weggeworfen[24] besser getroffen, denn daß am Ende die Sache in das Bild hineinspielte, ist hebräischer Bildrede ganz geläufig. Aber wieder ist es ein sprachlicher Sachverhalt, der dieser Rekonstruktion eines Originaltextes nicht günstig ist. Es handelt sich zum einen auch hier um die Determination von *ʾæræṣ,* was sprachlich jetzt zwar möglich („in das Land, das sie nicht kennen"), aber stilistisch nicht gerade geschickt ist und deshalb von Cornill und Rudolph auch geändert wird. Warum der Artikel stehen blieb, ist zu verstehen (vgl. v 26); daß er nachträglich hineinkam, müßte man mit einem Versehen aufgrund von v 27 erklären[25]. Von daher müßte überdies das stilistisch wiederum nicht naheliegende *ʿăl* (statt *ʾæl,* was Cornill stillschweigend dafür einsetzt) stammen. Zwar begegnet die gleiche sprachliche Erscheinung noch einmal in Jer 16,13 („ich schleudere euch . . . *auf das* Land, das ihr nicht kennt"). Aber der Text Jer 16,10–13 gehört ganz der dtr. C-Schicht des Jeremia-Buches an und bietet eine aus geläufigen Wendungen zusam-

---

[22] C. H. Cornill, 260, liest: *ʾæl ʾæræṣ lōʾ jādăʿ;* mit B. Duhm lesen C. H. Cornill, P. Volz und W. Rudolph auch das von W. Thiel mit Recht ausgeschiedene *wᵉhŭšlăk.* (Daß in dem ganzen Vers die Verben mit der Septuaginta im Singular zu lesen sind, ist allgemein akzeptiert.)

[23] Genau genommen beruht der Zusatz „zerschlagen" auf einer Kontamination der drei Sätze des Bildworts: das Wort fügt sich eher zu „Gefäß" im zweiten Satz als zu „Gebilde" im ersten, könnte aber erst Ergebnis des dritten Satzes („auf die Erde geworfen") sein. Der Logik der Doppelfrage gegenüber der Warum-Frage würde es sich nur einfügen, wenn das pt. pass. gerundivisch verstanden werden könnte („ein zu zerschlagendes Gefäß") – so W. Rudolph, der sich aber dafür zu Unrecht auf GK § 116e beruft (gerundivische Bedeutung nicht für pt. pass. qal). Die Ergänzung scheint noch vor der dtr. Erweiterung des Spruches zu liegen, weil der jetzige Schluß ein „zerschlagen" nicht mehr nahelegt.

[24] AaO., 261.

[25] So C. H. Cornill und W. Rudolph z. St.

mengesetzte Paränese, so daß die Formulierung von v 13 durchaus „unter dem Einfluß unserer Stelle" erfolgt sein kann[26].

Die Einfügung „er und sein Same" und die dementsprechende Umsetzung der Verben in den Plural ist mit der späteren (Dtr.) Konkretisierung der Ankündigung zureichend erklärt, aber nicht allein aus den geschichtlichen Gegebenheiten geschöpft, sondern bereits im Blick auf v 30 formuliert. Dagegen bedarf der Zusatz *hā 'īš hăzzœ* in v 28a durchaus einer Erklärung, wenn man sich nicht mit der bloßen Feststellung „aus v 30" und der pauschalen Geringschätzung späterer Ergänzer begnügen möchte. Der Zusatz wurde doch offenbar aus v 30 herübergenommen, um die Identität „dieses Mannes" *dort* sicherzustellen, denn wer in v 30 gemeint ist, geht ja nur aus dem Zusammenhang hervor.

Können wir also der Rekonstruktion des ursprünglichen Textes bei Duhm und Thiel folgen, so bleibt doch die schon mehrfach aufgekommene Frage, ob wir es hier mit einem selbständigen Jeremia-Wort zu tun haben. Das ist vor allem eine Frage nach der Form und der möglichen Funktion des Wortes.

Zunächst ist festzustellen, daß die Doppelfrage (mit *hă –'īm*) mit folgendem *măddū*[a] „warum" ausschließlich im Jeremia-Buch anzutreffen ist, meist in echten Jeremia-Texten[27]. Die argumentierende Redefigur, die in der Doppelfrage etwas eigentlich Undenkbares anspricht, das doch Voraussetzung sein müßte für den in der Warum-Frage bezeichneten und beklagten Sachverhalt, begegnet entweder in der an Jahwe gerichteten Klage (bes. 14,19, aber vgl. auch 2,14 und 8,22) oder umgekehrt in der Gegenklage Jahwes (2,31) oder stellvertretend des Propheten (8,4f.) über den Abfall Israels.

Als ein Motiv der an Jahwe gerichteten und ihm gegenüber argumentierenden Klage begegnet die Redefigur auch an unserer Stelle. Aber damit stellt sich erst das Problem, zu welchem Zweck ein solches Klagemotiv hier verwendet wurde. Ist es ein Klagewort, das der Prophet selbst Jahwe vorhält? Oder dient es vielmehr der Charakteristik der Volksstimmung[28]? In beiden Fällen kann es sich schwerlich um ein selbständi-

---

[26] Vgl. W. Thiel, aaO., 244, zum Gebrauch von *ṭwl* hif.; s. o. Anm. 21. Für die dtr. Kreise ist überdies in der Rückschau jenes Land durchaus „*das* Land" geworden. – Die späte Gleichsetzung von *'æl* und *'ăl* sollte man für einen Text der Jeremiazeit nicht ohne weiteres in Anspruch nehmen, wenn es eine andere Erklärung gibt.

[27] Jer 2,14.31; 8,4f.; 8,22; 14,19. Vgl. B. Duhm und C. H. Cornill bei der Rekonstruktion von v 30; zur Form K. H. Graf, der Prophet Jeremia, 1862, 28 zu 2,14. Die Form wird durch einen dtr. Zusatz in 8,19 nachgeahmt, aber nicht getroffen, weil durch den Stimmenwechsel zwischen Doppelfrage und Warum-Frage die argumentative Funktion der Form nicht zustande kommt. Sekundär ist wohl 49,1. Außerhalb des Jeremia-Buchs ist nur Mal 2,10 vergleichbar, doch hat dort die Doppelfrage mit zweifachem *h*[a]*lô'* eine etwas andere Struktur.

[28] Vgl. W. Rudolph z. St.

ges Jeremia-Wort handeln, weil nicht erfindlich ist, bei welcher Gelegenheit der Prophet nur diesen Satz sollte vorgetragen haben: man müßte den Vers denn für ein Fragment aus einem größeren Zusammenhang halten. Selbständig könnte der Spruch nur sein, wenn die Klage in einer anderen und bei Jeremia durchaus geläufigen Verwendung erschiene: als antizipatorische Klage mit der Funktion der Unheilsankündigung. Dafür gibt es bei Jeremia überaus eindrucksvolle Beispiele; dadurch, daß der Prophet das Ergebnis, die Folgen kommenden Unheils und mit der (künftigen) Klage die Reaktion darauf vorwegnimmt, gewinnt er sprachliche Fügungen von äußerster Dichte, deren einzelne Elemente in der verdichteten Zeit nicht nach den Regeln einer in sich einsichtigen Geschehensfolge arrangiert sind, sondern nach den Erfordernissen dichterischer Prägnanz (ein besonders schönes Beispiel dafür ist die Klage 8,14 innerhalb des Gerichtsworts 8,13–17). Aber solche antizipierende Klage in der Funktion der Unheilsankündigung ist doch wesentlich Schilderung der Not, benutzt also ein anderes Element der Klagegattung und nicht die klagend-argumentierende Frage an Jahwe. Zwar wäre solche Verwendung der klagenden Frage in der Unheilsankündigung denkbar, aber schwerlich je selbständig, sondern dann nur eingebunden in eine fiktiv rückblickende Schilderung künftigen Unheils – etwa als ein Klagezitat, mit dem die Schilderung dramatisiert wird. Die spezifische Form der argumentierend-klagenden Frage (mit Doppelfrage + *măddūᵃᶜ*) bei Jeremia wird überdies nirgends als vorwegnehmende Klage verwendet[29]. Kurz: es käme auch im Zusammenhang antizipatorischer Verwendung der Klage *allenfalls* in Betracht, daß unser Text ein Fragment eines jeremianischen Zukunftsworts wäre; es ist aber darüber hinaus für diese spezifische Frageform nicht wahrscheinlich.

Damit bestätigt sich die Annahme, daß wir es jedenfalls nicht mit einem zuvor selbständigen Jeremia-Wort zu tun haben. Ist es aber ein Fragment, und muß man nach seinem ursprünglichen größeren Zusammenhang fragen, so scheint das Nächstliegende das Beste: den vorliegenden Zusammenhang als ursprünglich zu erwägen. Nun kann der erste

---

[29] Das ist bei 14,19 eindeutig: Der antizipierenden, Unheil *ankündenden* Klage des Propheten in 14,17–18 (daher die scheinbar unpassende Einführung von v 17!) folgt in vv 19–22 die aktuelle Klage des Volkes über gegenwärtige und nun auch noch zukünftig drohende Not. In 2,14–19 wird in einer Verteidigungsrede Jahwes auf die aktuelle Klage (des Volks oder des Propheten) in v 14.(15) Bezug genommen. Am schwierigsten ist 8,18–23 zu bestimmen; wahrscheinlich ist auch hier Klage über gegenwärtige Not gemeint, wie gerade die in der sprichwörtlichen Rede v 20 reflektierte lange Dauer des Unheils nahelegt: im fiktiven Rückblick erschiene das gekünstelt, zumal Jeremia in seinen Zukunftsbildern eher ein schnell voranschreitendes Ende vor Augen hat. Für gegenwärtige Deutung treten auch P. Volz und W. Rudolph ein, anders z. B. B. Duhm, C. H. Cornill. Ist der Text doch auf die Zukunft bezogen, so wäre die klagende Frage immer noch ein Element in dem größeren und als dramatisierte Schilderung vorgestellten Zusammenhang.

Spruch, der die Zukunft ansagt, mit dem v 28*, der bereits zurück-
blickt[30], nicht gleichzeitig verkündet worden sein. Soll dennoch
ein ursprünglicher Zusammenhang bestehen, dann nur so, daß der
ältere Spruch nach seiner Erfüllung wieder aufgenommen und durch
v 28* erweitert worden wäre. Damit würde sich zugleich die Wiederaufnahme des rekonstruierten Schlußsatzes (aus v 26), nun in Form einer
Frage, aufs beste erklären. Der Text könnte aber nicht mit dieser Frage
geschlossen haben; unsere Arbeitshypothese würde sich also auch von
der Fortsetzung her bestätigen, wenn sich diese als Antwort auf die
Frage verstehen ließe. Doch muß dieser Schluß zuvor für sich besprochen werden.

1.4 Die Rekonstruktion des ursprünglichen Spruchs in v 30 wie Jeremias Verfasserschaft sind strittig (s. o. 1.1). Beides ist freilich nicht ganz
unabhängig zu betrachten, und so sind sogleich gegen das von Thiel re-
konstruierte Jeremia-Wort Bedenken geltend zu machen. Sollte Jeremia
dem Jojachin tatsächlich sozusagen „private" Kinder- und Glücklosig-
keit angekündigt haben, ohne dabei die politischen Konsequenzen von
vornherein im Blick zu haben? Daß der Spruch in dieser Form sehr allgemein formuliert wäre (um dann durch v 30b nachträglich konkretisiert
zu werden), ist ja nun nicht gerade ein Markenzeichen Jeremias, der zuvor zwar bildhaft, aber nicht nichtssagend geredet hat[31]. Hat der Prophet
aber die Thronfolge im Sinn, so muß er sie wohl auch formulieren, um
das „kinderlos" eindeutig zu machen. Wahrscheinlich weist schon die eigentümliche Formulierung „Schreibt diesen Mann auf als kinderlos"
über eine bloß private Weissagung hinaus, denn eher als allgemeine Jerusalemer Personenstandsregister, von denen wir zu jener Zeit nicht viel
wissen, kommen doch wohl königliche Annalen o. dgl. in Betracht[32]. Für
einen Späteren ist es natürlich ausgeschlossen, dem König contra even-
tum bloße Kinderlosigkeit zu prophezeien – aber es ist nicht einmal ganz
sicher, ob das nicht schon für Jeremia ausgeschlossen war; das Alter des
18 jährigen Königs ist jedenfalls kein Argument, wenn man zum Beispiel
sieht, daß Jojakim schon dem 14 jährigen Josia geboren wurde[33]. Aber
wie dem auch sei, es dürfte sich von vornherein um ein politisches Wort
gehandelt haben, das dann auch v 30b umfaßt haben wird. Offen ist dann
freilich noch, ob es auch ein Jeremia-Wort war. Duhm hält es für eine

---

[30] So mit den meisten Exegeten, anders C. F. Keil, Biblischer Commentar über den
Propheten Jeremia, BC, 1872, 257; nicht eindeutig W. Thiel aaO., 245 (s. o. bei Anm. 11).
[31] Zu W. Thiel, aaO., 245.
[32] Vgl. F. Nötscher, Das Buch Jeremias, HSchAT, 1934, 174.
[33] Die Frage wird nicht einheitlich beantwortet, das argumentum e silentio aus 2.Kön
24,15 ist nicht sehr überzeugend, von der königlichen Familie ist auch bei der zweiten
Wegführung nur die Rede, weil die Söhne umgebracht werden (2.Kön 25,7). Auch 1.Chr
3,16f. ist nicht ganz eindeutig.

Lappalie, „welcher von den vielen Prinzen des Königshauses auf dem Throne sass", wenn das Land „nur seine Selbständigkeit behielt"[34], aber ganz so gleichgültig war es für die Zeitgenossen Jeremias nicht und auch nicht einfach voneinander zu trennen; vor allem geht es in dem Wort ja nicht um die belanglose Beschränkung des reichhaltigen Angebots an Thronfolgern, sondern um das totale politische Ende eines Königs, auf den sich damals offenbar viele Hoffnungen gerichtet haben, und das erst durch die Einbeziehung der gesamten Nachkommenschaft, seines Hauses, vollkommen und besiegelt wird. Die in der Tat „emphatische" Einführung (Duhm) des Wortes durch v 29: „Land, Land, Land, höre das Wort Jahwes" kennzeichnet doch eher den Ernst der Situation als das mangelnde Stilgefühl kleiner nachexilischer Geister – wann immer dieser Text entstanden ist. Nach unserer Kenntnis des geschichtlichen Verlaufs sind es aber nur zwei Situationen, in denen die Rolle des „Hauses Jojachin" eine die Zeitgenossen bedrängende Frage gewesen ist: Einmal die Zeit zwischen den beiden Wegführungen, also zwischen 597 und 587, mit Nachwirkungen über das Ende Judas hinaus bis hin zu den wohl im Jahre 560 bei der Begnadigung Jojachins durch den babylonischen König aufkeimenden Hoffnungen; und zum andern die Zeit, in der Haggai und Sacharja den Jojachin-Enkel Serubabel als den messianischen Herrscher im kommenden Gottesreich proklamierten. Wenn in Hag 2 Serubabel im offensichtlichen Gegenzug zu Jer 22,24 als Siegelring an Jahwes Hand angesprochen wird und damit das Jeremia-Wort aufgehoben, *könnte* dem durchaus diese Auslegung und Weiterführung des Jeremia-Worts als Jahwes Wort zur Stunde entgegengehalten worden sein.

Aber die Spätdatierung begegnet einer Reihe von Schwierigkeiten. Einmal ist es nicht wahrscheinlich, daß man die dtr. Redaktion dieses Wortes, die offenbar schon das *ganze* Spruchgefüge vv 24–30* voraussetzt, erst nach Haggai und Sacharja anzusetzen hätte. Zweitens ist die Formulierung, nach der Jojachin als kinderlos aufzuzeichnen ist, für den späteren Autor und lange nach Jojachins Tod nicht gerade naheliegend, auch wenn damit von vornherein politische Kinderlosigkeit gemeint war. Drittens ergeben sich Probleme mit der Komposition des ganzen Spruchgefüges, da v 28* in der Luft hängt, wenn er nicht durch einen Text wie v 30* weitergeführt wird. Man müßte also vv 28–30 (in ihrer ursprünglichen Gestalt) *insgesamt* als in der Zeit des zweiten Tempelbaus entstandene Erweiterung ansehen, und das ist wiederum unwahrscheinlich, weil die besprochene Gestalt von v 28 so typisch jeremianisch ist, daß man den Vers mehr in seiner Nähe, bei ihm selbst oder seinen näheren Tradenten, suchen wird. Allerdings ist das ein zirkuläres Argument, solange die Arbeitshypothese einer vordeuteronomistischen

---

[34] B. Duhm, aaO., 180.

Komposition nicht bestätigt ist; es mag also vorläufig gelten, zumal die Alternative nur: Komposition – oder Fragmente aus unbekannten Zusammenhängen wäre.

Geht man also davon aus, daß es sich in v 30* eher um ein Wort aus dem Umkreis Jeremias oder von ihm selbst handelt, so bleibt zu erörtern, ob es ein selbständig verkündetes Wort war oder wieder von vornherein ein Kompositionselement, Weiterführung von v 28*. Nun ist dem v 30 leicht anzusehen, daß er jedenfalls in dieser Form kaum selbständig gewesen sein kann – es sei denn, man wolle ihn sich etwa in der Situation gesprochen denken, da der junge König zum Abtransport von Jerusalem vorgeführt war: dann ergäbe sich der Bezug der Bezeichnung „dieser Mann" von selbst. Das ist natürlich nicht auszuschließen, aber näher liegt doch ein späterer Zeitpunkt – für Jeremia käme etwa die Zeit in Betracht, in der er sich mit dem Propheten Hananja in der Frage der Rückkehr der Deportierten auseinanderzusetzen hatte[35]. In einem selbständigen Wort erwartete man also eher ein Konjahu statt des *hā 'iš hazzæ;* man muß dann mit einer Umformulierung für die Komposition rechnen. In der vorliegenden Gestalt ist es jedenfalls nur in der Komposition sinnvoll überlieferungsfähig, und man wird letzten Endes die Frage offen lassen müssen, ob das Wort in leicht veränderter Form einmal unabhängig proklamiert wurde.

Was dann den v 29 als Einführung dieses Spruches betrifft, so ist gegen seine ursprüngliche Zusammengehörigkeit mit v 30 und damit auch seine Herkunft von Jeremia und seinem näheren Tradentenkreis überhaupt nichts einzuwenden. Man kann mit Thiel[36] erwägen, daß solche Aufforderung nicht gerade wie eine prophetische Redeform wirkt, wird damit aber vielleicht wieder auf die Spruchkomposition verwiesen. Daß der große Nachdruck dieser Einführung sachlich nicht zu beanstanden ist, hat sich gezeigt. Ob man daneben die schon vom Septuaginta-Übersetzer als zu umständlich empfundene Doppelung durch die Botenformel stehen lassen soll, mag jetzt dahingestellt bleiben.

Ein Nebenproblem ist schließlich auch die Frage nach der Ursprünglichkeit von v 30αβ „... einen erfolglosen Mann zu seiner Zeit". Man streicht ihn gewöhnlich, weil das doppelte *jiṣlāḥ* stört. Die Frage ist nicht unabhängig von der Beurteilung des Elements „... einen, der auf dem Thron Davids sitzt". Handelt es sich dabei, wie Thiel wahrscheinlich macht, um eine vom dtr. Bearbeiter bevorzugte Formel[37], so kann man *'iš*

---

[35] Jer 28 – freilich nicht als unmittelbare Antwort auf die dort formulierte Heilsbotschaft. – Man könnte sich auch dann eine Situation zurechtlegen, in der von Jojachin die Rede war und das Wort von „diesem Mann" seinen Anhalt hatte; aber das Jahwewort ergab sich nicht einfach als ein Diskussionsbeitrag.

[36] AaO., 245.

[37] AaO., 246.

jōšēb'ăl-kĭssē' dāwĭd ū streichen und den Satzteil v 29αβ stehen lassen; man erhält damit einen guten Zweizeiler, der in der ersten Zeile von Jojachin zu seiner Zeit, dann von Jojachin unter dem Aspekt der Generationenfolge spricht[38].

1.5 Die Arbeitshypothese, daß v 28* von vornherein für die Spruch-*komposition* abgefaßt sei, hatte sich vom vorhergehenden Grundtext ergeben; es blieb das Problem, ob sie sich auch für die Fortsetzung bewähren werde, und das heißt: ob v 30 die Antwort auf die in v 28 gestellte Frage sein kann. Es liegt auf der Hand, daß das oberflächlich betrachtet nicht der Fall ist; auf die Warum-Frage folgt kein „weil . . .". Aber der Sachverhalt sieht ganz anders aus, wenn man die Texte von ihrer Funktion her betrachtet und nach dem Zusammenhang der Intentionen fragt. Hier muß ein anderes Textbeispiel aus dem Jeremiabuch weiterhelfen: die umfangreiche Komposition Jer 14,1–15,2. Das ist im ganzen nicht die Aufzeichnung des Verlaufs einer Fastenfeier, sondern eine literarische Großkomposition, in der wahrscheinlich der Prophet oder allenfalls sein vordeuteronomischer Tradentenkreis die Rolle des Propheten bei einer Klagefeier (oder Klagefeiern) dargestellt hat[39]. Literarisch ist das Ganze durchaus als *ein* großer und folgerichtig fortschreitender Zusammenhang komponiert[40]. Der Lageschilderung durch den Propheten (14,2–6) folgt das Zitat eines Stücks der Volksklage (vv 7–9), dann das Gespräch zwischen Jahwe und Jeremia mit dem Verbot der Fürbitte und der Mitteilung kommenden Unheils an den Propheten (vv 10–16); was er hier im Privatorakel erfahren hat, muß er in Form einer antizipieren-

---

[38] Das ist eine Möglichkeit der Rekonstruktion; andernfalls müßte man auch hier ein ursprüngliches Trikolon ansetzen. Es ließe sich aber auch durchaus erklären, warum v 30αβ als Zusatz eingefügt worden sein könnte. Rudolphs Argument, der Satz diene der Umdeutung von *ʿărīrī*, gibt durchaus Sinn (gegen W. Thiel, aaO., 245 A 48), nur sollte man weniger an das historische Problem später geborener Kinder Jojachins denken als an die Schwierigkeit des Lesers, der in einem Atemzug Kinderlosigkeit und Nachkommenschaft Jojachins schlucken mußte.

[39] Die Einzelheiten können hier nicht vorgeführt werden, es mag der Hinweis genügen, daß die von W. Thiel (aaO., 178 ff.) genannten dtr. Spuren minimal sind und daher eine dtr. Komposition (so Thiel) ausscheidet, und daß die im Mittelteil vermuteten Spannungen sich bei genauerem Zusehen leicht auflösen. Z. B. kommt das Verbot der Fürbitte in v 11 dann nicht überraschend und unmotiviert, wenn man weiß, daß der Prophet normalerweise ein Fürbittamt wahrzunehmen hat. Der Hinweis Jeremias auf die falschen Propheten wäre nur dann eine unpassende Entschuldigung (W. Thiel, aaO., 183 ff.), wenn es um Unbußfertigkeit ginge: der Prophet will aber vielmehr das Hin- und Herschwanken des Volkes entschuldigen, denn im Augenblick und „mit ihren Füßen" (v 10), aber darüber hinaus auch mit ihrem Munde, sind sie durchaus bußfertig. Vgl. zu Jer 14,1–15,2 auch J. Jeremias, Kultprophetie und Gerichtsverkündigung in der späten Königszeit, WMANT 35, 1970, 162–164.

[40] Es ist also auch nicht die Aufzeichnung von *zwei* Fastenveranstaltungen (so A. Weiser, Jeremia, ATD, [3]1959, 127).

den Klage (mit der Funktion des Unheilsworts) öffentlich verkünden (vv 17–18, vgl. Anm. 29); die erneute, gesteigerte und auf das Unheilswort Bezug nehmende Volksklage (vv 19–22) wird am Ende mit einer vernichtenden Unheilsansage beantwortet (15,1–2[41]). Auch hier begegnet in der Klage die Warum-Frage (v 19), und wieder wird sie nicht eigentlich beantwortet (die „erwartete" Antwort kommt erst am Schluß des dtr. Zusatzes v 4), aber dennoch besteht ein klarer logischer Zusammenhang: Die Klage erwartet eine Heilszusage, aber sie erhält bei Jeremia ein – auch hier unbegründetes – Unheilswort zur Antwort. Die Schuldfrage kommt dabei nur mittelbar, im internen Gespräch Jahwes mit dem Propheten wie im Sündenbekenntnis des Volkes, zur Sprache. Was hier in großem Maßstab begegnet, liegt in der Komposition 22,24–30* im kleinen Rahmen vor: wieder folgt der Unheilsansage die Klage, dann die „Antwort" in Form einer Zurückweisung der Klage durch ein erneutes und gesteigertes (weil auch die Nachkommenschaft einschließendes und somit endgültiges) Unheilswort. Die Komposition folgt also einem kompositorischen Muster, das sein Vorbild in der Fastenveranstaltung und der Rolle des Propheten dabei hat, genauer: dieses Propheten, dem eine heilvolle Antwort verweigert war.

Damit soll nicht unterstellt werden, daß die Jojachin-Komposition auch die Stilisierung einer Klagefeier um Jojachin gewesen wäre; es genügt ja, daß ein solches Kompositionsmuster einmal gewonnen war, um dann auch zur Darstellung strukturell vergleichbarer Sachverhalte zu dienen. Wohl aber ist jetzt noch einmal nach Anlaß, Zweck und mutmaßlichem Verfasser einer solchen Komposition zu fragen. Was den Zeitraum betrifft, so hatten wir für die Komposition eine Spätdatierung ausgeschlossen, es blieben Jeremia und seine frühen Tradenten. Daß man diese Tradenten mit einzubeziehen hat, ist darin begründet, daß schon der Grundtext deutliche Merkmale des Übergangs vom verkündigten Prophetenwort zu seiner Überlieferungsgestalt aufweist (vor allem am Anfang in v 24 und, falls v 30 je ein selbständiges Wort war, auch dort). Hier ist also wenigstens ein Stück weit mit Interaktion zwischen Prophet und Tradenten zu rechnen. Andererseits ist der plausibelste Anlaß für eine Wiederaufnahme und Erweiterung der Unheilsweissagung über Jojachin unserer Kenntnis nach doch zu Lebzeiten Jeremias gegeben: mit jener von anderen Propheten genährten angespannten Erwartung der Heimkehr der ersten Deportierten von 597. Unter dieser Voraussetzung ist die Komposition am ehesten der „Feder" des Propheten selbst zuzuschreiben, und es wäre jedenfalls kein Erkenntnisfortschritt, wenn man scheinbare wissenschaftliche Objektivität nur durch die Flucht in die Anonymität des Tradentenkreises zu gewinnen suchte.

---

[41] Jer 15,3–4 ist sekundär.

Die Komposition war der Anfang eines Überlieferungsprozesses, sofern schon beim Propheten das früher ergangene Jahwewort in einer Sekundärverwendung erscheint. Dabei kann es sich nur vordergründig darum handeln, daß der Prophet mit der Wiederaufnahme des früheren Unheilsworts nachweisen kann, daß er Recht behalten hat; es ging ja nicht um einen äußeren Ausweis, sondern um Bekräftigung und Verstärkung derselben Unheilsansage. Dieser Aktualisierungs- und Überlieferungsprozeß ist dann über seinen ersten Anlaß hinaus weitergegangen, zunächst in der Bewahrung der in solcher Komposition fixierten Botschaft. Ob Jeremia diesen Text aufschrieb und so ein „Dokument" weitergegeben wurde, kann man nur raten – es spricht aber nichts dagegen; jedenfalls hatten die dtr. Bearbeiter schon einen schriftlichen Text vorzuliegen, und andererseits werden mündliche und schriftliche Überlieferung wohl lange nebeneinander hergelaufen sein: man hatte die Texte, aber man konnte sie auch auswendig. Aber für die Praxis des Überlieferungsprozesses im Alten Testament sind wir doch weithin auf Vermutungen angewiesen.

2. Jer 13,18–19 und Jer 22,10–12

Sieht man von dem sehr allgemein die „Hirten" (die Führenden also und darunter wohl auch Jojachin) und ihren Untergang erwähnenden Text Jer 22,20–23 ab, so ist nur noch für zwei Jeremiatexte ein spezifischer Bezug auf Jojachin zu erwägen. Wir sehen sie hier kurz an.

2.1 Fast durchweg wird der kurze Text Jer 13,18–19 auf Jojachin bezogen[42].

„Sprich zum König und zur Herrin: setzt euch tief herab, denn es fiel von euren Häuptern eure prächtige Krone. Die Städte des Südens sind abgeriegelt, niemand öffnet. Weggeführt wird Juda insgesamt, vollkommen weggeführt."[43]

Der Text wird oft als Klage um den (gefangen genommenen) König und die Königin-Mutter verstanden, andere denken an reine Unheilsankündigung[44]. Für beides lassen sich Gründe nennen: für die Klage die perfektischen Verben in vv 18b.19, für das Zukunftswort die singularische Aufforderung „sprich" sowie die Nichterfüllung der vollständigen Exilierung von v 19b. Die Frage ist indes nicht alternativ zu entscheiden. Wir haben es mit einem Text zu tun, der zukünftiges Unheil ansagt und

---

[42] Ausnahmen: K. H. Graf, 175f., und B. Duhm z. St., die beide an Jojakim denken.

[43] In v 18 ist *mērā'šêkæm* zu lesen, s. BHS. Im Plural „sprecht" zu lesen (nach der Septuaginta) empfiehlt sich nur, wenn man den Text als Klagelied verstehen will (vgl. F. Giesebrecht, Das Buch Jeremia, HK, 1894, u. a.).

[44] Klage: z. B. Giesebrecht, Cornill, Volz; Zukunftswort: Graf, Duhm, Weiser.

zugleich schon auf die beginnende Realisierung des Unheils hinweisen
kann: Der v 19a nennt mit der konkreten Angabe der Abriegelung des
Südens die Voraussetzung für die militärische Katastrophe, die mit dem
Verlust des Königtums und dem Exil enden wird[45]. Der Text hat die Situation der Beauftragung des Propheten einbezogen, denn mit dem Imperativ „sprich" kann natürlich nur Jeremia angesprochen sein.
Ist dieses dichterisch schöne Wort ein Unheilswort an *Jojachin*? Dafür
stützt man sich positiv einzig auf die Erwähnung der $g^e b\bar{\imath}r\bar{a}$, der Köni-
ginmutter neben dem König; sie werde neben Jojachin „immer" ge-
nannt (aber bei Jeremia in 22,24 gerade nicht!), und das sei begründet in
dem jugendlichen Alter des Königs[46]. Aber 18 Jahre waren für judäische
Verhältnisse ein schönes Alter und kein besonderer Grund, den König
unter Kuratel zu stellen. Andererseits ist gerade der konkrete Hinweis
auf die militärische Lage in v 19a nur schwer mit den Ereignissen von
597 zu verbinden. Denn die erste Einnahme der Stadt muß aus chronologischen Gründen in einer ‚Blitzaktion' und ohne langwierige Kämpfe
vor sich gegangen sein[47]; für eine vorherige Abriegelung der südlichen
Festungsstädte und damit auch möglicher ägyptischer Hilfe blieb da
schwerlich Zeit. Gerade diese militärische Konstellation treffen wir aber
587 an (vgl. z. B. Jer 34,7), und auch die Erwartung einer völligen Wegführung Judas liegt jetzt, nach der ersten Deportation und dem erneuten
Abfall, näher als zur Zeit Jojachins[48]. Trifft das zu, dann hätten wir hier
eines der ganz wenigen poetischen Worte Jeremias, die sich in seine
Spätzeit datieren lassen.
  2.2 Der zweite Text scheint hinsichtlich seiner Zuordnung überhaupt
kein Problem zu bieten, weil er durch seinen redaktionellen Kommentar
historisch eingeordnet und auf Joahas bezogen wird. Der Spruch selbst
gibt das aber nicht eindeutig zu erkennen:

„Weinet nicht um <den>[49] Toten und beklagt ihn nicht. Weinet um den, der
fortgeht; denn nie mehr kehrt er zurück und sieht das Land seiner Geburt"
(22,10).

Die Situation: der eine König ist tot, der Nachfolger muß nach drei
Monaten in die Verbannung, hat sich ja binnen weniger Jahre wieder-

---

[45] So auch A. Weiser, 117 A 1. Die öfter vertretene Annahme, v 19a rede bildhaft von
der Zerstörung der Städte, wird von P. Volz, 152, mit Recht zurückgewiesen; vgl. auch A.
Weiser z. St.
[46] Vgl. z. B. P. Volz, 153 f., für viele.
[47] Vgl. im einzelnen M. Noth, ZDPV 74/1958, 136 ff. und 147 ff.
[48] M. Noth, aaO., 156, kommt wegen der historischen Schwierigkeiten auf die alte Umdeutung von v 19a zurück. Es liegt aber näher, die durchaus nicht eindeutige Beziehung zu
Jojachin aufzugeben.
[49] S. BHS.

holt; bei Josia/Joahas – und darauf bezieht der Kommentar in v 11f den Jeremia-Spruch, und dann bei Jojakim/Jojachin. Daß der Spruch gut auf Jojachin paßte und dann eine kleine Parallele zu der ursprünglichen Spruchkomposition in 22,24–30 bildete, ist keine Frage. Auch hier geht es ja um die Unwiderruflichkeit des Exils, und das war für die Zeitgenossen des deportierten Jojachin ein Thema von Gewicht. Freilich kann man für eine Versetzung des Spruchs in einen anderen historischen Kontext nur ein paar Indizien nennen. So ist das Motiv „nicht um den Toten klagen" auch der allerdings viel drastischer formulierte Inhalt des Unheilsworts über Jojakim, Jojachins Vater und Vorgänger (22,18 f.). Und andererseits bestehen ziemlich enge Beziehungen zwischen dem Jeremia-Wort in 22,10 und dem dtr. Kommentar zum Unheilswort über Jojachin in 22,26.27: man vergleiche „das Land seiner Geburt" (v 10) mit „Land, wo ihr nicht geboren seid" (26), oder das „nicht zurückkehren" in v 10 und v 27. Man könnte also damit rechnen, daß für den dtr. Redaktor der Bezug des Wortes durch die Überlieferung nicht mehr eindeutig gegeben war, so daß er den Spruch zwar auf Joahas bezog, aber auch in der Auslegung des Jojachin-Spruchs geltend machte. Daß der Spruch dabei letztlich an die falsche Stelle kam, kann freilich nicht mehr als eine Möglichkeit sein. Und vielleicht liegt gerade in dem dtr. Umgang mit dem Text doch noch etwas anderes vor, das für seine Weise der Auslegung bezeichnend ist. Wir kommen darauf am Ende noch einmal zurück.

3. Jeremia und Jojachin und die deuteronomistische Redaktion

Der einzige Text, mit dem sich Jeremia sicher auf Jojachin bezogen hat, ist demnach der in Jer 22,24–30 überlieferte; für Jer 13,18–19 erschien dieser Bezug unwahrscheinlich und für Jer 22,10 nur als eine Möglichkeit. Die jeremianische Komposition, die das ursprüngliche Jeremia-Wort in v 24 wieder aufnahm und weiterführte, hatte nach unserer Analyse folgende Gestalt:

„So wahr ich lebe, Spruch Jahwes, wäre auch Konjahu ein Siegelring an meiner rechten Hand – ich reiße dich doch von dort weg und schleudere dich auf die Erde."
„Ist denn ein verachtet Gebilde Konjahu, oder ein Gefäß, das nicht gefällt? Warum denn wurde er auf die Erde geschleudert?"
„Land, Land, Land, höre das Wort Jahwes: (So spricht Jahwe):
Schreibt diesen Mann als kinderlos auf, als erfolglosen Mann in seiner Zeit,
ja, keinem von seinem Samen gelingt's noch einmal in Juda zu herrschen."

Die Komposition aus Unheilswort, Klage und verstärktem Unheilswort bediente sich eines Modells, das Jeremia auch in 14,1–15,2 gebraucht und gestaltet hat in Anlehnung an die Fastenveranstaltung und die ihm dabei von Jahwe zugemutete Rolle. Daß wir es auch in der Komposition mit einer geprägten Form zu tun haben, ist zu bedenken, wenn wir hier noch einmal auf die oft erörterte Frage kommen, ob die Klage wohl Jeremias eigene Einstellung oder vielmehr die Stimmung im Volke bezeichne. Für eine bestimmte theologische Pragmatik war die Antwort schnell gefunden: nach 2.Kön 24,9 tat Jojachin „das Böse in Jahwes Augen ganz wie sein Vater", und so mußte das Mitgefühl Jeremias mehr dem Unglück des Königtums als der Person des Königs gelten[50]. Nur daß der König in den hundert Tagen seiner Herrschaft wenig Gelegenheit hatte, „ganz wie sein Vater" zu handeln, und daß Jeremia selbst kein Wort der Anklage gesprochen hat; ja mehr noch: nicht einmal der dtr. Kommentator. Achtet man auf die Form und ihren letzten Ursprung, so wird man nicht allzu schnell einen Unterschied zwischen prophetischem und allgemeinem „Mitgefühl" aufrichten wollen, denn in der Klage tritt der Prophet doch gerade als Mittler für die Gemeinschaft und in einer – allerdings durch seinen prophetischen Auftrag begrenzten – Solidarität mit ihr auf. Das wird – mehr oder weniger – in der Form bewahrt sein auch da, wo sie nicht mehr unmittelbarer Reflex einer prophetischen Rolle bei der Klagefeier war. Letzten Endes ist dann aber die Frage nach Gefühl und Empfindungen des Propheten gar nicht an der gewählten Form zu messen, sondern an der Intensität der dichterischen Gestaltung.

Am Schluß muß aber noch einmal von dem dtr. Redaktor und Kommentator die Rede sein, dessen Anteil in der Analyse immer nur als etwas Auszuschaltendes erschien. Man sollte ihn nicht an der sprachlichen Gewalt eines Jeremia messen, sondern an der Aufgabe, die ihm zukam. Es ist zuerst die große und bescheidene Aufgabe, das Prophetenwort zu bewahren: ohne ihn hätten wir es nicht. Er ist dabei sehr behutsam mit der Tradition umgegangen. Das zeigen schon die sprachlichen Eigentümlichkeiten, die er bei der Kommentierung in Kauf nahm, um das Jahwewort stehen zu lassen. Er hat darüber hinaus die selbstverständliche Pflicht des Kommentators zur Information des Lesers über den Sinn eines Textes der Vergangenheit erfüllt; dem dienen die historischen Erläuterungen, die der Text zu seiner Zeit noch nicht brauchte. Wenn er ihn schließlich für die eigene Zeit ausgelegt hat, so geschah das nicht zur Anpassung des Jeremia-Worts an den tatsächlichen Verlauf der Geschichte. Vielmehr „konkretisiert" er, indem er Elemente der Jeremia-Komposition aufgreift, so z. B. da, wo er das am Ende explizite Thema Nachkommenschaft bereits in die Klage einbezieht. Beachtlich ist aber auch sein Umgang mit dem „Joahas"-Wort 22,10 (wem immer es ursprünglich galt). Wenn er sich zur Auslegung der Spruchkomposi-

---

[50] Vgl. C. F. Keil, 256f.

tion 22,24–30* darauf beziehen kann, so deshalb, weil die Konstellation im Entscheidenden gleich war und weil das einmal ergangene Jahwewort geeignet war, ein anderes, metaphorisches Jahwewort zu deuten. Die Überzeugung, daß das Jahwewort keine nur historische, vergangene Größe war, begründete ja seine Überlieferung.

Fragen wir noch einmal inhaltlich nach der Stellung des dtr. Bearbeiters zum Jojachinproblem, so ist völlig deutlich: er hat an dem Unheilswort nichts abgestrichen, es bleibt für ihn und seine Zeit voll in Kraft. Geht man davon aus, daß zwischen den Kreisen, die das dtr. Geschichtswerk schufen, und den dtr. Bearbeitern des Jeremiabuchs jedenfalls in Grundzügen theologische Gemeinsamkeiten bestanden, so ist eine verhaltene messianische Hoffnung auch bei jenen Geschichtsschreibern, trotz ihrer Aufmerksamkeit auf Jojachins Begnadigung, nicht wahrscheinlich.

Vielleicht war jenes Ereignis mehr ein Signal für eine allgemeine Hoffnung auf Besserung, oder wenigstens auf eine Atempause in der allgemeinen Misere. Das Jahwewort über Jojachin zu widerrufen, dazu fühlten sich die Tradenten nicht kompetent. Dazu bedurfte es erst der Ermächtigung durch ein neues Jahwewort, wie es bei Haggai begegnet, weil Jahwe frei blieb, sein neues Wort auch gegen das einst endgültige Unheil zu sagen.

JÜRGEN KEGLER

Das Leid des Nachbarvolkes

Beobachtungen zu den Fremdvölkersprüchen Jeremias[1]

Es ist ein erstaunliches Phänomen in der altisraelitischen Prophetie, daß sich in den sog. Fremdvölkersprüchen auffallend viele *Klageelemente* finden. Ihr Charakteristikum besteht darin, daß die Klagen aus Vorgängen erwachsen, die sich in einem fremden Land, bei einem fremden Volk, bei „Ausländern" ereignen. Besonders viele Klageelemente finden sich in den Fremdvölkersprüchen des Jeremiabuches (Kap. 46–51). Sie beziehen sich zumeist auf Kriegsereignisse, die im Zusammenhang der politischen Machtverschiebungen von der neuassyrischen zur neubabylonischen (Ende des 7. Jahrhunderts) und von der babylonischen zur medisch-persischen Vormachtstellung (Ende des 6. Jahrhunderts) im Vorderen Orient zu sehen sind. Wenn auch die Datierung der einzelnen Worte stark umstritten ist[2], läßt sich doch im Groben der geschichtliche Rahmen ihrer Entstehung abstecken. Die Datierungsangabe der Redaktion in Jer 46,2 nennt die Schlacht von Karkemisch zwischen Pharao Necho und Nebukadnezar im 4. Jahr des Königs Jojakim als Zeitpunkt der Abfassung des ersten Wortes über Ägypten (605 v. Chr.); damit ist in etwa der terminus a quo der ältesten Fremdvölkersprüche dieses Komplexes angegeben. Der terminus ad quem ist im Um-

---

[1] Die entscheidenden Anregungen für die vorliegende Untersuchung verdanke ich Prof. C. Westermann. Im Wintersemester 1975/76 hatte sich das von ihm geleitete Doktorandenkolloquium die Aufgabe gestellt, die Fremdvölkersprüche in Jer 46–51 vor allem unter der Fragestellung zu untersuchen, welche Kenntnisse und Informationen über die Nachbarvölker aus diesen Texten zu erheben sind. Im Verlauf der gemeinsamen Arbeit an den jeremianischen Texten wurde uns das Ausmaß der Erschütterung, das in manchen Kreisen in Israel angesichts der Zerstörungen entstand, die Israels Nachbarvölker durch die militärischen Operationen der Großmächte zu erleiden hatten, lebendig, und wir spürten etwas von der Dimension *menschheitlichen* Redens durch das ganze Alte Testament hindurch, das Westermann in seinem Genesiskommentar so eindrucksvoll aufgezeigt hat.
[2] Allein für die Moabworte in Jer 48//Jes 15 f. finden sich Datierungsversuche, die vom 9. bis ins 2. Jahrhundert reichen (vgl. H. Wildberger, Jesaja, 2. Teilband, Jesaja 13–27 [BK X/2], 1978, 604 f.).

kreis der Eroberung Babylons durch Kyros zu suchen (538 v. Chr.), die in 50,2 ff. vorausgesetzt ist. In diesen grob skizzierten Zeitraum fallen die Ereignisse, auf die die Fremdvölkersprüche und damit auch die Klagen Bezug nehmen. Innerhalb des Komplexes Jer 46–51 ist eine Häufung von Klagen und Klageelementen in Kap. 48 erkennbar, einer Sammlung von Worten über Israels östlichen Nachbarn Moab. Diesem Kapitel kommt insofern eine Schlüsselstellung zu, als wir in Jes 15 f eine eigenständige Parallelüberlieferung besitzen. Schon allein die Tatsache der Doppelüberlieferung bezeugt, daß die Tradenten diesen Moabworten eine besondere Bedeutung zumaßen. Deutlich ist erkennbar, daß an beiden Texten intensiv gearbeitet worden ist, ein weiterer Hinweis auf einen lebendigen Überlieferungsprozeß. Ein Überblick über den Aufbau und die einzelnen Gattungen und Formen soll zeigen, welch wichtige Rolle in diesem Kapitel die Klageelemente spielen.

Es beginnt mit einem großen Klagelied über die Zerstörung Nebos und Kirjathaims[3] (vv 1–9). Es wird durch einen Weheruf eingeleitet, der die Funktion einer Klageeröffnung hat. Dieses Wehe wird vierfach begründet: Nebo ist verwüstet, Kirjathaim erobert, und dazu parallel geformt: die sichere Höhe ist zerbrochen, Moabs Ruhm ist nicht mehr (v 1–2aα). Darauf folgt ein Rückblick, wortspielartig gestaltet, der von den Plänen der Gegner erzählt, die den Kriegszug gegen Moab planen. v 3 beschreibt den Endpunkt dieses Planens: Klagegeschrei, Verwüstung, Zusammenbruch. 4a ist Teil einer Qinah (Leichenlied); dies wird durch 4b bestätigt: das Klagegeschrei ist bis Zoar in Südmoab zu hören. v 5 nennt weitere Orte, an denen das Klagegeschrei zu hören ist, erkennbar ist eine Bewegung, die vom Norden des Landes bis weit in den Süden hinein fortschreitet. v 6 ist eine Aufforderung zur Flucht[4]; die Moabiter werden aufgerufen, ihr Leben durch Flucht zu retten. 7a begründet das Kriegsgeschehen mit dem falschen Vertrauen Moabs auf seine Leistungen und Schätze; 7b beklagt die Folgen: Gefangenschaft und Exil für den Landesgott Kamoš, seine Priesterschaft und die politische Oberschicht. v 8 beklagt in sehr knappen, im Zweierrhythmus ge-

---

[3] Zur Identifizierung der im Folgenden in den Worten genannten Ortsnamen gibt es eine Fülle von Untersuchungen, besonders s. W. Rudolph, Jeremia (HAT I/12), Tübingen ³1968, 263–265; R. Rendtorff, Zur Lage von Jaeser, ZDPV 76/1960, 124–135; K. H. Bernhardt, Beobachtungen zur Identifizierung moabitischer Ortslagen, ZDPV 76/1960, 136–148; A. Kuschke, Jeremia 48,1–8 (Verbannung und Heimkehr, Festschrift für W. Rudolph), 1961, 181–196; W. Schottroff, Horonaim, Nimrim, Luhith und der Westrand des „Landes Ataroth", ZDPV 82/1966, 163–208; H. Wildberger, Jesaja, 2. Teilband, Jesaja 13–27 (BK X/2), 1978, 610–627.

[4] Begriff nach R. Bach, Die Aufforderungen zur Flucht und zum Kampf im alttestamentlichen Prophetenspruch, 1962.

formten Worten die Totalität der Katastrophe. In v 9a fordert der hier Redende die Zuhörer auf, Moab *ṣîṣ*[5] zu geben; dies wird damit begründet, daß die Bewohner aus ihrem Land gehen müssen, da ihre Städte unbewohnbar geworden sind.

Eine andere Hand hat an dieses Klagelied ein Fluchwort angefügt (v 10), wohl in der Absicht, das Mitempfinden mit dem Schicksal Moabs, das aus dem Klagelied spricht, zu korrigieren. v 11 leitet mit einem eindrucksvollen Bild: ‚Moab ruhte einst ungestört auf seinen Hefen' eine Gerichtsrede ein, deren Unheilsansage das einleitende Bild kontrastiert. v 13 versucht eine theologische Deutung des Geschehens. Von v 14 bis v 25 folgen wieder Klagen: vv 14–16 Klage über die Verwüstung und den Verlust junger Krieger; vv 17–20 eine Aufforderung an die Nachbarn, Moab zu beklagen. Angefügt worden ist eine Liste, in der die zerstörten Städte Moabs aufgezählt werden. Eine kurze Untergangsklage in v 25 schließt diesen Teil ab. In vv 26 f. liegt ein Schmäh- oder Spottwort mit einer Begründung für die Verspottung vor; ihm folgt unvermittelt eine Aufforderung zur Flucht. vv 29–30 stellt eine Anklage ohne Unheilsansage dar[6]; der ihr folgende v 31 hat eine überleitende Funktion: der Vers schließt mit „darum" an die Anklage an, nimmt also den Platz einer Unheilansage im Rahmen einer Gerichtsrede ein, stellt jedoch inhaltlich bereits den Beginn einer Klage über Moab dar, die in vv 32–38 entfaltet wird. Mit einem Element der Qinah (v 39) schließt dieser Abschnitt. Es folgt in v 40 eine Unheilsansage; v 41a ist wieder ein Teil aus einer Qinah, 41b–42 eine Unheilsansage mit Begründung, die der in v 26 entspricht. vv 43–44 ist schließlich eine wortspielhaft gestaltete paradigmatische Unheilsschilderung. Mit einem Weheruf (v 46) wird die Schilderung des Unheils abgeschlossen; ihm geht ein aus Num 21,28 f. entlehntes Wort voraus; ihm folgt eine Ankündigung der Wende des Geschicks, eine redaktionelle Anfügung, die sich wortgleich in 46,26b; 49,6 und 49,39 findet.

Der größte Teil des Kapitels (27 von 47 Versen) besteht also aus *Klagen*. Diese Beobachtung läßt sich auch auf die Parallelüberlieferung in Jes 15 f. ausdehnen:

| 15,1–8 | Klagelied |
| 15,9 | Unheilsansage |

---

[5] Das *ṣîṣ* ist eine crux interpretum. Was bedeutet die Aufforderung „gebt Moab Blumen"? Die von der Septuaginta gebotene Lesart *„semeia"* hilft auch nicht weiter, da sie keine besser erklärbare Variante darstellt. Einige Exegeten haben statt *ṣîṣ* unter Verweis auf 2.Kön 23,17 die Lesart *ṣijûn* vorgeschlagen: „setzt Moab ein Grabmal". Dies bleibt unbefriedigend, da eine Beziehung von *ṣijûn* auf ein Kollektiv, noch dazu auf ein ganzes Volk, im Alten Testament singulär wäre. Ich vermute, daß hinter der Wendung eine Geste steht, die ein starkes Mitgefühl zum Ausdruck bringen will.
[6] Nach C. Westermann, Grundformen prophetischer Rede, [5]1978.

16,1–5   Hilfsgesuch an den König von Jerusalem
16,6–7   Anklage (ohne Unheilsansage)
16,8–11   Klagelied
16,12   Unheilsansage
16,13–14 ein aktualisierender Nachtrag

Auch hier sind also die Klagen rein quantitativ in der Überzahl. Weitere Klageelemente in den Fremdvölkersprüchen finden sich in Jer 46,5; 46,15 in Worten über Ägypten; 47,5 und 6 in dem Wort gegen die Philister, ferner in den Worten über die Ammoniter in 49,3 und über Damaskus in 49,23–26, ja sogar in der großen Sammlung gegen Babel in 51,41–43. Man kann also deutlich sehen, daß sich die Verwendung von Klagen oder Klageelementen nicht auf ein Volk beschränkt, sondern einen weiten Horizont umfaßt, der bei einer Erklärung berücksichtigt werden muß.

Den beiden Versen 46,5 und 46,15 kommt eine besondere Bedeutung zu, denn sie stehen beide im Kontext parallel aufgebauter Einheiten:

46,3–4	Aufforderung zum Kampf	46,14
46,5a	Warum-Klage	46,15
46,5b–6	Schilderung des Untergangs	46,16

erst danach weichen beide Einheiten im Aufbau voneinander ab. Die Einheit 46,3–12 hat dabei geradezu programmatischen Charakter[7], denn sie spricht den Problembereich an, der im Zentrum der Fremdvölkersprüche steht: der Kampf eines Nachbarvolkes gegen einen Feind aus dem Norden (Aufforderung zum Kampf), die Angst und Not der Bedrohten angesichts der unentrinnbaren Niederlage (Untergangsschilderung), die das Ende des Bisherigen mit sich bringt; dazwischen tritt nun die klagende Warum-Frage. Sie deutet an, daß die militärische Niederlage eines Nachbarvolkes auch in Israel für Menschen Anlaß zur Klage

---

[7] Sie folgt auf die dreifache Überschrift, die in 46,1–2 die Fremdvölkersprüche Jer 46–51 einleitet. Die erste Überschrift (46,1): „Was als Jahwewort an den Propheten Jeremia über die Völker erging" überschreibt offensichtlich den Gesamtkomplex aller Fremdvölkersprüche (gegen Rudolph, Jeremia, 247); er wird durch zwei im ersten Teil formal gleich strukturierte Überschriften (47,1; 49,34), sowie durch eine dritte, die im Wortlaut leicht abweicht (50,1) untergliedert. Allen Zwischenüberschriften ist gemeinsam, daß sie die in den folgenden Worten angesprochenen Völker nennen (Philister/Elam/Babel). Die zweite Überschrift in 46,2 „Über Ägypten" bezieht sich nur auf Kap. 46; ihr entsprechen 47,1; 49,1; 49,7; 49,23; 49,28; 49,34 und 50,1, die stets die gleiche Form haben („Über NN"). Die dritte Überschrift in 46,2 enthält eine Zeitangabe; weitere finden sich in 46,13b; 47,1b; 49,34b und 51,59; sie beziehen sich direkt auf das jeweils folgende Wort. Weitere Struktur- und Gliederungselemente der Endredaktion sind die Botenspruchformel „so spricht Jahwe (Zebaoth [der Gott Israels])" und die Eingangs- und Abschlußfunktion der Formel $n^e um$ $jahwe;$ vgl. R. Rentorff, Zum Gebrauch der Formel $n^e um$ $jahwe$ im Jeremiabuch, Gesammelte Studien zum Alten Testament (ThB 57), 1975, 256–266. Insgesamt ergibt sich das Bild einer feingegliederten Komposition.

gewesen ist. Für sie beschränkt sich das Entsetzen über den Niedergang eines Nachbarvolkes nicht auf den Kreis der direkt Betroffenen, sondern schließt sie mit ein und bewegt sie zutiefst.

Für viele Forscher stellten diese Klageelemente in den Fremdvölkersprüchen, sofern sie überhaupt als solche erkannt wurden, ein verwirrendes Problem dar. In der älteren Forschung überwog die Frage nach der „Echtheit", also die Frage, ob die Propheten, denen die Überlieferung die Fremdvölkersprüche im Alten Testament zuschrieb, Verfasser dieser Worte gewesen sind. Wurde die Echtheit verneint, dann war mitunter auch das Urteil über den Text negativ. So bewertet z. B. Duhm Jer 48 als eine „zuchtlose Komposition"[8]. Eine derartige Sicht des Kapitels als rein literarisches Sammelprodukt, noch dazu verwilderter Art und aus junger Zeit, entbindet ihn von der Notwendigkeit, nach der Intention und Funktion des Textes in einer bestimmten historischen Situation zu fragen. Volz sieht in demselben Kapitel einen nachjeremianischen Dichter am Werk, dessen „persönliche Stimmung" dem Nachbarvolk Moab gegenüber von Kritik am „sittlichen Charakter des moabitischen Volkes" geprägt ist[9]. Für F. Schwally enthalten die Fremdvölkerworte ein Gottesbild, das Gott als Rachegott und nicht als einen Umkehr ermöglichenden Gott zeigt, ein Bild, das erst in der Exilszeit entwickelt worden sein soll. Er sieht jedoch richtig, daß trotz dieser Gottesvorstellung aus den Texten eine tiefe Erschütterung über das Schicksal des Nachbarvolkes spricht; doch ist diese Erschütterung für ihn mit dem eigentlichen Selbstverständnis der israelitischen Schriftpropheten kaum zu vereinbaren: „. . . so fragen wir uns verwundert, ob denn die Entartung des eigenen Volkes die Seele des Propheten nicht unvergleichlich tiefer (sic!) erregen mußte als die Heiden?"[10] Der Prophet hat in erster Linie national zu empfinden! Deutlich ist hier zu spüren, daß das Phänomen eines Klagens über das Schicksal des Nachbarn im Alten Testament für eine Zeit, die selbst durch nationales Denken, durch Abgrenzung und Feindbilder geprägt war, fremdartig, wenn nicht unverständlich, zumindest provozierend wirkte. So kann sich H. Bardtke derartige Sympathie nur aus einem Gefühl nationaler Überlegenheit heraus erklären: „Die fehlende völkische Abneigung (sic!) gegen Ammon, wie sie etwa aus Dtn 23,4 spricht, weist auf eine politisch günstige Stellung des Volkes Juda hin, in der es sich den transjordanischen Feinden (sic!) überlegen fühlte und die während der Grenzkriege früherer Zeiten sei-

---

[8] B. Duhm, Das Buch Jeremia, KHC, 1901 z. St., F. Giesebrecht, Das Buch Jeremia, Handkommentar zum Alten Testament III/2,1, 1894, bemerkt keinerlei Klagen.

[9] P. Volz, Der Prophet Jeremia, ²1928, z. St.

[10] F. Schwally, Die Reden des Buches Jeremia gegen die Heiden I–XXV.XLVI–LI, ZAW 8/1888, 177–217, Zitat 207.

tens der Ammoniter verübten Greueltaten (Am 1,13) vergaß . . ."[11]
Mitgefühl kann sich nur leisten, wer überlegen ist!
Auffallend blaß sind auch in W. Rudolphs Jeremiakommentar die
Aussagen über die Funktion der Klagen; die Anwendung des Klagelieds
in 46,3 ff. auf ein Volk, das bisher überwiegend als Feind empfunden
wurde, hat für ihn *höhnische* Funktion[12]; im übrigen wird das Vorhan-
densein von Klagen zwar konstatiert, aber nicht untersucht oder bewertet. Im Gegensatz dazu stellt er in seinem Aufsatz über Jesaja 15 f., in
dem er 15,1–8 und 16,1.3–11 als „die älteste Schriftprophetie" des Alten Testaments bezeichnet[13], fest, daß echtes Mitleid aus den Texten
spricht: „Bemerkenswert, daß kein Haß gegen Moab vorliegt, beim Propheten sogar Mitleid, das man nicht für scheinheilig und ironisch halten
darf (gegen Greßmann)."[14] Für Weiser ist die Klage in 47,6 literarische
Fiktion: Sie ist den Betroffenen in den Mund gelegt. „Aber gerade dieses
Fehlen jeglicher Regung von Haß oder Schadenfreude charakterisiert
die vornehme Gesinnung Jeremias."[15] Die Klage wird hier als Merkmal
einer bestimmten Geisteshaltung verstanden, nicht als elementarer
Ausdruck existentieller Erschütterung. „Schon hört der Prophet Angst-
schreie . . ."[16]; so wird die Klage in 48,1–9 charakterisiert. Der hier Redende klagt nicht selbst, sondern gibt die Klagen, die er hört, lediglich
wieder. Die Klage ist somit für Weiser künstlerisches Ausdrucks- und
Gestaltungselement. Leider reflektiert auch Fohrer, der eine genauere
formgeschichtliche Bestimmung der Fremdvölkersprüche erarbeitet
hat[17], die Bedeutung der von ihm in Jer 48,31–34; 36–38 und 39a erkannten Klagen nicht explizit. Diese ausgewählten Beispiele mögen zeigen, daß – unabhängig von der Frage der jeremianischen Verfasserschaft
und der Datierung – die Klageelemente in den Fremdvölkersprüchen
ausschließlich *individuell* verstanden werden, sei es als Ausdruck persönlichen Mitleids oder einer positiv zurückhaltenden Geisteshaltung.
Auch Wildberger, der in seinem Jesajakommentar überzeugende
Gründe für das höhere Alter von Jes 15 f. gegenüber Jer 48 angeführt
hat und der die Klagen als selbständige Formen bestimmt und auslegt,
bleibt bei einem individuellen Verständnis. In Jes 15,5–8 bekundet „der

---

[11] H. Bardtke, Jeremia der Fremdvölkerprophet, ZAW 54/1936, 251.
[12] W. Rudolph, Jeremia (HAT I/12), ³1968, 249.
[13] W. Rudolph, Jesaja XV–XVI, Hebrew and Semitic Studies, Festschrift für Driver,
1963, 142.
[14] AaO., 143.
[15] A. Weiser, Das Buch des Propheten Jeremia (ATD 20/21), ⁴1960, 399.
[16] AaO., 405.
[17] G. Fohrer, Vollmacht über Völker und Königreiche, Festschrift J. Ziegler, 1972,
145–153; vgl. auch ders., Die Propheten des Alten Testaments, Band 4: Die Propheten um
die Mitte des 6. Jahrhunderts, Gütersloh 1975, 46 ff.

Verfasser seine *innere Anteilnahme am Schicksal Moabs"*; trotz der konventionellen Sprache der Gattung „bleibt bemerkenswert, daß er, der doch gewiß Judäer ist, am Unheil Moabs so stark inneren Anteil nimmt"[18]. Und zu Jes 16,11 ff. sagt er: „Dem *Mitgefühl mit Moab* gibt der Verfasser mit Worten Ausdruck, die wieder . . . stark an Jeremia erinnern . . ."[19] und abschließend: „Aufs Ganze gesehen hat *die Stimme des Mitleidens* mit Moab Übergewicht und muß ernst genommen werden."[20]

Wenn bisher von Klagen oder Klageelementen die Rede war, so muß dies präzisiert werden. Westermann[21] hat auf den fundamentalen Unterschied zwischen Totenklage und Notklage verwiesen. Notklagen finden sich in 46,5.15 und 47,6. Die Klage in 46,5 erwächst unmittelbar aus der Erschütterung darüber, daß die einstige Großmacht Ägypten trotz eines riesigen Aufgebots an Soldaten (vv 3 f.) geschlagen wird.

> „Warum sehe ich,
> wie sie erschüttert sind,
> zurückweichen?
> Ihre Helden sind erschlagen,
> fliehen wild,
> ohne sich umzudrehen!
> Schrecken ringsum!" (v 5)

Die gedrängte, in kurzen Rhythmen, fast abgehackt wirkende Sprache zeigt, daß hier jemand aus unmittelbarer Betroffenheit redet, der Zeuge eines Ereignisses von weltpolitischer Bedeutung ist. Ägypten war noch wenige Jahre zuvor als überlegene Macht in Israel erlebt worden, als Josias Versuch, sich dem Durchzug Nechos durch sein Staatsgebiet nach Norden zu widersetzen, kläglich scheiterte (609 v. Chr.). Jetzt erlebt Israel den Zusammenbruch dieser Macht. Die daraus erwachsende Erschütterung und Verunsicherung spricht die Sprache der Klage.

Man kann nun deutlich sehen, daß im zweiten Wort über Ägypten (46,14–21) diese Warumfrage (v 15) aus dem Kontext der existentiellen Betroffenheit heraustritt und zu einer Frage wird, die eine explizite, „vernünftige" Antwort erwartet. Das Wort stammt, sofern die Angabe der Redaktion zuverlässig ist, aus der Zeit des Feldzugs Nebukadnezars in das ägyptische Kernland (605/4).

---

[18] H. Wildberger, Jesaja, 2. Teilband, Jesaja 13–27 (BK X/2), 1978, 617–618.
[19] AaO., 629.
[20] AaO., 632.
[21] C. Westermann, Struktur und Geschichte der Klage im Alten Testament, ZAW 66/1954, 44–80 = Forschung am Alten Testament (ThB 24), München 1964, 266–305; wieder abgedruckt in: Lob und Klage in den Psalmen, Göttingen ⁵1977, 124–164 (danach wird zitiert).

«)„Warum ist dein Starker niedergestreckt?"

Auf diese Frage gibt der Redner selbst Antwort:

„Er steht nicht (mehr), weil Jahwe ihn stieß."

Die Antwort auf die der Klage entspringende, auf Erklärung drän-
gende Warumfrage verweist darauf, daß dieses Geschehen, die Niederlage Ägyptens, Tat Jahwes ist. Damit wird die völkerumgreifende, universale Dimension prophetischen Redens von Gottes Handeln aufgenommen. Jahwe ist es, der die machtpolitischen Ereignisse bewirkt.
Darum ist er der Adressat der Klage auch dann, wenn sich das Geschehen in weiter Entfernung von Israel ereignet.

Der Übergang von der Klage zu einer eine Erklärung erwartenden
Frage ist auch in 47,5–6 greifbar. Die Zerstörung des Philisterlandes, die
der Verfasser des Wortes erlebt, wird in Form einer Qinah betrauert
(v 5). Sie gipfelt in der klagenden Frage

„wie lange mußt du dir noch die Haut ritzen?"

d. h. wie lange noch muß die Totenklage abgehalten werden. Diese
Frage nach der Dauer des Leids wird in v 6 in ganz besonderer Weise
fortgeführt:

„Wehe, Jahweschwert,
wie lange gibst du nicht Ruhe?" (v 6a)

Eine solch klagende Frage, die als Adressat das Schwert Jahwes nennt,
ist für das Alte Testament außergewöhnlich; ihr nahe steht die klagende
Bitte eines einzelnen in Ps 17,13. Sie ist Ausdruck einer tiefen Erschütterung, des Entsetzens angesichts einer blutigen Zerstörung im Nachbarland. Auf die Frage folgt eine Bitte, ein Element, das wesentlich zur
Struktur der Klage eines Einzelnen gehört.

„Fahre zurück in deine Scheide,
halte ein und raste!" (v 6b)

Der Beter bittet nicht für sich oder sein Volk, nein, er bittet für das
Nachbarvolk; es ist eine Bitte um Schonung, erwachsen aus dem Erschrecken über das Ausmaß der Zerstörung. Die klagende Warumfrage
aus 6a erhält in v 7 eine Antwort.

„Wie kann es Ruhe geben,
Jahwe hat es doch befohlen;
gegen Askalon und die Mittelmeerküste,
dahin hat er es beordert."

Wie in 46,15 wird die aus der Klage erwachsende Frage beantwortet,
indem gesagt wird, daß das Geschehen Tat Jahwes ist. Eines wird dadurch deutlich: der hier Fragende, Klagende kann kein Philister sein. Es

ist eine israelitische Stimme, die sich klagend und bittend an Gott, an Jahwe wendet, weil das Nachbarvolk leidet. Die Antwort nimmt das Verb der klagenden Frage *(šqt)* auf; sie ist im ersten Teil (7a) als Gegenfrage formuliert. Die Klage wird also ernst genommen; sie wird als solche *nicht abgewiesen*, wohl aber die in ihr enthaltene Frage nach der Dauer. Für mich schwingt jedoch selbst in der Antwort, daß Jahwe es ist, der das Schwert, also den Krieg gegen die Philister, befehligt, noch die Erschütterung mit. Weil es ein Tun Jahwes ist, weil er der Handelnde ist, darum steht ihm allein die Entscheidung darüber zu, wann sein Schwert zur Ruhe kommt. Die Dauer des Krieges bleibt menschlichem Wissen verschlossen. Die Antwort setzt voraus, daß nicht mehr so sehr der Klagecharakter, wohl aber die Suche nach einer Erklärung eines rätselhaften, erschütternden Geschehens aus dem „Wie lange noch . . ." herausgehört wurde. Dies läßt sich damit erklären, daß der Verfasser des Wortes nicht unmittelbar, in seiner Existenz betroffen ist, sondern Zeuge des Geschehens ist, also aus einer gewissen Distanz heraus redet. Das klagende Reden ist hier auf dem Weg zu einem stärker nach Ursachen und Gründen fragenden Reden. Seine Wurzel ist jedoch die Klage.

Auffallend ist in diesem Text die Verbindung von Toten- (v 5) und Notklageelementen (v 6). Westermann hat einmal darauf hingewiesen, daß in den Threni ein ganz neuer Typ des Klagelieds auftritt, „der gekennzeichnet ist durch Vermischung mit Motiven der Totenklage"[22]. Eben dieser Prozeß der Vermischung läßt sich m. E. auch bei weiteren Fremdvölkersprüchen beobachten.

> „Darum klagt mein Herz wie Flöten über Moab,
> ja, über die Männer von Kir *Heres* klage ich wie Flöten,
> ist doch alles, was er erübrigt hat, verloren[23].
> Denn jeder Kopf: eine Glatze,
> jeder Bart: geschoren,
> an allen Händen: Wundritze,
> an allen Hüften: Trauersäcke,
> auf allen Dächern Moabs, auf seinen Plätzen:
> alles Totenklage . . ." (Jer 48, 36–38a)

Der hier Redende klagt, weil in Moab Menschen die Totenklage anstimmen und die dazu gehörenden Riten und Gebräuche vollziehen[24]. Das Daß der Totenklage im Nachbarland ist der *Anlaß* für die Klage eines einzelnen (v 36). Man kann hier sehr schön den Übergang von dem

---

[22] AaO., 131.
[23] Zur Begründung dieser Übersetzung s. Rudolph, Jeremia, 260; *hmh* bezeichnet den Laut, den Flöten bei einer Totenklagefeier von sich geben.
[24] Dazu H. Jahnow, Das hebräische Leichenlied im Rahmen der Völkerdichtung, BZAW 36, Gießen 1923, bes. 2–11.

primären „Sitz im Leben" der Gattung zu einem sekundären erkennen:
der eigentliche Sitz der Totenklage ist bei den in Moab Trauernden und
Klagenden, die Verwüstung, Zerstörung und das Sterben geliebter Menschen erlitten haben; der hier Redende hat selbst keinen solchen Verlust
erlitten; aber er ist erschüttert über das, was sich im Nachbarland abspielt. Diese Erschütterung führt ihn zur Klage, und in dieser Klage kann
er die Totenklage der Nachbarn zu Gehör bringen.
Erkennbar ist diese Vermischung auch in 48,14 f.:

> „Wie könnt ihr sagen:
> ‚Helden sind wir?
> Kampferprobte Soldaten!'
> Verwüstet ist Moab,
> seine Städte gehen (in Rauch) auf[25],
> seine auserlesene Jugend geht hin zur Schlachtung . . .‘"

Das einleitende „wie" (ʾēkā) weckt sogleich die Assoziation an die Qinah[26]; hier hat es jedoch die Funktion eines Vorwurfs. Man darf diesen
Vorwurf nun nicht so mißverstehen, als enthielte v 15 die Strafe für die
Selbstüberschätzung; v 15 ist vielmehr aufgenommene Untergangsklage. Dadurch wird ein Kontrast zwischen dem vormaligen Selbstbewußtsein und der gegenwärtigen verzweifelten Lage hergestellt. Solch Kontrast zwischen „einst" und „jetzt" ist ein geläufiges Motiv des Leichenliedes; er verstärkt die Trauer über das jetzige Schicksal. Die dreifache
Schilderung der Katastrophe hat zudem eine Entsprechung in den Tendenzen zur Häufung in den Klageliedern (z. B. Klgl 2,9f.).
Daß Leichenlieder in übertragenem Sinne auf Städte angewandt werden können, hat Jahnow mit Bezug auf das Lied auf den Untergang Si-
dons in Jes 23,1–14 und auf Tyrus in Ez 27,1–36 herausgearbeitet[27], dabei jedoch Jer 51,41–43 nicht beachtet.

> „Wie ist erobert und genommen (Sesach)
> die in aller Welt Gepriesene,
> wie ist zum Entsetzen geworden
> Babel unter den Völkern!
> Herauf stieg über Babel das Meer,
> von der Gewalt seiner Wogen wurde es bedeckt.
> Seine Städte wurden zur entsetzlichen Öde,
> einem Land der Dürre und Steppe;
> niemand wohnt darin,
> kein Mensch kommt daran vorbei."

---

[25] Vgl. Rudolph, Jeremia, 256; jedenfalls ist mit ʿlh ein Vernichtungsvorgang gemeint.
[26] ʾēkā ist stilistisches Merkmal der Gattung: Jahnow, aaO., 200f.
[27] Jahnow, aaO., 191 ff. und 210–218.

Dieser Text steht inmitten von Worten, die den Untergang Babels als Rache Jahwes für die Deportation der Israeliten in den Jahren 597/587 feiern, ihnen ein Anlaß zum Frohlocken (vgl. v 48). Davon ist hier nichts zu spüren. Der hier Redende gibt seinem Entsetzen über den Fall einer Großmacht Ausdruck, die für den ganzen Alten Orient, insbesondere für die palästinensischen Kleinstaaten, schicksalbestimmend war. Der Untergang einer Macht, die jahrhundertelang Politik, Kultur und Wirtschaft eines riesigen Territoriums prägte, einer Macht, die gerade von Israel als überlegen und unbesiegbar erfahren worden war, mußte auf die damalige Zeit einen gewaltigen Eindruck gemacht und das Fragen nach dem Sinn dieses Geschehens, nicht zuletzt auch nach der theologischen Bedeutung, wachgerufen haben. Die Vielfalt der biblischen Texte, die sich auf dieses Ereignis der Zerstörung Babylons durch Kyros beziehen, geben ein eindrucksvolles Zeugnis von den unterschiedlichen Reaktionen und den Versuchen einer theologischen Bewältigung in Israel. Unser Text ist ein Beispiel dafür, daß es auch erschüttertes Klagen gab, das frei ist von Kritik, Hohn, Spott oder Schadenfreude. Es ist nicht das einzige: Auch in Jes 21,3–4 findet sich die Stimme eines Klagenden, der sein Entsetzen mit Wendungen, die seine innere Erregung widerspiegeln, äußert.

Leichenklage ist ein Geschehen im Rahmen einer Gemeinschaft. Zum Klagenden gehört der Kreis der Mitbeteiligten und Anteilnehmenden, die in jeweils verschiedener Weise von dem Geschehen, das Anlaß für die Klage ist, betroffen sind. Das Singen eines Leichenliedes darf also nicht losgelöst von dem Vorgang des gemeinsamen Singens in einer Gruppe/Gemeinschaft betrachtet werden. Auf diesem Hintergrund sei die Hypothese formuliert, daß auch bei der Verwendung des Leichenliedes im übertragenen Sinn wie hier in bezug auf Babel ein Vorgang in einer Gemeinschaft zugrunde gelegen haben muß. Ein Leichenlied auf eine gefallene Stadt erhält ja doch wohl gerade dadurch seine eindringliche und aufrüttelnde Wirkung, daß es genau so wie ein Leichenlied auf einen Verstorbenen *öffentlich* von einer Gemeinschaft *gesungen* wird, es also nicht ein rein literarisches Produkt bleibt oder nur mündlich *vorgelesen* wird. Ist diese Vermutung richtig, dann darf davon ausgegangen werden, daß das Leichenlied über Babel nicht allein die Erschütterung eines Individuums, sondern die Einstellung einer ganzen Gruppe von Israeliten zu diesem Geschehen zum Ausdruck bringt. Für diese Gruppe ist der Fall Babylons ein Vorgang, der sie aufrüttelt, entsetzt und erschüttert, so erschüttert, wie der Tod eines nahestehenden Menschen es tut. Darum fehlt jedes reflektierende und damit interpretierende oder wertende Reden. Hier spricht menschliches Betroffensein.

Dieses Betroffensein durchbricht die durch Nationalität, Sprache, Religion oder Kultur gezogenen Grenzen. Sie sind im Augenblick der Erschütterung unerheblich. Das Verbindende ist die Erfahrung, daß die Vernichtung eines Staates alles Bisherige, Reichtum, Wohlstand, Größe, Pracht, Macht oder Ruhm zunichte macht und an seine Stelle das Leid der Menschen tritt. Diese Erfahrung ist nachvollziehbar, weil die Menschheit sie immer wieder gemacht hat und macht. Die Aufnahme der Totenklage des unter militärischer Zerstörung leidenden Nachbarvolkes oder das Singen eines Leichenliedes angesichts der Vernichtung einer ausländischen, fremden Hauptstadt sind so der Ausdruck elementarer Anteilnahme an menschlichem Geschick über alle nationalen Grenzen hinweg. Der universal-menschheitliche Charakter dieser Anteilnahme wird durch die Tatsache belegt, daß sie sich im Alten Testament in Worten über *verschiedene* Völker findet, gerade auch über solche Völker, mit denen Israel/Juda im Verlauf seiner Geschichte häufig kriegerische Auseinandersetzungen hatte, so z. B. über den Aramäerstaat von Damaskus:

> „Bestürzt sind Hamath und Arpad,
> denn schlimme Kunde haben sie vernommen,
> ihr Herz vergeht vor Angst,
> kann sich nicht beruhigen.
> Damaskus hat mutlos die Flucht ergriffen,
> von Schrecken gepackt!
> (Angst und Wehen haben sie erfaßt wie eine Gebärende)[28]
> Wie ist verlassen die Stadt des Ruhms,
> der Ort der Wonne!“ (Jer 49,23–25)

oder über die Ammoniter:

> „Heule, Hesbon, denn Ai[29] ist verwüstet,
> schreit, ihr Töchter von Rabba,
> zieht den Sack an, haltet Klage,
> lauft umher mit zerkratzter Haut,
> denn ihr König muß in Gefangenschaft[30],
> seine Priester und Fürsten mit ihm.“ (Jer 49,3)

ferner das große Klagelied über Moab in Jer 48,1–9 bzw. das dazu in seinem Aufbau teilweise parallele, insgesamt klarer strukturierte in Jes 15,1–8.

---

[28] Zu dieser formalhaften Wendung s. D. R. Hillers, A convention in Hebrew Literature: The Reaction to Bad News, ZAW 77/1965, 86–90; der Versteil fehlt in der Septuaginta.

[29] Bisher gibt es noch keine Identifizierung eines ostjordanischen Ortes *'ai;* doch ist die von Rudolph u. a. vorgeschlagene Konjektur („der Verwüster zieht herum“ wie 48,18) unbefriedigend, da deutlich auf eine bereits geschehene Zerstörung Bezug genommen wird.

[30] *malkām* ist evtl. Korrektur zur Vermeidung des Gottesnamens Milkom, den die Septuaginta überliefert hat. Andererseits ist die Reihe König–Priester–Fürsten als Bezeichnung für die Oberschicht nicht unüblich.

Das Wort über Damaskus enthält ein erkennbares Qinah-Element in v 25, während im Ammoniterwort der Vers 3 eine Aufforderung zur Totenklage darstellt, wie sie sich häufig in den Leichenklagen findet. Sie hat psychologisch gesehen die Funktion, eine Hilfe zu sein für einen Menschen, „der eine persönliche Klage noch nicht auszusprechen vermag und seiner eigenen Trauer dadurch Ausdruck zu geben versucht, daß er andere zur Klage auffordert"[31]. Der zur Klage Auffordernde versteht sich also als Mitbetroffener. Das Wort ist demnach in der gleichen Linie stehend zu sehen wie Jer 51,41 ff. Vor allem in dem Moabgedicht in Jes 15 finden sich sehr viele Qinahelemente, insbesondere in vv 1.5b–6//Jer 48,4–5. Die Verse 2–3//Jer 48,36b–38 beschreiben in gedrängter Form wesentliche Vorgänge und Gesten des Totenklageritus: das Scheren der Haare und Bärte, das Anlegen des Trauersacks, Schreien, Heulen, Weinen auf allen Dächern, Plätzen und Straßen. Die übrigen Verse schildern die Folgen der Kriegswirren für die Menschen und auch die Natur (v 6). Das ganze Lied ist eine einzige große Klage über die Zerstörung von Städten in Moab und das daraus erwachsende Leid der Menschen[32].

Das Mithineingenommensein in die Trauer und Klage des leidenden Nachbarvolkes kommt in besonders eindrucksvoller Weise in Jer 48,17–20 zum Ausdruck:

„Bedauert es, alle seine Nachbarn,
  alle, die ihr seinen Namen kennt.
Sprecht: ‚Wie ist zerbrochen der starke Stock,
  der prächtige Stab!'
Steig herab aus der Pracht,
  setz dich in den Staub,
  Bewohnerschaft Dibons!
Denn der Verwüster Moabs stieg zu dir hinauf,
  vernichtete deine Festungsanlagen.
Stell dich an die Straße und schau,
  Bewohnerschaft Aroers!
Frag den Flüchtenden und die, die sich retten will,
  sag: „Was ist geschehen?"
„Zuschanden ist Moab, ja zerbrochen,
  heule und schrei!
Tut es kund am Arnon,
  Ja, Moab ist verwüstet!"'

Die Nachbarvölker werden aufgerufen, in die Klage über Moab einzustimmen (v 17b eine kurze Qinah). Hier wird die Weite des Horizonts sichtbar, von dem der hier Redende herkommt. Eine Teilnahme an der

---

[31] Jahnow, aaO., 102.
[32] Weitere kurze Qinah-Rufe finden sich über Moab noch in 48,25.39.41.

Klage über den Untergang eines Volkes ist allen Völkern im Umkreis möglich, Erschütterung, Entsetzen, Trauer und Mitfühlen mit dem Leid des Nachbarvolkes haben eine völkerübergreifende und völkerverbindende, universale Dimension. Kein Wort der Schadenfreude ist erkennbar. Das Wissen um die einstige Pracht Moabs verstärkt die Mittrauer um die jetzige Zerstörung. Wie ganz anders das Reden von einstiger Pracht und Größe in Israel in anderen Kreisen aussehen konnte, zeigen Worte wie Jer 46,26 und 29f., wo die Größe als Ursache des Falls gesehen wird.

Anders, aber nicht minder eindrucksvoll spricht aus Jer 48,32f.//Jes 16,8–10 die Erschütterung, die die Zerstörung Moabs in Israel in einigen Kreisen ausgelöst hat. Da die Überlieferung in Jer 48,32f. offensichtlich ein späteres Stadium darstellt[33], sei die Jesajaüberlieferung wiedergegeben:

> „Ja, die Gärten von Hesbon sind verwüstet,
>   verwelkt die Weinstöcke Sibmas;
> die Gebieter der Völker
>   wurden von ihren Trauben bezwungen.
> Bis Jaeser reichten sie,
>   dehnten sich bis zur Wüste.
> Ihre Ranken wucherten,
>   zogen sich bis ans Meer.
> Darum will ich weinen, wie Jaeser weint,
>   um die Weinstöcke Sibmas!
> Ich will dich tränken mit meinen Tränen,
>   Hesbon und El ʿale,
> denn auf deine Ernte und deine Lese
>   fiel Jauchzen.
> Abgeerntet sind Freude und Jubel aus den Baumgärten,
>   in den Weinbergen wird nicht mehr gejubelt –
>   kein Jauchzen mehr.
> Wein in den Keltern tritt man nicht mehr,
>   Jauchzen hat aufgehört." (Jes 16,8–10)

Der Verfasser des Wortes trauert aufrichtig, seine Worte sind nicht literarische Fiktion, zu deutlich spricht aus ihnen unmittelbare Betroffenheit. In einem eindrucksvollen Bild wird die Freude bei der Obst- und Traubenernte beschrieben. All dies ist nun vorbei. Es gibt keine Freude mehr beim Ernten, kein Jubeln und Jauchzen beim Keltern. Nur die genannten Ortsnamen aus dem Norden Moabs lassen erkennen, daß die Trauer des hier Sprechenden einem Geschehen in einem Nachbarland gilt. So könnte auch über das Schicksal des eigenen Landes geredet werden! Die Verwüstung einer damals offensichtlich weit bekannten Obst-

---

33 Wildberger, Jesaja, 605–609.

und Weinbaukultur ist über die Grenzen hinweg bedrückend und erschütternd. Nicht allein, weil die Weinstöcke zerstört sind, sondern vor allem, weil die menschliche Freude, das Jubeln bei der Ernte, nun endgültig vorbei ist. So ist der Text ein bewegendes Beispiel für Mit-Trauer, Mit-Leiden über eine Verwüstung in einem Nachbarland.

Neben diesen in einem menschheitlichen Horizont stehenden Vorgängen des Erschüttertseins, des Mitfühlens und des Mitklagens finden sich in den Fremdvölkersprüchen auch Elemente der *Solidarität* mit dem vom Krieg heimgesuchten Nachbarvolk. Dazu gehören einmal die Aufforderungen zur Flucht[34] in Jer 48,6.28; 49,8.30, in denen die Bevölkerung des Nachbarlandes aufgerufen wird, sich zu verbergen oder wie Tiere an unzugängliche Orte zu fliehen, z. B. „Verlaßt die Städte, wohnt in den Felsen, Bewohner Moabs; werdet wie die Taube, die über der gähnenden Schlucht nistet" (48,28). Solidarität zeigt sich ferner da, wo die Trauer und das Klagen in einem Hilfeschrei gipfelt:

„Ich schreie um Hilfe für Moab!" (Jes 15,5)

Diese Solidarität ist jedoch nicht nur ein Lippenbekenntnis. In Jes 16,1–5 besitzen wir ein Wort, das bei aller Schwierigkeit im Verständnis[35] deutlich ein aktives Eintreten für moabitische Flüchtlinge gegenüber dem König von Jerusalem erkennen läßt. Der König wird aufgefordert:

„Gib einen Rat,
    fäll eine Entscheidung,
spende wie die Nacht deinen Schatten
    inmitten der Mittagszeit!
Birg die Versprengten,
    verrate den Flüchtling nicht!
Als Schutzbürger sollen sie unter dir weilen,
    die Versprengten Moabs.
Sei ihnen Versteck
    vor dem Verwüster!" (Jes 16,3–4a)

Der König soll, das läßt sich mit Sicherheit sagen, entscheiden, was mit den Flüchtlingen aus Moab geschehen soll. Das Bild vom Schatten in der

---

[34] Eine eingehende Begründung meiner von R. Bach abweichenden Sicht der Funktion der „Aufforderungen zur Flucht" kann in diesem Zusammenhang nicht geleistet werden.
[35] Dazu hat Wildberger, Jesaja, 619–624 ausführlich Stellung genommen, doch sei angedeutet, daß seine messianische Deutung von V. 5 mir sehr problematisch erscheint. Der Vers muß nicht als ablehnende Antwort an die Bitte der Flüchtlinge verstanden werden, er kann auch als Aufweis der Folgen gesehen werden, die das Eintreten des judäischen Königs für die Flüchtlinge Moabs haben wird: dann wird der Thron in Treue (Wahrheit) feststehen, weil ja dann der König recht tut und Gerechtigkeit übt; der Vers wäre dann eine Verstärkung der Bitte um ein Eingreifen des Königs, vergleichbar dem Motiv des Aufrüttelns Gottes, um ihn zum Eingreifen zu bewegen, in der Klage.

Mittagszeit spielt in einer Sprache, die an das beschreibende Lob erinnert, auf die Macht des Königs und seine Schutzfunktion an. Darauf folgen sehr konkrete Aufforderungen: er soll die Flüchtlinge verstecken, nicht verraten, ihnen den Schutzbürgerstatus gewähren, ja, er selbst soll ihnen Versteck sein. Mit diesem Wort wird erkennbar, daß es in Israel Gruppen gegeben haben muß, die sich aktiv für die Unterstützung von Flüchtlingen einsetzen. Das Klagen und Mittrauern hatte also eine aktive Komponente: aus dem Mitklagen erwächst die tätige Hilfe für die Verfolgten und Bedrohten.

Die Vermutung, daß hinter den klagenden Worten in den Fremdvölkersprüchen nicht nur einzelne stehen, sondern daß sie Ausdruck von Empfindungen von Gruppen in Israel sind, erfährt schon durch die Tatsache der Parallelüberlieferung Jes 15//Jer 48 eine Unterstützung. Es liegt hier ein Stück anonymer Prophetie vor[36]. Den Tradenten waren die Worte über Moab derart wichtig, daß sie sie sowohl Jesaja als auch Jeremia zuschrieben. Dadurch erhielten sie besondere Autorität. Der Prozeß der Aufnahme solch anonymer Worte in die Sammlung von Prophetenworten großer Einzelpropheten ist m. E. kaum anders vorstellbar, als daß es Gruppen gab, die zugleich die „klassische" Prophetenüberlieferung *und* anonyme Worte pflegten und weitergaben, oft wohl auch selbst schufen, für die also auch die anonymen Worte lebendige, und das heißt dann doch wohl: für ihr Selbstverständnis relevante Worte gewesen sind. Dann muß auch das Mitklagen angesichts der Verwüstung eines Nachbarvolkes in solchen Kreisen beheimatet gewesen sein.

Die Aufnahme gerade der Klagen über Moab in die Jesaja- *und* die Jeremia-Wortsammlungen deutet zudem auf weite Verbreitung dieser Worte. An ihnen ist vielfältig gearbeitet worden, doch bleibt beachtenswert, daß dabei der Charakter der Gattung nicht verändert worden ist[37]. Aber auch die weitere Tatsache, daß sich Klagen über Geschehnisse in sehr verschiedenen Königreichen und über weit auseinanderliegende politische Vorgänge im Alten Testament finden[38], stützt die Hypothese, daß sich hinter dieser Form des Redens eine Traditionsströmung verbirgt, die sachgemäß nicht als individuelle Erscheinung interpretiert werden sollte. Es spiegelt vielmehr die Haltung von Kreisen in Israel vor

---

[36] Wildberger, Jesaja, S. 604 f.; für J. Bright, Jeremiah, 1965, zeigt die Tatsache der Parallelüberlieferung „that we are dealing in good part with anonymous sayings which were treasured among the followers both of Isaiah and Jeremiah . . .", 322.

[37] Bei der Neukomposition der Klagen in Jer 48,32–38 aus Jes 16,8–11 + 15,7 + 15,2b–3 (dazu Wildberger, Jesaja, 605 ff.) hat die Redaktion den Gattungscharakter der Worte wohl beachtet; die neue Klagekomposition besteht nur aus Teilen von Klagen!

[38] Beklagt werden im Alten Testament Ägypten, Moab, die Philister und Ammoniter, Damaskus und Babel in Jer 46–51 und noch Steppenvölker in Jes 21,13–15 sowie Tyrus (Jes 23,1–14; Ez 27).

und während des Exils wider, die die engen Grenzen nationalen Denkens durch das Bewahren einer menschheitlichen Dimension zu überwinden suchten. Diese Dimension ist dadurch gekennzeichnet, daß das Gemeinsame ausgesprochen und betont wird, das, was über die Barrieren von Sprache oder Politik hinweg Menschen miteinander verbindet. Eine solche Menschen verbindende Erfahrung ist die Erfahrung des Leids, dessen Sprache die Klage ist.

ERNST JENNI

Die Präposition *min* in zeitlicher Verwendung bei Deuterojesaja

Nach jahrelanger Verbundenheit in der gemeinsamen Aufgabe, ein ‚Theologisches Handwörterbuch zum Alten Testament'[1] herauszubringen, liegt es nahe, dem verehrten Jubilar als Beitrag zu seiner Festschrift eine kleine Wortuntersuchung zu widmen. Wenn sie in erster Linie die Sprache Deuterojesajas betrifft, so soll dies nicht zuletzt auch als Dank für seinen wertvollen Kommentar zu Deuterojesaja[2] gelten. Von den ausgetretenen Pfaden entfernen wir uns, indem wir nicht eine der theologisch von vornherein bedeutsamen Vokabeln untersuchen, sondern eine ‚Partikel', nämlich die Präposition *min* in ihrem temporalen Gebrauch. Immer schon ist aufgefallen, daß bei Deuterojesaja die Ausdrücke „von Anbeginn", „vorlängst" o. ä. in starker Häufung auftreten. Welches Gewicht ist ihnen beizulegen[3]? Eine von E. Vogt[4] im Jahre

---

[1] THAT I, 1971; II, 1976.

[2] C. Westermann, Das Buch Jesaja. Kapitel 40–66, ATD 19, 1966.

[3] In der Kontroverse zwischen P. Humbert und W. Eichrodt über den relativen oder absoluten Anfang in Gen 1,1 hat u. a. auch Jes 46,10 *mērēšīt* eine Rolle gespielt (P. Humbert, Trois notes sur Genèse I. 1. Le premier mot de la Bible, in: Interpretationes ad Vetus Testamentum pertinentes, Festschrift S. Mowinckel, ed. N. A. Dahl – A. S. Kapelrud, 1955, 85–88; = ders., Opuscules d'un Hébraïsant, 1958, 193–196; ders., Encore le premier mot de la Bible, ZAW 76/1964, 121–131; W. Eichrodt, In the Beginning, in: Israel's Prophetic Heritage, Festschrift J. Muilenburg, ed. B. W. Anderson – W. Harrelson, 1962, 1–10; dt. = Im Anfang. Zur Erklärung des ersten Wortes der Bibel, in: Theol. Zeitschrift 20/1964, 161–171). Auf Gen 1,1 ist nach dem Kommentar von C. Westermann, Genesis, BK I/1, [2]1976, 107–109.130–136, wohl nicht mehr zurückzukommen. Auch bei Jes 46,10 kommt Eichrodt der Sache näher, da er den ganzen sachlichen Kontext berücksichtigt. Die Alternative zwischen absolutem und relativem Anfang bei Humbert, ursprünglich noch mit der grammatischen Verwendung von *rēšīt* im Status absolutus oder Status constructus verquickt, ist darum nicht sehr hilfreich, weil die semantische Eigenart des Begriffes nicht genügend berücksichtigt wird. *rēšīt* „Anfang" ist von vornherein immer ein Relationsbegriff. Ein ‚absoluter' Anfang müßte durch universale Umschreibungen („am Anfang der Welt / der Zeit" o. ä.) explizit ausgedrückt werden, kann aber, da es sich zugleich um einen Extrembegriff handelt, durch Offenlassen der genauen Beziehung je nach dem sachlichen Kontext entweder angedeutet oder wenigstens mitgemeint sein.

[4] E. Vogt, Einige hebräische Wortbedeutungen. I. „Voraussagen" in Is 40–48, in: Biblica 48/1967, 57–63.

1967, ein Jahr nach dem Erscheinen des erwähnten Kommentars, vorgelegte Deutung der betreffenden Stellen soll hier einer kritischen Nachprüfung unterzogen werden.

I.

Den Ausgangspunkt mögen einige wortstatistische Erhebungen bilden. Sie sind im Falle der Präposition *min* etwas erschwert, weil die Konkordanzen bei dieser nach der Konjunktion *w,* dem Artikel *h,* den beiden Präpositionen *l* und *b* und dem Akkusativ-Zeichen *'ēt* sechsthäufigsten Partikel versagen und man sich eigene Listen anlegen muß. Von insgesamt 7550 Vorkommen der Präposition im hebräischen Alten Testament[5] sind etwa 360 Vorkommen, d. h. nicht ganz fünf Prozent, als *min* temporale anzusehen. Als *min* in zeitlicher Verwendung gelten dabei die Fälle, in denen die Präposition ein Nomen oder ein Adverb regiert, das zur Bezeichnung eines Zeitpunktes oder Zeitraumes dient[6], im ganzen etwa fünfzig verschiedene usuelle und okkasionelle Verbindungen[7].

Die Klassifikation der verschiedenen Gebrauchsweisen einer Präposition ist nach mehreren syntaktischen oder semantischen Gesichtspunkten möglich. In der Praxis bewährt sich wohl immer noch die traditionelle Einteilung in Kategorien wie *min* locale, temporale, partitivum, causale, comparativum usw., wie sie

---

[5] Die Angabe in THAT II, S. 531, ist danach zu korrigieren. In den aramäischen Teilen des Alten Testaments kommt *min* 119mal vor, in den hebräisch erhaltenen Teilen des Sirachbuches etwas über 250mal.

[6] Nicht eingerechnet sind die Bezeichnungen von Altersklassenbereichen der Form *mibben* x *šānā wāmā'lā,* die wir wie die Doppelformeln *miqqāṭōn w^e'ad gādōl* behandeln.

[7] Die Abgrenzung ist im allgemeinen leicht vorzunehmen, auch bei Nomina wie *qedem* „Vorderes", die eine lokale (,,Osten") neben einer temporalen Bedeutung (,,Vorzeit") besitzen. Vgl. noch Anm. 58 zu *min* partitivum bei Zeitbegriffen. Bei Bewegungsabläufen (Wanderung, Rückkehr usw.), die eine lokale und eine temporale Komponente vereinigen, legen wir die lokale Bedeutung zugrunde, obwohl bei prägnanter Ausdrucksweise für uns auch eine zeitliche Auffassung naheliegen könnte, z. B. in Num 14,19 ,,wie du diesem Volke vergeben hast (auf der ganzen Wegstrecke) von Ägypten an bis hierher"; ähnlich Ex 33,6 ,,da taten die Israeliten ihren Schmuck von sich, vom Berge Horeb an". Dementsprechend lassen wir auch die Stellen mit *šūb* / *jrd* / *klh* pi. + *min* + Infinitiv hier weg, obwohl der Infinitiv als Verbform immer auch die Komponente des zeitlichen Verlaufs in sich trägt (mit *šūb* Gen 14,17 und weitere zehn Stellen; mit *klh* pi. Ex 34,33 und weitere sechs Stellen; mit *jrd* Lev 9,22). Mindestens für die späte Sprache ist jedoch *min* temporale + Infinitiv oder nomen actionis gesichert: in Doppelformeln ,,von . . . bis . . ." Dan 9,25; 12,1 und Neh 4,15; sonst noch Dtn 16,9; Hi 20,4; Dan 11,23; 1.Chr 6,16; 8,8; 2.Chr 31,10; auch Ps 73,20 *kaḥ^alōm mēhāqīṣ* ,,wie ein Traum nach dem Erwachen" (Num 24,23 und Jes 23,1 ist der Text unsicher). Von den rund 175 Stellen mit *min* + Infinitiv bleiben somit etwa acht in deutlich temporaler Verwendung übrig; dazu kommen die nomina actionis in Dan 9,25 und 1.Chr 6,16.

sich in den gängigen Lexika[8] und Abhandlungen[9] findet. In einem Punkt kann sie allerdings nicht mehr befriedigen, da sie zu sehr von der Übersetzung in die abendländischen Zielsprachen ausgeht und eine Differenzierung ins Hebräische einträgt, die dort überhaupt kein Gewicht hat: in der Unterscheidung der beiden lokalen Bedeutungen 1) *von* (einem Ort) und 2) *aus* (einem Raum). Es gehört zu den Eigenheiten des hebräischen Präpositionalsystems, das in bezug auf den Grad der differenzierenden Ausbildung eine Mittelstellung zwischen dem einfacheren ugaritischen[10] und dem komplizierteren arabischen[11] System einnimmt, daß es bei den grundlegenden lokalen Präpositionen sich hinsichtlich der in vielen Sprachen obligatorischen Unterscheidung von ‚innen' und ‚außen'[12] neutral verhält. Während das Deutsche die beiden Reihen *aus* – *in* + Dativ – *in* + Akkusativ und *von* – *an* – *nach* kennt[13], begnügt sich das Hebräische mit der einfachen Reihe *min* – *b*[e] – *'el* mit beiden Bedeutungen[14].

Die Unterscheidung von *min* locale und temporale ist hingegen nicht nur eine Sache des Kontextes bzw. der Übersetzung, sondern findet auch innerhalb des hebräischen Präpositionalsystems einen Rückhalt. Sieht man von der allgemeinen Präposition der Beziehung *l*[e] ab, so steht *min* locale in Opposition sowohl zu *'el* als auch teilweise zu *'ad,* während das Oppositum (mit dem umgekehrten Richtungsbezug) bei *min* temporale im wesentlichen auf *'ad* allein eingeschränkt ist. Nach den akkadischen[15], ugaritischen[16] und hebräischen[17] Belegen zu urtei-

---

[8] Am ausführlichsten informiert F. Brown – S. R. Driver – Ch. A. Briggs, A Hebrew and English Lexicon of the Old Testament, 1907, 577–583.

[9] Wertvoll ist immer noch die schwedische Dissertation von O. Molin, Om prepositionen *min* i bibelhebreiskan, Upsala 1893.

[10] Das Ugaritische kommt ohne eine besondere ablative Präposition aus; vgl. neuerdings D. G. Pardee, The Preposition in Ugaritic, in: Ugarit-Forschungen 7/1975, 329–378; 8/1976, 215–322; 9/1977, 205–231; K. Aartun, Die Partikeln im Ugaritischen, II, 1978, 1–62. Beide lehnen die bisher oft behauptete Ambivalenz der ugaritischen Präpositionen *b* und *l* ab und erklären die scheinbare Bedeutung „von" als Aspektdifferenz (Bezeichnung von G. Schmuttermayr, Ambivalenz und Aspektdifferenz, in: Biblische Zeitschrift 51/1971, 29–51, der hier unter anderen vorgearbeitet hat, aber nicht ganz so weit geht) bzw. Verschiebung der Perspektive (Pardee: ‚perspective').

[11] Das Klassisch-Arabische hat neben *min* „von . . . her" (daraus *mundu* „von . . . an/seit") noch *'an* „von . . . weg", vgl. W. Fischer, Grammatik des klassischen Arabisch, 1972, § 299–301; am ausführlichsten zu den semitischen Sprachen allgemein: C. Brokkelmann, Grundriß der vergleichenden Grammatik der semitischen Sprachen, I, 1908, 497 f.; II, 1913, 397–408.419 f.

[12] Vgl. J. Lyons, Introduction to Theoretical Linguistics, 1968, 298–304.

[13] Das Ungarische verfügt sogar über die drei Serien von Suffixen *-ból, -ban, -ba* (aus dem Inneren, im I., ins I.), *-ról, -on, -ra* (von der Oberfläche weg, an der O., an die O.) und *-tól, -nál, -hoz* (von der Nähe weg, in der N., in die N.).

[14] Beispiele: *min*: Jes 63,11 „aus dem Meer", Num 34,7 u. ö. „vom Meer"; *b*[e]: Jes 43,16 „im Meer", Jer 46,18 „am Meer"; *'el*: Jo 2,20; Jon 1,5.12.15 „ins Meer", Sach 14,8 „zum Meer"; vgl. weiter Ri 19,22; 1.Sam 21,16 „ins Haus", 2.Sam 4,5; 17,18 „zum Haus"; Gen 37,22 „in die Zisterne", 37,29 „zu der Zisterne".

[15] A. L. Oppenheim u. a., The Assyrian Dictionary, A/I, 1964, 112–121.

[16] Aartun, aaO., 52 f.97 f.

[17] Über 700 der 1264 Belege für *'ad* „bis" im Alten Testament sind temporal. Es ist auch auf die Seltenheit der Suffixformen bei *'ad* hinzuweisen.

len, hat bei *'ad* nicht wie sonst bei den meisten Präpositionen vieler Sprachen eine Übertragung vom Räumlichen auf das Zeitliche stattgefunden. Die temporale Präposition, die zugleich auch als Konjunktion dient, scheint auf Bewegungsabläufe bis zu einem Zielpunkt übertragen worden zu sein[18].

Wir fragen nun nach der Häufigkeit der Präposition *min* und ihrer temporalen Verwendung in den einzelnen biblischen Büchern und bei Deuterojesaja. Die Präposition insgesamt, ohne Rücksicht auf die verschiedenen lokalen, partitiven, kausalen, komparativen und temporalen Gebrauchsweisen, ist in allen Teilen des Alten Testaments recht gleichmäßig gestreut. Vergleicht man die Anzahl der Vorkommen mit dem Umfang der einzelnen Bücher, so kommen nicht einmal Abweichungen bis zur Hälfte oder bis zum Doppelten des Durchschnitts vor, was übrigens auch für die häufigeren Präpositionen *l* und *b* gilt, nicht aber für die weniger häufigen Präpositionen *'al, 'el* und *k*. Relativ am wenigsten *min* weist das Buch Esther auf (knapp zwei Drittel des Durchschnitts), relativ am meisten das Buch Jona (knapp sieben Viertel des Durchschnitts), woraus aber keine besonderen Schlüsse zu ziehen sind. Bei Deuterojesaja liegen die 138 Vorkommen etwa vier Drittel über dem Durchschnitt, halten sich also durchaus im Rahmen des Üblichen.

Und nun die Vorkommen der Präposition in temporaler Verwendung. Da es sich hier um bedeutend kleinere Zahlen handelt, werden die Abweichungen von der durchschnittlichen Streuung naturgemäß größer. Von den umfangreicheren Büchern weisen Num und Ez relativ wenig Vorkommen auf (weniger als die Hälfte des Durchschnitts), relativ viel dagegen in aufsteigender Linie 1.Sam, Neh und Jes, sodann auch die für den statistischen Vergleich allerdings zu kleinen Bücher Dan (Kap. 1 und 8–12) und Hag (hier 6 von 11 Vorkommen temporal). Bei Deuterojesaja sind es 30 temporale *min* von 138 Vorkommen der Präposition, ein Verhältnis, das statistisch sicher signifikant ist, besonders wenn man in Betracht zieht, daß das temporale *min* auf die Kap. 40–49 beschränkt ist[19]. Eine vergleichbare Häufung, wo in einem längeren Zusammenhang jedes dritte *min* temporal gebraucht wird, ist im Alten Testament nirgends zu finden.

Was die nicht-temporalen Verwendungsweisen von *min* bei Deuterojesaja anbelangt, so sind keine auffälligen, vom Sprachgebrauch anderer Prophetenbücher stark abweichenden Tendenzen zu erkennen. Wie in den anderen Teilen des Alten Testaments ist *min* locale die überwiegende Gebrauchsweise, am häufigsten nach Verben der Bewegung; rela-

---

[18] Vgl. jedoch Pardee, aaO., 8/1976, 316.

[19] In den von den Kommentatoren vermuteten Zusätzen zu Deuterojesaja ist *min* mit Ausnahme von 48,8b *mibbæṭæn)* nicht-temporal (42,25; 44,18.18; 46,6.7.7; 48,19; 50,11), wodurch das Verhältnis noch mehr zugunsten des *min* temporale verschoben wird.

tiv gut vertreten sind auch die Verben des Nehmens, ferner die des Verbergens, Fürchtens und Rettens, während die Verben des Vertreibens, Reinigens, Hinderns und Aufhörens (zufällig) fehlen, ebenso die Doppelformeln „von ... bis ...". Nur einmal begegnet in Jes 51,6 in *mittaḥat* „(die Erde) drunten" ein lokatives Adverb auf die Frage ‚wo'?[20]. Zusammen ergeben sich bei Deuterojesaja vielleicht 57% *min* locale, wenn man die ca. 6% *min* consecutivum („weg von" = „so daß nicht" mit Infinitiv) dazurechnen will; dazu kommen dann noch je etwa 8% partitive und kausale *min*, ferner 5% *min* comparativum und die schon erwähnten 22% *min* temporale[21]. Alles in allem also ein Spektrum, das sich nicht allzu weit vom Durchschnitt entfernt, sieht man von der Inflation des *min* temporale ab.

II.

Nach dem statistischen Überblick wenden wir uns dem temporalen *min* bei Deuterojesaja zu. Wieder stellt sich die Frage nach einer sinnvollen Einteilung der Gebrauchsweisen. Sie kann nicht wie beim *min* locale hauptsächlich auf der Unterscheidung verschiedener Verbgruppen beruhen, da die mit *min* temporale gebildeten präpositionalen Wendungen im Satz immer nur als adverbielle Ergänzungen, nicht in direkter Abhängigkeit von einem Verbum vorkommen[22]. Eine Einteilung anhand der mit *min* verbundenen Zeitbegriffe liegt näher, vielleicht weniger eine Entgegensetzung von Zeitpunkt und Zeitraum als eine solche, die Gegenwart und Vergangenheit, sodann allgemeine und auf das Menschenleben bezogene Zeitbegriffe unterscheidet. Von den 30 Stellen mit 13 verschiedenen Zeitausdrücken (darunter die drei Adverbien *ʾāz*, *lᵉfānīm* und *ʿattā*) geben zwei den Ausgangspunkt in der Gegenwart an: Jes 48,6 *mēʿattā* „von jetzt an" und offenbar auch 43,13 *mijjōm* „(von heute

---

[20] In einem Zusatz begegnet *missābīb* „ringsum" (42,25).

[21] Die Auszählung für das ganze hebräische Alte Testament ergibt ca. 70% *min* locale, darunter ca. 25% nach Verben der Bewegung (unter denen *jṣ'*q./hi. „hinausgehen/hinausführen" mit gegen 6% den Hauptanteil trägt) und ca. 9% nach Verben des Nehmens, angeführt von *lqḥ* „nehmen" (2,5% mit lokalem, nicht-partitivem *min*); die lokativen Adverbien auf die Frage ‚wo?' ergeben knapp 7%, die Doppelformeln (meristisch „sowohl Menschen als auch Vieh" usw. und in Gebietsbeschreibungen wie „von Dan bis Beerseba") etwa 4%. Das partitive *min* ist im AT mit etwa 14% vertreten; hier schwankt die Häufigkeit in den einzelnen Büchern am stärksten, von Ps und Klgl mit 2,5% bis 1.Chr 44,5%, Lev 50,5% und Esr 57,5%. Kausales *min* findet sich im AT, je nach Ansetzung dieser Gruppe, in etwa 5–6% der Fälle, überdurchschnittlich häufig in den Prophetenbüchern, in Hi (13%) und in Klgl (25%). Komparatives *min* ist im Durchschnitt mit etwa 5% vertreten, mit Spitzen in der Spruchweisheit (Spr 27,5%, Pred 48%).

[22] Einzig bei dem ‚Zeitverbum' *ʾḥr* „später sein" in 2.Sam 20,5 (Stammform ungewiß) könnte man in *min-hammōʿēd* ein präpositionales Objekt sehen.

an =) hinfort"[23]. Die übrigen Stellen betreffen die Vergangenheit, sei es unter Verwendung allgemeiner Zeitbegriffe (ʿāz, lᵉfānīm, ʿōlām, ʿēt, qedem, rōš, rēšīt) oder solcher, die am menschlichen Leben orientiert sind (beṭen, reḥem, mᵉʿē ʾimmī und nᵉʿūrīm).

Wir beginnen mit der Gruppe der Wendungen, die *min* mit einem Ausdruck für Lebensanfang verbinden (im AT 41mal). Leitbegriffe sind im übrigen AT *nᵉʿuṣrīm* „Jugendzeit" (20mal)[24] und *beṭen* „Mutterleib" (13mal); sie werden flankiert durch *nōʿar* „Jugendzeit" (Ps 88,16; Spr 29,21) und *bᵉḥūrīm* „Jünglingszeit" (Num 11,28) einerseits und *reḥem* „Mutterschoß" parallel zu *beṭen* in Jes 46,3; Ps 22,11; 58,4) und *mᵉʿē ʾimmī* „Leib meiner Mutter" (parallel zu *beṭen* in Jes 49,1 und Ps 71,6) andererseits. Daß *minnᵉʿūrīm* und seine Steigerung *mibbeṭen* im wesentlichen die gleiche Aussage intendieren, zeigt die Nebeneinanderstellung in Ps 71,5f. und Hi 31,18. In beiden Wendungen hat *min* unbestritten die Vollbedeutung „seit/von . . . an", was auch durch die Doppelformeln „von meiner/deiner/unserer Jugend an bis jetzt/heute" (Gen 46,34; 1.Sam 12,2; 2.Sam 19,8; Jer 3,25; Ez 4,14) und „von Mutterleib an bis zum Tag seines Todes" (Ri 13,7) unterstrichen wird[25].

Bei Deuterojesaja ist diese Gruppe zehnmal in sieben selbständigen Zusammenhängen vertreten. Wie an den meisten anderen Stellen, an denen diese Ausdrücke vorkommen, liegt der Nachdruck nicht auf der Jugendzeit oder dem Geburtstag als solchen, sondern auf der Gesamtheit des Lebens, bei Personifikation von Kollektivgrößen auf deren gesamter Geschichte. „Von deiner Jugend an" in 47,15, von da vielleicht in V. 12 eingetragen, meint in bezug auf das personifizierte Babel die „lange glorreiche Geschichte"[26] seiner magischen Bemühungen. Die anderen Stellen mit der Bedeutung „von Geburt an" klingen noch absoluter. Sie beziehen sich auf die Erschaffung und Führung Israels durch Gott (44,2.24; 46,3), auf die Treulosigkeit des Volkes (48,8b, wahrscheinlich Zusatz) und auf die Berufung des Gottesknechts (49,1.5). Während bei der Erschaffung die Erwähnung des Mutterleibes noch na-

---

[23] Vgl. Ez 48,35 *mijjōm* „fortan" und eventuell Jes 48,7 *lifnē jōm* „bis jetzt", wenn der Text belassen werden kann. Zum Text von 43,13 vgl. K. Elliger, Deuterojesaja, BK XI/1, 1978, 308.328.

[24] Im Phönizischen einmal *lmnʿrj* „von seiner Jugend an" (KAI Nr. 24, Z. 12), vgl. Ch.-F. Jean – J. Hoftijzer, Dictionnaire des inscriptions sémitiques de l'ouest, 1965, 132.181; R. S. Tomback, A Comparative Semitic Lexicon of the Phoenician and Punic Languages, 1978, 184.217.

[25] Sinngemäß sind hier auch die beiden Stellen mit *mēʿōdī/mēʿōdᵉkā* „mein/dein Leben lang" anzuschließen (Gen 48,15; Num 22,30, beide mit der Fortsetzung „bis auf diesen Tag").

[26] Westermann, aaO., 157.

heliegt[27], wirken die Aussagen über die Schuldverfallenheit und die Berufung „von Geburt an" recht übertreibend, haben aber durchaus ihre Gegenstücke auch anderswo (z. B. Schuldverfallenheit: Gen 8,21; Jer 3,25; Ps 58,4; lebenslängliches Nasiräat: Ri 13,5.7; 16,17)[28]. Die Aussagen sind deswegen so hyperbolisch, weil sie die völlige Souveränität Jahwes in aller Geschichte – von allem Anfang an – bezeugen wollen. Ein lokales Gegenstück zu dieser übertreibenden Stilform sind die Wendungen mit „von den Enden der Erde" und „aus der Ferne" (41,9; 43,6)[29].

Auf derselben Linie zu erklären sind nun auch die Stellen der zweiten Gruppe bei Deuterojesaja, die *min* mit einem allgemeinen Begriff für „Anfang" oder „frühere Zeit" zusammenschließen. Es handelt sich um die Verbindungen mit *ʿōlām* „fernste Vergangenheit"[30], *rōš* und *rēšīt* „Anfang"[31], *qedem* „Vorzeit"[32], *ʾāz* „damals"[33] und *lᵉfānīm* „früher"[34]. Sie werden herkömmlicherweise übersetzt mit „von Anbeginn", „seit alters", „seit jeher", „vorlängst" o. ä. Den Übergang von den Stellen mit „Mutterleib" zu diesen 17 Stellen bildet 48,16 *mēʿēt hᵉjōtāh* „seit der Zeit, da es geschieht". Die Diskussion muß hier etwas weiter ausgreifen, da E. Vogt in dem erwähnten Aufsatz[35] eine theologisch zwar ansprechende, sprachlich aber kaum haltbare Deutung der betreffenden Stellen vorgelegt hat.

Was der Verfasser über die Botschaft Deuterojesajas vom Lenker der Geschichte und über die theologische Beweisführung anhand der Refle-

---

[27] Zu den Schöpfungsvorstellungen bei Deuterojesaja vgl. R. Albertz, Weltschöpfung und Menschenschöpfung, 1974, 44 ff.

[28] Entsprechende akkadische Formeln aus Königsinschriften bei M.-J. Seux, Epithètes royales akkadiennes et sumériennes, 1967, 292 Anm. 154.

[29] Mit *ʿad:* Jes 45,17 *ʿad-ʿōlᵉmē ʿad* „bis in Ewigkeit"; 48,20 und 49,6 *ʿad-qᵉṣē hāʾāreṣ* „bis ans Ende der Erde".

[30] *mᵉʿōlām* Jes 42,14; 46,9; in 44,7 lesen wir mit zahlreichen Kommentatoren *mī hišmⁱ mē ʿōlāmʾ ōtijjōt* statt *miśśūmⁱ* 229.231. Vgl. noch *minnī-ʾad* Hi 20,4; *middōr dōr* Ex 17,16; *middōr lādōr* Jes 34,10; *mit-tᵉmōl* (*miš*)*šilšōm* Ex 4,10 und weitere 7 Stellen, dazu *mēʾittᵉmōl* 1.Sam 10,11 und *mēʾetmūl* Jes 30,33.

[31] *mērōš* Jes 40,21; 41,4.26; 48,16; sonst nur noch Spr 8,23, auf die Schöpfung bezogen, und Pred 3,11 „von Anfang bis zu Ende"; *mērēšīt* Jes 46,10; sonst nur noch Dtn 11,12 „vom Anfang des Jahres bis zum Ende des Jahres"; ferner *mērīšōn* Jer 17,12 „erhaben von Anbeginn"; *mittᵉhillat* 2.Sam 21,10 „vom Beginn der Ernte an bis . . .".

[32] *miqqedem* Jes 45,21; 46,10; sonst noch Mi 5,1; Hab 1,12; Ps 74,12; 77,6.12; 78,2; 143,5; Spr 8,23; Neh 12,46; aram. *min-qadmat dᵉnā* Dan 6,11 und *miqqadmat dᵉnā* Esr 5,11 „vordem".

[33] *mēʾāz* Jes 44,8; 45,21; 48,3.5.7.8; sonst noch adverbiell 2.Sam 15,34 „früher"; Jes 16,13 „vormals"; Ps 93,2 „von Anbeginn"; Spr 8,22 „vorlängst"; an weiteren neun Stellen als Präposition oder Konjunktion „seit/seitdem".

[34] *millᵉfānīm* nur Jes 41,26.

[35] S. o. Anm. 3.

xion über die Weissagungen ausführt, ist durchaus zu akzeptieren. Die Verben *ngd* hi.[36], *šm'* hi. und *dbr* pi. bekommen tatsächlich bei Deuterojesaja die Bedeutung „verkünden" auch im Sinne von „voraussagen", wenn es der Kontext verlangt (Subjekt Gott, Objekt „Neues", „das Kommende"), und zwar auch ohne weitere Qualifikation durch Zeitadverbien (41,22f.; 42,9; 46,11)[37]. Hingegen ist es nicht gerechtfertigt, in den mit *ngd* hi., *šm'* hi. und *dbr* pi. verbundenen adverbiellen Wendungen *mē'āz, mērōš, mērēšīt, mill'fānīm, miqqedem, mē'ōlām* und „schließlich auch *mē'attā*"[38] eine abkürzende Formulierung für „zum voraus" zu sehen, die zusammen mit den genannten Verben den Begriff des Voraussagens ergäbe. Es mag zutreffen, daß die Ausdrücke „von Anbeginn", „seit jeher" usw. im Endeffekt, wenn man eine gewisse Übertreibung und Verabsolutierung in Rechnung stellt, sachlich auf dasselbe wie „zum voraus" hinauslaufen. Sprachlich läßt sich aber die Ableitung nicht halten, auch nicht bei *mill'fānīm* „seit früher" (*min* + Adverb *l'fānīm* „früher"), zu unterscheiden von *millifnē* „vor" (*min* + Präposition *lifnē* „vor", zeitlich in Pred 1,10 *mill'fānēnū* „vor uns"). Der Nachdruck liegt zwar tatsächlich nicht darauf, daß die Voraussage „lange vor der gegenwärtigen Zeit" ergangen ist, so daß man durchweg an eine besondere Uroffenbarung oder Schöpfungsoffenbarung denken müßte. Der Anfangspunkt der Verkündigung wird nicht näher charakterisiert und damit etwas in der Schwebe gehalten, außer an der ersten Stelle in 40,21, wenn im Parallelglied nach der üblichen Emendation *mīsūdat hā'āreṣ* „seit Gründung der Erde" gelesen wird[39]. Ziel der Aussage ist die Vorzeitigkeit des göttlichen Verkündens und damit Einleitens der Geschehnisse; die Vorzeitigkeit wird aber in diesen Fällen nicht wie anderswo relativ am Eintreffen der Ereignisse gemessen (so in 42,9 *b'ṭerem tiṣmaḥnā* „bevor es sproßt"), sondern durch übersteigerndes Vorverlegen der göttlichen Aktion so absolut wie nur möglich ausgesagt. Es ist nochmals auf die Analogie der Aussagen mit *mibbeṭen* bei Deuterojesaja hinzuweisen[40], aber auch auf die Stelle 2.Kön 19,25 = Jes 37,26 mit ähnlich gerichteter Tendenz: „Hast du es nicht gehört? Von lange her *(l'mērāḥōq)* habe ich es gefügt und seit den Tagen der Vorzeit *(mīmē qedem)*

---

[36] Dazu C. Westermann, Art. *ngd*, THAT II, 35f.

[37] *dbr* pi. „voraussagen" auch Ex 7,13.22 u. ö.

[38] Vogt aaO., 59.

[39] Bei Elliger, aaO., 62.83 Anm. 1, der die Aufstellungen Vogts übernommen hat, wird diese Stelle immerhin als Ausnahme gebucht und mit Spr 8,23 verglichen. Die Abtrennung der beiden letzten Wörter von V. 21 bei Vogt, aaO. 63 Anm. 1, wirkt fast wie eine Verlegenheitsauskunft.

[40] Berufung seit fernen Tagen *(ultu ūmē rūqūti)* und Erschaffung im Mutterleib *(ina libbi ummišu)* stehen nebeneinander auch in einer Königsinschrift Assurbanipals (Rassam-Zylinder I,3f.; s. M. Streck, Assurbanipal, II, 1916, 2f.; Seux aaO., 370f.).

bereitet." Wie auch immer man diese Stelle textlich und exegetisch behandelt und in ihrem literarischen Verhältnis zu Deuterojesaja beurteilt,
so kann doch kein Zweifel daran herrschen, daß die beiden Ausdrücke
mit *min* temporale hier nicht mit „zum voraus" übersetzt werden können.

Weitere exegetische Argumente bei Vogt lassen sich unschwer entkräften. So,
wenn das Partizip *maggīd* 46,10 ausschließlich auf die Gegenwart bezogen wird,
so daß *mērēšīt* als dessen Näherbestimmung nicht mehr die Vergangenheit, sondern nur die relative Vorzeitigkeit zu etwas Zukünftigem bezeichnen könnte[41].
Das hymnische Partizip enthält doch wohl eine allzeit gültige Prädikation (vgl.
41,4). Ferner ist in dem schwierigen Abschnitt 48,3–8 mit Westermann[42] zwischen zwei Phasen des Verkündigens zu unterscheiden. Die „früheren Dinge"
reichen bis V. 6a, von V. 6b an geht es um die „neuen Dinge". Vogt[43] setzt die
Zäsur zwischen V. 3 und V. 4 und stellt dann ein gegenwärtiges Voraussagen in
V. 4–6a einem Erst-jetzt-Voraussagen in V. 6b–8 gegenüber, wobei den Zusätzen in V. 4.5b.7b für den Gang der Argumentation zuviel Gewicht beigelegt wird
und die normale Gegenüberstellung ‚Früheres' – ‚Neues' verdunkelt wird. Die
Verbindung von *wᵉlō mēʾāz* in V. 7a mit *šᵉmaʾtem* statt mit *nibrᵉū* zerstört den
Gegensatz *ʾattā–mēʾāz*. Schließlich vermag auch die Korrektur *qōrōt* für *dōrōt* in
41,4 „wer die Geschehnisse voraussagen kann" (statt „der die Geschlechter von
Anbeginn ruft")[44] die Deutung von *mērōš* als „zum voraus" nicht zu fundieren,
zumal *qrʾ* (mit Objekt „Ereignisse") anstelle von *ngd* hi. für „voraussagen" trotz
44,7a ungewöhnlich wäre.

Wir bleiben also an den zwölf Stellen mit *min* temporale in Verbindung mit einem Ausdruck für Verkündigen (40,21; 41,26.26; 44,7.8;
45,21.21; 46,10.10; 48,3.5; 48,16) bei der bisherigen Übersetzung. Unter der Annahme einer mehr oder weniger hyperbolischen Ausdrucksweise, die aber der Denkweise Deuterojesajas und seiner Zeitgenossen
durchaus entspricht, ist von der Exegese her gegen „von Anbeginn",
„seit jeher", „vorlängst" nichts einzuwenden. Dasselbe gilt für 41,4 mit
qrʾ „rufen", 48,7 mit *brʾ* „schaffen" und 48,8 mit *ptḥ ʾōzen* „offenbaren",
die von Vogt ebenfalls für die Bedeutung „zum voraus" in Anspruch genommen worden sind, wie auch für 42,14 „ich habe seit ewig *(mēʿōlām)*
geschwiegen", 46,9 „gedenkt der früheren Dinge von uran *(mēʿōlām)*"
und 48,16 „seitdem es geschieht *(mēʾēt hᵉjōtāh)*", wo die übliche Übersetzung unbestritten geblieben ist[45].

---

[41] AaO., 59 und 60.

[42] Im Kommentar S. 157–162; vgl. auch C. Westermann, Jesaja und die ‚Bezeugung gegen Israel', in: Studia biblica et semitica, Festschrift Th. C. Vriezen, 1966, 356–366.

[43] AaO., 60–62.

[44] AaO., 63; vgl. noch Elliger, aaO., 106.124 ff.

[45] Als weitere Vergleichsstellen kommen noch in Betracht: Jes 22,11 *jōṣᵉrāh mērāḥōq*
„der es von lange her bereitet hat"; 25,1 *ʿēṣōt mērāḥōq* „Ratschlüsse von alters her"; 30,33

III.

Nicht nur aus exegetischen, sondern auch aus sprachlichen Gründen sind die Aufstellungen von Vogt hinsichtlich der „relativen Vorzeitigkeit"[46] anzufechten. Schon die Ausgangsdefinition, „die Präposition *min* drückt eine durch den Zusammenhang näher bestimmte Trennung, einen Abstand von einem bestimmten Standpunkt oder Zeitpunkt aus", verzeichnet die Sachlage, da sie anstelle der direktionalen eine statische Grundbedeutung postuliert, anstelle des Ausgehens von einem Punkt ein Getrenntsein im Abstand zu einem Bezugspunkt. Die überwiegende Mehrzahl aller Gebrauchsweisen von *min* ist ja unbestritten direktional, auch bei temporaler Verwendung, wo immerhin ein Viertel aller Belegstellen, verteilt auf knapp die Hälfte der mit *min* verbundenen Zeitbegriffe, in einer direktionalen Doppelformel „von... bis..." vorkommt. Die Sonderbedeutung „im Abstand von" kommt nur dann zustande, wenn das der Präposition vorgeordnete Nomen oder Verbum bereits das Bedeutungselement des Abstandes in sich enthält, z. B. *rāḥōq min* „fern von". Das von Vogt zitierte Beispiel 2.Sam 20,5 „er verspätete sich über die abgemachte Zeit hinaus *(min-hammōʿēd)*" enthält eben gerade im Verbum *'ḥr* „später sein" den zeitlichen Abstand[47]. Mit dem anderen zitierten Beispiel 1.Sam 20,21f. „die Pfeile liegen von dir aus *(mimmᵉkā)* herwärts . . . hinwärts" wird nun die Vorstellung suggeriert, wie der örtliche könne auch der zeitliche Abstand in beiden Richtungen vom Bezugspunkt aus liegen[48]. Die Folgerung lautet dann: „In bezug auf einen Zeitpunkt *(ʿāz, rōš, rēšīt)* bedeutet *min* so viel als ,weg von', ,vor' dem Eintreten eines Ereignisses." Dafür, daß *min* im Hebräischen „vor" im zeitlichen Sinn bedeuten könnte, gibt es jedoch keine Belege[49]. Ebenso wie *ʿad* ist auch *min* direktional immer von der früheren Zeit auf die spätere Zeit gerichtet, wobei der Ausgangspunkt bei *min* unabhängig vom Sprechenden sowohl in der Vergangenheit als auch in der Zukunft liegen kann[50]. Eine Bedeutung „vor" ist um so un-

---

ʿārūk mēʾetmūl „längst zubereitet"; Hi 20,4 „weißt du es nicht von uralters her *(minnīʿad)*?".

[46] AaO., 60, speziell Anm. 1.

[47] S. o. Anm. 22.

[48] In Wirklichkeit handelt es sich nicht um Abstandsbestimmungen, sondern um zwei vollständige Gebietsbeschreibungen mit Doppelformeln: *mimmᵉkā wāhēnnā* „von dir aus bis hierher" und *mimmᵉkā wāhālᵉā* „von dir aus bis weiterhin".

[49] In Neh 13,4 *lifnē mizzæ* „zuvor" ist *mizzæ* wohl als „damals" mit abgeschwächtem ablativem *min* anzusehen; die Bedeutung „vor" liegt nur in *lifnē;* vgl. noch *mizzæ* „seither" in Sach 5,3 (z. B. W. Rudolph, Kommentar zum AT, XIII/4, 1976, 115f.).Spr 8,23 *miqqadmēʾāreṣ* wird in der Zürcher Bibel ungenau mit „vor dem Ursprung der Welt" übersetzt.

[50] Bei etwa drei Vierteln der Belege mit *min* temporale liegt der Ausgangspunkt in der

glaubwürdiger, als ja in Verbindung mit einem Ausdruck für „Ende"
min die gegenteilige Bedeutung „nach" bekommt, so bei *miq-
qēṣ/miqṣē/miqṣāt* „seit dem Ende von = nach Verlauf von"[51].
Die These von der relativen Vorzeitigkeit muß daher noch auf andere
Weise gestützt werden. Vogt erinnert an die mit *min* gebildeten lokalen
adverbialen Ausdrücke, die nicht auf die Frage ‚woher?', sondern auf die
Frage ‚wo?' antworten, und postuliert für *min* die Bedeutung „Lage in
der Richtung nach, auf der Seite von", z. B. *miqqedem* „auf der Seite
nach Osten". Analog wäre dann *miqqedem* im zeitlichen Sinn „auf der
Seite der Vorzeit, der vorausgehenden Zeit" = „zum voraus", ebenso
dann bei *l³fānīm* und *ʿōlām* und sogar bei *ʿattā*: „ganz analog in einem
gleichen Zusammenhang bedeutet *mēʿattā* nicht ‚von jetzt an', sondern
‚auf der Seite des Jetzt', in bezug auf ein künftiges Ereignis ‚jetzt zum
voraus'."[52] Auch hier ist die Argumentation sorgfältig auf ihre Tragfä-
higkeit hin zu prüfen.

Zunächst ist unbestritten, daß *min* in Verbindung mit Vokabeln der Orientierung im Raume die ablative Bedeutung häufig verliert, z. B. bei *mittaḥat* „un-
ten/drunten"[53], so daß *min* beinahe so etwas wie ein Adverbialisierungsmittel
wird, das sich durch Analogie auch auf andere Ausdrücke wie *millᵉbad* „abgesehen von" ausdehnen konnte. Es ist aber auch gleich hinzuzufügen, 1. daß dieses
min auf die Frage ‚wo?' auf eine Gruppe von etwa vierzig räumlichen Adverbien
beschränkt ist (Himmelsrichtungen, rechts – links, innen – außen, vorne – hinten, oben – unten, auf der einen – anderen Seite, ringsum, in der Ferne usw.) und
nicht in Verbindung mit beliebigen Nomina in der Bedeutung „in/an" verwendet
werden kann[54], und daß 2. die Präposition *min* in Verbindung mit einem Verbum der Bewegung oder (seltener) in einer Doppelformel mit „von . . . bis . . ."
ihre ursprüngliche Bedeutung jederzeit wieder zurückgewinnen kann. So sind
von vielleicht 650 Belegen der erwähnten 40 Verbindungen von *min* mit einer
Orientierungsbezeichnung etwa 150 nach unserem Sprachgefühl ablativ und
etwa 500 lokativ zu übersetzen[55]. Der Übergang vom Ablativ zum Lokativ ist ja

---

Vergangenheit, bei den übrigen ist er zukünftig oder allzeitig oder, bei *mēʿattā,* auf die
Sprechgegenwart bezogen.
    [51] Im AT 35mal. Das Oppositum *ʿad* (akk. *adi,* s. o. Anm. 15) hat dagegen öfters die
Bedeutung „bevor". Ähnlich wie *miqqēṣ* ist vielleicht *middē* „sooft" zu verstehen,
wenn es soviel wie „jedesmal nach (Eintreten von) Bedarf" meint (im AT 14mal).
    [52] AaO., 60 Anm. 1.
    [53] Als Adverb 15mal, dazu 5mal ohne und 16mal mit *lᵉ* als Präposition „unterhalb von";
in Verbindung mit einem Verb der Bewegung aber „von unter . . . weg" (24mal).
    [54] Gegen M. Dahood, z. B. in: Biblica 48/1967, 427. Zu Ex 33,6 *mēhar Ḥōrēb* s. o.
Anm. 6.
    [55] Das sind knapp 7 % aller Stellen mit *min* (s. o. Anm. 21), mit charakteristischen Häu-
fungen in den Bauberichten und geographischen Listen in Ex 25–40, Jos, 1.Kön 6–7, Ez
40–48 und 2.Chr. 3–4. Am häufigsten sind lokatives *miḥūṣ* „draußen/außerhalb von" (ca.
60mal) und *missābīb* „ringsum" (ca. 35mal), ferner *mimmaʿal* „oben" und *mittaḥat* „unten" (je ca. 30mal).

auch ohne weiteres verständlich: Was im Norden liegt, erscheint dem Betrachter von Norden her, und umgekehrt. Dieser Perspektivenwechsel mit analoger Ausdehnung und nachfolgender Lexikalisierung[56] ist in zahlreichen Sprachen wohlbekannt[57] und kann an der Grundbedeutung von *min* jedenfalls nichts ändern.

Bei den mit *min* gebildeten Zeitbegriffen liegt die Sache nicht grundsätzlich anders als bei den Ortsadverbien: das *min* verliert nicht selten seine ablative Kraft, der Ausdruck antwortet, jedenfalls nach unserem Sprachgefühl, auf die Frage ‚wann?' und nicht mehr auf die Frage ‚seit wann?', z. B. 2.Sam 15,1 *waj^ehī mē'ah^arē kēn* ,,hernach geschah es", verglichen mit gleichbedeutendem *waj^ehī 'ah^arē kēn* in 2.Sam 13,1. In 2.Chr 32,23 ist allerdings *mē'ah^arē kēn* wieder ablativ mit ,,seither" zu übersetzen. Von den etwa vierzig Wortverbindungen mit *min* temporale (ohne die Infinitive) antworten nur wenige regelmäßig auf die Frage ‚wann?' (Hauptvertreter sind *miqqēṣ* ,,nach Verlauf von" und *mimmoḥ^orāt* ,,am anderen Tag"[58]). Bei einer Reihe von Ausdrücken kommen beide Perspektiven nebeneinander vor (s. o. *mē'aḥ^arē*), bei der Mehrzahl der Verbindungen aber nur die Bedeutung ,,seit / von . . . an", u. a. bei der häufigsten und flexibelsten dieser Verbindungen, bei *mijjōm* ,,vom Zeitpunkt des . . . an" (*jōm* im Singular ca. 50mal). Eine vorsichtige Schätzung ergibt gut zwei Drittel aller Stellen mit *min* temporale auf die Frage ‚seit wann?' und ein Drittel auf die Frage ‚wann?', wobei die Auffassungen an manchen Stellen je nach Sprachgefühl des Übersetzers oder der Sprache, in die übersetzt wird, schwanken können. Soll man, um nur ein zufälliges Beispiel herauszugreifen, in Klgl 1,7 *mīmē qedem* mit Rudolph durch ,,seit alters" oder mit der Zürcher Bibel durch ,,einstmals" wiedergeben? In Spr 20,4 übersetzt man im Deutschen gewöhnlich: ,,der Faule mag zur Herbstzeit *(meḥōref)* nicht pflügen; sucht er dann in der Ernte *(baqqāṣīr)*, so ist nichts da". Die Bible de Jérusalem hat dagegen ,,dès l'automne"[59]. Bei einem Viertel der Belege ist die Bedeutung ,,seit" durch das Vorkommen in einer Doppelformel mit ,,bis" gesichert.

Betrachtet man nun die einzelnen Ausdrücke mit *min* temporale genauer, so verschwindet der Eindruck der Regellosigkeit, der zu semantisch gewagten Experimenten verführen könnte. Zunächst sind die selb-

---

[56] Z. B. in *'ad-l^emērāḥōq* ,,bis in die Ferne" Jes 57,9; Esr 3,13; 2.Chr 26,15.
[57] Lat. *a dextra* ,,rechts"; franz. *dedans* ,,innen" usw.
[58] Im AT 28mal, davon aber einmal in Lev 23,15 ,,vom anderen Tag an (sollt ihr zählen)". Das etymologisch nicht ganz durchsichtige *mimmoḥ^orāt* hat nach C. Brockelmann, aaO. (Anm. 11) 400, und ders., Hebräische Syntax, 1956, 109, ein partitives *min* bei sich: ,,des anderen Tages". Die partitive Bedeutung ist wohl sicher in 1.Sam 25,28; 1.Kön 1,6 und Hi 38,12 anzunehmen, wo *mijjāmæekā/mijjāmāw* ,,an einem deiner/seiner Tage" bedeutet (so Brockelmann aaO).
[59] Ebenso A. Guillaumont, in: E. Dhorme (ed.), La Bible. L'Ancien Testament (Bibliothèque de la Pléiade), II, 1959, 1405.

ständigen Begriffswörter wie „Anfang / Ende / Zeit(punkt) / Tag / Jahr / Morgen / Abend / Geburt /Jugendzeit" usw. von den relativen Orientierungen in der Zeit wie „vorher / Vorzeit / nachher /damals / nahe / fern" zu unterscheiden. Weiter ist bei den Wann-Bedeutungen die Verschiebung von „seit" zu „in" von derjenigen von „seit" zu „nach" abzuheben. Dann zeichnet sich ein bestimmtes Grundmuster der Verteilung der Wann-Bedeutungen ab. Bei den Verbindungen von *min* mit selbständigen Zeitbegriffen überwiegt die ablative Bedeutung „seit"; daneben kommt nur noch die Verschiebung von „seit" zu „nach" vor. Und zwar erhalten diejenigen Begriffe, die das Bedeutungselement des Anfangs in sich tragen, die Bedeutung „seit" (z. B. *min-habbōqer* Ex 18,13 u. ö. „vom Morgen an"), während diejenigen mit dem Bedeutungselement des Endes die Bedeutung „nach" annehmen (*miqqēṣ* „nach Verlauf von", s. o.). Längere Zeiträume wie *jāmīm* können dabei entweder inklusiv von ihrem Anfang an (2.Kön 23,22 *mīmē haššōfᵉṭīm* „seit den Tagen der Richter") oder exklusiv von ihrem Ende her (Jos 23,1 *mijjāmīm rabbīm* „nach langer Zeit") betrachtet werden. Anders steht es bei den präpositionalen Wendungen, die der relativen Orientierung in der Zeit dienen (*millifnē, mēʾaḥᵃrē, miqqārōb, mērāḥōq, miṭṭerem, miqqedem/mīmē qedem, mēʾāz, mizzǣ*) [60]. Hier ist wie bei den entsprechenden Ortsadverbien ein Wechsel der Perspektive möglich, aber nicht in jedem Fall notwendig oder sicher feststellbar. Was *seit* der Vorzeit existiert, erscheint dem Betrachter als *in* der Vorzeit vorhanden (vgl. *miqqedem* örtlich „aus dem Osten" und „im Osten", zeitlich Ps 74,12 „Gott ist mein König von alters her" neben Ps 77,6 „ich gedenke der Tage der Vorzeit"; mit *mēʾāz:* Ps 93,2 „dein Thron steht fest von jeher" neben Jes 16,13 „dies ist das Wort, das Jahwe vormals über Moab geredet hat"). Da die adverbiellen Ausdrücke, die eine solche Verschiebung der Perspektive aufweisen, notwendig die Lage einer Größe in einem räumlichen oder zeitlichen Abstand von einer anderen aussagen, kommt eine Anwendung des Prinzips auf den Ort des Sprechenden selber oder auf die Gegenwart des Sprechenden wohl nicht in Frage. Es gibt denn auch kein **mikkō* „hier" [61] oder *mēᵉattā* *,* „jetzt".

In der Anwendung auf unsere Stellen bei Deuterojesaja besagt dies alles, daß man zwar bei *mēʾāz, millᵉfānīm* und *miqqedem* eine Bedeutung „damals", „früher", „in der Vorzeit" in Betracht ziehen könnte, wenn dies der Perspektive des Betrachters eher entspricht. Die Intention der Aussage würde dadurch nicht verändert, auch nicht bei der Übersetzung

---

[60] Aram. *min-qadmat dᵉnā*, s. o. Anm. 32.

[61] *mippō* begegnet nur in der Zwillingsformel *mippō* ... *mippō* ... „(von da ... von da ... =) auf der einen Seite ... auf der anderen Seite..." (18mal in Ez 40–41); ähnlich *mizzǣ ... mizzǣ ...* (22mal im AT).

mit „längst schon" unter Einbeziehung der Sprechgegenwart durch „schon". Nicht möglich ist dagegen eine Bedeutung „zum voraus" im Sinne von „früher als ein bestimmter, aus dem Zusammenhang zu eruierender Zeitpunkt", im konkreten Fall „früher als das Eintreffen des verkündigten Ereignisses". *ngd* hi. *mēʾāz* bedeutet somit nicht „voraussagen", sondern „seit jeher" oder allenfalls „schon längst" etwas „gesagt haben" bzw. je nach Kontext auch „seit jeher etwas vorausgesagt haben" (vgl. Jes 16,13 *dbr* pi. *mēʾāz* „früher vorausgesagt haben", Gegensatz „jetzt"). Ein *mēʾāz* *„voraus" wird ja wohl niemand nach Art der indogermanischen Verbalkomposita in ganz enge Verbindung mit dem Simplex *ngd* hi. oder *dbr* pi. zur Bildung des Begriffs „*vorher*sagen" bringen wollen. Außerdem stünden im Hebräischen noch andere sprachliche Mittel zur Wiedergabe des besonderen Begriffs „*voraus*sagen", *prolegein*[62], zur Verfügung, etwa das Formverb *qdm* pi. „zuvor etwas tun" mit *l*ᵉ + Infinitiv[63] oder eine einfache Umschreibung mit *lifnē*[64]. Anstatt eine neue und ungebräuchliche Bedeutung von *mērōš*, *mēʾāz*, *miqqedem* usw. für Deuterojesaja ad hoc zu postulieren, bleiben wir besser bei der bisherigen Übersetzung „von Anbeginn", „seit alters", „vorlängst", die dem Stil und der Denkweise Deuterojesajas durchaus angemessen ist.

---

[62] Vgl. LXX *prolegōn* in Jes 41,26 für einfaches *maggīd*.
[63] Vgl. Jon 4,2 *qiddamtī librōᵃḥ* „ich bin zuvor geflohen".
[64] Vgl. Jes 48,7 *lifnē jōm*, s. o. Anm. 23.

WERNER R. MAYER

„Ich rufe dich von ferne, höre mich von nahe!"

Zu einer babylonischen Gebetsformel*

Als vor Jahren das Thema meiner Dissertation allmählich Gestalt gewann – sie handelte dann von der Formensprache der babylonischen Bittgebete –, war eines der ersten Bücher, zu denen ich griff, um einen Einstieg in Sprache und Struktur dieser Gebete zu finden, ‚selbstverständlich' Claus Westermanns „Das Loben Gottes in den Psalmen", das damals in 4. Auflage vorlag. Besonders anregend fand ich darin die nicht nur für den biblischen, sondern für den gesamten altorientalischen Raum zutreffenden Überlegungen zu „Loben und Danken", „berichtendes und beschreibendes Lob", zum Thema „Lobgelübde" und „Die Toten loben Jahwe nicht" – Ausführungen, die meine Arbeit, wie ich hoffe, nicht nur da bestimmt haben, wo ich sie wörtlich zitiere, sondern auch in der Gesamtkonzeption.

Daher ist es mir nun eine ganz besondere Freude, dem Alttestamentler, der meine eigene, assyriologische Arbeit so sehr befruchtet hat, als Zeichen der Hochschätzung und Dankbarkeit diese kleine Studie zu widmen. Und so wie Westermann seine Analyse der biblischen Psalmen immer auch mit dem Blick auf die babylonischen Psalmen durchgeführt hat, so möchte ich selber nun hier, wenn ich Strukturen der babylonischen Gebete nachzeichne, stets die Psalmen Israels mit im Auge behalten; denn gerade im Bereich der Gebetsliteratur können sich, glaube ich, alttestamentliche Forschung und Assyriologie gegenseitig befruchten und erhellen.

Mein Thema ist zusammengefaßt in einem einzigen Vers, der in mehreren babylonischen Bittgebeten vorkommt: *rūqiš alsīka qerbiš šimanni*

---

* Die Abkürzungen assyriologischer Fachliteratur richten sich nach W. von Soden, Akkadisches Handwörterbuch (abgekürzt: AHw.), Wiesbaden 1965 ff., und R. Borger, Handbuch der Keilschriftliteratur I, 1967, II + III, 1975.

„von ferne rufe ich dich, von nahe höre mich!"[1]. Die Struktur dieser
Formel ist sehr übersichtlich: in den zwei Vershälften entsprechen sich
jeweils „von ferne" und „von nahe", „rufen" und „hören", erste und
zweite Person. Ich meine nun: in dem Spannungsverhältnis der zwei
Sätzchen und ihrer Elemente zueinander kommen Strukturen des Be-
tens und des darin implizierten religiösen Verständnisses in einer geradezu exemplarischen Weise zutage, so daß es sich lohnt, in einer Art phi-
lologischer und religionsgeschichtlicher Meditation bei diesem einen
Vers zu verweilen. Das soll im folgenden geschehen.

I. Rufen und hören

a) *alsīka šimanni* „ich rufe dich an, höre mich!"

Gleich zu Beginn begegnet uns hier eine formale Struktur des Bittens,
die uns bis heute geläufig ist; man denke nur an das alltägliche „Ich bitte
dich (verkürzt: Bitte), hör mich an!" bzw. „Bitte, hilf mir!" oder – um ein
Beispiel aus dem gottesdienstlichen Raum zu bringen – an das „Wir bitten dich, erhöre uns" des Gemeindegebetes, in dem das alte *te rogamus
audi nos* der römischen Allerheiligenlitanei fortlebt.

So selbstverständlich wir tagtäglich in dieser Weise unsere Bitten äußern, sprachwissenschaftlich ist diese Form doch eine Überlegung wert.
Ansatzpunkt dafür ist die Zweiheit der Elemente, aus denen die Formel
aufgebaut ist, nämlich a) „ich bitte dich", kurz „bitte", und b) „höre
mich!" bzw. „hilf mir!"[2]. Wie ist das gegenseitige Verhältnis dieser zwei
Elemente zu bestimmen? – Für eine Bitte ganz allgemein sind m. E. zwei
Dinge konstitutiv: einmal der konkrete Appell an den anderen, in Form
eines Imperativs oder auch einer höflichen Frage, also z. B.: „Hilf mir in
diesem meinem Anliegen, meiner Not!" bzw. „Könntest du mir vielleicht helfen?"; zum andern die Bittbewegung selbst, die den Appell
trägt, der Vorgang also, daß ich mich an einen anderen Menschen um
Gehör und Hilfe wende. Das letztgenannte Element wird primär auf
eine außersprachliche Weise verwirklicht: durch den Tonfall, durch ei-

---

[1] Siehe die Belege bei W. Mayer, Untersuchungen zur Formensprache der babylonischen „Gebetsbeschwörungen" (abgekürzt: UFBG), Rom 1976, 130. Vollständig erhalten ist der Vers nur in 2 der dort angeführten Belege (79–7–8,50, 17', s. UFBG 538; Rm.
499, Vs. 7', s. ebd. 536); sie vertreten zugleich zwei verschiedene Möglichkeiten der
Wortstellung und damit auch des Versrhythmus:
    a) *rūqiš alsīka qerbiš šimanni* (´– ◡ ◡ ´– ◡ / ´– ◡ ◡ ´– ◡);
    b) *alsīka rūqiš šimanni qerbiš* (◡ ´– ◡ ´– ◡ / ◡ ´– ◡ ´– ◡).
[2] „Höre mich" steht hier stellvertretend für alle Bitten um *Zuwendung,* „hilf mir" für
alle Bitten um ein *Eingreifen.* Zu dieser Unterscheidung siehe C. Westermann, Das Loben
Gottes in den Psalmen, Göttingen [4]1968, 48 (ff.) und 81 (sub 1).

nen Blick, durch eine Geste oder Haltung tue ich kund, daß ich mit meinem Appell als Bittsteller komme. Eben dieses Geschehen der Hinwendung und des Bittens kann aber auch verbalisiert werden, indem ich etwa sage: „Ich bitte dich (hiermit), ersuche dich (hiermit)" o. ä. Damit sind wir bei einer sprachlogischen Kategorie angelangt, deren wir uns im Deutschen kaum bewußt sind: beim sog. Koinzidenzfall[3] oder Performativ[4]. Am Beispiel des Sätzchens „ich bitte" läßt sich leicht verdeutlichen, worin sich dieser Fall logisch von dem der berichtenden Darstellung im Präsens unterscheidet[5]. Wenn ich z. B. aus der Universitätsbibliothek entliehene Bücher länger als vorgesehen behalten möchte, wende ich mich – mündlich oder schriftlich – an den Bibliotheksangestellten mit den Worten: „Ich bitte (hiermit) um Verlängerung der Leihfrist für meine Bücher"; in diesem Fall vollziehe ich im Aussprechen des Satzes „ich bitte" die darin ausgesagte Tätigkeit, nämlich das Bitten, so daß die ausgesagte Handlung mit meinem Sprechen ‚zusammenfällt' (daher *Koinzidenz*fall). Ein einfaches Berichtspräsens liegt dagegen vor, wenn mich etwa ein Freund in der Universitätsbibliothek trifft und fragt: „Nanu, was machst Du denn hier?" und ich antworte: „Ich bitte (gerade) um Verlängerung der Leihfrist für meine Bücher." Im Unterschied zum 1. Fall, bei dem meine Worte die durch sie bezeichnete Handlung verwirklichen – meine Äußerung „ich bitte" *ist* die Bitte –, ist die Antwort, die ich meinem Freund gebe, selbst keine Bitte, sondern nur der *Bericht über* die sich eben vollziehende Handlung des Bittens. Die Verbalform ist im Deutschen zwar in beiden Fällen dieselbe (1. Person Sg. Präsens), doch wird der Unterschied der Funktion aus dem Zusammenhang verstanden oder durch die Hinzufügung der adverbialen Bestimmung „hiermit" im ersten bzw. „gerade, eben" im zweiten Fall unverwechselbar ausgedrückt. Anders in den semitischen Sprachen; sie verwenden für den Koinzidenzfall i. a. eine andere Verbalform als für das Berichtspräsens: die westsemitischen Sprachen die Suffixkonjugation, das sog. Perfekt[6], das Akkadische als einziger Vertreter des Ostsemitischen das Prä-

---

[3] Siehe dazu ausführlich E. Koschmieder, Zur Bestimmung der Funktionen grammatischer Kategorien, in: E. Koschmieder, Beiträge zur allgemeinen Syntax, Heidelberg 1965, 9–69, bes. 26–34.

[4] So nach der von J. L. Austin in die Linguistik eingeführte Unterscheidung von „performativen" und „konstativen" Äußerungen.

[5] Das folgende Beispiel z. T. wörtlich nach E. Koschmieder, in: Beiträge (s. Anm. 3), 88.

[6] Daneben teilweise auch partizipiale Wendungen; so im Aramäischen (vgl. UFBG 190f.). Vielleicht auch im Hebräischen? Man halte etwa 'ānōkī šō'ēl (2.Sam 3,13; 1.Kön 2,16.20; vgl. Jer 38,14) neben šā'altī (Spr 30,7), šōlē^aḥ ^{'a}nī (Ez 2,3) neben hinnē šālaḥtī (1.Kön 15,19; 2.Kön 5,6), hinn^enī nōtēn (Ez 29,19) neben nātattī (ebd. v 20; Jer 27,6).

teritum bzw. – jedenfalls in nichtliterarischen Texten der jüngeren Zeit – das Perfekt, beides Formen, die sonst die Vergangenheit bezeichnen[7].

Doch zurück zu unserer Gebetsformel „ich rufe dich an (alsīka, Präteritum), höre mich!". In den babylonischen Bittgebeten ist dieser Formeltyp recht häufig belegt; so kann ich mich im folgenden auf Beispiele beschränken, bei denen beide Elemente *im selben Vers* vorkommen.

In ihrer einfachsten Gestalt lautet die Formel:

Hiermit rufe ich dich an, o Gott NN: höre mich![8]

Wird die Bitte um Gehör und Zuwendung erweitert oder variiert, so heißt es etwa:

Ich rufe dich an, o Herrin: tritt her und höre, was ich sage![9]
Ich rufe dich an, o Herr: höre mich ‚von nahe‘, schone meinen Lebensodem![10]
Prächtigste der Göttinnen, gewaltig große Herrin, ich rufe dich an: eile mir zu Hilfe![11]

Das *alsīka* „ich rufe dich an" der 1. Vershälfte kann vertreten werden a) durch andere Präterita, z. B. *ashurka* „hiermit wende ich mich an dich"[12], b) durch Perfekta wie *aktaldakka* „hiermit (?) trete ich an dich heran"[13], *sissiktaka aṣṣabat* „hiermit (?) fasse ich deinen Gewandsaum"[14]. In derselben Position steht auch einmal eine Aussage über eine rituelle Darbringung:

Ich habe dir einen *adagurru*-Krug aufgestellt: höre mich und sei mir gnädig![15]

In der Bitte kann, über das Thema der Zuwendung hinaus, auch schon ein konkretes Anliegen zur Sprache kommen:

Hiermit wende ich mich unter den Göttern (gerade) an dich: hab Erbarmen mit mir;
hiermit fasse ich deinen Gewandsaum: schenke mir Leben![16]

---

[7] Siehe UFBG 192 ff. Zu den Perfektformen in den Gebeten s. ebd. 206–8 und W. Farber, Beschwörungsrituale an Ištar und Dumuzi, Wiesbaden 1977, 164 f. zu Z. 54.

[8] *alsīka* ᵈGN *šimanni*. So als Gebetseröffnung: BAM 231 I 20 // 332 I 4'; TuL 144,10; K. 2425, 1 (*al-si-ka* ⌜i⌝-*li ši-ma-an-ni*). Ähnlich AGH 152 c 7 f.

[9] *alsīki bēltu izizzimma šimī qabâ[ja]*: UFBG 455,13; 451,72. Ähnlich LKA 86, Rs. 11 f. // 88, Rs. 7 f.; JNES 26/1967, 187,8; Or. 40/1971, 172,36 f.

[10] *alsīka bēlu šimanni qerbiš napištī gimil*: RT 24/1902, 104,15 mit Ergänzungsstücken und Duplikaten.

[11] *šaruḫti ilāti bēltu šurbūtu alsīki ana jâši rūṣī*: RA 49/1955,180,18.

[12] AGH 124,22.

[13] AGH 86,27.

[14] LKA 138, Rs.4'.

[15] *azqupki adagurru šiminni u mugrinni*: BID 142,56.

[16] *ashurka ina ilī rišâ rēmu / aṣbat sissiktaka balāṭu qīša*: UFBG 462,18 f.

Hiermit wende ich mich unter den Göttern (gerade) an dich, suche dich auf: befiehl, daß ich lebe![17]

oder:

Ich bete zu dir: löse meine ‚Bindung!'[18]
Hiermit (?) suche ich dich persönlich auf: möge meine ‚Gebundenheit' gelöst werden![19]

In den Bittpsalmen der Bibel begegnet uns derselbe Typ der zweigliedrigen Gebetsformel[20]; meist stehen beide Elemente im selben Vers bzw. Doppelvers, gelegentlich sind sie auch auf 2 Doppelverse verteilt (Ps 88,2f.; 142,6f.; 143,6f.).
Prägnant formuliert z. B. Ps 119, 146:

Hiermit rufe ich dich an *(qᵉrā'tīkā):* hilf mir!

Beide Elemente können variiert werden. Statt „ich rufe dich an" (auch Ps 17,6; 119,145; 130,1; 141,1) sagt der Beter etwa: „ich schreie *(ṣā'aqtī)* . . . vor dir" Ps 88,2; „ich schreie *(zā'aqtī)* zu dir, ich sage hiermit *('āmartī):* Du bist meine Zuflucht, . . ." 142,6; „ich sage hiermit *('āmartī)* zu Jahwe: Du bist mein Gott" 140,7; „hiermit mache ich dein Antlitz ‚angenehm' *(ḥillītī pānǣkā)"* i. S. von „ich flehe dich (mit bestimmten Gesten) an" 119,58; „ich breite hiermit meine Hände zu dir aus *(pēraśtī jādaj)"* 143,6; „hiermit suche ich bei dir Zuflucht *(ḥāsītī)"* 7,2; 31,2//71,1; 141,8[21]. Die unmittelbar anschließende Bitte zielt meistens auf Gottes gnädige Zuwendung: „höre meine Stimme" Ps 130,2; „neige dein Ohr zu mir, höre mein Wort" 17,6; „vernimm die Stimme meines Flehens" 140,7; „eile zu mir, vernimm meine Stimme . . ." 141,1; „merke auf meinen

---

[17] *asḫurka ašē'ka ina ilī qibâ balāṭī:* Or 36/1967, 3,27 //Or 39/1970, 143,28. Vgl. AfO 14/1941–44,144,79; TuL 142,27.
[18] *usallīki kâši e'iltī puṭrī:* AGH 134,80.
[19] *pānīki ātamar lippaṭir kasītī:* BID 238,13'. Vgl. AGH 26,36.
[20] Die Belege für den Koinzidenzfall in den Psalmen sind gesammelt bei D. Michel, Tempora und Satzstellung in den Psalmen, Bonn 1960: § 10, Nr. 1–6 *(qārā'tī),* einige Belege unter Nr. 27–121; dazu § 12.
[21] Ich stelle diese Belege hierher unter der Voraussetzung, daß *ḥāsā* ein fientisches, kein Zustandsverb ist (Bedeutung also „sich bergen, Zuflucht suchen", nicht „geborgen sein, Zuflucht haben"; vgl. THAT I, 621–3). – Aber selbst angenommen, daß *ḥāsā* wegen seiner Nähe zu *bāṭaḥ* „vertrauen" als Zustandsverb aufzufassen ist: wäre nicht auch dann ein zweifaches Verständnis des Perfekts möglich? Kann *bᵉkā bāṭaḥtī* neben „ich vertraue auf dich" nicht auch bedeuten: „hiermit setze ich mein Vertrauen auf dich, vertraue mich dir an"? Als Hintergrund vergleiche man in den akkadischen Gebeten das Präteritum *atkalka* „hiermit setze ich mein Vertrauen auf dich" bzw. „ich habe mein Vertrauen auf dich gesetzt" (s. UFBG 137 und 204 mit A 121) und *napištī ublakku* „hiermit flüchte ich mich zu dir" bzw. „ich habe mich zu dir geflüchtet" (s. UFBG 140f. und 205).

lauten Ruf" 142,7; „es komme vor dich mein Gebet, neige dein Ohr zu meinem lauten Ruf" 88,3; „erweise mir Gnade" 119,58; „erhöre mich" 119,145; „eilends erhöre mich . . ., verbirg dein Antlitz nicht vor mir" 143,7. Weitergehende Bitten sind: „hilf mir vor all meinen Verfolgern und rette mich" 7,2; „möge ich nie zuschanden werden" 31,2 // 71,1; „schütte mein Leben nicht aus" 141,8[22].

b) šasû u šemû „rufen und hören" als Form der Gottesbegegnung

Das Rufen des Beters findet seine Entsprechung und sein Ziel im Hören bzw. Erhören der Gottheit. Daß diese beiden Elemente der Gottesbegegnung eng zusammengehören, kommt oft auch in der sprachlichen Form zum Ausdruck; so in der eben behandelten Bittformel des Typs „ich rufe dich an, höre mich!". Will der Beter dann berichten, daß seine Bitte erhört worden ist, wird er dementsprechend sagen: „Ich habe zu Gott NN gerufen, und er hat mich gehört bzw. erhört (und hat mir geholfen)" – eine Ausdrucksweise, die den ‚Dankliedern bzw. berichtenden Lobpsalmen des Einzelnen'[23] in der Bibel geläufig ist[24]. Gibt es Vergleichbares auch im akkadischen Bereich?

Eine den ‚Dankliedern des Einzelnen' entsprechende Liedgattung ist m. W. bisher nicht belegt[25]; doch folgen immerhin zwei Dichtungen vom „leidenden Gerechten"[26] deren Aufbauschema. In einer dieser Dichtungen erzählt der Sprecher im ‚Rückblick auf die Not' vom Scheitern seiner Bemühungen um Gehör:

Ich rief (meinen) Gott an, doch er merkte nicht auf mich;
ich betete zu meiner Göttin, (doch) sie bemühte sich nicht um mich. . . .
Ich flehte zum Traumgeist, doch er gab mir keine Auskunft.[27]

Für den Bericht des Typs „ich rief zu Gott, und er hat mich gehört"[28]

---

[22] Zu den zwei letzten, negativ formulierten Wünschen vgl. Spr 30,7: „Zwei Dinge erbitte ich hiermit (*šā'altī*) von dir, versage (sie) mir nicht, bevor ich sterbe."
[23] Siehe das Schema bei C. Westermann, Das Loben Gottes in den Psalmen, 77.
[24] Ps 18,4.7 (= 2.Sam 22,4.7); 30,3; 34,5; 118,5; 120,1; 138,3; Jon 2,3; Klgl 3,55 f.; Sir 51,10 f. Ähnlich Ps 40,2; 66,19; 116,2.
[25] Vgl. UFBG 350 A 54.
[26] Ugaritica 5/1968, 265 ff. (deutsche Übersetzung: W. von Soden, in: Ugarit-Forschungen 1/1969, 192 f.) und BWL 21 ff. (*Ludlul bēl nēmeqi*).
[27] BWL 38,4 f.8. – Nicht bezeugt sind in den babylonischen Gebeten, soweit ich sehe, Entsprechungen zu der in den Klageliedern des AT vorkommenden ‚Anklage Gottes' des Typs „ich rufe, und zu hörst/antwortest nicht" (Ps 22,3; Hi 30,20; Hab 1,2).
[28] Hinzuweisen ist in diesem Zusammenhang auf Personennamen, die als Bericht über die erhörte Bitte formuliert sind; Typ: „Ich rief die Gottheit an (suchte sie auf, setzte mein Vertrauen auf sie) und wurde gesund bzw. wurde nicht zuschanden." Siehe J. J. Stamm,

finden wir dagegen in einem anderen Literaturbereich, dem der Königsinschriften, reichlich Zeugnisse[29]. Ein Beispiel möge hier genügen, das
die verschiedenen Elemente in voller Entfaltung zeigt:

(Mit der Bitte um den Sieg) erhob ich, Sargon, die Hände zu Assur. Mein Herr
Assur hörte *(šemû)* meine berechtigte Rede, und sie gefiel ihm; meinem legiti-
men Gebet wandte er sich zu und erhöhte *(magāru)* meine Bitte.[30]

Man vergleiche, was der Gott Assur in einem Orakel zum König sagt:

Du hast deinen Mund zu mir aufgetan (mit den Worten): „Nun, Assur!"; ich
habe deine Klage gehört *(šemû)*[31]

Die Reaktion der Gottheit kann, wenn die Bitte eine Frage impliziert,
als „antworten" *(apālu)* bezeichnet werden; so z. B. in einer Inschrift
Salmanassars I.:

Zu Assur und den großen Göttern, meinen Herren, erhob ich die Hände, und sie
antworteten mir geradewegs mit einem zuverlässigen Jawort.[32]

Die „Antwort" geschah wohl mittels einer der gängigen Orakeltech-
niken, bei denen man ein „Ja" oder „Nein" als Resultat erwarten konnte, vermutlich durch eine Opferschau. Natürlich gab es noch andere
Möglichkeiten, wie die Götter auf eine Frage „antworten" bzw. allgemeiner gesagt, ihren Willen kundtun konnten; der „Zeichen" waren ja
viele, der Mensch mußte sie nur zu deuten wissen: Vorgänge am Himmel
und auf der Erde, Naturereignisse, Aussehen und Verhalten von Tieren
und Menschen usw., insbesondere aber Träume, *egerrû*-Worte (d. h.
Äußerungen anderer Menschen, die einer zufällig mithörte und denen er
eine ominöse Bedeutung beimaß) und – unter den provozierten Zeichen

---

Die akkadische Namengebung, Leipzig 1939, 199 *(ᵈNabû-alsīka-ul-abāš* usw.) und 200
(Ešē-ᵈMarduk-abluṭ usw.).

[29] Bei den im folgenden angeführten Belegen ist das Verb, das die Hinwendung zur
Gottheit ausdrückt, nur 1mal *šasû* „anrufen" (im Vertrag des Šattiwaza, 14. Jh.), sonst dagegen *qātī našû* (bzw. aramäisch *nš' jdi*) „die Hände erheben", *maḫāru* „angehen", *ṣullû*
und *suppû* „beten", *utnennu* „flehen".

[30] Sg. 8, (112-)124 f. – Ähnlich: Šattiwaza (BoSt. 8,40,18–20), Zkr von Hamat (KAI Nr.
202, A Z.11; vgl. H.-J. Zobel, in: VT 21/1971, 91–99); Sargon (AB 5, Cyl. 53–55 [zu Z.
53 s. CAD A₂ 522a oben]; AOF I 403,21–23), Sanherib (OIP 2,44,62–67; 81,29 f.),
Asarhaddon (Ash. S. 42,35–37; S. 43,59 f.; S. 65,3–6.14 f.), Assurbanipal (VAB
7,22,116–118; 34,9 f. // AS 5,78,52 f. // PL 42,17 f.; AS 5,64/6,26–49 // VAB 7,
190,9–24; VAB 7,336,6 f. = AfO 8/1932–33,198,27 f.), Nebukadnezar (VAB 4,100/2, II
11–18; 122/4, I 51–II 5), Nabonids Mutter Addaguppi (AnSt. 8/1958,46/8, I 17–36 und I
44–II 12).

[31] K. 2401 II 12'–14'; s. M. Weippert, in: ZAW 84/1972, 481 mit A 101.

[32] AOB 118,12–14; vgl. Ash. S. 40,13 f. (Asarhaddon über seinen Vater). Weitere Belege für *apālu* im Sinn einer Orakelantwort siehe CAD A₂ 135 *(annu* 2) und 163b–164
(apālu 2d).

– diejenigen der Leber- und Eingeweideschau[33]. All diese „Zeichen",
verstanden als Mittel der Kommunikation mit den göttlichen Mächten,
waren auch dem ‚gewöhnlichen' Menschen zugänglich; dagegen dürfte
die Selbstkundgabe der Götter in Visionen und Auditionen, gegebenen-
falls vermittelt durch Seher und „Propheten", auf einen kleinen Emp-
fängerkreis (am Königshof) beschränkt gewesen sein[34].

Auf dem eben skizzierten Hintergrund ist nun folgende Klage in einem Bittgebet zu verstehen:

Sprechen und Nicht-Hören hat mich schlaflos gemacht,
Rufen und Nicht-Antworten hat mich in Bedrängnis gebracht.[35]

Die genannten Symptome – „sprechen, ohne gehört zu werden" und
„rufen, ohne Antwort zu bekommen" – besagen ganz allgemein: das
Verhältnis zur Umwelt ist so tief gestört, daß keine Kommunikation
mehr zustande kommt[36]. „Umwelt" meint in diesem Zusammenhang
alle Wesen, mit denen der Mensch in Kontakt treten und von denen er
Gehör und Antwort erwarten kann; zur „Umwelt" gehören also nicht
nur die anderen Menschen, sondern auch und gerade die göttlichen
Mächte, die das Leben des Menschen in letzter Instanz bestimmen und
ihm – wenn der Kontakt in Ordnung ist – durch ihre „Zeichen" mittei-

---

[33] Die am Ende genannten 3 Arten von Zeichen – Träume, *egerrû*, Opferschaubefunde
– habe ich wegen ihres Vorkommens in den ‚Bittgebeten des Einzelnen' hervorgehoben; s.
UFBG 104–6 und 279 f.

Zu den „Zeichen" im allgemeinen siehe A. L. Oppenheim, Ancient Mesopotamia, Chi-
cago 1964, 206–227, und J. Bottéro, Symptômes, signes, écritures, in: J. P. Vernant u. a.,
Divination et Rationalité, Paris 1974, 70–197. Für die „Zeichen" in bezug auf den „Heiligen Krieg" siehe R. Labat, Le caractère religieux de la royauté assyro-babylonienne, Paris
1939, 255 ff., und M. Weippert, in: ZAW 84/1972, 470–475.

Für den biblischen Raum verweise ich auf 1.Sam 28,6.15, wonach man eine Antwort von
Jahwe „durch Träume oder durch die Urim-Lose oder durch Propheten" erwarten konnte;
vgl. Chr. Barth, in: Festschrift von Rad, München 1971, 47 mit A 14; H.-J. Zobel, VT
21/1971, 97.

[34] Man denke an die sog. Mari-Prophetie (s. zuletzt E. Noort, Untersuchungen zum
Gottesbescheid in Mari, Kevelaer/Neukirchen-Vluyn 1977) und an die Traumvisionen,
Auditionen und prophetischen Orakel in der Sargoniden- und Chaldäerzeit (siehe proviso-
risch St. Langdon, Tammuz and Ishtar, Oxford 1914, 128–147).

[35] *qabû u lā šemû iddalpanni/iddalpūninni / šasû u lā apālu iddâṣanni* (AGH 72 b 3 f.;
der 1. Satz auch AGH 114 a 14).

Die semantischen Entsprechungen zu *qabû – šemû / šasû – apālu* im Hebräischen sind:
dbr pi. – *šmʿ / qrʾ – ʿnh;* alle 4 Elemente finden sich in Jes 65,12.24; Jer 7,13.27; 35,17; Jon
2,3 (*šwʿ* pi. statt *dbr* pi.).

[36] Unter den Symptomen eines (physisch oder psychisch) kranken Menschen wird auch
der Fall genannt, daß einer „Sprechen und Nicht-Hören, Rufen und Nicht-Antworten" erleidet (BAM 234, Vs. 5), daß einer „spricht und man ihn nicht hört" (KAR 26, Vs. 3), oder
umgekehrt, daß man einen „in seiner Krankheit anruft und er nicht antwortet" (TDP
158,18).

len, was für sein Leben wichtig ist[37]. Ist dieser Kontakt aber einmal gestört, gibt es also kein Hören und kein Antworten mehr – konkret: verweigern die Götter deutbare „Zeichen" –, dann gerät der Mensch in die oben beschriebene Panikstimmung.

Auch die in den Gebeten häufige Bitte um „Sprechen, Hören und Willfahren/Erhören"[38] würde ich von dieser Auffassung von „Umwelt" her in einem sehr weiten Sinn interpretieren: der betreffende Beter wünscht sich, alle nur möglichen Kommunikationspartner (Gott und Mensch) möchten seine Worte anhören und ihm zu Willen sein.

Eindeutig auf das Verhältnis zu den Göttern beziehen sich die oben in der Klage gebrauchten Wortpaare „rufen und antworten", „sprechen und hören" in folgender Doppelbitte an die Göttin Bēlet-ṣēri:

Rufen sie (d. h. die Feinde) dich an, so antworte ihnen nicht;
sprechen sie zu dir, so höre sie nicht!
Rufe (aber) ich dich an, so antworte mir;
spreche ich zu dir, so höre mich![39]

Wieder andere Bitten beschränken sich auf die Zweiheit „rufen und hören"; einmal im positiven Sinn in einer Weihinschrift Assurbanipals:

Wo/wann immer ich dich (= Marduk) anrufe, nimm mein Flehen an, höre, was ich sage![40],

ein anderes Mal negativ, als Fluch für einen möglichen Rechtsbrecher:

Wo/wann immer er Šamaš und Marduk anruft, mögen sie ihn nicht hören![41]

Als Abschluß diene ein Passus aus dem großen Hymnus auf Šamaš (BWL 121 ff.), der ganz vom Vertrauen bestimmt ist, daß der Sonnengott das Rufen und Beten der Menschen hört und erhört:

Du hörst *(šemû)*, o Šamaš, Bitte, Flehen und Gebet, ...
Aus tiefster Kehle ruft der Schwächling dich an *(šasû)*.

Im folgenden werden die verschiedensten Menschen und Menschengruppen aufgezählt (bis hin zum Dieb und zum Totengeist), die sich alle in ihrer jeweiligen Sorge oder Not an Šamaš wenden (6mal *maḫāru);* zum Schluß heißt es: Šamaš, sie haben sich an dich gewandt, (und) du hast alles jeweils gehört![42]

---

[37] Für diese breite Interpretation von „Umwelt" spricht u. a. die Selbstverständlichkeit, mit der in den Bittgebeten „Gott, Göttin und Menschen" bzw. „Gott und König, Hochgestellter und Edler" als Gruppe zusammen genannt werden; s. UFBG 108f. und 253f.

[38] *qabû šemû u magāru* und ähnlich; s. die Belege UFBG 249f.

[39] Maqlû I 56–59.

[40] VAB 7,284,4f. Ähnlich in einem Kolophon: „Wo/wann immer ich dich anrufe, faß mich bei der Hand!" (AOAT 2: Nr. 338,16).

[41] BBS: 5 III 42–44 (Kudurru). Vgl. die an Marduk gerichtete Aufforderung im Erra-Mythos: „Wenn die [Schwarz]köpfigen dich anrufen, nimm [ihr Geb]et nicht an!" (Era II c 23).

[42] BWL 134,130–146.

II. Fern und nahe

In unserer Gebetsformel steht dem *rūqiš* „von fern" des Rufens das *qerbiš* „von nahe" des Hörens gegenüber. Das lädt zu einer kleinen Betrachtung über das Thema „Ferne und Nähe" ein, die – da zumindest im Deutschen oder Ausdruck „von nahe hören" eigenartig klingt – auch einen kleinen Ausflug in die Philologie einschließen soll.

Zunächst als Vorspiel zu den weiteren Ausführungen ein kurzes lexikalisches Resümee.

1. Bedeutung von *rūqu* und *qerbu*, allgemein[43]:
Die Adjektive *rūqu/rēqu* (synonym *nesû*) „fern" und *qerbu/qurbu* „nahe" mit ihren verbalen und adverbialen Ableitungen werden, ähnlich wie ihre hebräischen Äquivalente *rāḥōq* und *qārōb*, in dreifacher Weise verwendet: im örtlichen Sinn, im zeitlichen (bezüglich Vergangenheit und Zukunft) sowie im – aus dem örtlichen abgeleiteten – übertragenen Sinn (*rūqu* = „unnahbar, distanziert, unerreichbar, unergründlich"[44], *qerbu* = „verfügbar, erreichbar, eine Beziehung habend, beteiligt"[45]).
2. *rūqu* und *qerbu* bezüglich Sinneswahrnehmungen:
Verben der Sinneswahrnehmung (hören, sehen) bzw. deren Pendant (rufen usw.) nehmen oft eine von den Adjektiven *rūqu/nesû* und *qerbu* abgeleitete adverbiale Bestimmung zu sich (Formen auf – *iš* oder *ina/ana* mit Genitiv):
a. „sehen" *(amāru, naṭālu): rūqiš, ana rūqēti* „in/aus der Ferne, von weitem"[46], *ana rūqi* „in die Ferne"[47]
„sehen lassen, zeigen" *(kullumu): rūqiš* „weithin(?)"[48].
b. „hören" *(šemû): rūqiš, ina rūqēti, ana rūqi,* „von weitem"[49]; *qerbiš, ina qerbi* „(von) nahe"[50] (s. unten);

---

[43] Für Belege siehe AHw. sub *rêqu/ruāqu, nesû* II, *qerēbu* mit den jeweils zugehörigen Adjektiven usw. Für *qerbiš* I würde ich als Grundbedeutung „in/aus der Nähe" ansetzen und davon für die Verbindung mit *šemû* (hören) eine übertragene Bedeutung „bereitwillig, prompt" o. ä. ableiten.

[44] a) in bezug auf Menschen: der Mund der Geliebten (MAD 5,8,12); in bezug auf Götter: ihr Verhalten *(alaktu)*, Ratschluß *(milku)*, Sinn *(libbu)*, Befehl *(qibītu)*. Siehe AHw. sub *nesû* II G 1c; *rêqu* G I 1.2e; *rūqu* A 3a.4.

[45] „vorhanden, verfügbar, erreichbar (sein)" von Gegenständen, Waren, Zeugen; „sich beziehen auf, relevant sein, zu tun haben mit, beteiligt sein" von Handlungen, Riten, Sätzen, Personen. Siehe AHw. sub *qerbu* I 3; *qerēbu* G I 2d, 3 (TP VI 50 = AKA 83 VI 50, s. die Übersetzung CAD Ḫ 112a Mitte bzw. CAD L 222a unten) und 6b–d; *qurbu* 4e.

[46] CT 38,29,44 (s. Nötscher, Or. Nr. 31/1928, S. 24); – Sn. 51,26; Sg. 8,82.

[47] Gilg. X ıv 12.

[48] ZA 44/1938, 114,8'.

[49] Sg. Wi. 114/26,102.148; Iraq 16/1954, 191,34; Or. 36/1967, 126,178; – AGH 40,3; – Unger, Bab. 236,15 = Iraq 36/1974, 46,82.

[50] *qerbiš:* Ash. § 77,12; K. 2540,16' (s. unten Anm. 76); in unserer Formel *qerbiš šimanni;* – *ina qerbi:* in dem mittelbabylonischen Namen *Ina-qerbi-šimînni/tašmânni* „,Von nahe' erhöre mich bzw. hat sie mich erhört" (BE 15,183,10; 184,12; s. J. J. Stamm, Die akkadische Namengebung, 167.189).

„rufen" *(šasû): rūqiš, ana rūqi* „in/aus der Ferne, von fern"[51];
„antworten" *(apālu): qerbiš* „von nahe" gegenüber *nesîš* „von fern"[52].

a) *rūqiš:* die Ferne der Gottheit

Der Beter ruft die Gottheit „von fern, in/aus der Ferne"; so sucht er
die Distanz zu überbrücken, die zwischen Mensch und Gott liegt[53]. ‚Ferne' und ‚Distanz' sind dabei zwei aus der räumlichen Vorstellung ge-
nommene Begriffe, welche dazu dienen, das wesensmäßige Anderssein
der Gottheit und ihres Bereiches in Worte zu fassen. Die Gottheit wohnt
ja, wie der Beter weiß, „im Himmel", weit weg also von den Wohnstät-
ten und den Sorgen der Menschen. Darum heißt es in manchen Gebeten:

Ich rufe dich, Gott NN, im Innern des heiligen Himmels[54]
bzw. im Innern des fernen Himmels[55]

oder aber:

Ich rufe dich, Gott NN, aus dem Himmel des Anu (d. h. des obersten Himmels-
gottes)[56]

bzw. als Bitte (in Opferschaugebeten):

Tritt her, Gott NN, aus dem Innern des heiligen Himmels![57]

Das „Himmelsinnere", aus dem die Gottheit herbeigerufen wird, gilt
als Inbegriff der ‚Ferne' auch im Sinn der Unzugänglichkeit und Uner-
gründlichkeit; so sagt ein Weisheitstext:

Der Sinn der Gottheit ist ‚fern' wie das Innere des Himmels.[58]

Auch sonst ist die ‚Ferne' der Götter oft in dem Sinn zu verstehen, daß
ihre Gedanken und ihr Walten dem Zugriff und Begreifen der Menschen

---

[51] *rūqiš:* in unserer Formel *rūqiš alsīka; – ana rūqi:* in dem mittelbabylonischen Frauen-
namen *Ana-rūqi-alsīš* „Von ferne (oder: fernhin) habe ich sie (= die Gottheit) gerufen"
(BE 15,163,11).

[52] CT 39,41,24f. (s. Nötscher, Or. Nr. 51–54/1930, S. 220f.).

[53] Zunächst könnte man auch denken, es sei hier die Distanz gemeint, die den Beter von
dem fern und unzugänglich im Tempel thronenden Gott(esbild) trennt. Doch wäre eine
solche Erklärung wohl zu vordergründig. Um das Gebet ‚vor' dem Gott zu verrichten, ge-
nügte schließlich nach babylonischer Auffassung die Anwesenheit eines auch noch so einfachen Gottesbildes oder -symbols; andererseits ist durch die ‚Gegenwart' des Gottes im
Gottesbild seine wesenhafte ‚Ferne' ja nicht einfach aufgehoben.

[54] *alsīka* GN *ina qereb šamê ellūti.* Belege UFBG 172.

[55] *[ina qe]reb šamê rūqūti alsīki:* KAR 73, Rs. 7'f.

[56] *alsīka* GN *ištu šamê ša* ᵈ*Anim.* Belege UFBG 172.

[57] *izizzamma* GN *ina qereb šamê ellūti.* Belege UFBG 212; auch der zweite dort angeführte Text (RA 12/1915, 191,8) ist nach Kollation zu lesen: *ina qé<reb> šamê ellūti.*

[58] *libbi ili kīma qereb šamê nesī-ma:* BWL 86,256.

entzogen sind. Immer wieder heißt es in Hymnen, Gebeten und Weis-
heitstexten, der ‚Sinn' der Götter *(libbu)* bzw. ihr Verhalten *(alaktu)*,
Ratschluß *(milku, ṭēmu)*, Wort *(amātu, qibītu)*, auch ihr Aufenthaltsort
(šubtu) sei „fern" *(rūqu, nesû)*[59], niemand könne es erkennen oder verstehen *(lamādu,* seltener *ḫakāmu, watû, edû, amāru)*[60].

In zwei Textpassagen weisheitlicher Art[61] – das eine Mal sogar mitten
in einem Gebet – steht der Satz von der Unverständlichkeit der Götter
im Zentrum[62] eines Überlegungszusammenhanges, nämlich zu der Frage, ob der Mensch überhaupt die Möglichkeit habe, sittlich gut zu handeln und dementsprechend – so verlangt es die den Alten gemeinsame
Überzeugung vom Tun-Ergehen-Zusammenhang – das Leben zu finden. Beide Male wird die auch sonst konstatierte Sündhaftigkeit (und
sittliche Unwissenheit) des Menschen[63] damit erklärt, daß ihm die Götter ihr Wissen über das, was in ihren Augen gut ist und was böse, vorent-
halten; so nützt dem Menschen sein Mühen wenig: der Götter Wollen
und Walten bleibt ihm ‚fern', unverständlich und unberechenbar, er lebt
in der Unwissenheit wie unter einem Fluch.

Haben wir uns mit diesen an das Wort *rūqiš* angeschlossenen Überlegungen von unserem Thema entfernt? Ich glaube nicht. Der Beter, der
zur Gottheit ruft, weiß um seinen Abstand zu den großen, unerforschli-
chen, himmlischen Göttern; so wendet er sich an sie von dort aus, wo sein
Platz ist, „von fern", bittend und demütig[64]. Dahinter steht die Über-

---

[59] *rūqu:* häufig in dem Götterepitheton *libbu rūqu* „dessen Inneres ‚fern', d. h. unergründlich ist", s. K. Tallqvist, StOr. 7/1938, 116 (ergänze Ee VII 118); sonst: als Attribut
zu *libbu* (OEC 6,8,36f.), als Prädikat zu *libbu* (Ee VII 155; CT 51,105, Vs. 13f. // KAR
310,5'f.) bzw. zu *qibītu* (BA 5/1903–6, 595,19).
nesû: als Prädikat zu *libbu* (BWL 86,256), *milku* (BWL 74,58), *šibqu* (BWL 76,82?).
[60] Der negierten Aussage gleichwertig ist die rhetorische Frage: „Wer könnte je das . . .
der Götter erkennen?"
Belege sind: AGH 6,9.19; 72 b 11; 132,39; Bît rimki 53,3f.; BWL 40,36–38;
86,257.264; 265, Rs. 7f.; Ee VII 118; JNES 33/1974, 276,44f.; OEC 6,8/10,36f. Rs.
7–10 (vgl. BA 5/1903–6,587,5f.); Ššmk. 12,5.
[61] BWL 38/40,23–48 *(Ludlul bēl nēmeqi);* AGH 72 b 8–15 (Gebet an Marduk; Übersetzung: A. Falkenstein – W. von Soden, Sumerische und akkadische Hymnen und Gebete, Zürich/Stuttgart 1953, 299, und M.-J. Seux, Hymnes et prières aux dieux de Babylonie
et d'Assyrie, Paris 1976, 170. Zeile 9 ist zu übersetzen: „Wer erkennt seine eigene Sünde?" *an-na/ni ra-ma-ni-šú/šá(-ma) man-nu i-lam-mad).*
[62] BWL 40,36–38 (direkt davor, Z. 33–35, die Überlegung über das sittliche Wissen);
AGH 72 b 11.
[63] Siehe die BWL S. 16 angeführten Texte, dazu JNES 33/1974, 280/2,132–134 und
284,6.
[64] In der Bibel ist die Verbindung von „rufen" *(qārā'* o. ä.) mit „von ferne" *(mērāḥōq)*
offenbar nicht bezeugt. Doch vergleiche man a) in Bittpsalmen Wendungen wie „aus der
Tiefe rufe ich dich hiermit an" (Ps 130,1) und „vom Ende der Erde rufe ich zu dir" (Ps
61,3), b) in Dankpsalmen den Bericht des Beters, er habe Jahwe angerufen „aus der unter-

zeugung, daß die so ‚fernen‘ Götter doch die einzige Instanz sind, bei welcher der Mensch Hilfe finden kann; positiver gesagt: daß die in ihrem Walten oft so unbegreiflichen Herren der Welt doch auch ‚ein Herz haben‘ für ihre Geschöpfe[65].

Besonders deutlich kommen beide Seiten dieses Gedankens in Texten zum Ausdruck, die im selben Atemzug den Gott Urheber der Not nennen und ihn doch um Hilfe bitten. So in einem Klagegebet:

Wie Röhricht hast du mich mit Seufzen erfüllt; richte mich (wieder) auf![66]

Ähnlich als Wunsch in der sog. babylonischen Theodizee:

Hilfe gewähre der Gott, der mich weggeworfen hat,
Erbarmen erzeige mir die Göttin, die [mich . . . hat]![67]

Dasselbe Motiv in Berichtsform finden wir in den zwei oben S. 307 genannten Dichtungen vom „leidenden Gerechten", die beide in Form eines ‚Danklieds des Einzelnen‘ gestaltet sind:

Er (= Marduk) hat mich geschlagen und sich meiner erbarmt.[68]
[Er, der] mich geschlagen hat, [Mard]uk, hat mich (auch wieder) aufgerichtet.[69]

Schließlich als Vertrauensäußerung in einem Gebet an eine Göttin:

Wen du geschlagen hast – eben *du* heilst (ihn auch wieder);
wen du verflucht hast – eben *du* segnest (ihn auch wieder);
wem du gezürnt hast – eben *du* wirst (ihm auch wieder) gnädig.[70]

b) *qerbiš:* das ‚nahe‘ Hören

Oben S. 311 f. hatten wir verschiedene von *rūqu* „fern" und *qerbu* „nahe" abgeleitete adverbiale Bestimmungen des Sehens, Hörens usw. aufge-

---

sten Grube" (Klgl 3,55), „aus dem Schoß der Unterwelt" (Jon 2,3), „von der ‚Erde‘ // von den Toren der Unterwelt her" (Sir 51,9).

Für die Gottesbegegnung „von ferne" ist andererseits auf die Sinaiperikope zu verweisen, in der berichtet wird, angesichts der Majestät Jahwes sei das Volk von fern (*mērāḥōq*) stehen geblieben (Ex 20,18.21) und die Ältesten hätten sich nur von fern (*mērāḥōq*) niederwerfen dürfen (Ex 24,1) – ähnlich wie in den Briefen aus Ugarit der Absender erklärt, er falle von ferne (*ištu rūqiš* bzw. *mrḥqtm*) vor seinem Herrn nieder; s. dazu O. Kaiser, in: ZDPV 86/1970, 21 und S. Loewenstamm, in: BASOR 188/1967, 41–43.

[65] Siehe etwa die hymnische Einleitung von *Ludlul bēl nēmeqi*, BWL 343, Z. 5–12.
[66] JNES 33/1974, 280,102; ähnlich ebd. 290,27.
[67] BWL 88,295 f.
[68] Ugaritica 5/1968, 268,34'–39'; Übersetzung: W. von Soden, in: Ugarit-Forschungen 1/1969,193. Das angeschlagene Thema wird insgesamt 6fach variiert.
[69] BWL 58,9 f.
[70] UFBG 538,23'–25'. – Vgl. in dem Bußlied Hos 6,1–3 die Vertrauensaussage: „Denn er (= Jahwe) hat zerrissen und wird uns (auch) heilen, er hat geschlagen und wird uns (auch) verbinden."

zählt; sie bieten dem Verständnis keinerlei Schwierigkeit – mit einer Ausnahme, nämlich der Verbindung *qerbiš* bzw. *ina qerbi šemû* „(von) nahe, in/aus der Nähe hören". Was soll das heißen? Einen Schlüssel zum Verständnis liefert m. E. gerade unsere Gebetsformel „ich rufe dich von fern, höre mich (von) nahe!". Gebeten wird hier um ein Hören, das sich dem Rufen zuwendet, ihm entspricht. Als nähere Bestimmung dieses Hörens würde man am ehesten eine Angabe darüber erwarten, in welcher Art und Weise das Rufen aus der Ferne wahrgenommen bzw. aufgenommen werden soll, eine *modale* Bestimmung also. Ein ‚nahes" Hören wäre dann jenes, in dem Ferne und Distanz aufgehoben, nicht (mehr) vorhanden sind. Faßt man ‚Ferne' dabei in primär räumlichem Sinn, so wäre gemeint: „höre mich deutlich und klar"; versteht man Ferne und Distanz dagegen im übertragenen Sinn, ähnlich wie wir im Deutschen ja auch von einem ‚distanzierten' Verhalten sprechen, so hieße es: „höre mich aufmerksam, interessiert, bereitwillig, prompt" (dies im Gegensatz zu „unnahbar, unbeteiligt, distanziert, gleichgültig", wie es zum Bedeutungsfeld von *rūqu*, dem Gegenteil von *qerbu*, gehört).

Für beide Deutungen, von denen die erste mehr auf die physische Beschaffenheit des Hörens abhebt, die zweite auf die personale Einstellung, lassen sich Argumente vorbringen. Zunächst für die erste Deutung: Sie gründet sich auf einen Text, der innerhalb einer langen Reihe von Segenswünschen auch den Wunsch äußert, der Adressat möge den vollen Gebrauch seiner Sinnesorgane haben:

In deinem Mund möge das Reden passend sein,
in deinen Augen das Sehen klar,
in deinen Ohren das Hören ‚nahe'![71]

Wie gutes Sehen als *namru* „hell, klar" bezeichnet wird, so erhält das gute Hören hier das Epitheton *qerbu* „nahe"; wir würden etwa von einem ‚scharfen' Gehör, von ‚Hellhörigkeit' sprechen. „Wo das Gehör in unserem Sprachgebrauch als ‚hell', d. h. als hallend beschrieben wird, erhält es im Akkadischen die Benennung ‚nahe'. Das soll doch wohl heißen, daß einem solchen Gehör auch ferne Klänge so deutlich ertönen, als wären sie nahe."[72]

An den anderen mir bekannten Stellen, an denen das Hören als „nahe" bezeichnet wird – es handelt sich um Aussagen über bzw. Bitten an Gottheiten –, geht es m. E. nicht so sehr um die physische Fähigkeit des Hörens als vielmehr um das dem Rufen des Menschen entgegenkommende Hören der Gottheit, um ‚Hören' also im Sinne von Hinhö-

[71] *ina pîka lū asim dabābu / ina īnīka lū namir niṭlu / ina uznīka lū qerub nešmû*: JRAS 1920,569,7–9.
[72] A. Schott, in: ZA 44/1938, 178.

ren, Anhören, Erhören; mit dessen ‚Nähe' ist dann die (willensmäßige) Geneigtheit und Bereitschaft zum Hin- und Erhören gemeint.

So in einem Gebet an Ištar:

Wie schön sind Gebete zu dir, wie ‚nahe' ist dein Hören!
(d. h. wie schön ist es, zu dir zu beten, da du so hellhörig, aufmerksam, zum Hören bereit bist)[73].

In neuassyrischer Zeit gibt es sogar eine eigene Gottheit mit dem Namen „Nahe-ist-ihr-Gehör"[74].

Ein Gebet an die personifizierten Tempelriten *(parṣū)* enthält die Bitte:

Euer Mund sei geöffnet, wie bei meinem Gott und meiner Göttin seien eure Ohren zum Hören ‚na[he'(?)][75].

Der Gott Nabû wird in einem Gebet angesprochen:

Du bist barmherzig, Nabû, passend ist dein Geheiß,
wo/wann immer man dich anruft, hörst du ‚von nahe'.[76]

Man vergleiche dazu den Personennamen „(Die Gottheit)-ist-dem-Rufenden-nahe"[77].

Auf diesem Hintergrund könnte man nun unsere Bitte „höre mich von nahe!" folgendermaßen paraphrasieren: „Ich rufe dich von ferne; höre du mich, ohne dich zu distanzieren, versage dich mir nicht, vielmehr sei zugänglich, neige dein Ohr, höre mich bereitwillig und erhöre mich gnädig!"[78]

---

[73] *kī ṭābū suppûki kī qerub nešmûki* (Var. *še/amûki*): AGH 60,20.

[74] ᵈ*Qurbu-nišmûša*: ADD 936+V 5. s. Postgate, TCAE 319. – Vgl. den Gottesnamen ᵈ*Išemme-šê'ᵉûša* „Sie hört den, der sie aufsucht" (s. AHw. 1223a sub *še'û* G 4a).

[75] *pîkunu lū petî-ma kī(ma) ilīja u ištarīja uznākunu ana našmê lū qu[rᵃ²-ba]*: Or 39/1970, 126,39f., verbessert und ergänzt nach dem Duplikat K.13229.

[76] *rēmēnâta-ma* ᵈ*Nabû asmat qibītka / ēma išassûka tašamme qerbiš*: K.2540,15f. (unveröffentlicht, nach Geers-Kopie durch Freundlichkeit von Prof. R. Borger).
Vgl. die trotz der gegensätzlichen Ausdrucksweise inhaltlich ähnliche Aussage in einem Selbstlob der Göttin Gula: *rēmēnākū-ma ašemmi rūqiš* „ich bin barmherzig, darum höre ich von ferne" (Or. 36/1967, 126,178).

[77] *Ana-šâsê-qerub/qerbet*: YOS 13, p.47b; CPN 55b! (s. J. J. Stamm, Die akkadische Namengebung, 318f); vgl. Ps 145,18: *qārōb Jhwh lᵉkol qōrᵉ²āw*. Ein verwandter Gedanke in einem literarischen Gebet an Ištar: ... *qerub enēnša /* ... *aruḫ napšurša* „... nahe ist ihr Gnade-Erweisen, ... rasch ist ihr Verzeihen" (AfO 19/1959–60, 54,214f.).

[78] Wie hier darum gebeten wird, der ‚ferne' Gott möge dem Gebet ‚nahe' sein, so kann man umgekehrt auch bitten, das Gebet möge dem ‚fernen' Gott ‚nahe' sein; so faßt ein Zusatz zum Tempelweihgebet Salomos (1.Kön 8,22–61) die vorausgehenden Bitten an Jahwe, er möge das Flehen zum Tempel hin „im Himmel", wo er wohnt, gnädig hören (v 29–53), in den Satz zusammen: „Mögen diese meine Worte ... Jahwe nahe *(qᵉrōbīm)* sein bei Tag und bei Nacht" (v 59).

Ausgangs- und Endpunkt unserer Überlegungen war ein Vers aus einem babylonischen Bittgebet; modellhaft hat er dazu gedient, in die Ausdrucksformen und die religiöse Gedankenwelt der mesopotamischen Gebete einzuführen. Es sollte mich freuen, wenn dabei über die begrenzte Fragestellung hinaus etwas von dem kulturüberschreitenden und kulturverbindenden Wesen des Gebetes sichtbar geworden ist.

Odil Hannes Steck

Bemerkungen zur thematischen Einheit
von Psalm 19,2–7

I.

Die Psalmenforschung ist sich einig, daß Ps 19 aus zwei in vieler Hinsicht unterschiedlichen, kaum von Anfang an zusammengehörigen Teilen besteht, wie immer deren genetische und sachliche Beziehung des näheren auch bestimmt werden mag: aus Ps 19A, der die Verse 2–7 umfaßt und die Schöpfungsthematik zum Gegenstand hat, und aus Ps 19B, der in V. 8–15 die Thematik der Tora Jahwes gestaltet.

Doch auch Ps 19A läßt sich, wie es scheint, nur mit Mühe als thematische Einheit begreifen, insofern hier zwei Aussagereihen ziemlich unvermittelt nebeneinanderstehen. Auf der einen Seite ist von einer Kunde über den Kabod Els und das Werk seiner Hände die Rede, die vom Himmel, von der Himmelsfeste ausgeht (V. 2) und von Tag zu Tag und von Nacht zu Nacht weitergegeben wird (V. 3), sowie von der Art (V. 4) und der erdumspannenden Reichweite dieser Kunde (V. 5a). Auf der anderen Seite wird in stilistischem Neueinsatz und nur durch das Suffix V. 5b in *bāhæm* verknüpft von der Sonne gesprochen (V. 5b), von ihrem Lauf (V. 6–7a) und ihrer unwiderstehlichen Glut (V. 7b).

Der sachliche Zusammenhang beider Aussagereihen wird von den Kommentatoren des Ps 19A meist in der Weise bestimmt, daß die zweite Reihe mit der Sonne ein oder das herausragende Beispiel für die umfassendere Aussage der ersten Reihe bieten will. Etwa in dem Sinne, daß die erste Aussagereihe von „Gottes Schöpfergröße", handelt, für die die Sonne „das vornehmste Beispiel", „das Wunder aller Wunder unter den Herrlichkeiten am Himmelsgewölbe" darstellt (so R. Kittel; ähnlich A. Weiser), was u. U. zu der Vermutung führt, V. 5b–7 sei eine, nur noch fragmentarisch erhaltene Entfaltung von V. 2–5a unter ursprünglich mehreren (so B. Duhm; A. Anderson). Oder in dem Sinne, daß man in der ersten Aussagereihe angesichts des Ausdrucks „Werk seiner Hände" (vgl. Ps 8,4) ohnehin die Gestirne angesprochen findet, was die Aussagereihe über die Sonne als eines dieser Werke sachlich vorbereitet (so H.-J. Kraus); ja die Subjekte der Kunde von V. 2–5a können gegen den

Text großzügig überhaupt auf die Gestirne reduziert werden (so H. Schmidt). Doch vermögen diese bemühten Brückenkonstruktionen zwischen beiden Teilen von Ps 19A schwerlich zu überzeugen: Der Oberbegriff der „Schöpfergröße Gottes" ist herangetragen, und der Ausdruck „Werk seiner Hände" ist weder in den Psalmen noch sonst im Alten Testament auf die Gestirne festgelegt; von dem Befund zu schweigen, daß in V. 2–5a von Himmel und Himmelsfeste, von Tag und Nacht, aber nicht ausdrücklich von den Gestirnen die Rede ist. Tiefer hat H. Gunkel den thematischen Bruch zwischen beiden Aussagereihen des Ps 19A empfunden, aber seine Erklärung der sachlichen Einheit von Ps 19A wirkt nicht weniger gesucht: „Beide Stoffe, von der Sprache der Himmel und vom Umschwung der Sonne, hat der Dichter zusammengestellt, weil sie beide von dem einen Ende der Welt bis zum andern ergehen."

Ps 19A also ein Text aus zwei Teilen, deren sachlicher Zusammenhang dunkel weil nicht expliziert wäre? Der folgende Beitrag zu Ehren von Claus Westermann möchte Beobachtungen sammeln, die sehr wohl auf eine überlegte thematische Gestaltungseinheit von Ps 19A weisen.

II.

Wir gehen von der Frage aus, wie der in der ersten Aussagereihe V. 2–5a wiedergegebene Vorgang des näheren gefaßt ist. Im Parallelismus V. 2 mit seiner chiastischen Wortstellung ist Subjekt einer ausgehenden Kunde der Himmel (V. 2a), der gemäß dem parallelen Beziehungswort V. 2b als die Himmelsfeste gesehen ist, also als das Himmelsgewölbe mit seinen auf der Horizontale auflagernden Enden. Inhalt dieser Kunde ist der Kabod Els (V. 2a), der im „Werk seiner Hände" (V. 2b) wahrgenommen wird. Was aber ist dieses „Werk seiner Hände", das den Kabod Els hier ausmacht und in diesem Sinne Gegenstand einer Kunde ist, die von der Himmelsfeste ausgeht?

Die Erklärung, daß die Gestirne dieses Werk seien, ist eingangs schon kritisch erwähnt worden. Ps 102,26 könnte dafür sprechen, daß der Himmel selbst mit dem „Werk seiner Hände" in V. 2b gemeint sei. Die Himmelsfeste wäre dann Subjekt der Kunde und zugleich ihr den Kabod Els manifestierender Inhalt, zeugte also durch ihr eigenes Geschaffensein vom Kabod Els. Aber auch diese Erklärung ist ganz unwahrscheinlich: Der Ausdruck „Werk seiner Hände" ist auch in Beziehung auf den Himmel keineswegs festgelegt, sondern sehr vielseitig verwendbar; die Formulierung V. 2b deutet darauf, daß Subjekt und Objekt des Mitteilens verschieden sind (vgl. auch Ps 50,6;97,6); schließlich ist die Vorstellung, daß hier ein auf El gerichteter Lobpreis durch die Himmelsfeste (Ps 145,10;148,4ff.) vorliege, von V. 2 fernzuhalten – es fehlen die Lobverben, und die vom Himmel ausgehende Kunde ist gemäß V. 5a auf die

Erde gerichtet; vollends darf eine Bezugnahme auf Gen 1,6–8 und Hi
38,7 nicht einfach eingetragen werden. V. 2 für sich genommen läßt also
offen, was das dort genannte „Werk seiner Hände" ist. – Aber auch die
Verse 3–5a geben darüber keine direkte Auskunft. Sie sind zwar mit
V. 2 dadurch verbunden, daß sie weiter von diesem Kundegeschehen
unter verschiedenen Aspekten handeln und es als solches durch mehrere
Substantiva exponieren; sie sind aber von V. 2 dadurch getrennt, daß sie
nicht mehr vom Inhalt der Kunde sprechen. V. 3 sagt zunächst, daß in
der Abfolge der Tage Kunde gegeben wird – ein Tag dem anderen, und
in der Abfolge der Nächte Wissen weitergegeben wird – eine Nacht der
anderen. Schon die fehlende Angabe über den Inhalt dieser Kunde und
nicht minder der Anschluß an V. 2 deuten darauf, daß es sich um dieselbe Kunde handelt, die in V. 2 von der Himmelsfeste ausgeht – in V. 2
unter lokal-statischer Hinsicht (Himmelsfeste) und in V. 3 unter moto-
risch-zeitlicher Hinsicht (von einem Tag zum nächsten und von einer
Nacht zur nächsten) gesehen. V. 4 bietet einen neuen Aspekt: Diese
Kunde ist nicht artikulierte, nicht hörbare Rede. V. 5a schließlich bringt
den Aspekt, daß diese Kunde – wie immer man das schwierige, aber
durch das Parallelwort *millêhĕm* in seinem Sinn nicht zweifelhafte *qăw-
wăm* erklärt – über den ganzen Erdkreis ausgeht.

Geben die Verse 3–5a auch keine direkte Auskunft darüber, was dieses „Werk seiner Hände" ist, das die Himmelsfeste nach V. 2 kündet, so
ist den Näherbestimmungen der Kunde in V. 3–5a jedoch indirekt einiges zu entnehmen. Besondere Beachtung verdient dabei die Abfolge von
V. 2 und 3. Dieses „Werk seiner Hände", das den Kabod Els ausmacht
und das die Himmelsfeste kündet, ist demnach auch Gegenstand einer
Kunde, die von Tag zu Tag ausgeht, und eines Wissens, das von Nacht zu
Nacht weitergegeben wird. Das Werk hat also nicht nur eine Sachbeziehung zur Himmelsfeste, sondern auch zur regelmäßigen Aufeinanderfolge der Tage und Nächte, und es muß ein Werk sein, dessen Kunde,
obwohl sie nicht in artikulierter, hörbarer Rede ergeht, doch den ganzen
Erdkreis erreicht. Was aber ist es? Es scheint, als solle nicht nur der Exeget, sondern der Hörer von Anfang an in V. 2–5a bewußt an ein Geheimnis, ein Rätsel geführt werden, das der Auflösung harrt.

Das entscheidende, exegetisch zu wahrende Problem von V. 2–5a ist,
eine Lösung dafür zu finden, daß in der ersten Aussagereihe gerade diese
und keine anderen Züge des Vorgangs zusammengestellt und formuliert
sind.

III.

Doch betrachten wir zunächst die zweite Aussagereihe in Ps 19A, die
Verse 5b–7. – Schwierigkeiten bereitet freilich V. 5b: „Der Sonne hat er

ein Zelt errichtet in ihnen", und zwar, wie unter Hinweis auf die Suffixe in V. 5a und auf V. 7a mit Recht meist erklärt wird, im Himmel. In welchem Sinne wird hier vom Himmel als Zelt der Sonne gesprochen? Am nächsten liegt doch die Vorstellung, daß damit nicht die Himmelsfeste im ganzen oder der Zeit als Ort der Sonne gemeint sind, sondern die Stätte, aus der sie morgens herausgeht und wohin sie nachts zurückkehrt, also das im Osten auflagernde Ende der Himmelsfeste, das auch unmittelbar anschließend in V. 6a und ebenso in V. 7aα angesprochen ist.

Trifft dieses Verständnis zu, dann beginnt die zweite, von der Sonne handelnde Aussagereihe in V. 5b mit einem statischen Aspekt – die Stätte der Sonne am östlichen Ende des Himmels wird in Blick genommen. Doch soll im Sinne des Textes damit nur der wesentliche, mit einem Gottestun ausdrücklich verbundene Anfangs- und Endpunkt eines ganzen Vorgangs exponiert werden. Dies zeigen V. 6 und 7a, die mit dem zeitlich-motorischen Aspekt des Sonnenlaufes fortfahren, und zwar unter doppelter Hinsicht: V. 6 sieht den Vorgang des Aufgangs der Sonne und ihren Lauf als ein machtvoll-zielstrebig-stetiges Geschehen, und V. 7a beschreibt den Weg des Sonnenlaufes an Hand der Beziehungen zur Himmelsfeste – das eine, östliche Ende des Himmels ist der Ausgangsort ihres Laufes; über/an dem anderen, westlichen Ende des Himmels ist ihr Wendepunkt, also die Eintrittstelle für ihren nächtlichen Rückweg unter der Erde (vgl. zur Vorstellung Pred 1,5 und ägyptische und mesopotamische Parallelen z. B. bei H. W. Haussig, Wörterbuch der Mythologie Bd. I, 1965, 389ff.126f.) zum erneuten Aufgang im Osten. V. 6 und ebenso V. 7a haben also den stetig wiederkehrenden Vorgang des Sonnenlaufes innert des Tages und der Nacht im Auge. V. 7b schließlich hebt in einem letzten Aspekt die umfassende Reichweite der Sonne in ihrer unwiderstehlichen Glut (vgl. Hi 30,28 u. ö.; Sir 43,3f.) hervor.

IV.

Die erste Aussagereihe ist hinsichtlich der Formulierung und Abfolge ihrer Aussagen, so ergab sich am Ende des zweiten Abschnitts, offenbar bewußt so angelegt, daß sie der Fortsetzung und Auflösung bedarf. Der exegetisch gebotene Weg ist nun zu prüfen, ob die anschließende zweite Aussagereihe diese Auflösung bietet, die leitende Sachperspektive in der eigenartigen Zusammenstellung von Aussagen der ersten Reihe erhellt und damit die thematische Einheit von Ps 19A als ganzen zum Vorschein bringt. Diese Prüfung hat auf die Beziehungen zwischen beiden Aussagereihen zu achten.

Eine ausdrückliche sprachliche Beziehung ist in dem Suffix *bāhĕm* V. 5b gegeben, das auf den in V. 2–5a erwähnten und in V. 2 expressis verbis genannten Himmel zurückweist, und zwar auf den Himmel als Himmelsfeste (V. 2), deren östliches Ende V. 5b in Blick nimmt. Die überlegte und dem Hörer des Textes nahegebrachte Beziehung zwischen V. 5b und V. 2 reicht aber noch weiter. Beide Aussagen sind jeweils der klar markierte Anfang der beiden Aussagereihen des Psalms, das in V. 5b fehlende Subjekt El soll offenbar durch Bezugnahme auf V. 2 aufgenommen werden. So drängt sich die Frage auf, ob ein Konnex zwischen V. 2 und V. 5b nicht auch in folgender Hinsicht bei der Gestaltung des Psalms angestrebt wurde: Beide Aussagen sind, wie wir sahen, getrennt durch Passagen, die das Kundegeschehen, nicht jedoch seinen Inhalt, näher bestimmen; dies leistet in der ersten Aussagereihe nur V. 2; ist also nun die Näherbestimmung des Inhalts in dem auf V. 2 bezogenen V. 5b gegeben, und zwar in der betont herausgestellten Sonne als dem „Werk seiner Hände", das den Kabod Els ausmacht? Beide Aussagereihen sind ferner durch die ausdrückliche Nennung des Himmels in beiden Teilen verbunden. V. 2 nennt die gewölbte Himmelsfeste, und vorstellungskonform greifen V. 5b.(6a.)7aα das östliche und V. 7aβ das westliche Ende dieser Himmelsfeste in ihrer Funktion für den Sonnenlauf auf.

Deuten schon diese Beziehungen darauf, daß beide Aussagereihen überlegt einander zugeordnet sind, insofern die erste auf die zweite hin formuliert ist und umgekehrt, so wird dies vollends offenkundig, wenn man auf Sachbeziehungen zwischen beiden Teilen achtet. Im zweiten Abschnitt war schon auf die seltsame und für sich genommen rätselhafte Abfolge von V. 2 und V. 3 hinzuweisen. Demzufolge ist das „Werk seiner Hände" auch Gegenstand einer Kunde, die von Tag zu Tag ausgeht, und eines Wissens, das von Nacht zu Nacht weitergegeben wird, und steht damit in einer Sachbeziehung auch zur regelmäßigen Aufeinanderfolge der Tage und Nächte. Eben dieser Aspekt steht aber in genauer Sachentsprechung zu dem Sonnenlauf, wie ihn V. 6 im ganzen und v. 7a differenziert erfassen – den Taglauf der Sonne vom Aufgang an (V. 7aα) und den nächtlichen Rückweg der Sonne vom westlichen Wendepunkt an (V. 7aβ). Der Differenzierung des Weges der Sonne (V. 6) in ihren Tagweg (V. 7aα) und ihren Nachtweg (V. 7aβ) entspricht der eigentümliche, durch die Beziehung auf den Sonnenlauf und nur so erklärbare Aspekt, daß neben der Himmelsfeste auch Tag und Nacht Subjekte einer Kunde sind und dabei zwischen der von Tag zu Tag weitergegebenen und der von Nacht an Nacht übermittelten Kunde differenziert wird, die je ihr eigenes Wissen vom Sonnenlauf haben. Auch V. 4–5 fügen sich unschwer in diese Sachbeziehungen ein. Ist das „Werk seiner Hände", das den Kabod Els ausmacht und in diesem Sinne von Himmelsfeste, Tag und Nacht kundgegeben wird, die Sonne und ihr tag-nächtlicher Lauf, dann ist im Blick auf Inhalt wie Subjekte dieses Kundegeschehen eine nicht artikuliert-hörbare Rede, die aber doch den ganzen Erdkreis erreicht, wie V. 7b mit Bezugnahme auf V. 5a hinsichtlich der umfassenden Reichweite der Sonnenglut hervorhebt. Schließlich reichen die Beziehungen zwischen beiden Aussagereihen bis in die Abfolge hinein: Von der Beziehung zwischen V. 2 und V. 5b war schon die Rede, die Himmelsfeste gibt Kunde vom Sonnenlauf angesichts der Funktion, die ihr östliches und westliches Ende für diesen haben – in beiden Fällen ein statischer Aspekt; Tag und Nacht geben Kunde vom Taglauf bzw. Nachtlauf der Sonne, so daß sich also V. 3 auf V. 6–7a bezieht – in beiden Fällen ein zeitlich-motorischer Aspekt; V. 5a und V. 7b sind durch den gemeinsamen Aspekt universaler Reichweite von Kunde und ihrem Inhalt verbunden; V. 4 mag V. 6–7a oder V. 7b zugeordnet werden.

Damit hat sich ergeben, daß beide Aussagereihen von vornherein überlegt aufeinander angelegt sind. Die zweite ist die bewußte Fortsetzung der ersten, die die geheimnisvolle Zusammenstellung von Aussagezügen der ersten klärt und begründet. Ps 19A ist eine thematische Einheit, der Psalm ist insgesamt ein Sonnentext, freilich in eigenartiger Weise. Zielaussage des Textes ist nicht die Sonne, schon gar nicht als göttliches Wesen, sondern der Kabod Els. Was El sinnenfällig ansehnlich macht, ist das Werk seiner Hände. Dieses Werk seiner Hände ist die Sonne, der El ein Zelt errichtet hat, in ihrem machtvoll-zielstrebig-stetigen Tag-Nacht-Lauf und in ihrer unwiderstehlichen Glut. Von dem so in der Sonne manifestierten Kabod Els kündet aber nicht diese von El gemachte Sonne selbst, sondern die Himmelsfeste, der Tag und die Nacht aufgrund ihrer Schöpfungsfunktion im Rahmen des Sonnenlaufes. Kommen hier Intentionen im Sinne einer Unterordnung der Sonne unter El bereits aus kanaanäischer Tradition zum Vorschein (vgl. zu *šapš* in Ugarit H. Gese, Die Religionen Altsyriens, 1970, 166, und die Götterliste der ersten Sfirestele (KAI 222). Für Ps 19A als israelitische Aussage sind sie offenkundig und vielfach dargestellt; vgl. jüngst N. Sarna, Psalm XIX and the Near Eastern Sun-God Literature (in: Fourth World Congress of Jewish Studies I, Jerusalem 1967, 171–175, dort 173), dessen Parallelenmaterial freilich durch gezieltere exegetische und religionsgeschichtliche (Kanaanäer!) Rückfragen präzisiert werden müßte, und H.-J. Kraus zSt.

V.

Abschließend müssen wir noch einmal auf das Verhältnis der beiden Aussagereihen zurückkommen. Die Darstellung des Kundegeschehens ist mit V. 5a abgeschlossen. Das Folgende, so sahen wir, klärt diese Darstellung dadurch, daß es den Sonnenlauf als Gegenstand dieser Kunde zeigt; er ist das Werk Els, das dessen Kabod manifestiert. Ist die zweite Aussagereihe im Textganzen von Ps 19A eine erklärende, begründende Erläuterung zum dargestellten Kundegeschehen oder formuliert sie hörbar und artikuliert, was in V. 2–5a als nicht hörbare, nicht artikulierte Kunde von Himmel, Tag und Nacht ausgeht? Im letzteren Sinne hat H. Schmidt erklärt; auch bei Gunkel finden sich ähnliche Äußerungen. In der Tat ist dies das nächstliegende Verständnis; es wird nur durch zwei meist unbefragt aufgenommene Voraussetzungen verstellt. Einmal durch die Annahme, daß Ps 19A ein Schöpfungshymnus sei. Doch ist das keineswegs erwiesen; F. Crüsemann und ihm folgend H.-J. Kraus in der Neubearbeitung seines Kommentars haben mit Recht auf die gegenüber sonstigen Hymnusformen völlig singuläre Gestaltung von Ps 19A hingewiesen. Zum anderen durch die damit zusammenhängende Vormeinung, daß das Kundegeschehen ein hymnischer, gesungener Lobpreis sei, den Himmel, Tag und Nacht an El richten. Aber alle „speziellen Zeitworte des Singens und Lobens fehlen", wie Kraus mit Recht hervorhebt, desgleichen auch die bezeichnenden Verben einer Kabod-Akklamation, wie sie in Ugarit und im Alten Testament begegnen. V. 2–5a stellen, wie oben bereits bemerkt, ein nicht auf El, sondern ein auf die Erde gerichtetes Reden dar (V. 5a), das allenfalls Teil eines Lobgeschehens wie Ps 96,3 (vgl. V. 2); 145,11 (vgl. V. 10) sein könnte (vgl. auch Ps 50,6;97,6).

Der Eigenart des V. 2–5a dargestellten Kundegeschehens wird man jedoch erst ansichtig, wenn man das hier auftretende Wortfeld aller Verba und Substantiva dicendi im ganzen untersucht. Die in V. 2–5a begegnenden Ausdrücke koinzidieren sämtlich im Vokabular weisheitlicher Lehrterminologie, vgl. z. B. Spr 1,21; 15,2; 23,9; Hi 11,5f.; 12,7–9(!); 13,17; 15,17f.; 32,6ff.; 36,2f.; 38,4.18; Ps 78,1ff.; Sir 16,25. Das bedeutet, daß die von Himmel, Tag und Nacht ausgehende Kunde vom Kabod Els als ein weisheitliches Lehrgeschehen gefaßt ist, das auf die Erde ausgeht – geheimnisvoll und ohne artikulierte Rede und doch von unausweichlicher Evidenz, so daß es in weisheitlicher Erkenntnis als Lehre hörbar gemacht und formuliert werden kann, wie es in V. 5b–7 geschieht. Auch in dieser Hinsicht erweist sich einmal mehr, daß Ps 19A in die geistigen Zusammenhänge gehört, die G. von Rad in dem Abschnitt „Die Selbstoffenbarung der Schöpfung" in seinem Buch „Weisheit in Israel" (1970, 211ff.) nachgezeichnet hat.

CHRISTIAN MACHOLZ

Psalm 29 und 1.Könige 19

Jahwes und Baals Theophanie

I

„Vom Himmel durch die Welt zum Himmel" wechselt der Schauplatz des 29. Psalms[1]. Der Hymnus beginnt mit einem Lobaufruf an die *b^{e}ne 'elîm:* „Bringt dem Jahwe, ihr *b^{e}ne 'elîm,* bringt dem Jahwe *kābôd* und Macht. Bringt dem Jahwe den *kābôd* seines Namens, fallt nieder vor Jahwe in heiligem Schmuck"[2] (v 1+2). Wo das geschehen soll, ist aus

---

[1] Eine m. W. erschöpfende Liste der Literatur zu Ps 29 in der neuesten Arbeit zu diesem Psalm: S. Mittmann, Komposition und Redaktion von Ps XXIX, in: VT 28/1978, 172–194 (hier A 1).

Mittmann, der „in der Psalmenexegese . . . wieder, behutsam, doch entschlossen (den) Schritt zur Literaturkritik gewagt" hat(173), eliminiert als sekundäre Ergänzungen die vv 6.7.9a.bα (und 11) – das sind 5 von den 13 Stichoi des vv 3–9bα umfassenden Corpus oder, wenn der eigentliche Hauptteil erst in v 5 beginnt (vgl. Anm. 4 und den Haupttext dazu), 5 von 9 Stichoi, also mehr als die Hälfte. So „rekonstruiert" M. einen in jeder Hinsicht stromlinienförmigen Psalm (Zusammenfassung S. 190 und 191), und er resümiert: „Vergegenwärtigt man sich so das innere und äußere Gefüge von Ps XXIX in seiner Ursprungsform, greift man gewiß nicht zu hoch mit dem Urteil, daß dieser imperativische Hymnus ein Musterbeispiel seiner Gattung ist, dazu ein Beispiel von geradezu klassischem Ebenmaß" (192). Nun, was das „Musterbeispiel seiner Gattung" betrifft, so verweise ich auf F. Crüsemanns Beobachtungen zum Psalm (in seinen auch von M. verschonten Partien!): WMANT 32, 1969, 35, A 1. Aber es kann hier nicht in eine Detailauseinandersetzung mit M.s sehr sorgfältiger und gründlicher Studie eingetreten werden. Mein Widerspruch gegen M. ist grundsätzlich; er betrifft M.s Prämissen und seinen Ansatz, der die Ergebnisse vorbestimmt: Seine ästhetischen Kategorien scheinen mir der ‚hebräischen Poesie' nicht angemessen zu sein („klassisches Ebenmaß" – ich würde es übrigens eher „klassizistisch" nennen). Und die „Gattungen", besonders die der Psalmen, halte ich für (sinnvolle) Abstraktionen, für idealtypische Konstrukte. „Musterbeispiele" kann man, muß man sich selber herstellen – aber das sind keine „Ursprungsformen"!

[2] *b^{e}hădrăt qōdæš* nicht „bei (seiner) heiligen Erscheinung", wie man neuerdings unter Hinweis auf ugarit. *hdrt* manchmal interpretiert – vgl. dazu die Kritik H. Donners in ZAW 79/1969, 322ff., bes. 331–333. Der „Heilige Schmuck" bezeichnet vielmehr die für Himmelswesen wie für irdische Jahwe-Sänger (2.Chr 21,20) geziemende gottes-dienstliche Kleidung.

dem Zusammenhang klar: im Thronsaal Jahwes. Genannt wird der Ort freilich erst gegen Ende des Psalmes: „Doch in seinem *hêkāl* – alles spricht *kābôd*. Jahwe thront auf dem Himmelsozean; so thront Jahwe, König für immer" (v 9bβ.10). Von dieser Doppelszene im Himmel wird der Hauptteil des Hymnus umgriffen. Dies Corpus, vv 3–9, hat eine eigene Einleitung: „Die Stimme Jahwes über den Wassern[3], Jahwe über großen Wassern. Die Stimme Jahwes in Kraft, die Stimme Jahwes in Pracht" (v 3+4) – vier Nominalsätze, prädizierend, noch nicht explizierend, ihrem Inhalt nach den Hauptteil mit Anfang und Ende vermittelnd[4].

Das eigentliche „beschreibende Gotteslob" wird in den vv 5–9 entfaltet:

> (5) Die Stimme Jahwes, Zedern zerbrechend;
> es zerbricht Jahwe die Zedern des Libanon.
> (6) Er läßt springen[5] wie ein Stierkalb den Libanon,
> den Sirjon wie eine Antilope[6].
> (7) Die Stimme Jahwes, Flammen aushauend;
> (es haut Jahwe aus Flammen) von Feuer[7].
> (8) Die Stimme Jahwes läßt sich winden die Steppe,
> sich winden läßt Jahwe die Steppe von Qades.
> (9) Die Stimme Jahwes läßt tanzen (?) die Eichen,
> entlaubt ,Wälder'[8].

---

[3] ʾ *ēl hăkkābôd hirʿîm* 3aβ zerstört den Stufenparallelismus. Der Satz ist sprachlich so anders als der übrige Ps, daß man ihn nicht als ursprüngliches, aber versprengtes Glied ansehen und anderswo einfügen sollte, sei es nach v 7 (H.-J. Kraus, Psalmen 1–59, BK XV/1, [5]1978, 382.) oder vor 9bβ (Mittmann, aaO., 188 f.). Er ist wohl eine Glosse, welche *qôl JHWH* rationalisierend auf den meteorologischen Begriff bringen will.

[4] *măjim răbbîm* vgl. *măbbûl* v 10; *kōᵃḥ* und *hādār* wie Variation von *kābôd wāʿōz* v 1.

[5] *wyrqydm:* enklitisches -m, kein zu eliminierendes Personalsuffix; vgl. R. Meyer, Hebräische Grammatik II, [3]1969, § 87,6 (181).

[6] Vgl. J. Stolz, Überlegungen anläßlich Ug V rev 6–8, in: Sefer Rendtorff (DBAT, Extrablatt 1), 1975, 113–129. Er kommt zu der wohlbegründeten „Vermutung . . ., daß sich hinter dem herkömmlichen hebräischen Lexem *r'm/rym* in Wirklichkeit zwei unterschiedliche Lexeme (1. *r'm* „Antilope" und 2. *rym* „Wildstier") verbergen" (122).

[7] Anscheinend beruht MT auf dem Verlust eines parallelen Stichos. Die obige Übersetzung folgt der schönen Emendation Ginsbergs (Atti del XIX. Congr. Int. degli Orientalisti 1935, 1938, 474). G. nimmt aberratio oculi an und rekonstruiert *qwl yhwh ḥṣb lhbwt [wyḥṣb yhwh lhbwt] ʾ š*. Das entspräche genau v 5 und ungefähr v 8 (wo kein pt, sondern vb fin.) – Für das Verständnis des Ganzen ist freilich MT unproblematisch, die Stellung zu dieser Emendation unerheblich.

[8] MT ist sicher nicht in Ordnung: „. . . bringt die Hirschkühe (ʾ *ăjjālôt*) zum Gebären, entblößt Wälder (*jᵉʿārôt*)". Der Parallelismus läßt entweder beide Male Fauna oder beide Male Flora erwarten. Gegen, z. B. Kraus (BiblKomm zSt) und mit, z. B., Mittmann (aaO., 185 ff.) entscheide ich mich gegen die Fauna. Sie „ist in den Theophanieschilderungen niemals . . . Gegenstand der durch das Kommen Jahwes ausgelösten Erschütterung" (Mittmann, aaO., 187). Hier wären zudem zu ihren Gunsten „zwei hapax legomena bzw. eine Korrektur und eine neuerschlossene Vokabel in einem Atemzug zu postulieren"

Es ist längst gesehen und geradezu Allgemeingut geworden, daß in diesem Psalm nicht von einem theologisch überhöhten Gewitter die Rede ist, sondern von einer Theophanie. Zu den einzelnen hier begegnenden Elementen der Theophanieschilderung gibt es in den Psalmen eine Fülle von Parallelen. Aber ist darum anzunehmen, daß Ps 29 in seiner jetzigen Gestalt mit Motiven aus anderen Psalmen, besonders den Jahwe-Königs-Psalmen, angereichert sei[9]? Die Annahme solcher schriftgelehrten Motivkomplettierung basiert auf problematischen Prämissen über eine „Ursprungsform" des Psalms[10]. Vielmehr dürften die Motive des 29. Psalms und ihre Parallelen in anderen Psalmen am ungezwungensten so zu erklären sein, daß hier wie dort ‚kanaanäische' Traditionen prägend sind[11]. So herrscht weitgehend Übereinstimmung darüber, daß Ps 29 stark ‚kanaanäisch' beeinflußt ist.

Ja, man hat Ps 29 geradezu als einen sekundär jahwisierten „phönizischen Hymnus im Psalter", einen „kanaanäischen Psalm im AT" bezeichnet; das ist eine reizvolle, aber nicht begründbare Vermutung[12].

Immerhin ist es bemerkenswert, daß im gesamten Psalm nirgends von Israel und von spezifisch Israelitischem die Rede ist. (Der *mdbr qdš* von v 9 ist wohl erst durch die Vokalisierung zur heilsgeschichtliche Reminiszenzen weckenden „Steppe von Kadesch" geworden.) Der Gott, von dem dieser Psalm spricht, wirkt im Himmel und auf Erden, aber nirgends an Menschen. Erst ganz zum Schluß bringt Israel sich, am Rande wie eine Stifterfigur, ins Bild: v 11 „Jahwe — Kraft gebe er seinem Volke; Jahwe — er segne sein Volk mit *šālôm*". Mit diesen Jussiven des Psalms, einer applicatio israelitica, wird sozusagen aus dem Theophanie-Psalm ein Epiphanie-Psalm gemacht[13]: Jahwe wird gebeten, den ihm darge-

---

(Mittmann, aaO., 186). Dagegen bedarf die Flora im ersten Stichos nur der Vokalisation ʾ*êlôt;* im zweiten wäre *jᵉʿārīm* glatter, aber „es geht wohl auch so" (doch vgl. Mitmann, aaO., 186 A 32). *jᵉḥolel* 9a ist schwierig: *ḥjl* pol bedeutet überwiegend „hervorbringen", doch das gibt hier keinen Sinn (gegen Mittmann, aaO., 185ff.). Ich möchte eher an *ḥwl* „sich drehen, tanzen" denken.

[9] So Mittmann, aaO., passim, bes. 179ff.

[10] S. o. Anm. 1.

[11] Außer der in der folgenden Anm. zu nennenden Lit. vgl. besonders Werner H. Schmidt, Königtum Gottes in Ugarit und Israel, BZAW 80, ²1966 (speziell zu Ps 29: 25ff.54 u. 55–58), und Jörg Jeremias, Theophanie, WMANT 10, 1965 (zu Ps 29: 30f.), mit seinem motivgeschichtlichen Teil II (73ff., bes. 88ff.). Vgl. auch F. Stolz, Strukturen und Figuren im Kult von Jerusalem, BZAW 118, 1970 (speziell zu Ps 29: 152ff.).

[12] So die Überschriften der Arbeiten von Ginsberg, A Phoenician Hymn in the Psalter, in: Atti del XXIX. Congr. (s. o. Anm. 7), 472ff. und von F. M. Cross, Notes on a Canaanite Psalm in the Old Testament, in: BASOR 117/1950, 19–21. Das ist freilich keineswegs einmütige Auffassung, wie F. Stolz behauptet (aaO., 153); aus dieser behaupteten Prämisse zieht er manche problematischen Folgerungen.

[13] Ich folge der Unterscheidung von C. Westermann (zuerst in: Das Loben Gottes in den Psalmen, 1954, 70, ab ²1961: 74). Er nennt Erscheinungen Gottes „um sich zu offenbaren

brachten ʿōz (v 1) an sein Volk weiterzugeben, und das wird im syntheti-
schen Parallelismus als Segnung mit dem Heils-Inbegriff šālôm expliziert. Das Königtum Gottes, von dem die Tradition in v (9+) 10 spricht,
ist für Israel sein Königtum über „sein Volk"[14].

Die „Stimme Jahwes" wirkt in der Welt, der von den „mächtigen
Wassern" (v 3) des măbbûl (v 10) überwölbten und umgriffenen Erde,
genauer und enger: in Palästina: Der geographische Horizont dieses
Psalms reicht vom Libanon im Norden (v 5f.) bis zur Steppe im Süden
(v 8)[15]. Und in der Mitte der Aussagen steht v 7: „Die Stimme Jahwes,
Feuerflammen aushauend." Das ist die Achse zwischen den einander
spiegelbildlich entsprechenden Aussagen vom Libanon und der Steppe[16]. Mir scheint, diese im Corpus des Psalms zentral stehende Aussage
hat auch räumlich das Zentrum des Wirkens der „Stimme Jahwes" zwischen Libanon und Steppe im Blick: Als Zentrum des erdumfassenden,
das ganze Land erschütternden Theophaniegeschehens vorausgesetzt ist
Jerusalem, „die Stätte seines Hauses, der Ort, da seine Ehre wohnt"
(mᵉʿôn bêtǽkā ūmᵉqôm mĭškăn kᵉbôdǽkā, Ps 26,8), wo im irdischen
Heiligtum, an dem die Theophanie besungen wird, der himmlische Palast gegenwärtig ist, in dem alles kābôd spricht (v 9). Sollte diese Vermutung zutreffen, sollte Jerusalem als Zentrum des hier geschilderten The-
ophanie-Geschehens gemeint sein, dann erwiese sich auch aus dem
Psalm selber, was ohnedies in jedem Falle anzunehmen sein dürfte: daß
der Jerusalemer Kultus der Entstehungs- und Überlieferungsort dieses
Psalms ist.

Aus der Jerusalemer Herkunft des Psalms erklärt sich, wieso in Ps 29
zwei „Vorstellungsreihen" zusammenstehen, die sonst im ‚kanaanäischen' Bereich, besonders in den ugaritischen Texten, „kaum auf denselben Gott bezogen werden können"[17]: „Entsprechen die Einleitungs-
verse . . . eher den El-Traditionen, so greift der Hauptteil des Psalms
Baal-Tradition auf."[18] Solche „Traditionsmischungen", die auch anderwärts im AT begegnen, „vollzogen sich" nicht „erst in Israel"[19] (wo-

---

(und durch seinen Mittler seinem Volk etwas zu sagen)" Theophanie; als Epiphanie bezeichnet er Erscheinungen Gottes, „um seinem Volk zu helfen".

[14] Zu diesem israelitischen Verständnis des Königtums Gottes vgl. W. H. Schmidt,
aaO., bes. 92 ff. – Zur Mitteilung der Gottes-Macht vgl. auch H. Cazelles' im übrigen oft
problematischen Aufsatz Une relecture du Psaume XXIX?, in: Mémorial A. Gelin, 1969,
119–128, hier 125.

[15] So auch Mittmann, aaO., 183 f.

[16] Vgl. unten das Ende von Abschnitt I. v 7 „als sekundären Zusatz . . . begreifen" zu
wollen (Mittmann aaO., 179 ff.) heißt, das Gefüge des Ps zu verkennen.

[17] W. H. Schmidt, aaO., 57 f.

[18] Ebd. 57.

[19] Schmidt, aaO., 58, positiv erwägend, nicht so schlankweg behauptend, wie F. Stolz es
darstellt (aaO., 155 f.–A 21 freilich differenzierter). Jedenfalls wäre das ein überliefe-

bei ‚Israel' kein überlieferungsgeschichtlicher Monolith ist!). Vielmehr wird man für die Tradition von Jerusalem, und zwar schon des ‚jebusitischen' Jerusalem, mit einer „Verschmelzung von Zügen Els und Ba^{c}als bzw. Ba^{c}alšamems" zu rechnen haben[20]. Es ist jedenfalls festzuhalten: Das Corpus des Hymnus Ps 29 schildert „eine Gewittertheophanie, wie sie von Baal-Hadad bekannt ist"[21].

Diese Schilderung ist kunstvoll aufgebaut; die Entfaltung des „beschreibenden Gotteslobs" in v 5–9 ist ganz symmetrisch mit v 7 als Achse: Zedern zerbrechen – der Libanon hüpft – Feuerflammen – die Steppe windet sich – Wälder werden entlaubt. Benennen wir die Ursachen der hier geschilderten Wirkungen, so sind es Sturm (v 5) – Erdbeben (v 6) und Erdbeben (v 8) – Sturm (v 9) samt dem Feuer, das in v 7 literarisch die Mitte, und d. h. sachlich den Vorrang einnimmt. Also, im Schema ABCBA, die Trias von Sturm, Erdbeben und Feuer als den drei Elementen der Gotteserscheinung.

II

Sturm, Erdbeben, Feuer, diese drei – das sind die Elemente der ‚Gotteserscheinung am Horeb' vor Elia, die in 1.Kön 19 (von v 11aβ2 an) geschildert wird:

Und siehe, Jahwe vorübergehend[22].
Und ein Wind, ein großer (und starker, Berge zerreißend und Felsen zerbrechend[23]) vor Jahwe – nicht im Winde Jahwe.
Und nach dem Wind: Erdbeben – nicht im Erdbeben Jahwe.
(12) Und nach dem Erdbeben: Feuer – nicht im Feuer Jahwe.
Und nach dem Feuer: eine Stimme verschwebenden Schweigens[24].
(13) Und es geschah: Als Elia vernahm, da verhüllte er sein Gesicht mit seinem Mantel und ging hinaus und stellte sich hin vor der Höhle.

---

rungsgeschichtlicher Vorgang, nicht ein redaktioneller, dessen „Unwahrscheinlichkeit" Stolz karikierend behaupten kann, weil für ihn „der israelitische Bearbeiter" des kanaanäischen Psalms feststeht (s. o. Anm. 12 Ende).

[20] R. Rendtorff, El, Ba^{c}al und Jahwe, in: ZAW 78/1966, 272–292 = Ges. Studien, 1975, 172–187 (Zitat 186 = 291).

[21] Schmidt, aaO., 56.

[22] Das ist eine überschriftartige Zusammenfassung des Folgenden; solche „argumenta" finden sich, wie anderwärts darzustellen ist, öfter im AT.

[23] $w^e\bar{h}\bar{a}z\bar{a}q\ m^e p\bar{a}r\bar{e}q\ h\bar{a}r\bar{i}m\ \bar{u}m^e\check{s}abb\bar{e}r\ s^e l\bar{a}^c\bar{i}m$ halte ich für Glosse (mit, z. B., Fohrer, Elia, AThANT 53, ²1968, 21, Anm. 34) – vor allem aus stilistischen Gründen; die maskuline Prädizierung der $r\bar{u}^a\bar{h}$ wäre allein kein hinreichendes Argument (Jeremias, aaO., 65 Anm. 4, aufgenommen von O. H. Steck, Überlieferung und Zeitgeschichte in den Elia-Erzählungen, WMANT 26/1968, 23 Anm. 1 Ende).

[24] So mit der Übersetzung von M. Buber.

Hier werden also eben die drei Elemente benannt, deren Wirkungen in Ps 29 geschildert werden. Auch ihre Rangordnung ist sachlich die gleiche wie in Ps 29: Das Feuer hat den Vorrang, dort durch die Mittelstellung ausgedrückt, hier durch die Endstellung vor dem Eigentlichen, dem *qôl d^emāmā dăqqā;* ihm zunächst beide Male das Beben, und hier wie dort der Sturm in Randstellung.

In Ps 29 wie in 1.Kön 19 die gleichen Elemente der Theophanieschilderung, Sturm und Beben und Feuer im Miteinander, aber auch nur diese drei, und in vergleichbarer Fügung: das findet sich in dieser Weise sonst nicht im AT.

Es findet sich vor allem auch nicht in den Sinaitexten des Buches Exodus, die stets zur Interpretation der Gotteserscheinung von 1.Kön 19 herangezogen werden. Mag man auch für andere Züge der Geschichte dort Parallelen finden – für die eigentliche Theophanieschilderung findet man sie nicht[25].

In Ex 19,9ff. ist die Rede vom „Wolkendunkel" *(^ăb hæ^^ānān),* von „Donner, Blitz und schwerem Gewölk *(qōlōt, b^erāqīm w^e^ānān kābēd)* und Šofarton" v 16, „Rauchen und Beben" des Berges *(^šn, ḥrd),* als Jahwe „im Feuer" auf ihn herabfährt *(bā^ēš)* v 18 und mit Mose *b^eqôl* spricht, v 19.

Ex 20,18 spricht von Donner *(qōlōt),* Blitz-Fackeln *(lăppīdim),* Šofarklang und Rauchen des Berges.

In Ex 33,18ff. wird wie in 1.Kön 19,11 vom „Vorübergehen" Jahwes *(^br)* geredet; doch das wird nur angekündigt, nicht ausgeführt.

Dtn 4,11 heißt es „Der Berg brannte von Feuer bis ans Herz des Himmels, Finsternis, Gewölk und Dunkel. Und Jahwe sprach zu euch aus dem Feuer *(mĭttôk hā^ēš).* „Aus dem Feuer" auch Dtn 5,4; dort v 22 „aus dem Feuer, Gewölk und Dunkel".

Die Trias Wind–Erdbeben–Feuer fügt sich also gerade *nicht,* wie oft behauptet wird, in den „mosaischen Charakter" von 1.Kön 19[26]. Dagegen stimmt sie zusammen mit der Schilderung der Theophanie Baals, wie sie in Jerusalemer Ausprägung dem Ps 29 zugrunde liegt. So ergibt sich die *These:* Die Trias wird vom Erzähler genannt, weil sie seinen Hörern bzw. Lesern als Charakteristikum der Erscheinung Baals bekannt ist. Darum sagt er ihnen, daß Jahwe nicht im Wind, nicht im Beben, nicht im

---

[25] Steck stellt die Entsprechungen zwischen 1.Kön 19 und den Sinai-Berichten zusammen (aaO., 110 Anm. 2) und konstatiert, daß „die Theophaniemomente in V 11aβ-12 . . . keine genaue Entsprechung in den Berichten von den Sinaiereignissen haben".

[26] Gegen, z. B., R. A. Carlson, Élie à l'Horeb, in: VT 29/1969, 416ff. C. behauptet, es sei „évident que la triade théophanique ‚ouragan – tremblement de terre – feu' . . . doit s'entendre conformément au caractère ‚mosaique' que possède la chap. XIX", und „belegt" das mit den oben erwähnten Texten, in denen diese Trias gar nicht vorkommt. Ebensowenig begegnet sie in den von C. herangezogenen Texten von Jahwes „intervention courroucée pour la défense de son peuple", als in *Epiphanie*-Schilderungen (Zitate 433).

[27] Jeremias, aaO., 113 – nicht nur „fast" (ebd. 112)!

Feuer ist. *So bringt die Schilderung der Gotteserscheinung am Horeb auf ihre Weise das Thema des gesamten Blocks der Elia-Überlieferungen seit 1.Kön 17 zur Sprache: das Thema „Jahwe oder Baal".* Den Hörern bzw. Lesern wird „in polemischer Schärfe"[27] gesagt, daß im Wind, im Beben, im Feuer Jahwe nicht ist. Der Erzähler selber weiß das schon, und er macht deutlich, daß auch Elia es weiß: erst als der den *qôl d^emāmā dăqqā* „vernahm, da verhüllte er sein Gesicht mit seinem Mantel und ging hinaus". Elia braucht nicht erst „zu erfahren, daß Jahwe ihm nicht im Sturm, nicht im Erdbeben, nicht im Feuer, sondern in einer Stimme leisen Flüsterns begegnet"[28], nicht er ist es, dem durch die hier geschilderte Theophanie „besondere Erkenntnisse gebracht" werden[29], welcher Art auch immer[30], sondern der Hörer oder Leser des Textes ist gemeint. Was Elia selber an Neuem erfährt, ist das, was Jahwe in dieser „Audienz" zu ihm spricht. (Denn „die Szene am Gottesberg ist", wie Klaus Seybold gezeigt hat[31], „als eine Audienz des Propheten Elia bei seinem göttlichen Herrn und Auftraggeber gestaltet".)

Die Rede Jahwes v 15 ff. mit ihren drei Aufträgen an Elia ist insgesamt „die Antwort auf die Klage Elias"[32]. Sie bedeutet nicht Elias „Entamtung"[33], im Gegenteil: Der Prophet klagt über das Scheitern an seinem Auftrag – und Jahwe antwortet ihm mit neuer Beauftragung, die in neue Dimensionen vorstößt. (Das findet sich gelegentlich auch anderwärts[34], möglicherweise ist es charakteristisch für eine bestimmte Richtung des Nachdenkens über die Prophetie.) Die neue Beauftragung Elias durch Jahwe zeigt einen „Wandel in der Bestimmung des prophetischen Auftrages" überhaupt[35], sie spricht von „neuen radikalisierten Formen prophetischen Wirkens"[36].

Das eben Gesagte (eigentlich nur Angedeutete) gilt für die Gottesrede an Elia. Hier kommt zur Sprache, was für die Träger der Elia-Über-

---

[28] So W. Zimmerli, Grundriß der alttestamentlichen Theologie, 1972, 60.

[29] So Fohrer, aaO., 67.

[30] Vgl. die Zusammenstellung bei Jeremias, aaO., 114.

[31] K. Seybold, Elia am Gottesberg. Vorstellungen prophetischen Wirkens nach 1.Könige 19, in: EvTh 33/1973, 3 ff.; Zitat 8. „Wenn man als Leitidee und Gestaltungsprinzip dieses Textes die Audienzvorstellung erkennt" (8), ist das die Doppelanrede an Elia und seine doppelte Klage sinnvoll, und literarkritische Operationen (referiert bei Seybold 6–8, vgl. auch 12) sind überflüssig, und d. h. dann: unsachgemäß.

[32] G. von Rad, ThAT II, ⁴1965, 30 – v. Rad meint nur den letzten Satz von den 7000 Übriggelassenen, v 18.

[33] v. Rad, aaO., 30.

[34] Vgl. die Jahwe-Antwort auf Jeremias Klage Jer 12,1 ff.: „Wenn du mit Fußgängern läufst und sie ermüden dich – wie willst du mit Pferden wettlaufen" usw. (v 5), und Jahwes Antwort auf die Klage des ^eEbed (Jes 49,4) „zu gering . . . die Stämme Jakobs aufzurichten . . .: Ich setze dich zum Licht der Völker . . ." (v 6).

[35] Seybold, aaO., 15.

[36] Ebd. 17 – vgl. seine Einzelinterpretation, 14.

lieferung selber das Entscheidende ist. Die Schilderung der Gotteserscheinung hat demgegenüber nur Randfunktion, ist szenische Einleitung.

Aber die Schilderung der Gotteserscheinung hat auch ihr eigenes Gewicht, und zwar für die Leser oder Hörer der Geschichte, mit denen die
Träger der Elia-Überlieferung zu tun haben wie Elia mit Israel[37]. Sie sollen wissen, was der Elia der Erzählung und was der Erzähler schon weiß:
daß Jahwe auch in seinem „Erscheinen" anders ist als Baal. Denn nicht
nur „die Israel umgebenden Völker", sondern auch die Israeliten selber
brachten „das Kommen Baals mit den Naturgewalten in Verbindung"[38].

III

Die Trias der „Naturgewalten" Wind – Erdbeben – Feuer ist dabei der
Schilderung von 1.Kön 19 als geprägter Komplex vorgegeben, ebenso
wie sie dem Hymnus Ps 29 vorgegeben ist. Beide Texte verhalten sich
zum gleichen Vorgegebenen – aber in völlig verschiedener Weise:

Der Jerusalemer Psalm 29 übernimmt vielleicht einen ganzen jebusitischen Hymnus, jedenfalls aber einen ganzen Traditionskomplex – nicht
nur Einzelmotive! –, prägt ihn um und legt ihn als Jahwe-Lob in den
Mund Israels: So redet man vom Erscheinen des Gottes; so kann, ja muß
Israel vom Erscheinen Jahwes reden. Ps 29 ist eins von den vielen Beispielen für den Sprachgewinn, den Israel (und nicht nur Israel) der Kontinuität des Kultes im von David eingenommenen und von Salomo ausgebauten Jerusalem verdankt.

Aber 1.Kön 19 übernimmt diesen Traditionskomplex keineswegs. Er
wird vielmehr ausdrücklich abgewiesen, wenn vom Erscheinen Jahwes
gesprochen wird: Wind, Beben und sogar Feuer sind nur Hofstaat Jahwes, sind sein Vortrab[39]; doch Jahwe selbst begegnet im *qôl d^emāmā
dăqqā.*

Jörg Jeremias hat vermutet, daß mit diesem Ausdruck eine eigene
Tradition bestimmter „Kreise in Israel" geltend gemacht würde, „die
von einem Kommen Jahwes in der (Wind-)Stille sprachen", weil „der

---

[37] Auch hier ist der Unterschied zwischen „erzählter Zeit" und „Erzählzeit" zu beachten. Ob gerade die Horebszene „dafür spricht", daß „die Ausbildung der Eliaüberlieferung . . . am Ende des 9. Jahrhunderts im wesentlichen zum Abschluß gekommen sein"
dürfte, wie Steck meint (aaO., 134), ist mir zweifelhaft. Seybolds Interpretation führt doch
m. E. eine nicht unerhebliche Zeit hinunter. „Die großen Gerichtspropheten kommen in
Sicht" (Seybold, aaO., 18) – oder sind sie schon im Blick?!

[38] So mit der Formulierung und gegen die Meinung von Jeremias, aaO., 115.

[39] Diese Vorstellung auch z. B. in Ps 104,4 „der zu seinen Boten macht die Winde, zu
seinen Dienern Feuer ‚und Lohe'"; Ps 97,3 „Feuer geht vor ihm her"; Hab 3,5 „Vor ihm
her geht die Pest, und es folgt die Seuche *(rešep)* ihm auf dem Fuße".

Begriff *d^{e}māmā* von jeher die kultische Gegenwart Jahwes umschrieb"[40]. Aber es geht ja nicht um die *d^{e}māmā* allein, sondern um den ganzen Ausdruck *qôl d^{e}māmā dăqqā*, den ich oben mit Bubers Übersetzung wiedergab als „eine Stimme verschwebenden Schweigens". Das ist kein geprägter Ausdruck, sondern die Antithese zu einem geprägten Ausdruck:

Nachdem vorher negativ gesagt worden war, daß Jahwe in der Baals-Trias Wind, Beben, Feuer „*nicht* ist", wird nun positiv formuliert, *wie* Jahwe erscheint. Mit den Mitteln der konkreten hebräischen Sprache wird versucht, das eigentlich nicht Sagbare auszusagen: Jahwe und seine Erscheinung im Gegensatz zu Baal und seiner Erscheinung – *non taliter, non aliter, sed totaliter aliter.*

---

[40] Jeremias, aaO., 115.

Rudolf Landau

„... der hoch in der Höhe thront –
der tief in die Tiefe sieht"

Einige Aspekte zur Bedeutung des Psalters für die Praxis der Kirche

„*Allein* der Lobende vergißt nicht. Man kann von Gott sprechen und ihn doch längst vergessen haben. Man kann über Gott nachdenken und ihn doch längst vergessen haben. Das Vergessen Gottes, das Fortgehen von Gott fängt immer damit an, daß das Lob verstummt" (11,10)[1]. Verstummtes Gotteslob in Kirche und Theologie weist hin auf Gottvergessenheit, mangelnde oder gar ausbleibende Gotteserfahrung. Gott, von seiner Schöpfung und seinen Menschen in Gedanken und Werken getrennt, kommt nicht mehr in der ihm angemessenen Weise zur Sprache. Theologie muß sich deshalb vergewissern des notwendigen Aufrufs zum Lob, ihn *begründet* der Kirche vorsagen, damit in je gegenwärtiger Zeit ein Mensch einstimmend bei Gott bleibt in allen seinen Lebensbezügen.

Mit Gott nämlich wird das umfassende Ganze verloren, denn es „handelt sich bei . . . Gott . . . eben nicht um den Gottesbegriff einer religiösen Vorstellung; es handelt sich um den Herrn des großen Ganzen, um den Gebieter der kosmischen Dimensionen, der *als solcher* dem Leben eines einzelnen Menschen mit seinen Höhen und Abgründen Sinn und Zusammenhang zu geben vermag" (11,11).

Der begründete Aufruf zum Lob dieses Gottes ist das Ziel aller theologischen Bemühungen, aller theologischen Disziplinen gemeinsame Aufgabe in unterschiedlicher Weise. Haben Kirche und Theologie „Welt" verloren, weil das Loben verlernt wurde, hilft nur ein Rückgang zur Bibel, um dort Sprache zu holen, die gleichsam gesättigt ist mit Gottes- und Welterfahrung[2]. Es ist sehr gut möglich, daß zumal das Alte Te-

---

[1] Am Ende des Beitrags sind die Schriften Westermanns aufgeführt, aus denen zitiert wird. Zitiert wird zuerst die Nummer der Schrift, dann die Seite; bei Predigten wird zusätzlich die Zeilenzahl angegeben.

[2] Die Bedeutung der ganzen Schrift ist hier hervorzuheben, sie ist der Theologie- und Kirchen- und auch der Predigtgeschichte in ihrer Gotteserfahrung voraus. Die gegenwär-

stament an seinen geschichtlichen Orten uns Heutigen voraus ist im Erkennen und Weitergeben von Gottes gnädiger und gerechter Praxis, den Einzelnen und das Ganze betreffend. Gottes gnädige und richterliche Praxis ist die nicht aufhörende Bewegung Gottes aus der Höhe seiner Majestät in die Tiefe, aus der der Mensch klagt und lobt. Diese Bewegung Gottes erweist: *Gott ist nie ohne seine Menschen!*

Die Geschichte des Gotteslobes spiegelt die Geschichte Gottes, und die in der Mitte des Gotteslobes beschriebene Bewegung Gottes ist die Begründung des Aufrufs zum Lob dessen, „der aus seiner Höhe in unsere Tiefe sieht".

Theologisch qualifizierte Rede von Gott gründet also in jener Bewegung Gottes, und der begründete Aufruf zum Lob ist möglich, „weil im Erlahmen und Verstummen des Gotteslobes doch immer einer da sein wird, der wieder dazu aufruft, weil er die Wirklichkeit Gottes überwältigend erfahren hat. Die vielen Lobrufe, die manchmal einen ganzen Psalm erfüllen, . . . sind nicht nur eine klangvolle Psalmenouvertüre; jeder einzelne dieser Lobrufe kommt aus der Begegnung mit dem lebendigen Gott und will ihr Echo weitertragen" (11,71).

I. Geschichte und Wandlungen Gottes

„Der Psalter ist Gebet- und Liederbuch des alten Bundes" (3,62). Claus Westermann hat einen Großteil seiner Forschungsarbeit an die Psalmen gewendet und in ihnen nicht nur weiterführende formgeschichtliche Beobachtungen gemacht, sondern gerade an ihnen die Praxisbezogenheit aller theologischen Arbeit vielfältig demonstriert, ja, er ist selbst oft den Weg von den Psalmentexten zur Psalmenpredigt gegangen[3]. Ich nehme einige Aspekte seiner Arbeit an den Psalmen auf und zeige deren Relevanz für die Praxis der Kirche auf, denn die „Frage nach der Bedeutung des Psalters für die Christenheit und für die christliche Theologie ist besonders einschneidend; hier steht eine Entscheidung noch aus" (3,62). Daß die längst fällige Entscheidung in dieser Sache gegenwärtiges Reden von Gott und zu Gott und damit die Gemeinde zutiefst betrifft, macht eben diese Frage besonders einschneidend: „Gottes Ruhmestaten, Gottes Wunder können noch nicht zum Ziel gekommen sein, es steht noch etwas aus, mit dem Bekenntnis des Versagens ist ein Warten verbunden, und der Ausdruck dieses gespannten Wartens ist die

---

tige Generation wird das wieder stärker merken. Erinnert sei an den weithin vergessenen Aufsatz von M. Kähler, Geschichte der Bibel in ihrer Wirkung auf die Kirche, in: TB 37, München 1967, 131–288.

[3] Zur prakt.-theol. Arbeit Westermanns vgl. z. B.: Ausgewählte Bibliographie III, in: TB 55, München 1974, 325 f.

Hingabe an das Weitergeben der großen Taten Gottes und das Bewahren seiner Gebote. Im Warten steht das Erzählen und Singen von dem, was Gott an uns gewendet hat, im Warten das Hören und das Verstehen, damit die Kinder, die geboren werden, auf Gott ihr Vertrauen setzen und über die Kinder der Weg zu Gottes letzter Tat führe" (12,59/36–60/4).

Gottes Geschichte vom Anfang der Zeit zum Ende aller Zeiten ist unlösbar verbunden mit der Geschichte seiner Menschen. Die formgeschichtliche Forschung an den Psalmen wird dadurch als theologische qualifiziert, daß sie dieses untrennbare Miteinander von Gottes- und Menschengeschichte so bedenkt, daß der Satz bestimmend ist: Gott ist nie ohne seine Menschen. Dem korrespondiert die Umkehrung: Die Menschen sind nie ohne Gott. Denn die Geschichte von Lob und Klage im Alten Testament, in der die Psalmen nur eine herausragende „Episode" sind, zeigt, „. . . daß das Rufen zu Gott . . . als Klage und Lob *das Menschsein als ganzes* meint . . . Lob und Klage als solche . . . gehören so zum Menschsein, daß sie auch bei dem Menschen, der der Religion abgesagt hat oder ihr gegenüber indifferent ist, da sind, wenn auch in abgewandelter Gestalt. Lob und Klage gehören auch zum säkularisierten, auch zum atheistischen Dasein" (5,87)[4].

Dieses Mensch und Gott umgreifende Reden nennt Claus Westermann: vom Ganzen reden, denn „von Gott reden heißt vom Ganzen reden . . . Gott hat zu allem, was es gibt, eine Beziehung; alles, was es gibt, hat eine Beziehung zu Gott, denn alles, was es gibt, ist Gottes Schöpfung" (3,49). Diesen Gott und seine gesamte Schöpfung umfassenden Zusammenhang theologisch als „natürliche Theologie" zu brandmarken, wäre ein schlechter Dienst. Denn mit diesem wirklichen Zusammenhang erst ist die Möglichkeit gegeben, von Gott und Mensch und also auch von den vielfältigen Weisen des Welthandelns Gottes angemessen und verantwortlich zu reden. Was die Bibel zusammensieht, soll der Theologe nicht scheiden[5]. Immerhin steht mit solchem Reden von Gott auch das seit der Aufklärung ungelöste Problem des differenzierten Zusammenhangs von Glauben und Wissen zur Diskussion. Den gründenden Zusammenhang von Gott und Welt wieder zu *sehen,* darauf wird unser Augenmerk gerichtet sein müssen. Es bleibt jedenfalls von den Psalmen her Voraussetzung: „Gott bleibt Schöpfer und Herr seiner Schöpfung und Herr der Geschichte der Menschheit. Wandlungen wie

---

[4] Vgl. auch: 9,309–318.

[5] Vielleicht macht sich auch deshalb soviel oft grämliche Weltfremdheit, politische Naivität und pausbäckige Weltverbundenheit in der Kirche breit, weil eben dieser Zusammenhang durchaus mutwillig gelöst wurde auch da, wo er bei Strafe des Verlusts der alltäglichen Erfahrungen in der Gemeinde aufgegeben wurde.

der Übergang von einem vorgeschichtlichen zu einem geschichtlichen Denken, das sich auch auf das Verstehen und Erklären der Bibel auswirkt, sind nicht ohne Gott geschehen, genausowenig wie die Wandlungen zu einem das Dasein der Menschen bestimmenden naturwissenschaftlichen Denken" (1,11).

Die Geschichte Gottes mit seiner Welt ist eine sich wandelnde. Wie die Menschen, so wandelt sich Gott mit ihnen. Treue ist seine Kontinuität. Die Geschichte Gottes mit seinen Menschen ist zu erkennen als eine der Wandlungen Gottes. Hier bedarf es allerdings großer Vorsicht in der Aussage. Denn das Sich-wandeln Gottes ist nicht ein Sich-ändern oder gar ein Sich-aufgeben Gottes, sondern ein Sich-herniederlassen und -eingeben Gottes in die Not und Tiefe menschlichen Daseins. Diese Aussage muß gewagt werden, will man recht verstehen, wie auch die Sprachformen und Strukturen[6] der Psalmen, wie zumal die Psalmengattungen eine Geschichte haben, die von Gotteserfahrung herkommend auf neue, durchs Lob geweckte Gotteserfahrung aus ist (vgl. 10,5). Die Geschichte ist freilich nicht die Offenbarung Gottes, denn zur hier zur Sprache kommenden Geschichte gehört unabtrennbar, ja konstitutiv ein Geschehen zwischen Gott und Mensch, in Wort und Antwort, Schrei und Rettung, Ankündigung und Erfüllung sich vollziehend. Das macht die Geschichte Gottes bis zur Gegenwart aus, daß sie in immer neuen, je auf die „Situation" eingehenden Herablassungen Gottes sich ebenso vollzieht wie im stillen, nur durch deutendes und hinweisendes Wort sichtbar zu machendes Segens- und Erhaltungshandeln. Es sind „die allgemein menschlichen Elemente, die in der unlösbaren Spannung zwischen Geschaffensein und Leid und Tod einerseits, zwischen Geschaffensein und Vergehen gegen den Schöpfer andererseits liegen, (die) die Aufbauelemente werden, die dann der besonderen Geschichte Gottes mit seinem Volk zugrunde liegen" (4,20). Das ist gewissermaßen ein Grundgeschehen, das nicht aufhört, solange die Erde steht und Menschen sie bewohnen, das also sehr wohl – theologisch präzise, weil mit der Schöpfung gegeben – „natürlich" ist. In dem ereignet sich immer wieder und immer wieder neu und überraschend neues Kommen Gottes in der Geschichte. Und dieses Kommen Gottes ist das Verwandelnde, Wandlung herbeiführende und sich selbst wandelnde Ereignis des Mitgehens Gottes mit seinen Menschen durch die Geschichte. „Da sich in seiner (i. e. Israels) Geschichte die Gefährdungen wandeln, wandelt sich mit ihnen das rettende Handeln Gottes" (16,199).

Gottes unlösbare Verbundenheit mit der Welt- und Menschenwirk-

---

[6] Struktur meint hier wie im gesamten Beitrag nicht nur das Formale, sondern den durch die untrennbare Einheit von Inhalt und Form gegebenen Zusammenhang in Aufbau, Aussage und „Theologie" der Texte.

lichkeit ist damit vorausgesetzt, sie ist nicht erst zu beweisen, wie überhaupt die Sprachformen des Psalters die solcherart beweisende Argumentation nicht kennen. Hier versagen zunächst alle Begriffe, auch die
theologischen, denn hier wird nichts auf den Begriff gebracht, sondern
hier wird eine Bewegung immer wieder neu in Gang gesetzt und beschrieben und erzählt. *Diese Bewegung „reflektieren" die Psalmen in ihrer Geschichte, indem sie sie* gewissermaßen *wiederholen.* Die Psalmen
wiederholen die erfahrene und die widerfahrende Bewegung des Menschen zu Gott und Gottes zum Menschen. Sie wiederholen diese Bewegung, damit andere, Gegenwärtige und Spätere sich in sie einholen lassen und in je ihrer Geschichte wiedererkennen, was Gott getan hat und
tut.

„K. H. Miskotte legt in einer Predigt, Ps 146,7 f. paraphrasiernd, Gott
die Worte in den Mund: ‚*Wenn* etwas von dieser Art *geschieht,* wenn ein
Gefangener freigelassen wird, wenn Witwen und Waisen ihr Recht gegeben wird, *wenn* . . ., dann ist das von Mir; denn ich bin nicht jener allgemeine Gott, der alles tut. Ich tue das und das und das. Und nun sollt ihr
darauf aus sein, euer Ohr zum Lauschen zu bringen, um es jeweils wie-
derzuerkennen'."[7]

II. Psalmenpredigt: „Vergegenwärtigung" als Wiederholung

Predigen ist „Wegbereiten des Herrn". „Das Wegbereiten ist allein
daran interessiert, daß das Kommen des Herrn, wann es auch geschehen
wird, in die Gegenwart hineinreicht und in der Gegenwart etwas ausrichtet" (12, 108/43–109/2). Gott und Gegenwart werden in der Predigt so
zusammengesehen und -gesagt, daß es in ihr zum Lob des gegenwärtigen
Gottes kommt. Predigt steht immer in der Geschichte des Gottes, der in
der Vergangenheit zur Sprache kam und gegenwärtig zur Sprache kommen will, sie hat ihn zur Sprache zu bringen. Steht sie (gelingend oder
versagend!) in einer Geschichte, dann hat sie teil an den vielfältigen Geschichten des Alten und Neuen Testaments und deren Sprachformen.
Heutige Predigt kann und muß von ergangener Rede von Gott lernen.
Selbst dann, wenn die Psalmen „nicht eigentlich und wesentlich Predigttexte (sind), sondern . . . ihren Ort im Singen und Beten der Gemeinde
(haben)" (17,135), stehen sie wie alle anderen Texte der Bibel in der
ganzen Geschichte Gottes, die auch in ihnen vergegenwärtigt wird. Um
nichts anderes geht es ja auch in der Predigt: ums Wegbereiten, damit die
Geschichte Gottes weitergehe. „Es handelt sich bei diesem Vergegen-
wärtigen weder um Aktualisierung vergangener Ereignisse, noch um ein

---

[7] Hinrich Stoevesandt, Meditation zu Apostelgeschichte 12,1–17, in: G. Eichholz
(Hrsg.), Hören und Fragen Bd. 6, Neukirchen 1971, 427–441 (Zit.: 436).

bloßes Lebendigerhalten der Erinnerung an sie. Der Sinn dieses Verge-
genwärtigens liegt vielmehr darin, daß die Geschichte des Anfangs weitergehe, weil die Zukunft des Volkes an diesem Weitergehen hängt"
(15,332).

„Vergegenwärtigung" ist ein in der homiletischen Diskussion dadurch
belastetes Stichwort, daß es weithin auf die Aktualisierung sogenannter
„alter" Texte in der Predigt bezogen wurde. Allemal wurde dadurch
dem Prediger, der sich Woche für Woche auf dem Weg „vom Text zur
Predigt" befindet, zugetraut und zugemutet, diesen Akt selbst zu vollziehen. Die Gottesgeschichte, die in den Texten bezeugt wird, wird dadurch atomisiert in vergangene Einzeltaten Gottes, und die das Ganze
meinende Gegenwart Gottes damals und heute wird vom Prediger her-
beigeschafft wie weiland Samuel von der Totenbeschwörerin zu Endor
(1.Sam 28)[8]. In den Psalmen allerdings setzt „Vergegenwärtigung von
Geschichte durchweg – ohne jede Ausnahme – ein kontinuierliches Geschehen zwischen Gott und seinem Volk (voraus). Es werden nicht . . .
einzelne Geschichtsereignisse in Erinnerung gebracht, um sie auf irgendeine Weise für die Gegenwart ‚aktuell' zu machen, es wird vielmehr
in der Erweckung der Vergangenheit das Weitergehen der Geschichte
verkündet, die Gott mit seinem Volk angefangen hat" (15,318)[9].

Rückbewegung zu den alten Texten heißt also: Rückbezug auf die Geschichte Gottes, in der gegenwärtige Gemeinde steht, die noch nicht aufgehört hat und weitergeht in vielfältiger Weise. Sind in dieser Geschichte
Gott und die Menschen untrennbar zusammengeschlossen und ist diese
Geschichte wirkliches Geschehen zwischen Gott und Mensch in der
Vergangenheit und Gegenwart auf gemeinsame vollendete Zukunft hin,
dann wird in heutiger Predigt nicht nach „Anknüpfungspunkten" zu suchen sein, sondern die geschehene und geschehende Geschichte anzuschauen sein. Vergegenwärtigung meint dann aber: Wahr-nehmen der
Geschichte Gottes.

Wahrgenommen wird zunächst sicher jeweils ein Ausschnitt dieser
Geschichte, sofern ein einzelner Text zu predigen ist. Aber wenn dieser
Text Ausschnitt einer viel umfassenderen Geschichte ist, wird man ihn
erst recht nur dann wahrnehmen können, wenn man ihn in seiner Geschichte sieht. Ihn in seiner Geschichte sehen heißt aber auch, die Geschichte sehen, die sich *in ihm* abspielt, die Bewegung wahrzunehmen,

---

[8] Von Ernst Lerle, Rez. zu Westermanns Predigten, in: ThLZ 102/1977, 382–384,
wurden Aspekte der „Vergegenwärtigung" nachgezeichnet, Westermanns Verständnis
jedoch nicht genau getroffen.
   [9] Ohne Zweifel widerspricht die Ordnung der Perikopentexte dieser Ganzheit der Geschichte Gottes. An die Stelle der Geschichte Gottes wird dort der Kreislauf des Kirchen-
jahres gesetzt, die Perikopentexte zerstückeln das, was im Zusammenhang besser zu erzählen und zu predigen wäre.

die sich vollzieht auf Gotteslob hin – in jedem biblischen Text an seinem Ort und zu seiner Zeit[10].

Exegese und Predigt kommen hierin überein, wenn sie im Reden von Gott „dem Geschehenden wieder den Vorrang" geben (3,51), ja eine „Integration der theologischen Disziplinen" könnte möglich werden. „Dadurch nämlich, daß von dem in der Bibel berichteten Geschehen über die Geschichte der Christenheit bis in das heute im Dienst und im Gottesdienst der christlichen Gemeinden Geschehende ein Zusammenhang gesehen und anerkannt wird, mit dem es alle theologischen Disziplinen je an ihrem Ort zu tun haben" (3,51).

An einer Psalmenpredigt Claus Westermanns will ich diese Zusammenhänge in seiner Relevanz für die Predigt deutlich machen[11].

1. Der Vertrauenspsalm 46 wird am 5. 11. 1961 zur Eröffnung des Semesters hineingesprochen in die „Situation" eines Unglücks, bei dem Angehörige der Universität Heidelberg ums Leben kamen (43/1–9).

Diese Situation aber bestimmt nicht die Predigt, sondern der „Dahinein" gesprochene Psalm (43/10). Denn der Psalm spiegelt ein Geschehen wieder, das dem, was sich jetzt in der Predigt wiederholen soll, analog ist: er „ist erwachsen aus dem gespannten und zugleich erschütterten Warten Israels auf Gott, so wie man wartet in einer von kommenden Einbrüchen beklemmend geladenen Atmosphäre" (43/12–14). In ihm ist aber eine Wendung geschehen und in diese Wendung soll die Gemeinde hineingenommen werden: „. . . der Psalm sieht zwar nach vorn in drohendes Unheil, aber er stellt in jedem Satz die Wendung von diesem kommenden Unheil zu Gott hin dar. In diese Wendung will er uns hineinnehmen; uns alle, so wie wir heute zusammen sind" (44/5–8).

Mit diesem Satz der Zuversicht, der den „Grundakkord" des Psalms wiederholt („Gott ist unsere Zuversicht und Stärke . . ."), hat der Prediger bereits den alten, fremden Text so nachgesprochen, daß gegenwärtig dasselbe Geschehen sich vollziehen kann: die Wendung. Gott wird also nicht in die „Situation" hineingetragen, sondern er bestimmt sie schon, und der Psalm ist gleichsam die Sehhilfe, den gegenwärtig handelnden Gott, der die Wendung herbeiführt, wahrzunehmen.

2. Ist dieser Grundakkord als Mitte, als Ermöglichung und Ausdruck der Wende festgestellt, wird er nun in seiner Geschichte dargestellt, in der Geschichte des gemeinsamen Weges Gottes und seines Volkes erzählt (44/22–46/4). Das geschieht nicht in unbetroffener Distanz, die

---

[10] Ich meine allerdings: auch in den Texten z. B. aus Exodus-Numeri ist diese Bewegung wahrzunehmen. Man beachte nur den großen theologischen Zusammenhang der Priesterschrift, auf den auch Westermann aufmerksam gemacht hat, in: Die Herrlichkeit Gottes in der Priesterschrift, in: TB 55, München 1974, 115–137.

[11] Die hier zitierte Predigt findet sich in: 12,43–48. Ich zitiere nur Seite und Zeilen.

Zuhörer können nicht Beobachter spielen, sondern sie werden einbezogen in eine „Geschichte des Glaubens" voller Spannungen, an deren vorläufigem Ende die die Gegenwart betreffende Lösung steht: „All die vielen Sätze in den Psalmen, in denen das Hoffen, Warten und Sich-Bergen nicht auf einen von Gott in der Not geschenkten Zufluchtsort, sondern auf Gott selbst bezogen ist, sind auch sprachlich eine kühne Neubildung der Bibel, Zeugnis eines in schwerer Anfechtung gewonnenen Glaubens: die unbedingte Sicherheit, die letzte Geborgenheit trug nicht den Namen Zion, sondern den Namen ‚unser Gott'" (45/7–13).

Die zunächst auffallende formale und inhaltliche Spannung im Psalm selber wird gelöst durch den Rückgriff auf, die Erinnerung an die Gottesgeschichte, die diesen Psalm hervorgebracht hat und an deren nun unüberbietbarem Ende das Fleisch-gewordene Vertrauen Gottes, Jesus Christus, steht (vgl. 45/14–24). Vergegenwärtigung der Geschichte Gottes und der des Glaubens wird so zur einladenden Erinnerung an die hörende Gemeinde. Und „das Sich-Erinnern leitet die gegenwärtige Entscheidung" (8,72). Die Fremdheit des Textes bleibt durch die gesamte Predigt hindurch gewahrt, und das ist wohl nur deshalb möglich, weil auf billige Aktualisierung verzichtet und die die gegenwärtige Gemeinde betreffende Geschichte des Textes als Gottes- und Glaubensgeschichte *erzählt* wird[12]. Die Fremdheit des Textes wird zumal durch dem Hörer vorgesprochene Beobachtungen am Text festgehalten: „Aber vielleicht hat mancher beim Hören des Psalms hier eine merkwürdige Unstimmigkeit wahrgenommen oder nur gespürt: in der Mitte ist es die Stadt Gottes, die Sicherheit und Zuflucht bietet, in den Sätzen am Anfang und Ende und in dem Kehrvers dazwischen jedoch ist Gott selbst die Zuflucht..." (44/22–26). Diese Bemerkung des Predigers weist den Hörer nun gerade nicht an die Kunst des Exegeten, der solche Rätsel zu lösen in der Lage ist, weil er ja über dem Text steht, sondern sie ist ein retardierendes und zugleich Spannung erzeugendes Moment, das den Hörer mitsamt dem Prediger in die Glaubensgeschichte einweisen möchte: „Diese Spannung ist tief in der Geschichte des Glaubens Israels begründet" (44/26f.). Denn jetzt wird durch ein die Spannung verstärkendes „Immer wieder" (44/27.29.32) eine Geschichte erzählt, in der sich durch Enttäuschungen und falsches Verstehen der Glaube zur Gotteswirklichkeit durchringen kann, die im Satz „Gott ist unsere Zuflucht" zum Ausdruck kommt. So wird durch Erzählen der Geschichte des Psalms neues, heutiges Kommen Gottes, Vertrauen erweckend in der hörenden Gemeinde, vorbereitet. Erzählen der Geschichte Gottes ist Wegbereiten Gottes. Erzählen biblischer Texte nimmt die Texte und

---

[12] Diese Passagen der Predigt sind Meisterstücke Westermannscher Erzählkunst: Erzählung nimmt hinein ins Geschehen, das sie erzählt, hier: in die Glaubensgeschichte.

ihre Geschichte im Ganzen der Bibel ernst, wendet sich so auch gegen Mißverständnisse der Texte, die gegenwärtiges Kommen Gottes verhindern können: „Allein von da aus wird klar, warum dieser Psalm für die Reformation eine so hohe Bedeutung bekam. Das Lied Luthers, in das er diesen Psalm umdichtete, ist so lange und so gründlich mißverstanden worden, daß man es lieber eine Weile nicht mehr singt" (45,37–40).

Genaues Hinhören auf den biblischen Text legt aber auch den Sinn des Lutherliedes, in der Theologie- und Kirchengeschichte verdorben, wieder frei, denn dieses war in seiner Zeit Vergegenwärtigung der im Psalm erzählten Wendung.

Gleichsam als homiletische Grundregel formuliert Claus Westermann für seine Hörer: „Wir können den eigentlichen Sinn dieses Liedes von der festen Burg nur wiederfinden, wenn wir zunächst *ernsthaft hören, was der 46. Psalm sagen will*" (45/40–42)[13].

In dem Bedingungssatz wird deutlich, worin eine Voraussetzung gelungener Psalmenpredigt liegt: im Hinhören auf die Texte, im vertrauenden Nachvollzug der Geschichte der Texte, die immer mehr von Gottes Geschichte und der Menschen Not und Rettung wissen als wir Heutigen. Für alle Beschäftigung mit den Texten der Schrift gilt, was Claus Westermann für die Beschäftigung mit dem Urtext formuliert hat: „. . . seine (i. e. des Predigers) Aufgabe ist es . . . – und das ist eine wunderbare und nie abgeschlossene Aufgabe –, an dem Ort und in dem Amt, in dem er steht, jeweils neu auf den Urtext zu hören für die, denen er den Text auszulegen und zu verkündigen hat. Seine Verkündigung wird in dem Maß lebendig bleiben, in dem er in solchem Hören auf die Schrift lebendig und wachsam bleibt" (6,10).

3. Vorausgesetzt beim Erzählen der Geschichte im Psalm und der diesen Psalm hervorbringenden Geschichte ist die Identität des Gottes, von dem hier die Rede ist, mit dem Gott der neutestamentlichen Gemeinde. Sind die Gemeinden, in denen dieser Psalm gesprochen wurde und wird auch durch Jahrtausende getrennt, so ist die im Psalm errungene Erkenntnis für alle Zeiten tragendes und zwar auch: kritisch tragendes Element gemeindlicher Existenz: „. . . daß die letzte Geborgenheit nicht den Namen Zion, nicht den Namen der Kirche trägt, sondern: ‚Unser Gott'. ‚Er heißt Jesus Christ, der Herr Zebaoth, und ist kein anderer Gott'" (46/1–4).

Von dieser Voraussetzung her wird die gegenwärtige Gemeinde eingeladen, von der des Alten Testaments zu lernen. Wieder ist es nicht eine Aktualisierung, durch die die Zeit des Textes und die heutige Zeit miteinander verschmolzen werden, sondern die Dimensionen des Textes, kosmische und geschichtliche Katastrophen umgreifend (vgl.

---

[13] Hervorhebung von mir.

44/15–21), sind es, die gegenwärtiger Welterfahrung Sprache verleihen, sie theologisch erfassen und tragen: „Diese Bilder von einem neuen Hereinbrechen des Chaos über die Erde sind uns heute wieder nahegerückt, und damit rückt uns das Bekenntnis des Vertrauens zu Gott, zu Gott allein, wieder in die weltweite Dimension, in die es gehört. Gott ist unsere Zuversicht und Stärke. Darum fürchten wir uns auch nicht vor dem Äußersten, was überhaupt geschehen kann, dem Hereinbrechen des Chaos, in das die Schöpfung wieder versinken könnte" (46/17–23).

Der Vertrauenspsalm bestimmt nun die Gegenwart der Hörer, seine Sprache wird die der Hörer, die Wiederholung hat ihre Sprache gefunden. Der Prediger spricht den Psalm nach, indem er den Hörern assertorisch vorspricht, was Voraussetzung allen Redens von Gott ist: Gott ist nie ohne seine Menschen, und seine Menschen sind nie ohne Gott.

Denn: „Hier wird ein Gottesglaube verkündet, der mit der Wirklichkeit unserer Welt bis zu den äußersten Konsequenzen rechnet. Ein Glaube, der den Rätseln des Weltlaufs, dem unbegreiflichen Geschehen um ihn sich stellt und angesichts dieser Rätsel sagt: Wir haben Gott mitten in der Dunkelheit getroffen . . ." (47/9–13).

Der Psalm ist deshalb in der Lage, Sprache zu geben gegenwärtigen Menschen, weil Vergangenheit und Gegenwart es mit demselben Gott zu tun haben. Unserem Sprachverlust steht einladend der Sprachreichtum der Psalmen gegenüber, und die werden Hilfe, uns Heutigen neu Sprache zu schenken, wenn es um theologisch zu bewältigende Erfahrung der Gegenwart geht[14]. „Die Sprache der Psalmen hat eine eigentümliche Fähigkeit: sie vermag die Erfahrung ganzer Generationen derart in einfache Sätze und einfache Bilder zu fassen, daß ein einzelner mit seiner besonderen, einzigartigen Erfahrung sich dennoch in diesen Worten wiederfindet und dabei zugleich weiß, daß er sie mit vielen anderen nachsprechen kann, die ganz anders sind als er und deren Erfahrungen andere sind" (12,97/35–40).

Ich stelle hier nur die Frage, welche Bedeutung solch einfache Erkenntnis für die gegenwärtige theologische Diskussion über „Erfahrung" haben könnte. Jedenfalls wird zu beachten sein, daß in den Psalmen Gottes- und Menschenerfahrung derart zusammengeschmolzen sind, daß die eine die andere bedingt – so allerdings, daß vorausgesetzt bleibt die sich in den Psalmen ausdrückende souveräne Bewegung Gottes zu den Menschen, die sich den bewegenden geschichtlichen Erfahrungen der Menschen „anpaßt", akkommodiert: „In dem Kontrastmotiv (i. e. in den Klagen) ist vorausgesetzt, daß das zwischen Gott und

---

[14] Ich verweise hier auf das theologische Anliegen von G. Sauter, den Heiligen Geist im Zusammenhang neuen Sprachgewinns für die Kirche zu denken. Vgl. zuletzt: G. Sauter, Kirche als Gestalt des Geistes, in: EvTh 38/1978, 358–369.

Mensch Geschehende nicht immer gleich in vorgeschriebenen Bahnen
sich bewegt; das Handeln Gottes am Menschen kann sich vielleicht wandeln, es kann Kontraste und Widersprüche ergeben, die unverständlich
sind, die ein Fragen, Erstaunen, Erschrecken bewirken. In besonderer
Weise zeigt sich an diesem Motiv, daß für den Menschen des Alten Testaments Gott unablösbar zur Wirklichkeit, zum wirklich Geschehenden
gehört. Weil die sich in die Zeit erstreckende Wirklichkeit in Kontrasten
erfahren wird, kann auch die Erfahrung des Wirkens Gottes nur eine Erfahrung in Kontrasten sein. Ein ewig gleichbleibendes transzendentes
Wesen hat mit dem Gott, den Israel in seiner Wirklichkeit erfährt, nichts
zu tun" (5,92). Nicht vom Sein, sondern von einem Geschehen her
kommt der alle Geschichte Gottes mit seiner Welt und Gemeinde bestimmende und wendende Satz des 46. Psalms: „Gott ist unsere Zuversicht und Stärke, eine Hilfe, stark erprobt in Nöten."

4: *Predigt der Psalmen überholt unsere gegenwärtige Erfahrung, indem
sie die Erfahrung der Beter des Alten Testaments mit Gott zu wiederholen
wagt.* Sie spricht dem Hörer heute vor, in welcher Geschichte er steht
und wie Gott in Treue seine Geschichte weiterführt, indem er Vertrauen
erweckend auch alte Geschichte überholt auf seine und der Welt Zukunft hin. „Mit dem Strom und seinen Armen wird über das gegenwärtige Jerusalem weit hinausgewiesen auf das erwartete, andere, neue Jerusalem, die Gottesstadt der Endzeit. Gleichzeitig wird von aller Heiligkeit, die menschliche Institutionen und menschliche Heiligung diesem
Ort geben könnten, weggewiesen auf eine Heiligkeit, die allein von Gott
kommen kann: ,geheiligt hat seine Wohnung der Höchste'. Das entspricht ganz dem Glaubensartikel von der Kirche, in dem auch von unserer Kirche hier hinübergewiesen wird auf die Ewigkeit, in dem auch die
Heiligkeit der Kirche allein im Wirken Gottes an ihr beruht"
(47/34–42).

Damit neue Erfahrung, in der Verkündigung alten Vertrauens grün-
dend, zu neuem Vertrauen anleiten kann, wird gepredigt. Die „Bewegung" des Psalms 46 wird wiederholt in der Predigt, damit sie weitergehe
mit gegenwärtiger Gemeindeerfahrung gefüllt in die Zukunft hinein.
Dieses *Weitergehen ist Tradition, Weitergeben* alter Gotteserfahrung auf
neue hin. Jede Predigt hat teil an dieser Tradition, am Überliefern von
Gottes Geschichte. Hier kommen Auslegung, Exegese und Predigt wiederum überein, indem sie auf gegenwärtiges Verstehen und also auf Zustimmung im Modus des Glaubens bei den Hörern aus sind. Deshalb endet die Predigt Claus Westermanns in Zuspruch und assertorischer
Rede, die zum Ziel kommt, wenn in der Gemeinde durch sie neue Gotteserfahrung aufgebrochen und also die Gottesgeschichte ein Stück weitergegangen ist: „Zu diesem Grund des Glaubens *ruft der Psalm die anderen,* die das Bekenntnis der Zuversicht noch nicht mitsprechen können

mit der Gemeinde Gottes, sondern noch außerhalb dieses Glaubens stehen. ... Man kann diesen Gott nicht erkennen, man kann dieses Vertrauen nicht gewinnen, ohne daß man mit aller eigenen Existenz und mit
aller eigenen Erkenntnis an einen Punkt gekommen ist, wo man still wird
und abläßt ... *Das ist euch gesagt* in euer persönliches Leben, in die
Stunden der Anfechtung und des Übermutes: ‚Seid stille und erkennt,
daß ich Gott bin!' *Das ist der Auftrag der Kirche* angesichts hoch sich
türmender Bedrohungen, ein Zeichen der Wirklichkeit Gottes in unserer Welt zu sein *in einem Vertrauen, das in der Ewigkeit gegründet ist* und
in die Ewigkeit hinübersieht *für die anderen,* daß die anderen es hören:
‚Seid stille und erkennt, daß ich Gott bin!'" (48/5–23)[15].

Predigt der Psalmen ist auf die Fülle Gottes aus, die sich darin zeigt,
daß „die anderen" in die vertrauende Wendung zu dem Gott hineingenommen werden, der sich immer neu der Welt zuwendet. Geschieht
diese Wendung, wird die Gottesgeschichte reicher, sie wird bereichert
mit je neuer vertrauensvoller Erfahrung. Reicher werdende Gottesgeschichte gehört zum Werden des Reiches Gottes, ist nicht nur Gleichnis
dieses Reiches, sondern nimmt in ihrer Sprache das endgültige Sein Gottes bei den Menschen vorweg.

Predigt als Vergegenwärtigung führt die Tradition fort, die zur Sprache bringt, wie Gott und Mensch zusammengehören für alle Zeit. „Das
Weitergeben des Gotteswortes in seiner ganzen Breite zielt auf die Erweckung von Vertrauen. Es ist nicht ein allgemeines und verschwomme-
nes Gottvertrauen gemeint" (12,59/5–8). Und (wie Claus Westermann
in einer Predigt zu Ps 78 betont): „... jeder muß unserem Text abspü-
ren, wie sehr ihm daran gelegen ist, auf die Kette der Tradition aufmerksam zu machen ... Und das Wichtigste ist, daß die Gehenden den
Kommenden etwas von dem sagen können, ‚was Gott an uns gewendet
hat' ... Der Auftrag zur Weitergabe des Gotteswortes ist hier klar und
eindeutig ein Auftrag an die Gemeinde" (12,57/14–58/2).

Von diesen Aussagen her wird noch einmal deutlich, wie weit der
„Vorgang" Geschichte gefaßt werden muß. Er begreift in sich die Schrift
und deren Traditionen, die Geschichte der Verkündigung und Auslegung der Schrift und versteht sie als Geschichte ständiger Wiederholun-
gen auf neue Sprache hin, „damit die Kinder, die geboren werden sollen,
auf Gott ihr Vertrauen setzen und über die Kinder der Weg zu Gottes
letzter Tat führe" (12,60/2–4).

Predigt ist dann verstanden als zur Tradition der Gottesgeschichte gehörig, hat selbst (in Versagen und Gelingen) teil an der ständigen Bewegung Gottes zu den Menschen und zur Schöpfung in Gnade und Gericht.
Der dies Predigtverständnis begründende homiletische Satz ist dann

---

15 Hervorhebung von mir.

aber: „Das sola scriptura schließt die Tradition nicht aus, sondern ein"
(8,73).

III. Psalmen und Gottesdienst: Sammeln von Gotteslob

Das die Predigt umfassende Geschehen ist der Gottesdienst. Gottesdienst ist ein vielfältiges Geschehen in Lied und Gebet, Wort und Antwort, Gruß und Segen, mit stetigen und sich wandelnden Teilen, das sich
im Namen Gottes zwischen Gott und der versammelten Gemeinde vollzieht. Wenn irgendwo, wird im Gottesdienst die enge, untrennbare Zusammengehörigkeit von Gott und Gemeinde in ihrer Welt- und Gotteserfahrung sichtbar und hörbar. Vielleicht ist die Predigt gegenwärtig oft
so weltfern und aktivistisch, wie auch der Gottesdienst vielleicht deshalb
oft so steril oder gewollt modern, weil sie nicht mehr als ein Geschehen
zwischen Gott und Menschen wahrgenommen werden[16]. Verlust von
Gemeinde als geistgeschenktes Geschehen von Gemeinschaft ist die
Folge, von „charismatischer Gemeinde", ihrer Gaben bewußter Gemeinde wird dann nur geredet, sie tritt aber nicht in Erscheinung, wird so
zum Ideal. Deutlich wird dann auch nicht mehr, daß das Volk Gottes „zu
etwas in Gottes Augen Schönem und Köstlichem" (12,83/1–2) wird und
daß das in ausgezeichneter Weise im Gottesdienst sichtbar werden
könnte. „Einer der Orte, an dem das Schönsein dessen, was zwischen
Gott und Mensch geschieht, zu besonderem Ausdruck kommt, ist der
Gottesdienst. Ich meine nicht die äußere, oder, wie wir sagen, die wür-
dige Ausgestaltung des Gottesdienstes, sondern das Innerste, das eigentlich zwischen Gott und Mensch im Gottesdienst Geschehende; ich
könnte sagen: *die Echtheit des Gottesdienstes ist seine Schönheit . . .*
Schönes und Köstliches geschieht in der Verkündigung seines Wortes;
schön ist das Gotteslob, wenn es aufrichtig und in Freude geschieht; etwas Kostbares ist das freie Bejahen der Schuld vor Gott wie die Vergebung im Namen Gottes, schön ist das Zusammensein mit den vielen, die
ich nicht kenne, die sich aber mit mir vor Gott beugen und mit mir das
Amen sprechen . . ." (12,83/6–17)[17].

---

[16] Auch die weithin erkennbare Misere, neue Kirchenlieder theologisch stimmig in
Aussage und Musik zu dichten, wird damit zusammenhängen, daß die Zusammensicht von
Gott und Mensch und Welt in unserer Zeit noch nicht gelungen ist.

[17] Hervorhebung von mir. Vgl. auch die hermeneutische Grundsatzerklärung Westermanns in 8,73: „Für die Hermeneutik, die Lehre vom Verstehen in der Theologie, ist nun
entscheidend wichtig, daß der Verstehensvorgang an dieser Stelle (der Verstehensvorgang
auf dem Weg vom hörenden Vernehmen der Predigt zum Bekenntnis des Glaubens oder
zum bestätigenden Amen) in einer heilen, klaren, durchsichtigen Verbindung steht zum
Verstehensvorgang beim Forschen und Lehren in der Theologie. Das Problem der Hermeneutik in der Theologie ist in seinem Umfang und in seiner Tiefe noch gar nicht erkannt,

Claus Westermann wird nicht müde, in seinen exegetischen Arbeiten und in seinen Predigten immer wieder auf die hohe Bedeutung des Gottesdienstes zu verweisen. Die Psalmen nehmen dabei eine hervorragende Stellung ein. Sie sind es, die in den Gottesdienst Mensch und Welt hineinbringen, sei es, daß sie verlesen werden, sei es, daß sie gebetet und gepredigt werden: sie eröffnen Dimensionen, die uns fast gänzlich verloren gingen, aber wiedergewonnen werden können. „Wenn die Psalmen in den letzten Jahrzehnten an vielen Orten zu neuem Leben erwachten, wenn sie für viele Menschen wieder plötzlich klar und stark zu sprechen begannen, so hat das jedenfalls einen Grund, den wir verstehen können. Die Psalmen zeigen eine Unmittelbarkeit des Redens zu Gott, die uns weitgehend verlorengegangen ist. Hier herrscht nicht ein gemäßigtes Klima frommer Ausgeglichenheit, sondern der Kontrast von Glut und Frost; die vom Schmerz zitternde Klage wechselt mit jubelndem Lob, hinter den stillen Worten des Vertrauens hört man noch das Toben der Mächte, denen sich dieses Vertrauen entgegenstellt. Was hier zwischen Gott und Mensch vorgeht, ist elementar und betrifft den Menschen mit allen seinen Möglichkeiten, nicht nur den frommen, sondern auch den rebellischen, kämpfenden, verzweifelnden Menschen. Und noch etwas spricht in unsere Zeit mit besonderer Kraft. Was hier zwischen Gott und Mensch geschieht, umgreift den Menschen in seinem ganzen Sein in der Welt und es umgreift Gottes Handeln an der ganzen Welt, an der ganzen Geschichte, am ganzen Kosmos" (14,255).

Wie die Psalmen der Predigt zur Sprache verhelfen können, so erst recht den im Gottesdienst versammelten Menschen, ihre eigene Erfahrung hineinzuhalten in das von Gott bestimmte und umfaßte Ganze von Welt- und Einzelerfahrung. Sie erfüllen den Gottesdienst mit dem Leben, das nicht ohne Gott gelebt wird. Die Verlegenheit von Theologie und Predigt, die in fast allen Bereichen des Gottesdienstes zum Ausdruck kommt, nämlich Gott und die Welt nicht mehr angemessen zusammensehen und deshalb zusammendenken zu können, die Erfahrung der Wirklichkeit als Erfahrung Gottes wahrzunehmen, kann von den Psalmen her aufgehoben werden. Voraussetzung dafür ist: „Die gottesdienstliche Gestalt des Psalms kann dessen Funktion für die Menschengruppe, in der er tradiert wird, nur dann bewahren, wenn die gottesdienstliche Mitte zwischen Erfahrungen der aus ihrem Alltag in den Gottesdienst Kommenden und den Erfahrungen der aus diesem Gottesdienst in ihren Alltag Auseinandergehenden lebendig erhalten wird" (5,85).

---

wo die Spannung zwischen den Verstehensvorgängen im Gottesdienst der Gemeinde und denen in Forschung und Lehre nicht als wesenseigenes Element des Verstehensproblems gesehen ist."

Sind die Psalmen Kompositionen, die Erfahrung zur Sprache bringen, dann geben sie Raum, vielfältige Erfahrung in den Gottesdienst einzubringen und vor Gott und der Gemeinde auszubreiten, damit Gott gelobt und die Gemeinde erbaut werde. In den Psalmen selber spiegelt sich die Bewegung derer, die zum Gottesdienst kommen, um in verschiedenen Elementen ein Gebet zu formen, das schon Anteil hat am von Gott garantierten Ganzen. „. . . in der Komposition, die alle diese Elemente zu einem Ganzen fügt, spiegelt sich das Zusammenkommen vieler aus vielerlei Situationen an *einem* Ort, dem Gottesdienst" (5,84). Von dieser Beobachtung ist es nur noch ein – notwendiger – Schritt zur Frage, „. . . ob die Psalmen nicht Hinweise geben könnten, wie das gottesdienstliche Gebet der Gemeinde und das persönliche Gebet wieder näher zueinander kommen könnten. Es wäre weiter zu fragen, ob nicht die klare Unterscheidung zwischen dem Erfahrungshorizont des einzelnen und der Gemeinschaft in den Psalmen zu neuen Erwägungen darüber führen könnte, ob die gottesdienstlichen Gebete dem Erfahrungshorizont der ganzen Gemeinde in allen ihren Gliedern wirklich entsprechen" (5,94).

Das Fürbittgebet wäre so ein Ort, an dem die einzelnen Glieder der Gemeinde weitsichtig und Gott wahrnehmend und verantwortend ihre Erfahrungen einbringen können in die Bitte, die Schöpfung und Geschichte umgreifend Gott als den Herrn und Schöpfer des Ganzen reklamiert. Der verlorene Lebenszusammenhang zwischen gottesdienstlichem Gebet – weithin vom Pfarrer formuliert! – und Erfahrungen außerhalb des Gottesdienstes ist Hinweis auf verlorene oder nicht mehr artikulationsfähige Frömmigkeit. Predigt vermag ebenso wie das formulierte Gebet häufig nicht mehr die Frömmigkeit der Menschen zu artikulieren, Sprachlosigkeit der Gemeinde wird mit ihrer scheinbaren Bewußtlosigkeit in Gotteserfahrungen verwechselt, und die Predigt verliert wie der Gottesdienst selber mit den Erfahrungen der Gemeindeglieder – Gott. Hier bewegen wir uns in Zusammenhängen, die lange Zeit unter dem oft nur als verurteilende Etikette verwandten Begriff „natürliche Theologie" verrufen waren. Es ist noch nicht erforscht, was gerade die Praktische Theologie verloren hat, indem sie diese Etikette nicht kritisch überprüfte. „Unterscheidung der Geister" wäre in diesem Zusammenhang ein eminent theologie-kritisches Unternehmen, bei dem die Praktische Theologie verlorenes Terrain zurückgewinnen könnte für die gesamte Theologie. Mit dem Verdikt „natürliche Theologie" werden weithin Lebensbezüge der Gemeinde verdächtigt und aus fast allen Disziplinen der Theologie eliminiert – Gemeindelosigkeit der Theologie ist die Folge. Und auch in Predigt und Gottesdienst werden damit Lebensbezüge verloren, sie werden nicht integriert und ihnen wird nicht kritisch zur Sprache verholfen: das Leben derer, die im Gottesdienst sich versammeln, kommt nicht vor. Aber alle Lebensbezüge des Menschen gehören in den Gottesdienst hinein, sind als Erfahrung von Wirklichkeit zu verlautbaren. In das „Dürsten nach Gott" ist nicht nur die Seele mit einzubeziehen[18], sondern alles, „... was unser Dasein ausmacht: unser körperliches Sein mit allen seinen Möglichkeiten und allen seinen Mängeln und Grenzen, unser Verhältnis zum anderen Geschlecht, zu Verwandten und Freunden, unsere Aufgabe im Leben und die Vorbereitung dazu, unser Stehen in der Gegenwart, unser Zugehören zu den Kreisen, in denen sich unser Leben abspielt, all das und noch vieles mehr . . . es gibt auch keinen Bereich in diesem unserem gegenwärtigen Dasein, aus dem nicht das Dürsten nach dem lebendigen Gott mit elementarer Kraft aufsteigen könnte" (12,97/25–34).

Diese Erkenntnis hat für die Praktische Theologie Auswirkungen. Die oft mit schlechtem Gewissen vorgebrachte Apologetik des Pfarrers angesichts der Frömmigkeit seiner Gemeindeglieder kann gewendet werden in ein offenes Reden mit den Menschen über ihre Lebens- und Gotteserfahrungen. Die Psalmen sind dann aber Lehrmeister für die Gemeinde, zu Gott und von Gott so zu reden, daß Menschen sich wiederfinden und Sprache gewinnen können, ihre Erfahrungen kritisch und kritisiert im Gottesdienst einzubringen, denn es „... muß in unseren gottesdienstlichen Gebeten um die Wirklichkeit gehen, in der wir heute stehen, und das muß für jeden erkennbar sein. Und die unser gemeinsames und unser einsames Leben in der Woche bewegenden Vorgänge müssen bis in die gottesdienstlichen Gebete hineinreichen" (12,105/21–26). Ich weise nur fragend darauf hin, welche Bedeutung die Beachtung dieser Zusammenhänge für eine notwendige neue Diskussion über die Kasualien hätte, würde man zum einen die Taufe in der Diskussion um die Kasualien ausklammern und zum andern sehen, in welch bedeutsamer Weise Geburt, Hochzeit und Tod Wirklichkeitserfahrung, die theologisch kritisch bedacht werden muß, freisetzen.

Frömmigkeit der Gemeinde, ihre Natur- und Geschichtserfahrung wird in den Psalmen zur Sprache gebracht, die von Schöpfung und Vorsehung/Erhaltung reden. Die Psalmen sind Sehschulen für neu zu gewinnende Schöpfungs- und Vorsehungspredigt[19].

Die Schöpfungs- und Geschichtspsalmen zeigen in ihrer Tradition, daß neues Reden von Schöpfung und Geschichtshandeln Gottes nur im gottesdienstlichen Lob seinen Anfang nehmen kann. Das Lob hält Gott

---

[18] Das wäre zu untersuchen in der Prakt. Theol., wie anscheinend sichere theologische Erkenntnisse der Praxis des Gottesdienstes stracks widersprechen. Vgl. C. Westermann, Die Herrlichkeit Gottes in der Priesterschrift, aaO., 136 f.

[19] Vgl. zu diesem Zusammenhang: R. Landau. Die Vorsehungspredigt, masch. Diss. Heidelberg 1976, 326–392.

und Schöpfung zusammen und preist ihn als den Herrn geschehener und geschehender Geschichte. Vom Lob ausgehend wird die Theologie die „Welt als Gleichnis" entdecken und bedenken können. Der „Irrweg abendländischer Theologie" ist unwiderruflich als Sackgasse erwiesen, und gottesdienstliche Praxis hat lang genug sich „. . . einseitig auf das Seelisch-geistige konzentriert . . . und das Zusammengehören von Leib und Seele, das Zusammengehören des Menschen mit der übrigen Schöpfung nicht mehr deutlich genug gesehen . . . Im Gottesdienst des Alten Bundes war es das Natürliche und Normale, daß die Blumen und die Tiere und die Bäume und die Sterne im Gottesdienst der feiernden Gemeinde dabei waren, wie von alledem auch das erste Blatt der Bibel spricht. In den Worten des Psalms (i. e. Ps 104) . . . zeigt sich an einer Stelle sehr schön, warum der Mensch hier so selbstverständlich als ein Teil der ganzen Schöpfung gesehen wird, warum nicht nur der Mensch in einer Beziehung zu Gott steht, sondern alles Lebendige: ,Nimmst du ihren Atem hin, so verscheiden sie . . ., sendest du deinen Atem aus, so werden sie geschaffen . . .'" (12,137/7–20).

Im Bedenken dieser Zusammenhänge stehen wir wieder am Anfang. Bei den Psalmen. Mit dem Lob wäre zu beginnen. Das Lob läßt keinen Platz frei für weltzerstörende und menschenzerstörende Manipulationen der Mächtigen. Es kommt her von der Bewegung Gottes zur Rettung von Schöpfung und Menschen. „Das Lob des ewigen Gottes, der aus seinen Dimensionen in unser begrenztes Dasein seine Vatergüte hineinschenkt, wie entspricht es den Dimensionen, in denen unsere Generation sich zu bewegen, in denen sie zu denken gelernt hat! Der Ruf, nicht zu vergessen, was dem wirren Gefüge aus Organisation, menschlichen Leistungen und menschlichem Versagen seine große Linie, seinen Zusammenhang, seinen Sinn gibt –, wie braucht ihn unsere Zeit, und wie wartet sie insgeheim auf ihn!" (11,12).

Der Gottesdienst wird der Ort sein, an dem solches Lob erschallt, das die Tendenz in sich hat, immer mehr sich zu erweitern, in räumlicher und zeitlicher Erstreckung, damit Gott nicht vergessen und die Natur nicht zerstört werde (vgl. 12,140/7–26). Solche gottesdienstliche Praxis ruft in Erinnerung, die zur Tat weiterschreitet, „daß alle Theologie im Dienste des Gottesdienstes steht, dort ihren Sitz im Leben hat, nicht aber der Gottesdienst der Theologie zu dienen hat"[20]. Gemeinde, die im Gottesdienst sich sammelt, ist auf dem Wege, Gotteslob zu sammeln für die anderen. Theologie, die ihren Grund hat in der zum Lob befreienden Bewegung Gottes, nimmt also teil an der Bewegung der Gemeinde zu Gott und ist nicht ohne Gemeinde.

---

[20] P. von der Osten-Sacken, Das paulinische Verständnis des Gesetzes im Spannungsfeld von Eschatologie und Geschichte, EvTh 37/1977, 549–587 (Zit.: 587).

IV. *Gemeinde: Gottes Volk in die Weite*

„Wir sind nicht zu Propheten und nicht zu Aposteln berufen; aber wir sind in eine Kirche berufen, die von ... Sendung lebt. Die Jünger wurden berufen und die Propheten wurden berufen, weil Gottes Volk eine Geschichte hat und weil die Kirche nur da lebendig ist, wo die Botschaft in Bewegung ist, in neue Räume vorstößt, wo sie auf der Suche ist nach denen, die fern sind. Uns ist es zugetraut, wirklich einem jeden von uns, daß wir aus dem Gottesdienst hinausgehen mit diesen beiden Worten von Gott, vor dessen Majestät wir uns hier drinnen neigten und dessen Güte wir auch hier drinnen lobten, als mit einer Aufgabe und mit einer Botschaft für den Ort, an dem wir leben und arbeiten" (12,41/13–22).

Gemeinde geht den Weg, den das Lob weist, sie *wird im Gottesdienst eingewiesen in eine Gleichförmigkeit mit der Bewegung Gottes in die Welt,* denn sie ist diejenige, welche die Bewegung Gottes kennt und ohne die Gott vergessen wird. Wir reden hier von einem signum ecclesiae! Die Gemeinde ist dazu da, daß Gott nicht vergessen wird. Eine scheinbar schlichte Bestimmung von Gemeinde, aber eine praktische, die auch die Geschichte der Gemeinde nicht vergißt. Die Geschichte der Gemeinde, die an der Bewegung Gottes teilnimmt, ist auch eine des Abfalls und der Verfehlung gewesen. Gotteslob verstummte und Gottes Taten wurden vergessen, Kirchengeschichte und Geschichte des alttestamentlichen Gottesvolkes sind nicht identisch mit der Geschichte Gottes. Aber auch in Abfall und Verfehlung läßt Gott sein Volk nicht, und die Erinnerung daran (vgl. 12,118–121) gehört zu den Wandlungen Gottes, die die immer neue Hinwendung zu seinem Volk sind. „Der Gemeinde Jesu Christi sind nicht Triumphe und nicht Erfolge, wohl aber das Durchhalten verheißen" (12,24/30f.). Die Psalmen geben auch davon Bericht, wie die Wendung von Gott weg durch die Wendung Gottes abgebrochen und ersetzt wird durch *Umkehr.* Zur Umkehr rufen Claus Westermanns Predigten auf, zur Umkehr der Kirche zu dem Gott, der in seiner Geschichte seine Gemeinde braucht.

„An Kritik fehlt es in der Kirche heute nicht. Und ich meine, wir können uns darüber freuen ... Zu einer Umkehr kann es nur kommen, wenn solche Kritik an der Kirche nicht bei gegenwärtigen Mängeln, gegenwärtigen Versäumnissen, gegenwärtigen Ärgernissen stehenbleibt. Mit dem Prüfen und Erforschen unserer Wege ist in dem biblischen Text (i. e. Klgl 3,40–41) Geschichte gemeint. Nicht ein Herumstochern in Kleinigkeiten, sondern die ernsthafte, weitausgreifende Frage nach den Fehlansätzen in der Geschichte ... Dazu kommt das andere: die Umkehr, die unser Text meint, ist eine Umkehr zu Gott: ,Lasset uns umkehren zum Herrn!' Was ist damit gemeint? Ein Prüfen und Erforschen unserer Wege, eine Kritik an der Kirche kann nur dann in der Gemeinde bejaht werden, wenn sie die Absicht hat, zu einem einfachen, klaren, gesunden Gottesverhältnis zurückzuführen. Allein solcher Umkehr wird Zukunft eröffnet" (12,120/11–27).

Die Gottesgeschichte des Alten und Neuen Testaments und weiter die mit den Juden und der Kirche ist eine Geschichte für die Welt. Das Lob, das in die Welt hinein sich ausbreiten will, erweist: die Bewegung Gottes zur Welt ist nicht abgerissen. Und die Gemeinde sieht, durch die Psalmen insbesondere dazu angeleitet, Gott heute am Werk. Solches Sehen ist Werk des Heiligen Geistes, der mit Hilfe der Schrift den Blick öffnet auf gegenwärtiges Handeln Gottes. Auch die Wandlungen unserer Zeit werden gesehen werden müssen als solche, die nicht ohne das Wirken Gottes ins Werk gesetzt wurden und werden können. Hier geht es um neues Lernen für Kirche und Theologie, das Wahrnehmen wurde verlernt und will erlernt sein – an der Schrift. „Die Bibel des Alten Testaments ist darin zu hören und zu beachten, daß sie von Wandlungen in der Geschichte des Gottesvolkes berichtet, die notwendig und unumgänglich werden können und bei denen das eigentliche Leben der Kirche, ihr Gottesverhältnis, unlösbar mit Vorgängen politischer, wirtschaftlicher und kultureller Art verbunden ist, aus denen sich das Volk Gottes in bestimmten Situationen großer Umwälzungen nicht heraushalten kann . . . Es liegt eine große Verheißung darin, wenn heute in den christlichen Kirchen ein Aufbruch erfolgt ist, der die Möglichkeit eines Wirkens Gottes in den großen Bewegungen unserer Zeit, auch und gerade soweit sie sich außerhalb des Lebens der Kirche vollziehen, bejaht. Dabei wird ja nur Gott wieder als der Schöpfer und der Herr der Geschichte – der ganzen Menschheitsgeschichte – anerkannt" (2,24)[21].

Vom Alten Testament her wird der Blick nüchtern und scharf, der sieht, was in solcher gegenwärtiger „Übergangssituation" von der Gemeinde gefordert wird. Gefordert, weil die *Gemeinde* auch *für die anderen* existiert. Als Kirche Jesu Christi, in dem die Bewegung Gottes endgültig offenbar geworden ist als eine, die alle Welt rettend und segnend meint, ist sie in die Welt hineingestellt, nicht, indem sie „möglichst viel von dem ihr Eigenen" abzustreifen sich bemüht, sondern indem sie der endgültigen Bewegung Gottes gleichförmig wird für andere (vgl. 12,116f.). Es ist wohl überraschend, aber gleichzeitig theologisch erklärbar, wenn Strukturen der Rede von Gott im Alten Testament denen der Rede vom Zusammenhang des Christus Jesus mit seiner Gemeinde

---

[21] Hier wäre neu zu lesen und zu bedenken: Christoph Blumhardt. Vor allem: Christus in der Welt. Briefe an Richard Wilhelm, Zürich 1958. Auch der Aufsatz von P. Schempp, Das Evangelium als politische Weisheit, TB 50, München 1973, 102–147, der zuerst 1948 veröffentlicht wurde, birgt Schätze theologischer Erkenntnis. Außerdem vgl. R. Bohren, Daß Gott schön werde, München 1975.

entsprechen. Nicht nur die Entsprechung des berichtenden Lobpsalms mit dem Aufbau des Römerbriefes ist hier zu nennen (vgl. 10,86), sondern auch die in den Paulinen christologisch begründete Struktur des „Überflusses" (vgl. 2.Kor 8/9; Phil 1,3–11 u. a.) macht den nicht zu trennenden Zusammenhang Gottes mit seiner Gemeinde deutlich. Hier warten neue und weiterführende Entdeckungen in den beiden Testamenten auf die Praktische Theologie. Claus Westermann hat auf Entsprechungen immer wieder aufmerksam gemacht, die Altes und Neues Testament als Geschehen zwischen Gott und Volk Gottes miteinander verbinden (vgl. z. B. 11,103–105).

Die Gemeinde steht in ihrer Existenz für andere wartend da, wo die Wendung Gottes zur Rettung anfängt – im Schrei aus der Tiefe: „...so steht die Gemeinde Christi in unserer Welt mit ihren Tiefen und Abgründen in eben diesem Warten ‚mehr als die Wächter auf den Morgen‘; sie wartet nicht nur für sich, sondern auch für die, die nicht mehr rufen können und darum nichts zu erwarten haben; sie ruft aus den Tiefen neben denen, die verstummt sind und glaubt für sie mit; sie hält für die anderen die Bahn frei, auf der die Umkehr möglich ist, indem sie selber aus der Tiefe zu Gott ruft" (18,612).

Man wird also wohl zu Recht sagen dürfen, daß die im Lobpsalm beschriebene Bewegung Gottes, die in der Inkarnation zum „endgültigen Ereignis in dem Herabkommen seines Sohnes" wurde (11,103), sich jeweils in der Geschichte des Gottesvolkes spiegelt. *Gemeinde ist in ihrer Existenz für andere dann aber die geschichtliche Reflexion der Bewegung Gottes zur Welt hin.* Denn „.... die Geschichte des Gottesvolkes, die Geschichte der Kirche, die ein besonderer Weg mit einem besonderen gewählten Volk ist, mit einem besonderen Wort an besondere Menschen, ist von Gott nur gegangen, damit auf diesem Weg das Ganze der Welt, das Ganze der Menschheit an seinem wunderbaren Tun, an der Weite seines wunderbaren Wortes teilbekomme" (2,31).

Claus Westermann hat diesen Sachverhalt in einer Predigt zu Jes 6,1–8 berichtend und beschreibend nachvollzogen. Zusammengesehen sind da in einem differenzierten Zusammenhang Gott in Seiner Majestät, die seine Bewegung hin zu den Menschen in Jesus Christus ist, der die Gemeinde braucht. Das ist das zusammenhängende Geschehen, dem das Gotteslob entspricht, das auch die Gemeinde braucht, um weiterzugehen, die Gemeinde, in der das Weitergehen des Gotteslobes gewirkt wird durch den Heiligen Geist, der mit der Schrift das Wahrnehmen gegenwärtigen Gotteshandelns lehrt. Nicht nur Strukturentsprechung liegt vor, sondern die Struktur weist auf den Inhalt der Gottesgeschichte, die zum Ende der Zeiten weitergehen wird. *Geschehen des Gotteslobes und Geschehen der Trinität entsprechen einander,* wenn anders zur ökonomischen Trinität die Gemeinde des Alten und Neuen Bundes dazugehört.

„Und der gewaltige Rhythmus in den drei Klängen, die durch die Geschichte der Berufung des Jesaja hallen, geht weiter: die Majestät des
heiligen Gottes, das Wunder der Reinigung von der Sünde und der Weg
der Botschaft durch die Welt. Diesen Dreiklang meint die Kirche in der
Lehre von der Dreieinigkeit Gottes . . . Denn das ist der dreieinige Gott:
der Gott, der immer der andere und das Geheimnis bleibt; der Gott, der
dennoch aus seiner Höhe in unsere Tiefe sieht, dorthin, wo wir wirklich
sind, und zu uns herabgekommen ist; der Gott, dessen Boten und dessen
Gemeinde bezeugen, daß Gott handelt, gestern – heute und bis ans
Ende" (17,89/34–43).

Im Beitrag zitierte Literatur von Claus Westermann

[1] Das Alte Testament und Jesus Christus, Stuttgart 1968.

[2] Alttestamentliche Parallelen zur heutigen Übergangssituation, in: J. Con-
rad (Hrsg.), Christsein in der Übergangsgesellschaft. Sieben thematische Predigten, Stuttgart 1971, 21–32.

[3] Das Alte Testament und die Theologie, in: G. Picht (Hrsg.), Theologie –
was ist das? Stuttgart 1977, 49–66.

[4] Anfang und Ende in der Bibel (Calwer Hefte 100), Stuttgart 1969.

[5] Anthropologische und theologische Aspekte des Gebetes in den Psalmen,
in: LJ 23/1973, 83–96.

[6] Der Dienst der Übersetzungen für den Prediger, in: CPH 3/1964, 9–10.

[7] Das Gebet in der Diaspora, in: EvDia 46/1976, 39–46.

[8] Das hermeneutische Problem in der Theologie, in: TB 66, München 1974,
68–83.

[9] Die Illusion des Atheismus, in: TB 55, München 1974, 309–318.

[10] Lob und Klage in den Psalmen, Göttingen 1977.

[11] Der Psalter, Stuttgart ²1969

[12] Predigten, Göttingen 1975.

[13] Der Segen in der Bibel und im Handeln der Kirche, München 1968.

[14] Tausend Jahre und ein Tag (Gütersloher TB 25/26), Gütersloh 1965.

[15] Vergegenwärtigung der Geschichte in den Psalmen, in: TB 24, München
1964, 306–335.

[16] Das Verhältnis des Jahweglaubens zu den außerisraelitischen Religionen,
in: TB 24, München 1964, 189–218.

[17] Verkündigung des Kommenden. Predigten alttestamentlicher Texte, München ²1978.

[18] Meditation zu Psalm 130, in: G. Eichholz (Hrsg.), Herr, tue meine Lippen
auf 5, Wuppertal ⁴1969, 606–612.

HANS-PETER MÜLLER

Welt als ‚Wiederholung'

Sören Kierkegaards Novelle als Beitrag zur Hiob-Interpretation

Sören Kierkegaard[1] hat an Hiob vor allem einen sprachmächtigen Anwalt für die eigene Klage gefunden: er wendet sich an ihn als „an einen privatisierenden Denker, ... der nicht auf einem Katheder Figur macht und mit beteuernden Gestikulationen für die Wahrheit seiner Sätze einsteht, sondern in der Asche sitzt und sich mit einem Tonscherben kratzt, und ohne diese Handarbeit zu unterbrechen, flüchtige Winke und Bemerkungen hinwirft" (221). So jedenfalls sagt es der pseudonyme Verfasser Constantin Constantius von seinem Beichtkind, dem namenlosen ‚jungen Menschen'. Mit beiden aber hat der Dichter zwei Figuren ins Werk gesetzt, in die er sich gleichsam ironisch dissoziiert: das Ich der distanzierten Betrachtung eines experimentierenden Psychologen und das Ich der betroffenen Klage und andringenden Hoffnung[2]. Eine wunderliche Verschleierung liegt freilich darin, daß gerade das unter der Spannung stehende, dem Widerspruch ausgesetzte Ich durch die Anonymie gedeckt ist, während der mit ethischem Pathos namhaft gemachte Experimentator, obwohl sein Klient ihn ständig als seinen ‚verschwiegene(n) Mitwisser' anredet, dessen Geheimnisse in das Licht der literarischen Öffentlichkeit stellt. – Auf dem Höhepunkt der Krise näm-

---

[1] Die folgenden Erörterungen beziehen sich auf den Text: Gjentagelsen. Et Førsog i den experimenterende Psychologi af Constantin Constantius, Kjobenhavn 1843, in: Søren Kierkegaards Samlede Værker 3, Kjøbenhavn 1901, 171–264. Deutsch von E. Hirsch in: Sören Kierkegaard/Gesammelte Werke, 5. und 6. Abteilung, Düsseldorf 1955, 1–97. Die Seitenzahlen zu „Die Wiederholung" werden im Folgenden innerhalb des Textes nach der dänischen Ausgabe gegeben, wie sie sich in Hirschs Übersetzung am Seitenrande finden.

[2] E. Hirsch (Kierkegaard = Studien 2: Der Dichter, Gütersloh 1930, 133) spricht sehr treffend von einem „bei aller Grausigkeit wundervollen Gegensatz zwischen dem ironisch-schnurrenhaften Constantin Constantius und dem tragisch-leidenschaftlichen Dichter": „Die Komik erfaßt sie beide, und das Ganze endet als eine Schnurre, die nicht nur die beiden Partner, sondern auch den Leser an der Nase herumführt, so wie Kierkegaard selbst es von seinem Mädchen worden war nach seinem Empfinden."

lich, in die ihn die Auflösung seiner Verlobung mit Regine Olsen gebracht hatte, hoffte Kierkegaard zumindest zeitweise auf eine ‚Wiederholung', d. h. auf eine Erneuerung ihres früheren Verhältnisses – offenbar ermutigt durch die unscheinbare Tatsache, daß das Mädchen ihm, wie das Tagebuch versichert[3], am ersten Ostertag des Jahres 1843, beim Nachmittagsgottesdienst in der Frauenkirche, hingebungsvoll zugenickt habe. Hatte er sich diese Versöhnung, mit der Logik des im Leiden nur mühsam Getrösteten, ebenfalls nach Analogie des Hiobgeschehens vorgestellt – denn „Hiob ist gesegnet und hat alles zwiefältig wiederbekommen" (245) –, so fand er sich in der Wirklichkeit freilich bitter enttäuscht, als er im Sommer des gleichen Jahres die Nachricht von der Wiederverlobung Regines erhielt. Doch auch noch ein solches ‚Gewitter' (247 ff.) schien ihm im Erscheinen Jahwes ‚aus dem Wetter' (Hi 38,1; 40,6) vorgezeichnet und so als ein Nacherleben der Hiobrolle zu deuten. Vor allem aber der künstlerische Wiedergewinn seiner selbst, den Kierkegaard in einem Nachwort an den Leser (259 ff.) seinem Helden anstelle des ursprünglich vorgesehenen Selbstmordes zuschrieb, konnte als eine ‚Wiederholung' nach dem Modell des Hiobdramas begriffen werden. Zwischen Constantin Constantius und dem ‚jungen Menschen' hat sich somit eine Art Rollentausch abgespielt: war jener zunächst der distanzierende Experimentator, so ist nun dieser der ‚Ästhetiker', der gegenüber der Wirklichkeit eine betrachtende Haltung einnimmt – so freilich, daß das Gegebene dabei in der Ironie des Ästhetikers eine Art Entrealisierung erfährt.

Sind die Klage Hiobs und seine Wiederherstellung also Paradigmen gewesen, durch die Kierkegaard Not und Wende seines persönlichen Lebens zu buchstabieren gelernt, so wird es uns umgekehrt gestattet sein, das Sprachmodell seiner Dichtung gleichsam als ein Hilfsmittel unserer eigenen Hiobdeutung zu gebrauchen, und zwar, da die Hiobinterpretation doch offenbar wegen einer strukturellen Entsprechung des Hiobgeschehens und der Novellenhandlung in diese eingeflochten ist, auch da, wo der Dichter selbst nicht unmittelbar auf den alttestamentlichen Text Bezug nimmt. Interpretation bedarf nun einmal zuzeiten eines Anschauungsstoffes, der der Erlebniswelt ihrer Adressaten näherliegt als ihr historischer Gegenstand. So will das Folgende ein Beitrag zur gegenwartsgemäßen Deutung des biblischen Hiobbuchs sein, allenfalls auch eine werkinterne Interpretation von Kierkegaards Novelle, keinesfalls aber ein Beitrag zur Kierkegaardforschung[4].

---

[3] Papirer IV A 97. Deutsch von H. Gerdes: in Sören Kierkegaard/Gesammelte Werke. Die Tagebücher 1, Düsseldorf 1962, 302.

[4] Bezugnahmen auf andere Schriften Kierkegaards werden auf die zeitlich unmittelbar benachbarten Werke beschränkt, die zur Deutung der Novelle direkt beitragen.

I.

Dürfen wir die biblische Hiobdichtung als ein Korrektiv ihrer älteren Rahmenerzählung ansehen[5], so stimmen wir darin mit dem Urteil des ‚jungen Menschen' überein. Denn eben den Höhepunkt dieser Rahmenerzählung kann er allenfalls mit den hohlen Worten identifizieren, die „die beamteten Tröster, steifen Zeremonienmeistern gleich, dem Einzelnen vorschreiben, daß es nämlich in Stunden der Not ziemlich sei zu sprechen: Der Herr hat's gegeben, der Herr hat's genommen, der Name des Herrn sei gelobet, nicht mehr und nicht weniger, ebenso wie man Prosit sagt zu dem Niesenden!"[6]. Kierkegaards ‚junger Mensch' findet in Satzwahrheiten wie diesen nur jene peinliche Art von „Linderung . . ., welche weltliche Weisheit kümmerlich bietet, indem sie einen Paragraphen über des Lebens Vollkommenheit vorträgt" (231) – die in Wirklichkeit aber nichts kolportiert als „Stadtklatsch und Gerüchte betreffs der Gerechtigkeit der Vorsehung, die erfunden sind von menschlicher Weisheit und verbreitet von alten Vetteln und weibischen Männern" (232).

Der Dichter nämlich ist sensibel für die dämonische Seite aller frommen Unterwerfung, die mit sorgfältiger Mystifikation versucht, ihre eigene Finsternis in das Gottesbild zu objektivieren. So kann „ein Mensch Gott recht geben wollen, obwohl er meint, selber recht zu haben": er will Gott gegenüber gleichsam „hochherzig" sein. Die Sprache wendet dabei aber nur eine doppelzüngige List an, wenn sie Gott „im gleichen Augenblick unter ethische Bestimmungen stellt". Denn wer die Ordnung des Vorfindlichen im Grunde nicht bejaht, kann Gott nur deshalb zu deren Garanten machen, weil er ihn „dunkel . . . für einen Tyrannen hält" (242).

So ist Raum geschaffen für die Klage Hiobs, dem dabei die Stellvertreterrolle zufällt, „des Leidenden Mund und des Zerknirschten Stimme und des Geängstigten Schrei" zu sein, „ein getreuer Zeuge von aller der Not und Zerrissenheit, die in einem Herzen wohnen kann" (231). Hiob wird zur prototypischen Figur, in der „die Grenzstreitigkeiten gegen den Glauben . . . ausgekämpft worden sind" und „jener ungeheure Aufstand seitens der wilden und kampflüsternen Kräfte der Leidenschaft . . . dargestellt ist" (243/4); er ist „gleichsam die ganze inhaltsrei-

---

[5] Zur Rahmenerzählung (Hi 1,1–2,13; 42,7–17) vgl. Vf., Die weisheitliche Lehrerzählung im Alten Orient und seiner Umwelt, WO IX/1, 1977, 77–98.
[6] Kierkegaard hat das scharfe Urteil in der ‚Erbaulichen Rede' über Hi 1,20–21, die mit drei anderen ‚Erbaulichen Reden' zusammen am 6. Dezember des gleichen Jahres erschienen ist (Værker IV 9–23), revidiert; deutsch in Gesammelte Werke, 7., 8. und 9. Abt., 1956, 5–21.

che Klageschrift seitens des Menschen in der großen Sache zwischen Gott und dem Menschen, in dem weitläuftigen und schrecklichen Prozeß . . ." (244).

Wenn E. Hirsch darin recht hat, „daß die romantische Geistigkeit" für Kierkegaard „die gegebne natürliche Grundlage des Lebens" darstellt[7], so haben wir es offenbar mit jener nachklassischen Weltverneinung zu tun, in der, wie Kierkegaard kongenial formuliert, „das Leben nicht zu fesseln weiß, wie der Tod es weiß, weil das Leben nicht die Überredungskunst besitzt, die der Tod hat" (213). Denn eine ästhetische Lebensauffassung, für die das Leben ein Schauspiel ist, dessen Ende nur niemand kennt[8], mißt das Dasein selbst, nicht seine zufälligen Verhältnisse mit einem aufs äußerste verfeinerten Maßstab, um am Ende nach der Instanz zu suchen, vor der es „eine Bemerkung zu machen" gilt (234). So ist Kierkegaard nach Martin Luther einer der Ersten gewesen, die in die dunklen Tiefen der Gottheit geschaut und die Last empfunden haben, die das Göttliche für den Menschen allemal auch bedeutet. Ist aber das biblische Hiobbuch gerade ebenso das Signal einer zerbrechenden Welthierarchie, insofern es weisheitlichen Ordnungsmechanismen, die ihren Gehalt verloren hatten, schmerzlich den Abschied gibt, dann scheint es uns allen Aufmerkens wert, wenn es gerade in einer Epoche zu sprechen beginnt, da die Daseinszustimmung der Klassik mit ihrem reichen Geflecht von Vermittlungen endgültig in die Brüche geht.

In einem freilich liegt ein bezeichnender Unterschied: hatte die scheiternde Weisheit Israels in den Reden Hiobs auf die Klagen des Psalters wie auf ein Kompensat zurückgreifen können, so fehlte es der abendländischen Christenheit offensichtlich an Sprachmodellen, ihre Daseinsverdrossenheit auch religiös zu artikulieren. „Heutzutage meint man, des Leides eigentlicher Ausdruck, der Leidenschaft verzweifelte Sprache müsse den Dichtern überlassen bleiben, welche also als Anwälte eines Verunrechteten die Sache des Leidenden vertreten vor dem Richtstuhl des menschlichen Mitleids. Weiter wagt niemand sich vor" (232). Darin aber unterscheiden sich der ,junge Mensch' und Hiob zugleich auch von ihrer griechischen Gegenfigur Philoktet, dessen Klagen „fort und fort auf der Erde bleiben, und die Götter nicht schrecken" (239). So steht dem Wehe über einen genügsamen Selbstbetrug, „welcher den Leidtragenden arglistig bringen will um des Leides einstweiligen Trost, sich Luft zu machen und ,zu hadern mit Gott'", die Einsicht gegenüber, daß gerade der Klage eine eigentümliche Art von Gottesfurcht eigen sei. „Darum zähle du es alles her, unvergeßlicher Hiob! Wiederhole es alles,

---

[7] AaO. (Anm. 2), 65.

[8] Vor dem soeben zitierten Satz heißt es: „Fahre fort, du Schauspiel des Lebens, das keiner eine Komödie, keiner eine Tragödie nenne, denn keiner sah das Ende" (213).

was du gesagt, du gewaltiger Fürsprech, welcher vor den Richtstuhl des Allerhöchsten unerschrocken hintritt gleich einem brüllenden Leu! In deiner Rede ist Sinn, in deinem Herzen ist Gottesfurcht, auch wenn du klagest, wenn du für deine Verzweiflung dich wehrst wider deine Freunde, welche Räubern gleich sich erheben, um dich mit ihren Reden zu überfallen, auch wenn du, von deinen Freunden aufgebracht, ihre Weisheit zertrittst, und ihre Verteidigung Gottes des Herrn verachtest, als wäre es eines abgelebten Hofmanns oder eines staatsklugen Regierungsmanns elende Klügelei" (232).

All das zielt nun aber nicht wie im Gebet der Psalmen auf die Bitte um Wendung einer konkreten Not; es ist vielmehr die Artikulation einer allgemeinen Daseinstrauer, die ihre Adresse sucht. Mit gutem Recht nämlich hat C. Westermann in Hiobs Reden von der Majestät Gottes als des Herrn der Geschichte (Hi 12,13–25) eine Darstellung des Tragischen gefunden: der Untergang der Großen, die Gott erniedrigt, nachdem er sie doch selbst allererst erhöht hat, „ist nicht verschuldet, es ist tragischer Untergang"[9]. Und dabei ist schwerlich anzunehmen, daß gerade dieses Stück im Aufbau des Buches Hiob ohne Belang wäre. – Ähnlich artikuliert auch der ‚junge Mensch‘ Kierkegaards nicht weniger als eine generelle Weltverdrossenheit: „Es ekelt mich des Daseins, welches unschmackhaft ist, ohne Salz und Sinn. . . Man steckt den Finger in die Erde, um zu riechen, in welch einem Lande man ist, ich stecke den Finger ins Dasein – es riecht nach nichts" (234). In einer solchen Welt freilich kann auch der Begriff ‚Schuld‘ nur ein anderes Wort für ‚Widerfahrnis‘ sein; denn in einer nichts-sagenden Wirklichkeit wird die Sprache selbst zur trügerischen Vorspiegelung. „Was ist das menschliche Laut geben, welches man Sprache nennt, für ein jämmerliches Kauderwelsch, das nur von einer Clique verstanden wird!" (235). Oder ist es etwa nicht eine ‚Hexerei‘ der Sprache, die den Menschen zwingt von Schuld zu *reden* und Widerfahrnis zu *meinen*? „Weiß man etwa nicht mit Bestimmtheit, wie es zugeht, daß ein Mensch schuldig wird?" (234/5). Wie oft haben nur „Kleinmut und kleinliche Angst einen Menschen . . . glauben lassen, er leide um seiner Sünden willen, wo er es ganz und gar nicht tat. Seine Seele ermangelte der Ausdauer in der Durchführung eines Gedankens, wenn die Welt in einem fort wider ihn dachte" (241). Insofern hat der Mensch freilich nicht mit derjenigen Tragik zu tun, die lediglich in der realen Unvereinbarkeit zweier gleichgewichtiger Mächte und Normen begründet läge. Vor aller Einzeltragik mit ihren Konflikten liegt vielmehr die Urtragik eines Zusammenpralls des Menschen mit der Wirklichkeit als solcher, die die Frage nach Mächten und Normen zu-

---

[9] Der Aufbau des Buches Hiob, ²1977, 88.

gleich stellt und erübrigt. „In dem gleichen Augenblick, in dem die Wirklichkeit eintritt, ist alles verloren, und dann ist es zu spät" (235). „Soll ich also schuldig sein und ein Betrüger sein, ganz gleich, was ich denn tue, sogar wenn ich gar nichts tue? . . . Soll ich etwa obendrein noch bereuen, daß die Welt sich erlaubt, mit mir zu spielen wie der Knabe mit einem Maikäfer?" (236)[10].

Ist so das Weltgefühl des ‚jungen Menschen' im ganzen tragisch, so wird die Anklage Gottes zugleich auch für die Welt zur Bedingung der Möglichkeit, ihre Wahrheit vor dem Menschen zu enthüllen. „Wer hat mich in das Ganze hinein betrogen, und läßt mich nun dastehen? Wer bin ich? Wie bin ich in die Welt hineingekommen; warum hat man mich nicht vorher gefragt, warum hat man mich nicht erst bekannt gemacht mit Sitten und Gewohnheiten, sondern mich hineingestukt in Reih und Glied als wäre ich gekauft von einem Menschenhändler? Wie bin ich Teilhaber geworden in dem großen Unternehmen, das man die Wirklichkeit nennt? Warum soll ich Teilhaber sein? Ist das nicht Sache freien Entschlusses? Und falls ich genötigt sein soll es zu sein, wer ist denn da der verantwortliche Leiter – ich habe eine Bemerkung zu machen –? Gibt es keinen verantwortlichen Leiter? An wen soll ich mich wenden mit meiner Klage? Das Dasein ist ja eine Diskussion, darf ich bitten, meine Betrachtung mit zur Verhandlung zu stellen? Wenn man das Dasein nehmen soll wie es ist, wäre es dann nicht das Beste, man erführe wie es ist?" (234). Gleichsam im defizienten Modus respektiert die Anklage nicht nur den Schöpfer, sondern zugleich das Eigendasein der Welt, ihren Widerstand gegenüber dem Menschen; ja, es hat den Anschein als bedürfe gar die Wirklichkeit des menschlichen Widerstandes gegen Gott, um sich als das, was sie ist, zu manifestieren.

II.

Was aber ist es nun um die ‚Wiederholung', die Kierkegaard zunächst in Hiobs Wiederherstellung, dem Pendant seiner erhofften Versöhnung mit Regine, verwirklicht denkt?

Der Gebrauch des Begriffs ist nicht eindeutig.

---

[10] Die Urtragik des Zusammenpralls des Menschen mit der Wirklichkeit ist bekanntlich das Thema der griechischen Tragödie; nicht umsonst wird auch von Kierkegaard Philoktet als Kontrastfigur eingeführt (239). Die Darstellung einer tragischen Schuld wird hier meist zum Indikator einer geschlossenen tragischen Weltsicht: sie ist nicht ein letztlich zufälliges sittliches Vergehen des einzelnen, der lediglich unter bestimmten Gegebenheiten in einen unlöslichen Konflikt gleichberechtigter Pflichten verwickelt wird, sondern ergibt sich vielmehr zwangsläufig aus der Widersprüchlichkeit des Daseins selbst, aus dem Ausgesetztsein der menschlichen Existenz gegenüber schlechthin überlegenen Mächten, wie es etwa der Fall des Oidipus Tyrannos zeigt (A. Lesky, Die griechische Tragödie, Stuttgart 1968, 23.27.150/1).

Zunächst scheint er mit dem der Erinnerung (Anamnesis) in Verbindung gebracht, sowohl äquivalent[11] als auch oppositiv: das erstere, wenn es eingangs heißt, Wiederholung sei „ein entscheidender Ausdruck für das, was ‚Erinnerung' bei den Griechen gewesen ist" (173), das letztere, wenn von dem ‚jungen Menschen' in seiner unglücklichen Liebe gesagt wird, er sei verhängnisvollerweise imstande gewesen, „gleich an einem der ersten Tage sich seiner Liebe zu erinnern" (178). Denn die Liebe der Erinnerung mache einen Menschen unglücklich, wenn man wie der ‚junge Mensch' die Wiederholung nicht kenne (186). Am Ende aber überwiegt doch der Gegensatz: mit seiner Liebe der Erinnerung nämlich irrte der ‚junge Mensch' insofern, als er von vornherein „am Ende stand statt am Anfang" (178); aus Verlust an Unmittelbarkeit[12] erschöpfte sich seine Liebe in bloßer Sehnsucht (179). Hätte er die ‚Wiederholung' gekannt, so wäre zu seiner Erinnerung die Hoffnung getreten, die die Liebe eigentlich glücklich macht.

Der volle Begriff der ‚Wiederholung' erschließt sich dementsprechend erst, wo dieser als das überlegene Dritte jenseits der „Unruhe der Hoffnung" und der „Wehmut der Erinnerung" beschrieben wird; so ist „die Liebe der Wiederholung ... in Wahrheit die einzige glückliche", da in ihr der wechselseitige Widerspruch von Erinnerung und Hoffnung aufgehoben zu sein scheint (174).

Erinnerung und Wiederholung bleiben so zwar „die gleiche Bewegung" – nur daß sie „in entgegengesetzter Richtung" laufen; „denn wessen man sich erinnert, das ist gewesen, wird rücklings wiederholt; wohingegen die eigentliche Wiederholung sich der Sache vorlings erinnert" (173)[13]. Oder, wie es in einem anderen Zusammenhang heißt: „Was sich wiederholt, ist gewesen, sonst könnte es sich nicht wiederholen; aber

---

[11] Offenbar handelt es sich bei der äquivalenten Verbindung von Wiederholung und Erinnerung um die etwas ältere Auffassung Kierkegaards, die uns auch am Schluß des ‚Johannes Climacus' entgegentritt: dort wird platonisierend „das sinnliche Dasein eine Wiederholung" und umgekehrt die Erinnerung „eine Wiederholung im Bewußtsein" genannt (Papirer IV B 1 p. 150; deutsch in Gesammelte Werke, 10. Abt., 1952, 159).

[12] Oppositiv dazu kann in der „Abschließende(n) unwissenschaftliche(n) Nachschrift zu den Philosophischen Brocken 1" von dem ‚jungen Menschen' gesagt werden, er veranschauliche, „daß die Wiederholung, wenn sie eintreten soll, eine neue Unmittelbarkeit sein muß", und zwar als „eine Bewegung kraft des Absurden" (Værker VII 222; deutsch in Gesammelte Werke, 16. Abt., 1957, 257). Doch kann Kierkegaard den Begriff der ‚Unmittelbarkeit' auch negativ-wertig gebrauchen, etwa im Gegensatz zur ‚Ursprünglichkeit' in „Der Begriff Angst" (Værker IV 414; deutsch in Gesammelte Werke, 11. und 12. Abt., 1952, 154). Vgl. G. Nusser, Der Begriff ‚Wiederholung' bei Kierkegaard, ThZ 20 1964, 423–439, bes. 431f.

[13] Auf den Gegensatz vorlings – rücklings kommt Kierkegaard auch in den ‚Philosophischen Brocken' zu sprechen, und zwar im Zusammenhang mit der Frage nach Geburt und Wiedergeburt; Gesammelte Werke, 10. Abt., 1952, S. 93, vgl. dazu die Anm. des Übersetzer S. 188[193].

eben dies, daß es gewesen ist, macht die Wiederholung zu dem Neuen.
Wenn die Griechen sagten, daß alles Erkennen ein sich Erinnern ist, so
sagten sie: das ganze Dasein, welches da ist, ist da gewesen; wenn man
sagt, daß das Leben eine Wiederholung ist, so sagt man: das Dasein, welches dagewesen ist, tritt jetzt ins Dasein" (189). Auf diese Weise wird
man des Alten nicht leid; im Gegenteil: man wird glücklich, „wenn man
es vor sich hat" (174)[14]. Darum auch klärt der Begriff ‚Wiederholung‘
das Verhältnis zwischen den Eleaten und Heraklit (189): d. h. er erschließt das Wechselverhältnis zwischen einem das Dasein begründenden (Gewesen-)Sein und der Wirklichkeit als einem ständig Werdenden.
Während Diogenes der Leugnung aller Bewegung lediglich dadurch
entgegentrat, daß er einige Male auf und nieder ging (173), unternimmt
es Kierkegaard, Sein und Wesen in ein organisches Verhältnis zu setzen,
was Hegel nach seiner Überzeugung vergeblich versucht hat. So ist die
‚Wiederholung‘ nicht nur der Gegensatz zu einem Leben, das sich als
leerer, inhaltloser Lärm verliert (189), nicht nur der Widerspruch muti-
ger Daseinsverwirklichung zum bloß Interessanten (174.189)[15], sondern auch am Ende der Schlüssel zu einer Begründung des Daseins
selbst. Ja, Kierkegaard wagt sich in urzeitlich-kosmogonische Spekula-
tionen mit einem Satz wie: „Hätte nicht Gott selber die Wiederholung
gewollt, die Welt wäre nie entstanden. Er hätte entweder der Hoffnung
leichte Pläne verfolgt, oder er hätte alles zurückgenommen und es aufbewahrt in der Erinnerung. So hat er nicht getan, darum hat die Welt Bestand und hat dadurch Bestand, daß sie eine Wiederholung ist" (175). –
Verdankt also die Welt insofern ihr Dasein einer von Gott gewollten
‚Wiederholung‘, so darf es nicht verwundern, wenn nun die Wiederholung „das Interesse der Metaphysik" genannt wird, „die Losung in jeder
ethischen Anschauung, . . .die unerläßliche Voraussetzung . . . für jedes
dogmatische Problem"; weil dieses Interesse aber immer ein bloß sub-

---

[14] Nach der Tagebuchnotiz Papirer II A 558 vom 10. September 1839 (Die Tagebücher
1, 217) liegt „die Ahnung . . . im Reflex der Richtung des Auges auf die Vergangenheit, so
daß sich im Auge durch das Anschauen des Zurückliegenden . . . eine Bereitschaft entwik-
kelt, das Vorwegliegende . . . zu schauen"; offenbar hat Kierkegaard die Modellhaftigkeit
von Vergangenem beim Entwerfen von Zukunft jahrelang beschäftigt.
[15] Nach der Tagebuchnotiz Papirer IV A 169 aus der Zeit zwischen 1842 und 1844
(aaO., 319/20) kann der kluge Ironiker Constantin Constantius darum nicht die Wiederholung finden, weil er das ‚Interessante‘ zwar bekämpft, aber nicht merkt, „daß er selbst
darin hängenbleibt"; als Alternative zum Interessanten der bloßen Abwechslung erscheint
dabei die Selbstgenügsamkeit. – Umgekehrt entsteht nach dem ‚Begriff Angst‘ (IV 414;
Gesammelte Werke, 11. und 12. Abt., 1952, 154) „Gewohnheit . . ., sobald das Ewige aus
der Wiederholung schwindet, . . . sobald also die Ursprünglichkeit in der Wiederholung
ausbleibt". Vgl. Anm. 10.

jektiv-engagiertes sein kann[16], ist die ,Wiederholung' offenbar „zugleich dasjenige Interesse, an dem die Metaphysik scheitert" (189). Es scheint mir nun keine Frage zu sein, daß der Begriff einer ,Wiederholung' wesentliche Elemente mit dem der mythischen Vergegenwärtigung gemein hat, mit der erzählerischen oder rituellen Rückwendung also zu einer Urzeit, in der die Welt gestiftet wurde und für alle Zeit ihre Regeln empfing. Während etwa der Begriff der ,Gleichzeitigkeit' an dem innergeschichtlichen Paradox der Menschwerdung Gottes orientiert ist, beruht die ,Wiederholung' einerseits auf der Gegenwart eines urzeitlichen Prototyps; andererseits aber ermöglicht sie es, daß die stiftende und normative Urzeit das Vorhandene im Blick auf eine Zukunft mobilisiert, die dem Prototyp besser als alles Vorhandene gleichkommt. Insofern also in der Gegenwart die ,Wiederholung' eines vergangenheitlichen Prototyps stattfindet, hat es die Wiederholung zwar mit der Erinnerung zu tun; insofern der gegenwärtige Prototyp Zukünftiges vorwegnimmt, verbindet sich die Erinnerung aber auch mit der Hoffnung. Die Differenz zwischen Urzeitmodell und vorfindlicher Gegenwart wird also – in der mythischen Vergegenwärtigung wie durch den Begriff der ,Wiederholung' – durch einen Akt der Vergewisserung aufgehoben, der dem Leben und der Welt Bestand verleiht und beide zugleich vorantreibt. Und wenn dabei vollends die Wiederholung „das Interesse der Metaphysik" genannt wird, so entspricht das der Rolle der Metaphysik als der spekulativen Nachfolgerin eines Mythos, der die Welt einst erzählend begründete. – Wie um sich selbst gegen den Verdacht in Schutz zu nehmen, er diene damit einem romantischen Obskurantentum, will Kierkegaard dann freilich einer ,heidnische(n) Lebensbetrachtung' nur die *Erinnerung* zuschreiben, während die ,Wiederholung' die neue, die moderne Kategorie sei, „welche entdeckt werden muß" (189); tatsächlich muß gerade sie *wieder*entdeckt werden.

Die Sensibilität für das Frühe, für die stiftende, normative Kraft des Mythischen im besonderen, mag Kierkegaard dennoch der deutschen und der dänischen Romantik verdanken[17], deren Werke sich in seiner nachgelassenen Bibliothek so zahlreich anfanden[18]. Vielleicht hat auch

---

[16] Vgl. dazu ,Begriff Angst' (IV 290; Gesammelte Werke, 11. und 12. Abt., 1952, 15/16), wonach die Metaphysik interesselos sein muß, „ebenso wie Kant das von der Ästhetik behauptet hat. Sobald das Interesse zum Vorschein kommt, geht die Metaphysik beiseite . . . In der Wirklichkeit kommt das ganze Interesse der Subjektivität zum Vorschein und nun strandet die Metaphysik." Vgl. Anm. 15.

[17] Das Interesse der Romantik am Mythos wie an der Sage beruht vermutlich darauf, daß die Romantik selbst, wie Mythos und Sage, das Schwergewicht des Daseins in der Tiefe der Vergangenheit sucht. Insoweit ist sie als Historikerin des Mythos zugleich Urzeitvergegenwärtigung, jedenfalls im Blick auf die ,Urzeit' des menschlichen Geistes.

[18] Vgl. N. Thulstrup, Katalog over Søren Kierkegaards Bibliotek, Kopenhagen 1957, ferner H. Gerdes, Sören Kierkegaard, 1966, 19 f.

trotz des allbekannten Gegensatzes der beiden Männer ein Hauch vom Geist N. F. S. Grundtvigs eingewirkt, etwa dessen Begeisterung für die antignostische recapitulatio des Irenäus[19] oder gar seine frühere Beschäftigung mit dem altnordischen Mythos[20]. In der ungebrochen romantischen Atmosphäre des zeitgenössischen Kopenhagen mag dergleichen auch in der Luft gelegen und sich spontan eingestellt haben, wie wir denn tatsächlich nur selten sicher wissen, durch welche historische Vermittlung scheinbar vergangene geistige Strukturen, die in Wirklichkeit Konstanten unserer Humanität sind, plötzlich wieder gegenwärtig werden.

Dennoch muß es verwundern, warum Kierkegaard einen so reichen und tiefen Begriff, wie der der ‚Wiederholung' ihn darstellt, zuletzt mit der bloß äußerlichen Wiederherstellung Hiobs abgelten wollte[21]. Gibt es doch in der Realität, wie der pseudonyme Novellenverfasser durch leidvolle Berliner Reiseerfahrungen ausmachen mußte (191 ff.), so etwas wie eine ‚Wiederholung' durchaus nicht – es sei denn in der planen Gleichheit, wie man sie allenfalls am Verhalten von Gaststättenbesuchern ablesen kann (208): ,,Geistliche wie weltliche Redner, Dichter wie Prosaiker, Schiffer wie Leichenbitter" sind sich ,,darin einig, daß das Leben ein Strom ist"; so bleibt die desillusionierende Kraft des Posthorns zu loben, ,,weil man diesem Instrument niemals mit Sicherheit den gleichen Ton entlocken kann" (212). – Die Wiederherstellung Hiobs aber erhebt zumindest den Anspruch, real zu sein und darin einer sittlichen Ordnung der immanenten Welt zum Beweis zu dienen. Sie ist insofern, wenn wir dem Konzept des biblischen Erzählers einmal in modernen philosophischen Kategorien Ausdruck geben dürfen, weder eine Transzendenz (221) noch eine wirkliche Überschreitung der Denkbarkeiten, wie es von Kierkegaard für die ‚Wiederholung' gefordert wird (246);

---

[19] Vgl. G. Harbsmeier, Kierkegaard und Grundtvig, EvTh 25/1965, 72–83, bes. 80.

[20] Vgl. S. Holm, Grundtvig und Kierkegaard, ZSTh 23/1954, 158–176, wo es im Blick auf den Kult in Analogie zu den alten Volksreligionen u. a. heißt: ,,Im Kult wiederholt sich die Urhandlung des Mythos . . . Grundtvigs gewaltige Kirchenliederdichtung gründet in der Hauptsache auf der Vorstellung von der Wiederholung der Urhandlung im Kult, wo Gottes Geist ebenso reich ist wie am ersten Pfingsttage" (S. 170); vgl. Ders., Grundtvig und Kierkegaard, Kopenhagen – Tübinben 1936, 100, wo Grundtvig ,,das Genie mit Urzeitmentalität" genannt wird.

[21] Intensiver werden die Möglichkeiten des Begriffs freilich ausgeschöpft, wenn Constantin Constantius mit Hilfe einer vulgären Liebschaft für seinen Klienten die Durchbrechung von dessen Dichterexistenz zu manipulieren sucht und dabei seine Wiederherstellung eine redintegratio in statum pristinum nennt (185). Der Begriff ist vermutlich von dem im römischen Recht geläufigen Terminus restitutio in integrum abzuleiten. Beiden Vorstellungen ist der Gedanke der Rückkehr an einen früheren Zeitpunkt gemeinsam; der Zeitablauf erscheint nicht als unwiderruflich.

daran ändert auch der Umstand nichts, daß sich die Wiederherstellung
Hiobs gerade für unser Bewußtsein im Bereich des Fiktiven bewegt.

Allerdings erschöpft der Begriff ‚Wiederholung‘ seine Kraft nun doch
nicht ganz bei der Deutung von gegenständlich Vorfindlichem, deckt er
doch zugleich das ‚Gewitter‘, den ‚Donnerschlag‘, mit dem Gottes Erscheinen vor Hiob einhergeht (245f.). Gerade hier aber liegt jenes
transzendente Ineffabile vor, das einen anderen Abschluß des Konflikts
als nicht denkbar erscheinen läßt, „wiewohl dieser es gleichfalls nicht
ist" (245).

Dennoch kann man bedauern, daß Kierkegaard den Begriff der ‚Wiederholung‘ nicht auch für die Interpretation der Gottesreden fruchtbar
gemacht hat.

Sein Interesse an der langen Kette göttlicher Fragen, die jeden Versuch einer Theodizee überholen (Hi 38,2ff.), bleibt nämlich auf das Motiv beschränkt, daß wir es hier nicht – wie in den Worten der Freunde –
mit „einer Erklärung zweiter Hand" zu tun haben (244). Denn nun widerlegt den Aufruhr Hiobs nicht nur das gesamte Dasein (241), sondern
Gott selbst; im tiefsten allerdings hat Hiob sogar „Recht bekommen",
und zwar „auf ewig" – und dies gerade „dadurch, daß er Unrecht bekommen hat vor Gott" (245). Selbst die theologische Durchschnittsant-
wort der Rahmenerzählung, das Ganze sei eine Prüfung gewesen (243),
ist den weisheitlichen Konstruktionen der Freunde doch noch insofern
überlegen, als die Kategorie der Prüfung ebenso wie die der Wiederholung „durchaus transzendent" ist[22], denn sie bringt auf ihre Weise „den
Menschen in ein rein persönliches Gegensatzverhältnis zu Gott" (244).
Eben dadurch nämlich trägt sie zugleich der in Hiobs Klage verborgenen
Gottesfurcht Rechnung. Immerhin geschieht die Herausforderung Gottes ja in dem Vertrauen, „Gott vermöge schon noch alles zu erklären,
wenn man nur ihn selber zum Reden bringe" (242). So aber müsse es be-
glückend sein, von Gott selbst zurechtgewiesen zu werden. Denn „während ein Mensch ansonst sich unter der Zurechtweisung so leicht verhär-
tet; wenn Gott richtet, so verliert der Mensch sich selbst und vergißt des
Schmerzes über der Liebe, die erziehen will" (245). – Eben diese Liebe
war es ja auch, nach der die Klage gesucht hatte: sie wollte es nicht länger
mit dem bloßen Es einer Wirklichkeit zu tun haben, die mit dem Menschen „wie der Knabe mit einem Maikäfer" spielt; sie wollte mit dem Du
des Gottes konfrontiert sein, der mächtig genug war, auch der enttäu-

---

[22] Nach der in Anm. 12 zitierten Stelle aus der ‚Unwissenschaftliche(n) Nachschrift 1‘
wird die Prüfung als „teleologische Suspension" bezeichnet (VII 222), was nach VII 226
den Menschen in die Unmöglichkeit versetzt, im Ethischen zu existieren. Besteht dann
eine Kontrastharmonie zur ‚Wiederholung‘ als ‚Bewegung kraft des Absurden‘ (VII 222),
die den Menschen offenbar ins Ethische zurückversetzt?

schendsten Wirklichkeitsbeziehung des Menschen noch eine personale Dimension zu geben. Denn die Lösung des Hiobproblems sollte jedenfalls nicht in einer neuen Satzwahrheit liegen, die sich von anderen höchstens durch ihre Autorisierung unterschiede, insofern Gott „ja den Donner hat" (232).

Und doch ist die Prüfung auch für Kierkegaard insofern nur „eine einstweilige Kategorie", als sie darauf zielen könnte, „die ganze Wirklichkeit auszustreichen und zu suspendieren, indem sie diese (lediglich) . . . im Hinblick auf die Ewigkeit bestimmt". Tatsächlich aber soll die Gottesbeziehung ein Verhältnis zur Wirklichkeit, das der Personalität des Menschen entspricht, ja allererst erschließen. Die Prüfung ist also ein Durchgang: legitim ist sie nur, sofern man sie „in ein Verhältnis zur Zeit" setzt, ja sie aufhebt in der Zeit (244)[23]; legitim ist sie m. a. W., insofern sie *den Schöpfer* offenbart, der das Verhältnis des ewig personhaften Menschen gerade zur zeitlichen Welt als ein Verhältnis zu ihm, dem ewig personhaften Gott, verständlich macht. Andernfalls nämlich müßte die Wirklichkeit zum bloßen Material *unseres* Gottesverhältnisses werden, zum Instrument *unserer* Frömmigkeit, was ihr alle Eigenbedeutung entzöge.

Gerade aber beim Wirklichkeitsbegriff liegt das Problem, zu dessen Lösung der Begriff ‚Wiederholung', wenn er nämlich wirklich mit dem der mythischen Vergegenwärtigung in seinen Grundzügen übereinstimmt, tatsächlich beitragen kann. Denn die von Jahwe gestellten Fragen (Hi 38,2 ff.) suspendieren die Welt ja keineswegs; vielmehr vertreten sie die Ehre des Schöpfers, indem sie ein uranfängliches Eigendasein der Welt zur Anfrage an den Menschen machen. Zwar haben sie auch so nicht das gegenwärtig Vorhandene im Auge, sondern vielmehr den Kosmos eines mythischen Prototyps, „als die Morgensterne allzumal frohlockten und alle Gottessöhne jubelten" (Hi 38,7)[24], dazu eine Wirklichkeit von rauschhaftem Überflußcharakter. Gerade in einer solchen mythisierten Überflußwirklichkeit aber findet der Mensch noch einmal die „Liebe, die erziehen will" (245), wie er sie in der Klage suchte. Freilich liegt im Reichtum der mythischen Welt zugleich etwas Anarchisches, ja Dämonisches, das es dem Menschen verwehrt, den eigenen Lo-

---

[23] Wiederum in der ‚Unwissenschaftliche(n) Nachschrift 1' gilt die Prüfung „für das bloß Ethische" als „ein Scherz"; gleichzeitig aber wird eingeräumt, „daß . . . der höchste Ernst des religiösen Lebens am Scherz erkennbar ist" – entsprechend dem, daß „Gottes Allgegenwart die Unsichtbarkeit, und die Offenbarung das Geheimnis" ist (VII 223). Die Prüfung erwiese sich also immerhin dadurch als ‚transzendente' Kategorie, daß ihrer Paradoxalität seitens des Ethikers mit Ironie begegnet wird, wodurch er gerade dem religiösen Charakter ihrer Würde Rechnung trüge.

[24] Zur Abgrenzung der Mythenmotive in Hi 38 ff. vgl. Vf., Altes und Neues zum Buch Hiob, EvTh 37/1977, 284–304, bes. 297 f.

gos mit dem der Wirklichkeit und ihres Lenkers zu identifizieren[25]. Erscheint der Kosmos im Mundes Gottes somit als auf seinen Prototyp hin mobilisiert, dann liegt die Zumutung Gottes an Hiob offenbar darin, sein Entsetzen über die vorfindliche Realität in den Horizont der Möglichkeiten einzuordnen, die die vitale Metaphernsprache des Mythischen freisetzt. Durch den Mut Hiobs, sich auf den Weltentwurf der Gottesrede einzulassen, würde die mythische Sprache Gottes ihre verwandelnde Kraft bewähren; sie wäre gleichsam ein Oxymoron im Großen, das den bislang sinnlosen Gegensatz von Prototyp und Realität in einen sinnvollen, kreativen verwandelt[26]. Hiobs faktische Wiederherstellung (Hi 42,10.12–17) würde in der mythischen Wiederherstellung des Kosmos gleichsam vorweggenommen sein. Im letzten ist es die Sprachmagie[27] der biblischen Hiobdichtung, in der die regenerative Kraft des Mythischen gleichsam noch einmal das ihr von jeher eigene magische Implikat entfaltet, freilich in einer zweiten, nachkritischen Naivität.

III.

Zuletzt hat der ‚junge Mensch' die ‚Wiederholung' an einer einigermaßen banalen Selbstfindung erlebt, der er am Schluß der Novelle mit trotziger Komik Worte verleiht. Insofern jedenfalls ist er seinem experimentierenden Berater doch noch überlegen. „Sie ist verheiratet . . . Ich bin wieder ich selbst; hier hab ich die Wiederholung; ich verstehe alles, und das Dasein erscheint mir schöner denn je. Es kam ja auch wie ein Gewitter, wenn ich es auch ihrer Großmut zu danken habe, daß es eintrat" (253). Hatte er zuvor schon auf dieses Gewitter gewartet, weil es ihn „tauglich machen" sollte, „Ehemann zu sein", obwohl er gerade ein solches Gewitter „in gewissem Sinne mehr fürchte(te) als einen Selbstmord" (247), so ist es ihm nun zwar erspart geblieben, sich selbst zu widerrufen"; er hat seine „Prioritäten" nicht, wie befürchtet, „in eheliches Kleingeld" umwechseln müssen (248). Dennoch ist der Selbstgewinn zweideutig genug. Hat er nicht doch, wie Constantin Constantius nach humorigen Subtilitäten über das Verhältnis der Ausnahme zum Allgemeinen argwöhnt, eben die gewöhnlichste Allgemeinheit zur ‚Wiederholung' erklärt, gerade dasjenige also, wogegen sich Kierkegaards Ein-

---

[25] Den anarchisch-dämonischen Charakter der Tierschilderungen in Hi 39 betont jetzt O. Keel, Jahwes Entgegenung an Jjob. Eine Deutung von Jjob 38–41 vor dem Hintergrund der zeitgenössischen Bildkunst, 1978, 61 ff., bes. 85 f. 125. 156–158.
[26] Zu dieser Funktion metaphorischer Rede vgl. P. Ricœur, Stellung und Funktion der Metapher in der biblischen Sprache, in: P. Ricœur – E. Jüngel, Metapher, 1974, 45–70, bes. 54.
[27] Zum Begriff ‚Sprachmagie' vgl. H. Friedrich, Die Struktur der modernen Lyrik, 1956, 27 ff.

verständnis mit dem romantischen Protest kraft der Schwermut seiner Ausnahmeexistenz gerichtet hatte[28]? An der Banalität des Gewonnenen hatte sich ja auch dadurch nichts geändert, daß der ‚junge Mensch‘ abschließend erklärte, der Idee zu gehören (254) bzw. „in der Idee Dienst" zu stehen (255); denn allein das Einverständnis ins unromantisch-Allgemeine scheint ihm in diesem Augenblick die kümmerliche Freiheit zu geben, gleichsam im Abseits seines Eigendaseins der Gewalt des Gedankens Raum geben zu können.

So bleibt die Frage, *als was* sich der ‚junge Mensch‘ wiedergefunden habe.

Sein ironischer Kommentator hat darauf dem Leser im Nachwort der Novelle (259ff.) eine Antwort gegeben. „Als Dichter", so heißt es – scheinbar lapidar – habe er sich wiedergefunden (263), offenbar im Gegensatz zu der Erwartung, daß die Wiederherstellung bei seinem Schützling die Durchbrechung seiner soeben erst aufgefundenen Dichterexistenz zuwege gebracht hätte (185). Dennoch ist die Selbstfindung auch nicht einfach eine Rückkehr zu etwas Überholtem, enthält sie doch zugleich ein Stück Selbstverwandlung, so daß nun der Dichter „den Übergang bildet zu den eigentlich aristokratischen Ausnahmen, den religiösen Ausnahmen" (262). Jetzt vor allem hat es die ‚Wiederholung‘ auch mit einem Wiedergewinn der Wirklichkeit zu tun: denn als Dichter bewahrt der ‚junge Mensch‘ zwar „eine religiöse Stimmung als ein Geheimnis, das er nicht erklären kann"; andererseits aber verhilft ihm gerade dieses Geheimnis dazu, „dichterisch die Wirklichkeit zu erklären" (262). So gewinnt er durch die Wiederholung freilich nur „das Allgemeine" wieder: die Banalität seiner Selbstfindung besteht ja gerade darin, daß er „das Allgemeine als die Wiederholung" erklärt (262). Und doch versteht er die Wiederholung des Allgemeinen tatsächlich „auf andre Art; denn während die Wirklichkeit die Wiederholung wird, wird für ihn die zweite (scil. die dichterische) Potenz seines Bewußtseins die Wiederholung" (262/3).

Fragen wir nun aber weiter, *wie* der Dichter die Wirklichkeit erklärt, wie also die zweite Potenz seines Ausnahmebewußtseins die Wiederholung des Allgemeinen wirksam macht, so mag zunächst von Bedeutung sein, daß Kierkegaard ein Vierteljahr zuvor, in der Erzählung von ‚Johannes Climacus‘[29], die ‚Wiederholung‘ offenkundig noch in rein ästhetischen Kategorien definiert hat: „Wäre auch die Welt, statt die Schönheit zu sein, nichts als lauter gleichgroße einförmige Feldsteine, es gäbe doch keine Wiederholung" – offenbar also macht nicht die Identität der

---

[28] Vgl. A. Paulsen, Sören Kierkegaard. Deuter unserer Existenz, 1955, 73.77.
[29] Die Abfassung von ‚Johannes Climacus‘ geschah in der Zeit von November 1842 bis etwa April 1843.

Gegenstände, sondern die ‚Schönheit‘ des Reproduzierten dessen ‚Wiederholung‘ aus. Denn „in der Realität gibt es keine Wiederholung, weil sie bloß im Momente ist . . . In der Idealität allein ist keine Wiederholung; denn die Idee ist und bleibt die gleiche, und kann als solche nicht wiederholt werden. Wenn die Idealität und die Realität einander berühren, so tritt die Wiederholung in Erscheinung."[30]

Wer dächte bei solchem Erscheinen der Wiederholung als einer mediatorischen Berührung von Idealität und Realität nicht an Definitionen des Schönen wie diejenige Hegels vom „sinnlichen Scheinen der Idee", wonach der schöne Gegenstand in seiner Existenz den eigenen idealen Begriff als realisiert erscheinen läßt[31]? Freilich sieht Kierkegaard bei seinen idealistischen Antipoden einen Widerspruch darin, daß „was ist, . . . zugleich auf eine andere Weise" sein soll[32], nämlich im Bewußtsein des Dichters. Die Frage nach der Selbigkeit des Idealen und des Realen läßt sich nun gleichsam bloß durch eine Art Machtspruch seitens der Idealität beantworten; ja, die Wiederholung reduziert sich auf die platonische Erinnerung, obwohl in ihr weder Idealität noch Realität gegenwärtig sein können – mit welcher aporetischen Feststellung der Text des ‚Johannes Climacus‘ wohl nicht eben zufällig abbricht. Mit anderen Worten: die Berührung von Idealität und Realität ist hier nur noch innerhalb der Subjektivität möglich; während für Hegel der schöne Gegenstand „an ihm selbst die subjektive Einheit und Lebendigkeit" zeigt[33], degeneriert das an ihm beobachtete ‚Scheinen‘ am Schluß des ‚Johannes Climacus‘, wenn man hier einmal Hegels Begrifflichkeit variieren darf, offenbar zu so etwas wie bloßem ‚Anschein‘.

Es läßt sich nun nicht länger die Frage zurückhalten, ob am Ende nicht auch der biblische Hiob die mythisierte Welt des Überflusses, wie sie in der Metaphernsprache der Gottesrede vor ihm ausgebreitet wird, nur wie eine Scheinwirklichkeit empfängt. Anders als in der zweiten, nachkritischen Naivität des Dichterischen sind die Motive der Gottesrede doch schon für den Verfasser des Hiobbuches schwerlich vollziehbar gewesen; schon er stand ja bereits an der Neige – nicht nur der Weisheit, sondern erst recht des Mythos. Auch sein Ernst mag durch eine Art von Ironie gebrochen gewesen sein, insofern er im Gesagten vor allem das Sagen, im Gedachten das Denken zu schätzen wußte, ohne daß das Gesagte bzw. Gedachte noch in seinem gegenständlichen Gehalt eine unmittelbare Geltung beanspruchte. Was in den Gottesreden also auf sinn-

---

[30] Værker IV B 1 p. 149/50; Gesammelte Werke, 10. Abt., 1952, 158.

[31] So in: Vorlesungen über die Aesthetik, in: (ed.) H. Glockner, Georg Wilhelm Friedrich Hegel, Sämtliche Werke 12, 1927, 160. 164. Erstausgabe 1835.

[32] An der in Anm. 30 angegebenen Textstelle.

[33] AaO. (Anm. 31), 164.

lich-dichterische Weise *auf*scheint, hat offenbar schon für ihn im Zwielicht des bloßen *An*scheins gestanden. Nicht anders natürlich, eher noch viel mittelbarer stellt sich die Möglichkeit eines Nacherlebens der Mythenmotive von Hi 38 ff. für den modernen Interpreten dar. Wird insoweit die reale Welt durch den Dichter doch nur als ein Mittel gebraucht, um ‚die Welt' der eigenen Seele auszudrücken, so hat Kierkegaard in den wenigen Monaten nach der Abfassung des ‚Johannes Climacus' darin freilich die Realitätsfremdheit eines romantischen Weltentwurfs erkannt, von dem es sich abzuwenden gilt. Vor allem aber sucht er in unserer Novelle die Existenzweise des Glaubenden, gerade aus der Perspektive des Künstlers, genauer zu bezeichnen. Hebt nämlich „eines Dichters Leben . . . an im Streit mit dem ganzen Dasein", so ist die „dithyrambische Freude", mit der er die Berechtigung seiner Ausnahmestellung erlebt, zwar „unzweifelhaft in einer religiösen Stimmung gegründet"; aber diese bleibt doch bloße ‚Innerlichkeit' (262): der aus seiner Liebesgeschichte zurückbehaltenen Idealität kann der ‚junge Mensch' nur in Stimmungen Ausdruck verleihen. Indem er sich als Dichter wiederempfängt, geht sogar das eigentlich Religiöse zugrunde, „d. h. es wird gleichsam eine unaussagbare Unterlage. Hätte er einen tieferen religiösen Hintergrund besessen, so wäre er nicht Dichter geworden" (263).

Es wird dabei freilich nicht ganz klar, worin die Überlegenheit des Religiösen über das Dichterische besteht. Offenbar beginnt für den ‚jungen Menschen', wie er durch Constantin Constantius mitteilen läßt, „die ganze Frage wegen der Endlichkeit . . . in die Indifferenz gesetzt" zu werden; „die eigentliche Wirklichkeit" kann „in tieferem Sinne ihm nichts nehmen und nichts geben" (263). Während der Künstler das klare Sichtbare „sowohl sehen wie nicht sehen will", ruht der religiöse Mensch „in sich selbst und verschmäht alle Kinderstreiche der Wirklichkeit" (264). Die Differenz zwischen dem Glaubenden und dem Ästhetiker liegt also offenbar darin, daß dieser überhaupt „nichts Tatsächliches hat" (263), während jenem das Tatsächliche, auch die ‚Tatsachen', *an* die er glaubt, lediglich zu Intermedien seiner auf sich selbst reflektierenden Innerlichkeit geworden zu sein scheinen. Eine wirkliche Durchbrechung der romantischen Subjektivität geschieht darin nicht. Freilich spricht jetzt der experimentierende Psychologe, nicht der ‚junge Mensch' selbst. Referiert also auch Kierkegaard mit dem Abstandsgefühl des Beobachters über eine bereits überwundene Position?

Eindeutig und dadurch wirklichkeitsmächtig wird der Gegensatz von glaubender und ästhetischer Existenz erst in ‚Furcht und Zittern', der Schrift, die gleichzeitig mit der ‚Wiederholung' am 16. Oktober 1843 im Kopenhagener Buchhandel erschien. Danach nämlich „gehört ein rein menschlicher Mut dazu, der ganzen Zeitlichkeit Valet zu geben, um die

Ewigkeit zu gewinnen; . . . aber es gehört ein paradoxer und demütiger Mut dazu, alsdann die ganze Zeitlichkeit zu ergreifen in kraft des Absurden, und das ist der Mut des Glaubens"[34]. Auf diese Weise endlich kann die Existenz der Ausnahme gegenüber dem Allgemeinen ihre paradoxe Kontinuität gewinnen[35]. Kierkegaard wollte also mit dieser Wendung seines Denkens nicht überhaupt „die Dichtung aus der Romantik vertreiben, sondern nur *die* Poesie, die uns eine Versöhnung mit der Wirklichkeit verspricht und vorspiegelt, aber nicht dazu fähig ist, da nur das Religiöse die wahre Versöhnung vollbringen kann. Mit anderen Worten: wenn die Dichtung sich anmaßt, die Religion zu ersetzen, wie es in der Romantik versucht wird, dann wird sie unwahr, denn sie versetzt uns zwar aus der gegebenen Wirklichkeit in eine höhere und vollkommenere, aber nur durch Auswanderung, nicht ‚durch eine wahre Versöhnung, in der die Wirklichkeit für mich unendlich wird' "[36].

In gewisser Weise kehrt hier das Problem wieder, das durch die Verbindung der Gottesreden des Hiobbuches (Hi 38,2 ff.) mit der Erzählung von Hiobs Wiederherstellung (Hi 42,10.12–17) aufgegeben ist. War es nach dem mythisch-dichterischen Aufschwung, mit dem die Fragen Gottes eine Welt des ersten Tages vor Hiobs Augen erstehen ließen, nicht doch eine Inkonsequenz, wenn nun die Welt der hohen Möglichkeiten einer rauschhaften Metaphernsprache in die derbe Realität des Vorhandenen umgesetzt werden sollte? Oder ist umgekehrt gerade so die Zeitlichkeit ‚in kraft des Absurden' ergriffen worden? Hiobs Wiederherstellung wäre dann freilich mehr und anderes als die bloße Belohnung einer Unterwerfungsfrömmigkeit, wie sie die prosaische Rahmenerzählung, für sich genommen, im Auge hat. Sie wäre der kühne Versuch, die Realitätsmacht eines selbst nur noch dichterisch gültigen Mythos zu behaupten. So ist am Ende die ‚Wiederholung' doch in Hiobs Wiederherstellung zu suchen, insofern diese die Verwirklichung des mythisch-ästhetischen Weltentwurfs der Gottesrede im Raum des Gegenständlichen ist.

Der vorliegende Aufsatz will einen Gelehrten ehren, der innerhalb einer weit gefächerten Arbeit durch sein Werk „Der Aufbau des Buches

---

[34] Værker I 98/99; deutsch in Gesammelte Werke, 4. Abt., 1950, 50. Dazu Nusser, aaO. (Anm. 12), 434; die dort gegebene christologische Begründung des Kontinuitätsbegriffs scheint uns aber sowohl dem Inhalt, als auch dem Stil unserer Novelle schwerlich zu entsprechen.

[35] Von hierher wird die bekannte Tagebucheintragung vom 17. Mai 1843 verständlich: „Hätte ich Glauben gehabt, so wäre ich bei Regine geblieben" (Papirer IV A 107; Die Tagebücher 1, 305); allein der Glaube setzt in den Stand, das Allgemeine – hier im Paradigma der Ehe – authentisch zu ergreifen.

[36] V. A. Schmitz, Die Überwindung der Romantik durch Sören Kierkegaard und Georg Brandes, in: Dänische Dichter in ihrer Begegnung mit deutscher Klassik und Romantik, 1974, 143–158, bes. 148.

Hiob" (²1977) auch die Exegese dieses biblischen Buches auf einen neuen Weg gewiesen hat. Zugleich sucht der Beitrag auf den wichtigen Artikel des Jubilars über „Das Schöne im Alten Testament"[37] zu antworten.

[37] Beiträge zur Alttestamentlichen Theologie. Festschrift für W. Zimmerli, 1977, 479–497.

FRANK CRÜSEMANN

Hiob und Kohelet

Ein Beitrag zum Verständnis des Hiobbuches[1]

Es ist in der alttestamentlichen Wissenschaft üblich geworden, im Zusammenhang der beiden Bücher Hiob und Kohelet von einer „Krise der Weisheit" zu reden[2]. Die ältere Weisheit Israels, wie sie vor allem in Prov 10–29 vorliegt, formuliert als grundlegende Erfahrung immer wieder einen konstitutiven Zusammenhang zwischen dem Tun und dem Ergehen der Menschen, also das Bewußtsein, in einer gerechten Ordnung der Welt zu leben und es mit einem zwar frei, aber durchaus verständlich handelnden Gott zu tun zu haben[3]. „Keinerlei Unheil trifft den Gerechten, aber die Frevler sind voll Unglück" (Prov 12,21), ist eine typische Formulierung. Die bittere Erfahrung, daß diese Sicht der Dinge schlechterdings nicht mit der Realität übereinstimmt, ist das Grundproblem des Hiobbuches und der Ausgangspunkt der Reflexionen Kohelets. Gerade die realistische Erkenntnis, daß es in der Welt nicht gerecht zugeht und Gott keineswegs verständlich handelt, verleiht ihnen bis heute immer wieder so unmittelbare Aktualität. Gibt es also ganz unbestreitbar tiefgreifende Gemeinsamkeiten in der theologischen Grundproblematik beider Bücher, so wird doch weithin die Art und Weise, *wie* sie sich damit auseinandersetzen, als fundamental verschieden angesehen. So schreibt etwa Gerhard v. Rad: „Jedes geht seinen eigenen Weg. Vergleichbar sind sie nicht einmal in ihren Negationen, nur in ihrem Widerspruch gegen die Lehrtradition."[4] Es ist besonders der leidenschaftliche Protest Hiobs gegen den Gott, der sein Leid verursacht, der sich von der kühlen

---

[1] Das folgende wurde in einer 1. Fassung am 11. 1. 1978 als Gastvorlesung am Fachbereich Evangelische Theologie der Philipps-Universität Marburg vorgetragen. Deshalb ist der Bezug auf die Arbeiten von Claus Westermann und die Auseinandersetzung mit ihnen nur an wenigen Stellen expliziert.

[2] Vgl. z. B. H. H. Schmid, Wesen und Geschichte der Weisheit, BZAW 101, 1966, 173 ff.; H. Gese, Die Krisis der Weisheit bei Kohelet, jetzt in: Vom Sinai zum Zion, München 1974, 168–179.

[3] Dazu bes. G. v. Rad, Weisheit in Israel, Neukirchen 1970, 165 ff.

[4] Weisheit in Israel 306.

Distanz Kohelets so deutlich unterscheidet. Auch für Lévêque, der einen
ins einzelne gehenden Vergleich durchgeführt hat, überwiegen die Ver-
schiedenheiten bei weitem[5].

Aber eine solche Sicht dürfte der zugrundeliegenden Problematik
kaum voll gerecht werden. Einmal scheint mindestens Koh 6,10f. – der
Mensch „kann nicht rechten mit dem, der mächtiger ist als er" – dafür zu
sprechen[6], daß der jüngere, wohl ins 3. Jahrhundert zu datierende Kohelet das ältere, am ehesten der persischen Zeit zuzuschreibende Hiobbuch gekannt hat. Sodann fordert die ungewöhnliche Isolierung der Position Kohelets innerhalb der alttestamentlichen Theologie dazu heraus,
nicht nur nach seinen außerisraelitischen, sondern stärker auch nach seinen alttestamentlichen Wurzeln zu fragen. Vor allem aber ist es die bisher selten gestellte Frage, worin sich denn eigentlich die Erfahrungen
dieser Weisen der nachexilischen Zeit so diametral von denen ihrer Vorläufer unterscheiden, was also der eigentliche Grund für das Entstehen
einer Krise der Weisheit gewesen ist, die dazu nötigt, auch die Beziehung
beider Bücher neu zu untersuchen.

Ich kann im folgenden nur einigen der damit angeschnittenen Fragen nachgehen. Der 1. Teil soll zeigen, daß der Vergleich mit Kohelet neues Licht auf die so
umstrittene Frage nach der „Lösung" des Hiobproblems in der Dichtung werfen
kann. Das Ergebnis hat m. E. erhebliche Konsequenzen für manche der redaktionsgeschichtlichen Fragen des Hiobbuches, die sehr knapp im 2. Teil angedeutet werden sollen. Schließlich soll 3. versucht werden, den sozialgeschichtlichen
Ort der Hiobdichtung zu bestimmen, um von da aus ansatzweise nach dem Hintergrund der Krise der Weisheit zu fragen.

I.

Will man die eigentliche Hiobdichtung (3,1–42,6), ihre Absicht und
ihre Theologie verstehen, so ist aus methodischen Gründen zunächst
ganz von der Prosarahmung abzusehen; erst in einem zweiten Schritt
kann nach dem Zusammenhang mit dem Rahmen gefragt werden[7]. Der
Schlüssel zum Verständnis der Hiobdichtung liegt ganz ohne Zweifel in

---

[5] J. Lévêque, Job et son Dieu Bd. II, Paris 1970, 654–679.

[6] So z. B. K. Galling, Der Prediger, HAT I/18, 2. Aufl. 1969, 105.

[7] Das sollte bei einer so klaren und nahezu unumstrittenen literarischen Schichtung im
Grunde selbstverständlich sein, wird aber keineswegs immer beachtet. Wichtig ist bes. die
auf diesem Grundsatz basierende Analyse von E. Würthwein, Gott und Mensch in Dialog
und Gottesreden des Buches Hiob (1938), in: Wort und Existenz, Göttingen 1970,
217–295. G. v. Rad (Weisheit in Israel 292) verzichtet sogar grundsätzlich auf ein Zusammendenken von Rahmen und Dichtung. Anders etwa W. Zimmerli, Grundriß der alttestamentlichen Theologie, Stuttgart u. a. 1972, 145.

der Gottesrede Hi 38 ff., deshalb brauchen die Positionen Hiobs und seiner Freunde hier nur sehr kurz charakterisiert zu werden.

Hiob setzt in c. 3 mit einer Verfluchung des Tages seiner Geburt ein,
und er endet in c. 31 mit einem feierlichen Reinigungseid und einer endgültigen Herausforderung Gottes. Auffällig ist, daß sich Hiob in seinem
Leid anders verhält als die Beter der Psalmen[8]. Zwar benutzt der Dichter
vielfältig sprachliche Elemente der Klagepsalmen[9], aber deren formge-
schichtlich zentrales Moment, die Bitte, taucht in den entscheidenden
Reden am Anfang (c. 3) und am Ende (c. 29–31) gar nicht[10], und auch
sonst überaus selten auf[11]. Niemals bittet er um das Naheliegendste: die
Wiederherstellung, die Rettung aus der Not. Und statt wie die Psalmenbeter die Zuwendung Gottes zu erflehen[12], sagt er: ,,Laß ab von mir"
(7,16), ,,Blick weg von mir" (10,20)[13], was geradezu Umkehrungen von
Psalmbitten sind[14]. Und wenn er, wie in c. 23, die Abwesenheit Gottes
beklagt, so nur, um damit die Voraussetzung zum Rechtsstreit zu gewinnen[15]. Sein Ton ist anders als der der Psalmenbeter: Er beschwert sich, er
protestiert, er höhnt, er fordert. Zwar hält er sich keineswegs für völlig
sündlos[16], aber er beharrt auf der totalen Inkongruenz zwischen seinem
Tun und seinem Ergehen, und er weitet das zunehmend auf die menschliche Situation überhaupt aus (bes. Hi 21). Er zeichnet die entsetzlichen
Konturen des an ihm handelnden Gottes nach, in dem er nur seinen
Feind, eine ihn sinnlos, ja mit Schadenfreude quälende Macht sehen
kann (bes. 9,22f.). Dennoch setzt er gegen diesen Gott auf diesen Gott,

---

[8] Das folgende in Auseinandersetzung mit C. Westermann, Der Aufbau des Buches
Hiob, Stuttgart 1977², 51 ff. Zur Frage des Verhältnisses von Psalmen- und Weisheitsele-
menten im Hiobbuch vgl. jetzt H.-P. Müller, Das Hiobproblem. Seine Stellung und Entstehung im Alten Orient und im Alten Testament, Erträge der Forschung Bd. 84, Darmstadt 1978, 98 ff. 120 ff.

[9] Das hat bes. C. Westermann erwiesen (Der Aufbau des Buches Hiob 51 ff.).

[10] Anders als Westermann, aaO., 57–59, kann ich Hi 3 nicht für Klage im üblichen,
formgeschichtlichen Sinne halten. Wenn E. Ruprecht, Leiden und Gerechtigkeit bei Hiob,
ZThK 73/1976, 435 sagt: ,,eine Weise der Ich-Klage, wie wir sie genau so auch aus den
Psalmen kennen", dann stimmt das einfach nicht. Westermann sieht den Unterschied sehr
wohl und verweist auf Gen 25,22; 27,46, wo eine ,,in der Frühzeit wurzelnde Form der
Klage" (aaO., 59 Anm. 1) findet. Mit den Psalmen aber hat das kaum etwas zu tun. Ähnliches gilt für Hi 29–30.

[11] Das hat Westermann, aaO., 81 ff. sorgfältig herausgestellt: Bitte begegnet ,,fast nur in
der abgeschwächten Form des Wunsches" (82). Da aber Westermann nur die Verwandtschaft, nicht aber auch die Unterschiede zur Psalmensprache untersucht, übergeht er m. E.
die Differenzen zu schnell.

[12] Vgl. dazu H. Gunkel – J. Begrich, Einleitung in die Psalmen, Göttingen 1966², 218 ff.

[13] Vgl. weiter 9,34; 13,21; 14,6.13.

[14] Sehr oft wird hier gesagt, Gott möge auf den Beter schauen (z. B. Ps 25,19; 59,5;
13,4) und zu ihm hineilen (z. B. Ps 40,18; 22,20; 38,23; 40,14; 71,12).

[15] Vgl. Hi 9,34f.; 10,2.

[16] Vgl. bes. Hi 7,20f.; 13,26.

dennoch hofft er auf seinen schließlichen Triumph (bes. 16,19; 19,25 ff.).

Die Freunde dagegen gehen durchgängig von dem durch Erfahrung und Tradition bezeugten Zusammenhang von Tun und Ergehen aus: „Bedenke doch, wer ging je als Unschuldiger zugrunde? Und wo gibt es Gerechte, die vertilgt wurden?" Das ist in 4,7 ihr erstes Argument. Von ihm aus wenden sie sich zunehmend stärker gegen Hiob und landen schließlich in c. 22 bei offener Anklage auf schwerste Verbrechen. Sie verweisen darauf, daß man es mit einem überlegen und oft rätselhaft handelnden Gott zu tun hat, der aber letztlich immer gerecht ist und gnädig dem, der sich ihm unterwirft. Man darf ihre Position nicht einfach als starr und dogmatisch abqualifizieren, denn sie verweisen nicht auf ein Dogma, sondern auf Erfahrungen und Traditionen, die uns im Alten Testament vielfach bezeugt sind, und sie lassen sich nicht davon abbringen, daß es in der Welt letztlich gerecht zugeht und daß Gott recht handelt.

Das Dilemma ist offenkundig. In der Antwort Gottes in c. 38 ff. und dem abschließenden Schlußwort Hiobs hat der Dichter seine eigene Sicht des Problems formuliert[17]. Doch wie diese zu verstehen ist, darüber gehen die Meinungen weit auseinander. Denn Gott geht auf Hiobs Situation und seine Anklagen gar nicht ein, er stellt seinerseits Kaskaden von Gegenfragen.

38,2	Wer ist es, der den Plan verdunkelt mit Worten ohne Einsicht?
3	Gürte doch mannhaft deine Lenden, damit ich dich frage und du es mich wissen läßt.
4	Wo warst du, als ich die Erde gründete? Tu's kund, wenn du über Einsicht verfügst.
5	Wer setzt ihre Maße? Denn du weißt es ja! Oder wer spannte über sie die Meßschnur aus?
6	Worauf sind ihre Pfeiler eingesenkt, oder wer legte ihren Eckstein hin?

Und so geht es weiter, Frage auf Frage, durch weite Bereiche der Schöpfung. Alles wird abgefragt, Meer und Tageszeiten, Niederschläge und Gestirne, vor allem die Weite und Vielfalt der Tierwelt. Erst am Schluß gehen die Fragen in Imperative über, in die Aufforderung, doch gefälligst selbst die Weltregierung zu übernehmen:

40,12	Schau alles Stolze an und stoß es nieder, zertritt die Frevler auf ihrer Stelle!

---

[17] Auf die literarkritischen Probleme der Gottesreden gehe ich an dieser Stelle nicht ein; dazu zuletzt O. Keel, Jahwes Entgegnung an Ijob. Eine Deutung von Ijob 38–41 vor dem Hintergrund der zeitgenössischen Bildkunst, FRLANT 121, 1978, 35 ff.

Worin, um Gottes willen, soll hier eine Antwort auf Hiobs Fragen liegen? Was steht an theologischer Einsicht hinter diesen Gottesreden? In jüngster Zeit hat niemand das Problem so scharf und grundsätzlich formuliert, wie Ernst Bloch: „Jachwe antwortet auf moralische Fragen mit physikalischen, mit einem Schlag aus unermeßlich finster-weisem Kosmos gegen beschränkten Untertanenverstand."[18] Davon kann Hiob „nicht überführt, gar überzeugt, sondern nur nochmals geschlagen, geistig erschlagen" werden[19]. Denn „Jachwes Erscheinung und Worte bestätigen geradezu Hiobs Unglauben an göttliche Gerechtigkeit"[20]. In dieser „der Bibel so fremdartigen Theophanie"[21] sieht Bloch einen „Natur-Baal"[22], einen „Kosmos-Dämon"[23] sich offenbaren, gegen den alles Recht bei Hiob und seinem Protest liegt: „Ein Mensch überholt, ja überleuchtet seinen Gott."[24] Diese Sicht ist eine Herausforderung an die Exegese. Sie hat sie, wie ich meine, bisher mit unzureichenden Mitteln beantwortet[25]. Es genügt jedenfalls nicht, auf Blochs Voraussetzungen und Intentionen zu rekurrieren oder nur seinen eigenen – in der Tat unglaubhaften – Lösungsversuch zu kritisieren[26]. Denn in der Erkenntnis, daß die Gottesrede Hiobs Protest grundsätzlich abweist, liegt etwas unbestreitbar Richtiges. Ich will einigen der bisherigen Lösungen entlanggehen und dabei vor allem die methodischen Probleme im Blick behalten.

Vielfach weicht man, um dem Dilemma zu entgehen, auf die Wiederherstellung Hiobs aus, die in der Prosaerzählung 42,7ff. berichtet wird[27]. Doch das verbietet sich aus methodischen Gründen[28]. Der Schlüssel kann auch nicht in der abschließenden Reaktion Hiobs gefunden werden (40,3–5; 42,1–6), wie es, ohne auf die hier liegenden Probleme näher einzugehen, häufig geschieht[29]. Hiob gibt hier zwar eindeutig zu erkennen, daß er seine frühere Haltung aufgibt,

---

[18] Atheismus im Christentum, Frankfurt/M 1968, 154.

[19] Ebd. 155.

[20] Ebd. 161.

[21] Ebd. 154.

[22] Ebd. 154.

[23] Ebd. 159.

[24] Ebd. 152.

[25] Vgl. bes. H. Gollwitzer, Krummes Holz – aufrechter Gang. Zur Frage nach dem Sinn des Lebens, München 1970, 244ff.

[26] Er meint, hier läge, wenn nicht spätere Interpolation, so Selbstzensur des Dichters vor, „um seine Ketzerei ungefährdet ausdrücken zu können" (ebd. 155f.).

[27] Ausdrücklich bei Zimmerli, Grundriß der alttestamentlichen Theologie, 145; ferner überall dort, wo der Rahmen in der jetzigen Gestalt für eine Schöpfung des Verfassers der Dichtung gehalten wird; vgl. Müller, Das Hiobproblem 45.

[28] Vgl. o. zu Anm. 7.

[29] Vielfach wird aus diesen Versen herausgelesen, Hiob halte seine Anfragen und Klagen für beantwortet, seiner Forderung sei Genüge getan. Das wird dann zur Voraussetzung für die Interpretation der Gottesreden. Aber eben das sagen diese Verse gerade nicht!

weil er jetzt Gott selbst gesehen hat (42,5). Aber wovon hat ihn das überzeugt und wozu geführt? Alles hängt am Verständnis des letzten Satzes 42,6, aber gerade der ist aus sich heraus nicht sinnvoll zu verstehen. Das erste Verb *m's* heißt „verwerfen, ablehnen", doch es fehlt jedes Objekt[30]. Was verwirft Hiob? Man kann es auch als Nebenform von *mss* „zerfließen, schmelzen" verstehen. Aber dies Verb ist nur einmal in Hi 7,16, an ebenso schwieriger Stelle, in 1. ps. belegt. Sonst bezieht es sich bei Personen nur auf Herz und Knie[31], nie aber auf Tränen[32]. Kann es heißen: „Ich vergehe"? Genau so schwierig ist die Fortsetzung. *nhm* ni. heißt meist „etwas bereuen, sich leid sein lassen" und es wird auch oft mit *'l* konstruiert. Doch ist damit durchgängig das Objekt bezeichnet, nie der Ort. Man *muß* also übersetzen: „Ich bereue Asche und Staub."[33] Aber was soll das bedeuten?[34] Ein Verständnis der Antwort Hiobs setzt eine anderwärts gewonnene Deutung der Gottesrede voraus und kann diese nicht bestimmen.

Vielfach findet sich in der Exegese die Auffassung, entscheidend sei die Tatsache, *daß* Gott dem Hiob überhaupt antwortet, daß er ihm begegnet[35]. „Die Antwort geschieht nicht in einem aufklärenden Satz, sondern dadurch, daß sich Gott dem Hiob von Person zu Person zu erkennen gibt: einfach dadurch, *daß* er nicht stumm bleibt, *daß* er, Gott, mit Hiob redet, wird Hiob bestätigt, daß er recht getan hat, seine Klagen . . . an keinen anderen zu richten."[36] Aber wie immer man diese Auffassung variiert, es bleibt dabei unerklärlich, warum der Dichter Gott eine so lange und eine solche Rede halten läßt[37]. Hält man die personale Begegnung für das Entscheidende, ist es nur konsequent, mit Kuhl die Rede auf wenige Verse zu reduzieren[38] oder mit Ruprecht zu sagen: „Der Inhalt dieser Antwort ist nicht wichtig."[39] Aber für Blochs Anfrage ist gerade der Inhalt entscheidend, und darf man von ihm absehen? Außerdem werden dabei wohl doch viel zu moderne, personalistische Kategorien eingetragen. Denn wie sollte eigentlich im Sinne des

---

[30] Vgl. D. Patrick, The Translation of Job XLII 6, VT 26/1976, 369–371. Wenn Müller, Das Hiobproblem, 151 Anm. 25 (zu S. 122) meint, es liege Anpassung an *nhm* nif. vor, so hilft das nicht weiter, weil dort das gleiche Problem auftritt.

[31] Z. B. Jos 2,11; 5,1; 7,5; Jes 19,1; Ez 21,12; Nah 2,11; Ps 22,15.

[32] So G. Hölscher, Das Buch Hiob, HAT I/17, 1952, 98.

[33] Vgl. Patrick, aaO., 370; dazu L. J. Kaplan, Maimonides, Dale Patrick, and Job XLII 6, VT 28/1978, 356f.

[34] Daß es deshalb den Sinn von Lobpreis haben soll (Patrick, aaO.), davon ist gar nichts zu erkennen.

[35] Z. B. C. Westermann, Der Aufbau, 111.127. Hierzu und zum folgenden vgl. bes. Keel, Jahwes Entgegnung, 12ff., wo diese Auffassung im einzelnen widerlegt wird.

[36] Gollwitzer, Krummes Holz, 237.

[37] „Diese Frage konnte noch nie befriedigend beantwortet werden" (Westermann, Der Aufbau, 110).

[38] Neuere Literarkritik des Buches Hiob, ThR 21/1953, 264ff. bes. 270f.; er hält nur Hi 38,2f. für ursprünglich.

[39] Das Nilpferd im Hiobbuch, VT 21/1971, 231.

Dichters eine rein personale Begegnung zwischen Gott und Hiob aussehen? Eine Gotteserscheinung oder Vision wird ja gar nicht dargestellt.
Und auch aus der Erwähnung des Sturmwindes in 38,1 darf man nicht,
wie es oft geschieht[40], auf eine Gerichtstheophanie von letztlich kultischer oder prophetischer Provenienz schließen. Bei solchen kommt zwar
das Wort *s͜eārā* (bzw. *s͜ārā*)[41] gelegentlich vor (z. B. Ez 1,4; Nah 1,3),
ist dann aber nur ein Element von vielen. Wie sollte eine Bezeichnung
für einen heftigen Wind allein an eine Theophanie denken lassen? Näher
liegt, an sein Vorkommen in Ps 148,8 zu denken[42]. Hier ist innerhalb eines Aufrufes zum Lob, der sich an alle Geschöpfe richtet, die Rede vom
„Sturmwind, der sein (d. h. Gottes) Wort tut". Der Psalm steht in der
gleichen hymnischen Tradition, auf die auch die Gottesreden des Hiobbuches zurückgreifen[43]. Parallelen zur Verbindung von Sturm und Gotteswort gibt es auch in der akkadischen Hymnik[44]. Der Dichter greift
also eine geprägte Vorstellung vom Sturm als Bringer des Gotteswortes
auf, um auf diese Weise Gott zu Wort kommen zu lassen.

Alles kommt damit darauf an, *was* Gott sagt. Er stellt sich als den
überlegenen Schöpfer und Lenker der Welt vor, Hiob wird auf seinen
Platz als Geschöpf gewiesen. Wie und worin aber liegt hier eine Antwort
auf Hiobs Problem? Geht es nur um Gericht und Zurückweisung oder
auch darum, daß Hiob „sein Geschick im Geheimnis dieses Gottes gut
aufgehoben" wissen kann[45]? An dieser entscheidenden Stelle werden
die Antworten der Exegeten oft seltsam unsicher. Was heißt es etwa, daß
Hiob „innerlich" überwunden wird, wie Fohrer sagt, „damit er den Weg
zu echter und radikaler Umkehr zu Gott findet"[46]? Was besagt die Formulierung von Preuß, „Jahwe selbst *ist* die Antwort" und dies sei die
„Erlösung von der Fragestellung"[47]? Mir scheint, daß hinter diesen und

---

[40] Bes. G. Fohrer, Gottes Antwort aus dem Sturmwind (Hi 38–41), in: Studien zum
Buch Hiob, Gütersloh 1963, bes. 118 f.; ders., Komm. z. St.; H.-D. Preuß, Jahwes Antwort
an Hiob und die sogenannte Hiobliteratur des alten vorderen Orients, in: Beiträge zur alttestamentlichen Theologie, Festschr. W. Zimmerli, Göttingen 1977, bes. 338 f. In seinen
ebd. 338 Anm. 76 genannten Stellen kommt das hebräische Lexem keineswegs überall vor.

[41] Dazu R. Meyer, Hebräische Grammatik I, Berlin 1966, 101.

[42] Diese Stelle wird bei Fohrer und Preuß seltsamerweise übersehen. Westermann, Der
Aufbau, 112, kann sogar sagen, daß dieses Wort „niemals in der Aufzählung von Schöp-
fungswerken" begegnet, was durch Ps 148,8 widerlegt wird.

[43] Vgl. bes. G. v. Rad, Hiob 38 und die altägyptische Weisheit, in: Gesammelte Studien
zum Alten Testament, ThB 8, [3]1965, 262–271.

[44] A. Falkenstein – W. v. Soden, Sumerische und akkadische Hymnen und Gebete, Zü-
rich-Stuttgart 1953, 224: „Wenn dein Wort am Himmel wie der Wind dahinfährt . . ."; vgl.
a. Ps 147,15.

[45] G. v. Rad, Weisheit in Israel, 291.

[46] Gottes Antwort aus dem Sturmwind, in: Studien zum Buche Hiob, 129; ders.,
Komm. 535.

[47] Jahwes Antwort an Hiob 342 f.

vergleichbaren Formulierungen letztlich doch die personalistische Lösung steht. Auch die neueste und in vielem voll überzeugende Deutung der Gottesreden durch Keel führt an dieser Stelle nicht wirklich weiter[48]. Er kann vor allem aufgrund altorientalischen Bildmaterials zeigen, daß Gottes Herrschaft nicht als „ruhige, friedliche" gedacht wird, sondern über eine „vitale, widerspenstige, wild sich wehrende Welt" ergeht, daß Gott das „Böse in der Welt ... immer wieder zu vernichten hat"[49]. Um Gott nicht für das Böse in der Welt in der Weise, wie Hiob es tut, haftbar zu machen, „räumen die Gottesreden chaotischen und bösen Mächten in der Welt einen gewissen Platz ein und entbinden so Gott von der direkten Verantwortung für alles und jedes, das in der Welt geschieht"[50]. Aber auf die Frage, was das denn für Hiob, für den unverständlich leidenden Menschen bedeuten soll, geht Keel nicht ein. Was heißt das für Hiobs Verhalten und seine Beziehung zu diesem Gott[51]?

Wie gelingt es, hier methodisch gesichert weiterzukommen und das vom Dichter Gemeinte scharf zu erfassen? Alles kommt darauf an, ob es im Alten Testament Parallelen gibt, die die theologische Aussage der Gottesreden verständlich machen. Meine These ist es, daß es in der Tat an einer Stelle eine sehr genaue Entsprechung zu dem Gottesbild von Hi 38ff. gibt, und das ist das Denken Kohelets[52]. Einige Formulierungen Kohelets kann man kaum anders denn als knappe und viel stärker begriffliche Formulierungen dessen ansehen, was die Gottesreden des Hiobbuches auf ihre Weise entfalten:

Koh 3,11   Alles hat er schön gemacht zu seiner Zeit, ...[53]
            nur daß der Mensch das Werk, das Gott gemacht hat,
            von Anfang bis zu Ende nicht fassen kann.

Schönheit und sinnvolle Ordnung von Welt und Schöpfung einerseits, die totale Unfähigkeit des Menschen, das Handeln dieses Gottes zu verstehen, andererseits – das entspricht genau der Intention der Frageketten von Hi 38ff. Der Gott Kohelets ist ohne Zweifel Schöpfer und Herr der Welt und der menschlichen Geschicke, aber er bleibt ebenso unzwei-

---

[48] Jahwes Entgegnung an Ijob, 1978, 51–159.

[49] Ebd. 156.

[50] Ebd. 157.

[51] Gerade die Nähe zu religiösen Vorstellungen der Umwelt, die Keel vom Bildmaterial her überzeugend deutlich macht, bringt ja die Frage des Verhältnisses zu den eigentlichen Jahwe-Traditionen neu ins Spiel und damit den „Natur-Baal" Blochs.

[52] Zum folgenden vgl. F. Crüsemann, Die unveränderbare Welt. Überlegungen zur „Krisis der Weisheit" beim Prediger (Kohelet), in: W. Schottroff/W. Stegemann (Hrsg.), Der Gott der kleinen Leute. Sozialgeschichtliche Bibelauslegungen Bd. 1, Altes Testament, München u. a. 1979, 80–104.

[53] Auf das schwierige Problem des ʿōlām kann an dieser Stelle nicht eingegangen werden, vgl. die Komm.

felhaft in seinem Handeln für den Menschen ein unlösböres Rätsel. Was er wirkt, kommt als Schicksal, *miqrā,* über den Menschen. Gott ist nicht zu beeinflussen, weder durch das ethische Verhalten der Menschen, wie immer es aussieht, noch durch Gebet, Gelübde, Opfer oder anderes:

Koh 3,14 Ich erkannte: Alles, was Gott tut, das besteht für ewig.
Dazu gibt es nichts hinzuzufügen,
und davon gibt es nichts abzustreichen.
Und Gott hat es getan, daß man sich vor ihm fürchte.

Entscheidend ist der Abstand: „Gott ist im Himmel und du bist auf der Erde" (5,1). Gerade an den Fragen, um die die Partner im Hiobdialog so intensiv ringen, erweist sich für Kohelet die Nichtigkeit des menschlichen Geschehens und die Undurchschaubarkeit Gottes. Es gibt keine erkennbare Weltordnung:

8,17   Der Mensch kann nicht herausfinden, was unter der Sonne geschieht.

Es gibt keine Entsprechung von Tun und Ergehen:

8,14   Es gibt Gerechte, die trifft es,
wie es dem Tun der Frevler entspricht.
Und es gibt Frevler, die trifft es,
wie es dem Tun der Gerechten entspricht.

Immer wieder formuliert Kohelet mit äußerster Schärfe und Grundsätzlichkeit diese und vergleichbare Erfahrungen (z. B. 9,2f.11). Für alles, was den Menschen trifft, gilt:

7,24   Fern ist, was geschieht, und tief, tief.
Wer kann es erfassen?

Die theologischen Positionen des Hiobdichters und Kohelets sind einander so verwandt, daß sie sich gegenseitig interpretieren können und müssen. Der Ausgangspunkt für das Denken Kohelets ist der, der in den Gottesreden des Hiobbuches erreicht ist. Kohelet zieht die Konsequenz aus Hiob. Was in der Hiobdichtung – jedenfalls in dieser Radikalität – wohl erstmals ausgefochten und durchlitten wurde, wird bei Kohelet mit unbestreitbarer Härte und Kälte weitergedacht und ausformuliert. Geht es bei Hiob nur um den einen, alles entscheidenden Punkt, den Zusammenbruch des Tun-Ergehen-Zusammenhangs, die völlige Unmöglichkeit, Gottes Wege zu verstehen, so werden bei Kohelet von hier aus die Welt durchmustert und die Ergebnisse auf den Begriff gebracht. Vor allem zieht er auch in ethischer Hinsicht die Summe: Resignation angesichts von Tod und Leid; Lebensgenuß dort, wo Gott ihn gewährt; und das alles unter dem Thema der Gottesfurcht[54].

---

[54] Vgl. 5,6; 7,18; 12,13f.; außerdem der Sache nach 6,10f.; dazu S. Plath, Furcht Gottes, ATh II/2, 1962, 80ff.

Manche Alternativen der Hiobliteratur erweisen sich von hier aus als
viel zu modern gedacht und dem Text selbst nicht entsprechend. Weder
ist die personale Begegnung entscheidend, noch bringt der Verweis auf
Gottes überlegene Schöpfermacht einfach die Möglichkeit, sich in den
guten Händen Gottes zu wissen[55]. Weder läßt die Undurchschaubarkeit
Gottes an ihm und seiner Herrschaft überhaupt zweifeln oder führt gar
zum Nihilismus[56], noch bestätigt sich die von Hiob vermutete Feind-
schaft Gottes. Vieles, was die Freunde, vieles auch, was Hiob gesagt haben, erweist sich als durchaus richtig, aber mehr noch wird zurückgewiesen, nämlich alles, was positiv oder negativ von den Absichten Gottes gesagt und vermutet wurde. Dieser Gott ist weder der letztlich doch gerechte und gute, noch der dämonisch verfolgende Feind; was hervortritt,
ist nur die unendliche Distanz. Das ist der Gott, den Hiob schließlich gesehen hat (42,5), und nur von ihm her wird Hiobs Reaktion verständlich.
Er will nicht weiter reden (40,5), um über Dinge zu urteilen, die ihm zu
wunderbar sind (42,3b). Er bereut, so sagt sein letztes Wort, Asche und
Staub, also die Symbole seines Trotzes und seiner Trauer, seines Leids
und seines Protests. Wiederum findet sich die entsprechende Mahnung
bei Kohelet:

Koh 7,14   Am guten Tag sei guter Dinge,
           am bösen Tag bedenke:
           auch diesen hat Gott gemacht wie jenen.

Das eben hatte Hiob vorher nicht getan, sondern sich unnütz über das
aufgeregt, was ihm von Gott her zufiel, eine Haltung, von der Kohelet
immer wieder abrät. Hiob kritisiert am Ende sein früheres Verhalten genau wie es Kohelet tut:

Koh 6,10   Was immer geschieht, längst ist sein Name genannt,
           und es ist festgesetzt, was ein Mensch sein wird.
           Nicht kann er rechten mit dem, der mächtiger ist als er.
     11   Denn wo viel Worte sind, da vermehren sie die Nichtigkeit.
           Was hat der Mensch davon?

Es ist im Kern die Position Kohelets, zu der Hiob am Ende seines Weges gelangt ist.
Das hiermit gewonnene Verständnis der Hiobdichtung ist in der Aus-
legungsgeschichte keineswegs völlig neu. Es ist der Sache nach sehr nahe
bei manchen älteren Auffassungen[57], vor allem aber bei der Interpreta-

---

[55] Auch die von H.-P. Müller, Altes und Neues zum Buch Hiob, EvTh 37, 1977, bes.
297 ff. vorgetragene Interpretation der Gottesreden trifft m. E. nicht das vom Dichter In-
tendierte.
[56] Das befürchtet O. Kaiser, Leid und Gott, Festschr. H. Laag, 1973, 18 f.
[57] Vgl. bes. F. Delitzsch, Das Buch Hiob, Leipzig 1902, der die Hiobdichtung „das Ho-
helied des Pessimismus" nennt, ein „in düsteren Farben gehaltenes Seelengemälde" (15);

tion Ernst Würthweins[58]. Dieser hat den „düsteren Ernst" und das „Gefühl der Bedrückung" herausgestellt, die über dem „Ausklang der Hiobdichtung" liegen. Hiob bleibt nur die demütige Unterwerfung[59]. Der Vergleich mit Kohelet kann diese Auffassung präzisieren. Es ist die Größe und der Rang dieser Dichtung, den Zusammenbruch des Grundgefühls, in einer gerechten Welt zu leben und es mit einem verstehbaren Handeln Gottes zu tun zu haben, radikal durchgestanden zu haben. Ein gutes Stück weit also dürfte Bloch doch wohl recht haben, wenn er in den Gottesreden vor allem die überwältigende Zurückweisung des Hiobprotestes sieht. Zwar will der Dichter keinen kosmischen Dämon zeigen, wohl aber einen Gott, angesichts dessen die Frage nach einer erfahrbargerechten Ordnung auf der Welt verstummen muß. Das von Bloch aufgeworfene theologische Problem ist damit aber noch nicht vom Tisch.

II.

Die ursprüngliche Hiobdichtung ist innerhalb des gesamten Hiobbuches nur Teil eines größeren Ganzen. Und für dieses hat die Betonung der Unterschiede zu Kohelet durchaus ihr Recht. Es folgt ja das nach den Gottesreden und dem Schlußwort Hiobs durchaus Unerwartete: Hiob bekommt trotz allem recht und erhält alles, was er eingeklagt hat, zurück. Unbestritten ist, daß es sich um literarisch unabhängige Schichten handelt, fraglich und umstritten aber ist, wie sie zusammengehören, also die redaktionsgeschichtliche Frage; und nur darauf ist hier kurz einzugehen.

Besonders deutlich ist der Widerspruch von Hiobdichtung und 42,7–10. Hier wird ja in Form einer expliziten Evaluation von Jahwe festgestellt, Hiob habe $n^e k\bar{o}n\bar{a}$, Wahres, Richtiges über Gott geredet, und seine Fürbitte rettet die Freunde und ermöglicht die Wiederherstellung. Kuhl hat doch wohl recht, wenn er dazu sagt: „Der Epilog läßt sich schlechterdings nicht mit dem Dialog oder den Gottesreden vereinen . . . Wäre er vom Dichter, dann würde dieser sich ja hier gerade zu der These bekennen, die er bekämpft hat . . . und sein eigenes Werk ‚unterminieren'."[60] Der Verfasser der Hiobdichtung kann Hi 42,7–10 nicht

---

B. Duhm, Das Buch Hiob, KHC XVI, 1897, XI: „Das Warum des Unglücks bleibt ein Rätsel." K. Budde (Das Buch Hiob, HK II/1, 1913, XXXVII) weist Duhms Verständnis, bei dem „alle Ideale, die Hiob bis zum Schluß seiner Reden in c. 31 gehegt und gepflegt hat, . . . zu halt- und wesenlosen Schatten" werden, ab, weil das „das Gegenteil von allem Antiken, ja in der Antike ganz unmöglich heißen muß". Kohelet aber beweist das Gegenteil.

[58] Gott und Mensch in Dialog und Gottesreden des Buches Hiob, in: Wort und Existenz, Göttingen 1970.

[59] Ebd. 290f.

[60] Neuere Literarkritik, 199.

nur nicht geschrieben haben, er kann sie auch nicht aufgegriffen und benutzt haben, da sie zu seiner zentralen theologischen Erkenntnis in direktem Widerspruch stehen[61]. Ähnlich steht es aber auch mit den Himmelszenen in Hi 1 f.[62]. Denn die Vorstellung vom Leid als einer Prüfung,
ob jemand „umsonst" Gott fürchtet, taucht in der Dichtung selbst auch
nicht ansatzweise auf. Sie gibt zwar nicht Hiob, wohl aber dem Leser einen so anderen Aspekt des Geschehens, daß dadurch die Intention der
Gottesreden unerträglich abgeschwächt würde. Setzt nicht darüber hinaus die Vorstellung, man müsse Gott umsonst dienen, den Offenba-
rungseid des Tun-Ergehen-Zusammenhangs bereits voraus? Man kann
also nach allen Regeln der Literarkritik nicht annehmen, daß der Hiob-
dichter selbst die Prosaerzählung in ihrer vorliegenden Form als Rahmen für sein Werk benutzt hat.

Doch gerät man in ebenso große Schwierigkeiten, wenn man mit Kuhl
davon ausgeht, die Dichtung habe ursprünglich ganz für sich gestanden[63]. Denn die unerläßlichen Voraussetzungen für ihr Verständnis sind
die Schuldlosigkeit und die Leidsituation Hiobs. Beides wird aber gerade
am Anfang in c. 3 ff. *nicht* dargestellt und entfaltet. Eine Lösung dieses
Dilemmas kann m. E. von der seit langem erkannten Mehrschichtigkeit
des Rahmens aus gewonnen werden, wie sie im doppelten Schluß
(42,7–10 und 42,11–17) und der leichten Herauslösbarkeit der Himmelszenen (1,6–12; 2,1–10) erkennbar ist[64]. Viele der schwierigen Probleme der Rahmenerzählung und ihrer Beziehung zur Dichtung verein-
fachen sich, wenn man annimmt, daß dem Dichter nur der älteste Kern
der Erzählung (1,1–5.13–22; 42,11–17) vorlag und er in sie sein Werk
einfügte. Das alte Paradigma vom unschuldig leidenden Gerechten, der
auch in der Not nicht von Gott abfällt, steht seinem eigenen Ideal vom
Hinnehmen der Schickung, wie sie kommt, durchaus nahe. Die Wiederherstellung am Ende ist für ihn freilich nicht das von Gott her zu Erwartende. Hier dürfte der von Williams[65] herausgestellte Aspekt der Ironie
sein begrenztes Recht haben; nur darf man mit ihm nicht die Gegensätze
zu den jüngeren Teilen des Rahmens zudecken. Das Neue, das der Dichter in den Gottesreden entfaltet, wird im Rahmen des Alten gestaltet,
obwohl es ihn der Sache nach sprengt; das vorgegebene happy end wird
dadurch in ein ironisches Licht getaucht.

---

[61] Vgl. dazu L. Schmidt, De Deo, BZAW 143, 1976, 171 ff.

[62] Vgl. Kuhl, Neuere Literarkritik, 193–195.

[63] Gegen Kuhl, aaO 194 f.

[64] Vgl. A. Alt, Zur Vorgeschichte des Buches Hiob, ZAW 14/1937, 265–268; F. Horst,
Hiob, BK 16, 3. Aufl. 1974, 4 f. 12 f. u. v. a.

[65] J. G. Williams, „You have not spoken the Truth of me". Mystery and Irony in Job,
ZAW 83, 1971, 231–254; vgl. jetzt a. die Beiträge von S. W. Whedbee, D. Robertson u. a.
in: Studies in the Book of Job, Semeia 7/1977, die Hiob als „Komödie" verstehen wollen.

Die jüngeren Partien des Rahmens dagegen schwächen genau wie der große Einschub der Elihureden das Negative der ursprünglichen Dichtung ab und korrigieren es. Diese Annahme löst zugleich eine Reihe von schwierigen Problemen. Sie macht verständlich, warum die „Wette" mit dem Satan keine Auflösung erfährt, warum die Krankheit Hiobs in der Dichtung so zurücktritt[66] und seine Heilung nicht erzählt wird, sie macht die höchst hypothetische Annahme längerer ausgefallener Redeteile überflüssig und erklärt, warum das Fortgehen der Freunde nicht berichtet wird. Am deutlichsten ist die Korrektur der Dichtung durch 42,7–10, wo Hiob grundsätzlich recht bekommt. Hier geht es eindeutig um eine Wiederherstellung eines vielleicht modifizierten Tun-Ergehen-Zusammenhangs. Jüngst hat es Ludwig Schmidt bereits ähnlich gesehen[67]. Untersucht man die Sprache dieser Verse, stößt man nicht auf Weisheitskreise, sondern am ehesten auf levitisch-priesterliche, manches steht Sprache und Theologie der Chronik nahe[68]. Für die Wirkungsgeschichte des Hiobbuches noch wichtiger war die Einfügung der Himmelszenen. Ob sie hierfür neu konzipiert wurden oder aus einer anderen, selbständigen Variante der Hioberzählung stammen, muß hier offen bleiben. Ihr Verständnis vom Leid als einer Prüfung, vor allem ihr Ideal vom völligen „umsonst" der Gottesfurcht, muß theologisch als ein gewichtiger Beitrag zur sogenannten Hiobproblematik angesehen werden.

Erst durch diese Eingriffe, wozu schließlich auch die Elihureden zu zählen sind, ist das Hiobbuch zu dem geworden, was es bis heute für die Theologiegeschichte gewesen ist. Erst hier ist der tiefgreifende Unterschied zu Kohelet entstanden. Das Hiobbuch als Ganzes ist vielschichtig und vieldeutig, da es unterschiedliche theologische Stimmen, die sich gegenseitig begrenzen, korrigieren und ergänzen, zu einer vielstimmigen Polyphonie vereint, und gerade dadurch der Tiefe des zentralen Problems gerecht wird. Bei diesen Andeutungen muß es an dieser Stelle bleiben.

---

[66] Dieser höchst auffällige Tatbestand ist oft beobachtet worden, vgl. Kuhl, Neuere Literarkritik, 189; Westermann, Der Aufbau 69. Westermann nennt nur 7,5; 30,17.30; außerdem 19,20.27c. Vor allem fehlt ein Bezug auf die Krankheit in Hi 3. Nach K. Seybold, Das Gebet des Kranken im Alten Testament, BWANT 99, 1973 ist keine Stelle bei Hiob mit wirklicher Sicherheit auf Krankheit zu deuten. Das Leid Hiobs wird in der eigentlichen Dichtung bestenfalls am Rande als Krankheit beschrieben! Das bedarf besonderer Beachtung.

[67] De Deo, 173 ff.

[68] Auffällig ist die Verbindung von Opfern in korrekt priesterlicher Terminologie mit der Bezeichnung Hiobs als ʿæbæd Jahwes und der Fürbittefunktion. Dabei wird *hitpalel ʿal* verwendet, wie sonst ausschließlich in 2Chr 30,18; 32,20. Dazu kommt die Individualisierung prophetisch-eschatologischer Sprache: *šūb šebūt* wird allein hier für einen Einzelnen verwendet.

III.

Hiob und Kohelet scheinen wie wenige andere Texte des Alten Testaments allgemein menschliche, jeder Generation neu aufgegebene Fragestellungen aufzuwerfen. So ist es kein Wunder, daß die Frage nach den geschichtlichen und sozialen Umständen, unter denen diese Werke entstanden, bisher bei Kohelet selten, bei Hiob nahezu nie gestellt wurde, vor allem aber nicht als zentrales Problem ihres Verständnisses erschien. Und doch ist es unumgänglich, sie aufzuwerfen. Da ist einmal die Beziehung dieser Texte zu anderen theologischen Stimmen der gleichen Periode, die zur Frage nach den dahinterstehenden Gruppen zwingt. Man denke an die priesterlich-rituellen Texte, an den Prozeß der Entstehung und Kanonisierung des Pentateuch, vor allem an die eschatologischen und frühapokalyptischen Erwartungen, die alle ihnen parallel laufen. Ein Verständnis der theologischen Strömungen der nachexilischen Zeit ist nur zu erreichen, wenn man auch die Kreise kennt, in denen jeweils bestimmte Traditionen zu Hause sind. Die auffällige Tatsache, daß die theologischen Positionen in dieser Periode sehr viel weiter voneinander entfernt sind, als das früher der Fall war, nötigt die Untersuchung der sozialen Beziehungen der entsprechenden Gruppen geradezu auf. Im Unterschied zur älteren Weisheit macht sich die Isolierung Hiobs und Kohelets im weitgehenden Zurücktreten bzw. völligem Fehlen des Jahwe-Namens zeichenhaft deutlich. Schließlich ist es unumgänglich, die so andersartige Welt- und Gotteserfahrung der älteren und der jüngeren Weisheit auf die jeweils zugrundeliegende Realität zu befragen. Ich stelle deshalb im folgenden zunächst die Frage nach der sozialen Schicht, der Hiobdichtung und Hiobproblematik entstammen, um von da aus jedenfalls versuchsweise zu einer sozialgeschichtlichen Einordnung zu gelangen.

Bei Kohelet ist die Forschung, wo sie überhaupt diese Frage aufgeworfen hat – und das taten in Deutschland am deutlichsten Kroeber und Hengel[69] –, zu einer sehr einmütigen Zugehörigkeit von Buch und Verfasser zu aristokratischen Kreisen Jerusalems gelangt. Dagegen ist eine solche Untersuchung bei Hiob kaum jemals vorgenommen worden[70];

---

[69] R. Kroeber, Der Prediger, Schriften und Quellen der alten Welt 13 Berlin 1963, 24 u. ö.; M. Hengel, Judentum und Hellenismus, Tübingen 1969, 210 ff. bes. 235 ff.; jetzt auch H.-P. Müller, Neige der althebräischen „Weisheit". Zum Denken Qohäläts, ZAW 90/1978, 256 ff.; vgl. außerdem R. Gordis, The Social Background of Wisdom-Literature, HUCA XVIII/1943/44, 77–118; ders., Koheleth. The Man and his World, Texts and Studies XIX, New York 1955; E. Bickerman, Koheleth (Ecclesiastes) or the Philosophy of an acquisitive Society, in: Four Strange Books of the Bible, New York 1967, 135–167.

[70] Dazu jetzt H.-P. Müller, Das Hiobproblem, 123 ff.

nur Gordis spricht allgemein von oberen Schichten[71], Max Weber von „vornehmen Intellektuellenkreisen"[72]. Um so wichtiger ist es, daß v. Soden nicht nur allgemein Bedingungen dafür genannt hat, daß es überhaupt zu der – eben gar nicht so allgemein menschlichen – Hiobproblematik kommen konnte[73], sondern vor allem auf eine wichtige Gemeinsamkeit Hiobs mit seinen altorientalischen Vorläufern aufmerksam gemacht hat: „Allen diesen Dichtungen gemeinsam ist eine sehr schwierige, hochpoetische Sprache, die schon damals nur wenige ganz verstanden haben können."[74] Er stellt dann die naheliegende Frage: „Trifft denn solches Leid etwa nur Hochgebildete? Stellen nicht auch schlichte Menschen oft die Frage nach der Gerechtigkeit Gottes?" Seine eigene Antwort aber wird dem damit aufgeworfenen Problem kaum wirklich gerecht: „Ich meine, alle diese Dichter scheuten eine Banalisierung ihrer Gedanken, wie sie bei Werken, die jedermann leicht zugänglich sind, kaum zu verhindern ist. Man kann über das tiefe Leid nur mit Ehrfurcht und nicht in banalen Wendungen reden."[75]

Es ist nun keineswegs nur die hochpoetische Bildungssprache, die die Hiobdichtung einer bestimmten Schicht zuweist. Schon in der Rahmenerzählung ist Hiob ja ein steinreicher Mann, der um seinen Reichtum, seine Stellung, seine Familie gebracht wird. Auch die Dichtung selbst setzt eine ungewöhnlich hohe und einflußreiche Position Hiobs voraus. Und nur von ihr her wird die Schilderung seiner Not verständlich; die Krankheit tritt bekanntlich auffallend zurück[76]. Am deutlichsten spricht wohl Hi 29:

29,7	Ging ich fort zum Tor an der Stadt,
	bereitete ich meinen Sitz am öffentlichen Platz,
8	sahen mich dann die jungen Leute, so verbargen sie sich,
	und die Alten erhoben sich und blieben stehen.
	Die Vorsteher hielten ein mit Reden
	und legten die Hand auf den Mund.
10	Die Stimme der Anführer hielt sich zurück,
	und ihre Zunge klebte am Gaumen.

Es ist das Bild eines reichen und einflußreichen Aristokraten, der seinen Ort beherrscht, das hier gezeichnet wird. Und im direkten Gegen-

---

[71] The Social Background, bes. 103 ff.; ders., The Book of God and Man. A Study of Job, Chicago/London 1965, bes. 212.

[72] Wirtschaft und Gesellschaft I, Köln/Berlin 1964, 395.397 f.

[73] Das Fragen nach der Gerechtigkeit Gottes im alten Orient, MDOG 96/1965, bes. 42–44. Er nennt dafür den Begriff der Schuld, die Lösung des Individuums aus dem Kollektiv, die Überwindung eines primitiven Polytheismus und das Fehlen des Glaubens an eine Vergeltung im Jenseits.

[74] Ebd. 55.

[75] Ebd. 55 f.

[76] Vgl. o. Anm. 66.

satz dazu entfaltet dann c. 30 Hiobs Not. Noch deutlicher gerade auch
hinsichtlich der Denkformen des Dichters sprechen andere Vergleiche
für das unverdiente Leid:

7,1	Tut nicht Frondienst der Mensch auf Erden, und sind nicht seine Tage denen eines Tagelöhners gleich?
2	Wie ein Sklave, der nach seinem Schatten lechzt, wie ein Tagelöhner, der auf seinen Lohn wartet,
3	so wurde ich zum Erben gemacht von Monaten des Übels, und Nächte der Qual sind mir zugeteilt.

Hiobs unverdientes Leid wird mit dem normalen Geschick des Fron-
arbeiters, des Sklaven und des Tagelöhners verglichen (vgl.
a. 19,15 f.)[77]. Sie führen ein Leben, das *ihm* keinesfalls zusteht. In v. 1
werden damit zugleich verallgemeinernd die Lebensbedingungen des
Menschen überhaupt gekennzeichnet. Höchst aufschlußreich ist die
Selbstverständlichkeit, mit der das geschieht und mit der die darin liegenden Probleme übergangen werden. Haben denn all diese Menschen
ihr Geschick durch ihr Verhalten verdient? Und kann man die Fronarbeit zum Signum menschlicher Existenz überhaupt machen, ohne die
konkrete Unterdrückung damit zu verharmlosen[78]? Solche Fragen tauchen offenbar im Horizont des Dichters nicht auf, aber eben das läßt einen sicheren Schluß auf die Kreise zu, denen der Dichter und sein Publi-
kum angehören. Nur hingewiesen sei hier darauf, daß sich eine solche
Notbeschreibung durch Vergleich mit dem Sklavengeschick mehrfach
auch in babylonischen Hiobvorläufern findet[79]; er scheint geradezu zu
dieser Gattung zu gehören.

Man kann also kaum daran zweifeln, daß das Hiobbuch und sein Dichter einer reichen, aristokratischen Schicht des nachexilischen Israel entstammen. Hier drängt sich sofort die Frage auf, ob das angesichts der
theologischen Aussagen der Dichtung reiner Zufall ist. Liegt es nur daran, daß hochgebildete Intellektuellenkreise eben meist mit entsprechenden Sozialschichten in Zusammenhang stehen? Hierfür ist der Gesamtduktus der Hiobdichtung zu befragen. Ist nicht der ganze Dialogteil
überhaupt nur von dem immer wieder geäußerten *Anspruch* Hiobs aus

---

[77] Nach dieser Stelle hat er sogar noch im Leid Sklaven und Sklavinnen, die allerdings
den Gehorsam verweigern.

[78] Man vgl. nur die prophetischen Stimmen wie z. B. Jer 22,13 ff.

[79] Vgl. *Ludlul bēl nēmeqi* (W. G. Lambert, Babylonian Wisdom Literature, Oxford
1960, 32 f.) bes. I, 78 („Though a dignitary, I became a slave"); I, 89 („My Slave publicly
cursed me in the assembly"); u. a. „Gespräch eines Leidenden mit seinem Freund" (Lambert, aaO., 63 ff.) bes. 74 ff. 250 ff. Sumerischer Hiob (S. N. Kramer, Man and his God. A.
Sumerian Variation of the „Job" Motif, VT. S 3, 1955, 170 ff.) 32 ff. Deutsche Übers. bei
H. Schmökel, Mesopotamische Texte, in: W. Beyerlin Hg., Religionsgeschichtliches Textbuch zum Alten Testament, ATD Ergänzungsreihe 1, Göttingen 1975, 159 f.162.164.

zu verstehen, ihm stehe das gute, das gelingende Leben wie ein Recht zu? Es sind eben *nicht* der Hilfeschrei aus der Not und die flehentliche Bitte um Rettung, die sein Verhalten prägen. Derartiges tritt weitgehend zurück hinter den Protest darüber, für sein – übrigens sehr patriarchalisch beschriebenes (bes. Hi 29,12 ff.) – Tun nicht mehr mit dem ihm zustehenden Stand und Reichtum ausgezeichnet zu werden. Das Bewußtsein, sein Recht einklagen zu können, nicht aber mögliche Rettung erbitten zu müssen, setzt auf die Ebene sozialen Handelns projiziert, eine bestimmte traditionelle Lebensform wie eine sie legitimierende Ideologie voraus. Max Weber formuliert das so: ,,Daß ein Mensch im Glück dem minder Glücklichen gegenüber sich nicht mit der Tatsache jenes Glücks begnügt, sondern überdies auch noch das ,Recht' seines Glücks haben will, das Bewußtsein also, es im Gegensatz zu dem minder Glücklichen ,verdient' zu haben, . . . dieses seelische Komfortbedürfnis nach der Legitimität des Glücks lehrt jede Alltagserfahrung kennen . . . Die ,Legitimierung' in diesem Sinne ist das, was die positiv Privilegierten innerlich von der Religion verlangen, wenn überhaupt etwas."[80]

Die im Hintergrund der Hiobdichtung stehende ältere Lebens- und Erfahrungsweisheit Israels, von der her allein das Hiobproblem zu verstehen ist, dürfte damit in der Tat zu einem guten Teil richtig gekennzeichnet sein[81]. Auf sie ist negativ und positiv die Haltung Hiobs und seiner Freunde bezogen. Die theologische Größe und Bedeutung des Hiobdichters – wie Kohelets – liegt dann gerade darin, daß sie ein derart legitimierendes Gottesbild überwinden, daß für sie der wirkliche Gott mit dieser Erwartung Hiobs nichts zu tun hat. Aber sie können das in ihrer Situation, als Teil der Klasse, in der dieses Denken traditionell herrscht, offenbar nur um den Preis tun, daß für sie dann Gott und sein Handeln überhaupt in dunkle, unverständliche Ferne rückt. Vor allem wird dabei die Frage nach der Gerechtigkeit in dieser Welt im Grunde von der Gottesfrage völlig gelöst. Diese Distanz zwischen Gott und einer aufweisbaren und erfahrbaren Gerechtigkeit trennt sie zugleich von den grundlegenden Erfahrungen, die Israel mit Jahwe gemacht hat. Vom Exodus angefangen bis zum Erwachen der eschatologischen Hoffnung war es ja immer wieder das – erlebte oder erhoffte – überraschende und unerwartete Handeln an seinem Volk und an Leidenden und Unterdrückten, das diesen Gott auszeichnete. Und das war keineswegs durchgängig verrechenbar mit der Frage nach Verdienst oder Schuld. Man kann im Grunde das Hiobbuch als die Umkehrung einer Wundergeschichte lesen. Ist es in der Wundergeschichte typischerweise die überraschende Rettung aus Not, Krankheit, Leid und Tod, und zwar ohne daß

---

[80] Wirtschaft und Gesellschaft I, 385.
[81] Vgl. Gordis, Social Background; Crüsemann, Die unveränderbare Welt.

die Schuldfrage dabei eine zentrale Rolle spielt, so ist es bei Hiob in genauer Umkehrung das überraschende Überfallenwerden von Not und Leid, was das Problem auslöst. In beiden Fällen steht das Geschehen gegen das normalerweise zu Erwartende, und in beiden Fällen wird darin die entscheidende Gotteserfahrung gemacht. Die Tatsache, daß Wundergeschichten eher unteren Sozialschichten entstammen[82], beleuchtet noch einmal die gesellschaftlichen Voraussetzungen der Hiobproblematik.

Handelt es sich, so ist nun weiter zu fragen, bei dem Zusammenbruch des Tun-Ergehen-Zusammenhangs, wie er in der Hiobdichtung ausgetragen wird, um ein Spezifikum weniger Dichter und Denker, oder liegt ihm etwas Allgemeineres zugrunde? Nicht nur der ja ganz grundsätzlich urteilende Kohelet verweist in die zweite Richtung, sondern auch die Tatsache, daß Hiob selbst keineswegs nur von seinen eigenen Beispiel spricht. Auch er geht immer wieder, am deutlichsten in Hi 21 (bes. v. 23 ff.), zu Verallgemeinerungen über, wie sie auch bei Kohelet stehen könnten: den Frevlern überhaupt geht es gut und vielen Guten schlecht. Rings um ihn her, also in der Welt des Dichters, ist die traditionelle Ordnung der Dinge außer Kraft. Wie muß man diese soziale Situation, wie damit die Krise der Weisheit sozialgeschichtlich beschreiben?

Schon für den wichtigsten der altorientalischen Vorläufer Hiobs, das Gedicht *ludlul bēl nēmeqi*, „Ich will preisen den Herrn der Weisheit", das als einziges einigermaßen sicher, nämlich in die Kassitenzeit Babyloniens zu datieren ist[83], muß ein Zusammenhang mit bestimmten politischen und sozialen Zuständen angenommen werden. So ist nach E. Cassin der „pessimistische Grundton ein Hinweis auf die Unruhe, von der die denkenden Menschen dieser Zeit ergriffen waren. Es ist wahr, daß die Zeitverhältnisse ihren Einfluß auf diese Art der Weltbetrachtung ausgeübt haben können. Die schreckliche Erfahrung, daß eine Stadt wie Babylon der Plünderung preisgegeben wurde, die Verarmung des Landes und die Machtergreifung einer ausländischen Dynastie können bei den denkenden Babyloniern Zweifel an der Richtigkeit des Glaubenssatzes, daß das Unheil nur eine Folgeerscheinung einer Sünde sei . . . wachgerufen haben."[84]

Es liegt auf der Hand, daß diese Voraussetzungen auf das nachexilische Juda erst recht zutreffen. Exil und damit Zusammenbruch der alten Ordnung, müheseliger Wiederanfang, Fremdherrschaft mit vielen negativen Folgeerscheinungen, von denen nur an die von außen auferlegten

---

[82] Dazu G. Theissen, Neutestamentliche Wundergeschichten, StNT 8, 1974, bes. 247 ff.; ders., Synoptische Wundergeschichten im Lichte unseres Sprachverständnisses, WPKG 65/1976, bes. 295.

[83] Lambert, Babylonian Wisdom Literature 26.

[84] Babylonien unter den Kassiten und das mittlere assyrische Reich, Fischer Weltgeschichte 3, Die altorientalischen Reiche II, Frankfurt/M 1966, 66.

hohen und unkontrollierbaren Tribute und Abgaben, an Entpolitisierung und Entmilitarisierung der früher führenden Schichten erinnert sei.
Man muß an die archäologisch nachweisbare höchst armselige materielle
Kultur der persischen Zeit denken, die den Gegensatz zur teilweise
glanzvollen Königszeit deutlich hervortreten läßt. Dazu kommen tiefgreifende wirtschaftliche Umschichtungen, wie sie sich im verstärkten
Übergang zur Geldwirtschaft und der Einführung des Münzgeldes manifestieren[85]. Der Ausbruch einer tiefgreifenden Sozialkrise unter Nehemia (Neh 5,1 ff.) gibt einen wichtigen Einblick in die Veränderungen,
denen Teile der freien und grundbesitzenden Schicht unterworfen wurden, zeigt aber auch die Grenzen der aristokratischen Macht[86]. Dies ist
der Hintergrund für die vielen Texte der nachexilischen Zeit, in denen
die Veränderungen der traditionellen Lebens- und Glaubensformen
zum Ausdruck kommen. Immer wieder ist es dabei gerade das Problem
unverdienten Reichtums und unverdienter Not, das im Mittelpunkt
steht. Es mag hier als Beispiel der Hinweis auf Mal 3,14 ff. genügen:

Mal 3,14 Ihr sagt: Nutzlos ist es, Gott zu dienen,
          und was hat's für Wert, wenn wir seine Ordnung wahren?
          Und wenn wir in schwarz wandeln vor den Augen Jahwe Zebaoths?
          Nun wohlan, wir preisen glücklich die Übermütigen.
          Ja, es werden erbaut, die gottlos handeln,
          ja, sie versuchen Gott und kommen davon.

Das ist exakt die eine Hälfte der Erfahrungen, die auch hinter Hiob
und Kohelet stehen. Charakteristisch unterschieden aber ist die Art, wie
das Problem bewältigt wird. Der Prophet verkündet, daß dies alles vor
Jahwe in einem Buch verzeichnet ist, und daß ein anderer Tag kommt:

Mal 3,18 Dann sollt ihr wieder den Unterschied sehen zwischen
          einem Gerechten und einem Gottlosen,
          zwischen einem, der Gott dient,
          und einem, der ihm nicht dient.

Die eschatologische Erwartung des kommenden Eingriffs Gottes,
später auch die Hoffnung auf ein Handeln Jahwes an den Toten, wird
hier und an vielen anderen Stellen genau an der Problematik entfaltet,
die auch hinter Hiob und Kohelet liegt.
    Aber diese Hoffnung ist offenbar für die mit der Weisheitstradition
verbundenen Kreise der aristokratischen Oberschicht und den mit ihr
verbundenen Intellektuellen verbaut. Der die ältere Weisheit prägende

---

[85] Dazu jetzt H. G. Kippenberg, Religion und Klassenbildung im antiken Judäa. Eine
religionssoziologische Studie zum Verhältnis von Religion und gesellschaftlicher Entwicklung, SUNT 14, 1978, bes. 49 ff.
[86] Vgl. Kippenberg, aaO., 55 ff.

Tun-Ergehen-Zusammenhang war für die vorexilische Oberschicht ganz sicher nicht unrealistisch, sondern Ausdruck alltäglicher Erfahrung[87]. Einen Teil der gesellschaftlichen Mechanismen, die ihn tragen, hat jetzt C.-A. Keller aufgrund ethnologischen Materials nachgewiesen[88]. In der nachexilischen Zeit aber treten in diesen Kreisen *Tradition* und *Erfahrung* in besonders krasser Weise auseinander. Diese Diastase ist der Kern der Krise der Weisheit, und nur von ihr her werden Hiob und Kohelet verständlich. Das ist die theologische Herausforderung, der sie sich ausgesetzt sehen. Für sie wird ein Festhalten am traditionellen Gottesbild unmöglich. Angesichts der mit ihrer Tradition nicht mehr zu vereinbarenden Zustände in ihrer Klasse entzieht sich ihnen Gott in ein undurchschaubares Dunkel. Geht es bei Hiob zunächst nur darum, so fällt bei Kohelet dann auch die traditionelle Ethik der Solidarität[89].

Politisch und ökonomisch führt der Weg der judäischen Aristokratie zu einer immer stärkeren Trennung von den Interessen des übrigen Volkes, wie es jetzt Kippenberg im einzelnen beschrieben hat[90]. Besonders offenkundig wird das in hellenistischer Zeit in ihrer Einbeziehung in das System der Staatspacht; an sie wird von der fremden Oberherrschaft das Privileg, Steuern und Abgaben vom übrigen Volk einzuziehen, verpachtet. Sie treten damit objektiv als Agenten der Fremdherrschaft auf, und das führt in letzter Konsequenz zu dem bekannten Übergang eines wichtigen Teils dieser Schicht zum Hellenismus und zur Beteiligung an der Religionspolitik Antiochus IV., wahrscheinlich sogar als auslösender Faktor[91]. Dagegen erhebt sich ein großer Teil des Volkes im Aufstand der Makkabäer, und er greift dabei auf Jahwetraditionen und die dazu gehörige Ethik zurück. Die Sapientia (bes. 2,1 ff.) kennt dann später Leute, die sich auf eine Kohelet zumindest sehr verwandte negative Theologie stützen und mit ihr das Recht zur Unterdrückung von Schwachen und Armen legitimieren.

Man muß diesen Weg der judäischen Aristokratie, der hier nur andeutungsweise beschrieben wurde, vor Augen haben, will man die Lösung der jüngeren Weisheitstradition, die in eben diesen Kreisen zu Hause ist, von allen eigentlichen Jahweüberlieferungen verstehen. Hiob und Kohelet markieren Stationen auf dem Weg der Ablösung der Klasse, der sie angehören, von den Interessen wie vom Glauben des übrigen Volkes. Selbstverständlich sind sie nicht einfach nur Ausdruck dieser Entwicklung, aber ohne sie sind sie nicht wirklich zu verstehen. Vor allem ihr Gegensatz zu den anderen theologischen Strömungen der gleichen Periode kann nur so erklärt werden. Theologiegeschichtlich haben sie dabei in

---

[87] Dazu Crüsemann, Die unveränderbare Welt.

[88] Zum sogenannten Vergeltungsglauben im Proverbienbuch, in: Beiträge zur alttestamentlichen Theologie, Festschr. W. Zimmerli, Göttingen 1977, 223–238.

[89] Vgl. bes. Koh 7,16–18.

[90] Religion und Klassenbildung, Kap. 4.5.7.

[91] Vgl. M. Hengel, Judentum und Hellenismus, 486 ff. bes. 525 ff.

einmaliger Radikalität das Problem des deus absconditus formuliert und durchgestanden. Aber bleibt es dabei allein, ist von dem Gott Israels nur noch sein Schatten geblieben. Erst von hier aus ist, so meine ich, die Anfrage von Ernst Bloch an die Hiobexegese wirklich zu beantworten. Er hat zwar nicht uneingeschränkt, aber doch ein gutes Stück weit recht, wenn er den Gott von Hi 38 ff. in einer tiefen Distanz zu dem meisten sieht, was von dem Gott Israels sonst berichtet und erwartet wird, etwa zum Gott des Exodus und der eschatologischen Hoffnung. Aber er hat – und das als Marxist – darauf verzichtet, nach den sozialen und geschichtlichen Bedingungen zu fragen, unter denen dieses Gottesbild entstand.

Man darf vielleicht das Auseinandertreten von Tradition und Erfahrung als eines der Grundprobleme ansehen, unter denen die neuzeitliche, bürgerliche, europäische Christenheit mit ihrer Theologie steht. Das macht die Aktualität und die Nähe verständlich, die jeder unwillkürlich gegenüber Hiob und Kohelet empfindet. Auf der Hand liegen dann aber auch die potentiellen Gefahren. Eine solche Lage kann leicht zur Verwandlung der Tradition in abstrakte Dogmatik oder reine Konservativität führen, angesichts derer die Realität aus den Augen gerät. Das ist die Position der Freunde Hiobs. Oder man sieht zunehmend nur noch den sich verbergenden Gott, den man mit den sozialen Verhältnissen in dieser Welt nicht mehr zusammendenken kann. Das führt letztlich zur Resignation Kohelets. Die in diesen Büchern durch Leid gewonnene Erkenntnis des deus absconditus bleibt unaufgebbares Moment jeder Theologie. Aber im Zentrum des Alten, erst recht des Neuen Testaments steht der sich offenbarende Gott, und mit ihm verbinden sich Erfahrungen und Hoffnungen, die nicht nur zum Ertragen, sondern gerade auch zur Veränderung der unerträglichen Welt führen.

KRISTLIEB ADLOFF

Vernunft und alle Sinne

Predigtmeditation als ganzheitliche Wahrnehmung
des biblischen Textes.
Am Beispiel von Markus 7,31–37

I.

„Das euangelium ist leicht und eüwer lieb versteet es hoff ich wol": So beginnt eine Predigt Martin Luthers mit Mk 7,31–37 vom 7. September 1522[1]. Ein solcher Predigtanfang dürfte heute zumal von denen, die nolens volens dabei sind, das Predigthandwerk zu erlernen, mit einem verlegenen Lächeln quittiert werden. ‚Dieses Evangelium – ich bekenne es offen – ist außerordentlich problematisch, und wenn ich es euch nicht in der Sprache der unfehlbaren Begriffe erkläre, versteht ihr nichts': So klingt es schon besser. Hinter der damit umrissenen Differenz im Urteil zeigt sich gewiß auch ein seit Luther zwischenein gekommener Wandel der Weltanschauung, der uns das sogenannte Wunderproblem beschert hat. Doch scheint mir die Art, mit diesem und mit anderen Problemen der Auslegung umzugehen, zugleich auch Symptom einer tieferliegenden Neigung zu sein, die Wahrnehmung des biblischen Textes aufs unbezweifelbar Richtige zu reduzieren, statt mit Luthers Rückgang auf den sensus literalis das Notwendige zu bedenken.

Ich notiere im folgenden aus meiner Erfahrung im homiletischen Unterricht einige typische Verluste, die bei einer aufs Richtige reduzierten Wahrnehmung der Perikope Mk 7,31–37 aufzutreten pflegen. Zugleich behandle ich wie jene an Instinkten reichen Hündlein von Mk 7,28 die achtlos vom Tisch der Auslegung heruntergefallenen Brocken als Glücksfunde, um so versuchsweise der von Luther apostrophierten ‚Liebe' zu einem reicheren Verständnis biblischer Texte einen Weg zu bahnen. Das Ziel der Überlegung ist erreicht, wenn der Text als ein leichtes, ein hilfreiches Wort durchsichtig geworden ist.

---

[1] WA 10 III, 304 Z. 5 f.; die ganze Predigt ebd. S. 304–312. Die folgenden Lutherzitate beziehen sich alle auf Predigten mit Mk 7,31–37.

Auf dem Wege dazu soll die nach wie vor unentbehrliche, aber weithin hermeneutisch naiv gehandhabte und im Vorgang der Predigtarbeit falsch plazierte historisch-kritische Methode zu ihrem Recht kommen. Den Folgerungen, die Erich Auerbach in seinem Buche „Mimesis" aus der „Veränderung der Lebenswelt" und dem „Erwachen des kritischen Bewußtseins" gezogen hat, kann der Ausleger nicht mit einem Gewaltstreich entgehen: „. . . die biblischen Geschichten werden zu alten Sagen, und die von ihnen losgelöste Lehre wird zu einem körperlosen Gebilde, das entweder gar nicht mehr ins Sinnlich-Lebendige dringt oder aber ins Persönlich-Schwärmerische sich verflüchtigt."[2] Wird man freilich der Veränderung der Lebenswelt nicht mehr allenthalben froh, so mag es an der Zeit sein, daß ein unkritisch gewordenes Bewußtsein und eine schwärmerische Vernunft auch auf dem Felde der Theologie ihrer Bindung an Fleisch und Blut, an die kreatürlichen Vorgänge des *Riechens, Ertastens, Sehens, Schmeckens* und *Hörens* gewahr werden. Schon bisher galt es als ausgemacht, daß der Exeget für seine Arbeit vor allem seine Augen brauche. Läßt sich das sinnliche Instrumentarium im Blick auf die Predigt als Auslegung der Schrift im Gottesdienst der Kirche noch komplettieren?

II.

Der Ausleger begegnet der Perikope Mk 7,31–37 in der Regel zuerst unter dem Etikett ‚Wundergeschichte'. Er wird von daher wenig geneigt sein, das Gefäß mit dem exotischen Inhalt zu öffnen und sich atmosphärischen Eindrücken, dem betörenden *Duft,* der von daher aufsteigen könnte, zu überlassen. Es könnte ja auch gerade bei dieser – wie die Kommentatoren versichern[3] – typischen, in ihrer spezifischen Christlichkeit fraglichen Geschichte der Geist der Magie, des längstens überwundenen primitiven Aberglaubens der Flasche entweichen.

Beruhigend scheint es demgegenüber zu hören, was nach Albrecht Oepke in den Evangelien, anders als im heidnischen Epidauros, alles „undenkbar" wäre. Doch läßt die folgende, dem Neuen Testament geltende Feststellung Oepkes in ihrer Metaphorik aufhorchen: „Hier spielt sich alles im Wachen, im hellen Lichte des Tages ab, und die Luft ist rein."[4] Dies Urteil ist ersichtlich nicht an den Texten gewonnen, wie ein

---

[2] E. Auerbach, Mimesis. Dargestellte Wirklichkeit in der abendländischen Literatur, Bern [2]1959, 18.
[3] Ich nenne stellvertretend die gründliche Behandlung der Perikope durch R. Pesch, Das Markusevangelium I (HThK II), Freiburg/Basel/Wien 1976, 391–400: „Konstruktion aus hellenistisch-thaumaturgischem Material" freilich auch „biblischer Verheißung" (aaO. 399).
[4] A. Oepke, Art. *iaomai ktl,* in: ThWNT III, 194–215, hier: S. 209 Z. 24 f.

kurzer Blick auf die Zeitangaben in den Wundergeschichten des
Markusevangeliums lehren kann (vgl. nur 1,32; 4,35; 6,35.48). Was
aber die Luft angeht, so steigt Jesus immer wieder aus der reinen Berg-
luft des spezifisch Göttlichen in den Dunstkreis des Menschlichen, in die
Täler des zweideutig Dämonischen hinab (vgl. Mk 3,13; 6,46; 9,2 mit
3,20; 6,48; 9,9): Hier ist der Ort des Wunders, das damit einem wesentlichen Zug des Evangeliums entspricht. „Non habet speciem, quod sit
solcher zucker, malvasier, sed apparet ein gespey, sic etiam rotz vocat.‟[5]
Hier wird gespuckt, angefaßt, gestöhnt, geschrieen; exaltierte Laute erfüllen die Luft, Gerüchte und Gerüche[6]; hier hat Jesus „in den ganzen
plump und klos gesehen carnis et bluts‟[7]; es geht um das kreatürliche
Leben, und, wer will, mag auch wie Johann Gerhard[8] in einer Predigt mit
unserer Perikope Bileams Eselin mit dem Stummen wetteifern hören.
Diese ganze Atmosphäre darf natürlich ‚volkstümlich‘ heißen, vorausgesetzt, es ist damit nicht eine dem Evangelium fremde verächtliche Bewertung des ‚Volkes‘ verbunden. Vielmehr ist das universale Lob des
Schöpfers durch das Volk aus Juden und Heiden das Ziel der – gemessen
an den Normen gesitteten Verhaltens – exaltierten (v 37: *hyperperissōs
exeplēssonto*) Rede des Textes: „Gut hat er alles gemacht.‟

Ist dieses überschwengliche Gotteslob nicht zugleich das A und das O
jeder denkbaren Predigtmeditation, die von der Situation der gottesdienstlichen Gemeinde nicht absehen möchte? Für diese Situation, die
nicht einfach am Tage liegt, eindeutig und unwidersprechbar, und d. h.
für das Volk, dem er selber als Geschöpf durch Wasser (in früheren Zeiten auch durch Spucke[9]) und Geist zugehört, muß der Prediger eine
Nase haben. Kann er das Volk nicht riechen, so mag er sich am Schreib-
tisch einen statistisch ausgemittelten Hörer zurechtmachen und eine
homiletische ‚Wetterlage‘, die immerhin so zuverlässig sein soll wie die
Wissenschaft der Meteorologie: Er wird die homiletische Situation verfehlen.

Der Text – dazu wird er überliefert – *erinnert*. Vielleicht ist der Geruch
das konkreteste Substrat der Erinnerung, wie man neuerdings (vgl. aber
auch Joh 11,39 mit 12,3) an Günter Grass' Roman „Der Butt‟ lernen

---

[5] M. Luther, WA 34 II, 155 Z. 4 f. (Predigt vom 27.8.1531: ebd. S. 146–156).

[6] In diesen Kontext gehört auch die oft genannte ‚Witterung‘ der Dämonen, vgl. dazu
jetzt G. Theißen, Urchristliche Wundergeschichten. Ein Beitrag zur formgeschichtlichen
Erforschung der synoptischen Evangelien (StNT 8), Gütersloh 1974, 66 f.96.

[7] M. Luther WA 37, 510 Z. 3 (Predigt vom 23.8.1534: ebd. S. 506–520).

[8] Vgl. J. Gerhard, Postille II, Berlin 1871, 137.

[9] Zum Hephata-Ritus in der Taufliturgie vgl. G. Kretschmar, Die Geschichte des Tauf-
gottesdienstes in der alten Kirche, in: Leit. V, 1970, 1–348, hier: S. 225 f. und B. Jordahn,
Der Taufgottesdienst im Mittelalter bis zur Gegenwart, ebd. 349–640, hier: S. 369 f.

kann, der Geschichte im Dunstkreis der Küche vergegenwärtigt. Ein sublimeres Beispiel fand ich bei Eduard Mörike im „Maler Nolten": „Ich unterhielt zuzeiten eine unbestimmte Wehmut bei mir, welche der Freude verwandt ist, und deren eigentümlichen Kreis, Geruchskreis möcht' ich sagen, ich wie den Ort, woran sie sich knüpfte, willkürlich betreten oder lassen konnte."[10] Fragt man nun nach dem der Perikope Mk 7,31–37 eigentümlichen ‚Geruchskreis', so wird, ohne daß dem Text Gewalt angetan werden müßte[11], von einer dem Gott Israels wohlgefälligen *Heidenfreude* die Rede sein dürfen. Davon kann sich der Ausleger selbst nicht ausschließen, wie immer es mit seinen gegenwärtigen Gefühlen bestellt sein mag, hat er doch am Strom des Lebens, an seinem die Individualität und die Zeiten umgreifenden Duft teil.

Der Schritt von da zum kirchlichen Gottesdienst als dem konkreten Ort solcher Erinnerung ist, zumal im Lied, nicht so weit, wie es dem Unerfahrenen erscheinen mag. In meiner eigenen Kindheitserinnerung mischen sich Orgelmusik und Gemeindechoral mit dem gerade in seiner Unartikuliertheit äußerst lebensvollen Lärm aus dem Schulhof einer der Kirche benachbart gelegenen Taubstummenschule. Es gehört zu den schwersten und reizvollsten Aufgaben der Predigtlehre, den Anfänger, der hier naturgemäß besonders unsicher ist, in solche Zusammenhänge einzuführen, ihn also der emotionalen Abwehr gegenüber dem Milieu der im Namen Gottes versammelten Gemeinde zu entwöhnen und ihm den Ort dieses Gottesdienstes als einen Ort der Heidenfreude, bei der auch Kinder und Säuglinge ihren Part mitspielen dürfen, lieb zu machen. Das ist der Ort, an dem die Geschichte vom Taubstummen als Teil eines Gen 1 und Jes 35 umschließenden Ganzen mit uns und der Welt von heute in zwangloser Ordnung zusammentrifft.

Vieles mischt sich da. Ein Ruch des Synkretistischen bleibt unausrottbar. Wissenschaftlich sorgfältig etikettierte und mit theologischen Definitionen versehene Gefäße werden nicht zur Anbetung oder in apotropäischer Absicht vorgezeigt, sondern sie werden geöffnet und ihr Inhalt wird in Brauch genommen. Zweifel stellen sich ein, ob es mit dem Etikett ‚Wundergeschichte' seine Richtigkeit habe, solange der Begriff so tut, als nähre sich das Wunder wie ein Dämon von den Defiziten des Menschlichen. In Mk 7,31–37 aber riecht am Ende alles, was ist, alles Irdische, nach Himmel, Fülle, Schönheit, nach Weite, nach Grenzlosigkeit, die sogar ein Verbot des Gottessohnes für nichts zu achten scheint: *Gott nimmt mit dem ‚Wunder' nicht am Menschlichen Maß, sondern übertrifft sich schöpferisch selber.*

---

[10] Zitiert nach E. Mörike, Werke (Tempel-Klassiker), Berlin/Darmstadt 1961, 637.
[11] Vgl. R. Pesch, aaO. (s. Anm. 3) 319ff.399f.

III.

In einem solchen Raum fällt die Orientierung schwer. Zwar ist ein erster notdürftiger Umriß der Handlung von Vers zu Vers schnell erstellt: v 31 verknüpft den Text durch das Motiv des Weges mit dem Kontext, v 32 enthält die Exposition, vv 33 f. schildern erstaunlich breit das heilende Handeln Jesu, das in einem Wort gipfelt und v 35 in die Konstatierung des Erfolges mündet, v 36 bringt ein retardierendes Moment, das aber zugleich als Scharnier zwischen dem Geheilten und dem Volk wirkt, und v 37 läßt den ‚Chorschluß‘ in biblisch gesättigter Sprache weit über die Handlung überschießen.

Aber das ist nur ein flüchtiges Abtasten der Außenseite. Denn *tastend* bewegt sich, wen Weltbilder weder binden noch stören, wer sich selbst nicht an Begriffen festmachen kann. Eine *Hand* wird gesucht – zuvor schon geht es um Leute, die einen nach dem Urteil der Hörenden sinnlos lallenden Menschen, der nichts versteht, führen, ziehen, tragen, als wäre er lahm und blind (vgl. Mk 2,3; 8,25). Der Widerstand, der von diesem Menschen ausgeht, ist spürbar und will ausgehalten sein. Das Mitgefühl, das der Ausleger ihm spontan entgegenzubringen bereit scheint, dürfte in der Regel erschlichen sein, es sei denn, der Ausleger teilte das Schicksal des Nicht-Hörenden.

Von den schier unüberwindlichen Schwierigkeiten, den tauben Mitmenschen zu verstehen (wenn es denn um Verstehen gehen soll!), handelt eine schöne Studie des Psychotherapeuten Aron Ronald Bodenheimer mit dem Titel „Anrede und Antwort"[12], die auch dem Prediger einigen Aufschluß gibt. Bodenheimer zeigt u. a., daß der Hörende gerade da auf brutalste Weise die Not der Taubheit als seine eigene erfährt, wo er – etwa im Medium des Telefons! – merkt, daß er, der Hörende, auf die Anrede des tauben Mitmenschen nicht antworten kann[13]. Aber genau das wäre ein Ansatz – auch für den Pfarrer im Medium der Auslegung –, das Anderssein des anderen zu verstehen.

Gleichheit stellt sich da her auf der Basis der Ungleichheit, der Einsicht ins unverwechselbar eigene Schicksal, Solidarität, wo die ‚Träger‘ im Text mit der hilfreichen Tat das eigene Angewiesensein auf Hilfe unter Beweis stellen. Hätte der Jesus unserer Geschichte ‚keine anderen Hände als die unseren‘, so bliebe nicht nur der schwer sich artikulierende taube Mensch *(kōphos kai mogilalos),* so blieben auch sie ohne Hoffnung. Indem sie mit Jesus Hand in Hand arbeiten, sind sie im Glauben

---

[12] A. R. Bodenheimer, Anrede und Antwort. Prinzipien der Psychotherapie tauber Patienten, in: Mit den Augen hören. Ökumenisches Handbuch für die Taubstummenseelsorge, Neukirchen-Vluyn 1975, 78–110.

[13] Ebd. 85 ff.

als gemeinsam seufzende und sich freuende Glieder des Volkes Gottes mit Jesus eins. Das ist gerade keine Identifizierung mit Jesus – ein Fehler, der nicht nur dem Predigtanfänger unterläuft, der für sich und seine Hörer nach einem ‚Rollenangebot' sucht: ‚Auch wir sollten, wie Jesus, mit dem Außenseiter kommunizieren!' Darf – ohne die Rolle des Vorbilds gering zu achten – nach dem *Können* gefragt werden (Mk 9,18)? Ist nicht auch das Wesen der Erzählung generell verkannt, wenn man ihre Leistung auf die Funktion reduziert, dem Hörer bzw. Leser die Möglichkeit der Identifikation mit dem Helden einzuräumen[14]?

In Mk 7,31–37 scheint es doch eher um ein Phänomen der *Stellvertretung* zu gehen: Die Träger vertreten den Kranken (vgl. Mk 2,3.5), Jesus vertritt sie und das Volk (7,33 a) und nötigt damit jeden einzelnen, nicht primär der Träger einer Rolle, sondern als Träger des anderen er selbst zu sein, der eine mit dem anderen in der gemeinsamen Not und Freude des Daseins. Was *zwischen uns* – wie in der geheimnisvollen Mitte der Erzählung – in Anrede und Antwort *geschieht,* entscheidet über unser Menschsein. Nicht in der Transzendierung seiner Möglichkeiten im Denken und Handeln, sondern in der Erfahrung der fremden Hände kommt der Mensch als er selbst, als Tauber, Blinder, Lahmer, als Kind, als Toter – als Geschöpf an den Ort des Wunders. Dort lernt er sich kennen, dort wird er sich der hilfreichen und schrecklichen Möglichkeiten der eigenen Hände tastend bewußt. Lieber wird er sich eine starke Hand oder eine im Kampf für das ‚Gute' erprobte Faust abhacken (Mk 9,43), als daß er sich von diesem Ort, dem Ort der kleinen Leute mit ihrer alltäglichen Gotteserfahrung allzu weit entfernte.

Der Ausleger von Mk 7,31–37 kommt nicht darum herum, das ‚Wunder' im Rahmen seines eigenen Lebensverständnisses zu bedenken. Weiß er sich durch die Erzählung vertreten, so braucht er selber keine besonderen Erlebnisse vorzuweisen (die zwar nicht verboten sind, doch meistens besser in der Verborgenheit bleiben), wohl aber sieht er sich herausgefordert, die an ihn durch den Ruf zur Predigt ergangene Anrede stellvertretend für die Vielen mit ihrer je eigenen Gotteserfahrung als er

---

[14] Zum Thema ‚Erzählung und Erzählen' vgl. jetzt das von C. Westermann, Genesis. 11. Lieferung (BiblKomm I), Neukirchen-Vluyn 1977, 32–40 in der ‚Einleitung zur Vätergeschichte' Gesagte: „Erzählt wird, weil etwas geschah und erfahren wurde, damit es in die Erfahrung anderer eingehe, in der Erfahrung anderer weitergehe" (ebd. 34). Gegen die verbreitete Annahme, der Anteil des Zuhörers an der Erzählung sei die ‚Identifikation', vgl. die wichtigen Ausführungen von R. Schuster, Didaktik des evangelischen Unterrichts. Vorbesinnung zu einem Lernen mit Anfängern im Glauben, Stuttgart 1977, 89–92: „Ob und wieviel wir von einer uns erzählten Geschichte verstehen, hängt auch nicht daran, wie weit wir uns mit den in ihr handelnden und leidenden Personen identifizieren können, sondern eher daran, ob und wieweit wir verstehen, was in dieser Geschichte geschieht" (ebd. 91).

selbst zu beantworten. Es geht da um jene existentielle Redlichkeit, die
es dem Prediger verbietet, den Mund zu voll zu nehmen, weil es ihm geboten ist, der Erwartung der Gemeinde standzuhalten, es werde *Gott*
seinem Boten die rechten Worte in den Mund legen, wie Jesus dem
Mann in der Geschichte die Zunge anrührt. Bevor er also die Rolle
übernimmt, Menschen durch seine Predigt zu Jesus zu bringen, wird er
sich – auch schon der Student der Homiletik! – vom Text sagen lassen, er
sei als eine wild und zuchtlos schreiende Kreatur von der *Gemeinde* zu
Jesus gebracht worden, damit er's lerne, der Gemeinde ein stiller Diener
ihrer Freude zu werden.

Er muß sich das sagen lassen zu seinem Trost, weil seine Predigt mit
diesem Text doch wohl unter der denkbar strengsten Probe steht: dem
Anblick eines Behinderten, der mit einstimmen muß in das Gotteslob:
„Gut hat er alles gemacht!"[15] Damit die Probe bestanden werde, legt der
Ausleger an dieser Stelle den Text aus den tastenden, prüfenden Händen, nimmt bewußt Abstand von ihm, um ihn gerade so scharf und kritisch – und das heißt auch: als Richter zwischen uns! – in den Blick zu bekommen.

IV.

Claus Westermann hat in seinem Aufsatz „Was ist eine exegetische
Aussage?"[16] betont, nicht schon „der Abstand eines Textes als solcher,
sondern *das Bewußtsein* des Abstandes eines Textes" mache Auslegung
notwendig. Ich füge hinzu, daß dieses Bewußtsein zugleich im Vorgang
der Auslegung bisweilen aufs äußerste verschärft wird. Der Ausleger
muß wissen, was er tut: Er nimmt das Risiko der Verfremdung in Kauf,
in der Hoffnung, auf diesem Umweg genauer *sehen* zu lernen. Fehlt das
Interesse am Text als treibende Kraft der Auslegung[17], so fällt auch das
Risiko dahin. Die beziehungslose Fremdheit, mit der heute ein Prediger
seinem Text gegenübertreten mag, ist gänzlich risikolos. Der Abstand
zum Text ist als Gegensatz zwischen damals und heute, zwischen Tradi-
tio und Situation[18], zwischen Tod und Leben bis zur Bewußtlosigkeit
verabsolutiert worden, so daß man sich mit stumpfsinnigen Klischees

---

[15] Die Situation des Behinderten ist theologisch vorbildlich von U. Bach in mehreren
Predigtmeditationen bedacht worden, vgl. GPM 30, 1975/76, 324–337; 29, 1974/75,
121–131; 32, 1977/78, 222–239; vgl. noch ders., Diakonie – ein Auftrag an Könner?, in:
WPKG 67/1978, 242–251.
[16] C. Westermann, Was ist eine exegetische Aussage?, in: ZThK 59/1962, 1–15; hier:
S. 3.
[17] Ebd. 2.
[18] Zu den Problemen einer vornehmlich an den Begriffen ‚Tradition' und ‚Situation'
ausgerichteten Exegese vgl. Ch. Demke, Verkündigung als Spracheroberung. Homiletische Aspekte in den Briefen des Paulus, in: WPKG 67/1978, 174–187; hier: S. 181–184.

über Antike und Moderne meint begnügen zu können, um dann und wann, falls erwünscht, die Landschaft mit den Kurzschlüssen und Knalleffekten der neuesten exegetischen oder homiletischen Methode zu illuminieren – ohne sich selbst im geringsten zu gefährden.

Demgegenüber muß gelten: Den, wie alles Menschliche, *relativen* Abstand zum Text verantwortet der Prediger im Blick auf sich und die Gemeinde selbst. Das Problembewußtsein für denjenigen Abstand, der Auslegung fruchtbar und spannend macht, wächst aber nur mit der Erfahrung kontinuierlicher Arbeit, bei der sich der Ausleger vor allem auf das Zeugnis der eigenen Augen verläßt, also sein eigener, keineswegs irrtumsloser *Augenzeuge* wird.

Schon der Umgang mit dem ‚Urtext' impliziert das Wagnis, den Text für eine Weile unübersetzt als in einer fremden Sprache zu fremden Menschen in einer fremden Zeit gesagt sein zu lassen und sich mit der Rolle des neugierigen, aber auch geduldigen Beobachters zu begnügen. Widersteht man z. B. dem Bedürfnis, die Perikope Mk 7,31–37 aus dem durch das monotone zwölffache parataktische *kai* vorgegebenen mündlichen Sprachrhythmus in einen anderen, uns gemäßeren, zu überführen, so fällt die Ausnahme v 36b als ein besondere Reflexion anzeigender Stilbruch ins Gewicht. Auch eine Betrachtung der sogenannten Tempora läßt unübersetzbare Nuancen sehen: Der Aorist ist dem Geschehen zwischen Jesus und dem Kranken (vv 33 ff.) als Geschehen auf dem besonderen Wege Jesu (v 31) vorbehalten und dieses so in eine Distanz zum Leser gebracht. Dagegen führt das im Präsens gehaltene Tun und Bitten der ‚Träger' (v 32) den Leser ebenso in die Nähe jenes Geschehens, wie das mit *kai legei autō* eingeleitete, zugleich fremdsprachige wie übersetzte Wort Jesu (v 35) die Spannung zwischen Distanz und Nähe an das Ohr des Lesers vermittelt. Die den Vorgang der vv 33 f. begleitenden Partizipien unterstreichen das Geheimnis der in ihrer Anschaulichkeit anstößigen Person Jesu so, daß Distanz und Nähe zum ‚Himmel' sich für alle an diesem Irdischen (vgl. Mk 2,7; 4,41; 6,3; 9,7; 12,7.10; 14,71; 15,39), in der Teilnahme an der ihm eigentümlichen Kraft entscheiden müssen, wenn die besondere *Zeit* der Verkündigung seines Geheimnisses gekommen sein wird (7,36). Diese Zeit steht, mit dem Präteritum (vv 36 f.) in Beziehung zur Zeit Jesu wie zum Heute, so daß der Leser als Hörer der Verkündigung endlich in den im Perfekt und Präsens gehaltenen Schlußchor einstimmen kann (v 37).

Zwar verfügt der Ausleger als Beobachter nicht über die Zeit der Offenbarung des Geheimnisses, doch entzieht sich das mit dem Text auf Distanz gebrachte Geschehen der Beobachtung gerade nicht. Erst wer auf irrtumsfreie, zeitlose Feststellungen aus wäre, würde zum Voyeur; aber er käme ohnehin zu spät. Bildlich gesprochen: Ist der Vogel abgeschossen, kann er nicht im Fluge beobachtet werden.

Nun haben die theologischen Jäger auf dem Felde der Religionsgeschichte uns die beruhigende (?) Erklärung anzubieten, die Aura des
Wundertäters, die Jesus bei Freund und Feind umgab, sei in der Welt des
antiken Aberglaubens für einen Mann wie Jesus sozusagen das Selbst-
verständlichste von der Welt gewesen, so daß sich das Problem für uns
heute, ebenso selbstverständlich, erübrigt habe. Doch wird hier übersehen, daß kluge Juden und Heiden schon damals mit guten Gründen dem
Christentum die peinliche Tatsache vorhalten konnten, den Aberglauben keineswegs naiv übernommen, sondern zum Teil sogar auf die Bahn
gebracht und in großem Stil gefördert zu haben[19]. Der Ausleger von Mk
7,31–37 und vergleichbarer Texte wird also, statt mit Begriffen wie ,ma-
gische Praktiken' allzu dünkelhaft umzugehen, gut daran tun, seine Augen für das *Risiko* des Glaubens damals wie heute zu schärfen. Das ist im
Text das Risiko Jesu, der nicht umsonst seufzt (vgl. 8,12; 9,19 mit 7,34)
und zum Himmel aufschaut. Das ist sodann das Risiko derer, die Jesus
verkündigen, weil sie nicht wissen können, was aus dieser Verkündigung
folgt (13,10f. vgl. mit 7,36). Manch einer, der im Aberglauben an eigene
Vernunft und Kraft den Mund jetzt noch sehr weit aufmacht, wird zuletzt beim Hahnenschrei außer Flüchen nichts mehr herausbekommen.

Eine gewissenhafte historisch-kritische Wissenschaft, die zwischen
Ursache und Wirkung unterscheiden lehrt und zur Ernüchterung (auch
der Begriffe) beiträgt, erhält in diesem Zusammenhang die schöne Aufgabe, dem Fluchen zuvorzukommen und so dem Lob Gottes zu dienen.
Laute Triumphe – die Historisierung des Wunders wie ein Diktat über
unser Wirklichkeitsverständnis dergestalt, daß sich alles Lebendige in
Totes, Vergangenes, in Material, in Monstrositäten verwandelt – liegen
dann nicht auf ihrem Wege. Je leiser sie ist, desto mehr schärft sie die
Augen für den Text und das besondere Geschehen, das er bewahrt.

Warum *muß* der Text – gewiß unter Bedingungen, die nicht die unseren sind! – so von Jesus erzählen, wie er es tut? Weil sein Sitz im Leben
,Missionspropaganda' ist, was immer man sich darunter vorstellen mag?
Das wäre weder eine historische, der Situation urchristlicher Gemeinden
gerecht werdende[20], noch eine kritische Aussage. Näher kommt man
dem Sachverhalt schon, wenn man am Text im Kontext des Markuse-

---

[19] Vgl. G. Theißen, aaO. (s. Anm. 6) 272f.: „. . . der urchristliche Wunderglaube ist einer der Katalysatoren spätantiken Wunderglaubens überhaupt gewesen" (ebd. 273).
[20] Ders., ebd. 260 unterscheidet: Wundererzählungen „sind zwar missionarisch, aber
sie gehören ins Vorfeld der Mission". Doch zeigt sich, daß Theißen sich die Situation auch
nicht recht vorstellen kann, wenn er im folgenden auf ,Plakate' und ,Traktätchen' zur Ankündigung einer Evangelisation als Analogie verweist. Bedenkenswert sind dagegen die
umsichtigen Ausführungen zur urchristlichen Mission von Ch. Burchard, Formen der
Vermittling christlichen Glaubens im Neuen Testament. Beobachtungen anhand von *kē-
rygma, martyria* und verwandten Wörtern, in: EvTh 38/1978, 313–340.

vangeliums beobachtet, wie hier eine *verfolgte* Gemeinde aus Juden und Heiden, der die Kontinuität mit den Überlieferungen Israels zerbrochen ist (Mk 7,1–23), bis zur *Schöpfung* (Gen 1,31) zurückgehen muß, um schriftgemäß einen eschatologischen Grund (Jes 35,5f.) für ihr in der Welt angefochtenes Dasein zu finden. In den Erzählungen von der Person des Herrn und Retters, die sie im Gottesdienst tradiert und zu Gehör bringt, hält sie das fruchtbringende Schöpferwort fest, das *Wort des Lebens* gegen die universale Herrschaft des taubmachenden Gebrülls von Teufel, Tod und Sünde (Mk 4!).

V.

Sträubt sich dem Ausleger heute die *Zunge,* wenn er den Text in den Mund nehmen soll, dann geschieht das vielleicht in der richtigen Empfindung für die Diskrepanz zwischen einer verfolgten Gemeinschaft, der die Frage nach dem rechten Reden eine Frage auf Leben und Tod bedeutet (vgl. Mk 13,11 mit 7,35), und uns. Für das im Text anvisierte, nur als Ausnahme in einer extremen Situation verstehbare Geschehen fehlen uns die Worte. Aber die Ausnahme schärft das Gefühl für die Regel: für das alltägliche, allzeit aktuelle Werk des Schöpfers, der sein Geschöpf „wider alle Fährlichkeit beschirmet und vor allem Übel behütet und bewahret". Stellen wir nun fest, daß wir zu Hause wie in der Kirche des Gotteslobes[21] als der dieser Regel angemessenen Sprache entwöhnt sind, daß also dem in seiner Mündigkeit schrecklich verstummten Menschen die Laute des Entzückens ebenso ausbleiben wie zuvor die Klage und der Schrei aus der Tiefe, so ist es nicht verwunderlich, wenn unsere Beziehung zu der Perikope Mk 7,31–37 wie zu vergleichbaren Texten höchst problematisch, weil gänzlich abstrakt bleibt.

Verzichten wir also nicht besser auf so problematische Predigttexte? Jesus – der Jesus der Gleichnisse, der Bergpredigt – Jesus, der Gekreuzigte: der geht uns doch nicht verloren! Das mag sein, wenn wir beachten, daß auch dieser Jesus im Neuen Testament sein Geheimnis behält, also wie Israel als der Sohn einer jüdischen Mutter unter der Kategorie der *Ausnahme* zu denken ist. Jene ständig wechselnden, geheimnislosen Jesusfiguren hingegen, Projektionen unserer religiös-phantastischen, bürgerlich-moralistischen oder politisch-utopischen Wünsche, sind doch stumme Idole, die uns nichts zu sagen haben. Bleiben wir also beim Text,

---

[21] Die Arbeit von C. Westermann, Das Loben Gottes in den Psalmen, Göttingen ⁴1968 ist (für den Bereich des Unterrichts) im Blick auf die Aufgabe einer ‚Biblischen Sprachlehre' weitergeführt worden in der Studie von G. Kittel, Die Sprache der Psalmen. Zur Erschließung der Psalmen im Unterricht, Göttingen 1973.

so führt er den Ausleger um Jesu willen von der Ausnahme zum Verstehen der Regel, zum Lob des Schöpfers zurück.

Bei diesem Rückgang, der ja Einkehr in die Schrift ist, sollten auch Ansätze zur Heilung des hinter dem Text erkennbaren Bruches zwischen Israel und der Kirche sichtbar werden. Man lese z. B. Elias Canettis autobiographische Geschichte einer (jüdischen) Jugend mit dem Titel „Die gerettete Zunge"[22] als Kommentar zu Mk 7,31–37, aber auch zur Beschämung der sogenannten Kirche des ‚Wortes', um zu ermessen, warum für uns heute der Weg zum Neuen Testament womöglich ein Umweg über Israel sein wird. Ich denke nicht nur in der Wunderwelt der Sprache Canettis an die Geschichte des kranken Jungen, der mit den Fragen „Warum kommt er nicht?" und „Wann kommt er?" sich verzweifelt der Gegenwart des Vaters entgegensehnt, bis Stimme und Hand des Vaters die wunderbare Heilung bringen, die „Wiedergeburt", sondern auch an die stumm machende Anfechtung beim Anblick der Begegnung französischer und deutscher Kriegskrüppel, die einander mit den Krücken nicht drohen, sondern zuwinken: „. . . man zeigte einander noch, was einem gemeinsam geblieben war: Krücken."[23]

Werden wir in der Anfechtung – nicht zuletzt durch Auschwitz – wahrhaben, daß gerade der taube und schreiende Mensch in Mk 7 unser Lehrmeister im Gotteslob werden muß: „Gut hat er alles gemacht!"? Aber eben dies setzt Jesus in Mt 11,5f. als mit seiner Verkündigung gegebene *Tatsache* voraus. Es *gibt* jetzt Blinde, Lahme, Lepröse, Taube, Tote und Arme, die ihren Schöpfer über allem rühmen. Was in der Welt als Ausnahme erscheint, das ist im Reich Gottes die Regel. Jesus wird nicht allein bleiben, wenn er, beladen mit der Stummheit der Vielen, stirbt. Auch die Zunge der unverständigen Jünger wird gerettet sein: Sie werden über dem einen Brot die Fülle des Schöpfers preisen, die Freundlichkeit Gottes schmecken (Mk 8,14–20). In den Wundergeschichten des Neuen Testamentes, die man bei aller Liebe zur Klassifizierung nicht vom übrigen Stoff der evangelischen Überlieferung und von den Heiligen Schriften Israels trennen kann, geht es um das sakramentale Geheimnis *der überraschenden Zusammenfügung des Getrennten*. Darum tritt zum Tauben, zum Besessenen, zum Toten das Wort hinzu (vgl. 9,14–29 mit 5,35–43) wie zum Blinden der Weg mit Bäumen und Menschen (8,22–26), zu den verzweifelten Vätern und Müttern aus Israel und den Heiden der Glaube und zu den tauben, blinden, glaubenslosen Jüngern der Herr als stellvertretender Diener aller.

Ein Austausch bahnt sich an, ein ‚fröhlicher Wechsel'. Eines findet

---

[22] E. Canetti, Die gerettete Zunge. Geschichte einer Jugend, München/Wien 1977; die ‚Heilungsgeschichte' steht S. 48f.
[23] Ebd. 232.

sich im anderen, alle zusammen, auch Judas, tauchen in *eine* Schüssel.
Wir finden uns im Text nicht als die, die wir ‚empirisch‘ sind, sondern als
die, die wir kraft der alles verwandelnden Liebe, einer nicht ohne den
anderen, sein werden. Der Ausleger braucht angesichts vielfältigen
Elends sich nicht tausend Zungen zu wünschen: Die tausend Zungen
sind da in der Gemeinde, die mitseufzt, mitbetet, mitsingt. Er bediene
sich seiner eigenen durch die Schrift gebildeten, erzogenen, geretteten
Zunge, einer Zunge, die tut, wozu sie da ist: um des Reichtums Gottes
willen zu differenzieren und das *Unterschiedene* in der *Einheit* zusam-
menzuhalten. Nicht ‚est‘, sondern ‚et‘ heißt das entscheidende sakramentale Wort, von dem der Mund übergeht, wenn das Herz voll ist!
     Auf die hohe Schule der Unterscheidung von Gesetz und Evangelium,
der Sache nach unabdingbar, aber nur bei hoher Gewissenskultur, bei
viel Verstand und Erfahrung in der Schrift zu genießbaren Ergebnissen
führend, will ich hier nicht eingehen, obwohl der Text dazu verlocken
könnte (v 36). Der Anfänger wird sich an Einfacherem üben: in der Unterscheidung von Schöpfer und Geschöpf, von Gottes segnendem und
rettenden Handeln, von Christus als Gabe und als Vorbild. Auch die Unterscheidung zwischen einer im Namen Jesu allen zu verkündigenden
Wundergeschichte und einer Wundererfahrung, die im Verborgenen
bleiben darf, wird zu bedenken sein. Noch anders gesagt: Einzuüben ist
die homiletisch grundlegende Unterscheidung von Schweigen und Reden in ihrem konkreten Zusammenhang. Die Lösung der Zunge von
dämonischer Befangenheit im Eigenen hängt, wie im Text, an der Öff-
nung des Gehörs.

VI.

„Die Predigt als hörende Rede in der Spannung von biblischer Tradition und Erfahrung des Glaubens“ ist von Christian Möller zum Gegenstand einer aufschlußreichen Nachfrage gemacht worden[24]. Im Anschluß an eine Predigt Gerhard von Rads mit Psalm 1 stellt Möller fest:
„Genau genommen *schafft* v. Rad für die biblische Tradition nicht erst
einen Raum, sondern entdeckt den Text selbst als einen Raum des ‚Gehörs‘, den die Väter mit Erfahrungen des eigenen Hörens randvoll gefüllt haben.“[25] Freilich ginge uns ein solcher „Raum des Gehörs“, der
zudem noch mit Erfahrungen *anderer* randvoll gefüllt sein soll, nichts an,
wäre da nicht das Phänomen einer unüberhörbaren, nicht totzuschwei-
genden *Stimme,* die uns mit den Vätern, die Lebenden mit den Toten in

---

[24] Ch. Möller, Die Predigt als hörende Rede in der Spannung von biblischer Tradition
und Erfahrung des Glaubens, in: EvTh 38/1978, 94–113.
[25] Ebd. 101.

einem Geist zusammengehören[26] läßt. Das ist in Mk 7,31–37 die Stimme dessen, der das Gehör mit heilsamer Distanz und hilfreicher Nähe so zu öffnen weiß, daß noch der schreiende Widerspruch zwischen biblischer Tradition und heidnischer (aber auch gegenwärtiger!) Welterfahrung zum Antrieb erneuten Hörens wird, wodurch sich jener Raum des Gehörs ins Unermeßliche erweitert. Versucht der Ausleger dagegen, den Text vor allem als vielleicht entbehrliches sprachliches Mittel der Kommunikation zu verstehen und zu verbrauchen, um den Radius der *eigenen* Stimme zu erweitern, so beschränkt er sich selbst auf die Hörsituation der schalldichten Kabine einer Rundfunkanstalt, eine Situation, die freilich, worüber ich mich von Doktor Murke[27] wie von Walter Bernet[28] gerne belehren lasse, für die Moderne außerordentlich bezeichnend ist. Es ist aber das Lautwerden der *fremden,* der – vom Ausleger zuerst – zu *hörenden* Stimme, worin die communio sanctorum jetzt und zu allen Zeiten ihr Wesen hat.

Der *laut* gelesene Text gehört mit Recht an den Anfang der Predigt, er gehört als laut gelesener zuvor schon (wenn's sein kann, im Urtext) zur Predigtmeditation. Es wird dem Ausleger von daher nicht mehr so ohne weiteres möglich sein, das Effata von Mk 7,35 in den Bereich ‚magischer Vorstellungen' abzuschieben, wie ‚richtig' solche Einordnung auch sein mag. Im Hörraum des Markusevangeliums, der sich vom Kommen des einen Herrn zur Taufe der Umkehr bis zum gemeinschaftlichen Trinken des Kelches im Reiche Gottes (10,39 vgl. mit 14,36 und 14,23 ff.) spannt, gehört dieses Effata als leibliche Stimme, als kreatürliches Seufzen unlösbar mit der *phōnē* aus der Höhe (1,11; 9,7) und der (sichtbaren! 15,39) *phōnē* aus der Tiefe dämonischer Anfechtung *elōī ktl* (15,34) zusammen (vgl. noch 5,41). Das Effata geht als amtliche Verlautbarung der ipsissima vox, der – sei's drum: *rhēsis barbarikē* des Heiligen Geistes dem Verstehen der nach dem Kontext der Perikope noch Unverständigen (vgl. 7,14.18; 8,17–21) voran[29]. Wird der Text in der Gemeinde laut, so ist die Frage, wie wir denn ‚heute noch' in einem Geist

---

[26] Zum Begriff des ‚Zusammengehörens' vgl. K. Adloff, Predigtmeditation mit 1.Kor 10,15–21, in: GPM 32, 1977/78, 146–155.

[27] Vgl. H. Böll, Doktor Murkes gesammeltes Schweigen und andere Satiren, Köln/Berlin 1958, 5–53: „,Hier', sagte er (sc. der Techniker), ‚hier ist eine Stimme, die in einem akustikfreien Raum ‚Gott' sagt.'" (Ebd. 52).

[28] W. Bernet, Theologie ohne Sakrament, in: H. D. Betz/L. Schottroff (Hrsg.), Neues Testament und christliche Existenz (FS Herbert Braun), Tübingen 1973, 23–40; bes. S. 29 ff.: „Moderne – Radio-Situation".

[29] Die Erwägungen, die J. J. Petuchowski, Beten im Judentum, Stuttgart 1976, 62–79 über das Problem der ‚Heiligen Sprache' anstellt, verdienen Beachtung: „Sie vermittelt Beiklänge von Ewigkeit, Andeutungen einer transzendenten Wirklichkeit – gerade weil ihre Laute sich für ihn" (sc. den des Hebräischen Unkundigen) „in keinerlei objektive Beziehung zur weltlichen Existenz übersetzen lassen" (ebd. 69).

mit den Vätern, den Propheten und Aposteln zusammengehören können, entschieden, auch wenn darin eine Kränkung für den homo sapiens
liegen sollte: Eher geht ein Kamel durchs Nadelöhr, als daß ein Mensch,
ein Theologe gar, zu seinem Heil und Trost hört, was ihm fehlt. Und
doch *haben* wir im Namen Jesu gehört. Die Aufgabe der Übersetzung –
in unserem Falle der Übersetzung des *ephphatha* in ein *dianoichthēti* –
wird es sein, eben dieses Paradox dem dankbaren Verstehen der Gemeinde darzubieten.

Der geographische Wirrwarr des Verses 31 macht darauf aufmerksam, daß es dazu einiger Umwege in der Fremde bedarf, die allesamt auf
das ärgerliche ‚Muß‘ des Kreuzes Jesu im Niemandsland zwischen Himmel und Erde zulaufen, auf Gottes reale Utopie der Liebe, die – Gott
Lob! – niemand von uns zu verwirklichen braucht. Wer das versteht, der
ist im Hören *außer sich* geraten und ins Einverständnis mit allen Werken
des Schöpfers gesetzt worden. Ohne daß er hört, was einem *anderen* als
ihm selber, einem Taubstummen z. B., von Gott gesagt ist, ohne seine
Teilnahme an Gottes Gericht und Gnade in der Geschichte der kirchlichen Verkündigung[30], am niemals abreißenden Gotteslob der Gemeinde versteht der Ausleger nichts. Luther ging noch weiter. In einer
Predigt mit unserer Perikope vom 8. September 1538 heißt es: „. . . omnes creaturae ad hoc clamant, ut deo grati simus, ut in fine Evange-
lii . . .“[31] Luther läßt sodann das Korn, die Kühe, die Hühner und Vögel
zu Worte kommen und sagt am Höhepunkt der Reihe: „Sic libenter au-
dio grunnire porcos, quia afferunt braten, wurst. omnes creaturae nobis-
cum loquuntur . . .“[32] Wem mit dem Text die Welt in Lust und Qual
nicht stumm bleibt, der versteht Gott aus dem *Unterschied* zwischen
Christi Reich und dem Reich der Welt im Raum des Gehörs. Die Predigt
vom 23. August 1534[33] hält darum fest: „Si verbum aufertis et orhen
i. e. fidem, tum non est discrimen inter Christi et mundi regnum . . .“
Der Unterschied im Hören schneidet tief in die Person des Hörenden
(des Auslegers!) ein. Er ist nicht länger die trostlose Figur der homiletischen Theorie, genannt: der Hörer, dem kein Wort genug tun kann, weil
er sich selbst genug zu tun gedenkt. Diese Figur läßt sich noch einmal
durch die oben erwähnte Studie von Aron Ronald Bodenheimer über
die Psychotherapie tauber Patienten beleuchten. Bodenheimer zeigt,
daß wir das Phänomen der Taubheit mißverstehen, wenn wir es denken
als ein „Nichthaben . . . wo andere etwas haben“[34]. Vielmehr gilt: „Wer

---

[30] Vgl. dazu jetzt R. Landau, Predigt in der Zeit des Geistes. Ausgewählte neuere Untersuchungen zur Geschichte der Predigt und Homiletik, in: VuF 23/1978, 73–100.
[31] M. Luther, WA 46, 494 Z. 4 f.; die ganze Predigt ebd. 493–495.
[32] Ebd. 494 Z. 20 f.
[33] WA 37, 513 Z. 2 f. (s. o. Anm. 7).
[34] A. R. Bodenheimer, aaO. (s. Anm. 12) 97.

nicht hört, der hört nicht nichts. Wer nicht hört, der hört sich selbst."[35]
Der sich selber zuhörende Taube ist völlig auf sich selber bezogen. Bo-
denheimer rät, durch ein einfaches Experiment mehr Verständnis für die
Situation*des Nicht-Hörenden zu gewinnen, als durch alle fragwürdigen
Versuche zur Empathie: Man halte nur die Finger in die Ohren oder, in
der Badewanne liegend, die Ohren unter Wasser! Auf diese Weise bekommen wir Zugang zu Bodenheimers Resümee: „Dieses Konzept widerspricht der gängigen Auffassung: Wir finden das schlimm, Taubheit.
Und unsere mangelnde Bereitschaft zum Verstehen ersetzen wir durch
Mitleid. Damit aber entgeht uns, was dann die Taubheit wirklich
schlimm macht, daß aus diesem Zustand Wollust erwächst in dem Zustand des Sich-selber-Zuhörens, und das bedeutet: In dem Aufheben
des Bedürfnisses und des Anspruches, nach außen hin zu hören, und, was
dasselbe ist, sich außen hören zu lassen. Weil nämlich, wie aus dem Ba-
dewannen-Erlebnis heraus verstehbar, das Mir-Zuhören genußvoller
wird als alles, was es von außen zu hören gibt."[36]

Daraus läßt sich nun in nicht zu gewagter Übertragung für die Auslegung von Mk 7,31–37 folgern: Alle Versuche, den Text als ein äußeres,
als ein *von außen* zu hörendes und *nach außen* zu sagendes Wort aufzuheben in ein inneres Erleben, in ein von uns zu verrichtendes Werk, bleiben der Badewannen-Situation verhaftet. Diese Situation liegt aber mit
dem Aufstieg Jesu aus den Wassern des Jordan hinter uns: Daran läßt
sich der wahre, der getröstete und andere tröstende, der mit Gott und
der Welt versöhnte Hörer durch die eigene Taufe erinnern. Der wahre
Hörer steht zwar um des ‚extra' seiner Existenz willen ‚nur' geschrieben
im Buch des Lebens und entzieht sich empirischen Feststellungen. Doch
gerade ihm, dem ungleich lebensvolleren Bruder des Hörers der grauen
Theorie, wird der Text zur befreienden Erfahrung. Der Text lastet nicht
mehr schwer (wenn auch vielleicht lustvoll) auf seiner Seele, eine vom
Himmel gefallene Offenbarung, er liegt auch nicht störend am Wege des
Fortschritts, ein abzuarbeitendes Mittel der Selbstverwirklichung, der
Text bewegt sich vielmehr wie die Taube in der Taufperikope als ein
leibhaftiger Seufzer des Geistes leicht und frei zwischen Himmel und
Erde, zwischen Tod und Leben. So versammelt er viele mit Vernunft und
allen Sinnen in der Wahrnehmung des Sohnes Gottes, des der Liebe
schlechthin Hörigen, zur *uneingeschränkten* Freude am gemeinsamen
Leben.

Da das Hören als Außer-sich-Geraten keiner physischen, psychischen, sozialen Einschränkung unterliegt, ist auch allein von daher der
eschatologische Anspruch einer *ganzheitlichen* Wahrnehmung des biblischen Textes zu begründen. Nicht die durch Sünde hoffnungslos kor-

---

[35] Ebd., im Original kursiv.   [36] Ebd. 98.

rumpierte menschliche Natur hat in der Predigt das letzte Wort, sondern Hoffnung auf Gottes schöpferisches Tun: „Das euangelium ist leicht und euwer lieb versteet es hoff ich wol." Um Gottes willen gilt die Verheißung von Jes 35,4 dem Volke Gottes uneingeschränkt: „Saget den verzagten Herzen: Seid getrost, fürchtet euch nicht! Seht, da ist euer Gott!"

VII.

Die Einsicht, daß sich Predigt nicht vor dem Forum der Wissenschaft vollzieht, sondern angesichts der hörenden Gemeinde als „letzter Instanz"[37] der Schriftauslegung, ist so für den wissenschaftlich gebildeten Ausleger nicht eingrenzende Fessel, sondern Quelle seiner Freiheit und seines Mutes. Ich halte es darum auch für gut, wenn die Homiletik als die Lehre, nicht ‚über' etwas, sondern um Gottes willen ‚zum' Menschen zu reden („Tu dich auf!"), die *Methoden*frage im Haus der Theologie auch um den Preis ihrer wissenschaftlichen Reputation solange wie möglich offen hält. Entscheidet doch der Weg des Herrn mit seiner Gemeinde über Brauch und Mißbrauch des freien Wortes.

Nur ein vielleicht unbescheidenes und sicherlich zu diskutierendes Desiderat wäre nachzutragen: Zur Wahrnehmung des in der Überlieferung der Kirche bis hin zu Lied und Gebet gegebenen sprachlichen Reichtums bedarf der Ausleger einer aus gründlicher muttersprachlicher Bildung erwachsenen Neugier, Sensibilität und Leidenschaft für das Phänomen der *sprachlichen Form* als einer Erscheinung des *Lebens*. Das ist, wenn Thomas Manns Einsicht aus dem „Zauberberg" gelten darf, kein Formalismus, denn: „Auch Form ist nur aus Liebe und Güte."[38] Das Sprachspiel mit den fünf Sinnen, das hier zur Lockerung des der Liebe und Güte verpflichteten Geistes des Predigers versucht wurde, soll darum in fünf abschließenden Sätzen noch einmal streng an den Wortlaut des Textes zurückverwiesen werden. Dabei soll jetzt, um des Primats des Hörens willen, der Text als ‚Stimme' gewürdigt werden.

1. Die *Stimmung* des Textes, sein Atmosphärisches, erscheint in seinem ‚Drum und Dran', also zumal in den adverbialen Wendungen des

---

[37] Vgl. C. Westermann, aaO. (s. Anm. 16) 7 A2: „Im Hören der Predigt, in ihrem Amen zur Predigt, im Mitsprechen und Mitsingen der Antwort ‚in Gebet und Lobgesang' hat die hörende und antwortende Gemeinde wesentlichen Anteil an diesem stetig sich vollziehenden Übersetzungsvorgang. Die der Verkündigung zugeordnete Exegese hat es daher in letzter Instanz mit der Gemeinde zu tun." Was das homiletisch bedeutet, hat der Jubilar in seinem jetzt neu aufgelegten Buch „Verkündigung des Kommenden. Predigten alttestamentlicher Texte" (München ²1978) kommentierend ausgeführt.

[38] Th. Mann, Der Zauberberg, im Kapitel „Schnee". Es folgt die für den Meditierenden wichtige Einsicht: „Der Mensch soll um der Güte und Liebe willen dem Tode keine Herrschaft einräumen über seine Gedanken."

vom Volk getragenen überschwenglichen Schlusses, dem *hyperperissōs* und dem *kalōs* (v 37), kontrastiert durch die dem heilenden Jesus zugeordneten Partizipien des *apolabomenos, ptysas* und *anablepsas* (vv 33 f.). Das Drum und Dran steht als Geruch des Lebens stellvertretend für das Ganze, verlangt also vom Ausleger willige Hingabe statt verkrampfter Abwehr.

2. Die *Einstimmung* in den Text gelingt dem Ausleger durch Teilnahme an den differenzierten sprachlichen Berührungen der Personen der Geschichte untereinander. Im äußeren *pherein* der die Handlung auslösenden Leute wie in ihrem Zuruf *(parakalein)* geben diese den Kranken Jesus in die Hand *(hina epithē autō tēn cheira),* eine Bewegung (v 32), die Jesu Hand, sensibel bis in die Fingerspitzen *(ebalen tous daktylous ktl, hēpsato* v 33) aufnimmt. Im *stenazein* als innerem Ertragen der Krankheit der Vielen kulminiert die Bewegung, um gleichzeitig mit dem Aufblick zum Himmel und dem lauten Wort nach außen umzukehren (v 34). Jetzt nimmt, zum erstenmal im Text Subjekt, der Kranke das Wort *(kai elalei orthōs* v 35) und, in Überbietung des Wortes Jesu (v 36), das Volk *(legontes* v 37). Das Handeln Gottes bleibt in dieser Kehre unter den Passiva des Verses 35 *(ēnoigēsan, elythē)* verborgen. Bedenkt der Ausleger sein eigenes Berührtsein durch Gott tastend, so respektiert er die Verborgenheit Gottes in seiner Offenbarung.

3. Die nähere *Bestimmung* des Textes in der distanziert-kritischen Beobachtung wird sich vornehmlich an den Tempora des Textes orientieren können. Die Unterscheidung der Zeiten (einschließlich des Bewußtseins eines historischen Abstandes!) kommt dem Glauben an Gottes Reichtum heute (Präsens) zugute. An dem, was Jesus damals tat und erlitt (Aorist), wird Gott sich in der schon anhebenden Zukunft seines Reiches (Perfekt) selbst übertreffen. Um diesen an Jesus anschaulich werdenden Überschuß *(māllon perissoteron* v 36), der alle meint und alles *(panta* v 37), die völlige Offenheit der Schöpfung für den Schöpfer geht es in der Verkündigung gestern (Präteritum) wie heute. Der Ausleger hat keine Brücken zu bauen zwischen heute und gestern, ein homiletischer Charon, sondern durch weisen und kritischen Gebrauch des Textes im Kontext der kanonischen Heiligen Schrift den Gott der Lebendigen zu ehren, der die Toten nicht abschreibt – so wenig wie sein Israel.

4. Für die *Stimmbildung* des Auslegers kann die parataktische Fügung des Textes, gerade auf dem Hintergrund des ‚Schweigegebotes‘, den Ausschlag geben. Nicht das appellierende Wort, bei dem es wie in Gesellschaft und (leider auch) Kirche primär um Hierarchien geht, um Hypotaxe, entspricht dem Stil des Evangeliums, sondern das hinzufügende Wort, das alle eins werden läßt, den einen mit dem anderen. Der Herr wird ein stummer Diener und der Diener ein Mann des freien Wortes, weil alle miteinander auf den hoffen, der mit seinem ‚und‘ keinen

verliert, den er geschaffen hat. Mag die parataktische Rede dem Stilisten als primitiv gelten: Dem Ausleger der Schrift gewährt sie jenes mündliche Wort, mit dem Gott zu unserem und der Welt Heil noch nicht am Ende ist.

5. Die *Stimme,* um die es bei alledem geht, ist mit dem *ephphatha* des Textes verbindlich festgehalten (wie in Gen 1 und Jes 35). Sie will dorthin übersetzt werden, wo heute das Leben als uneingeschränkte Freude am Dasein, als Außer-sich-Geraten auf dem Spiel steht. Und wo wäre das nicht der Fall? Der Raum des Gehörs, den Prediger und Gemeinde teilen, kann nicht kleiner sein als die Welt. Im Gegenteil: Der auf das Wort „Tu dich auf!" hörenden Gemeinde wird die abgründige Welt zu eng, weil die Grenzen unserer Sprache nicht die Grenzen des Gottes sein können, von dem es heißen muß: *tous kōphous poieī akouein kai alalous lalein.*

PETER STUHLMACHER

Existenzstellvertretung für die Vielen: Mk 10,45 (Mt 20,28)

Mit einer historisch einleuchtenden Antwort auf die Frage, wer Jesus von Nazareth war und wie er seinen Tod verstanden hat, tut sich die kritische neutestamentliche Wissenschaft bis zur Stunde schwer. Die Debatte um Mk 10,45 (Mt 20,28) ist dafür symptomatisch. Noch immer ist umstritten, ob das bis auf die Eingangspartikel *kai gar* bei Markus und *hōsper* bei Matthäus in beiden Evangelien wortgleich überlieferte Logion: „Der Menschensohn ist nicht gekommen, um sich bedienen zu lassen, sondern um zu dienen und sein Leben zu geben als Lösegeld für viele" ein (in der Substanz) authentisches Jesuswort oder eine frühe nachösterliche Bildung der hellenistisch-judenchristlichen Gemeinde ist. Schenkt man dem Urteil der Mehrheit unter den Exegeten Glauben, dann handelt es sich um ein auf Jesu Kreuzestod zurückblickendes Deutewort der Gemeinde.

Über den derzeitigen Stand der Debatte und die umfängliche Literatur zu Mk 10,45 kann man sich am besten in dem glänzenden Markuskommentar von Rudolf Pesch[1] informieren. Während Pesch mit bedenkenswerten Argumenten für die historische Glaubwürdigkeit der markinischen Abendmahlsüberlieferung (= Mk 14,22–25) eintritt und dementsprechend betont, Jesus habe „durch die Deutung seines Todes als Sühnetod seine Sendung als Heilssendung bis in seinen Tod" festgehalten[2], hält er Mk 10,45 für eine sekundäre Bildung, die wahrscheinlich erst in der griechischsprechenden judenchristlichen Gemeinde entstanden ist.

Pesch begründet dieses Urteil mit folgenden Argumenten[3]. Bei Mk 10,45 handelt es sich nicht um eine Kombination aus einem ursprünglich

---

[1] R. Pesch, Das Markusevangelium, HThK II, 1. Teil (= Mk 1,1–8,26) 1976; 2. Teil (= 8,27–16,20) 1977 (abgek.: Pesch, Markus II 2).

[2] Pesch, Markus II 2, 362; vgl. auch R. Pesch, Wie Jesus das Abendmahl hielt, 1977, 69ff.

[3] Vgl. zum folgenden Pesch, Markus II 2, 162–167.

selbständigen Dienstwort = „Der Menschensohn ist nicht gekommen, um sich bedienen zu lassen, sondern um zu dienen", und einem ursprünglich davon unabhängigen Lösegeldwort = „(Der Menschensohn) ist gekommen, um sein Leben zu geben als Lösegeld für viele"; die isolierte Existenz dieser zwei Worte läßt sich überlieferungsgeschichtlich nicht wahrscheinlich machen. Es geht bei V. 45 vielmehr um eine einheitliche sekundäre Bildung, welche die (in der Sache authentische) Gemeinderegel von Mk 10,41–44 unter Verweis auf Jesu Vorbild abschließen soll. Der Anschluß von 10,45 an die Verse 41–44 durch *kai gar* entspricht z. B. dem christologischen Begründungszusammenhang in Röm. 15,2f., ist aber Markus schon vorgegeben, der *kai gar* nicht als redaktionelle Verbindungspartikel benutzt. Wie in anderen urchristlich gebildeten Jesuslogien (Mt 11,19/Lk 7,34; 19,10) auch, wird mit *ēlthen* auf Jesu abgeschlossene Sendung als Menschensohn zurückgeblickt; der Menschensohntitel gehört also zu dieser nachträglichen Kommentierung hinzu. Obwohl Abendmahlstradition und Abendmahlsfeier nach Pesch sicher auf die Bildung von V. 45 eingewirkt haben, ist das Stichwort vom Dienen nicht auf die Bedeutung des Tischdienstes eingeschränkt, sondern hat umfassenden Sinn und weist auf V. 43 zurück: Die hoheitliche Gestalt des Menschensohnes sucht nicht die ihr eigentlich zustehende Bedienung; ihr stellvertretender Lebenseinsatz soll der Gemeinde zum Vorbild dienen. V. 45b = *kai dounai tēn psychēn autou lytron anti pollōn* setzt die Dienstaussage von V. 45a epexegetisch fort. Die Formulierung läßt sich nicht zwingend auf ein semitisches Original zurückführen, steht aber „gewiß unter dem Einfluß der Abendmahlstradition und der christologischen Rezeption der durch Jesu neu qualifizierten Sühnevorstellung von Jes 53,10–12 im frühen hellenistischen Judenchristentum"[4]. Mit *dounai tēn psychēn autou* ist wie in Sir 29,15; 1.Makk 2,50 u. ö. der Einsatz des Lebens gemeint; in der Vorstellung der ersatzweisen und sühnenden Hingabe der Existenz stehen die Märtyrertraditionen von 2.Makk 7,37 und vor allem 4.Makk 6,29 unserem Text besonders nahe. Das neutestamentlich einzigartige *lytron* ist „mit der Idee der Äquivalenz und der Substitution eher an *kōfær*" als direkt an *'ašam* von Jes 53,10 „orientiert"[5]. Die Wendung *anti pollōn* lehnt sich an Jes 53 und Mk 14,24 an. In dem Mk 10,41–45 (Par. Mt 20,24–28) flankierenden Paralleltext Lk 22,24–27 sieht Pesch „eine (l(u)k(anische) Transposition von Mk 10,41–45 in die Abendmahlssituation" mit deutlichen Kennzeichen „l(u)k(anischer) M(ar)k(us)-Redaktion"[6]. 1.Tim. 2,6 liegt eine gräzisierte Variante von Mk 10,45b vor.

---

[4] Pesch, Markus II 2, 163.
[5] Pesch, Markus II 2, 164.
[6] Pesch, Markus II 2, 163. 165.

Peschs Beobachtungen und Analysen sind vorzüglich. Die Frage ist nur, ob sein Schluß auf eine Sekundärtradition zwingend ist. Mir will eher scheinen, als handele es sich bei Mk 10,45 (Mt 20,28) um eine weder aus urchristlicher Gemeindetheologie noch einfach aus alttestamentlich-jüdischer Märtyrertradition ableitbare, sondern vielmehr (in der Grundaussage) authentische Jesusüberlieferung[7]; sie flankiert und stützt Peschs historisches Verständnis von Jesu Sinndeutung seines Todes aufgrund der (markinischen) Abendmahlstradition, ist aber nicht aus der Abendmahlstheologie der frühen Gemeinde hervorgegangen. In dieser Sicht der Dinge bestärkt mich das Alte Testament. Es ist für das Verständnis der Sendung des irdischen Jesus schlechterdings unentbehrlich, und es erlaubt, Mk 10,45 (Mt 20,28) nicht nur von Jes 53,10–12 her, sondern vor allem von Jes 43,3f. und Dan 7,9–14 aus einheitlich zu deuten.

Das Recht, mich im folgenden allein auf Mk 10,45 (Mt 20,28) zu konzentrieren, entlehne ich der von Pesch erneut hervorgehobenen Einsicht, daß der Spruch mit der vormarkinischen Verbindungspartikel *kai gar* erst an den jetzigen Kontext angefügt[8], zuvor also doch wohl unabhängig von Mk 10,41–44 tradiert worden ist[9].

II

Die vor allem von Joachim Jeremias[10] herausgearbeitete Einsicht, daß in 1.Tim 2,5f. eine gräzisierte Variante von Mk 10,45 (Mt 20,28) vorliegt, ist heute Allgemeingut der Forschung. Vergleicht man 1.Tim 2,5f. zunächst mit den Formulierungen und Traditionen der Paulusbriefe, erkennt man Gemeinsamkeiten und Unterschiede. 1.Tim 2,5f. ruht auf akklamatorischen Wendungen wie 1.Kor 8,6 und Eph 4,5f. auf, ist ihnen gegenüber aber um Aussagen ergänzt, die bei Paulus noch nicht auftauchen. Wenn es im 1.Timotheusbrief heißt: „Denn einer ist Gott, und ei-

---

[7] Ich versuche hiermit, meine noch sehr vorläufige Ansicht über Mk 10,45 (Mt. 20,28) zu präzisieren und zu korrigieren, die ich in dem Aufsatz: Jesus als Versöhner, in: Jesus Christus in Historie und Theologie, Ntl. Festschrift für H. Conzelmann zum 60. Geburtstag, hrsg. von G. Strecker, 1975, (87–104) 101f. geäußert habe.
[8] Vgl. Pesch, Markus II 2, 162 und H.-W. Kuhn, Ältere Sammlungen im Markusevangelium, StUNT 8, 1971, 174f.
[9] „Wir haben es . . . in Mk 10,45 mit einem ursprünglich isolierten Logion zu tun, das durch Stichwortanschluß (*diakonos* V. 43 – *diakonēthēnai* bzw. *diakonēsai* V. 45) mit der ‚Jüngerbelehrung' [= V. 41–44; P.St.] verbunden wurde", H. Thyen, Studien zur Sündenvergebung, FRLANT 96, 1970 (abgek.: Thyen), 155.
[10] Das Lösegeld für Viele (Mk 10,45), Jud 3, 1947–1948, 249–264, jetzt in: ders., Abba, 1966, 216–229; (abgek.: Lösegeld); zusammengefaßt und präzisiert in: ders., Neutestamentliche Theologie. Erster Teil: Die Verkündigung Jesu, ²1973 (abgek.: Jeremias, Theol.), 277–279.

ner ist Mittler Gottes und der Menschen, der Mensch Christus Jesus, der sich zum Lösegeld für alle gegeben hat . . .", wird „der semitisierende Wortlaut des Markus" in Ergänzung der Pauluschristologie „(Wort für Wort) gräzisiert"[11]. Dem für die Ohren geborener Griechen dogmatisch mißverständlichen „Menschensohn" entspricht das inkarnatorisch richtige „Mensch"; für den Semitismus *dounai tēn psychēn autou* hat der 1.Timotheusbrief *ho dous heauton;* das hapax legomenon *lytron* wird mit dem (im Neuen Testament ebenfalls einzig dastehenden) hellenisierenden Kompositum *antilytron* wiedergegeben, und an die Stelle des semitisierenden *anti pollōn* tritt die sachgemäß interpretierende Wendung *hyper pantōn.* Wie in Mk 10,45 (Mt 20,28) wird auch in 1.Tim 2,5f. eine Gesamtdeutung der heilsmittlerischen Sendung Jesu vorgenommen. Vergleicht man beide Texte genau, zeigt sich auch, daß in 1.Tim 2,5f. nicht nur Mk 10,45b aufgenommen worden ist. Nachdem wir, wie Pesch richtig feststellt, keinerlei Anzeichen dafür besitzen, daß je ein Lösegeldwort wie „Der Menschensohn ist gekommen, um sein Leben zu geben als Lösegeld für viele" isoliert tradiert wurde[12], muß man folgern, daß zumindest die Rede vom „Menschen" Christus Jesus in 1.Tim 2,5f. aus Mk 10,45a stammt. Auch die Rede von dem sich aufopfernden „Mittler" zwischen Gott und den Menschen könnte sich in der Sachaussage auf Mk 10,45a/b stützen, doch mag dies in unserem Zusammenhang offenbleiben. Genug, wenn wir festhalten, daß Mk 10,45 (a und) b in 1.Tim 2,5f. einen formelhaften gräzisierten Nachhall findet und zu den Quellen gehört, aus denen sich die Christologie der Pastoralbriefe speist, und zwar zusätzlich zur angestammten Paulustradition. Anders formuliert: Aus 1.Tim 2,5f. ergibt sich, daß Mk 10,45 (Mt 20,28) zu den Überlieferungen rechnet, die für die deuteropaulinische Christologie über Paulus hinaus maßgeblich geworden sind.

III

Woher stammt diese in semitisierendem Griechisch abgefaßte und dem 1.Timotheusbrief christologisch unverzichtbar erscheinende Überlieferung? Die heute so geläufige kritische Antwort: Sie stammt aus dem Umkreis der urchristlichen Abendmahlstheologie, steht auf recht schwachen Füßen. Weder das für Mk 10,45 (Mt 20,28) so besonders kennzeichnende Stichwort *lytron,* noch die prägnante Formulierung *anti pollōn* sind für die neutestamentlichen Abendmahlstexte typisch. Diese sprechen von dem (Bundes-)Blut Jesu, das *hyper pollōn* (auch: *peri pollōn*) vergossen worden ist; das Stichwort *lytron* (oder *antilytron*) meiden

---

[11] Jeremias, Theol. 279.
[12] Vgl. neben Pesch, Markus II 2, 162 schon Thyen, 156 Anm. 1.

sie. Es fehlen im Abendmahlszusammenhang ferner der Menschensohntitel und das Stichwort vom „Dienen" (= *diakonein*) Jesu[13]. Bei einer
angeblich aus der urchristlichen Abendmahlsüberlieferung herausge-
wachsenen christologischen Formulierung sollte man aber erwarten, daß
sie die Sprache dieser Überlieferung deutlich reflektiert! Die Abendmahlstexte und Mk 10,45 (Mt 20,28) überschneiden sich nur mit einem
Wort, dem m. E. auf Jes. 53,10–12 verweisenden *pollōn*. Für eine Herleitung von Mk 10,45 aus dem Abendmahlszusammenhang gibt es keine
wirklich stichhaltige Begründung; Mk 10,45 (Mt 20,28) zeigt nur eine
sachliche Verwandtschaft zur Abendmahlstradition.

Man könnte nun ausweichen und sagen, es handele sich bei Mk 10,45
(Mt 20,28) eben um eine auf Jes 53,10–12, d. h. dem typisch urchristli-
chen Schriftbeweis, beruhende Formulierung der hellenistisch-judenchristlichen Gemeinde. Das Mißliche an dieser Antwort ist nur, daß auch
für diese Behauptung die entscheidenden Stützen fehlen. Das Men-
schensohnprädikat stammt nicht aus Jes. 52,13–53,12; ebensowenig das
diakonein unseres Textes. Die in der hellenistisch-judenchristlichen
Gemeinde vorauszusetzende Septuaginta bezeichnet den Gottesknecht
als *ho pais mou* und hat für seinen Knechtsdienst *douleuein*. Auch das
Stichwort *lytron* fehlt in der Septuaginta. Berührungen zwischen Mk
10,45 (Mt 20,28) und dem Septuagintatext von Jes 52,13–53,12 finden
sich nur insofern, als die Septuaginta den Gottesknecht in V. 11 als einen
eu douleuonta pollois bezeichnet und in V. 12 von dem großen Erbe des
Gottesknechts spricht, das er dafür erhält, daß sein Leben (von Gott) in
den Tod gegeben wurde (= *paredothē eis thanaton hē psychē autou*), er
die Sünden der Vielen getragen hat und wegen ihrer Sünden (von Gott)
preisgegeben worden ist (= *kai autos hamartias pollōn anēnegken kai dia*

---

[13] J. Roloff entwickelt in seinem Aufsatz: Anfänge der soteriologischen Deutung des
Todes Jesu (Mk X.45 und Lk XXII.27), NTS 19, 1972/73, 38–64 (abgek.: Roloff), die
These, „daß *erstens* das Motiv des Dienens Jesu in einer sehr alten Schicht der Herrenmahltradition seinen Sitz hat und daß es *zweitens* innerhalb dieses Traditionszusammen-
hanges ursprünglich im Sinne der Lebenshingabe Jesu gedeutet worden ist" (S. 62). Mk
10,45 erscheint ihm von hier aus als eine formelhafte Abbreviatur und dogmatische Zusammenfassung der Herrenmahltradition, und er meint, in Mk 10,45 die entscheidende
Belegstelle vor sich zu haben, von der aus der in der Gräzität vor allem den Tischdienst und
die persönliche Dienstleistung meinende Wortstamm *diak-* seinen uns aus dem Neuen Testament bekannten spezifisch kirchlichen Sinn angenommen habe. Roloffs Doppelthese
scheint mir nicht durchführbar zu sein. Wie ich oben auszuführen versuche, ist Mk 10,45
nicht aus dem Abendmahlszusammenhang ableitbar. Hätte der Abendmahlszusammenhang (mitsamt Mk 10,45,) das entscheidende Motiv zur neutestamentlichen Umprägung
des Stammes *diak-* abgegeben, wäre eine betonte Verwendung dieses Stammes im
Abendmahlskontext zu erwarten; aber eben dafür fehlen alle Belege. So wichtig unser Logion für die Begründung des urchristlichen Dienstgedankens auch sein mag, es gewinnt
dieses Gewicht direkt von Jesus her und nicht erst über den Umweg einer eucharistisch-
dogmatischen Reflexion der frühen palästinischen Gemeinde.

tas hamartias autōn paredothē). Die Gemeinsamkeiten zwischen unserem Logion und der Septuagintaübersetzung des Liedes vom leidenden Gottesknecht beschränken sich also, genau genommen, auf folgende drei Stichworte: *(para-)didonai, psychē autou, polloi.* Diese Stichworte reichen m. E. zwar hin, um eine Anlehnung von Mk 10,45 (Mt 20,28) an Jes 53 zu konstatieren, aber sie können die These von der Herleitung des ganzen Logions aus der Gemeindeinterpretation von Jes 53 nicht tragen.

Als eine Bildung der hellenistisch-judenchristlichen Gemeinde kann man demnach Mk 10,45 (Mt 20,28) nicht bezeichnen; es fehlen die hierfür notwendigen Herleitungsmerkmale.

IV

Greift man hinter den griechischen Text des Logions auf eine mögliche aramäische (oder hebräische?) Urfassung zurück, betritt man umstrittenes Gelände. Jeremias hat die Authentizität von Mk 10,45 (b) gerade damit begründet, „daß sie Wort für Wort auf Jes 53,10f., und zwar den hebräischen Text, Bezug nimmt"[14]. Jeremias fährt fort: „Dementsprechend wird *lytron,* das in der Septuaginta (20 Belege) das Loskaufgeld für die Erstgeburt, für freizulassende Sklaven, für Grund und Boden, für verwirktes Leben bezeichnet, Mk 10,45b den weiteren Sinn von Ersatzleistung, Sühngabe haben, den *'ašam* Jes 53,10 hat."[15] Viele Exegeten haben sich Jeremias in dieser Deutung von *lytron* als freier Wiedergabe von *'ašam* aus Jes 53,10 angeschlossen. Das Problem ist nur, daß *'ašam* in der Septuaginta nirgends (!) mit *lytron* übersetzt wird; seine Grundbedeutung ist „Schuldopfer", während *lytron* einem hebräischen *kōfær* entspricht. *kōfær* aber fehlt in Jes 53! Der Verweis auf Jes 53 trägt also auch dann nicht, wenn man auf den hebräischen Text zurückgreift[16].

Soll man also den Rekurs auf ein semitisches Original unseres Spruches unterlassen? Ich meine nicht. Denn es fällt auf, daß sich Mk 10,45 (Mt 20,28) anstandslos sowohl ins Hebräische als auch ins Aramäische

---

[14] Jeremias, Theol. 277/278.

[15] Jeremias, Theol. 278.

[16] Daß die These von Jeremias auch bei einem Rückgriff auf den hebräischen Text von Jes 53 linguistisch nicht durchführbar ist, hat C. K. Barrett, The Background of Mark 10:45, in: New Testament Essays. Studies in Memory of T. W. Manson, ed. by A. J. B. Higgins, Manchester 1959, 1–18 (abgek.: Barrett) bereits 1959 gezeigt. W. J. Moulder, The Old Testament Background and the Interpretation of Mark X.45, NTS 24, 1977/78, 120–127 (abgek.: Moulder), hat kürzlich versucht, Jeremias zu verteidigen, kommt aber wieder nur zu der (nicht zufällig) unscharfen Formulierung, Mark 10,45 liege eine ähnlich ungewöhnliche Wiedergabe von Jes 53,12 vor wie in Phil 2,6–11 bzw. eine Adaption an das gesamte Lied vom leidenden Gottesknecht wie im Philipperhymnus auch.

zurückübersetzen läßt. Diese klare Rückübersetzungsmöglichkeit besteht nur an wenigen Stellen der synoptischen Tradition und kann kein bloßer Zufall sein. In der hebräischen Übersetzung des Neuen Testaments von Franz Delitzsch lautet Mk. 10,45: *kī bæn-hā'adām . . . lō'bā' l^ema'an j^ešaratūhū kī'īm-l^ešārēt w^elātēt 'æt-nafšō kōfær taḥat rabbīm.* Als aramäische Übersetzung hat Gustaf Dalman[17] vorgeschlagen: *bar nāšā lā' 'ātā d^ejištammas'ēllā dišammēš w^ejittēn nafšēh purkān ḥulāf saggīn.* Mit *purkān* wird in den Targumen regelmäßig *kōfær* übersetzt, *saggīn* entspricht dort dem hebräischen *rabbīm.* Daß Dalman auch im Recht ist, wenn er für das griechische *diakonein* die Wurzel *šmš* verwendet, zeigt ein Blick in die syrischen Übersetzungen von Mk 10,45 (Mt 20,28)[18].

Aus den Rückübersetzungen ergibt sich wieder, daß sich das Logion zwar mit Jes 53 berührt, aber nicht einfach von dort hergeleitet werden kann; der masoretische Text und Delitzschs Übersetzung haben ganze zwei Worte gemeinsam: *nafšō* und *rabbīm.* Um eine palästinische Gemeindebildung aufgrund des hebräischen Textes von Jes 53 kann es sich also auch nicht handeln. Es geht aber um ein einwandfrei ins Aramäische (Hebräische) rückübersetzbares Menschensohnlogion mit Berührungen zu Jes 53.

V

Da verschiedentlich bestritten worden ist, daß der Menschensohntitel in Mk 10,45 (Mt 20,28) zum ursprünglichen Textbestand gehört[19] und Pesch die ganze Formulierung „der Menschensohn ist . . . gekommen" als sekundäres Kennzeichen wertet (s. o.), müssen wir noch einmal ansetzen, aber ohne die semitischen Textversionen aus dem Auge zu lassen.

Es ist bekannt, daß sich der Menschensohntitel „im Neuen Testament, abgesehen von den Worten Jesu und von drei alttestamentlichen Zitaten [von Dan 7,13 in Apk 1,13; 14,14 und von Ps 8,5 in Hebr 2,6; P. St.] nur Apg 7,56 im Munde des Stephanus findet, sonst nie"[20]. Historisch

---

[17] Jesus – Jeschua, 1922, 110.
[18] Vgl. J. A. Emerton, Some New Testament Notes: III. The Aramaic background of Mark X.45, JThS N.S. XI, 1960, 334–335; Emerton sieht in der Übertragung von *diakonein* mit *šmš* in der altsyrischen Übersetzung, der Peschitta und einem palästinisch-syrischen Evangelienlektionar eine Bestätigung dafür, daß es den Übersetzern nicht darum ging, die Wurzel *ʿbd* aus Jes 53 wiederzugeben.
[19] Ich nenne exemplarisch C. Colpe, ThWNT VIII, 451, 20ff.; J. Jeremias, Die älteste Schicht der Menschensohn-Logien, ZNW 58, 1967, (159–172) 166 und Theol. 278; K. Kertelge, Der dienende Menschensohn (Mk 10,45), in: Jesus und der Menschensohn. Für A. Vögtle, hrsg. von R. Pesch und R. Schnackenburg in Zusammenarbeit mit O. Kaiser, 1975, (225–239) 235 (abgek.: Kertelge).
[20] Jeremias, Theol. 252.

läßt sich dieser Befund m. E. mit Jeremias nur so erklären, daß sich die Gemeinde nach Ostern an Jesu Selbstbezeichnung als messianischer Menschensohn erinnert, selbst aber aus verschiedenen, hier nicht näher zu diskutierenden Gründen so gut wie ganz auf die Bildung neuer Menschensohnlogien außerhalb der Evangelientradition verzichtet hat. Sämtliche von Jeremias oben aufgeführten Stellen sprechen von der Herrlichkeit des Menschensohnes Jesus Christus. Mk 10,45 (Mt 20,28) aber ist die Rede von dem Menschensohn, der den Dienst der Anbetung ausschlägt und selbst zum Diener wird. Die Differenz zwischen jenen nachösterlichen Belegen und dem Lösegeldwort ist beachtenswert!

Vergleicht man das Logion mit Dan 7,9–14 und der auf diesem Danieltext aufruhenden Menschensohnüberlieferung im äthiopischen Henoch, ergibt sich noch einmal ein eigentümlicher Kontrast. Bei Daniel und im 1.Henoch wird der Menschensohn zum Herrscher und Gerichtsherrn eingesetzt. Als solchem gebührt ihm der Dienst der Engel und die Anbetung der Völker. In Mk 10,45 weist der Menschensohn eben diese Würdestellung zurück und bezeichnet es als Ziel seiner Sendung, selbst Lösegeld für die vielen vor Gott (im Gericht) Verlorenen zu sein[21]. Man hat sich immer wieder gefragt, woher in Mk 10,45 (Mt 20,28) das von der Septuaginta gemiedene Verbum *diakonein* stamme, das, wie wir sahen, nicht dem *douleuein* des Gottesknechtes von Jes. 53,11, sondern, durch die syrische Übersetzungtradition bestätigt, einer aramäischen Wurzel *šmš* entspricht. Diese Wurzel taucht im Alten Testament nur an einer einzigen Stelle auf, nämlich in Dan 7,10, wo vom Dienst der vielen Tausend Engel vor Gott die Rede ist, der auf seinem Gerichtsthron Platz genommen hat. In Ps 103,21 ist ganz parallel von den Engeln als den Dienern = *m^{e}šartīm* Jahwes die Rede. In Dan 9,13 f. wird der Menschensohn in die Herrschaft über alle Völker eingesetzt; diese haben ihm dienstbar zu sein. In äthHen 45,3 f.; 61,8 f.; 62,2 erscheint der Menschensohn dann selbst auf Gottes Gerichtsthron, die Völker fallen vor ihm nieder und die (Straf-)Engel sind ihm bei dem Gericht zu Diensten[22]. Der traditionsgeschichtliche Ort des *diakonein* von Mk 10,45 (Mt 20,28), das von Delitzsch und Dalman ganz richtig mit den Wurzeln *šrt* und *šmš* übersetzt wird, ist die hoheitliche Menschensohnüberlieferung von Dan 7 und der äthiopischen Henochapokalypse! Das Wortspiel: „nicht um sich bedienen zu lassen – sondern um zu dienen" meint, daß der Menschensohn freiwillig den Dienst der stellvertretenden Selbst-

---

[21] Auf diesen Kontrast haben vor allem Barrett, 8 ff., und Thyen, 156 f., aufmerksam gemacht.

[22] J. Theison, Der auserwählte Richter, StUNT 12, 1975 (abgek.: Theison) 15 ff., zeigt, daß die Vision des Menschensohnes in äthHen 46,1 f. bis in die Einzelheiten hinein auf Dan 7,9 f. 13 f. rekurriert; die von uns gezogene Verbindungslinie in Hinsicht auf das „Dienen" läßt sich also traditionsgeschichtlich genau verfolgen.

preisgabe der himmlischen Würdestellung des angebeteten Gerichtsherrn vorzieht[23]. Die Wiedergabe beider Verbformen mit *diakonein* entspricht zwar nicht dem Sprachgebrauch der Septuaginta. Die vielfältige
Verwendung des Verbums bei Josephus aber ist Beleg genug dafür, daß
das Wort im hellenistisch-jüdischen Raum gebräuchlich war, und zwar
nicht nur speziell für den Tischdienst, sondern auch für die jüdische Le-
benshaltung vor Gott[24], für den Priesterdienst am Volk (beim Passah)[25],
für die Lebensbestimmung Samuels[26] und die Nachfolge des Elisa[27]. Der
Menschensohntitel und das Verbum *diakonein = šrt / šmš* gehören in Mk
10,45 (Mt 20,28) sehr eng zusammen und stehen in unübersehbarem
Gegensatz zur biblisch-jüdischen Menschensohnüberlieferung. Geht
dieser Gegensatz auf die Gemeinde zurück? Trotz der in diese Richtung
weisenden Meinung von Hartwig Thyen[28] haben wir dafür keine wirklichen historischen Anhaltspunkte.

Innerhalb der synoptischen Überlieferung ist mit einem sekundären
Menschensohnwort (nur) dann zu rechnen, wenn zwei Bedingungen erfüllt sind. Es muß eine eindeutig ältere synoptische Parallele ohne den
Menschensohntitel aufweisbar sein, und Sprache sowie Gesamttendenz
des fraglichen Spruches müssen in die Gemeindetheologie weisen. Diese
Bedingungen treffen auf Mk 10,45 (Mt 20,28) nicht zu. Von dem lukanischen Bildwort Lk 22,27: „Wer ist denn größer: der (zu Tisch) Liegende
oder der (bei Tisch) Bedienende? Nicht der (zu Tisch) Liegende? Ich
aber bin in eurer Mitte wie der (bei Tisch) Bedienende" führt kein direkter Weg zu Mk 10,45 noch umgekehrt[29]. Das Wort ist fester mit seinem
Kontext (= Lk 22,24–27) verbunden als unser erst redaktionell an die
Verse 41–44 angeschlossenes Logion; es weist trotz seines semitischen

---

[23] Moulder, 122 f., vergleicht Mk 10,45 zutreffend mit Phil 2,6 ff.: „Der göttlichen Wesens war, hielt nicht gierig daran fest, Gott gleich zu sein, sondern entäußerte sich selbst,
nahm Sklavengestalt an, wurde Menschen gleich und wie ein Mensch gestaltet, er ernied-
rigte sich selbst, wurde gehorsam bis zum Tode, ja zum Tode am Kreuz" (Übersetzung von
M. Hengel, Der Sohn Gottes, 1975, 9).

[24] Josephus, Ant 18, 280.

[25] Ant 10,72.

[26] Ant 5,344: Samuel wird der *diakonia tou theou* geweiht.

[27] Ant 8,354: Elisa ist *mathētēs* und *diakonos* des Elia.

[28] Thyen, 157: „Sollte . . . in Mk 10,45 eine Kritik ‚hellenistischer' Kreise an der urge-
meindlichen Messianologie vorliegen? Solche polemische Absicht erklärt jedenfalls am
besten und einleuchtendsten den exzeptionellen Gebrauch des Menschensohntitels in unserem Logion." Thyen kann diesen Schluß nur ziehen, weil er zuvor unter Berufung auf P.
Vielhauer, Gottesreich und Menschensohn in der Verkündigung Jesu, in: ders., Aufsätze
zum Neuen Testament, TB 31, 1965, 55–91, deklariert hat, „daß *alle* synoptischen Men-
schensohnworte nachösterliche Gemeindebildungen sind" (156; Hervorhebung bei Thy-
en).

[29] Zu welchen Komplikationen und hypothetischen Staffelungen die Ableitung von Mk
10,45 aus dem lukanischen Dienstlogion führt, zeigt z. B. Roloff, 59 Anm. 2.

Stils[30] Spuren lukanischer Stilisierung auf[31], und es hat außerdem in Sir 32,1 und der rabbinischen Literatur Analogien[32]. Mk 10,45 (Mt 20,28) ist statt dessen analogielos und von der für Lk 22,24–27 konstitutiven Situation der Tischgemeinschaft und des Tischdienstes unabhängig. – Daß mit der Formulierung *ho hyios tou anthrōpou . . . ēlthen* in V. 45a (ebenso wie in Mt 11,19 / Lk 7,34) auf die abgeschlossene Sendung Jesu zurückgesehen werde (Pesch), leuchtet vor allem im Blick auf die Rückübersetzungen nicht ein. In der Tat ist V. 45 ein programmatisches Wort. Wie aber Jeremias gezeigt hat[33], hat *bā' l^e / 'atā' l^e* einfach den Sinn von „die Aufgabe haben", „beabsichtigen", „sollen" oder „wollen", so daß in V. 45a sinngemäß zu übersetzen ist: „Der Menschensohn will nicht . . ." Damit soll natürlich nicht bestritten werden, daß die griechische Formulierung *ouk ēlthen* in nachösterlicher Situation im Sinne eines Rückblicks auf Jesu Wirken gelesen und verstanden werden konnte; nur hat sie diesen Sinn im Fall von Mk 10,45 (und m. E. auch Mt 11,19 Par.) erst später angenommen. – Sicherlich steht Mk 10,45 den Worten vom leidenden Menschensohn nahe[34]. Doch ist dies noch kein Argument gegen die Ursprünglichkeit des (mit dem *diakonein* verbundenen) Menschensohntitels! Unter den Worten vom leidenden Menschensohn ist mindestens das Rätselwort: „Der Menschensohn wird in die Hände der Menschen gegeben werden" ursprünglich[35]. Das könnte auch für Mk 10,45 (Mt 20,28) gelten, da die von der Gemeinde vervollständigten synoptischen Leidensweissagungen (Mk 8,31 ff. Par.) hier gerade nicht fortgeführt oder reproduziert werden.

Da unser Logion insgesamt weder aus der urchristlichen Gemeindetheologie, noch aus der biblisch-jüdischen Menschensohntradition ableitbar ist, da es auch nicht einfach aus Jes 53 folgt oder das Schema der Leidensweissagungen Jesu reproduziert, vielmehr eine in sich unver-

---

[30] Vgl. M. Black, An Aramaic Approach to the Gospels and Acts, Oxford, [3]1967, 228 f. und Jeremias, Theol. 278 f.

[31] J. Wanke, Beobachtungen zum Eucharistieverständnis des Lukas auf Grund der lukanischen Mahlberichte, EThS 8, 1973, 65 Anm. 222 nennt gerade für Lk 22,27 „eine Reihe lukanischer Spracheigentümlichkeiten *en mesō; ho diakonōn, egō de*" und verweist zur Begründung dessen auf H. Schürmann, Jesu Abschiedsrede Lk 22,21–38, NTA XX/5, 1957, 79 ff. Daß Lk 22,24–26 gegenüber Mk 10,41–44 hellenisierend redigiert sind, ist allgemein anerkannt, vgl. z. B. Jeremias, Lösegeld (s. Anm. 10) 226 f. und Schürmann, aaO., 65 ff. Schürmann beurteilt Lk 22,24–26.27 insgesamt als „nur eine entferntere Überlieferungsvariante zu Mk 10,41–44.45" (aaO., 92).

[32] Vgl. Bill II 257 (zu Lk 22,27).

[33] Die älteste Schicht der Menschensohn-Logien (s. Anm. 19) 166 f.

[34] Vgl. Schürmann (s. Anm. 31), 85 f. mit ausdrücklicher Warnung vor einer Unechtheitserklärung von Mk 10,45, und Colpe, ThWNT VIII, 451, 20 f.; 458,14 ff.; auch Colpe hält V. 45 b für ein substantiell echtes Jesuswort.

[35] Jeremias, Theol. 268.

gleichliche, gleichzeitig aber ganz semitische Bildung darstellt, können wir folgern: Bei Mk 10,45 (Mt 20,28) handelt es sich aller Wahrscheinlichkeit nach um ein echtes Jesuslogion[36].
Für die Authentizität dieses Logions gibt es auch einen positiven Beweis. Er wurde von Werner Grimm in seiner Tübinger Dissertation: „Weil ich dich liebe. Die Verkündigung Jesu und Deuterojesaja"[37] erbracht. Grimm hat auf die erstaunlichen Formulierungsparallelen zwischen Jes 43,3 f. und Mk 10,45 (Mt 20,28) aufmerksam gemacht. Während die Verbindung zwischen unserem Logion und Jes 53 partiell bleibt, sind die Gemeinsamkeiten zwischen dem hebräischen Text von Jes 43,3 f. und Mk 10,45 erstaunlich groß. Jes 43,3 f. spielt aber im urchristlichen Schriftbeweis keine tragende Rolle; die Formulierungsparallelen zwischen Jes 43,3 f. und Mk 10,45 bestätigen also die Einsicht in die Unableitbarkeit des Lösegeldworts. Die Verse lauten nach der Übersetzung von Claus Westermann[38]: „(3) denn ich, Jahwe, bin dein Gott, / der Heilige Israels, dein Retter. / Ich gebe *(nātatī)* Ägypten als Lösegeld *(kofr^ekā)* für dich, / Kuš und Seba statt deiner *(taḥtækā)*, / (4) weil du teuer bist in meinen Augen, / wert bist und ich dich liebe. / Und ich gebe Menschen[39] für dich *w^e'ættēn 'ādām taḥtækā)*, / und Nationen für dein Leben *(taḥat nafšækā)*." Vergleicht man die in Klammern angegebenen hebräischen Ausdrücke mit Mk 10,45, erkennt man leicht die Parallelaussagen. In Jes 43,3 f. findet sich das sprachlich echte Äquivalent von *lytron*, nämlich *kōfær;* dem *anti (pollōn)* entspricht das wiederholte *taḥat* genau, und die auffällige Wendung vom Menschensohn, der sein Leben dahingeben will, findet in dem *w^e'ættēn 'adām* Jahwes eine interessante Entsprechung: Der Menschensohn von Mk 10,45 nimmt die Stelle der Menschen ein, die Jahwe als Lösegeld für Israels Leben *(taḥtækā bzw. taḥat nafšækā)* dahingeben will[40].

---

[36] Zur Methodik des damit zur Anwendung gebrachten Unableitbarkeitskriteriums vgl. R. Bultmann, Die Geschichte der synoptischen Tradition, FRLANT 29, ³1957, 291 und E. Käsemann, Das Problem des historischen Jesus (1954), jetzt in: ders., Exegetische Versuche und Besinnungen I, 1960, (187–214) 205: „Einigermaßen sicheren Boden haben wir nur in einem einzigen Fall unter den Füßen, wenn nämlich Tradition aus irgendwelchen Gründen weder aus dem Judentum abgeleitet noch der Urchristenheit zugeschrieben werden kann . . ."

[37] Arbeiten zum Neuen Testament und Judentum, hrsg. von O. Betz, Bd. 1, 1976, 231–277, (abgek.: Grimm).

[38] Das Buch Jesaja: Kapitel 40–66, ATD 19, 1966, (abgek.: Westermann) 94.

[39] Westermann, 94, rät, in V. 4 mit BH³ ' *ādām* in *'adāmōt* = „Länder" zu ändern; angesichts der Bezeugung von *'ættēn hā'ādām* (sic!) in 1QJes^a und *wæ'ættēna 'ādām* (sic!) in 1QJes^b halte ich diese Konjektur nicht für erforderlich.

[40] Grimm, 254, meint, daß mit dem auffälligen *hā'ādām* in 1QJes^a an einen bestimmten Menschen gedacht sei, den Jahwe preisgeben wolle, „da vom Kontext her ausgeschlossen ist, daß der eingefügte Artikel ḥ hier generische Bedeutung hat"; der Vergleich von

Die Berührungen zwischen Jes 43,3 f. und Mk 10,45 (Mt 20,28) sind fundamentaler als die uns bereits bekannten Gemeinsamkeiten zwischen Jes 53,10–12 und unserem Logion. Oder anders formuliert: Mk 10,45 (Mt 20,28) steht im Schnittpunkt beider deuterojesajanischer Textstellen; Jes 43,3 f. liefert dabei aber den Hauptakzent. Gleichzeitig kontrastiert das Lösegeldwort die Menschensohnüberlieferung von Dan 7,9–14 und der äthiopischen Henochapokalypse.

VI

Nachdem dieser überlieferungsgeschichtlichtliche Standort des Logions und seine uns auf Jesus selbst zurückverweisende Unableitbarkeit herausgearbeitet sind, können wir zur positiven Deutung des Lösegeldwortes übergehen.

Die erste Bedingung dafür ist, daß der Sinn von *lytron* präzis geklärt wird. *lytron* entspricht, wie gesagt, dem hebräischen *kōfær*. Dieses kommt im Alten Testament mehrfach vor, z. B. Ex 21,30; 30,12; Num 35,31 f.; Ps 49,8; Prov 6,35; 13,8. Das Wort meint im Blick auf das Gottesverhältnis „die Sühneleistung, eine Art Wergeld" und wird „stets als Existenzstellvertretung verstanden. Es ist *pidjōn næpæš*, Loskauf des individuellen Lebens (Ex 21,30)"[41]. Auf Jes 43,3 f. bezogen, heißt das: Jahwe, der Schöpfer der Welt, opfert aus freier Liebe zu Israel Menschen und Völker auf, um sein unter die Völker zerstreutes erwähltes Volk neu zu sammeln und ihm das Leben in Gottesgemeinschaft und Freiheit zu geben, das Israel selbst nicht mehr gewinnen kann. Deutet man 43,3 ff.

1QJes[a] und 1QJes[b] (s. Anm. 39) legt es aber nahe, doch nur an eine generische Bedeutung des Artikels zu denken. Daß Jesus das hebräische *'ādām* bzw. *hā'ādām* auf seine eigene Sendung als Mensch(ensohn) beziehen konnte, bleibt davon natürlich unberührt.

[41] H. Gese, Die Sühne, in: ders., Zur biblischen Theologie. Alttestamentliche Vorträge, BEvTh 78, 1977, (85–106) 87. Die historisch recht mißliche Diskussion darüber, ob z. Z. Jesu schon ein ausgeprägtes Sühneverständnis vorauszusetzen, oder ob nicht erst das hellenistische Judentum in der zweiten Hälfte des 1. Jahrhunderts n. Chr. zur Anschauung vom Sühneleiden der Märtyrer und leidenden Gerechten vorgestoßen sei, sollte man angesichts dieses Aufsatzes (schleunigst) abbrechen. Für das stellvertretende, für andere Vergebung der Sünden erwirkende Leiden des Gerechten und die Wirksamkeit seines Gebetes haben wir mittlerweile im Hiobtargum aus Höhle 11 von Qumran (= 11 QtgHi), Kol 38,2 f. (zu Hiob 42,9 f.) einen eindeutigen vorchristlichen Beleg: „. . . und Gott hörte auf seine (= Hiobs) Stimme und er vergab (3) ihnen (= den Freunden Hiobs) ihre Sünden um seinet-(= Hiobs)willen . . ." Dieses „um Hiobs willen" entspricht genau dem *dia Iōb* der Septuaginta von Hiob 42,9, auf das mich Martin Hengel aufmerksam macht; es geht über den masoretischen Text hinaus und zeigt, daß 2. Makk 7,37 f. und 4.Makk 6,26 ff.; 16,16–25 weit ältere Wurzeln haben, als zuweilen angenommen wird. Vgl. zum Problem J. Gnilka, Martyriumsparänese und Sühnetod in synoptischen und jüdischen Traditionen, in: Die Kirche des Anfangs. Für Heinz Schürmann, hrsg. von R. Schnackenburg, J. Ernst und J. Wanke, 1978, 223–246.

von 45,14–17 her, dann denkt der Text konkret daran, daß sich die Völker angesichts des Heilswerkes Jahwes von ihren Götzen abwenden, zu
Jahwe bekehren und Israel dienen werden; sie müssen also ihre götzen-
dienerische Existenz aufgeben und werden zum Eigentum Israels und
seines Gottes[42]. Der Beweggrund und die treibende Kraft für die Preisgabe der Völker zugunsten Israels ist nach Jes 43,3 f. Jahwes erwählende
Liebe allein. „Hier ist eine der schönsten und tiefsten Erklärungen dessen, was die Bibel mit ‚Erwählung' meint. An eine kleine, armselige und
unbedeutende Gruppe entwurzelter Menschen ergeht die Zusage: Ihr,
gerade ihr seid es, denen ich mich in Liebe zugewendet habe; ihr – so wie
ihr seid –, seid mir teuer und wert"[43]. Die Erlösung Israels wird durch
das von Jahwe aus Liebe dargebrachte Lösegeld in Gestalt des Lebens
der Völker ermöglicht. Die spätere jüdische Exegese bezieht Jes 43,3 f.
auf das Endgericht: Jahwe gibt die Völker dem Gerichtstod preis, um
eben dadurch sein geliebtes Volk Israel zu retten[44]. Ich habe in anderem
Zusammenhang vorgeschlagen, Jesu Sendung und Wirken als Werk
messianischer Versöhnung zu verstehen[45]. Dies läßt sich im Blick auf unser Logion und die eben angestellten Überlegungen sehr schön präzisieren: Jesus selbst tritt mit seinem Leben an die Stelle jener Völker, die für
Israel sterben sollen, und zwar tritt er an ihre Stelle in freiwilligem Gehorsam, der ihn mit Gottes Erlösungswillen eint. Jesus übt Existenzstellvertretung für Israel. Die Preisgabe seines Lebens soll all jenen zum Leben vor Gott verhelfen, die dieses Leben verloren und verwirkt haben.

Die Menschen, für die Jesus sein Leben preisgibt, werden in Mk 10,45
(Mt 20,28) in Anlehnung an Jes 53,11 f. als „die Vielen" bezeichnet; die
Wendung „sein Leben geben" berührt sich ebenfalls nicht nur mit Jes
43,3 f., sondern auch mit diesen Versen. Jesu Existenzstellvertretung
nimmt also zusätzlich die Dimension und Weite an, die in Jes
52,13–53,12 dem Schuldopfer ('āšām) des leidenden Gottesknechtes zu-
gemessen wird. Nach der ältesten uns überhaupt greifbaren Deutung ist
in dem Gottesknecht Israel selbst zu sehen. Schon in den beiden Jesaja-
rollen von Qumran wird in Jes 49,3 „Israel" gelesen; es ist also zu übersetzen: „Er (= Jahwe) sagte zu mir: Mein Knecht bist du! / Israel, du,
durch den ich mich verherrlichen will."[46] Folgt man diesem Hinweis,

---

[42] Vgl. zu dieser Deutung Gese (s. Anm. 41), 104 Anm. 14.

[43] Westermann, 97.

[44] Vgl. Grimm, 244–246, mit Verweis auf und Zitat von Mekh 21,30; ShemR 11 zu 8,19
und SifDev 333 zu 32,43.

[45] Vgl. den in Anm. 7 genannten Aufsatz.

[46] Übersetzung nach Westermann, 167. 'ašær-bᵉkā 'ætpā'ār übersetzt W. mit „du, an
dem ich mich verherrlichen will", während ich, Westermanns Interpretation und Formulierung von S. 169 folgend, (mit der Jerusalemer Bibel z.St.) lieber sage: „du, durch den ich
mich verherrlichen will."

dann wird in Jes 52,13–53,12 Israels stellvertretendes Leiden für die Völker (= die Vielen) beschrieben. Auch in dieses stellvertretende Leiden Israels als Gottesknecht tritt Jesus ein, wenn er sein Leben als Lösegeld für die Vielen preisgibt. Seine Selbstaufopferung ist nicht nur Existenzstellvertretung für Israel, sondern auch für die Völker der Welt, d. h. für alle Menschen in der Gottesferne. *anti pollōn* hat also deutlich inklusiven Charakter.

In der armenischen Übersetzung des Testamentes Benjamin (aus dem 2. oder 1. Jahrhundert v. Chr.) ist uns in 3,8 eine interessante, keiner christlichen Interpolation verdächtige Überlieferung erhalten. Es handelt sich um eine Prophetie Jakobs für Joseph: „Erfüllen soll sich an dir die Prophetie des Himmels, die besagt: Der Unschuldige wird für Gesetzlose befleckt werden, und der Sündlose wird für Gottlose sterben!"[47] Ähnlich wie in Weish 2,12–20; 5,1–7[48] werden hier Formulierungen und der Grundgedanke von Jes 53 auf das stellvertretende Leiden eines einzelnen Gerechten übertragen. Angesichts dieser Übertragung wirft die Beziehung der im Urtext kollektiv verstandenen Aussagen von Jes (43,3 f. und) 53 auf Jesus keine traditionsgeschichtlichen Probleme auf. Die Möglichkeit solcher Übertragung stand Jesus bereits vor Augen. Den messianischen Menschensohn als leidenden Gerechten und Gottesknecht zu interpretieren, ist sein persönliches Werk.

Die Jesus von Dan 7,9–14 und dem äthiopischen Henoch her vorgegebene[49] Menschensohntradition ist ein komplexes Phänomen. In ihr reichen sich die Überlieferungen vom göttlichen Weltenrichter, vom Messias als Träger der Weisheit und Gerechtigkeit Gottes und vom Gottesknecht die Hand[50]. Der Menschensohn ist aber stets eine hoheitliche, mit dem universalen Weltgericht beauftragte Figur und keine Leidensgestalt. Außerdem gibt es nach äthHen 98,10 für die Sünder im Endgericht (des Menschensohnes) kein Lösegeld. Ihnen gilt vielmehr der We-

---

[47] Zur Textüberlieferung und Übersetzung der Stelle vgl. J. Becker, Untersuchungen zur Entstehungsgeschichte der Testamente der zwölf Patriarchen, AGJU 8, 1970, 51–57, und ders., Die Testamente der zwölf Patriarchen, JSHRZ III/1, 1974, 132.

[48] Zu den Verbindungen zwischen diesem „Diptychon" und Jes 53 vgl. L. Ruppert, Jesus als der leidende Gerechte?, SBS 59, 1972, 23 f., und G. W. E. Nickelsburg, Jr.: Resurrection, Immortality, and Eternal Life in Intertestamental Judaism, HThS 26, 1972 (abgek.: Nickelsburg), 68–70.

[49] Ich datiere die Bilderreden (= Kapp. 37–71) des äthHen mit J. Jeremias, ThWNT V, 686 Anm. 245, u. a. in das letzte Drittel des 1. Jahrhunderts v. Chr.

[50] Schon Dan 7,15 ff. läßt sich als eine Transformation der alten Messiasvorstellung begreifen: H. Gese, Der Messias, in: ders., Zur biblischen Theologie (s. Anm. 41), (128–151) 138 ff. Im äthHen heißt der Menschensohn in 38,2; 53,6 u. ö. „der Gerechte"; in 45,3 ff.; 49,2 u. ö. „der Auserwählte"; in 48,10; (61,7) „der Gesalbte"; in 48,4 wird Jes 42,6 und 49,6; in 49,3 f. und 62,2 ff. Jes 11,2–5 auf ihn bezogen. Vgl. zu den traditionsgeschichtlichen Problemen im einzelnen Theison passim und Nickelsburg, 68–78.

heruf: „Wisset . . ., daß ihr für den Tag des Verderbens zubereitet seid;
hofft nicht, daß ihr Sünder am Leben bleiben werdet, sondern ihr werdet
hingehen und sterben. Denn ihr kennt kein Lösegeld; denn ihr seid zubereitet für den Tag des großen Gerichts, den Tag der Trübsal und großen
Beschämung für euren Geist." Die Drohung des mangelnden Lösegel-
des beruht auf Ps 49,8 f.: „Einen Bruder kann keiner loskaufen. Keiner
kann Gott ein Lösegeld für sich darbieten. (9) Zu teuer wäre das Lösegeld für ihr Leben, so daß er für immer davon abstehen muß." Ebenso
wie Jes 43,3 f. wurde auch diese Psalmstelle in der jüdischen Exegese
eschatologisch interpretiert[51]. Jesus war diese eschatologische Interpretation nach Mk 8,36 f. (Par. Mt 16,26) nachweislich bekannt. Bei ihm
freilich ändern sich die Perspektiven der genannten Traditionen.

Wenn Jesus die ihm als dem messianischen Menschensohn eigentlich
zukommende Bedienung durch die Engelheere und die Proskynese der
Völker ausschlägt und es statt dessen als seinen Sendungsauftrag bezeichnet, sein Leben dem (in der stellvertretenden Selbstpreisgabe gip-
felnden) Dienst an den Vielen zu weihen, dann prägt er das ihm über-
kommene Bild vom Menschensohnweltenrichter entscheidend um. Der
Menschensohn ist nach Jesus vorrangig der treue Zeuge des Versöh-
nungs- und Erlösungswillens Gottes! Sein Weg ist der Weg der Niedrig-
keit und der Gemeinschaft mit den Sündern (Mt 11,19/Lk 7,34); zur
Kreuzesnachfolge ruft er auf eben diesem Weg, der der Weg der Liebe
ist (Mk 8,34 f. Par.; Mt 10,38 f. Par.); seiner Auferweckung und Erhö-
hung sieht er als Rechtfertigung auf diesem Wege entgegen (Mk 14,62);
seine Herrlichkeit aber wird darin bestehen, der ewige Zeuge der ver-
söhnenden Liebe Gottes und gerade so der Weltenrichter zu sein (Lk
12,8 f.; Mk 8,38; Mt 25,31–46). Jesus ist also selbst die Verkörperung
jener neuschaffenden und aufopfernden Liebe Gottes, die sich in Jes
43,3 f. klassischen Ausdruck verschafft. Indem er sein Leben stellvertretend für die Vielen in den Tod gibt, bewahrt Jesus sie vor dem Tode des
Gerichts und schenkt ihnen eine neue Existenz vor Gott. In seiner Existenzstellvertretung für die Vielen ist Jesus das Opfer, das Gott selbst
ausersieht, aber auch selbst auf sich nimmt und darbringt, um die Sünder
vor der Vernichtung zu bewahren. Eben diese Opferbereitschaft macht
den inneren Kern der messianischen Sendung Jesu aus.

Die von Pesch mit Recht neu herausgestellte Tatsache, daß Jesus nach
den Abendmahlstexten seine Heilssendung bis in den Tod hinein festgehalten und seinen Tod als Sühne für die Vielen verstanden hat, wird
durch Mk 10,45 (Mt 20,28) bestätigt und bestärkt. Die neutestamentliche Wissenschaft braucht demnach auf die wichtige Frage, wie Jesus
seine Sendung und seinen Tod verstanden habe, die Antwort nicht

---

[51] Vgl. Grimm, 243 f., und Jeremias, Lösegeld (s. Anm. 10), 222.

schuldig zu bleiben. Sie kann vielmehr sagen, daß Jesus gewirkt, gelitten und stellvertretend den Tod erlitten hat als der messianische Versöhner. Der messianische Versöhner aber ist die Verkörperung jener erwählenden und die Verlorenen erlösenden Liebe Gottes, die uns Deuterojesaja besonders eindringlich und verheißungsvoll bezeugt.

DIETER LÜHRMANN

Tage, Monate, Jahreszeiten, Jahre (Gal 4,10)

I.

Paulus versteht die Situation in Galatien so, daß er davon ausgeht, die Galater wollten sich unter das Gesetz begeben (4,21), sie wollten aus dem Gesetz gerechtfertigt werden (5,4), wenn sie der Verführung des „anderen Evangeliums" (1,6) verfallen. Daß er die Lage richtig einschätzt, dafür spricht, daß sich als Konsequenz dieser gegnerischen Verkündigung die Beschneidung ergibt (5,2; 6,12f.)[1], offenbar neben der Taufe, mit der Paulus in 3,27 unangefochten argumentieren zu können meint. Zugleich aber behauptet Paulus, die Abwendung von seinem „Christusevangelium" (1,7) sei gleichbedeutend mit einer Versklavung unter die „Weltelemente" (4,9, vgl. 4,3) und habe ein Beobachten von Tagen, Monaten, (Jahres-)Zeiten, Jahren zur Folge.

Beides scheint seiner Meinung nach eng zusammenzugehören, wie sich aus der Abfolge von 4,9 und 4,10 ergibt[2]: 4,10 nennt ein Beispiel dafür, was es heißt, unter die Weltelemente versklavt zu sein. Beides ist aber nach Paulus nun zugleich Ausdruck der Hinwendung zum Gesetz. Da wir keine Originaltexte seiner Gegner besitzen, sind wir für die Rekonstruktion ihres „Evangeliums" darauf angewiesen, der *Polemik* des Paulus zu entnehmen, was denn wohl so verführerisch daran gewesen sein mag, daß Paulus sich den raschen Abfall seiner Gemeinden fast nur mit Hexerei (3,1) erklären kann.

Die Frage nach jenem anderen Evangelium spitzt sich zu durch Schmithals' die heutige Diskussion bestimmende These, Paulus habe sich auf Grund lückenhafter Informationen völlig über die Lage in Gala-

---

[1] Diese Forderung bedingt auch die besondere Hervorhebung der Beschneidung in 2,3.7; 3,28; 5,6; 6,15, sowie die sarkastische Bemerkung 5,12.

[2] Dieser enge Zusammenhang zwischen 4,9 und 10 wird betont von H. Lietzmann, An die Galater, HNT 10, Tübingen ⁴1971, 26; F. Mußner, Der Galaterbrief, HThK 9, Freiburg 1974, 298f.

tien getäuscht. In Wirklichkeit sei dort gar nicht, wie er unterstelle, das Gesetz propagiert worden, sondern – wie später in Korinth und Philippi auch – *gnostische* Lehre; die geforderte Beschneidung sei Zeichen nicht jüdischen Gesetzesgehorsams, sondern gnostischer Entweltlichung[3].

Auch wer wie Schlier Schmithals' Deutung nicht voll übernimmt, scheint u. a. durch 4,9 und 4,10 genötigt, in den Gegnern nicht mehr „Judaisten" zu sehen[4], da die beiden Themen der Elemente und der Zeiten nicht zu einer streng allein am Gesetz orientierten Verkündigung zu passen scheinen. Die Palette der Versuche, jene gegnerische Position zu charakterisieren, ist denn auch eher verwirrend: „Christliche Judaisten jüdischer Herkunft? Christliche Judaisten heidnischer Herkunft? Judenchristliche Gnostiker? Heidenchristliche Gnostiker? Gnostizierende Judenchristen? Gnostizierende Heidenchristen? Synkretistische Juden?", oder, wie Mußner, der Autor dieser Liste, sich dann selbst entscheidet: „judaisierende Judenchristen"[5]?

Diese Frage der Einordnung der Gegner berührt einmal die historische Frage, ob Paulus in seiner Ablehnung des Gesetzes als Heilsweg nur in Front steht gegen eine – wie immer geartete – jüdische Gesetzesfrömmigkeit, das eigentlich alttestamentliche Gesetzesverständnis aber gar nicht trifft[6]. Zugleich aber geht es – wie sich zeigen wird – um das Sachproblem der Frage nach dem Verstehen des Altes und Neues Testament einenden Bekenntnisses zu dem einen Gott, der Schöpfer des Himmels und der Erde ist. Im letzten geht es also auch um die Frage nach dem sachgemäßen Umgang mit der Welt, die der Glaubende als Natur und Geschichte erlebt.

II.

Vor allem seit der Entdeckung der Qumrantexte und ihres besonderen Kalenders werden in den Auslegungen Parallelen zu dem sogenannten „Festkalender" 4,10 angehäuft[7], ohne daß damit freilich eine direkte Beziehung zwischen den Gegnern in Galatien und den Essenern be-

---

[3] W. Schmithals, Die Häretiker in Galatien, in: ders., Paulus und die Gnostiker, ThF 35, Hamburg 1965, 9–46, zur Beschneidungsforderung 22–29.

[4] H. Schlier, Der Brief an die Galater, MeyerK 7, Göttingen [13]1965; vgl. Schmithals, aaO., 11 A 13 zu den Unterschieden zwischen den späteren und früheren Auflagen dieses Kommentars.

[5] AaO., 24f.

[6] So vor allem ja M. Noth, „Die mit des Gesetzes Werken umgehen, die sind unter dem Fluch", in: ders., Gesammelte Studien zum Alten Testament, ThB 6, München 1957, 155–171.

[7] Vgl. zuletzt Mußner, aaO., 299–301: 1.Hen 82,4.7–10; 72,3; 75,1; 80,1; 73,1; 74,1; 79,1f.; Jub 2,9; 1QS 9,26–10,8; 1QM 14,12–14; Jub 6,14; 3,27; 1QM 10,15; 1QH 1,24; Ps.Sal 18,10.

hauptet wird; wohl aber will man damit die Verwurzelung dieser Gegner in einem – wie immer näher bestimmten – Milieu „synkretistischen Judentums" nachweisen. Regelmäßig ist dann in der Auslegung von 4,10 von „Kalenderfrömmigkeit", „Observanz" o. ä. die Rede.

Nun ist aber zunächst streng auf den Wortlaut von 4,10 zu achten, wobei es gleichgültig ist, ob man diesen Vers als ironischen Fragesatz[8] oder als Aussagesatz liest. Das Verbum *paratērein/-eisthai* heißt zunächst „beobachten, beachten"[9], ohne daß darin der religiöse Ton einer (kultischen) „Observanz" enthalten ist. Gemeint ist vor allem das Einhalten von Gesetzen, terminologisch auch die astronomische Beobachtung der Himmelskörper[10]. Erst in Anwendung auf religiöse Bestimmungen wie das „Gesetz *des Mose*" und den Sabbat bei Josephus[11] entsteht eine religiöse Verwendung, ohne daß damit das Wort selber zu einem religiösen Terminus wie z. B. *sebesthai* wird.

In der Reihe der Objekte dieses *paratēreisthai* ist der Sinn von „Tage", „Monate", „Jahre" klar: Fortschreitend von der kleinsten zur größten Einheit werden die durch den Gang der Gestirne bestimmten regelmäßigen chronologischen Abläufe genannt[12]. Dann ist es aber am einleuchtendsten, *kairous* hier mit „Jahreszeiten" als der Einheit zwischen Monat und Jahr zu übersetzen, nicht einfach mit „Zeiten" oder „Festzeiten", was *kairoi* ja durchaus auch heißen kann und wie meist interpretiert wird[13].

Man muß sich bei der Interpretation von Gal 4,10 freimachen von dem Eindruck der durchaus ähnlichen und auch in einer ähnlichen Verbindung mit *stoicheia* erscheinen Liste Kol 2,16: „Fest, Neumond, Sabbat", die sich aber von Gal 4,10 doch charakteristisch unterscheidet zunächst durch die Erwähnung des rein *jüdischen* Sabbats, damit aber auch darin, daß sie eben nicht in der Weise von Gal 4,10 die durch den Gang der Gestirne bestimmten Zeiteinheiten aufzählt, zu denen der Sabbat ja *nicht* gehört. Kol 2,16 *ist* ein Festkalender, der als solcher im Alten Testament und im Judentum belegt werden kann[14] im Unter-

---

[8] So Schlier, aaO., 203.
[9] Vgl. Bauer Wb s. v.; H. Riesenfeld ThWNT 8,146–151.
[10] Vgl. im Neuen Testament das Substantiv *paratērēsis* Lk 17,20.
[11] Antiqu. III 91; XI 294; XIV 264.
[12] Man verstellt sich dieses Verständnis (vgl. E. Meyer RGG[3] I 1807 zur Chronologie allgemein!), wenn man wie z. B. Schlier, aaO., 206 f. von vornherein diese Liste auf ihre jüdische Interpretation hin befragt; Schlier erwägt aber immerhin für *kairoi* auch die Bedeutung „Jahreszeiten". Mußner, aaO., 298 f.: „*Da* die Gegner judaisierende Judenchristen sind, *muß* eine Fährte, die ins Frühjudentum führt, aufgenommen werden" (Hervorhebungen von mir); es folgen dann die in Anm. 7 genannten Stellen.
[13] Zu *kairos* vgl. G. Delling ThWNT 3,456–465, zu der Bedeutung „Jahreszeit": 459,18 f. und 460,45 f.
[14] Vgl. Hos 2,13; Jes 1,13 f.; Ez 45,17–46,11; 1.Chr 23,31; 2.Chr 2,3; 31,3; Jud 8,6;

schied zu Gal 4,10. Ein historischer Zusammenhang zwischen dem „anderen Evangelium" in Galatien und der eine Generation später paulinische Gemeinden bedrohenden „Philosophie" (Kol 2,8), gegen die der Verfasser des Kolosserbriefes kämpft, kann durchaus denkbar sein; der Kolosserbrief würde dann beweisen, daß die gegnerische Verkündigung in Kleinasien überlebt hat trotz ihrer so energischen Bestreitung durch Paulus im Galaterbrief. Man darf aber doch beides nicht einfach gleichsetzen[15], sondern muß eine Weiterentwicklung in Rechnung stellen.

Nimmt man also Gal 4,10 für sich, dann sind hier genannt: die Tage, deren Einheit durch den „Sonnenumlauf"[16] bestimmt ist, die Monate, deren Einheit sich durch Zu- und Abnahme des Mondes oder durch die Tierkreiszeichen ergibt, die Jahreszeiten, wieder vom Sonnenumlauf bestimmt wie die Jahre schließlich auch. Wegen dieses Bezugs auf den Gang der Gestirne ist dann wahrscheinlich, daß *paratēreisthai* hier mindestens *auch* den Klang der astronomischen Beobachtung haben kann, ohne daß man gleich an astrologischen Aberglauben denken muß[17].

Was aber hat diese Liste dann zu tun mit den beiden anderen Themen der Beschneidung und der Weltelemente, wenn eine Beziehung zum Gesetzesgehorsam nicht mehr schon über *kairoi* als „jüdische Festzeiten" hergestellt wird? Anders gefragt: Ist es denkbar, daß Paulus doch recht hat, das alles, Gal 4,10 eingeschlossen, unter das Oberthema „Gesetz" zu bringen?

III.

„Das Gesetz" ist zunächst einmal der Inhalt der ersten fünf Bücher der Bibel[18]. Dabei ist das hebräische Wort *tôrāh* von seinem Ursprung her aber ja kein Formalbegriff zur Bezeichnung einer Sammlung von Schriften, sondern meint die konkrete, für einen aktuellen Anlaß erteilte „Weisung"[19]. Wenn man diesen Begriff nun auf eine Schriftensammlung überträgt, meint man damit: Wer Weisung sucht, findet sie hier in diesen

---

1QM 2,4; Tempelrolle 13–30; Justin, dial 8,4; nur „Neumond und Sabbat": 2.Kön 4,23; Am 8,5; Jes 66,23.

[15] Das hat besonders betont P. Vielhauer, Gesetzesdienst und Stoicheiadienst im Galaterbrief, in: Rechtfertigung (Fs. E. Käsemann), Tübingen 1976, 543–555, hier 550, auch wenn ich gegen Vielhauer (552 f.) doch der Meinung bin, daß *stoicheia* ein Stichwort des gegnerischen Evangeliums ist.

[16] So ja auch noch unser am Augenschein orientierter Sprachgebrauch trotz unseres heliozentrischen Weltbildes.

[17] Gegen W. Gundel, Art. „Astrologie" RAC I 825; Mußner, aaO., 302.

[18] Vgl. die Formel „das Gesetz und die Propheten" (z. B. Röm 3,21); für Paulus als ehemaligen Pharisäer kommt die mündliche Tradition der „väterlichen Überlieferungen" (Gal 1,14) hinzu.

[19] Vgl. W. Gutbrod ThWNT 4,1039 f.; G. Liedke, C. Pedersen ThHAT 2,1032–1043.

Büchern, nirgends sonst. Die griechische Übersetzung mit *nomos/nomoi* mag die Akzente im Gesetzesverständnis vielleicht ein wenig verschieben wie später dann die Wiedergabe mit dem lateinischen *lex* noch einmal – sie hat aber doch daran ihren Anhalt, daß dieses „Gesetz des Mose" seit der Perserzeit und dann jeweils von den fremden Herrschern erneuert[20] in der Jerusalemer Theokratie staatsrechtliche Bedeutung hat, modern gesagt: Strafgesetzbuch und Grundgesetz für diese Provinz in einem ist.

Dabei beschränkt sich „das Gesetz" aber nicht allein auf ethische oder gar strafrechtliche Bestimmungen, sondern enthält darüber hinaus auch das, was man als „Zeremonialgesetz" – Bestimmungen über den ordnungsgemäßen Vollzug des Kultus – und als „Naturgesetz" bezeichnen kann – Vergewisserung über die ordnungsgemäßen Zusammenhänge der Welt, in denen der Mensch lebt. Die beiden letzten Aspekte gehören eng zusammen, da die Funktion des Kultus wesentlich die Konstituierung und Sicherung der Weltordnung ist[21]. Nicht vergessen werden darf aber auch, daß „die fünf Bücher Mosis" schließlich noch sehr viel Geschichte enthalten, Geschichte, aus der man lernen kann, daß es sich lohnt, sich wie die Väter an dieses Gesetz zu halten, Geschichte aber auch davon, wie es denen ergeht, die wie Israel in der Wüste sich auflehnen gegen dieses Gesetz.

„Gesetz" umgreift bei Paulus nicht anders als im Judentum seiner Zeit[22] also mehr als nur die Frage des richtigen Verhaltens; vom Gesetz erwartet man nicht weniger als umfassende Vergewisserung über die Zusammenhänge der Welt, in denen man lebt und die man erlebt, Natur wie Geschichte, damit dann auch, aber in diesem umfassenderen Zusammenhang, Orientierung über das richtige Verhalten in dieser Welt.

IV.

Vielleicht gelingt von diesen allgemeineren Überlegungen her nun auch eine Antwort auf die Frage nach dem Zusammenhang zwischen der Gesetzesthematik im Galaterbrief und der Liste Gal 4,10. Gelegentlich wird in der Literatur – dann aber eher beiläufig[23] – schon eine Beziehung

---

[20] Antiochos III.: Josephus antiqu. XII 138–144.
[21] Vgl. H. P. Stähli, Creatio als creatio perpetua?, WuD NF 10/1969, 121–129, zur Rezitierung der Schöpfungsgeschichte im täglichen Gottesdienst.
[22] Vgl. vor allem M. Limbeck, Die Ordnung des Heils. Untersuchungen zum Gesetzesverständnis des Frühjudentums, Düsseldorf 1971.
[23] Schmithals, aaO., 31 A 88: „*Formal* hat sich die Formel gewiß an Gen 1,14ff. orientiert" (Hervorhebung von mir) mit Zitat des *griechischen* Textes; vgl. Schlier, aaO., 203 A 3; B. Schaller, Gen 1.2 im antiken Judentum, Diss. Göttingen (masch.) 1961, 187.197 A 4 (beide unter Verweis auf Schmithals); Mußner, aaO., 301 A 44.

hergestellt zwischen Gal 4,10 und Gen 1,14, nicht wirklich berücksichtigt freilich die Auslegungstradition dieser Stelle im Judentum, in die auch die meisten der eingangs erwähnten sogenannten „Parallelen" zu Gal 4,10 gehören. Zu beachten sind auch weitere alttestamentliche Texte, die wie Ps 136,7–9 (vgl. 104,19) ebenfalls von der Erschaffung der Gestirne reden, zu achten ist aber auch auf die griechische Fassung dieses Textes in der Septuaginta[24].

Einsetzen möchte ich aber nicht gleich bei Gen 1,14 selber, sondern bei Philos breiter Auslegung des vierten Schöpfungstages in seiner Schrift „Über die Erschaffung der Welt" (op. mund. 45–61). Nach langwierigen Erörterungen über die Zahl 4 (ebd. 47–52, vgl. plant. 117), deren Auszeichnung u. a. auch daraus hervorgehen soll, daß der Himmel und die Welt aus vier Elementen geschaffen sind (52), stellt Philo den Zusammenhang zwischen Licht und menschlicher Erkenntnis, Philosophie, dar (53f.), die sich an der Ordnung des Himmels orientiert. In engem Anschluß an Gen 1,14–18 nennt er dann als Zweck der Himmelskörper: 1. zu leuchten *(phōsphorein)*, 2. Zeichen zu sein, 3. die Jahreszeiten zu bestimmen *(kairōn tōn peri tas etēsious hōras)*, 4. „zur Unterscheidung der Tage, Monate und Jahre" – hier also gegenüber Gen 1,14 überschießend „Monate"[25].

Festzuhalten ist vorerst, daß Philo die *kairoi* von Gen 1,14 als die vier Jahreszeiten versteht, die er in 52 aufgezählt hatte, und daß er die in der Liste Gal 4,10 enthaltenen *vier* Zeiteinteilungen (Tage, Monate, Jahreszeiten, Jahre) in Gen 1,14 begründet sieht. Auch in aet. mund. 19, wo Philo Gen 1,14 frei referiert, zeigt sich, daß er die *kairoi* als Jahreszeiten interpretiert: „Tage, Nächte, Jahreszeiten *(hōrai)* und Jahre, Mond und Sterne". Die „Zeichen" von Gen 1,14 versteht er als „Vorzeichen" *(sēmeia mellontōn* 58) im Sinne der Astrologie.

Zu *kairoi* wiederholt er in 59 noch einmal ausdrücklich, daß damit die Jahreszeiten gemeint seien, und fährt dann fort: „Die Jahreszeiten aber führen alles glücklich durch und bringen es zur Vollendung, das Aussäen und Pflanzen der Früchte, das Entstehen und Wachsen der Lebewesen". Die Gestirne sind „auch zu Maßbestimmungen der Zeit geschaffen;

---

[24] Ich fasse dabei den Begriff der „Auslegung" sehr viel weiter als Schaller (s. vorige Anm.). Ich meine, das damit begründen zu können, daß in der Zeit, aus der die im folgenden genannten Texte stammen, „das Gesetz" bereits *kanonische* Bedeutung besaß und daher, wer immer im Judentum von der Erschaffung von Sonne, Mond und Sternen sprach, Gen 1,14–19 mitbedenken *mußte*, ob er sich nun ausdrücklich auf diesen Text bezog oder nicht.

[25] Diese wie die folgenden Übersetzungen aus L. Cohn, Die Werke Philos von Alexandria in deutscher Übersetzung, 1. Teil, Breslau 1909, 25–89; griechischer Text nach F. H. Colson, G. H. Whitaker, Philo (The Loeb Classical Library), Bd. 1, Cambridge/Mass. 1962, 6–137.

denn durch die festgesetzten Kreisbewegungen der Sonne, des Mondes und der anderen Gestirne entstehen die Tage und die Monate und die Jahre" (60), wieder überschießend „Monate".

Philo schließt die Auslegung von Gen 1,14–19: „Auf so viele und so nutzbringende Dinge erstrecken sich die Wirkungen der Himmelskörper und die Bewegungen der Gestirne; aber auch noch auf viele andere Dinge, könnte ich sagen, die uns zwar unklar sind – denn nicht alles ist dem Menschengeschlecht bekannt –, die aber zur Erhaltung des Weltganzen beitragen und nach den Regeln und Gesetzen, die Gott als unverrückbare Grenzsteine im All errichtet hat[26], überall und auf alle Weise zustande kommen" (61).

Solche Gesetzmäßigkeit gehört nun aber nicht zufällig zum Mosegesetz. Die Voranstellung der Welterschaffung deutet nach Philos Meinung an, „daß sowohl die Welt mit dem Gesetze als auch das Gesetz mit der Welt in Einklang steht und daß der gesetzestreue Mann ohne weiteres ein Weltbürger ist, da er seine Handlungsweise nach dem Wissen der Natur regelt, nach dem auch die ganze Welt gelenkt wird" (3). Das sind deutlich stoische Gedanken[27], die aber nun doch nicht einfach als Überfremdung eines völlig anders gemeinten Textes gelten können[28], sondern eine Vorgeschichte überall da haben, wo immer der gesetzmäßige Ablauf der Gestirne dem Abfall der Sünder vom Gesetz als positives Beispiel entgegengestellt wird[29] oder wo der regelmäßige Lauf der Gestirne als Argument für Gottes gleichbleibende Treue erscheint[30]. Der Wahrheitsgehalt solcher Auslegung, wie Philo sie gibt, liegt ja in der – für alle vorindustrielle Welterfahrung und vortechnische Weltbewältigung weit größeren als für uns – Bedeutung der regelmäßigen Abläufe der Himmelskörper, noch vor gelegentlich damit einhergehender abergläubischer Astrologie. Von solcher Regelmäßigkeit ist der Mensch

---

[26] Vgl. Ps 148,6; Hi 38,8 (ḥôq)!

[27] Vgl. die Anm. von Cohn, aaO., 28.

[28] Vielleicht wäre in dieser Weise auch Philos Interpretation des ersten Schöpfungstages als Erschaffung des kosmos noētos vor dem kosmos aisthētos an den folgenden Tagen zu lesen, gerade was die doppelte Erschaffung des Lichtes angeht. Vgl. zum ganzen auch H. Koester, Nomos physeōs. The Concept of Natural Law in Greek Thought, in: Religion in Antiquity (Fs. E. R. Goodenough), Leiden 1968, 521–541.

[29] Vgl. Test. Napht 3,1: „Sonne und Mond und Sterne verändern ihre Ordnung nicht. So sollt auch ihr das Gesetz nicht verändern durch Unordnung eurer Handlungen" (Übersetzung von J. Becker JSHRZ III/1,101).

[30] Vgl. Ps. Sal 18,10–12, aber auch schon Jer 31,35–38 im Anschluß an die Verheißung des neuen Bundes: „So spricht Jahwe, der die Sonne gesetzt hat zum Licht am Tage, den Mond und die Sterne zum Licht für die Nacht...: So gewiß diese Ordnungen ḥăḥuqqīm vor mir niemals vergehen, spricht Jahwe, so gewiß werden auch die Geschlechter Israels nimmermehr aufhören, vor mir ein Volk zu sein" (Zürcher Bibel).

elementar abhängig; an ihr hängen Saat und Ernte, damit Überleben oder Verderben der Menschheit[31].

Einige weitere Texte zeigen, daß Philo mit seiner Auslegung in einem größeren Traditionszusammenhang steht. Josephus argumentiert in bezug auf den Zusammenhang zwischen Gesetz und Welterschaffung zu Beginn seiner *antiquitates* ganz ähnlich wie Philo, wobei freilich nicht auszuschließen ist, daß er dessen Schrift „Über die Erschaffung der Welt" vor sich hatte[32]. Das knappe Referat des vierten Schöpfungstages in I 31 hebt als Zweck der Erschaffung von Sonne, Mond und Sternen den Kreislauf der Jahreszeiten *(hai tōn hōrōn periphorai)* heraus. Auch hier sind die *kairoi* von Gen 1,14 also als „Jahreszeiten" verstanden.

Interpretationen von Gen 1,14–19 sind auch 4.Esr 6,45f. („Am vierten Tage aber befahlst du, daß der Glanz der Sonne werde, das Licht des Mondes und die Ordnung der Sterne, und trugst ihnen auf, dem Menschen, den du bilden wolltest, zu dienen"[33]) und Jub 2,8–10[34]. Jub 2,8 ist dabei sehr eng nach dem vorgegebenen Text formuliert: „Und am vierten Tage machte er die Sonne, den Mond und die Sterne und setzte sie in die Feste des Himmels, daß sie über die ganze Erde leuchten, und um über Tag und Nacht zu herrschen und zwischen Licht und Finsternis zu scheiden."[35] Im Unterschied dazu aber enthält 2,9 f. eine ausschließliche Hervorhebung der Sonne: „Und Gott machte die Sonne zu einem großen Zeichen über der Erde für Tage und für Sabbate und für Monate und für Feste und für Jahre und für Jahrwochen und für Jubiläen und für alle Zeiten der Jahre. Und sie schied zwischen Licht und Finsternis und zum Gedeihen, daß alles gediehe, was auf der Erde sproßt und wächst." Nur die Sonne also ist ein „großes Zeichen", dem auch kein „kleines" mehr gegenübersteht, nur sie bestimmt – und nun folgt „eine systematische Reihe, die von der kleinsten Zeiteinheit . . . bis zur größten fortschreitet"[36] – Tage, Sabbate, Monate, Feste, Jahre, Jahrwochen (die „Jubiläen"), kurz: „alle Zeiten der Jahre".

---

[31] Vgl. Gen 8,22 im Anschluß an die Gefährdung der Schöpfung durch die Überschwemmungskatastrophe!

[32] Vgl. H. St. J. Thackeray, Josephus (The Loeb Classical Library), Bd. 4, Cambridge/Mass. 1961, 11 A b. Schaller (aaO., 100) zur ganzen Auslegung der Schöpfungsgeschichte: „Die Darstellung ist äußerst knapp, so daß man den Eindruck hat, Josephus habe es absichtlich vermieden, in diesem für die Öffentlichkeit bestimmten Werk über die Geschichte Israels den Abschnitt Gen 1.2 ausführlich zu behandeln."

[33] Übersetzung von H. Gunkel bei Kautzsch II 367.

[34] Vgl. zu beiden Texten O. H. Steck, Die Aufnahme von Genesis 1 in Jubiläen 2 und 4 Esra 6, JSJ 8/1977, 154–182.

[35] Übersetzung von E. Littmann bei Kautzsch II 42. Der griechische Text bei Epiphanius beschränkt sich auf die Angabe, daß am vierten Tag Sonne, Mond und Sterne geschaffen wurden (Text bei A.-M. Denis PsVTGr III, 1970, 73).

[36] E. Rau, Kosmologie, Eschatologie und die Lehrautorität Henochs, Diss. Hamburg 1974, 134.

Hier stoßen wir auf die auch für 1.Hen und die Qumrantexte so wichtige Funktion der Sonne für die Bestimmung der Zeiteinheiten. Auf die Probleme des daraus entwickelten solaren Kalenders braucht hier nicht eingegangen zu werden[37]. Hinzuweisen ist jedoch darauf, daß dieser Kalender seinen Anfangspunkt am *Mittwoch* hat, also dem vierten Tag der Schöpfungswoche; und dieser Ausgangspunkt ermöglicht es, die Konkurrenz von Sabbat- und Festtagsgesetzen zu umgehen. Am Mittwoch beginnt wie das Jahr auch jedes neue Quartal von 91 Tagen. Die drei in Gen 1,14 erwähnten Zeiteinheiten, „Zeiten" im Sinne von „Jahreszeiten", „Tage" und „Jahre", sind nach diesem Kalender also mitgeschaffen mit den Gestirnen[38].

Am ausführlichsten handelt von der Funktion und gegenseitigen Beziehung von Sonne, Mond und Sternen das „astronomische Buch" 1.Hen 72–82, dessen Verständnis die jüngst edierten aramäischen Fragmente aus Qumran wesentlich fördern[39]. Hierher stammt auch ein Großteil der eingangs erwähnten „Parallelen" zu Gal 4,10. Durch deren Zuweisung zu der „Kalenderfrömmigkeit" eines „synkretistischen Judentums" wird aber übersehen, daß es *im ganzen* um Versuche geht, Gen 1,14–19 auszufüllen[40], damit – wie im Jubiläenbuch und in Qumran auch – um Versuche, dem Gesetz gehorsam zu sein, nicht einfach um irgendwelche Sonderlehren sektiererischer Kreise, vor allem aber wird übersehen, daß diese Ordnung der *Zeit* als Teil des *Gesetzes* begriffen wird; wer sich nicht an die Ordnung der Zeit und der Welt hält, geht ins Verderben[41]:

---

[37] Vgl. dazu jetzt J. Maier, Die Tempelrolle vom Toten Meer, UTB 829, München 1978, 76–83; vgl. zu diesem Kalender auch Jub 6,17–38.

[38] Das gilt aber unabhängig von diesem besonderen Kalender, vgl. oben zu Philo und Josephus, weiter: Aristobul bei Euseb praep. ev. XIII 12,12 (GCS 43,2,191; griechischer Text auch bei Denis, aaO., 224 f., deutsche Übersetzung: N. Walter JSHRZ III/2,277) oder die Targumim zu Gen 1,14 (Übersetzung von Schaller, aaO., 27): „Und sie wurden zu Zeichen und Zeiten und zu berechnen durch sie die Tage und Jahre" (Onkelos); „Und sie wurden zu Zeichen und (Zeiten von) Festtagen (und damit man zähle nach ihnen die Anzahl der Tage) und heilige durch sie die Anfänge der Monate und die Anfänge der Jahre und die Schaltung der Monate und die Schaltung der Jahre, die Sonnenwende und das Erscheinen des Mondes und die Zyklen (von Sonne und Mond)" (Ps.-Jonathan); „Und sie wurden zu Zeichen und Kennzeichen (Zeiten) und zu heiligen durch sie die Anfänge der Monate und Jahre" (Fragmententargum).

[39] J. T. Milik, The Books of Enoch. Aramaic Fragments of Qumrân Cave 4, Oxford 1976, zum „astronomischen Buch": 7–22.273–297.

[40] Unter der Einschränkung von Rau, aaO., 133: „Indirekt ist die Reihung (in 72,1) sicher von Gen 1,14b abhängig. Daß jedoch kein direkter, sondern ein traditionsgeschichtlich vermittelter Zusammenhang besteht, zeigt einmal die Fülle von Vergleichsstellen, die sich anführen lassen, und geht zum anderen daraus hervor, daß beide Stellen im Wortlaut kaum Berührungen haben." Vgl. aber oben Anm. 24.

[41] Übersetzungen von G. Beer bei Kautzsch II 278.286f.

„Das Buch vom Umlauf der Himmelslichter, wie es sich mit einem jeden verhält, nach ihren Klassen, ihrer Herrschaft und Zeit, nach ihren Namen, Ursprungsorten und Monaten, die mir ihr Führer, der heilige Engel Uriel, der bei mir war, zeigte; er zeigte mir, wie es sich mit all ihren *Gesetzen*, mit allen Jahren der Welt und bis in Ewigkeit verhält, bis die neue, ewig dauernde Schöpfung geschaffen wird" (72,1). „Selig sind alle *Gerechten*, selig alle die, die auf dem Wege der *Gerechtigkeit* wandeln und nicht sündigen wie die *Sünder* in der Zahl aller ihrer Tage, die die Sonne am Himmel wandelt, indem sie durch die Tore ein- und ausgeht, 30 Tage mit den Chiliarchen und den Taxiarchen und mit den vier, die hinzugefügt und verteilt werden unter die vier Teile des Jahrs, die anführen und mit ihnen vier Tage eintreten" (82,4)[42]. Uriel „übt die Herrschaft über die Nacht und den Tag am Himmel, um Licht über die Menschen leuchten zu lassen – Sonne, Mond und Sterne und alle Mächte des Himmels, die sich in ihren Kreisen umdrehen. Dies ist das *Gesetz* der Sterne, die an ihren Orten, zu ihren Zeiten, Festen und Monaten untergehen" (82,9). Es folgt dann eine Beschreibung der „Führer", zunächst der Quartale, dann der Monate; das Motiv der „Zeichen" aus Gen 1,14 begegnet als Beschreibung der Charakteristika der vier Jahreszeiten[43].

Der Zusammenhang zwischen Gesetzeserfüllung und Zeitordnung findet sich ebenso in den ähnlichen Reihungen der Qumrantexte 1QS 1,13–15; CD 3,12–16; 16,2–4; 1QS 9,26–10,8[44]; 1QH 12,4–9[45]. Die kultische Heraushebung bestimmter Daten hat nicht von vornherein etwas mit abergläubischer Scheu zu tun[46], sondern mit ihrer in der Ordnung der Gestirne vorgegebenen besonderen Kennzeichnung. Die Zeiteinheit *mô ͑adīm* = „festgesetzte Zeiten", die die Septuaginta in Gen 1,14 mit *kairoi* wiedergibt[47], entspricht unserem profaneren Begriff der „Jah-

---

[42] Vgl. den Makarismus 81,4 und das ganze Kapitel 80; vgl. Rau, aaO., 305–312.

[43] Daß der Schluß des „astronomischen Buchs" – wie längst vermutet – in der äthiopischen Überlieferung ausgefallen ist, zeigen jetzt die in Anm. 39 erwähnten Qumranfragmente 4QEnastr[a d].

[44] Vgl. dazu M. Weise, Kultzeiten und kultischer Bundesschluß in der „Ordensregel" vom Toten Meer, StPB 3, Leiden 1961, 3–57.

[45] Vgl. auch Tempelrolle 13–30.

[46] Jub 12,16–18 z. B. ist ja deutlich gegen Astrologie gerichtet: Abraham beobachtet in einer Neumondnacht die Sterne, „um zu sehen, wie es in dem Jahre mit den Regen sein werde . . . Und ein Wort kam in sein Herz und sagte: Alle Zeichen der Sterne und die Zeichen der Sonne und des Mondes, alle (sind) in Gottes Hand – wozu erforsche ich (sie)? Wenn er will, läßt er regnen, des Morgens und des Abends; und wenn er will, läßt er (ihn) nicht herabkommen, und alles ist in seiner Hand" (Übersetzung von ·E. Littmann bei Kautzsch II 62).

[47] Vgl. dazu G. Sauer ThHAT I,743 f. LXX übersetzt – abgesehen von der Wiedergabe von *'ōhěl mô ͑ēd* durch *skēnē tou martyriou* – *mô ͑ēd* ungefähr gleichhäufig mit *kairos* und *heortē;* kalendarische und liturgische Zeit brauchen sich auch in der christlichen Tradition nicht zu entsprechen. *Mô ͑adīm* = Quartale in 1QS 10,3–5, vgl. Weise, aaO., 32 f.

reszeiten" dabei vielleicht insofern, als die Monate der Tag- und Nacht-
gleiche, Nisan und Tischri, die beiden Hauptfestperioden sind, im Früh-
ling Passa[48] mit Mazzothfest, im Herbst Versöhnungs- und Laubhütten-
fest. Diese beiden Monate haben ja auch nach- oder nebeneinander als
Jahresanfang gegolten; sie sind die entscheidenden Zeitteiler zwischen
Trockenheit und Vegetation, kalendarische also und religiöse Zeit in einem[49].

Daß es bei all dem um mehr als bloße Kalenderprobleme geht, zeigt
der in derselben Tradition zu sehende Abschnitt 1QS 3,13–4,26, die sogenannte „Zwei-Geister-Lehre". Ausgangspunkt ist eine Deutung der
Erschaffung der Welt in 3,15–4,1, auch in der Begrifflichkeit an Gen 1 f.
anknüpfend, wie besonders in 3,17 f. (vgl. Gen 1,26–31) deutlich wird[50].
Anders als in Gen 1 zerfällt nun aber nach Gottes vorher festgesetztem
Plan die Menschheit in „Söhne des Lichtes" (der Gerechtigkeit) und
„Söhne der Finsternis" (des Frevels). Von Licht und Finsternis ist sowohl beim ersten Schöpfungstag Gen 1,1–5 als auch beim vierten Gen
1,14–19 die Rede[51]. An Gen 1,14–19 erinnert aber besonders das Motiv
der Herrschaft in 3,20–23 (vgl. 4,19 und 10,1) sowie das Stichwort
mô'ēd, hier immer bezogen auf den festgesetzten Zeitpunkt[52] der Been-
digung der Herrschaft des Frevels (3,18.23; 4,18 f.20).

Der Text schildert entsprechend der Überschrift 3,13–15[53] in
3,15–4,1 „alle Arten ihrer (der Menschen) Geister mit ihren Zeichen",
in 4,2–18 „ihre Werke in ihren Generationen" und in 4,18–26 „die
Heimsuchung ihrer Schläge mit den Zeiten ihrer Vergeltung[54]". Dem in
der Schöpfung gesetzten Gegensatz von Licht und Finsternis ist von allem Anfang an ein Ende mitgesetzt in der „neuen Schöpfung" (4,25).
Das endzeitliche Heil als Reinigung, Erleuchtung, Erkenntnis (4,20–22)

---

[48] Die astronomische Begründung bei Aristobul nach Euseb h. e. VII 32,17 f., griechischer Text bei Denis, aaO., 227 f., deutsche Übersetzung bei Walter, aaO., 269.

[49] Vgl. S. Aalen, Die Begriffe ‚Licht' und ‚Finsternis' im Alten Testament, im Spätju-
dentum und im Rabbinismus, SNVAO Oslo 1951, 55; F. Stolz, Strukturen und Figuren im
Kult von Jerusalem, BZAW 118, Berlin 1970, 25–29.

[50] Das gilt unabhängig von der Frage nach etwaigen iranischen Einflüssen, die gar nicht
geleugnet werden sollen. Entscheidend ist aber doch, in welcher Weise sie aufgenommen
werden, und d. h. in diesem Falle, daß sie allenfalls innerjüdische Entwicklungen und Fragestellungen verstärken, nicht grundsätzlich verwandeln.

[51] Schaller, aaO., 71 verweist für 3,18.25 auf Gen 1,4 (nicht 1,14), ebenso wie für Test.
Napht 2,7 (aaO., 67).

[52] Der vorherrschende Begriff ist freilich *qēṣ.*

[53] Anders gliedert P. v. d. Osten-Sacken, Gott und Belial, StUNT 6, Göttingen 1969,
18, der auch 4,15–26 literarkritisch ausscheiden will. Als Einheit wird 3,13–4,26 interpretiert von J. Becker, Das Heil Gottes, StUNT 3, Göttingen 1964, 40.83–91.

[54] Ich lese *šillūmām,* nicht *š°lômām,* vgl. Hos 9,7; zur Diskussion P. Wernberg-Møller,
The Manual of Discipline, Leiden 1957, 68, und J. Maier, Die Texte vom Toten Meer, Bd.
2, München 1960, 19 z. St.

wird in der Unterweisung der „Kinder des Lichtes" über die Erschaffung dieser Welt und die ihr gesetzte Frist vorweggenommen (vgl. 4,22 mit 3,13); so kann auch in dieser Welt bereits die endzeitliche Trennung von Licht und Finsternis, Wahrheit und Frevel vorweggenommen werden, wenn sich jemand der Qumrangemeinde der „Täter des Gesetzes" anschließt (5,1: *hbdl*!).

Wie stark hinter diesem Dualismus ursprünglich astronomische Vorstellungen stehen, zeigt der verwandte Text 4Q186[55], der die Beschaffenheit der Menschen in Beziehung setzt zu ihren Tierkreiszeichen. Das zeigt in völlig anderer Weise auch Philos – nur armenisch erhaltene – Auslegung von Ex 12,23 in Quaest in Ex I 23[56]. Auch hier wird der Gegensatz von gut und böse im Menschen auf die Erschaffung der Welt und die bei ihr wirksamen beiden Mächte zurückgeführt: „Thus, the sun and moon and the appropriate positions of the other stars and their ordered functions and the whole heaven together come into being and exist through the two (powers). And they are created in accordance with the better part of these, namely when the salutary and beneficent (power) brings to an end the unbounded and destructive nature."

Daß etwa zur selben Zeit, aus der die Qumrantexte stammen, vielleicht auch die Texte aus 1.Hen, das Verhältnis von Sonne, Mond und Sternen in bezug auf die Zeitbestimmung auch anders gesehen werden konnte, zeigt Sir 43,1–12[57]. Hier wird die Funktion der Zeitbestimmung ausschließlich dem Mond zugewiesen (43,6–8)[58], während die Sonne[59] lediglich Hitze gibt. Die Frage der richtigen „Zeiteinteilung" ist für verschiedene Schichten des Judentums eine Frage von elementarer theologischer Bedeutung gewesen, weil sie verbunden war mit der Frage nach dem richtigen Gehorsam gegenüber dem Gesetz[60]. Noch Jahrhunderte

---

[55] J. M. Allegro DJD 5, 1968, 88–91; vgl. zu diesem Text v. d. Osten-Sacken, aaO., 186–189 (unter dem Titel der Erstedition 4QCry). Nach Milik, aaO., 187 ist in Höhle 4 auch eine Liste der Tierkreisnamen gefunden worden; vgl. auch Jub 4,17. Zum Zodiak vgl. M. Hengel, Judentum und Hellenismus, WUNT 10, Tübingen 1969, 436.

[56] Text bei R. Marcus, Philo supplement 2 (The Loeb Classical Library), Cambridge/Mass. 1961, 32–34; vgl. dazu A. Wlosok, Laktanz und die philosophische Gnosis, AAH Heidelberg 1960, 107–111.

[57] Vgl. J. Marböck, Weisheit im Wandel, BBB 37, Bonn 1971, 145–152. Der hebräische Text der Kairoer Handschrift B wird durch die Masada-Handschrift im wesentlichen bestätigt.

[58] Vgl. Ps 104,19!

[59] Zur Beschreibung der Sonne in 43,2–5 vgl. Ps 19,6f., dort auch der nicht zufällige Zusammenhang mit dem Gesetz in 19,8ff. Vgl. auch Sir 33,1–15, hebräischer Text: J. Marcus, A Fifth Manuscript of Ben Sira, JQR NS 21/1930–1, 223–240.

[60] Das gilt ja auch durch die christliche Kirchengeschichte hindurch, wenn man bedenkt, welche Rolle die Frage des richtigen Ostertermins gespielt hat, zeigt sich auch in der Bedeutung des Kirchenjahrs und der Einteilung des Tages in Gebetszeiten.

später sah, wer die Synagoge von Beth Alpha betrat[61], auf dem Fußboden zunächst eine Darstellung der Opferung Isaaks, am Ende des Bodens den Toraschrein mit dazu gehörenden Symbolen. Den größten Raum aber nimmt in der Mitte das Mosaik ein, das den Sonnenwagen, die zwölf Tierkreiszeichen und die vier Jahreszeiten darstellt, in hellenistischer Manier, aber doch wohl, um den Zusammenhang zwischen Mosegesetz und kosmischer Ordnung vor Augen zu führen.

Und selbst bei den Rabbinen, die ja bekanntlich in der Behandlung der Schöpfungswerke überaus vorsichtig waren[62], findet sich folgende Überlieferung: „R. Šimôn b. Pazi sagte im Namen des R. Jehošuâ b. Levi im Namen Bar Capparas: Über denjenigen, der die Sonnenwenden und den Planetenlauf zu berechnen versteht und dies nicht tut, spricht der Schriftvers: ‚Auf das Werk Gottes blicken sie nicht und das Werk seiner Hände sehen sie nicht‘ (Jes 5,12). R. Šemuēl b. Naḥmani sagte im Namen R. Joḥanans: Woher, daß es dem Menschen obliegt, sich mit den Rechnungen der Sonnenwenden und des Planetenlaufs zu befassen? denn es heißt: ‚Beobachtet und befolgt sie, denn das ist eure Weisheit und Klugheit in den Augen der Völker‘ (Dtn 4,6). Welche ist diejenige Weisheit und diejenige Klugheit, die als solche in den Augen der Völker gelten? – sage, das ist die Rechnung der Sonnenwenden und des Planetenlaufs" (Schab 75 a)[63].

Diese Weisheit und Klugheit ist aber keine andere als die, für die „Salomo" in Weish 7,17–19 dankt: „Denn er hat mir die irrtumslose Kenntnis der Dinge verliehen, so daß ich das System der Welt und die Kraft der Elemente *(stoicheiōn)* kenne, Anfang und Ende und Mitte der Zeiten *(chronōn),* Wandel der Sonnenwenden und Wechsel der Jahreszeiten *(kairōn),* den Kreislauf der Jahre und die Stellungen der Gestirne . . ."[64]

V.

Das führt nun aber zur Frage nach dem Verständnis des Ausgangstextes Gen 1,14–19 selber. In den Auslegungen wird immer wieder zu Recht darauf hingewiesen, wie nüchtern hier die Gestirne von ihrer reinen Funktion her aufgefaßt werden verglichen mit ihrer mythischen Überhöhung in kanaanäischer und vor allem babylonischer Religion[65].

---

[61] E. L. Sukenik, The Ancient Synagogue of Beth Alpha, Jerusalem 1932, dort (54 und 57) auch weitere Zodiakdarstellungen aus anderen Synagogen.

[62] Vgl. H.-F. Weiß, Untersuchungen zur Kosmologie des hellenistischen und palästinensischen Judentums, TU 97, Berlin 1966, 79–86.

[63] Den Hinweis darauf und manches mehr verdanke ich H.-P. Stähli.

[64] Übersetzung von K. Siegfried bei Kautzsch I 490.

[65] Vgl. zuletzt W. H. Schmidt, Die Schöpfungsgeschichte der Priesterschrift, WMANT 17, Neukirchen ²1967, 119f.; C. Westermann, Genesis 1–11, BK I/1, Neukirchen 1974,

Daß dies aber nicht allein eine Auseinandersetzung mit der heidnischen Umwelt ist, sondern auch eine Frage nach der israelitischen Religion selber, zeigen Stellen wie Jer 10,2 – Befragung jener '*ōtôt hǎššāmǎjim* von Gen 1,14 –, die Gesetzesbestimmungen Dtn 4,19[66] und 17,3, die doch schwerlich nur theoretisch vor lediglich potentiellen Gefahren warnen wollen, sondern konkrete Praktiken vor Augen haben, wie die Angaben über Gestirnverehrung im Jerusalem der späten Königszeit zeigen[67], wozu vielleicht auch jene Sonnenuhr gehört, die Ahas zum Mißfallen doch wohl des Dtr in Jerusalem errichtet hatte (2.Kön 20,11, vgl. Jes 38,8)[68]. Hi 31,26–28 werden merkwürdige verbotene Handlungen in Neumondnächten erwähnt.

Claus Westermann hat nun aber ebenfalls darauf hingewiesen, daß der Sinn von Gen 1,14–19 nicht in einer Polemik gegen Gestirnkult aufgeht, sondern daß hier – wenn auch ohne ihre mythische Überhöhung nachzuvollziehen – durchaus die freilich klar eingeschränkte positive Funktion der Gestirne beschrieben wird[69]. Was Westermann über die Erschaffung der Grundstruktur des Zeitrhythmus von Tag und Nacht am ersten Schöpfungstag sagt[70], läßt sich bei dem vierten fortsetzen: Für P scheint mit der Erschaffung der Gestirne nicht nur die räumliche Dimension der Welt weiter eingerichtet zu werden, sondern auch die *ablaufende* Zeit. Die Gestirne bilden Orientierungspunkte für die Bestimmung des Raumes wie für die der Zeit, geschaffen wird die geschichtliche Dimension der Welt. Dann ist in der Erschaffung der Welt nicht nur (am ersten Tag) die immer wiederkehrende Abfolge von Tag und Nacht gesetzt, sondern (am vierten Tag) mit dem Beginn der Zeit auch ihr Ende und damit ein Ende der Geschichte in der Ruhe des siebten Schöpfungstages[71]. Die Apokalyptiker der Henoch- und Qumranliteratur, die dies auf dem Hin-

---

176; O. H. Steck, Der Schöpfungsbericht der Priesterschrift, FRLANT 115, Göttingen 1975, 100f.

[66] Dort die Begründung: „... da Jahwe, dein Gott, sie doch allen Völkern unter dem Himmel gegeben hat" (Zürcher Bibel)!

[67] 2.Kön 21,3.5; 23,5.11; Jer 8,2; 19,13; (44,17–19); Ez 8,16.

[68] Andererseits beschreiben aber z. B. Jes 13,10; Ez 32,7f.; Jo 2,10; 3,15 das Gericht als Änderung der Gestirne und nennt Jer 31,35–37 (s. o. Anm. 30) die Gestirnordnung als Vergewisserung für Gottes Treue.

[69] AaO., 179.

[70] Ebd. 118.157.

[71] Vgl. Westermann ebd. 118 zur *ganzen* Schöpfungswoche: „So wird hier die Schöpfung von vornherein der Ganzheit einer Zeit zugeordnet, die in ihrem Ende auf Gott zugeht, wie sie in ihrem Anfang aus Gottes Wort ersteht: die Reihe der Tage, die auf den Tag Gottes zugehen." F. Stolz weist mich hin auf L. Köhler, Theologie des Alten Testaments, Tübingen ⁴1966, 72: „Der Schöpfungsbericht ist Bestandteil eines Geschichtsaufrisses, der durch Zahlen und Daten gekennzeichnet wird. ... Die treibende Kraft in diesen Zahlen ist die Frage: Wie lange noch währt die Welt? Der Auszug aus Ägypten, diese große Erlösungstat, fällt in das Jahr 2666 seit Erschaffung der Welt. Das sind, so gut es sich in vollen

tergrund von Gen 1,14–19 reflektieren, haben dann in P durchaus ihren Anhaltspunkt.

Die Welt, die der Mensch in ihrer räumlichen und zeitlichen Dimension als Natur und Geschichte erlebt, Geschichte dabei ebenso wie Natur unter der Erfahrung der Veränderung, daß nicht mehr zu sein braucht, was war, und daß sein kann, was noch nicht war, – diese so erfahrene Welt wird von P als sinnvoll, als „gut" gerade in ihren Polaritäten von Licht und Finsternis, von Tag und Nacht behauptet[72] – gegen alle Erfahrung ihrer Sinnlosigkeit: „Das Reden vom Entstehen oder Erschaffen von Welt und Menschheit ist nicht aus der Frage des Intellekts nach dem Ursprung des Vorhandenen oder des Seienden erwachsen, sondern aus der Sorge um die Sicherung des Seienden."[73] Schon in P bilden Schöpfungsordnung, Kultordnung und Lebensordnung Israels eine untrennbare Einheit[74] als „Gesetz", was sich dann in der weiteren Tradition – Sirach und Qumran z. B. gleicherweise – fortsetzt[75].

Von diesen Beobachtungen nicht nur an der jüdischen Tradition, sondern an einem Grunddokument des Alten Testaments selber gewinnt es an Wahrscheinlichkeit, den von Paulus bei seinen Gegnern beobachteten Zusammenhang von Beschneidung, *stoicheia* und Gestirnordnung mit Paulus durchaus unter dem Oberbegriff „Gesetz" verstehen zu können und nicht ein bloß „synkretistisches Judentum" – was immer dann auch ein phänomenologisch reines Judentum sein sollte – am Werk zu sehen oder gar anzunehmen, Paulus habe sich über die tatsächliche Lage in Galatien getäuscht, wenn er aus der Beschneidungsforderung fälschlicherweise Gesetzesverkündigung herauslese[76].

Zahlen ausdrücken läßt, genau zwei Drittel einer Weltdauer von viertausend Jahren . . . Daß Gott der Schöpfer der Welt ist, besagt, daß er die ganze Zeit, alle Zeiten beherrschend und gestaltend, zielsetzend und vollendend umfaßt."

[72] Vgl. Westermann, aaO., 157.

[73] Ebd. 29.

[74] Vgl. Westermanns Bemerkungen ebd. 129 zum Zusammenhang von Kultgesetz, Geschichte und Schöpfung in P; vgl. vor allem W. Gutbrod ThWNT 4,1035f. zum Gesetzesverständnis von P.

[75] Der leitende Begriff dafür wird *ḥôq*; vgl. dazu Aalen, aaO., 27f.160; G. Liedke ThHAT 1,628f.630f.; Limbeck, aaO., 48f.179.

[76] Ich habe in dieser Weise versucht, eine Beschreibung des „anderen Evangeliums" in Galatien zu geben (Der Brief an die Galater, Zürcher Bibelkommentare NT 7, Zürich 1978, 104–108). Eine religionsgeschichtliche oder gar historische Einordnung muß wegen des Fehlens von Originaltexten immer überaus hypothetisch bleiben, ist aber zum Verständnis des Briefes doch immer notwendig. Mit dem hier vorgelegten Material möchte ich begründen, daß diese immerhin in Kleinasien *Heidenmission* treibenden Judenchristen eine durchaus „moderne" Interpretation des Mosegesetzes vorlegen konnten, wie die vielleicht nächsten „Parallelen" zu Gal 4,10 – wenn man denn solche sucht – Philo oder Weish 7,17–19 belegen mögen. Der Streit zwischen Paulus und ihnen ist deshalb so erbittert, weil

VI.

Vor allem aber wird vor diesem Hintergrund die Frage um so dringender, warum Paulus in Galatien durch solche Gesetzestheologie das Evangelium und damit im Grunde *alles* – Gerechtigkeit, Leben, Geist – aufs Spiel gestellt sieht. Der engere Kontext Gal 4,8–10 ist bestimmt durch den Gegensatz „einst und jetzt", den die Galater nach Meinung des Paulus umzukehren im Begriff sind. Paulus steht dabei in der Tradition jüdischer Polemik gegen das Heidentum, dem jegliche Erkenntnis Gottes bestritten wird[77], das den Geschöpfen statt dem Schöpfer die Ehre erweist[78], und Paulus wird das in Röm 1,18–31 noch einmal situationsunabhängiger breit entfalten, dann freilich mit der Pointe, daß wie die Heiden, wovon die Juden überzeugt sind[79], auch die Juden selber die wahre Gotteserkenntnis verfehlt haben. Das ist aber auch in Gal 4,8–10 schon vorbereitet, wenn Paulus die Bekehrung zum *Gesetz* als der behaupteten Lebensmöglichkeit des Juden einem Rückfall ins *Heidentum* gleichstellt.

Erkenntnis Gottes als des wahren Gottes gegenüber den Göttern, die von Natur aus keine sind, war der Gewinn der Galater, den sie bei ihrer Hinwendung zum Christusevangelium erzielten, Erkenntnis Gottes dabei als Erkanntwerden von Gott[80] – auch das ist noch wie die Verwendung des Verbums *epistrephein* in 4,9 die Sprache der apologetischen und missionarischen Auseinandersetzung mit dem Heidentum. Die Konsequenz für Paulus aber ist, daß die Hinwendung zum Gesetz, und zwar auch die zu einem ins Kosmologische vorgetriebenen Gesetz, ebenso Gott verfehlt wie das Heidentum, aus dem die Galater kommen. Als Beispiel dafür dient Paulus in 4,10 die Orientierung am durch den Gang der Gestirne bestimmten Lauf der Welt, die sich nicht in einer „Kalenderfrömmigkeit" erschöpft, sondern – worauf vielleicht der Sprachgebrauch von *stoichein* im Galaterbrief hinweisen mag – den ethischen Bereich mit einbezieht[81].

---

beide Parteien ihr Evangelium aus dem Gesetz selber entwickeln, was Paulus naturgemäß schwerer fallen mußte. Doch hatte er selber dieses „Gesetz" als *christliche* Bibel in Galatien hinterlassen, nicht erst die Gegner hatten es dort eingeführt.

[77] Vgl. vor allem Weish 13–15.

[78] Vgl. Röm 1,25, aber auch Philo, op. mund. 7: „. . . weil sie die Welt mehr als den Weltschöpfer bewunderten."

[79] Vgl. Gal 2,15: „Wir, von Natur aus *(physei)* Juden und nicht Sünder aus den Heiden . . ."

[80] Vgl. H. Conzelmann, Der erste Brief an die Korinther, MeyerK 5, Göttingen [11]1969, 168 zu 1.Kor 8,3.

[81] Paulus verwendet auffälligerweise *stoichein,* das bei ihm sonst nur noch zweimal begegnet (Phil 3,16 und Röm 4,12), im ethischen Teil des Briefes Gal 5,25 sowie in 6,16 nach Nennung des „Kanons" 6,15 – die ursprünglichen Leser jedenfalls mußten hier einen An-

Paulus stellt dem schroff entgegen nichts als das Kreuz Christi, „durch das mir die Welt gekreuzigt ist und ich der Welt" (Gal 6,14). Dadurch sind nach Christus wie vor Christus alle von Natur aus bestehenden Polaritäten aufgehoben (3,28)[82], zumal die von Juden und Heiden (vgl. 2,15: *physei!*). Das unterscheidet die „neue Schöpfung" von der bestehenden Welt (6,15, vgl. 2.Kor 5,17). Daß diese Welt, die der Mensch als Natur und Geschichte erlebt, von ihrem Anfang und damit auch von ihrem Ende her einen Sinn habe gegen alle Erfahrung ihrer Sinnlosigkeit, war das geheime Thema der Auslegungstradition des vierten Schöpfungstages und wohl auch von Gen 1,14–19 als Teil des „Gesetzes". Die Erfahrung der Polaritäten in der Welt, die schon P reflektierte, wurde im Judentum in unterschiedlicher Weise in Gesetz, Kult oder Eschatologie beantwortet: Licht ohne Finsternis, das das Gesetz, selber ja Licht, versprach, wäre das Kennzeichen der „neuen Schöpfung"[83].

Für Paulus dagegen ist das Kreuz, nicht mehr das Gesetz, der Schlüssel für die Wirklichkeit, weil in ihm die letzte Polarität, die von Leben und Tod, aufgehoben ist. Die Welt ist hier mitgekreuzigt nicht anders als das Ich in 2,19. Das Gesetz kann die Polaritäten allenfalls beschreiben oder ihre Aufhebung versprechen, sie aber nicht selber aufheben; statt des versprochenen Lebens bringt es vielmehr den Tod, wie sich für Paulus im Kreuzestod des Christus zeigt (3,13 in Aufnahme von Dtn 21,23)[84].

Darin sind ihm vielleicht schon die Galater nicht gefolgt, wenn sie – was nicht auszuschließen ist – sich lieber an jenes andere, Christus und Gesetz verbindende Evangelium gehalten haben als an das Christusevangelium des Paulus. Das wäre jedenfalls begreiflich, sieht man, wie die jüdische Tradition vom Gesetz her doch recht plausibel den mehrdeutigen Erfahrungen einen Sinn geben konnte, die der Mensch mit sich selber, mit Gott und der Welt macht. Auch Paulus steht in dieser Tradition des Gesetzes, radikalisiert sie nun aber in der Weise, daß er die im Gesetz versprochene Gerechtigkeit nur außerhalb des Gesetzes realisiert sieht[85]. Das bedeutet auch einen anderen Zugang zur Welt, denn von Gott als dem Schöpfer Himmels und der Erden ist nun nicht mehr zu reden, ohne daß von diesem Christus geredet wird; der die Toten leben-

---

klang an das Thema der *stoicheia* mithören. *Systoichein* begegnet bei Paulus nur Gal 4,25 im Zusammenhang des alten Themas von oberem und unterem Jerusalem (vgl. schon Ex 25,40 P: die *tăbnīt* des Tempels, die Mose auf dem Sinai gesehen hat).

[82] Vgl. D. Lührmann, Wo man nicht mehr Sklave oder Freier ist, WuD NF 13/1975, 53–83.

[83] Vgl. die „Sonne der Gerechtigkeit" Mal 3,20; der Unterschied zwischen Gerechtigkeit und Frevel wird dann offenbar werden (3,18).

[84] Vgl. Gal 2,19!

[85] Und er behauptet, daß das aus dem Gesetz selber hervorgehe, verstehe man es nur richtig; vgl. oben Anm. 76.

dig macht und das Nichtseiende ins Sein ruft (Röm 4,17), ist der, der Jesus, unseren Herrn, von den Toten auferweckt hat (Röm 4,24). Der „Sinn" der Welt ist nicht mehr aus ihrer im Gesetz niedergelegten kosmischen Ordnung zu erkennen, sondern allein im Kreuz des Christus; Zeichen der Treue Gottes gegenüber seiner Schöpfung ist nicht die Ordnung der Gestirne, sondern allein das Kreuz[86].

---

[86] Damit rücken der Galaterbrief und 1.Kor 1–4 hinsichtlich ihrer Sachproblematik sehr eng zusammen; in beiden Fällen wird die Kreuzestheologie – und die begegnet ja nur in diesen beiden Zusammenhängen so ausdrücklich – gegen eine „Weisheit" gestellt, die in Galatien nur stärker am Gesetz orientiert ist. Diesem Unterschied aber entsprechen schon im Judentum verschiedene Traditionsstränge. – Der Kolosser- und der Epheserbrief zeigen den Versuch, von dieser Kreuzestheologie her neu kosmologische Aussagen zu gewinnen (vgl. Kol 1,20 im Zusammenhang des Hymnus 1,15–20 und Eph 2,13–17). Das geschieht z. T. unter Rückgriff auf vor- oder nebenpaulinische Traditionen, hat aber doch seinen Anhalt bei Paulus selber, vgl. Phil 2,6–11; Gal 6,15; 2.Kor 5,17–21; 4,4–6; 1.Kor 8,6; Röm 8,38 f. u. a. Doch das kann hier nicht mehr weiter ausgeführt werden.

FRANK SCHNUTENHAUS

Der Sitz des Alten Testaments im Leben der Gemeindeglieder

I

1. Der verehrte Jubilar hat seine Schüler wesentlich dadurch beeindruckt, daß er wie kaum ein anderer Forscher der historischen Disziplinen die Verbindung zur Gegenwart und zur Praxis betont. Das Buch, das er erforscht, das Alte Testament, ist nach der genialen Entdeckung Hermann Gunkels in seinen Gattungen aus dem jeweiligen Sitz im Leben entstanden. Es kann ebenso heute nur leben, sofern es einen Sitz im Leben hat. Der Begriff „Sitz im Leben", der das Alte Testament aus Abstraktion, Dogmatik und bloßer Historie in die Lebensvollzüge herunterholt, erscheint mir am besten geeignet für die Frage nach dem Leben des Alten Testaments in unserer Welt. Er meint ja „besondere, regelmäßig wiederkehrende Ereignisse und Bedürfnisse des Lebens"[1]. K. Koch nimmt als Beispiel aus der modernen Zivilisation die Marktwerbung eines Unternehmens, in der die Gattungen Reklamebrief, Plakate, mündliche Werbung u. a. ihren Sitz im Leben haben. Freilich werden wir den rein soziologischen Bereich überschreiten müssen. Es gibt ja in letzter Zeit zunehmend Arbeiten nicht nur zur Kirchen- und Religionssoziologie, sondern auch innerhalb der alttestamentlichen Forschung zu soziologischen Fragen. Die Fragen, die uns hier beschäftigen, könnten sicher durch Kirchensoziologie, Wissenssoziologie u. a. vorangetrieben werden. Sie sind aber auch Fragen der Psychologie, der Anthropologie und natürlich der Theologie.

Ich kann in diesen wenigen Seiten die Probleme weder umfassend noch wissenschaftlich voll abgesichert darstellen. Ich muß mich auch auf einen Ausschnitt beschränken, den ich am ehesten kenne, nämlich die Großstadtgemeinde. Persönliche Erfahrungen und einige wichtige Arbeiten aus der biblischen, der systematischen und praktischen Theologie müssen sich ergänzen. So ist das Dargestellte vielleicht, hoffentlich, doch

---

[1] K. Koch, Was ist Formgeschichte? Neukirchner Verlag, 1964, 30 f.

nicht ganz zufällig. Die Wirkung des Alten Testaments ist weltweit und auf verschiedenen Ebenen zu sehen. Auch in einer sozial vielschichtigen Großstadtgemeinde liegt sie auf vielerlei Ebenen. Wir müssen uns auf Andeutungen beschränken. (Zum Beispiel müssen geistesgeschichtliche Fragen wie die Wirkung des Alten Testaments auf die Menschenrechtsdiskussion weggelassen werden.) Eine andere entscheidende Frage, die nicht erörtert werden kann, ist die nach dem Verhältnis von alttestamentlicher und christlicher Tradition. Wieweit sind sie in zweitausend Jahren zu einer Einheit verschmolzen; wieweit läßt sich alttestamentliche Tradition für sich betrachten? Das wird kaum möglich sein. Dennoch versuche ich es, indem ich die Hauptgattungen des Alten Testaments durchgehe und nach ihrem Sitz im Leben heute frage (Teil II. In Teil III werde ich allerdings auch umgekehrt von heutigen Formen kirchlicher Gemeinschaft ausgehen).

2. Von unten her, vom einzelnen Gemeindeglied und nicht von Theorien oder von der Betrachtung der Gesamtgeschichte her soll gefragt werden. Diese Fragen hören wir ja in der kirchlichen Praxis: Kommt das Alte Testament (die Bibel) in meinem Leben vor? Wozu ist es gut? Oder umgekehrt: Komme ich im Alten Testament vor? Von den Erwartungen und Bedürfnissen der Gemeindeglieder her – so mannigfach und widerspruchsvoll sie sein mögen – denkt der Praktiker. Zum Maßstab darf er sie allerdings nie werden lassen. Ebenso darf ja die gegenwärtige volkskirchliche Lage nicht Maßstab werden – weder in Bejahung noch in Ablehnung. Maßstab ist die Bibel. Die Volkskirche bejahen heißt unseren missionarischen Auftrag bejahen. Biblischer Auftrag und volkskirchliche Erwartung widersprechen sich oft genug – es ist die Zerreißprobe kirchlicher Mitarbeiter. Dennoch müssen wir in diesem Spannungsfeld bleiben. Denn das Problem der Hörbereitschaft oder Hörmöglichkeit war so wie heute schon das Problem der Propheten. Die Frage der dialektischen Theologie nach dem Anknüpfungspunkt der Botschaft im Menschen wird wohl nie ausgestanden sein. Die Forderung der Erweckungsbewegung nach Bekehrung sollte, zeitgemäß verstanden, nicht untergehen.

3. Zwei verschiedene Bewegungen also bestimmen uns: die Bewegung der biblischen Mission zu uns hin (um nicht mit höchstem Anspruch zu sagen: die Selbstbewegung Gottes zu uns) und andererseits die meist säkularisierten, meist allgemein menschlichen Erwartungen an die Kirche. Dietrich Bonhoeffer schreibt am 30. 4. 1944 aus der Haft: „Die zu beantwortenden Fragen wären doch: Was bedeutet eine Kirche, eine Gemeinde, eine Predigt, eine Liturgie, ein christliches Leben in einer religionslosen Welt?"[2] Seine nachfolgende berühmte Frage: „Wie sprechen

---

[2] D. Bonhoeffer, Widerstand und Ergebung, Kaiser München, 1951, 133.

wir weltlich von Gott?" fällt etwas zurück, nämlich zieht sich aus dem Sitz im Leben auf die Redegattung zurück.

Das herkömmliche Modell zur Verbindung beider Bewegungen ist das der Kerngemeinde. Sie wird als innerer Kreis in einer Reihe konzentrischer Kreise aufgefaßt, konzentriert um den Gottesdienst. Die äußeren Kreise sind zunehmend „Welt". Die Gefahren dieser Auffassung – Gettosituation, restaurative bis verknöcherte Einstellung – sind oft gezeigt worden. Die Betonung von Gottesdienst und Gemeinschaft sollte allerdings vorbildlich bleiben. In Spannung zu diesem Modell steht in den letzten Jahren ein anderes, das von den Erwartungen der Gemeindeglieder ausgeht und soziologisch nach der Funktion der Kirche und Gemeinde in unserer heutigen Gesellschaft fragt. Es entspricht also mehr Bonhoeffers Frage. Es wird vorwiegend von Karl-Wilhelm Dahm vertreten[3]. Er fragt nach der gesellschaftlichen Funktion von Religion. Er sieht sie vor allem in der Hilfe zur Bewältigung von Grenzerfahrung, in Weltdeutungsformeln, in ethischen Regeln, allgemein im Dienst für eine humane Regelung zwischenmenschlichen Zusammenlebens. Dahm zeigt auf[4], wie einige Gemeindeglieder von der Kirche Verkündigung erwarten, andere rituelle Hilfe zur Bewältigung wichtiger Übergangsstationen ihres Lebens wie Geburt, Pubertät, Hochzeit, Tod; anderen geht es um den Sinnbereich, anderen um sozialdiakonische Aufgaben, oder um Gesellschaftskritik, oder vor allem um helfende Begleitung. Wie man sieht, werden typisch christliche (Verkündigung) und gar nicht christliche, sondern allgemein-menschliche Erwartungen – und das sind eigentlich alle anderen Erwartungen – nebeneinander gestellt. Diese funktionale Theorie scheint unserer heutigen Wirklichkeit tatsächlich am besten zu entsprechen. Die Gemeindeglieder halten, grob gesprochen, wegen der Amtshandlungen, also der rites de passages, der Sinnfrage (Leid!), der Normen (Erziehung und Unterricht!) und der Diakonie an der Kirche fest. Darüber hinaus kann man natürlich Wandlungen feststellen: Einige dieser Bedürfnisse können im Lauf der Zeit durch andere gesellschaftliche Kräfte als die Kirche abgedeckt werden, wie der Umbruch in der DDR zeigt. Andererseits bilden sich auch neue Erwartungen an die Kirche, daß sie z. B. zu festlicher, spielerischer Gemeinschaft verhilft, die man selbst verlernt hat. Es werden nicht nur die üblichen kirchlichen Feiern, sondern profane Feste erwartet (wobei sich der Kenner wieder an das Alte Testament erinnert). Nach Abschluß meines Manuskripts erscheint R. Albertz, Persönliche Frömmigkeit und offi-

---

[3] K. W. Dahm u. a., Das Jenseits der Gesellschaft, Claudius Verlag München, 1975, 12 ff.
[4] Ders., Helfende Begleitung in Lebenskrisen, in: Das missionarische Wort, 1974, 242 ff.

zielle Religion, Stuttgart 1978. Albertz zieht dankenswerterweise die Linie seiner Untersuchung bis zu den sog. Amtshandlungen aus. Er sieht sie mit Recht in allgemeiner Religiosität – persönlicher, familiärer Frömmigkeit – begründet, die die Kirche positiv aufzunehmen hat.

4. Die von Dahm aufgezählten Funktionen der Kirche (ohne die erste) sind allgemein-menschlicher Art, denn rites de passage, Sinndeutung usw. gibt es nicht nur in allen Religionen, sondern auch in ausgesprochen atheistischen Gesellschaften. Es hat sich kaum ein anderer Erforscher der Bibel so sehr wie Claus Westermann um das Allgemein-Menschliche gekümmert. Es genügt, wenn ich auf ein Buch – für viele – hinweise, auf die Darstellung der Schöpfung[5]. Westermann hat in seinem Genesiskommentar die Urgeschichte vor den Hintergrund einer Vielfalt von Zeugnissen gestellt – sie insofern als allgemein-menschlich gezeigt. Er hat gezeigt, wie hier „der in seiner Welt bedrohte Mensch" redet. „Hinter ihm steht die Frage der Existenz." Er zeigt die Bedeutung der Schöpfungserzählung für uns heute: „Es ist in ihm für alle Zukunft festgehalten, daß die für das Menschsein entscheidenden Momente der Menschheit gemeinsam sind, daß alle Rassen, alle Völker, alle Menschengruppen sich in entscheidenden Zügen in gleicher Weise als Menschen in der Welt verstehen . . ." Sicher ist die Ausprägung dieses Allgemein-Menschlichen in jeder Kultur und Zeit verschieden – ein weites Feld für viele Wissenschaften. Für unsere Frage wichtig ist die Spannung zwischen jüdisch-christlicher Überlieferung und dem Allgemein-Menschlichen in unseren heutigen Gemeinden. Seit der Aufklärungszeit wird „Religion" vorwiegend unhistorisch, allgemein-menschlich verstanden. Unsere Frage fragt, wie sich alttestamentliche und heutige Sitze im Leben und Sprachformen zueinander verhalten.

5. Aus den bisherigen Überlegungen geht hervor, daß wir für die Frage nach dem Sitz des Alten Testaments im Leben der Gemeindeglieder nicht vom Gottesdienst ausgehen können. Denn er ist nur ein Sitz unter anderen, für viele, für die meisten gar nicht der wichtigste, er steht selber in größeren Spannungsfeldern. Am Beispiel Jugendgottesdienst läßt sich das zeigen: Aus Tradition gehen konfirmierte Jugendliche kaum noch zum Gottesdienst. Wohl aber, wenn sie selber einen Gottesdienst gestalten können, in dem sie mit ihren Fragen und Formen der Äußerung vorkommen. Auf diese Weise, also von ihrer Situation her, verstehen sie auch die Teile des Alten Testaments, die ihnen in ihre Situation hineingegeben werden.

Wir stehen also beim Problem der Rezeption: Es wird in der Pädagogik diskutiert, in der Gruppendynamik und von daher neustens auch der Bibelarbeit. Der Lernvorgang wird auf die soziale Situation zurückbezo-

---

[5] C. Westermann, Schöpfung, Kreuzverlag Stuttgart, 1971, 23, 27 u. ö.

gen und gefragt, „ob der Leser mit den vom Text angebotenen Denk-
und Verhaltensalternativen etwas anfangen kann"[6]. Der Umgang mit
(biblischen sowie anderen) Texten soll Distanz und Nähe zugleich um-
schließen; Sinninteressen der Tradition sollen Frage und Antwort für die
Gegenwart werden. Der Text soll wieder unmittelbar sprechen. Und
dies nicht nur als bloße Anwendung nach der wissenschaftlichen Exegese, sondern vor ihr und in ihr. Die hermeneutischen Erwägungen sowie
die exegetische Forschung selbst haben dies zum Ziel. Westermann
schreibt: „Die Frage: Wozu das alles? beantworte ich deshalb so: Dies
alles soll allein dazu dienen, den Weg frei zu machen für ein offenes, un-
voreingenommenes, einfältiges Lesen des Alten Testaments!"[7]

So wird der Einzelne hineingenommen in das große Geschehen, das
vom Alten Testament bzw. von Gott selbst ausgeht. Diese Betonung des
Geschehens durch Westermann ist grundlegend wichtig, für alle theologischen Disziplinen sowie für das kirchliche Leben. Es ist die eine große
Klammer oder Brücke zwischen beiden Testamenten und uns. So oft
weist Westermann darauf hin, daß ich mich mit Andeutungen begnügen
muß. Die Worte (der Bibel und heute) dürfen nicht aus dem geschichtlichen Zusammenhang gerissen werden. Andererseits darf das Gotteswort nicht in die Geschichte eingeebnet werden. „Das ist das Grundproblem, um das es heute in der Frage nach dem Verstehen des Alten Testaments geht."[8]

Gottes Wort ist an ein jeweiliges Geschehen gebunden, so z. B. die
Verheißung, die man nicht als in der Luft schwebendes Wort, sondern als
die Tat des Verheißens verstehen muß. „Löst man das Verheißungsge-
schehen, die lebendigen Vorgänge des Ergehens der Verheißung von
dem Verheißenen ab, will man also die Erfüllung ohne die Verheißung
haben, dann ist es keine Erfüllung mehr."[9] So wie damals ist es auch heute: Wort und Geschehen gehören zusammen. Auch für die Predigt hat
Westermann dies dargestellt. „Die eigentliche Funktion der Predigt ist
Vergegenwärtigung eines vergangenen Geschehens, und zwar eine Vergegenwärtigung, die zur Anrede werden soll . . . Es ist die Aufgabe der
Predigt, die heute und hier gegenwärtigen Hörer in dieses Geschehen
hineinzunehmen." „Erzählende Predigt hat, die vielfachen Gemein-
schaftsbezüge der biblischen Texte im Blick, die Möglichkeit, von jenen
Bezügen in die der Gegenwart der Gemeinde entsprechenden hineinzu-

---

[6] H. Barth – T. Schramm, Selbsterfahrung mit der Bibel, Pfeifer/Vandenhoeck Göttingen, 1977, 145, 73.

[7] C. Westermann, Zur Auslegung des Alten Testaments, in: Forschung am AT, Ges.
Studien II, Kaiser München, 1974, 66.

[8] Ders., Zur Auslegung des Alten Testaments, in: Probleme alttestamentlicher Hermeneutik, Kaiser München, 1974, 66.

[9] Ders., Das Alte Testament und Jesus Christus, Calwer Verlag Stuttgart, 1968, 50.

reden."[10] Ich schließe diese grundlegenden Überlegungen, die die Arbeit Westermanns und Grundfragen heutiger Gemeindepraxis zusammenbringen wollen, mit einem Zitat Westermanns: „Was uns nottut, ist eine ganz gründliche, bis an die Fundamente gehende Besinnung auf das Verhältnis der Kirche zu den übrigen Gemeinschaftsformen in ihrer Umwandlung. Für diese Besinnung aber ist bisher das Alte Testament noch nicht genügend befragt worden; es hat m. E. viel mehr zu den Grundverhältnissen menschlicher Gemeinschaft zu sagen, als bisher gesehen wurde."[11]

II

Wir wenden uns in dem Teil II zuerst den Sprachformen des AT zu, die ihren Sitz mehr im Einzelnen haben. Das scheint dem Vorangehenden nicht zu entsprechen, aber ich meine dennoch, in unserer gesellschaftlichen Gegenwart, die durch Auflösung der Gemeinschaften und ihrer Formen, durch Individualismus und Pluralismus gekennzeichnet ist, den Ansatzpunkt beim Einzelnen sehen zu müssen.

1. Das wichtigste religiöse Geschehen im Leben des Einzelnen ist das Gebet. Das Gebet ist z. B. von Heiler als allgemein-religiöse Lebensäußerung dargestellt worden. Wir fragen noch allgemeiner nach dem Gebet, das nicht durch religiöse Institutionen vermittelt ist. Westermann geht in seinem Aufsatz „Die Illusion des Atheismus" auf die tiefsten allgemein-menschlichen Daseinsphänomene ein: „Das Flehen, das Schreien aus der Not wurzelt in einer elementareren Schicht als die Frage, ob es Gott gibt oder nicht."[12] An dieser Problematik des Gebets ist in den letzten Jahren viel gearbeitet worden. Denn hier sind die häufigsten und tiefsten Beziehungen zwischen biblisch-christlicher Tradition (Psalmen!) und Gegenwart. Unzählig viele Kleinschriften sind zum „Geistlichen Leben und christlicher Praxis" erschienen. Ich zähle im Katalog „Das evangelische Schrifttum 1977" auf fast hundert Seiten unter dieser Überschrift – die meisten Andachts- oder Gebetsbüchlein – etwa eintausendzweihundert Titel.

Die Tiefenpsychologie hat sich teilweise mit der Seelsorge verbunden. Das Clinical Pastoral Training schult Seelsorger in diesem Sinn und hat z. B. zur Gesprächsführung wichtige Literatur erbracht. Der Seelsorger – und das sind zunehmend auch Nichttheologen – lernt, auf die Situation des Einzelnen genau einzugehen, hinzuhören, dann die rechte Sprache zu finden. Dies ist ein Geschehen – Kommunikation und Sprachgesche-

---

[10] Ders., Predigten, Vandenhoeck Göttingen, 1975, 8f.

[11] Ders., Der Mensch im Alten Testament, Verlag Hage, Bremen, o. J., 17f.

[12] Ders., Die Illusion des Atheismus, in: Forschung am AT, Ges. Studien II (s. Anm. 7), 318.

hen. Es ist innerhalb des anderen Geschehens zu sehen, das das Leid verursacht. „Ich verstehe das alles nicht", sagt eine Schwerkranke. „Und trotzdem" – hier folgt eine Art von Neudichtung des 73. Psalms mit der Seelsorgerin zusammen[13]. Ob Rezitation oder, bei gänzlich Kirchenfernen, vorsichtige Neudichtung – hier ist am entscheidenden Punkt das Alte Testament gegenwärtig. Hier ist Betroffenheit und Erfahrung mit dem Bibelwort vereint. Freilich müßte man genauer fragen, wie sich beide begegnen (oder wie der Mensch mit seiner Lebenserfahrung, zusammen mit dem Bibelwort, Gott begegnet).

Auch positive Erfahrungen wie Rettung, Hoffnung, staunendes Ergriffensein und Freude haben ihre engen Verbindungen mit den Psalmen und den Bekenntnissen der Bibel. Westermann hat in mehreren Arbeiten darauf hingewiesen[14]. Die Betroffenheit als staunendes Ergriffensein ist in unserer technisierten, vom Menschen gemachten Welt weithin verlernt worden und muß neu gelernt werden. Es gibt dafür vor allem Meditationskurse und -bücher, die neustens bis in die Religionspädagogik eindringen. Diese Art der Meditation scheint der Bibel am ehesten zu entsprechen. Die erste und grundlegende Übung ist nach dem schönen Buch von Hansen und Deichgräber die Meditation der Herrlichkeit und Wirklichkeit Gottes, z. B. anhand des Seraphengesangs aus Jes 6. Danach sollen die biblischen Bilder und Gleichnisse meditiert werden, die uns heute noch treffen[15]. Viele Gemeindeglieder sehnen sich nach derartigen Meditationen und einer geistlichen Ruhe, können sie aber höchstens auf Einkehrtagen verwirklichen.

Was Westermann aufgrund seiner Psalmenforschungen berichtendes Lob nennt, finden wir vor allem im Leben älterer Gemeindeglieder. Hier wird, etwa bei Geburtstagen und Jubiläen, von Rettungen, Bewahrungen und Segnungen berichtet – freilich auch geklagt. Wir finden dann Sprachformen, die denen der Psalmen entsprechen – meist auf Formeln reduziert, bei kirchennahen Personen auch Psalmenzitate. Schwierig ist die Frage nach Vergleichbarem bei Kirchenfernen zu beantworten. Natürlich gibt es bei ihnen auch Dank und Lob, aber nicht auf Gott gerichtet. Für Israel war aber gerade diese Ausrichtung entscheidend. Der Dank geht jetzt an Menschen, darüber hinaus ans Schicksal, an den Zufall, an ein Es („daß es so kam"). Jedoch ist andererseits der Gottesbegriff vieler Gemeindeglieder so allgemein, von der Aufklärung geprägt, daß wir ihn nicht zum Kriterium nehmen können. Die Art der Erfahrung

---

[13] H.-Chr. Piper, Gesprächsanalysen, Vandenhoeck Göttingen, 1973, 68.

[14] C. Westermann, Umstrittene Bibel, Kreuzverlag Stuttgart, 1960, z. B. 58 ff.; ders., Lob und Klage in den Psalmen, Vandenhoeck Göttingen, 1977, z. B. 124, 164.

[15] O. Hanssen – R. Deichgräber, Leben heißt sehen, Vandenhoeck Göttingen, 1972[3], 27 ff.

und ihrer Äußerung ist entscheidend. Freilich müßte nun der Pfarrer oder das Gemeindeglied, das von der biblischen Offenbarung betroffen ist, den Klagenden oder Dankenden schrittweise weiterführen: ihm zunächst eben die Art seiner Erfahrung und Äußerung deutlich machen und ihn sodann in die größeren Zusammenhänge stellen, die die Bibel aufzeigt. Leider kommt es meist aus Zeitmangel, auch aus Scheu vor einem Aussprechen „religiöser Gefühle" dazu nicht.

2. Ein weiter Bereich, in dem alttestamentliche Aussagen und heutige Erfahrung sich begegnen, ist der der Weisheit. „Die Zeit des eigentlichen Sprichworts ist vorbei", sagt Westermann[16]. Ja, wenn auch die alten Sprichwörter leider in Vergessenheit geraten, hört man ihre witzige Formulierung gerne als Zusammenfassung eigener Erfahrung. Die Skepsis eines Kohelet hat ihre gegenwärtige Entsprechung in so vielen Äußerungen, von einfachen Leuten angefangen bis zu Schriftstellern und Philosophen, daß ein derartiger Vergleich Bände füllen könnte. Die Weiterführung der Weisheit in die Wissenschaft ist oft beschrieben worden. Weisheit will das Leben und die Welt ordnen, übersichtlich, handhabbar machen und möglichst als sinnvoll erkennen. Das will aber nicht nur altorientalische und biblische Weisheit, sondern das will jeder Mensch. Die Zusammenfassung der Weisheit, die ich eben versuchte, läßt sich für fast alle Lebensbereiche aussagen, vom alltäglichen Leben bis zu Wissenschaft und Technik. Insofern hat die Weisheit der Bibel die breiteste Berührung mit unserer Welt. Man müßte jetzt detailliert nach den verschiedenen Sitzen im Leben und ihren Sprachformen fragen. Die meisten werden mit Gott wenig zu tun haben. Aber von der biblischen Offenbarung her interessieren uns natürlich die Verbindungen der Weisheit mit Gott, genauer gesagt mit seinem geschichtlichen Heilshandeln. Dies ist ja schon ein Hauptproblem in v. Rads Weisheitsbuch. Nun hat Christian Link als Systematiker das Problem der natürlichen Theologie neu anzupacken versucht gerade auch von v. Rads Darstellung alttestamentlicher Weisheit aus. Die Systematik nimmt damit endlich wieder die dem Praktiker auf Schritt und Tritt gestellte Frage auf, wo denn angesichts der Welterfahrung Gott sei. Link sagt: „Schließlich geht es in der ‚Weisheit' wie in den Gleichnissen Jesu um ein weltimmanentes Erfahrungswissen, das als gleichsam empirisches Zeugnis für die Präsenz Gottes in der Welt verstanden sein will." Er führt weiter aus, wie wir statt eines Beweises, also statt wissenschaftlicher Methoden eine neue Einstellung zur Welt, zur Erkenntnis ihre Wirklichkeit einüben müssen und leitet dazu anhand der alttestamentlichen Weisheit und der Gleichnisse Jesu an[17]. Wir finden hier Fragestellungen, die in neuer Weise die theo-

---

[16] C. Westermann, Weisheit im Sprichwort, in: Forschung am AT, Ges. Studien II (s. Anm. 7), 151.

[17] Chr. Link, Die Welt als Gleichnis, Kaiser München, 1976, 36 ff.

logischen Disziplinen verbinden und die vor allem dem Praktiker dadurch helfen, daß die Verbindung der Theologie zur heutigen Welt gesucht wird. Ich möchte nun nur noch eine ähnliche Arbeit erwähnen, es ist die von Ulrich Luck: „Welterfahrung und Glaube als Grundproblem biblischer Theologie"[18]. Luck will „nicht von einer gesonderten Glaubenserfahrung ausgehen, sondern umgekehrt den Glauben im Horizont der dem Menschen als Menschen eigenen Welterfahrung begreifen". Exegese muß die Welterfahrung aufdecken, die sich in ihren Texten artikuliert hat. Er stellt die These auf, daß die in den Weisheitsüberlieferungen zu erfassende Welterfahrung der gesamten biblischen Überlieferung zugrunde liegt. Es ist die Frage nach der Gerechtigkeit in der Welt, die in die apokalyptischen Antworten führt. Es ist zugleich die zentrale Frage des heutigen Menschen, die Theodizeefrage („Wie kann Gott das zulassen?"). Sie muß von unten her angegangen werden, vom Vorverständnis oder immer schon so oder so vorhandenen Glauben des Menschen. Hier haben wir dieselbe Struktur der Begegnung mit der biblischen Botschaft, von der ich oben zu Klage und Dank sprach. Es ist immer die Frage, wie die sehr profanen Erfahrungen vom Heilshandeln Gottes eingeholt werden.

3. Die Gebote, alttestamentlich gesprochen der Dekalog, seine Parallelen, Ausweitungen und Zusammenfassungen sind in ihrer zweiten Tafel, also zumindest vom Tötungsverbot an, allgemein anerkannte, grundlegende Norm. Das verwundert nicht, sind sie doch nach Luther „der Juden Sachsenspiegel". Schwieriger wird die Frage schon, wieweit sie in Jesus radikaler Zuspitzung akzeptiert werden. Tötung durch einen Schimpfnamen oder Ehebruch durch begehrlichen Blick werden meist verdrängt oder als durch gute Taten und gutes Wesen kompensiert betrachtet. Schwierig wird die Frage nach den Geboten heute also in theologischer Sicht. Das erste Gebot ist, wie die Propheten, aber auch Thora und Schriften zeigen, das entscheidende Gebot. Gerade das ist es heute nicht. Schon Luther hat mit seiner Erklärung, daß das für den Menschen sein Gott sei, woran er sein Herz hängt, die heute notwendige existentiale Interpretation vorweggenommen. In allgemeiner Form hat G. v. Rad das erste Gebot in die Gegenwart zu transponieren versucht, indem er in ihm den Kampf gegen Naturmythen (damals) und gegen alle letzten Sinndeutungen vom Menschen her, also vor allem gegen Natur und Geschichte als letzte Wirklichkeit (heute) sieht[19]. So ist dieses Offenhalten des Platzes Gottes ein Kampf, ein ständiges Unkrautjäten zuerst im eigenen Herzen, dann bei den anvertrauten Menschen. Diese existentielle Betroffenheit ist Sitz im Leben des ersten Gebots.

---

[18] Bei Kaiser München 1976 erschienen: Zitate S. 16 u. 24.
[19] G. v. Rad, Die Wirklichkeit Gottes, in: Gottes Wirken in Israel, Neukirchner Verlag, 1974, 148 ff.

4. Die Verheißungen des Alten Testaments sind besonders von Westermann erforscht worden – ich denke an seinen Kommentar zu Deuterojesaja (Heilszusage, Heilsankündigung und Heilsschilderung) und besonders an seine Forschungen zu den Erzvätern. Er sieht das Allgemein-Menschliche, die Verheißung des Sohnes, die Rettung, die Versöhnung der Brüder. „In die Angst eines Menschen ergeht eine tröstende Verheißung, ein Weg gelangt an das verheißene Ziel."[20] Verheißung ist also ein Wort, das einen Lebensabschnitt eines Menschen umspannt, vielleicht das ganze Leben, das Führung ankündigt, die nicht von Menschen machbar ist und die auch nicht blindes Schicksal ist. Solche Worte leben heute auf mancherlei Weise. Sieht man sich zunächst im profanen Bereich um, so stößt man auf gute Wünsche, vor allem zur Geburt, zu Geburtstagen, zur Konfirmation. Trotz aller formgeschichtlichen Unterschiede ist eine Verwandtschaft mit Gruß und Segen zu sehen. Verheißungen heute sind mehr gute Wünsche – denn woher soll die Vollmacht kommen, die absolute Sicherheit der Zusage, die den biblischen Verheißungen eignet? Heute spricht der Mensch und nicht Gott. Freilich wünscht man sich absolute Zusagen. Komfirmanden suchen sich bei mir ihre Sprüche selbst aus der Bibel heraus – sie wählen sich oft Verheißungen, z. B. für ein festes Herz, für Bewahrung und Lebenserfüllung. Im Rückblick auf das Leben kann dann erst gesagt werden, ob die Verheißung eingetroffen, erfüllt ist. Manchmal aber kommt der Seelsorger in die Lage, eine unbedingte Verheißung wagen zu müssen. Manchmal gibt es Situationen des Leides, der Schuld, des Bekennens, an denen man wie an Gottes Stelle reden muß. Ob die Worte dann Bibelzitat sind, ist zweitrangig. Die Art des Geschehens ist dieselbe heute wie damals.

5. Die Prophetie – und das heißt Urteils- oder Unheilsankündigung mit Anklage als ihrer Begründung, ferner Heilsankündigung – wird im Leben der Gemeindeglieder nur in Ausnahmesituationen anzutreffen sein. Es trifft dasselbe zu, was ich eben über Verheißung sagte. Die Unbedingtheit der Gerichtsankündigung ist aufgehoben durch zwei gänzlich verschiedene Gründe: einmal durch Gottes Heilstat in Christus, zum anderen durch das herrschende positive Menschenbild der Aufklärung. Wenn auch zwei Kriege, manche Art Dichtung und Kunst, Philosophie und Wissenschaft die Schuld des Menschen zeigen, sind die meisten Leute von der Güte des Menschen (zumindest ihrer eigenen) überzeugt. Deshalb werden Prophetenworte (die man ja nur noch im Raum der Kirche hört) umgebogen zu bedingten Unheils- oder Heilsankündigungen: Abhängig vom Verhalten des Menschen wird Gott reagieren bzw. all-

---

[20] C. Westermann, Genesis 12–50, Wissenschaftl. Buchgesellschaft Darmstadt, 1975, 125 f.

gemein gesprochen: wird die Zukunft werden. Für den Einzelnen treten hier Fragen des seelsorgerlichen Charismas auf. Im Blick auf eine Gruppe, ein Volk, die Welt treten andere Fragen auf: nach der politischen Predigt, nach der Vollmacht der Kirche über das Politische hinaus.

6. Der Segen hat seinen Sitz im Leben sowohl im alltäglichen als auch im kultischen Bereich. Wir gehen vom Alltäglichen aus. Westermann schreibt zu „Segen und Gruß im Alten Testament": „Im Gruß hat sich in seiner langen Geschichte der vortheologische, profane Charakter durchgesetzt."[21] Den Sitz im Leben des Grußes heute kann jeder selber feststellen. Der Gruß ist nicht nur Kommunikation, sondern auch Wunsch für das nicht Machbare, für Gesundheit, Heil, Glück. Er meint auch in der profanen Welt das, was Segen meint: das Wachsenlassen, Gelingenlassen, Mehren, Versorgen und in dem allen das Mitsein Gottes. Allerdings ist auch hier wieder die Frage, wie der heutige Mensch, der homo faber, der selber seinen Wohlstand, ja teils sich selber erzeugt, auf den biblischen Gott als Urheber des Segens hingewiesen werden kann. Im pädagogischen Geleiten sieht man bekümmert den Umbruch: wie Kinder bis zur realistischen Phase die Natur, ihr Essen auf den Schöpfer zurückführen, danach aber vom naturwissenschaftlich-technischen Denken beherrscht werden. Unverbunden damit bleibt ein Wissen um so etwas wie Segen erhalten.

III

Zeigten wir in Teil II auf, wie das Alte Testament lebt beim Einzelnen in seinem weltlichen Leben, so ist nun in Teil III mehr auf Gemeinschaftsformen zu achten, in denen es lebt. Diese müssen eine Geschichte haben, sie sind mehr oder weniger Institutionen. Deshalb sind sie mehr kirchlich als profan. Wir gehen in aller Kürze die wichtigsten dieser Sitze im Leben durch.

1. Die zentrale Gemeinschaftsform bleibt der Gottesdienst. Seine Grundelemente sind dieselben, zumindest seit der Entstehung der Synagoge. Jedoch haben wir durch Christus als Heil der Welt ständig den missionarischen Gesichtspunkt zu bedenken. Für die Mehrzahl der Gemeindeglieder (aber Gemeinde verstehe ich dynamisch, nicht abgrenzbar) ist Gottesdienst nur interessant, wenn sie oder ihre Familienangehörigen in ihm vorkommen. Also gestalten wir ihn mit wechselnden Zielgruppen, experimentierend, alte Formen mit zeitnaher Sprache, zeitnahen Gesten und Medien. Die herkömmliche Liturgie wird wenig verstanden und mehr von älteren Leuten geschätzt. Eben während ich dieses schreibe, erscheint Werner Jetter: „Symbol und Ritual, Anthro-

---

[21] Ders., Der Segen in der Bibel und im Handeln der Kirche, Kaiser München, 1968, 62.

pologische Elemente im Gottesdienst" (bei Vandenhoeck). Er antwortet offenbar detailliert auf unsere Frage nach der Anknüpfung des Gottesdienstes beim heutigen Menschen.

2. Die Amtshandlungen werden von Westermann als Segenshandlun-
gen beschrieben und von der funktionalen Kirchentheorie sowie von der
Religionsphänomenologie als rites de passage. Insofern sind sie allgemein-menschlich, allgemein begehrt, aber gerade nicht christlich. We-
stermann selber sieht das entscheidende Problem[22]: Daß der Prediger
(Pfarrer, Seelsorger in mancherlei Funktion) das rettende Handeln Got-
tes in Christus mit dem je konkreten Menschen, mit dem es der Segen zu
tun hat, zusammenbringen muß. Aber je mehr man vom Anlaß, von den
Personen weg zu Christus hin geht, um so mehr hören die Leute weg.
Also muß man Christus als konkret gegenwärtig zeigen. Albertz (s. o.
S. 207) sagt mit Recht, daß „das Geschehen zwischen Gott und dieser
Familie" im Mittelpunkt der sog. Amtshandlungen stehen muß. In die
Situation als Sitz im Leben für den Segen will sich der geschichtlich han-
delnde Gott vermitteln lassen durch unsere persönliche Kommunika-
tion, Gefühl und Sprachstil.

3. Quantitativ am meisten wird das Alte Testament im Religionsun-
terricht, danach in anderen Arten der Unterweisung vermittelt. Die Religionspädagogik hat im letzten Jahrzehnt auf breiter Ebene ähnliche
Fragen wie wir erörtert, etwa die curriculare Einbettung des AT. Steht in
der Primärstufe mehr das gleichzeitig mit eigenen Lebenssituationen in
sie hinein oder aus ihnen heraus vermittelte AT im Vordergrund (z. B.
Familiensituationen der Genesis), so in der Sekundarstufe (abgesehen
von historischer Belehrung) die übergreifenden Zusammenhänge, z. B.
der Schuld, des Schicksals, der Hoffnung. Typisch ist etwa der Titel des
Buches von Christoph Goldmann: „Ursprungssituationen biblischen
Glaubens"[23]. Gemeint ist, daß der Glaube von der alttestamentlichen
Zeit an bis heute in jeder Situation neu formuliert werden mußte. Es
kommt allerdings darauf an, wie aus Lehre Leben wird. Hier ist Tradition im Unterricht nur ein Strom unter anderen, auch entgegenlaufen-
den. Wichtiger noch ist die Tradition in der Familie. Wichtig ist hier wie
da, was der Tradent dem Traditionsempfänger bedeutet. Jedenfalls lernt
man in der Praxis, was Westermann schon immer lehrte: Daß Tradition
in erster Linie ein Geschehen ist, kein Abstraktum. (Aber sie ist nicht
nur mit Kommunikationsmodellen zu fassen.)

4. Nur erwähnen kann ich die Arbeit mit Gruppen in der Gemeinde,
seien es altersmäßige (Jugend, Alte), geschlechtsspezifische (Männer,
Frauen), situationsbedingte (Mütter, Eltern), interessenbedingte (Ba-

---

[22] Daselbst S. 112.
[23] Bei Vandenhoeck 1976².

steln bis Vorträge) oder andere. Hiermit zusammen hängt die moderne Erwachsenenbildung, die sich von Bildungsanliegen und Vortragsform löst und mit gruppendynamischen Methoden Lebenshilfe gibt (ethische, pädagogische, schließlich Sinnfragen, von den Erfahrungen der Teilnehmer her). Hier wird der Leiter – im Prinzip nur so wie jeder christlich motivierte Teilnehmer – biblische Fragen und Antworten einfließen lassen.

5. Die Kirchenmusik blüht auf, genauer der Wunsch, in einer Gruppe kreativ, spielend engagiert zu sein. Der Vergleich mit alttestamentlichen Sängergilden liegt auf der Hand. Klage und Lob werden gesungen und führen durch das gemeinschaftliche Erleben die Chormitglieder – vielleicht auch bisweilen die Hörer – zu dem, dem alles Lob gebührt.

6. Feste und Feiern gibt es seit es Menschen gibt. Ihre Formen geben dem Leben Halt und Deutung. Sie müssen konservativ sein, zugleich aber stets erneuert werden. Diese Spannung hat leider wesentlich – wegen verschiedener Akzentsetzung – kirchentrennend gewirkt. Die Feste und Feiern – meist nur produziert und konsumiert wie Reklame und Waren – wollen neu gestaltet werden, von Gemeinschaften aus, kreativ und spontan. Hier bietet sich die Kirche zur Hilfe an. Ihr bietet sich wiederum das Alte Testament an, das in dieser Fragestellung noch kaum gesprochen hat.

7. Notlagen haben viele Gründe – soziale und individuelle, schuldhafte und schicksalsmäßige. Die Hilfen zu ihrer Bewältigung reichen von der Klage bis zum Verheißungswort, von institutionalisierter Diakonie bis zu prophetischer Kritik. Die Sozialethik ist ohne das Alte Testament nicht denkbar. Die Diakonie hat, alttestamentlich gesehen, im Dank für die erfahrene Heilstat Gottes und in der Weisung dieses Gottes ihre Quelle. Diakonie als die Praxis, um deretwillen die Kirche weithin noch respektiert wird, hat ihre Theorie öffentlich zu zeigen. Nirgends zeigt sich so wie hier, daß ein Geschehen mit einem Wort verbunden ist. Diese alttestamentliche Grundstruktur muß maßgebend für das Verhältnis von Theorie und Praxis, helfender Tat und helfendem Wort sein.

8. Vor allem an einem Punkt leben wir vollkommen konträr zu Israel und zum Judentum: Die Aussonderung aus der Welt fehlt bei uns. Die Aussonderung durch christliche Institutionen – Gottesdienst, Sonntagsheiligung, gemeinsames Beten usw. – ging verloren. Wir haben versucht, gerade nicht bei ihnen, sondern beim profanen Leben anzuknüpfen. Wir reden aber keinesfalls einer Nivellierung, etwa in eine synkretistische Religiosität das Wort. Vielmehr brauchen wir Zeichen der Gemeinde – wie die Juden den Sabbat haben –, Zeichen des Bekennens – nicht nur Worte oder Diskussionen –, kurzum geprägte Gemeinschaftsformen und Lebensformen. Wir sprachen von manchen typisch christlichen Formen – wie dem Gottesdienst. Aber schon das Beten außerhalb von

ihm hat keine Formen mehr. Was muß an alten Formen untergehen, was wird an neuen Formen entstehen? Wir können die Umbrüche mit denen der Bibel vergleichen und ihre Gestaltungskräfte heranziehen.

IV

Wir gingen aus von alttestamentlichen Gemeinschaftsformen, Sitzen im Leben. Wir fragten nach Entsprechungen in unserer heutigen Gesellschaft. Wir trafen immer wieder das Wort Erfahrung. Es beinhaltet sowohl das, woraus die Bibel entsprang – letztlich Begegnung mit Gott – als auch das, was die heutigen Wissenschaften der Soziologie und Psychologie beschreiben. Nach Ebeling ist das Verhältnis Schrift–Erfahrung einmal dadurch gekennzeichnet, daß in der Schrift selbst Erfahrung zum Text wurde, ferner dadurch, daß bei uns immer schon Erfahrung der Begegnung mit der Schrift vorausgeht, und schließlich wird bei uns neue Erfahrung durch die Schrift hervorgerufen[24]. Die Hermeneutik der existentialen Philosophie und Theologie wird hier fortgeführt. Unsere Überlegungen begegnen sich mit ihr. Das Eindringen der Erfahrungswissenschaften in die Theologie im letzten Jahrzehnt ist zu den Erkenntnissen Ebelings und Westermanns, erst recht der Schrift selber, nur eine Zutat. Sie ist allerdings dankbar aufzunehmen. – Es bleibt die Gottesfrage, d. h. die Frage nach der Aufnahme des Gottes, der sich in Israel offenbarte, in unser heutiges Leben. Nicht ohne Grund habe ich das nur auf Umwegen angeben können, was für die Bibel das Zentrum ist: Gottes Heilstat an Israel bzw. im Tod und in der Auferweckung Christi. Denn sie kann von uns nicht erfahren werden. Soweit sie ethische Konsequenzen hat, Normen oder Sinndeutungen gibt, wird sie weithin noch rezipiert. Ihre institutionelle Folge – die Kirche selber – wird noch anerkannt – meist aus allgemein-menschlichen Gründen. So etwas wie Transzendenz wird auch in unserer Gesellschaft wahrgenommen[25]. Aber die lebendige Erfassung durch Gott, die Hineinnahme in seine Heilstaten vom Anfang bis zum Ende der Welt kann nur das Werk des heiligen Geistes sein.

---

[24] G. Ebeling, Schrift und Erfahrung als Quelle theologischer Aussagen, in: ZThK 1978, 114.

[25] Vgl. z. B. P. Berger, Auf den Spuren der Engel, Fischer Frankfurt, 1970.

Herbert Breit

Die Sinndeutung des Todes
im Alten Testament und bei Karl Marx

Versuch eines Vergleichs

Die hier vorzutragenden Überlegungen wollen weder als Beitrag zum Todesverständnis des Marxismus[1] verstanden werden, noch auf neue Momente im alttestamentlichen Denken über den Tod aufmerksam machen[2]. Sie sollen lediglich gewisse Gesichtspunkte des Vergleichs erörtern. Dabei geht es um Differenz, wie um Ähnlichkeit. Die bewußte Beschränkung auf das Alte Testament und hier auch nur auf Teilaspekte der Todesproblematik verbietet von vornherein diesen kleinen Aufsatz im Context der sogenannten Marxismusgespräche[3] zu sehen, zumal ja

---

Die Sätze des verehrten Jubilars in seinem großen Genesiskommentar (BK Bd. I 1 S. 363): „Mit dem Zurückkehren zur Erde wird der Daseinsbogen beschlossen, der mit der Erschaffung des Menschen begann. Darin klingt etwas Positives an, daß das Zurückkehren zur Erde am Ende der mühevollen Arbeit ja auch gut sein kann, ein Sterben ‚alt und lebenssatt'" haben mich unter anderem angeregt, das Todesverständnis von K. Marx mit gewissen Vorstellungen des AT zu konfrontieren.

[1] Vgl. V. Gardavsky, Marxismus, Gesellschaft und Tod, in: E. Kellner (Hrsg.), Schöpfertum und Freiheit in einer humanen Gesellschaft, Wien 1969, S. 249–256; F. Ormea, Marxisten angesichts des Todes, in: Internationale Dialog-Zeitschrift Jg. 3/1970, S. 98–114; G. Girardi, Der Marxismus zum Problem des Todes, in: Concilium Jg. 10/1974, S. 297–300; F. Reisinger, Der Tod im marxistischen Denken heute, München, Mainz 1977, vor allem S. 50 ff.; I. Fetscher, Der Tod im Lichte des Marxismus, in: A. Paus (Hrsg.), Grenzerfahrung Tod, Frankfurt 1978, S. 283–317.

[2] Vgl. G. Quell, Die Auffassung des Todes in Israel, Leipzig 1925; L. Wächter, Der Tod im Alten Testament, Arbeiten zur Theologie II. Reihe Bd. 8, Stuttgart 1967; H. W. Wolff, Menschliches, München 1971, S. 55–78; fast gleich H. W. Wolff, Anthropologie des Alten Testaments, München 1973, S. 150–176: Leben und Tod; O. Kaiser, Tod, Auferstehung und Unsterblichkeit im Alten Testament und im frühen Judentum – in religionsgeschichtlichem Zusammenhang bedacht, in: O. Kaiser, E. Lohse, Tod und Leben, Stuttgart, Berlin, Köln, Mainz 1977, S. 7–80; H. Gese, Der Tod im Alten Testament, in: Derselbe, Zur biblischen Theologie, Alttestamentliche Vorträge, München 1977, S. 31–54.

[3] Vgl. dazu E. Kellner (Hrsg.), Christentum und Marxismus – heute, Wien 1966; ders. (Hrsg.), Schöpfertum und Freiheit in einer humanen Gesellschaft (Marienbader Protokolle), Wien 1969; und die gut informierende Darstellung von W. Zademach, Marxistischer Atheismus und die biblische Botschaft von der Rechtfertigung des Gottlosen, Düsseldorf 1973, Teil 2.

auch fast ausschließlich nur auf die Äußerungen der Frühschriften von Karl Marx eingegangen wurde. In zahlreichen Vorbereitungsgesprächen auf Beerdigungen begegneten dem Verfasser Todesvorstellungen, die ihn sowohl an frühmarxistisches Gedankengut wie an alttestamentliche Aussagen, beides in einer nicht selten merkwürdigen Mixtur, erinnerten. Was dabei besonders interessant erschien, war die Tatsache, wie gewisse alttestamentliche Meinungen über Sterben und Tod wirkungsgeschichtlich im Raster der Marx'schen Anthropologie die Vorstellungen unserer Zeitgenossen prägen. Man könnte es auch so sagen: Bestimmte Elemente alttestamentlichen Todesverständnisses halten sich offenbar unabhängig von ihrer christlichen Durchdringung im heutigen Denken über das Lebensende auf; vielleicht sind daran indirekt die wiederentdeckten Frühschriften von Karl Marx[4] nicht unschuldig. Das geistige Bewußtsein der Menschen wird ja wahrlich nicht nur von dem geprägt, was diese rezipierend lesen – ich glaube nicht, daß Marx heute ein breites Leserpublikum hat –, sondern speist sich weitaus mehr durch das, was hin und her gedacht, gesagt und propagiert wird, ohne daß deren Produzenten oftmals selbst die Genesis ihrer Anschauungen zu orten vermögen. Die Medien der Geschichte von Vorstellungen sind nur schwer analysierbar, noch viel weniger die Anfangsphase eines Traditionsprozesses; auch verbergen sich nicht selten die geistigen Filter im Ablauf einer oft nur erahnten Wirkungsgeschichte. Was aber in unserem Fall beobachtet werden kann, ist die Tatsache, daß da und dort alttestamentlichen Todes-Äußerungen das Denken unserer Zeitgenossen bewegen, an deren Virulenz, wie mir scheint, marxistische Philosophie mitgewirkt hat.

II.

Nun muß man sich als erstes klarmachen, daß Marx den Tod niemals isoliert betrachtet hat, also weder das Sterben für sich, eben in der Abstraktion vom Leben, noch außerhalb seiner ausführlichen Reflexionen über die Relation von Individuum und Gattung. Individuum und Gattung können je für sich keiner sachgemäßen Benennung und Beschreibung unterzogen werden. Aber auch ein Nachdenken im Sinne distanzierter philosophischer Deduktion würde von vornherein nicht an das

---

[4] Die sogenannten „Frühschriften", also jene Arbeiten vor dem „Kapital", waren bis zum Jahre 1929 unbekannt. Die „Pariser Manuskripte" (Nationalökonomie und Philosophie 1833; die heilige Familie 1844/45; die deutsche Ideologie 1845/46; das Elend der Philosophie 1847 und das Manifest der kommunistischen Partei 1848) wurden erstmals im Jahre 1932 in einer zweibändigen Ausgabe von A. Kröner Verlag Stuttgart einer breiteren Öffentlichkeit bekannt gemacht. Eine erste Analyse gewisser Denkelemente des „frühen Marx" unternahm H. Marcuse, Neue Quellen zur Grundlegung des historischen Materialismus, in: Die Gesellschaft, 7/IX, Berlin 1932; wieder abgedruckt, in: H. Marcuse, Ideen zu einer kritischen Theorie der Gesellschaft, Frankfurt 1969, S. 7–54.

heranzukommen vermögen, was Marx ausdrücken will, wenn er gelegentlich auf den Tod zu sprechen kommt. Er will ja alle Aktivität des Individuums im Diesseits freilegen und dieses, ein Besonderes der Gattung, für die Veränderung der Welt mobilisieren. So steht nicht das Sterben des Menschen im Blickpunkt, sondern dessen geistige Kraft zur
Überwindung der bestehenden gesellschaftlichen Verhältnisse. Dabei
geht es nicht nur um eine Art Neubilanzierung unseres Lebens, sondern
totale Verwandlung ist programmiert, Umkehr durch die Tat. Nichts,
was besteht, kann bleiben. Denn jede partielle Korrektur, jeder evolu-
tionäre Wandel würden nur noch mehr den Aufgang des Neuen verdek-
ken, ja verhindern und die wahre humane Welt, die Gerechtigkeit und
den gesellschaftlichen Frieden weit in die Zukunft hinausschieben.

Bei diesem Programm handelt es sich keineswegs in erster Linie um
einen radikalen Aktionismus, der nur Imperative und Appelle aus sich
heraussetzt; vielmehr steht die These im Mittelpunkt, die meint, es sei
das Leben der Menschen im Strom seiner Geschichte zerstört worden,
habe sich total pervertiert und bedürfe nun einer Neuschöpfung aus sich
heraus. So ist eine Art Indikativ gesetzt. Sterben und Tod verschwinden
im revolutionären Programm, und aller Nachdruck liegt auf der Geburt
des menschlichen Menschen, dessen Konturen immer nur im Anti zu
dem Bestehenden erkennbar werden. Diese Geburt ist eigentlich nur
eine Freilegung, eine Art Aufdeckungsprozeß. A natura ist längst vorhanden, was nach Existenz verlangt. Die Natur bedarf nur des Werk-
zeugs ihrer Humanisierung. Dieser philosophische Grundansatz, der
hier weder expliziert noch kritisch beurteilt werden soll, hat unerhörte
soziale Aktivitäten entbunden. Sie gründen eben in Vorstellungen über
Dasein von Heil, welches durch Menschen nicht nur vernachlässigt oder
vergessen, sondern bewußt zerstört wurde. Der Mensch müsse nur zur
Erkenntnis seiner unmenschlichen Situation gebracht werden, um daraus sofort die entsprechenden Handlungskonsequenzen ziehen zu können. Die Spannung zwischen dem, was in der Verborgenheit da ist bzw.
lediglich durch unmenschliche Menschen aus der Lebenswirklichkeit
verbannt wurde, und der vorfindlichen Realität soll den Umsturz aller
gesellschaftlichen Verhältnisse hervorbringen, sofern der Mensch bereit
ist – die philosophische Einsicht rüstet ihn zu – in die Praxis des Handelns einzutreten. Die Akteure aber kümmern sich nicht um das Über-
morgen, an dem das Feuer ihrer Leidenschaft zu Asche verbrannt sein
könnte, sondern stehen im Heute des neu zu wirkenden Lebens. Die
Faszination der hereingeholten oder eben zu schaffenden Gerechtigkeit
für alle ist so groß, daß sie noch im Sterbebett ihre Jünger blendet. Von
daher erklärt sich die Tod-Vergessenheit derer, die einst Marx ihr Leben
verschrieben. Das Pathos des Handelns scheint überhaupt die Spuren
des Todes im Leben zu verwehen, da ja der Mensch sich ganz und gar

dem Augenblick ausliefert und so für das postea, welches seinem Zugriff entzogen ist, kein Verständnis mehr aufbringt.

Darin ähneln sich die beiden großen Todfeinde, der Revolutionär und der Bewahrer und Mehrer der eigenen materiellen Existenz: Sie verdrängen den Tod, um mehr Leben zu gewinnen. Marx verheißt seinen Jüngern Trost, der dem Trostlosen angesichts des Todes die Schärfe der Verzweiflung zu nehmen verspricht. Er meint dabei, nicht von außen an den Menschen herantreten zu müssen, sondern sieht die zu fordernde Verachtung des Todes im Individuum selbst angelegt. Dieses sei nämlich nicht ein Besonderes, ein nur Originales für sich, kann nicht als isoliertes Wesen betrachtet und verstanden werden, sondern gehöre dem Allgemeinen, der Gesellschaft, ja der Menschheit an; es sei eben die Konkretion dieses Allgemeinen, von unzähligen Beziehungen und Wechselwirkungen durchpulst. Das Allgemeine, als Gattung bezeichnet, sauge nicht den Einzelnen auf, sondern bringe ihn geradezu zum Leben; es sei eben die werdende Wirklichkeit. Indem diese sich zunehmend durch Vernunft vermenschliche, komme die Geschichte zu ihrem wahren Ziel. Mit diesem Verweis auf das Allgemeine, die Gattung, tritt nach meiner Meinung der Tod endgültig außer Sicht. „Der Tod scheint als ein harter Sieg der Gattung über das Individuum und ihrer Einheit zu widersprechen; aber das bestimmte Individuum ist nur ein bestimmtes Gattungswesen, als solches sterblich."[5] Marx will hier sicherlich gerade nicht vom Tod, sondern vielmehr von seinem Desinteresse an ihm Zeugnis ablegen. Die Gattung sei eben das den Tod außer Kraft setzende Leben, was Marx dialektisch so ausdrückt: „Mag das Leben sterben: der Tod darf nicht leben."[6] Sie, die Gattung, befinde sich in andauernder Bewegung, sei Prozeß, schaffe Neues, verwandle das Bestehende durch die Aktionen derer, die sich in ihr konkretisieren. „Wir leben inmitten einer beständigen Bewegung des Anwachsens der Produktivkräfte, der Zerstörung sozialer Verhältnisse, der Bildung von Ideen; unbeweglich ist nur die Abstraktion von der Bewegung – mors immortalis."[7] Da aber jede Abstraktion unwirklich sei, keine Realität besitze, kann auch der Tod nicht am Leben bleiben.

Was an diesem hier, nur grob umrißhaft, nachgezeichneten Denken für den christlichen Seelsorger interessant erscheinen muß, sind die in ihm enthaltenen Trostelemente. Jenes „Abgegebensein" an die „kon-

---

[5] MEGA I 3,117; ein ähnlicher Satz MEW 3,267; MEGA = Marx/Engels, Gesamtausgabe, hrsg. v. D. Rjazanov, I = erste Abteilung; 1 = erster Band; 1/1 = erster Halbb. usw.; Frankfurt 1927; Berlin 1929; Berlin 1932; MEW = Marx/Engels, Werke, Berlin: Institut für Marxismus–Leninismus, 1964 ff.

[6] K. Marx, Frühe Schriften, hrsg. v. H. I. Lieber/P. Fürth, Stuttgart 1962, Bd. I, 150.

[7] K. Marx, Die Frühschriften, hrsg. v. S. Landshut, Stuttgart 1953, S. 498.

krete Idee" an die bewegte und bewegende Geschichte, die einem Ge-
burtsprozeß gleicht, bei dem Gerechtigkeit, Friede und wahre Menschlichkeit (fast Synonyma!) zum Vorschein kommen, wobei konkrete
Menschen umgeben vom Flair der Brüderlichkeit als die großen Macher
auftreten, kann und soll über die Bitterkeiten des individuellen Sterbens
hinwegführen[8]. Marx reflektiert aber weder das „Hinwegmüssen" des
Einzelnen, noch die dafür bereitstehenden Trostelemente seiner Philosophie.

Wie steht es im Alten Testament? Indem der einzelne Fromme in das
Familiengrab aufgenommen wird, kehrt er zurück zu seinen Vätern, findet er eine letzte Bergung in Israel. Allerdings gilt dies vor allem von jenen, die „hochbetagt und lebenssatt" sterben (Gen 25,8; 35,29; 49,29;
Dtn. 32,50; Hiob 49,29), und hier wiederum werden die Großen des
Volkes genannt, in deren Schoß die Frommen gelangen (vgl. Lk
16,23 ff.; der arme Lazarus). Wenn es für den Israeliten eine mit dem
Tode verknüpfte Hoffnung gab, bestand diese darin, als Schatten[9] in
dem weiterlaufenden Volksverband „existieren" zu können. Damit
hängt zusammen, daß auf das Begräbnis in Erez-Israel größter Wert gelegt wurde und zwar auf eine Beisetzung, die Nachkommen vollzogen.
Das Grab konstituiert geradezu den Anspruch auf das Land. Dem Er-
werb der Höhle Machpela als Erbbegräbnis durch Abraham kommt eine
eminente Bedeutung zu. Nach Gen 50 findet das große Begräbnis Jakobs „in umgekehrter Analogie zum Exodus" statt[10]. Es geleiteten nämlich, so will der Erzähler wissen, der ganze ägyptische Hofstaat und das
Heer der „Wagen und Reiter" den Toten heimwärts nach Israel. Die Toten lassen das lebende Volk im Lande erst sich ansässig machen. Entsetz-
lich ist, wenn die Leiche durch Hunde zerfetzt wird (1.Kön 21,23; 2.Kön
9,3 ff.) oder wilde Vögel und Raubtiere sie fressen (Dtn 28,26; 1.Sam
17,44 ff.; Ez 29,4 f.; 32,1 ff.) oder gar ein Eselsbegräbnis grausam stattfinden muß (Jer 22,18 ff.), wenn Tote verbrannt (Jos 7,25) oder die aus
ihren Gräbern gerissenen Gebeine zu Asche gemacht werden (Am 2,1).
Offenbar gehören die Toten zu den Lebenden. Sie sind erinnerte Glieder
des durch seine Geschichte schreitenden Volkes, freilich nicht mehr.
Man darf ihre Grabesruhe nicht stören, jegliche magische Verbindung

---

[8] Siehe Anm. 7 S. 166: „Je länger die Ereignisse der denkenden Menschheit Zeit lassen,
sich zu besinnen, und der leidenden, sich zu sammeln, um so vollendeter wird das Produkt
in die Welt treten, welches die Gegenwart in ihrem Schoße trägt."

[9] Es soll jetzt nicht mit diesem Ausdruck an die Diskussion über einen möglichen Zwi-
schenzustand erinnert werden. O. Kaiser S. 29: „Was sich da unten aufhielt, war also nicht
einfach nichts, sondern ein schemenhafter Doppelgänger des Lebens"; vgl. weiter S. 36 ff.
Vgl. weiter Chr. Barth, Die Errettung vom Tode in den individuellen Klage- und Dankliedern des AT, Zollikon 1947, S. 80 ff.; mit L. Wächter, aaO., S. 48 ff.

[10] Vgl. H. Gese, aaO., S. 34.

muß unterbleiben (1.Sam 28); denn es gibt keine eigenständige Todesmacht neben dem im Bunde mit Israel stehenden Gott Jahwe. Chthonische Mächte, die über die Toten herrschen, existieren nicht.

Nun kann man gewiß nicht so Parallelen zu Marx ziehen, daß man von einer „Ewigkeit des Volkes Israel" redet und diese mit dem marxistischen Gattungsverständnis in Beziehung setzt[11]. Was allein analogisch sein kann, ist „das Tröstliche" beider Beziehungssysteme. Der Tote in Israel war aus dem Jahwe-Israel-Bezug herausgenommen, worauf in anderem Zusammenhang noch hingewiesen werden soll, und niemals mythischen Todesmächten überlassen. Er gehörte gleichsam auf Abruf noch zu dem Volk, dessen sich Jahwe in besonderer Weise angenommen hatte. Dieser Todesaspekt – natürlich keineswegs der einzige im Alten Testament – qualifizierte im Gegeneffekt das Diesseits, das irdische Leben, als Handlungsfeld des Menschen: Denn „werden die Verstorbenen aufstehen und dir danken? Wird man im Grabe erzählen deine Güte und deine Treue bei den Toten?" (Ps 88,11 f)[12]. Israels Geschichte, durch die begleitende Gnade seines Gottes ermöglicht, geht weiter trotz furchtbarer Einbrüche und Veränderungen. Der Sterbende stirbt in der Hoffnung auf den Fortgang der göttlichen Heilsführung, aus der er durch den Tod sich davon machen mußte. Die Abschiedsworte der Dahinscheidenden, die Zeugen der göttlichen Verheißung sein wollen, spielen in der alttestamentliche Berichterstattung keine geringe Rolle, wohingegen der eigentliche Vorgang des Sterbens kaum notiert wird (vgl. z. B. Gen 48,1 ff.; Dtn 33; 1.Sam 12; 1.Kön 2,1 ff).

Marx schaut auf die Geburt des humanen Menschen im Fortgang der Geschichte, worüber der nahende Tod in Vergessenheit geraten muß; „das Lampenlicht des Privaten"[13] verlischt, wenn am Horizont das Morgenrot der neuen Gesellschaft anbricht. Indem der Mensch in seinem Leben so aus sich heraustritt, daß er als das endliche Ich zum Unendlichen hingelangt, also ein Verhältnis des Einzelnen, Besonderen, zum Nichteinzelnen, Nichtbesonderen, Allgemeinen eingeht, gewinnt er das Negative seiner Selbst. Er kann die Aufhebung des Endlichen (Tod) als des sich selbst Negativen aushalten. So schafft der in der Vereinzelung lebende Mensch aus sich heraus das Bild eines absoluten Wesens. Ohne Frage steckt darin eine nicht zu unterschätzende Portion Trost: Der Mensch wird tod-los in der Welt[14].

---

[11] Vgl. A. Massiezek, Der menschliche Mensch. Karl Marx' jüdischer Humanismus Wien 1968 S. 264 ff. Die Gedankenführung ist dort nicht ganz klar, insofern der Marxsche Begriff des „Allgemeinen" auch mit „Jahwe" verglichen wird, nicht nur mit der „Ewigkeit des Volkes Israel".

[12] Alle alttestamentlichen Zitate nach revidierter Lutherübersetzung v. 1964.

[13] MEGA I 1/1, 133.

[14] Indem der Mensch in seinem individuellen Dasein Gemeinwesen besser: Mensch

Anders das Alte Testament bzw. der hier angedeutete Vorstellungs-
bereich: Die göttliche Treue geht weiter, der Einzelne sinkt ins Grab, aus
dem Lebensbund Jahwes heraustretend. Seine Zukunftserwartung richtet sich auf Israel, das im Lande von Gott weiter mit Leben gespeist wird.
Die Abschiedsworte der Sterbenden wollen das Künftige heraufführen,
kommendes Geschehen enthüllen im Dienste dessen, der das Volk erwählt hat. Das Weitergehende, die Zeiten Umspannende ist die göttliche
Treue, bei Marx hingegen das absolute Wesen „Mensch".

Viele unserer Zeitgenossen privatisieren Marx und säkularisieren das
Alte Testament. Der Sterbende meint in seinen Kindern weiterzuleben
und sucht deren Existenz zu sichern, indem er Kapital anhäuft. So lebt
die Gattung weiter. Er lenkt nicht den Blick auf Gott, sondern auf sich,
den Vergehenden. Er will im Gedächtnis bleiben, um auf diese Weise
den Tod zu bekämpfen. Aber die Erinnerung stirbt mit den sich Erin-
nernden und dieser zweite Tod siegt endgültig über das Leben. Denn nur
Gott hält die Geschichte zusammen.

III.

Marx denkt radikal atheistisch. In der Einleitung zur Kritik der Hegel-
schen Rechtsphilosophie stehen darüber grundlegende Sätze: „Das
Fundament der irreligiösen Kritik ist: Der Mensch macht die Religion,
die Religion macht nicht den Menschen. Und zwar ist die Religion das
Selbstbewußtsein und das Selbstgefühl des Menschen, der sich selbst
entweder noch nicht erworben oder schon wieder verloren hat . . . Der
Kampf gegen die Religion ist also mittelbar der Kampf gegen jene Welt,
deren geistiges Aroma die Religion ist."[15] Und in dem bereits 1837 von
Marx verfaßten humoristischen Roman „Scorpion und Felix" heißt es:
‚Nicht' – ‚Nichts' – ‚Nicht', das ist der anschauliche Begriff der Dreieinigkeit, aber den abstrakten (abstrakt = unwirklich, im Verständnis von
Marx), wer möchte ihn ergründen, denn: ‚Wer führt hinauf zum Himmel
und hinab?' ‚Wer faßt den Wind in seine Hände?' ‚Wer bindet die Wasser in ein Kleid?' ‚Wer hat alle Enden der Welt gestellt?' ‚Wie heißt er
und wie heißet sein Sohn? Weißt du das?' sagt Salomon der Weise."[16]
Marx gibt negative Antwort, wohl wissend, daß der Kontext eine andere
Erwiderung provoziert. Er will nur den Menschen als das für den Menschen höchste Wesen ansehen, das sich mit dem todüberspannenden,

---

wird, wird ihm der andere Mensch (*nicht:* der Nächste) zum menschlichen Bedürfnis, vgl.
MEGA I 3,113.

[15] MEGA I 1/1, 607 f.

[16] MEGA I 1/2, 86. Marx zitiert Prov. 30,4.

eben auch todbenötigenden universalen Lebensprozeß (dem sogenannten Allgemeinen) identifiziert.

Wir haben bisher die im Alten Testament oftmals erwähnte „Jahwelosigkeit" im Tode als bewußte Abkehr von einer in der religiösen Umwelt praktizierten Sakralisierung des Todes[17] interpretiert, sie zudem dann als Anfang und Ursache einer Besitzergreifung der Scheol durch Israels Gott verstanden. Sehen wir einmal von diesen, meiner Meinung nach richtigen, Deutungsversuchen ab und betrachten die an verschiedenen Stellen des Alten Testaments konstatierte gnadenlose Gottesferne im Tode als eine Spielart des Atheismus (wenn Jahwe ferne ist, hat er keine Macht!), dann lassen sich wahrscheinlich Vergleiche mit dem Denken von Marx anstellen. Der Tod isoliert den Menschen, er ist für Marx der Widerstand, die Negativität, die ihn an der Vereinigung mit dem Allgemeinen zu hindern trachtet. Die Toten sind auch nach einer gewissen alttestamentlichen Vorstellung aus Jahwes Machtbereich ausgeschieden. „Nun werde ich mich in die Erde legen, und wenn du mich morgen suchst, werde ich nicht dasein", spricht Hiob (Hiob 7,21). „Die Toten werden dich, Herr, nicht loben, noch die hinunterfahren in die Stille" (Ps 115,17 vgl. Ps 88,11–13; Jes 38,18f.)[18]. Ohne Frage gibt es natürlich eine Menge alttestamentlicher Belege, die davon zeugen, daß Jahwe nicht nur über den Zugang zum Tod verfügt (vgl. z. B. Ps 88,3; Am 6,9f.) sondern auch über das Totenreich gebietet (vgl. z. B. Am 9,2; Ps 139,8; Hiob 14,13ff.). Sie sollten jedoch jetzt außer Blick bleiben. Dieser atheistische Ansatz in der alttestamentlichen Todes-Vorstellung könnte Anlaß gewesen sein, künftighin den Tod der Universalität Gottes unterzuordnen. Bei Marx wird der Tod infolge des radikalen Atheismus letzlich minimalisiert, und rückt damit so weit aus dem philosophischen System, daß man ihn gar nicht mehr sieht. Er ist überhaupt nicht mehr existent.

Differenzieren wir diese Beobachtungen etwas mehr, so kommen wir zu einer noch schärferen Gegenläufigkeit. Israel hat sich erhebliche Gedanken gemacht über den zeitlichen Beginn des Todes. Der Lebende betritt nach alttestamentlicher Auffassung dann den Todesbereich, wenn das Lob Gottes in ihm verstummt. „Stricke des Todes hatten mich umfangen, und Ängste der Hölle hatten mich getroffen . . . du hast meine Seele aus dem Tode gerissen . . ." (Ps 116,3+8). Der Mensch vermag nicht mehr Gott mit seinem Wort zu erreichen. Bricht die Kommunika-

---

[17] Vgl. L. Wächter, aaO., 78f.

[18] Vgl. G. v. Rad, Theologie des AT, Bd. II, 1960, S. 362: „Vielleicht liegt in diesem theologischen Vakuum, um dessen Freihaltung von jeglicher Füllung durch sakrale Vorstellungen Israel geeifert hat, eines der größten theologischen Rätsel des Alten Testaments?" Vgl. weiter Chr. Barth, aaO., S. 151.

tion mit Jahwe ab, ist er dem Tode verfallen[19] (vgl. Hiob 33,29 f.). So reicht der Tod ins Leben hinein, und das Sterben kommt über den Menschen, wenn Jahwe die Gnade seines Lebens von ihm nimmt (vgl. für das Volk in toto: Ez 37,1 ff.). Der Tod feiert im diesseitigen Leben bereits sein Präludium.

Der unsichtbar gewordene Tod aber im Denken von Marx kommt auch, jedoch unter völlig anderem Aspekt, im irdischen Dasein wieder zum Vorschein, wenn nämlich der Mensch sich verschließt gegen seine ewige Natur, gegen das Allgemeine[20]. Das Sterben bedarf nach Marx zu seiner „Überwindung" des liebenden Sich-Identifizierens mit dem Allgemeinen, und die Liebe benötigt zu ihrem Wachstum den Tod als der absoluten Grenze der Individualität. Nur wenn das Individuum aus dem Gefängnis seiner eigenen Haut heraustritt, kann auch der Tod verschwinden[21]. So ist der „Kommunismus als vollendeter Naturalismus = Humanismus als vollendeter Humanismus = Naturalismus; er ist die wahrhafte Auflösung des Widerstreits zwischen dem Menschen mit der Natur und mit dem Menschen, die wahre Auflösung des Streits zwischen Existenz und Wesen, zwischen Vergegenständlichung und Selbstbestätigung, zwischen Freiheit und Notwendigkeit, zwischen Individuum und Gattung. Er ist das aufgelöste Rätsel der Geschichte und weiß sich als diese Lösung."[22] Der Abtrünnige oder Ungläubige aber erfährt den Tod als den Sieg der Natur über das Individuum oder, anders ausgedrückt, als die Folge der Selbstisolierung des Menschen. Dann gibt es kein nachsichtiges Herausschauen des Todes mehr. Er wird wieder gefräßig. Die Ungläubigen wie die Abtrünnigen müssen sterben. Im Alten Testament aber leiden gerade die Frommen unter dem Tod, sie fürchten die Trennung von Jahwe, welche für sie zur Treppe ins Totenreich führt. Sie hoffen, es könnte Gott auch dort die Zeichen seiner Macht aufrichten.

IV.

Dies alles führt zu Konsequenzen, die nur noch kurz angedeutet werden sollen. a) Bereits im Alten Testament kommt es zu einer Transzendenzerfahrung, welches die Schrecklichkeit des Todes überwinden läßt. Dies ist aber mehr als nur eine Bewußtseins-Änderung. Der Fromme in Israel weiß sich auch in der äußersten Existenzkrise allein verwiesen auf den Gott, der sein Volk aus der ägyptischen Knechtschaft und der damit

---

[19] Vgl. V. Maag, Tod und Jenseits nach dem AT, Schweizerische Theologische Umschau 1964, S. 25; Chr. Barth, aaO., S. 38 – dort S. 118: „Wer auch nur in der geringsten Beziehung in die Gewalt der Scheol gerät, befindet sich faktisch ganz in ihrer Gewalt."
[20] Vgl. MEGA I 1/1,111.
[21] Vgl. MEGA I 3/149.
[22] MEGA I 3,114.

drohenden Vernichtung zum Leben führte. Vielleicht kann man etwas verallgemeinernd sagen, daß der Kampf mit dem Sterben, die innere Überwindung jener schier trostlosen Separation aus der Gemeinschaft des Volkes, sich nun *im einzelnen* vollzieht, wie immer auch religiöse Einflüsse von außen dabei mitgewirkt haben mögen (vgl. Ps 16,8ff.; 49,16; 73,24; 84,4f.; Hiob 19,25ff. u.v.a.). Interessant ist dabei für unseren Vergleich, daß genau dort, wo Marx den Tod ansiedelt, nämlich in dem sich abquälenden Einzelnen, der wiederum nach alttestamentlicher Vorstellung seine irdische Existenz nur als eine vom eigentlichen Sein abgeleitete weiß, der alttestamentliche Fromme die Überwindung des Todes erfährt, wobei der Blick auf ganz Israel nicht aus den Augen kommt. Hier tritt der Unterschied zwischen Marx und dem Alten Testament in seinen schärfsten Gegensatz. Die helle Melodie des todüberwindenden Glaubens im Alten Testament wird natürlich auch von dunklen resignativen Tönen begleitet (vgl. Koh 4,1–3). Sie gehören zu den Grenzaussagen.

Das moderne Todesverständnis vieler unserer Zeitgenossen privatisiert die alttestamentliche Transzendenzerfahrung des Einzelnen total und münzt sie um zu einer Hoffnung auf tränenlose Fortsetzung dieses Lebens im Jenseits, die wiederum Marx als Anti seiner philosophischen Ewigkeitskonzeption vor sich hat.

b) Wiewohl der Tod im Denken von Marx keine Rolle spielt, ja keinen Stellenwert haben kann und darf, meldet er sich trotzdem zu Wort, und zwar immer dann, wenn Marx auf die Unmenschlichkeit des von ihm zu revolutionierenden Arbeitsprozesses zu sprechen kommt: „Jeder Mensch stirbt täglich um 24 Stunden ab. Man sieht aber keinem Menschen genau an, wieviele Tage er bereits verstorben ist."[23] Weil der Mensch unter den gegenwärtigen Bedingungen einen „jämmerlichen Tod" stirbt, müssen die Verhältnisse geändert werden. Man „arbeitet sich zu Tode"[24]. Freilich gilt auch hier der Tod als ein Phänomen, welches außer Sicht geraten muß, wenn die Marxsche Philosophie „praktisch geworden ist". Also doch wieder ein Wetterleuchten ohne Bedeutung. Über ein mögliches Ende der postulierten Gesellschaft kann Marx gar nicht reflektieren, da der Mensch ja der Schöpfer seiner selbst ist und das Leben unausgesetzt durch ihn reproduziert werden muß. Vielleicht knistert es an einer anderen Stelle im philosophischen Gebälk, nämlich dort, wo der Produzent des geschlossenen Systems selbst einem geliebten Toten konfrontiert wird. Marx war tief betroffen von dem Verlust seiner Frau Jenny. Er schreibt an Friedrich Engels: „Der Mohr (=Marx)

---

[23] K. Marx, Das Kapital, Frankfurt 1969, Bd. I, S. 172.
[24] Vgl. MEW 23, S. 271; 310f.; 489; 683.

ist auch gestorben."[25] Ähnliche Reaktionen sind über den Tod seines Kindes Edgar überliefert[26]. Aber persönliche Trauer muß gewiß noch nicht eine Lücke im System signalisieren, wenn auch deutlich wird, daß sich die Todesproblematik keineswegs so leicht vertreiben läßt.

Unsere Zeitgenossen rezipieren weithin nur ein Segment seines Denkens: Der Tod wird aus dem Leben verbannt. Wenn er eintritt, wird er als Naturereignis gewertet, meist dann verdrängt und nicht selten auf allerlei Weise weggeschminkt. Was bleibt bei den Lebenden zur Disposition: heroische Haltung oder hemmungslose Traurigkeit. Der Stachel sticht doch.

---

[25] Zit. nach I. Fetscher/W. Post, Verdirbt Religion den Menschen? Düsseldorf 1969, S. 57.

[26] Vgl. MEW Bd. 28,443: „Der arme Musch ist (Edgar, 8 Jahre) nicht mehr. Er entschlief (im wörtlichen Sinn) in meinen Armen heute zwischen 5 und 6 Uhr. Ich werde nie vergessen, wie deine Freundschaft (v. Engels) diese schreckliche Zeit uns erleichtert hat." Vgl. weiter S. 444; dann einen Brief an F. Lasalle vom 25. 7. 1855, S. 617, und manche anderen Äußerungen, die großen Schmerz über einen geliebten Toten äußern.

Ausgewählte Bibliographie
Claus Westermann
(1974–1979)

Veröffentlichungen bis 1974 s. C. Westermann, Forschung am Alten Testament, Gesammelte Studien II, ThB 55, München 1974, 319–326.

N: Neuveröffentlichungen
W: Wiederabdrucke, Neuauflagen
Ü: Übersetzungen

1974 (Fortsetzung)

N: Gesundheit, Leben und Tod aus der Sicht des Alten Testaments, Ärztlicher Dienst weltweit (Hrsg.: W. Erk/M. Scheel), Stuttgart 1974, 153–166.

W: Kurze Bibelkunde des Alten Testaments, Stuttgart 1974, ²1976 (Teilabdruck von: Abriß der Bibelkunde, 1962).
Der Psalter, Stuttgart ³1974 (1957).

1975

N: Genesis 12–50, Erträge der Forschung 48, 126 S., Darmstadt 1975.
Predigten (Hrsg.: R. Landau), 143 S., Göttingen 1975.
Kain und Abel. Die biblische Erzählung, in: J. Illies (Hrsg.), Brudermord. Zum Mythos von Kain und Abel, München 1975, 13–28.
Religion und Kult, Zeitwende 45/1975, 77–86.
From the Old Testament to the Sermon, Review and Expositor 72/1975, 169–179.
Heilung und Heil in der Gemeinde aus der Sicht des Alten Testaments, Wege zum Menschen 27/1975, 1–12.

W: Genesis. 1. Teilband: Genesis 1–11, BK I, 1, 824 S., Neukirchen ²1975 (1974).
Ü: Mille ans et un jour, 355 S., Paris 1975 (deutsch 1957).

1976

N/W: Die Verheißungen an die Väter. Studien zur Vätergeschichte, FRLANT 116, 171 S., Göttingen 1976
(darin S. 9–91: Arten der Erzählung in der Genesis, Forschung am Alten Testament, Gesammelte Studien I, ThB 24, München 1964, 9–91;
und: S. 92–150: Die Verheißungen an die Väter; S. 151–168: Die Be-

deutung der ugaritischen Texte für die Vätergeschichte; beide in spanischer Sprache veröffentlicht im Amtsblatt der ‚Institución San Jerónimo‘, Valencia 1974).

N: Theologisches Handwörterbuch zum Alten Testament Bd. II (Hrsg.:
E. Jenni/C. Westermann), München 1976
(darin: *ngd hi.* „mitteilen“, 31–37; *næfæš* „Seele“, 71–96; *'æbæd*
„Knecht“, 182–200, *qwh pi.* „hoffen“, 619–629;
rūªḥ „Geist“ (mit R. Albertz), 726–753; *šrt* „dienen“ 1019–1022;
tᵉhōm „Flut“, 1026–1031).
Genesis 17 und die Bedeutung von *berit*, ThLZ 101/1976, 161–170.
Das Gebet in der Diaspora, Die evangelische Diaspora 46/1976, 39–46.

W: Genesis 1–11, Erträge der Forschung 7, 108 S., Darmstadt ²1976
(1972).
Das Buch Jesaja. Kap. 40–66, ATD 19, 342 S., Göttingen ³1976 (1966).
Schöpfung. Themen der Theologie 12, 176 S., Stuttgart ²1976, ³1979
(1971)
Anthropologische und theologische Aspekte des Gebets in den Psalmen,
Zur neueren Psalmenforschung (Hrsg.: P. A. H. Neumann), Darmstadt 1976, 452–468 (Wiederabdruck aus: Liturgisches Jahrbuch
23/1973, 83–96).
Arbeitsbuch. Religion und Theologie. VI x 12 Hauptbegriffe (Hrsg.),
398 S., Stuttgart 1976, darin: Altes Testament, S. 13–63 (= Theologie. VI x 12 Hauptbegriffe, Stuttgart 1967, 13–63).

1977

N: Genesis, Lieferung 11, BK I, 2, 80 S., Neukirchen 1977.
Genesis, Lieferung 12, BK I, 2, 80 S., Neukirchen 1977.
Das Schöne im Alten Testament, Beiträge zur Alttestamentlichen Theologie, Festschr. W. Zimmerli, Göttingen 1977, 479–497.
Das Alte Testament und die Theologie, Theologie – was ist das? (Hrsg.:
G. Picht u. E. Rudolph), Stuttgart 1977, 49–66.
Das Alte Testament und die Menschenrechte, Zum Thema Menschenrechte. Theologische Versuche und Entwürfe (Hrsg.: J. Baur), Stuttgart 1977, 5–18.

W: Lob und Klage in den Psalmen, 212 S., Göttingen 1977 (5. Aufl. von:
Das Loben Gottes in den Psalmen, 1953, vermehrt um folgende Aufsätze: Struktur und Geschichte der Klage im Alten Testament, 1954;
Vergegenwärtigung der Geschichte in den Psalmen, 1963; Zur Sammlung des Psalters, 1962, zuletzt erschienen in: Forschung am Alten Testament, Gesammelte Studien I, ThB 24, München 1964).
Der Aufbau des Buches Hiob. Mit einer Einführung in die neuere Psalmenforschung von J. Kegler, Calwer Theologische Monographien A
6, 152 S., Stuttgart 1977 (um einen Forschungsbericht erweiterter
Abdruck der Ausgabe von 1956).

Ü: Das Alte Testament und Jesus Christus, in koreanischer Sprache, Seoul
1977 (deutsch 1968).

1978

N: Genesis, Lieferung 13, BK I, 2, 80 S., Neukirchen 1978.

Theologie des Alten Testaments in Grundzügen, 222 S., ATD Ergänzungsreihe 6, Göttingen 1978.

Der Gott des Alten Bundes, Der Gott des Christentums und des Islams
(Hrsg.: A. Bsteh), Beiträge zur Religionstheologie Bd. 2, Mödling
1978, 36–49.

W: Grundformen prophetischer Rede, BevTh 31, München ^{5}1978 (1974).

Ü: Blessing in the Bible and Life of the Church, Overtures to Biblical Theology, Philadelphia 1978 (deutsch 1968).

Dizionario Teologico dell' Antico Testamento, Torino 1978 (deutsch
Bd. I, 1971; Bd. II 1976).

1979

N: Genesis, Lieferung 14, BK I, 2, 80 S., Neukirchen 1979.

W: Theologisches Handwörterbuch zum Alten Testament (Hrsg.: E. Jen-
ni/C. Westermann), Bd. I, München ^{3}1979 (1971).

Abriß der Bibelkunde. Altes und Neues Testament. Studienausgabe,
216 S., Stuttgart 1979 (1962).

Tausend Jahre und ein Tag. Einführung in die Bibel, mit: G. Gloege, Aller Tage Tag, Stuttgart ^{2}1979 (1957).

Abkürzungen

Zusammengestellt von Rolf Schäfer

(Genannt sind nur solche Abkürzungen, die nicht im RGG³ aufgeführt sind.)

AAH	Acta antiqua academiae
AB	Assyriologische Bibliothek
ADD	Archiv der deutschen Dominikaner
AGH	E. Ebeling, Die akkadische Gebetsserie „Handerhebung", Berlin 1953
AGJU	Arbeiten zur Geschichte des antiken Judentums
AHw	Soden, Wolfram v.: Akkadisches Handwörterbuch
AnSt	Anatolian Studies
AOAT	Alter Orient und Altes Testament
AOF	H. Winckler, Altorientalische Forschungen, Leipzig 1893 f.
ATh	Année théologique
AThANT	Abhandlungen zur Theologie des Alten und Neuen Testaments
AZ	Archäologische Zeitung
BAM	F. Köcher, Die babylonisch-assyrische Medizin in Texten und Untersuchungen 1–3, Berlin 1963/4
BBR	H. Zimmern, Beiträge zur Kenntnis der babylonischen Religion 1/2, Leipzig 1896/1901
BBS	L. W. King, Babylonian Boundary-Stones and Memorial Tablets in the British Museum, London 1912
BE	Brockhaus Enzyklopädie
BHS	Biblia Hebraica Stuttgartensia
BID	W. Farber, Beschwörungsrituale an Ištar und Dumuzi..., Wiesbaden 1977
BN	Catalogue général des livres imprimés de la bibliothèque nationale
BoSt	Boghazköj-Studien
BVSGW.PH	Berichte über die Verhandlungen der sächsischen Gesellschaft der Wissenschaften. Philologisch-historische Klasse
BWL	W. G. Lambert, Babylonian Wisdom Literature, Oxford 1960
CAD	Assyrian Dictionary of the Oriental Institute of the University of Chicago
CBQMS	Catholic Biblical Quarterly. Monograph Series
CPH	Calwer Predigthilfen
CPN	A. T. Clay, Personal Names of the Cassite Period, New Haven 1912
CT(A)	Herdner, Andrée: Corps des tablettes en cunéiformes alphabétiques découvertes à Ras Shamra-Ugarit 1929–1939
CTM	Concordia theological monthly
DBAT	Dielheimer Blätter zum Alten Testament
EvDia	Evangelische Diaspora
GPM	Göttinger Predigtmeditationen
HKL	R. Borger, Handbuch der Keilschriftliteratur 1–3, 1967–1975
HThS	Harvard Theological Studies
JSHRZ	Jüdische Schriften aus hellenistisch-römischer Zeit
JSJ	Journal of the Study of Judaism in the Persian, Hellenistic and Roman Period

KAI	Kanaanäische und aramäische Inschriften
KAR	Keilschrifttexte aus Assur religiösen Inhalts
LKA	E. Ebeling–F. Köcher, Literarische Keilschriften aus Assur, Berlin 1953
MAD	Material for the Assyrian Dictionary
OEC	Oxford Editions of Cuneiform Texts
OrAnt	Oriens antiquus
RSV	Religiöse Stimmen der Völker
RT	Rabbinische Texte
SBS	Stuttgarter Bibelstudien
SKG.G	Schriften der Königsberger Gelehrten Gesellschaft. Geisteswissenschaftliche Klasse
StANT	Studien zum Alten und Neuen Testament
StNT	Studien zum Neuen Testament
StPB	Studia post-biblica
S(t)UNT	Studien zur Umwelt des Neuen Testaments
T(h)B	Theologische Bücherei
TCAE	J. N. Postgate, Taxation and Conscription in the Assyrian Empire, Rom 1974
TDP	R. Labat, Traité akkadien de diagnostics et pronostiques medicaux, Leiden 1951
THAT	Theologisches Handwörterbuch zum Alten Testament
ThHAT	E. Jenni–C. Westermann, Theologisches Handwörterbuch zum AT, 1/2, 1971/6
ThWNT	Theologisches Wörterbuch zum Neuen Testament
TuL	E. Ebeling, Tod und Leben nach den Vorstellungen der Babylonier, Berlin–Leipzig 1931
TynB	Tyndale Bulletin
ÜGP	M. Noth, Überlieferungsgeschichte des Pentatuech, 1948
VuF	Verkündigung und Forschung. Beihefte zu „Evangelische Theologie"
WMANT	Wissenschaftliche Monographien zum Alten und Neuen Testament
WPKG	Wissenschaft und Praxis in Kirche und Gesellschaft
YOS	Yale Oriental Series
ZBK	Zürcher Bibelkommentar

Register

1. *Bibelstellen* (Rolf Schäfer)

Gen

1,14–18	433 f. 440–442
1,26	44 f.
1,28	45. 48. 53
2,5	24
2,8	45
2,15	44 f. 55
2,18	45
2,23	45
3,7	72
3,9–13	64
3,17	65
3,18 f.	55
3,21	72
3,22	28
4,1	60 f.
4,1–16	59 f. 70 f.
4,7 f.	63
4,9 f.	64
4,10–15	66
4,11 f.	65. 69
4,13 ff.	67 ff.
4,23	55
4,26	46 f.
5,29	61 Anm. 8
6,1–4	54 mit Anm. 44, 72
6,5	54
6,5–7	50 Anm. 33
8,21	30
8,22	31
9,1.7	53 f.
11,1–9	72
12,1–3	54 Anm. 46, 72
13,16	79
15,1–6	74 ff.
15,7–21	74 f. 78
19,1–29	131–137
22,17	77. 79
26,4	77. 79
27–33	97–104
28	120ıf.
28,14	79
29–31	85–93
29,1–14	85 f. 93 f.

29,15–30	86 f.
30,2	92
30,25–43	87 f. 94 f.
31,1–3	88
31,22 f.	89
31,36–44	90
31,42.53	107
31,43–53	111–115
31,45–54	91
31,51 f.	109 f.
32,1	85 f.
32,13	79
32,25 ff.	121–130

Ex

14,31	80
15,16	108
19	154–158
24,1–8	138 f.
24,3–8	170
24,9–11	139–173

Dtn

2,25	108
4–5	159
11,25	108
12,7.18	140
14,23.26	140
15,20	140
27,7	140
28,66 f.	108

1 Sam

11,7	109

2 Sam

7	207–210
12,1–15	210–215

1 Kön

1	203–207
8,63	46 Anm. 23
19	329–333

Jes
6	229
16,1–5	285 f.
54,1–3	76

Jer
13,18 f.	266–268
22,10 ff.	266–268
22,24–30	253–266
22,30	76
46,5	277
47,5–7	278 f.
48	272–276. 279 f. 283–285
49,1 f.	76
51,41 ff.	280 f.

Ez
1,4–28	144 f.
8,2 f.	144 f.
8,11	163
10,1	144 f.
11,15	76
33,24	75 f.
36,2 f.5	76
36,12	76
44,3	140

Hos
1,2	221
2,4	222
2,18	221
4	223
4,2	222
7,4	222
9,10	221

Am
2,8	218
3,2	218
7,10–17	236–251
8,2	218
9,7	218

Mal
3,14.18	391

Ps
19,2–7	318–324
29	325–329. 332
30,10	47 Anm. 25

Spr
12,21	373

Hi
38 ff.	375–380
42,7–10	383 ff.

Pred
3,11	380 f.
3,14	381
6,10 f.	382
7,14	382
7,24	381
8,14	381
8,17	381

Dan
7,9–14	419

1 Chr
19,22	140

Mt
20,28	412–427

Mk
7,31–37	394–411
10,45	412–427

Joh
1,1	25

Gal
4,10	428–445

Kol
2,16	430 f.

2. Wortregister

a) Hebräisch
'îš	61
b^{e}rît	168 f.
hæbæl	64
znh	221 f. 228. 230
hæsæd	222 f.
jrš	75 ff.
m's	378
min	288–301
môrāšā	75 f.

mrr	63	*rigmu(m)*	50. 53[41]. 54
mss	378	*rūqu(m)*	311–314
nḥm	378	*šaḫādu(m)*	43[17]
ʿᵃwōn	67 f.	*šipru(m)*	46
pḥd	107–115	*šupšikku*	47[26]
qnh	60	*ṭēmu(m)*	43[16]

c) Griechisch

b) Akkadisch

diakonein	419 ff.
dullu(m)	56	*kairos*	433–440
ḫubūru(m)	50. 54	*lytron*	415–418. 423–427
qerbu(m)	311. 314 f.	*paratērein*	430 f.

3. Namen und Sachen (Norbert Pusch)

(Kursiv gesetzte Seitenzahlangaben beziehen sich auf die den deutschen Begriffen zumeist in Klammern angefügten englischen bzw. französischen Äquivalente der Beiträge von G. W. Coats und S. Amsler.)

Aaron 138. 140. 142. 155. 162 f. 165. 170
Abel 55. 60. 64
Abendmahl 413 ff. 426
Aberglaube 402
Abihu 162 f.
Abraham 75 ff. 97. 110 ff. 136. 464
Ägypten 234. 277 f.
Ätiologie *(etiology)* 62. 65. *92 f. 101.* 127
Adam 60
Aischylos 166
Akkad 148
Altar 165
Amazja 236 ff.
Ammon(iter) 275 f. 282
Antiochus IV 392
Apokalyptik (apokalyptisch) 11 f. 454
Aqhat-Epos 114
Asarhaddon 147
Aššur (Gott) 110. 147. 308
Aššur (Land) 169. 233 f.
Assurbanipal 310
Atheismus (atheistisch) 466 f.
Atramhasīs (-Epos) 51[34]. 38 ff.
Ausschließlichkeit (Gottes) (s. a. Gebot) 149. 158. 22[1]
Auszug s. Exodus

Baal (-Hadad) 221. 328 ff. 377
Babylon 145 ff. 281. 298. 390
Bel 149
Bekenntnis 206. 212

Bethel 152 f. 223. 240
Berufung 229. 242
Beschneidung 428 f. 442
Bilderverbot 153. 160 f.
Blut(-rache), -ritus 66. 68. 165 ff. 415
Bund 107. 109. 111 ff. 119. 138 f. 168 ff. 226 f.
Bundesbuch 138 f. 160 f. 164 f. 218 ff.

Chaos 10 ff. 30. 32 ff. 343
Chronist 209
Constantin Constantius 355 ff.

Damaskus 282 f.
Dan 152 f.
David 202 ff.
Dekalog (s. a. Gebot) 157 ff. 164. 224. 227. 454
Deuteronomist(-isch) 74 f. 80[33]. 159 ff. 168. 170 ff. 207. 209 f. 213 ff. 252. 255. 269 f.
Deuteronomium 159 f. 168 ff. 226 f.
Diogenes 362

Edom 99
Eid s. Schwur (-handlung)
Einzigkeit Gottes s. Ausschließlichkeit (Gottes)
El 318 ff. 322 ff. 328 f.
Eleaten 362
Elia 329. 331 f.
Engel 123. 419
Enki 42. 44[19]. 51[34]

Enlil 30. 41f. 49f. 54
Erwählung 73. 218. 424
Esau 98ff. 117f.
Eschatologie s. Zukunft
Evaspruch 60ff.
Ewigkeit 344f.
Exil 81. 143. 145f. 151. 162. 172
Exodus 80f. 122. 171. 221ff.

Fluch(spruch) 15. 65f. 69. 108. 310
Flut(erzählung) s. Sintflut(erzählung)
Formen, literarische *(formes littéraires)*
  194ff.
Gattungen, literarische *(genres littéraires)*
  194ff.
Gebet(sformel) 305ff. 311ff. 346. 348f.
  359. 451
Gebot 160. 227f. 454
Geburt 462
Geschichte 9ff. 20. 49. 80f. 255. 336ff.
  429. 432. 442. 454. 462ff.
Gesetz 428ff. 439. 442ff.
Gilead 111
Glaube 80f. 122. 336. 341. 343ff. 357.
  371. 398. 402. 454. 457
Gnade 68. 71ff. 345
Gomorrha 133
Gott (s.a.Jahwe) 15ff. 45f. 67. 121ff.
  275. 312ff. 334ff. 357ff. 362f. 365ff.
  373. 375f. 378ff. 389. 392f. 426f.
  434. 443ff. 453ff.
Gottesebenbildlichkeit 45
Gottesdienst 46f. 56. 140. 143. 150ff.
  160ff. 167. 170f. 340. 346ff. 397.
  403. 448f. 456f.
Gottesknecht 416f. 424f.
Gudea 147ff.
Gula 316⁷⁶

Hadad (s. Baal)
Handlungen, prophetische *(actes prophé-*
  tiques) 195ff.
Heiliger Geist 352f. 459
Heiligkeit (Gottes) 344
Heiligtum 146f. 152ff. 162f. 205. 328
Heraklit 362
Himmel 146ff. 312. 318ff. 325ff. 433
Hoffnung 15. 136. 270. 355. 361ff. 391.
  393. 396. 409. 452. 457. 464f. 469
Hohepriester 155f.
Horeb 329. 331
Hymnus 325ff. 332

Individuation(sprozeß) 116. 118
Informatik *(informatique) 195*
Initiation 129
Inkarnation 353
Irenäus 364
Isaak 77ff. 97f. 108ff. 113. 119
Ištar 316⁷⁷
Israel 46f. 49.54. 99. 101. 151. 166ff.
  219ff. 242. 245ff. 327f. 332. 403f.
  422ff. 432. 452. 458. 465ff.

Jahwe 47. 61ff. 65. 68ff. 81. 117. 123ff.
  141. 145. 148ff. 153. 165ff. 218ff.
  242ff. 278f. 294. 316⁷⁸. 325ff. 330ff.
  377. 386. 422ff. 465ff.
Jahwist 39f. 46ff. 51ff.
Jakob 77ff. 84ff. 107. 109ff. 116ff. 464
Jerobeam I 152f.
Jerobeam II 237³f.
Jerusalem 152f. 204f. 209. 211. 328ff.
  344. 441
Jesus (Christus) 396. 398ff. 410. 412ff.
  418f. 421ff. 444f. 454. 457
Joahas 267f.
Jojachin 252ff. 261ff.
Jojakim 268
Joseph 114
Josephus 435
Josia 268. 277
Juda 169. 226. 275. 390

Kain(szeichen) 55. 59ff. 68ff.
Kamoš 272
Karkemiš 271
Keniter(hypothese) 59. 64
Kirjathaim 272
Klage 66ff. 260. 265f. 269. 271ff. 310.
  331. 336. 343. 347. 355ff. 365f.
  375¹⁰. 458
Kommunikationsvorgänge *(communica-*
  tion par les actes) 194ff.
Königtum (Gottes) 143. 149f. 207.
  209²⁴. 225. 328
Kult 46. 151ff. 205. 209. 221f. 247.
  328. 364²⁰. 432. 444
Kultzentralisation 162

Laban 84ff. 109f. 119
Lade 206
Lapislazuli 145ff.
Leben 69. 165. 358. 362ff. 444. 453.
  462f. 469f.
Leid(en) 21. 26. 28. 67. 282ff. 337. 358.

375. 381. 384f. 387f. 393. 425. 448.
452
Liebe 67. 134. 223ff. 361. 365f. 423f.
426f. 468
Lot 134ff.

Magie 65
Malstein s. Mazzebe
Mami 42f. 44[19]
Mari-Briefe 205[13]
Mazzebe *(pillar)* *91.* 111f. 114. 164f.
Melchisedek 205
Mensch(heit) 10f. 14ff. 18. 21ff. 25. 28.
30ff. 39f. 42. 45ff. 70. 108. 223. 229.
282f. 310. 312f. 334ff. 357ff. 365f.
381. 399. 434f. 438f. 442. 449. 453ff.
462ff.
Menschensohn 413. 415f. 418ff. 425f.
Mesopotamien 46ff.
Messias 425ff.
Metaphysik 362f.
Micha ben Jimla 203[4]
Milkom 282[30]
Mispa 111. 224
Moab 272f. 275ff. 279f. 282ff.
Monotheismus 24. 141
Mose 138. 140. 142. 154. 162f. 166f.
Mythologie 61
Mythos (mythisch) 9f. 30. 126. 363ff.
369. 371

Nabopolassar 147
Nabû 316
Nadab 162f.
Nahor 110f.
Nathan 202f..
Natur 46f. 283. 350. 429. 432. 434. 442.
444. 454. 462. 468. 470
Nebo 272
Necho 271. 277
Nebukadnezar 146. 150. 271. 277
Ningirsu 148f.
niveau analogique/digital (Kommunika-
tionstheorie) *195f.*
Noah 30
Nordreich s. Israel

Offenbarung *(revelation)* *89.* 295. 453
Opfer(mahl) 45f. 62f. 110. 127f. 140.
150. 162f. 165ff. 426
Orakeltechnik 308
Ordnung s. Welt(-ordnung, -verständnis)

Partikularismus 18
Paulus 428f. 431. 442ff.
Performation *(performance) 195*
Philister 278f.
Philoktet 358. 360[10]
Philo (v. Alexandrien) 433ff. 439
Polytheismus 149
Pragmatik *(pragmatique) 195*
Predigt 338ff. 399f. 406. 409. 450. 456
Priesterschaft 39f. 45. 47f. 53f. 151.
340[10]. 441f. 444
Priester(tum) 152. 154. 162f. 166f.
204f. 223f. 226. 241
Prophet(en) 202ff. 210. 213ff. 216ff.
240. 242f. 250. 264f. 269. 275. 309.
331
Prophetenerzählungen *(récits d'actes pro-
phétiques) 195ff.*
Prophetie 203. 216. 230. 271. 286. 331.
455
Psalmen (Psalter) 335ff. 358f. 375.
451f.

Qumran 429. 436ff. 441f.

Recht(sprechung) 143. 160f. 213. 218ff.
Redaktion *(rédaction littéraire) 196*
Rein und unrein 229
Religion 20. 23. 336. 371. 448f. 446
Ritus 165ff. 229

Sabbat 430
Salmanassar I 308
Salomo 203f. 206ff.
Samaria 219
Šamaš 310
Sargon I (von Aššur) 148f.
Schicksal 68. 381. 452. 455. 457
Schöpfung 10ff. 15. 17ff. 160. 334.
336f. 343. 345. 348ff. 376. 380. 437f.
441. 444f. 449. 462
Schuld 16. 27. 30f. 68. 72. 346. 359.
454. 457
Schwur(handlung) 166f. 206. 208
Segen *(blessing)* 62. 69. 71. 77f. *98.* 100.
106. 121ff. 456f.
Selbstvorstellung(sformel) 158f.
Serubabel 262
Sodom 133ff.
Strafe 16. 27. 31. 50. 55. 64ff. 214
Südreich s. Juda
Sühne 412f. 423. 426
Sünde 65ff. 221. 228. 231
Symbol 121f. 125. 127f.

Tabor 224
Talion s. Strafe
Taufe 122. 126 f. 349. 428
Tempel(turm) 146 ff. 150. 153 f. 229
Theodizee 314. 365. 454
Theophanie 140 ff. 154. 156 f. 165.
    327 ff. 377. 379
Thron 148 f. 153. 326
Thronfolge(erzählung) 203. 207. 209.
    212. 215
Tod 16 f. 69. 122. 127. 129. 234. 337.
    349. 358. 381. 444. 448. 460 ff.
Tora 318. 431
Tradition 70. 82 ff. 97 ff. 104 f. 142.
    162 f. 169. 171. 206. 212. 228. 269.
    323. 327 ff. 331 f. 344 ff. 349. 376.
    393. 443. 449 ff. 457
Transzendenz 23. 25. 144 f. 148. 151.
    364. 459. 468 f.
Traum 120 f. 308 f.
Tun-Ergehen-Zusammenhang 71.313.
    373. 376. 381. 384 f. 390. 392

Ugarit 324
Universalismus 18
Unterwelt s. Tod
Urgeschichte 9 ff. 38 ff. 58. 64. 71 ff. 449

Urzeit 363
Unrein s. Rein und unrein

Vätergott (Väterreligion) 107 f. 110 f.
    113. 114 f.
Verheißung *(promise)* 74 f. 77 ff. *82 ff.*
    91 f. 97 ff. 105 f. 166 ff. 209^{24} f. 409.
    450. 455. 465
Vergehen s. Sünde

Weisheit 70 f. 358. 369. 375 f. 386.
    390 ff. 453 f.
Welt(-ordnung, -verständnis) 68. 71.
    211 ff. 225. 347. 350 ff. 357 ff. 366.
    368 ff. 373. 376. 380 f. 383. 386. 389 f.
    393. 411. 429. 432 ff. 436 f. 439 ff.
    448 f. 452 ff. 458. 462
Wunder(geschichte) 395 ff. 399. 402.
    404 f.

Zababa 148 f.
Zadok 204 ff.
Zeit 436 ff. 441
Zelt der Begegnung 152
Zoar 135. 272
Zukunft 48. 81. 134. 163. 245 ff. 339.
    344. 363. 410. 444. 456. 462. 466

CORRIGENDUM

Auf S. 38 muß der Titel des Beitrages von Rainer Albertz lauten:
Die Kulturarbeit im Atramḫasīs-Epos
im Vergleich zur biblischen Urgeschichte

Claus Westermann

Lob und Klage in den Psalmen

5., erweiterte Auflage von »Das Loben Gottes in den Psalmen«. 212 Seiten, kart.

Diese Auflage wird um die wertvollsten, inzwischen vergriffenen Psalmenaufsätze des Verfassers erweitert, die dem Buch zugleich die thematische Abrundung geben, die für eine theologische Gesamterfassung des Psalters notwendig ist; denn um die beiden Pole Lob und Klage bewegen sich fast alle Psalmen. Die Themen der neuaufgenommenen Kapitel lauten: Struktur und Geschichte der Klage im Alten Testament · Vergegenwärtigung der Geschichte in den Psalmen · Zur Sammlung des Psalters.

»Ein weiterer Vorzug dieser Schrift ist es, daß Westermann seine Thesen durch zahlreiche Beispiele aus babylonischen und ägyptischen Psalmen beweist.«
Bibel und Liturgie

Predigten

Herausgegeben von Rudolf Landau. 143 Seiten, kart. (Göttinger Predigthefte, 33)

»Wohltuende Schlichtheit, hinter der strenge theologische Reflexion steht. Der Verfasser läßt sich ins Handwerk schauen, indem er in mehreren Schritten den Weg von Exegese und Theologie zur Predigt aufweist. Zu jeder Predigt werden Literaturangaben geboten.« *Kirchenblatt für die ref. Schweiz*

Die Verheißungen an die Väter

Studien zur Vätergeschichte. 171 Seiten, kart. und Leinen (Forschungen zur Religion und Literatur des Alten und Neuen Testaments, Bd. 116)

Die Verheißungen an die Väter werden in dieser Arbeit als ein selbständiger, wesentlicher Bestandteil der Väterüberlieferungen je für sich und in ihrem Verhältnis zueinander untersucht. Es stellt sich heraus, daß die übliche Einteilung in Land- und Mehrungsverheißung nicht ausreicht; jede einzelne der in den Vätergeschichten begegnenden Verheißungen (des Sohnes, neuen Lebensraumes, des Beistandes, des Landbesitzes, der Mehrung, des Segens, des Bundes) hat vielmehr ihren eigenen Ort, ihre eigene Funktion und Geschichte.

Das Buch Jesaja, Kap. 40–66

Übersetzt und erklärt. 3., durchges. Auflage. 342 Seiten, kart. (Das Alte Testament Deutsch, 19)

Der Kommentar besticht durch die Dichte und Prägnanz der Informationen ebenso wie durch hohe sprachlich-gedankliche Zucht. Ausführliche Einleitungen machen den Stand der Forschung zur Theologie dieser Bücher bekannt.
Freiburger Rundbrief

Vandenhoeck & Ruprecht · Göttingen und Zürich

Claus Westermann

Genesis (1–11)

Biblischer Kommentar Altes Testament, Band I/1
1975. 2. Auflage. VIII, 824 Seiten, Leinen DM 148,–
Fortsetzungspreis DM 133,–

Dieser neue Genesis-Kommentar ist schon jetzt ein monumentales Werk. Die Fülle der ausführlich besprochenen Fragen und die umfassend herangezogene Literatur, nicht zuletzt auch die zahlreichen Exkurse, in denen oftmals sogar längere Passagen aus außeralttestamentlichen Quellen, aber auch aus der Sekundärliteratur wiedergegeben werden, verleiht diesem Kommentar manchmal schon den Charakter eines Nachschlagewerkes. *Theologische Literaturzeitung*

Acht Jahre nach Erscheinen der ersten Lieferung liegt nunmehr der Kommentar zur Urgeschichte in zehn Lieferungen abgeschlossen vor – ein imponierendes, Respekt erheischendes Werk!
Zur sachgerechten Beurteilung der Leistung von W. bedarf es vieler Superlative. Handelt es sich doch um die umfassendste und best dokumentierte Darstellung der inhaltsschweren ersten elf Kapitel der Bibel, die es heute gibt; eine wahrhaftige Summe über den Anfang von Welt und Mensch, über Schöpfung und Urzeit, mit der sich derzeit nichts vergleichen kann. Das wird augenfällig belegt durch die sehr häufig eingestreuten, ungewöhnlich breit angelegten Literaturangaben, die kaum etwas auslassen und, was wichtiger ist, vom Vf. kritisch in die Auslegung einbezogen wurden, also nicht nur ornamentalen Schmuck abgeben.
Biblische Zeitschrift

Deze commentaar geeft een diep inzicht in de onuitputtelijke rijkdom van de Schrift; onze visie is niet altijd dezelfde als die van de schrijvers, maar wie de tijd weet te vinden om stelselmatig zo exegetisch bezig te zijn, zal de moeite zeer beloond vinden. *Theologia Reformata*

As a work of scholarship it is difficult to greet this commentary with anything but enthusiasm. It is certainly the most exhaustive and, in the reviewer's opinion, the very best treatment of these chapters available to us today.
Interpretation (Richmond, Virginia)

C'est une oevre magistrale, comparable, en effet, à la *Genèse* de Gunkel.
Revue Biblique

Neukirchener Verlag · Neukirchen-Vluyn